乐高大师
中古世界

[德]尤阿希姆·克朗　[德]蒂姆·比朔夫
[德]菲利普·霍费尔曼　[德]鲁茨·乌曼　著
中国乐客（China LUG）　审译
潘晓磊　译

北京出版集团公司
北京美术摄影出版社

鸣谢

感谢下列乐高资深爱好者和搭建巧技创意先锋，向他们致敬：

2LegoOrNot2Lego
Arvo Brothers
ArzLan
Bart Willen,
Brian Corredor
Bricksonwheels
Brickthing
Bricktrix
Bruceywan
captainsmog
Cole Blaq
Cuahchic
DecoJim
- Derfel Cadarn -
Digger1221
Eastpole77
Fianat
Fraslund
Fredoichi
Gabe Umland
Gambort
gearcs
Henrik Hoexbroe
Homa
Joe Meno
Jojo
Karwik
Lazer Blade
lego_nabii
Legohaulic
LEGOLAS
Legonardo Davidy
Legopard
Legotrucks
lichtblau
"LL"
Mark of Falworth
markus19840420
marshal banana
McBricker
Mijasper
Misterzumbi
Nannan Z
NENN
Ochre Jelly
"Orion Pax"
Paul Vermeesch
Pepa Quin
RoccoB
Sir Nadroj
Sirens-Of-Titan
Spencer_R
T.Oechsner
Taz-Maniac
ted @ndes
TheBrickAvenger
Théolego
tnickolaus
Toltomeja
x_Speed
Xenomurphy

在此还要特别感谢Christian Treczoks，将其收藏的巨大的城堡废墟、令人惊叹的树木以及其他绿色植物模型给我们拍摄。

图书在版编目（CIP）数据

乐高大师. 中古世界／（德）尤阿希姆·克朗等著 ；中国乐客（China LUG）审译 ；潘晓磊译. — 北京 ：北京美术摄影出版社，2016. 9
ISBN 978-7-80501-929-1

I. ①乐… II. ①尤… ②中… ③潘… III. ①智力游戏 IV. ①G898. 2

中国版本图书馆CIP数据核字(2016)第159195号

北京市版权局著作权合同登记号：01-2016-1771

责任编辑：马步匀
责任印制：彭军芳

乐高大师　中古世界
LEGAO DASHI　ZHONGGU SHIJIE
[德]尤阿希姆·克朗 等　著
中国乐客（China LUG）　审译
潘晓磊　译

出　版　北京出版集团公司
　　　　北京美术摄影出版社
地　址　北京北三环中路6号
邮　编　100120
网　址　www.bph.com.cn
总发行　北京出版集团公司
发　行　京版北美（北京）文化艺术传媒有限公司
经　销　新华书店
印　刷　鸿博昊天科技有限公司
版　次　2016年9月第1版第1次印刷
开　本　889毫米 × 1194毫米　1/16
印　张　25
字　数　115千字
书　号　ISBN 978-7-80501-929-1
定　价　119.00元

如有印装质量问题，由本社负责调换
质量监督电话　010-58572393

目录

作者

尤阿希姆·克朗
Joachim Klang

他就是大家所熟知的“der-joe”，或者“joe”。在这本书里，陪伴你的依旧是这位向导。孵化新的点子从来不会让他感到疲倦，当然，再次声明，沉醉于此途中的他并不孤单。

鲁茨·“埃尔—吕措”·乌曼
Lutz“El-Lutzo” Uhlmann

他经常将我们的模型拆掉，当他将其重新组装起来时，搭建说明上所需的积木数量往往已经缩减，真不可思议！

蒂姆·比朔夫
Tim Bischoff

到目前为止，这位20岁的小伙子已是团队中不可或缺的一员。他新奇的想法甚至能改善我们创造的模板。团队合作的力量可窥一斑。

菲利普·霍费尔曼
Philipp Honvehlmann

他在互联网上以“五月艺术家”之名而闻名。他充满了新奇的想法，早已是团队的一分子。古建筑是他的爱好之一。

克里斯蒂安·特肖克斯
Christian Treczoks

人称“大树君”，尽管他不愿意被局限到大树领域。他的其他主题的作品也收录在本书中。

前言

曾几何时，我们还在孩童的世界，没有热闹的朋友圈，最好的朋友是手中的玩具。陪伴我们的玩具形形色色，但那一座骑士城堡，却是我们都曾拥有过的。到了今天，那些英勇骑士的故事，魔法与奇幻的传说，仍会让我们心驰神往。现在，在乐高公司已经开发的城堡系列产品的基础上，我们自告奋勇地展开了这场寻找创意的探险。意识到每个孩子或乐高玩家都拥有不同数量的乐高积木，因此我们很快为有着城墙、高塔和吊桥的城堡设计了一套模块系统。这意味着无论玩家的乐高积木数量多少，从搭建中获得的乐趣是相同的，且每一模块总能被以不同的方式重组，由此而来的便是每个城堡的独特造型——也许是更多的塔楼，也许是更长的或者角度各异的城墙。

在我们的乐高系列第四卷中，我们坚守自己的初衷，创作了包括三种建造比例的搭建图纸。 因此，你可以在这本书里看到一些中型或小型的模型，还有单个人仔尺寸的模型。不过在这一卷中，按照正常乐高人仔比例的创意设计是占了绝大部分的。

即使到了今天，我们仍专注于给玩家们提供源源不断的创意和灵感，用我们的作品激发他们无穷的想象力。我们已经在网络上见过了许多源于我们早期设计的创新作品，如果说能有一件让我们更加欣慰的事情，那就是为你的创意插上飞翔的翅膀。

通过讲解的方式，我们依旧从传统的“提示与技巧”的板块开始。不同的是，这次我们将从采用正常乐高人仔比例，有关各式各样的餐具和食物的创意起航，你可以使用你手中的小零件，为你的宫廷盛宴装饰起优雅美观的桌子。

由衷地希望你在这场回味童年的旅途中能收获超多的乐趣。

要点、技巧及搭建技术

乐高的几何结构

在进入乐高世界之前，我们首先了解一下乐高的基础知识和它使用的几何结构。我们第一本关于乐高城市的书的读者，可能会更容易理解后面的内容。不过我们在下面的篇章中增加了一些“去颗粒化”的搭建技巧，也调整了本书的关注重点。简而言之，就是关于砖块、薄板零件和光板零件的区别。砖块和薄板零件表面是乐高所特有的凸点单位。砖块的高度是标准乐高零件高度，薄板零件的高度是标准砖块高度的1/3。光板零件的高度和薄板零件相同，只是没有了凸点，表面光滑。

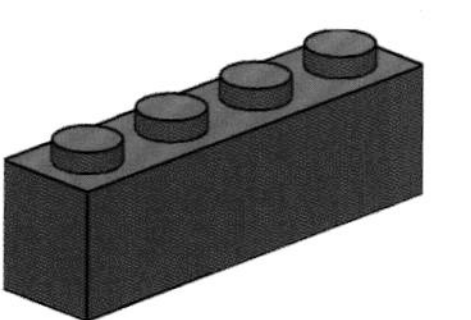

1×4砖块零件

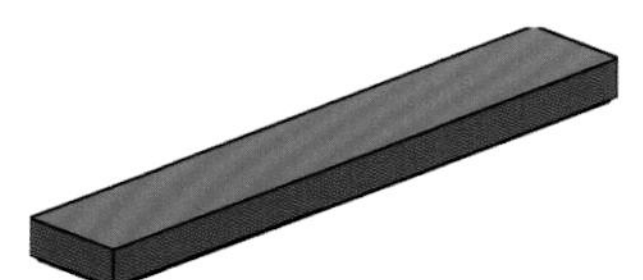

1×6光板零件

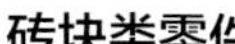

砖块类零件

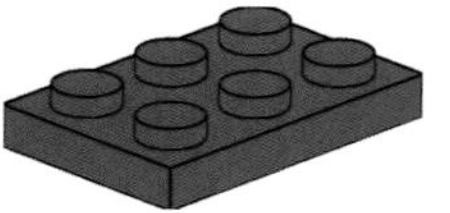

薄板类零件

光板类零件

为了更精准地辨识各种砖块、薄板零件和光板零件，你就需要数一数凸点单位的行数（对于光板零件，它的行数等同于相同的薄板零件）。通常来说，小数作为短边，也就是宽度；大数作为长边，也就是长度。所有的零件按这个原则归类：

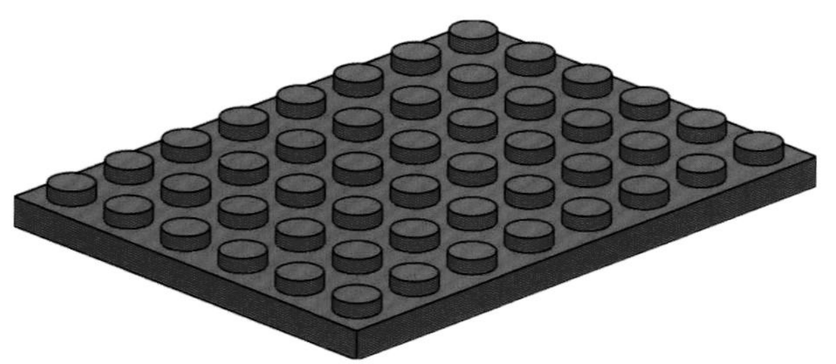

6×8薄板零件

将零件翻过来看，所有零件内部都有插孔（砖块零件的插孔直径大，孔壁薄；薄板零件的插孔直径小，孔壁厚；光板零件有新旧之分，旧版的和薄板零件类似，新版的只有卡口，没有插孔）。相比乐高最初发明的无内衬连接方式，现在采用的是凸点单位和中空的插孔互相嵌套的连接方式，使得这些零件在大规模搭建时能牢牢地层层堆叠在一起。所有零件中只有1×1的零件（砖和薄板）没有插孔，其他零件都至少在长宽任意方向上有一个插孔存在。

熟悉乐高砖块的几何结构后，我们来了解零件间的基本连接方式。最基本的方式有2种：一种是光板和薄板零件的较平坦的连接方式，另一种是标准砖块的连接方式。如前文所述，光板零件和薄板零件的高度是标准砖块高度的1/3。堆叠3块薄板零件或者堆叠2块薄板零件和1块光板零件就可以得到1个标准砖块的高度。乐高的标准砖块被设计成5:6的比例。如果你想搭出一个立方体，就要使用1个2x2的砖块、1个2x2的薄板零件和1个2x2的光板零件，或者使用4个2x2的砖块和1个2x2的光板零件。

乐高的色系

时至今日，乐高一直在使用下面几个色系：黄色、红色、蓝色、白色和黑色、绿色、灰色和透明色。不过，随着产品的迅猛发展，越来越多的色系出现在近年来的套装中（至今已经有120种，包括那些非常特别的，例如电镀铬色、乳白色和其他电镀效果的金属色）。但是这些颜色非常稀有，仅在极少数的套装用到过，并且被使用的频率也很低。

这就导致了玩家们自乐高创始到目前仍面临的问题：没有足够的颜色可用，或者说在某种色系下没有足够种类的零件可用，因而无法完成想要创造的作品，特别是要用到那些非常罕有的颜色时，更是困难重重。因为缺少某些色系的零件使得创作过程变得极具挑战。一种解决办法就是将就使用已有的色系零件来搭建作品；另一种解决办法则是在现有的色系零件库条件下，通过削减作品的尺寸，凑出能用的色系零件种类来完成它。此外，也有玩家会选择使用不同的分色来呈现某种视觉效果。当然，你也可以在创作之前就设定好作品的零件颜色，以便于在相关色系零件库中系统地采购，并借此去展现你的创意。

缩写词义表

作为一个乐高的粉丝，需要了解一些在圈内广泛流传的缩写词的含义，部分如下所示：

ABS（丙烯腈-丁二烯-苯乙烯）—— 迄今为止，所有的乐高生产的零件基本上都是使用这种材料

AFOL（成年乐高玩家）

MOC（个人创意搭建）

TLG（乐高集团公司）——乐高公司自己给自己定义的缩写

BURP（又大又丑的岩石模块）—— 创建岩石场景中用到的那些零件

LURP（又小又丑的岩石模块）—— 小尺寸的版本

POOP（能用或者应该用乐高的零件完成的模组）

LUG（乐高玩家联盟）—— 乐高粉丝的团体

TLC（乐高火车俱乐部）—— 一个特别专注于火车系列的乐高粉丝团体

跳搭法 — 由二得一 ——基础是使用1x2的薄板零件，上部只有一个凸点

SNOT（凸点非向上）——颗粒转向（Studs Not On Top）技术的缩写，这种搭建技术用了很多小技巧。比如，两个零件的背面能以90° 直角的搭建角度相互连接在一起。后面的内容将展示这些技巧。

芝士斜面——带斜面的零件，如1x1x2/3和1x2x2/3的砖块

乐高美食

我们一直在思索如何将美食以乐高的形式完美呈现在人们眼前。虽然你可能见过类似的设计，但为了大家能够完整地欣赏，我们会在这里结合自己的创意设计一一展示。

就在我们的拍摄任务开始之前不久，乐高公司推出了他们的新产品——Ecto-1，其中精致的擦芝士器和早已广为人知的芝士斜面进行了完美搭配。另外，还有小巧玲珑的深红色1x1的带孔圆板用以龙虾美味的烧烤。

啤酒：在中世纪，人们认为最适合儿童饮用的不是水，而是啤酒。因为啤酒在酿造过程中可以达到基本无菌的程度，而在当时，水里面的细菌是很难除掉的。

蔬菜拼盘：外切力系列中人仔的头发可以用来做莴苣头，圆平板做甜菜根，羊角件做红辣椒……可以用乐高制作的蔬菜种类多得让你难以想象。

大南瓜：虽然1x2的门导轨板件很稀少，但是当想要制作有着特殊曲线的南瓜时，它真的是不二之选。

汉堡套餐：不要乱猜哦，这里的餐盘当然也是乐高的产品，它来自酷似芭比娃娃的Scala系列。

龙虾：人仔的手摇身一变，成了龙虾的爪子。

大蒜：冰激凌球到哪儿都有新用途！在这里化身为大蒜。

烤鱼：鱼鳍与栅格板放在一起很搭配。

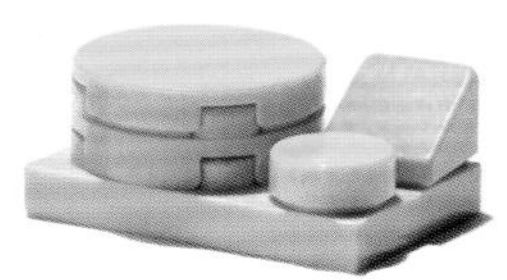

芝士：不久之前上市的《捉鬼敢死队》Ecto-1中包含的一件小巧的擦芝士器。

杯子蛋糕：这些非常容易制作的杯子蛋糕看起来让人垂涎欲滴。

榛子酱：没有人可以抵挡它的美味，这也解释了为什么满罐的榛子酱难得一见。

蛋黄酱薯条：一件出自女孩系列的盘子，配上黄色的羊角和一个圆的平板件，一份蛋黄酱炸薯条就完成了！

红酒杯：找到红色透明人仔头不是件容易的事，但是你可以倒进一些果汁试试看哦。

果盘架：在双层果盘中，我们会用到一个1x3棍件来连接这些碟子。

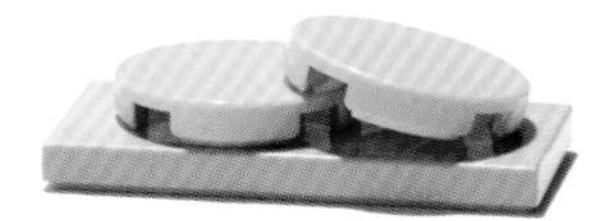

煮火腿：简单的美味——煮火腿。

煎蛋：1x1圆平板是乐高中的“万金油”——前一秒还是蛋黄酱，转眼就成了煎蛋上的蛋黄。

典雅玻璃瓶：将透明1x1普通板和透明1x1平板拼接在一起后再将其倒置，呈现在我们眼前的便是一件有着典雅雕工的玻璃器皿。

果盘：金色人仔头可以用来做菠萝。

烧烤：不要小看不起眼的带孔圆形平板，它可是有很多的用处。比如，美味的烧烤。

番茄酱：听说……芥末酱和番茄酱很配哟。

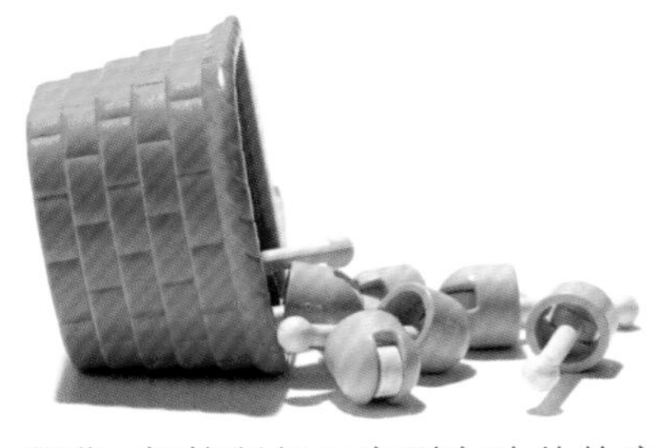

蘑菇：把控制杆固定到变速件的底部，这样的改造让冰冷的机器成了可爱的小蘑菇。

烤面包机：我们知道骑士和电力不在一个年代……

甘道夫

在托尔金的《魔戒》中，一个神秘的远古时代与我们邂逅，它是一个陌生的世界，但却让我们有一种难以解释的熟悉感，这种神奇的感觉激励着我们创造属于自己的幻想篇章。这样一来，用积木来创作毫无疑问是乐高玩家的不二之选。在这里，我们选择了重要角色之一甘道夫，在他身上，乐高的设计理念得到了清晰的展现。

只要你遵循我们的搭建方案，可以适当做出自己的调整，和蔼可亲的甘道夫就会守护在你身旁。

Joe设计搭建

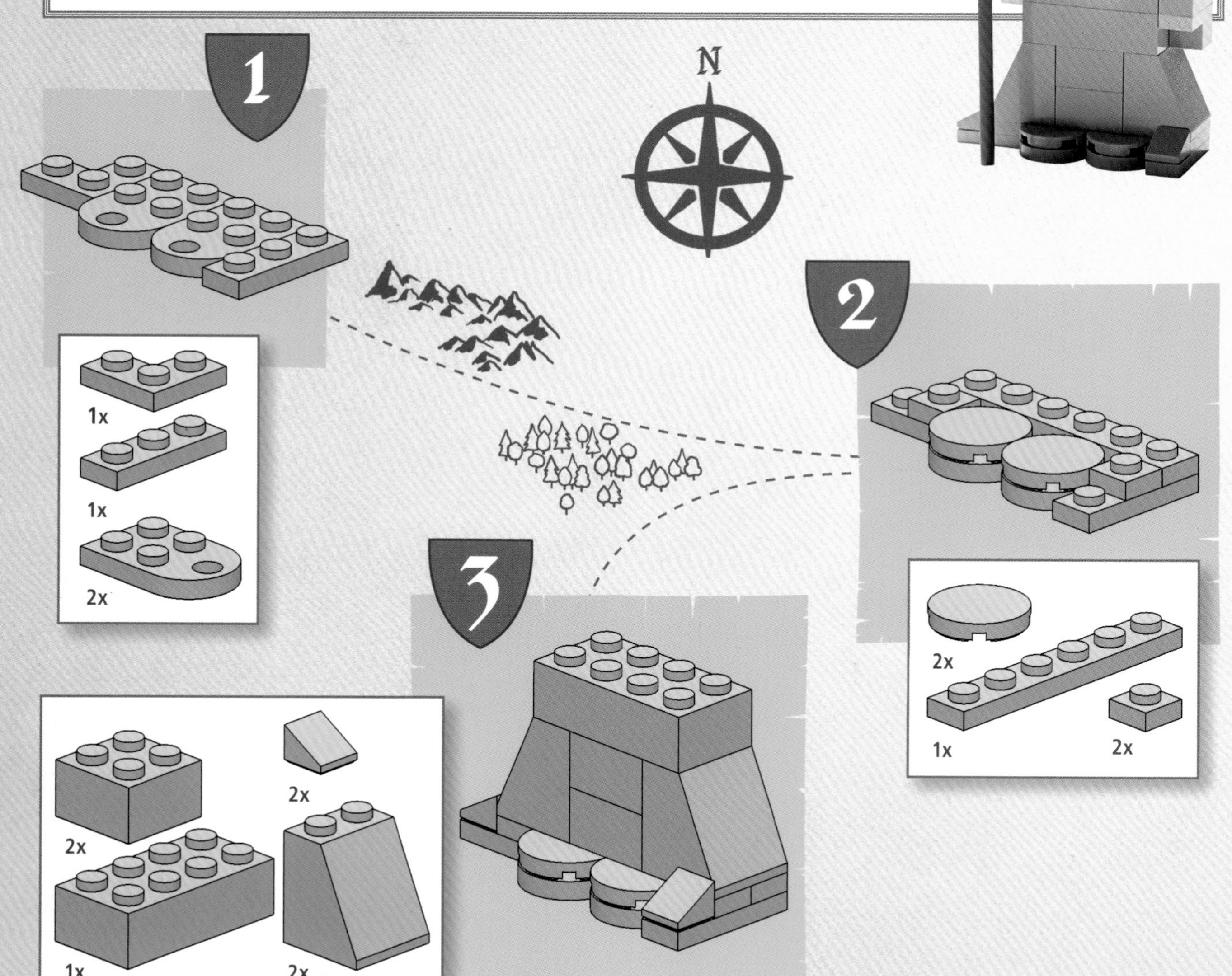

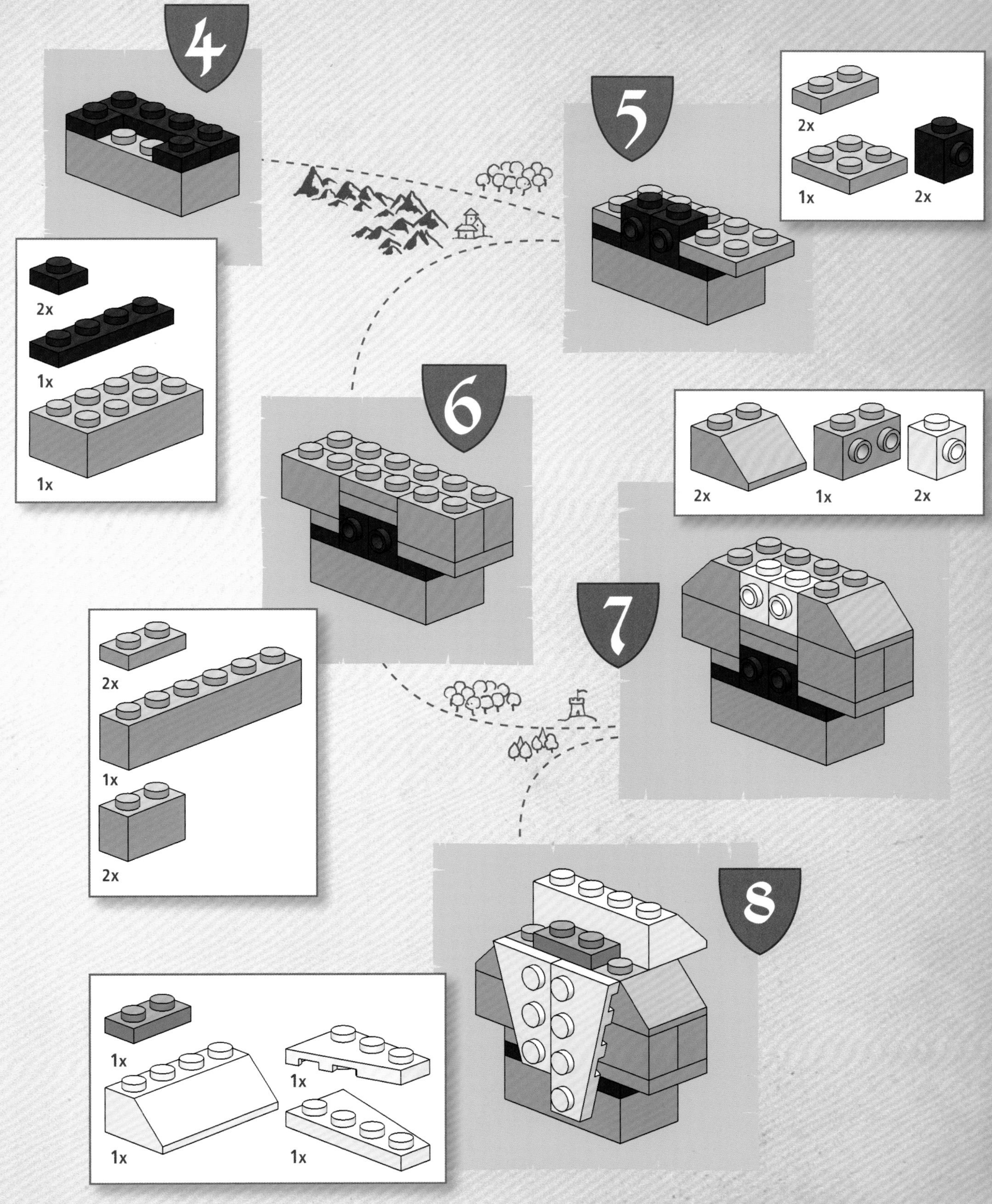
4
2x
1x
1x
5
2x
1x
2x
6
2x
1x
2x
2x
1x
2x
7
8
1x
1x
1x
1x

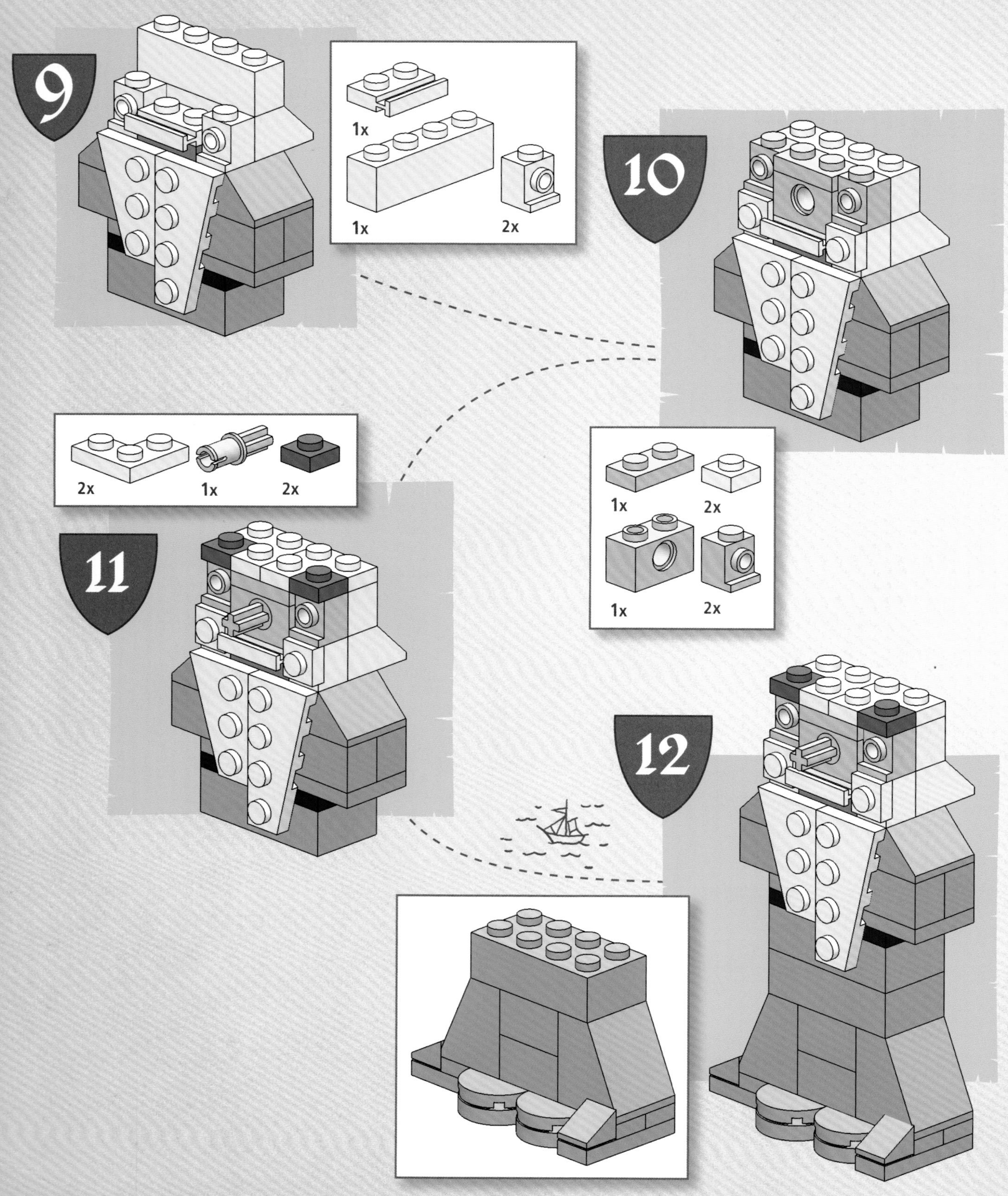
9
1x
1x
2x
10
1x
2x
1x
2x
2x
1x
2x
11
12

13
1x
1x
1x
1x
1x
1x
1x
2x
1x
14
15
16
1x
1x
1x
1x
17
1x
1x
18
1x
1x

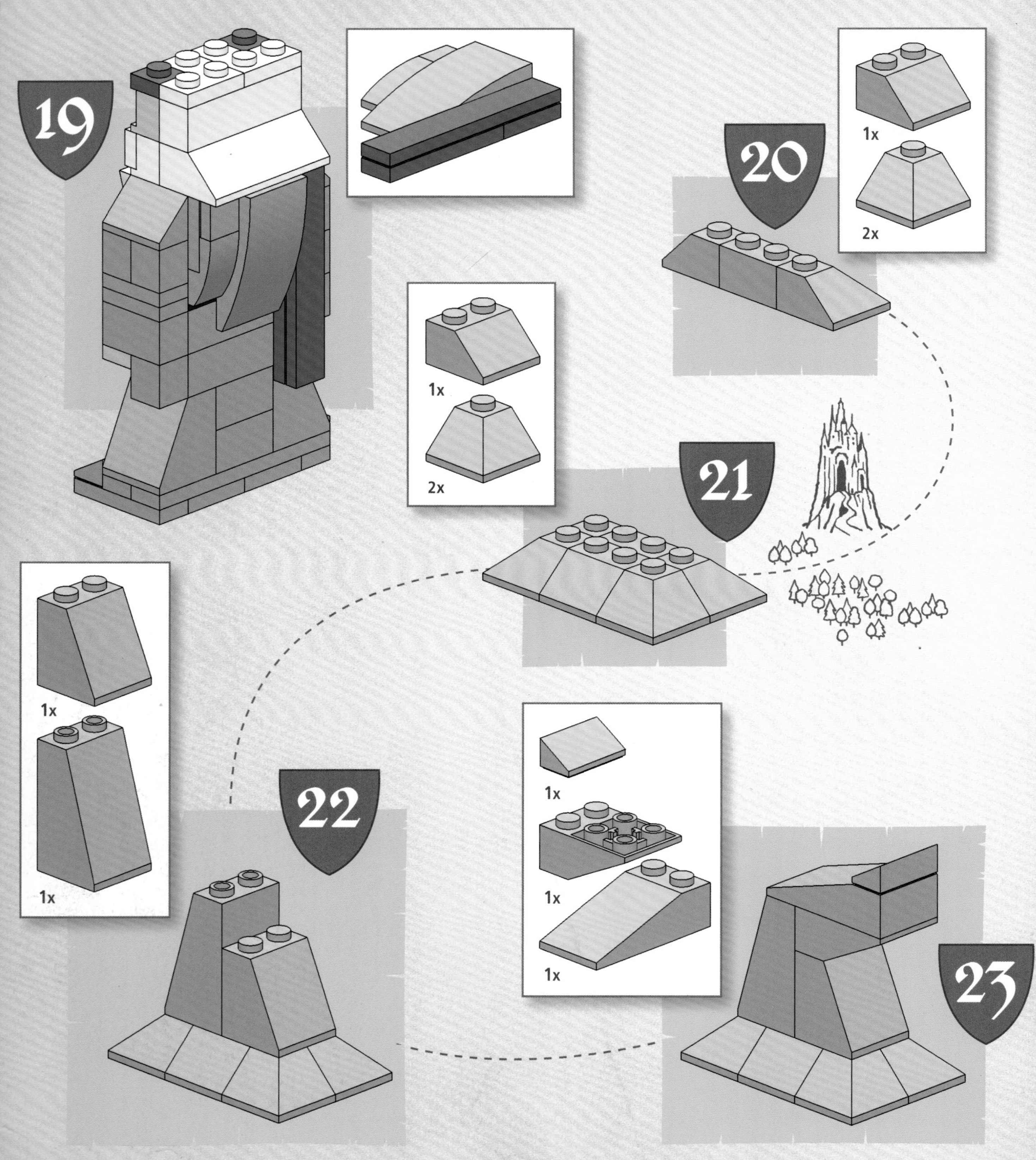
19
20
1x
2x
1x
2x
21
1x
1x
22
1x
1x
1x
23

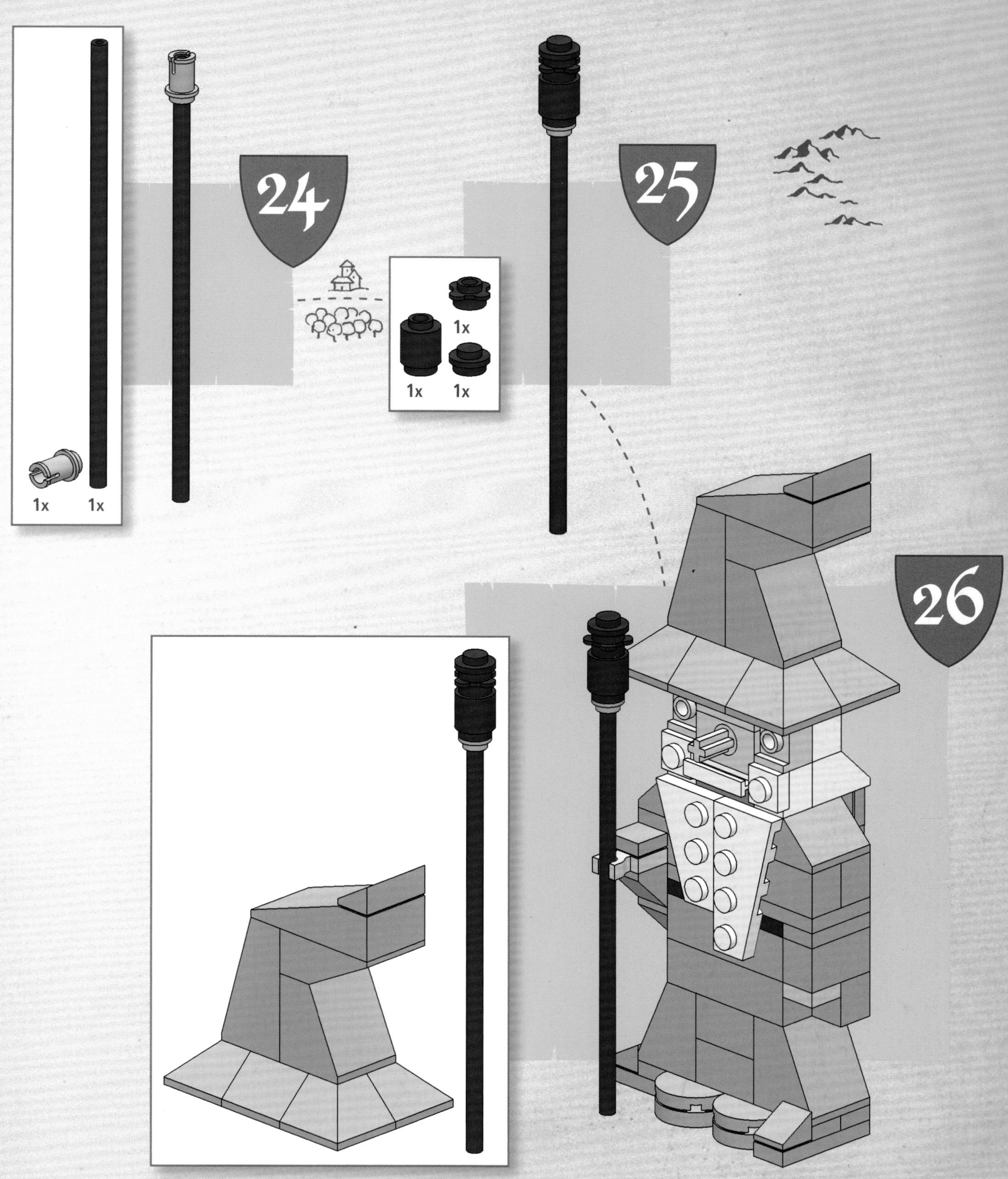
1x
1x
24
1x
1x
1x
25
26

零件清单

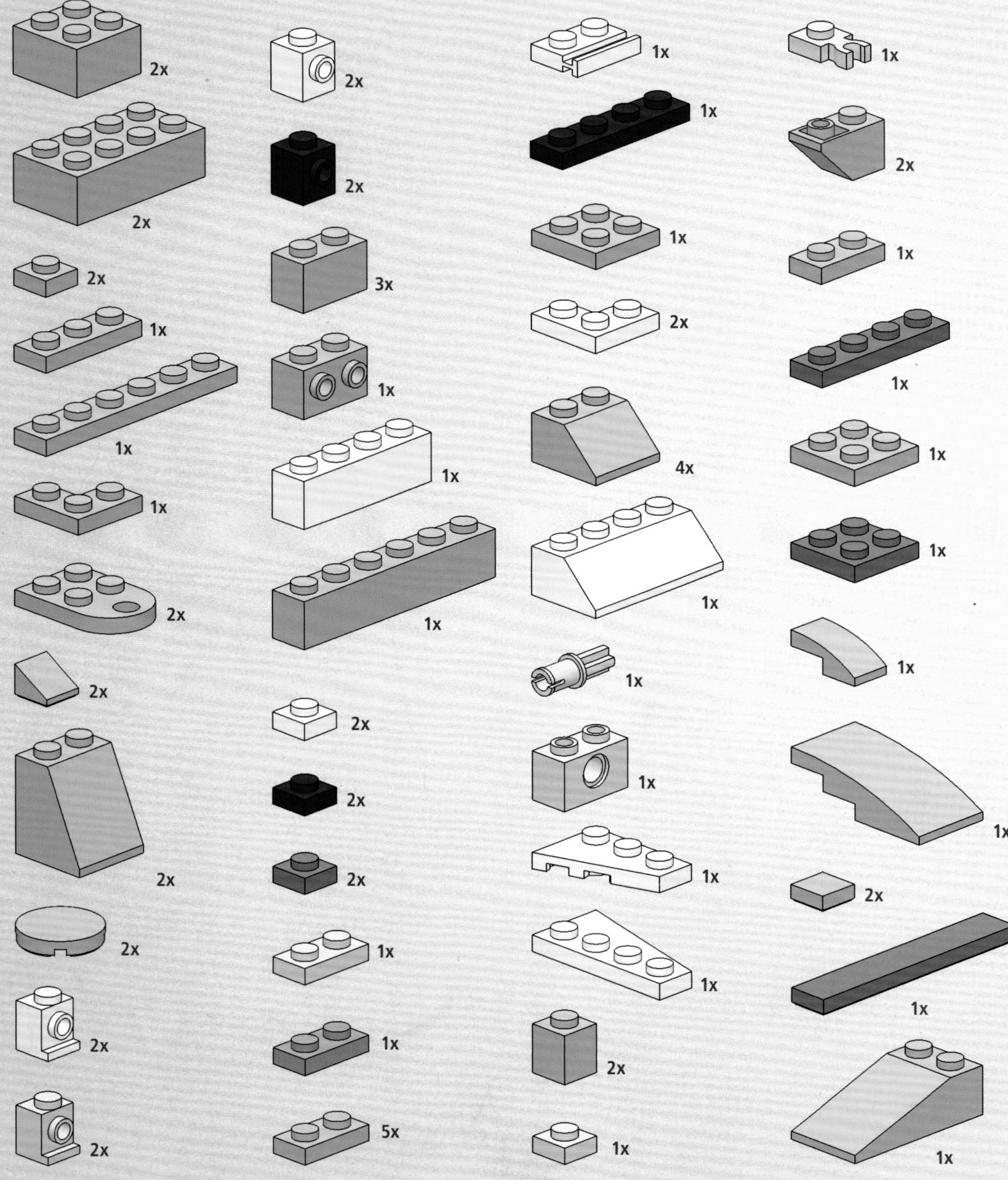
2x
2x
2x
1x
1x
1x
2x
2x
2x
2x
2x
2x
2x
2x
3x
1x
1x
1x
2x
2x
2x
1x
1x
5x
1x
1x
1x
2x
4x
1x
1x
1x
1x
1x
2x
1x
1x
2x
1x
1x
1x
1x
1x
1x
2x
1x
1x

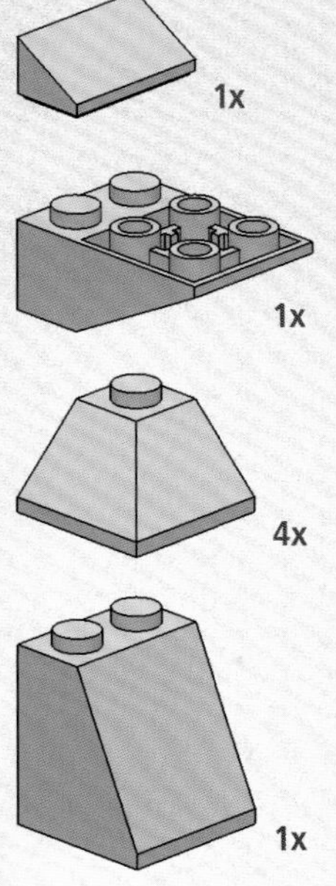

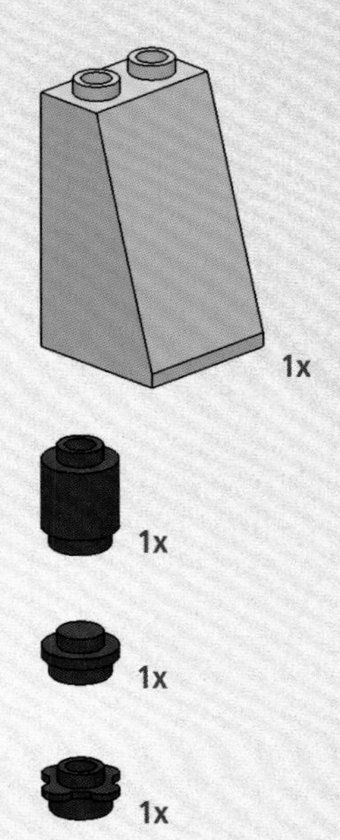

数量		颜色	零件编号	零件名称
2		浅蓝灰	3003	Brick 2 x 2
2		浅蓝灰	3001	Brick 2 x 4
2		浅蓝灰	3024	Plate 1 x 1
1		浅蓝灰	3623	Plate 1 x 3
1		浅蓝灰	3666	Plate 1 x 6
1		浅蓝灰	2420	Plate 2 x 2 Corner
2		浅蓝灰	3176	Plate 3 x 2 with Hole
2		浅蓝灰	54200	Slope Brick 31 1 x 1 x 2/3
2		浅蓝灰	3678b	Slope Brick 65 2 x 2 x 2 with Centre Tube
2		浅蓝灰	4150	Tile 2 x 2 Round with Cross Underside Stud
2		白	4070	Brick 1 x 1 with Headlight
2		米	4070	Brick 1 x 1 with Headlight
2		白	87087	Brick 1 x 1 with Stud on 1 Side
2		红棕	87087	Brick 1 x 1 with Stud on 1 Side
2		浅蓝灰	3004	Brick 1 x 2
1		浅蓝灰	11211	Brick 1 x 2 with 2 Studs on 1 Side

续表

数量		颜色	零件编号	零件名称
1		白	3010	Brick 1 x 4
1		浅蓝灰	3009	Brick 1 x 6
2		白	3024	Plate 1 x 1
2		红棕	3024	Plate 1 x 1
2		深蓝灰	3024	Plate 1 x 1
1		米	3023	Plate 1 x 2
1		卡其	3023	Plate 1 x 2
5		浅蓝灰	3023	Plate 1 x 2
1		白	32028	Plate 1 x 2 with Door Rail
1		红棕	3710	Plate 1 x 4
1		浅蓝灰	3022	Plate 2 x 2
2		白	2420	Plate 2 x 2 Corner
4		浅蓝灰	3039	Slope Brick 45 2 x 2
1		白	3037	Slope Brick 45 2 x 4
1		米	3749	Technic Axle Pin
1		米	3700	Technic Brick 1 x 2 with Hole
1		白	43722	Wing 2 x 3 Right
1		白	41770	Wing 2 x 4 Left
2		浅蓝灰	3005	Brick 1 x 1
1		米	3024	Plate 1 x 1
1		米	4085c	Plate 1 x 1 with Clip Vertical Type 3
2		浅蓝灰	3665	Slope Brick 45 2 x 1 Inverted
1		浅蓝灰	3023	Plate 1 x 2
1		深蓝灰	3710	Plate 1 x 4
1		浅蓝灰	3022	Plate 2 x 2
1		深蓝灰	3022	Plate 2 x 2
1		浅蓝灰	11477	Slope Brick Curved 2 x 1
1		浅蓝灰	93606	Slope Brick Curved 4 x 2
2		浅蓝灰	3070b	Tile 1 x 1 with Groove
1		深蓝灰	6636	Tile 1 x 6
1		浅蓝灰	30363	Slope Brick 18 4 x 2
1		浅蓝灰	85984	Slope Brick 31 1 x 2 x 0.667
1		浅蓝灰	3747b	Slope Brick 33 3 x 2 Inverted with Ribs between Studs
4		浅蓝灰	3045	Slope Brick 45 2 x 2 Double Convex
1		浅蓝灰	3678b	Slope Brick 65 2 x 2 x 2 with Centre Tube
1		浅蓝灰	3684	Slope Brick 75 2 x 2 x 3
1		红棕	3062b	Brick 1 x 1 Round with Hollow Stud
1		红棕	4073	Plate 1 x 1 Round
1		红棕	33291	Plate 1 x 1 Round with Tabs
1		红棕	71175	Technic Flex-System Hose 12L (240LDU)
1		浅蓝灰	4274	Technic Pin 1/2

欧散克塔

在这里，我们将萨鲁曼坐落在艾辛格的黑塔作为建筑模型的示范。欧散克塔作为玩家们制作建筑模型时的首选，原因很简单：黑色积木一般是乐高玩家手中最富余的颜色种类。

我们还为它设计了一个积木搭建的展示台，使其可以稳固地展示在桌子或者架子上，陈列在展示柜中也是个不错的选择。

Tim设计搭建

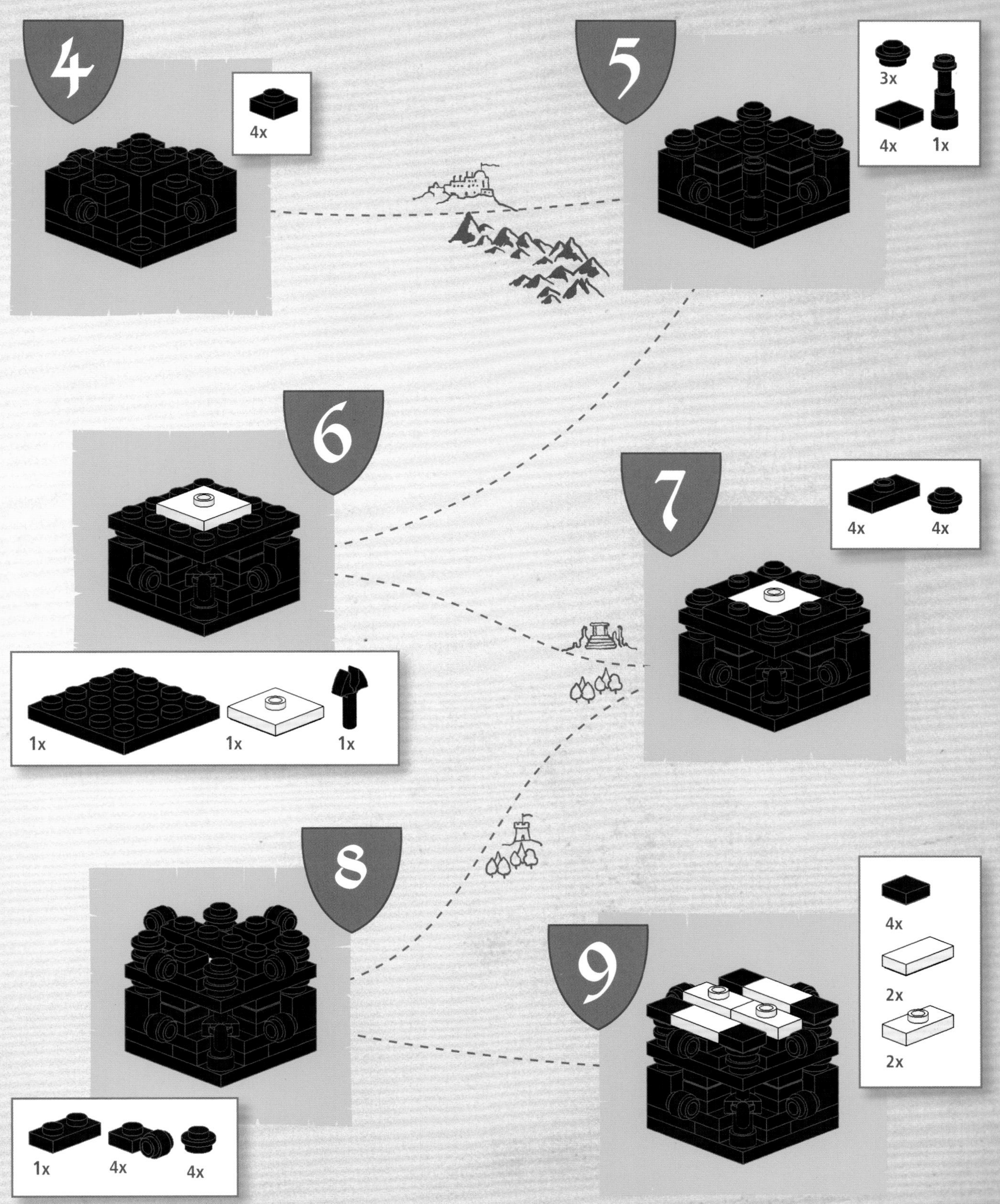
4
4x
5
3x
4x
1x
6
1x
1x
1x
7
4x
4x
8
1x
4x
4x
9
4x
2x
2x

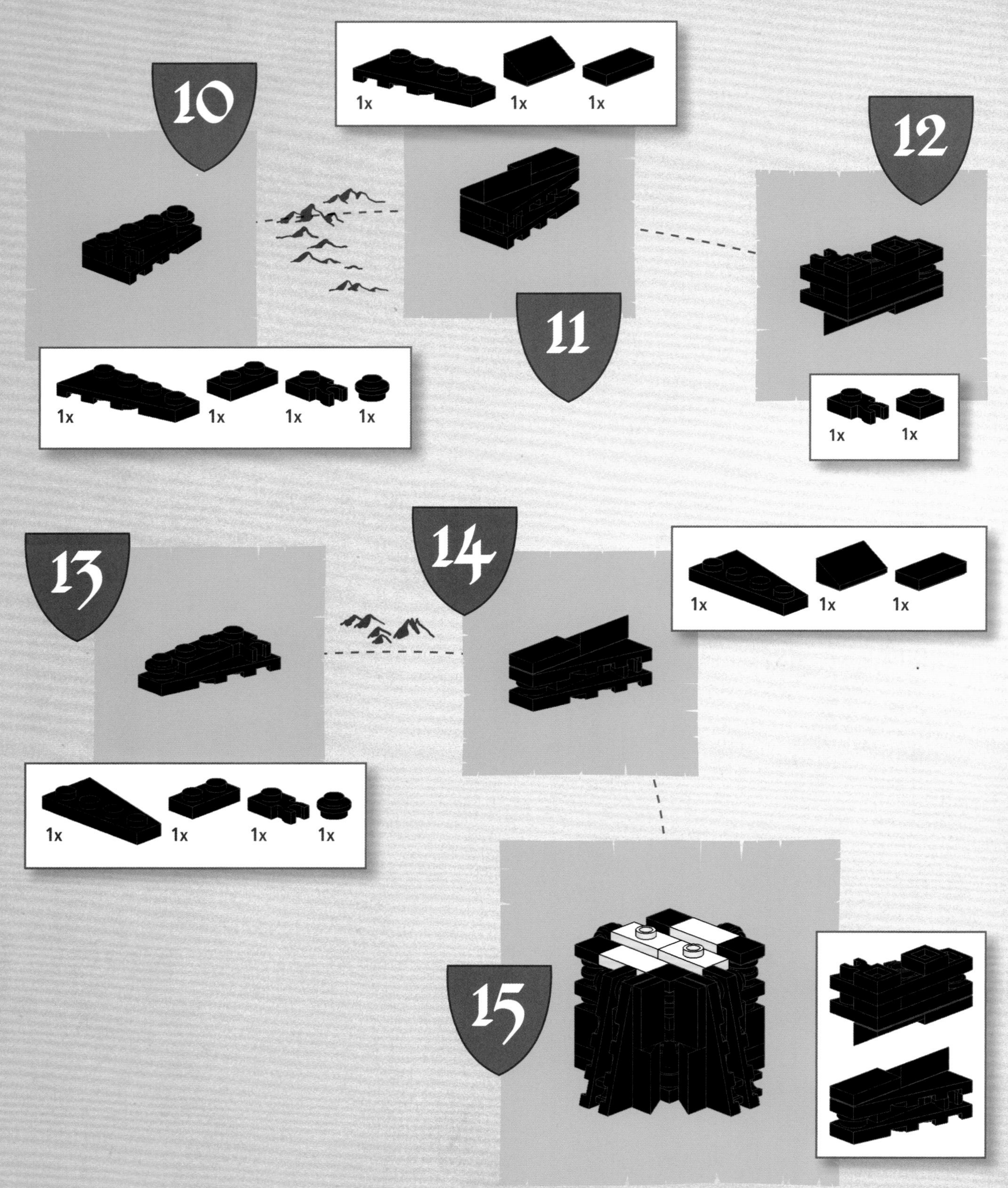
10
1x
1x
1x
1x
11
1x
1x
1x
12
1x
1x
13
1x
1x
1x
1x
14
1x
1x
1x
15

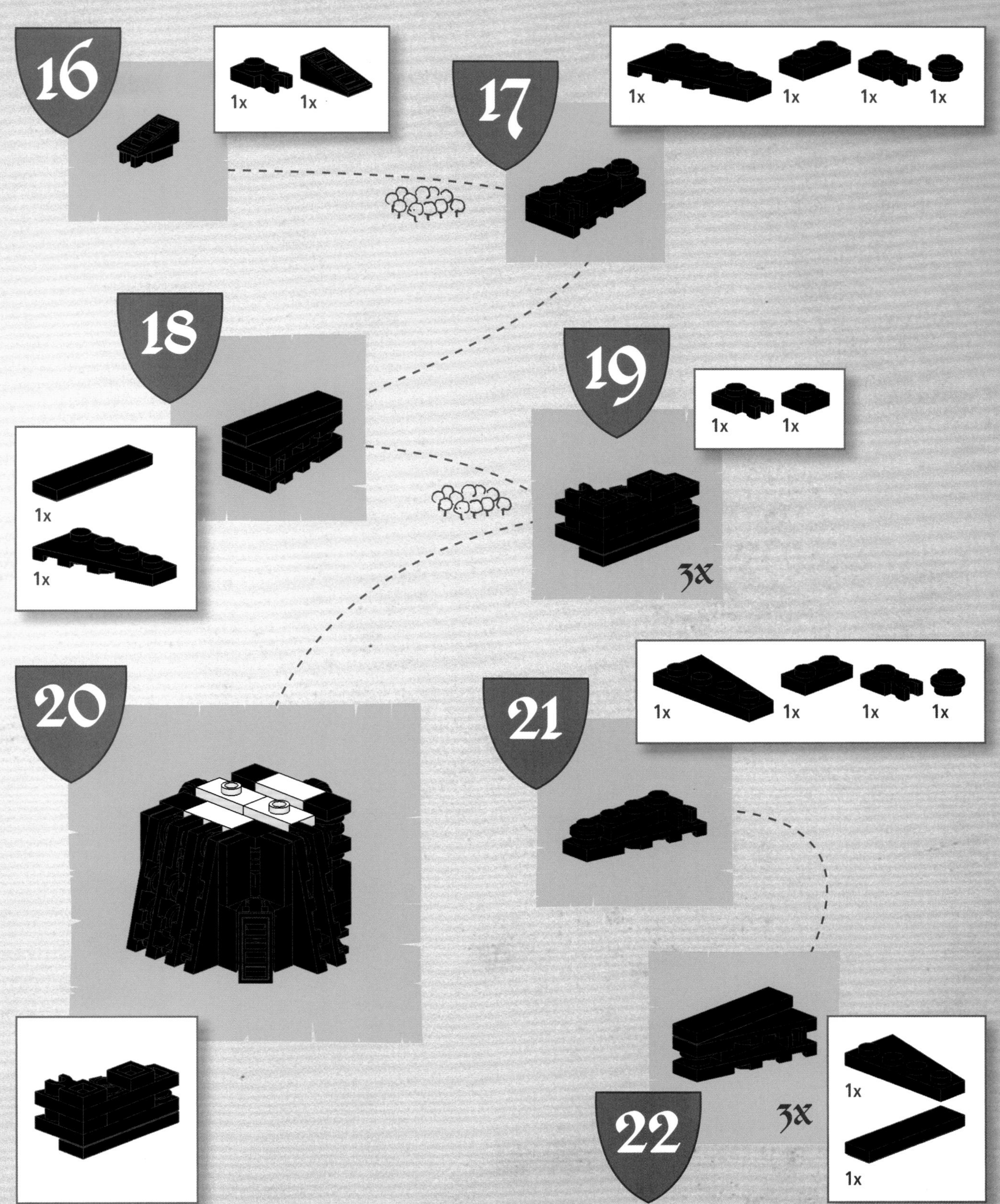
16
1x
1x
17
1x
1x
1x
1x
18
1x
1x
19
1x
1x
3x
20
21
1x
1x
1x
1x
22
3x
1x
1x

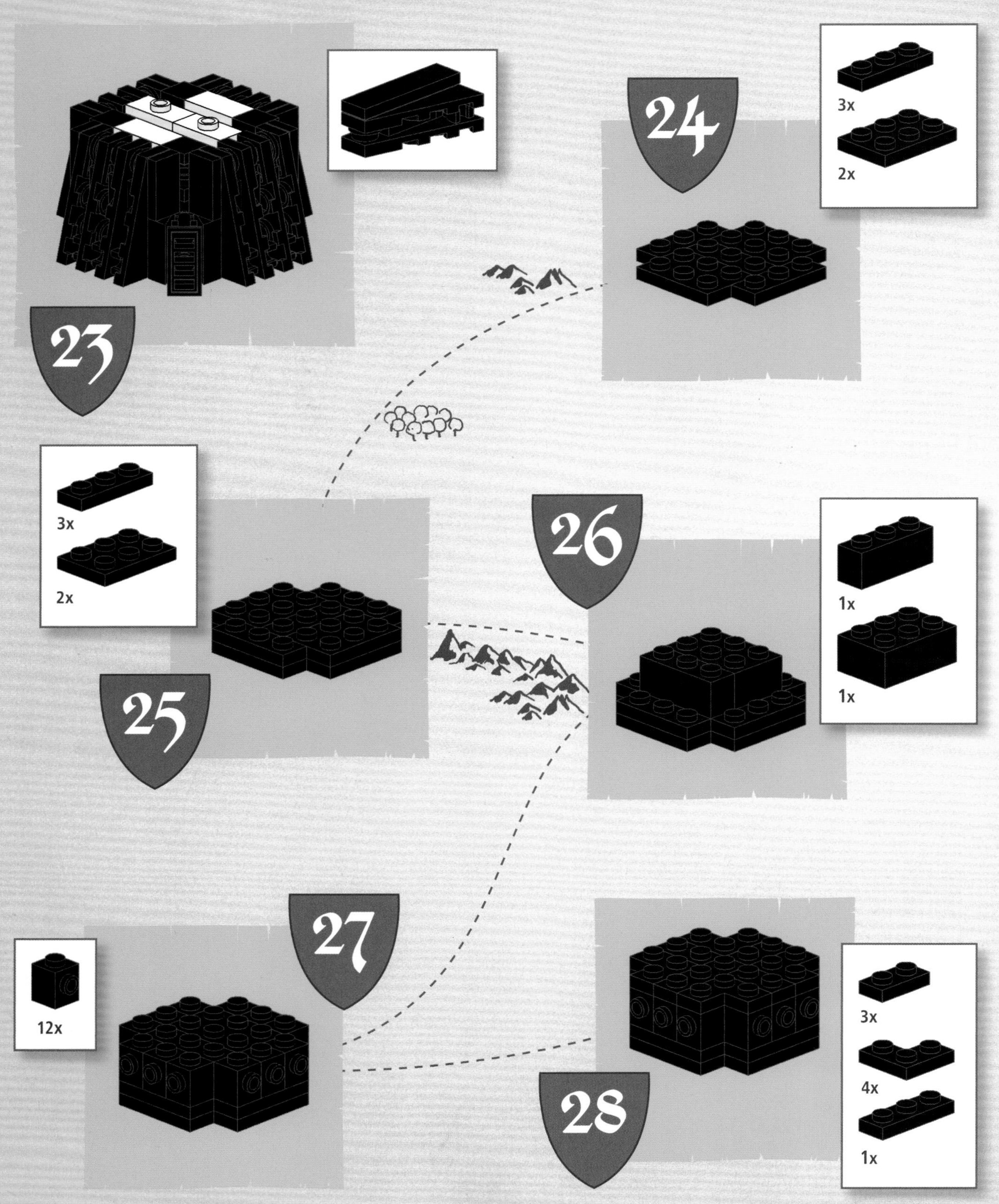
23
24
3x
2x
3x
2x
25
26
1x
1x
27
12x
28
3x
4x
1x

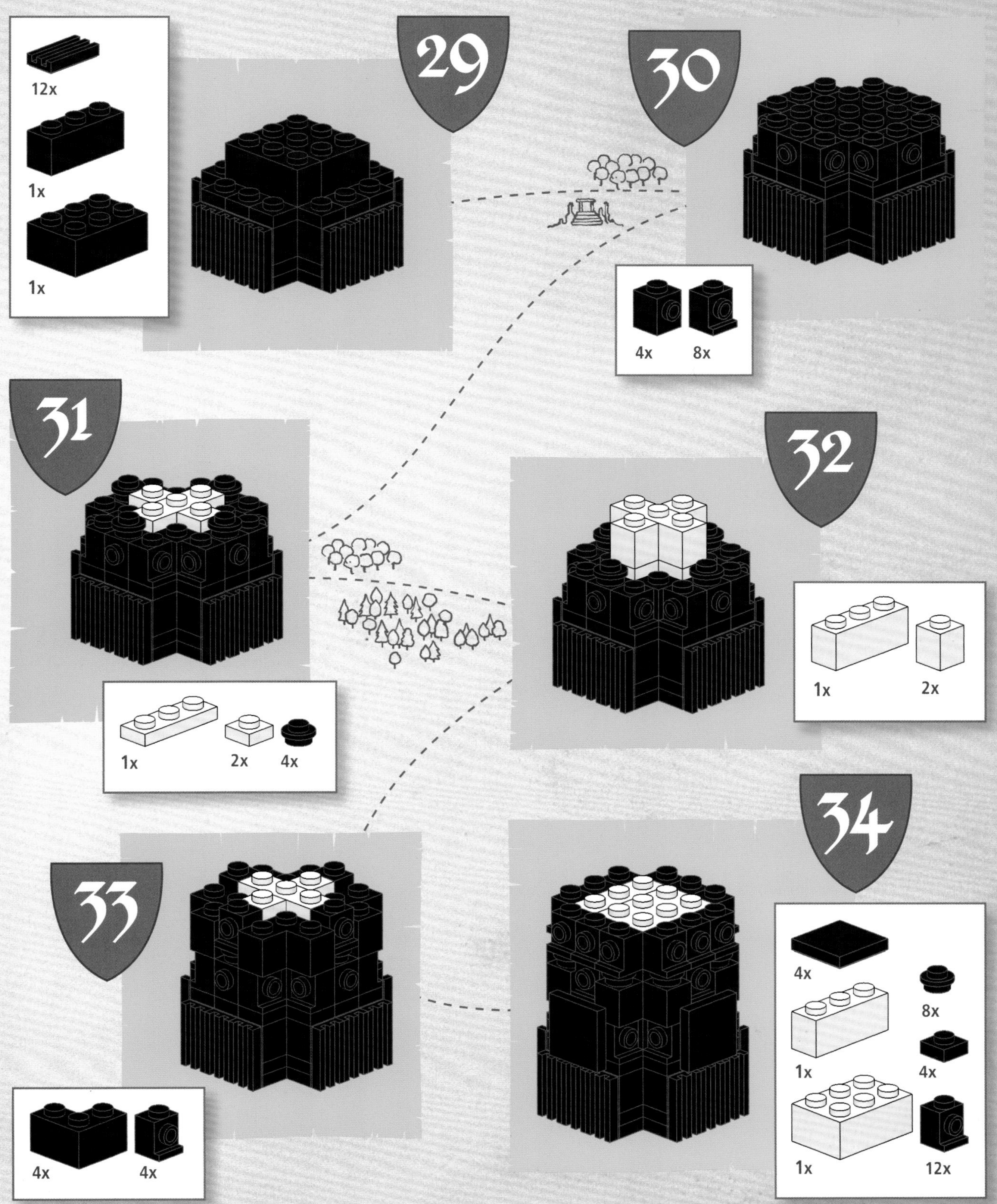
29
12x
1x
1x
30
4x
8x
31
1x
2x
4x
32
1x
2x
33
4x
4x
34
4x
8x
1x
4x
1x
12x

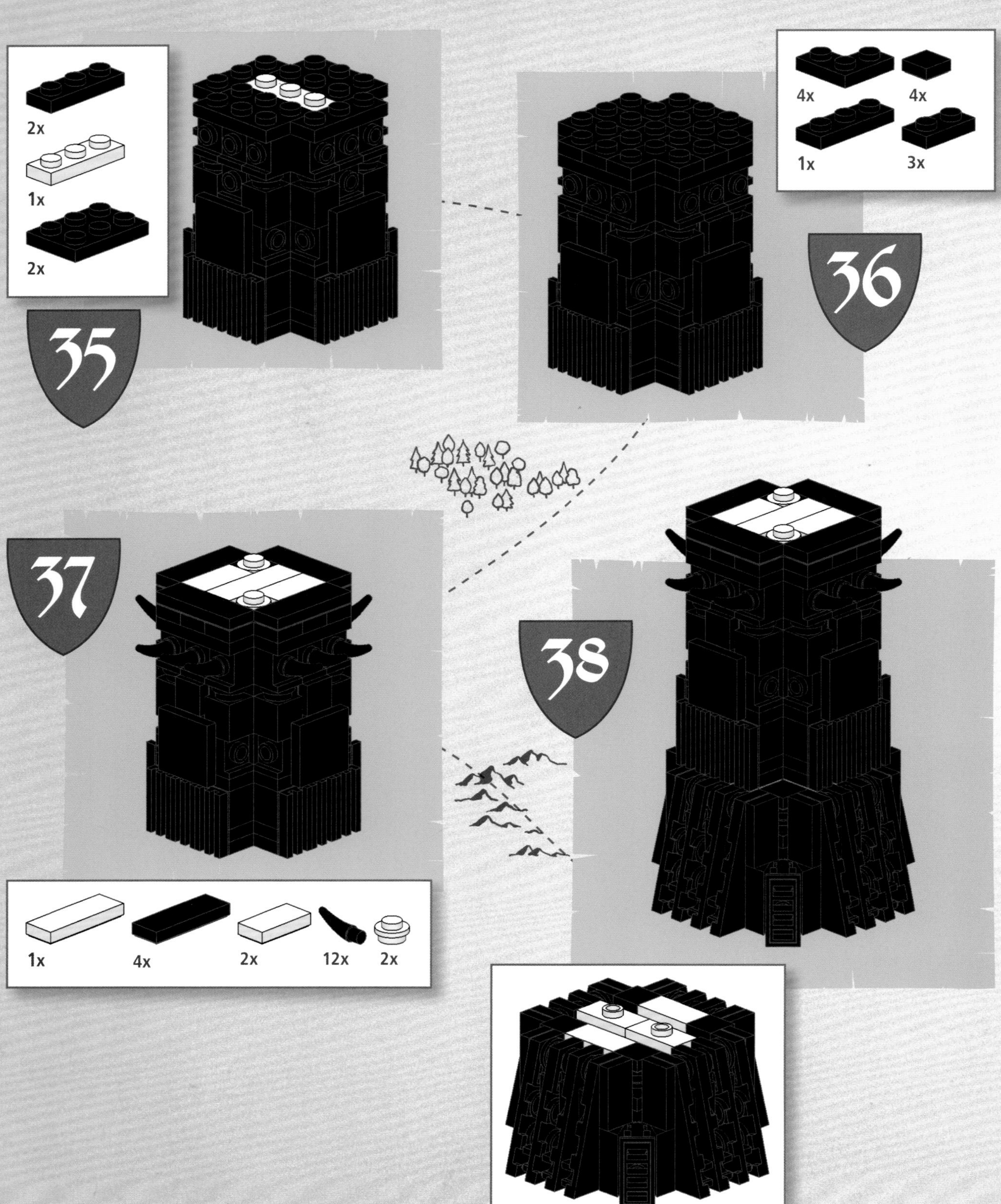
2x
1x
2x
35
4x
4x
1x
3x
36
37
38
1x
4x
2x
12x
2x

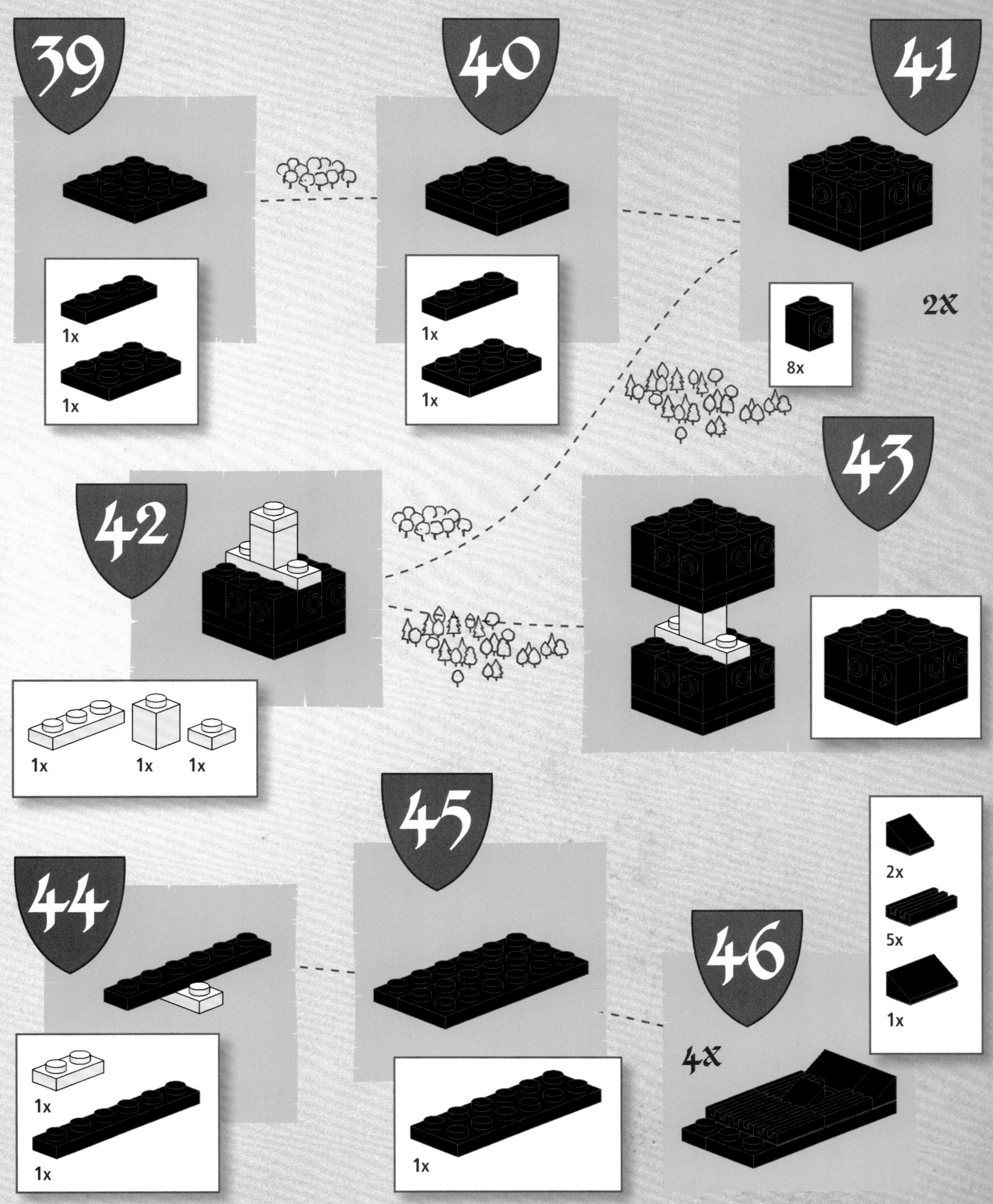
39
1x
1x
40
1x
1x
41
2x
8x
42
1x
1x
1x
43
44
1x
1x
45
1x
46
4x
2x
5x
1x

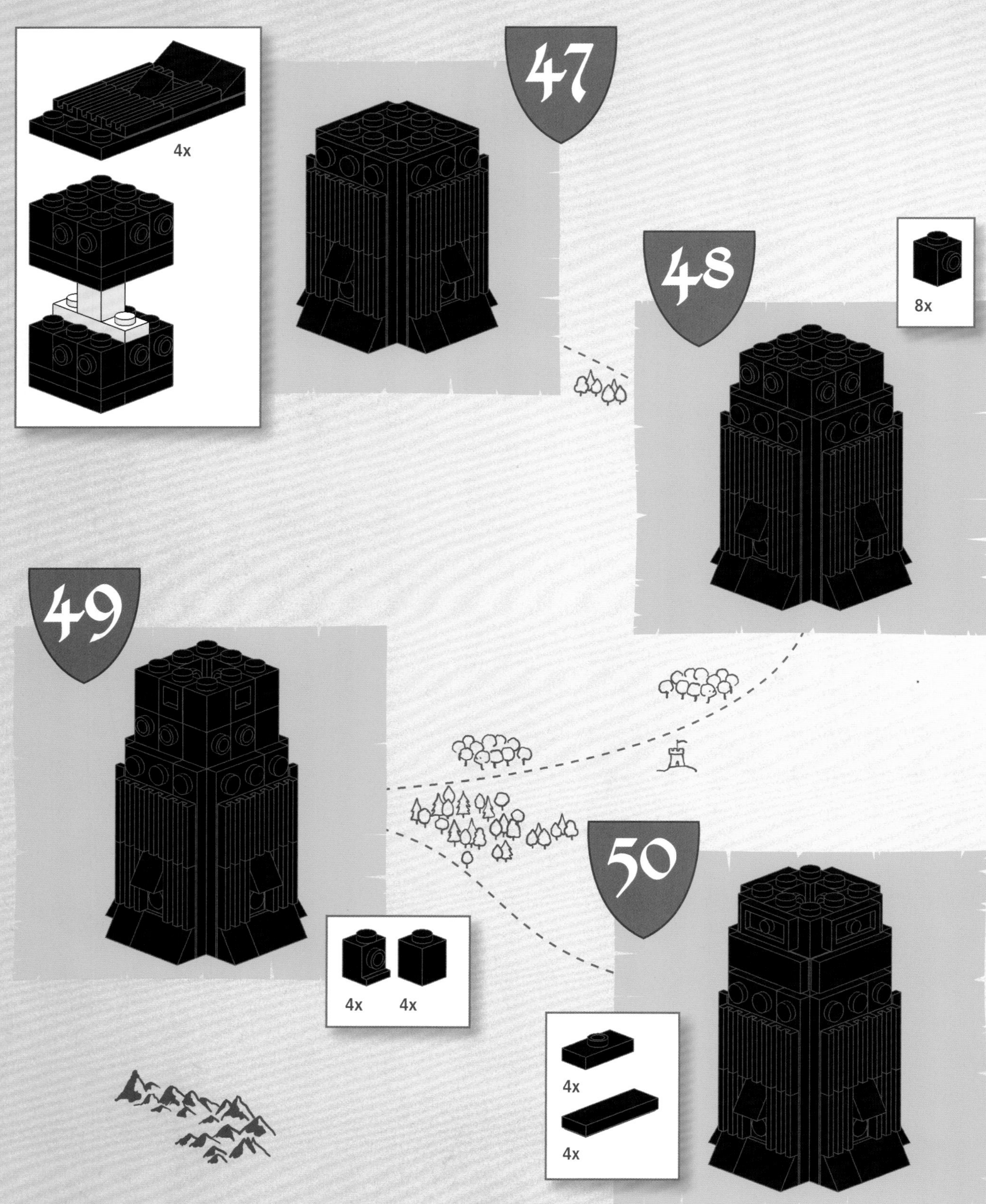
4x
47
48
8x
49
4x
4x
50
4x
4x

得益于易拆卸的模块设计，这座高塔可以被轻松地拆开。

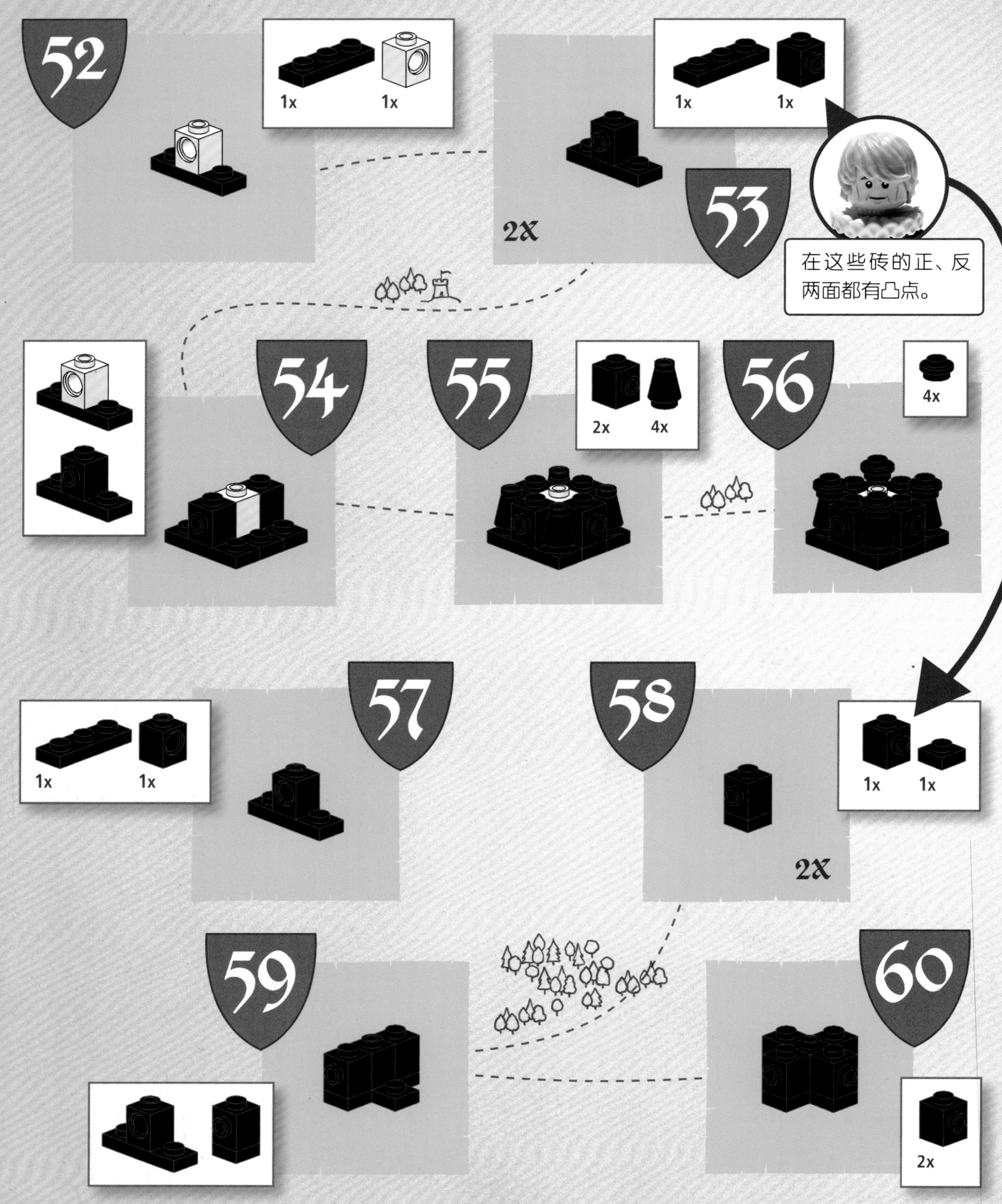
52
1x
1x
2X
53
1x
1x
在这些砖的正、反两面都有凸点。
54
55
2x
4x
56
4x
57
1x
1x
58
2X
1x
1x
59
60
2x

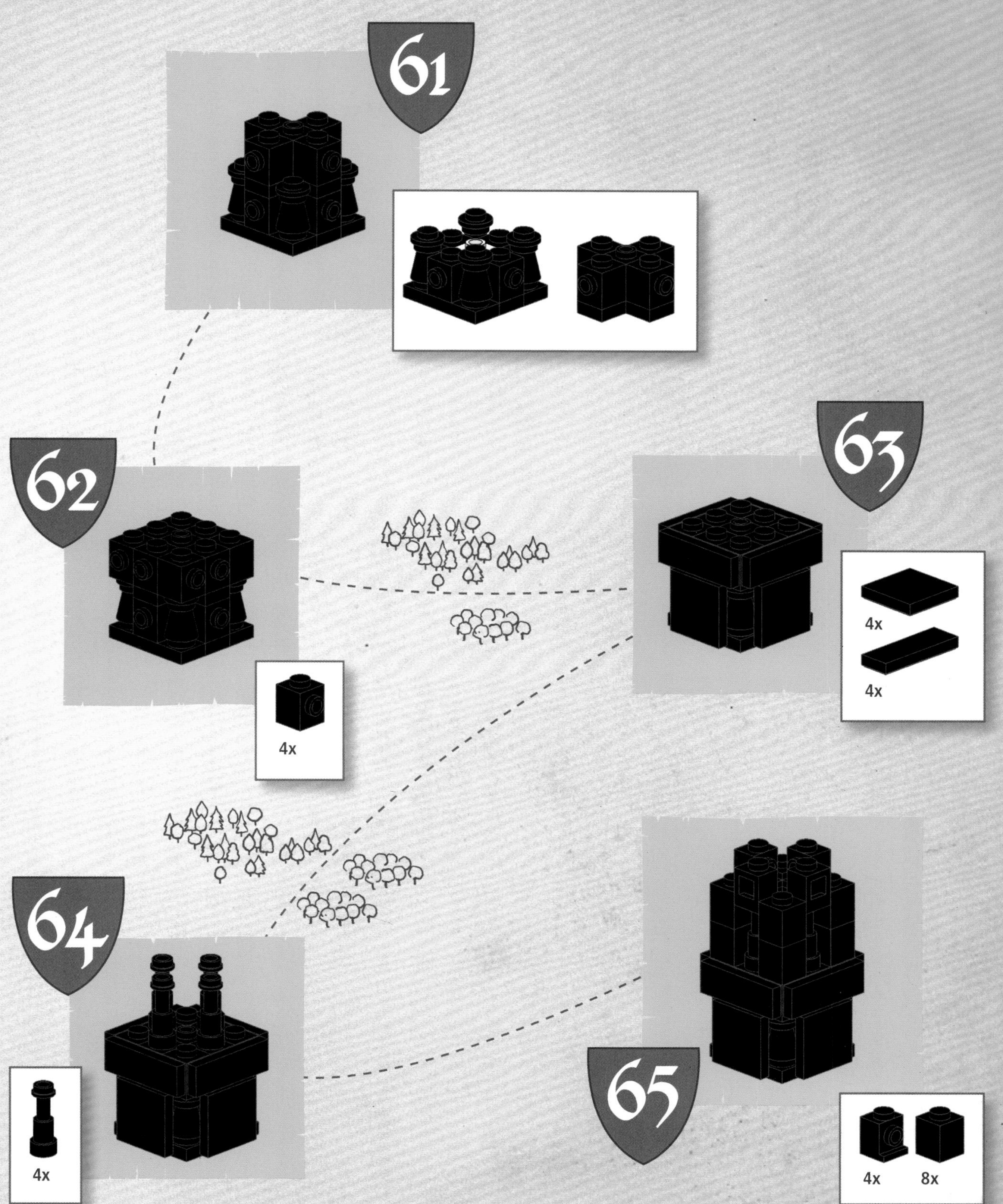
61
62
4x
63
4x
4x
64
4x
65
4x
8x

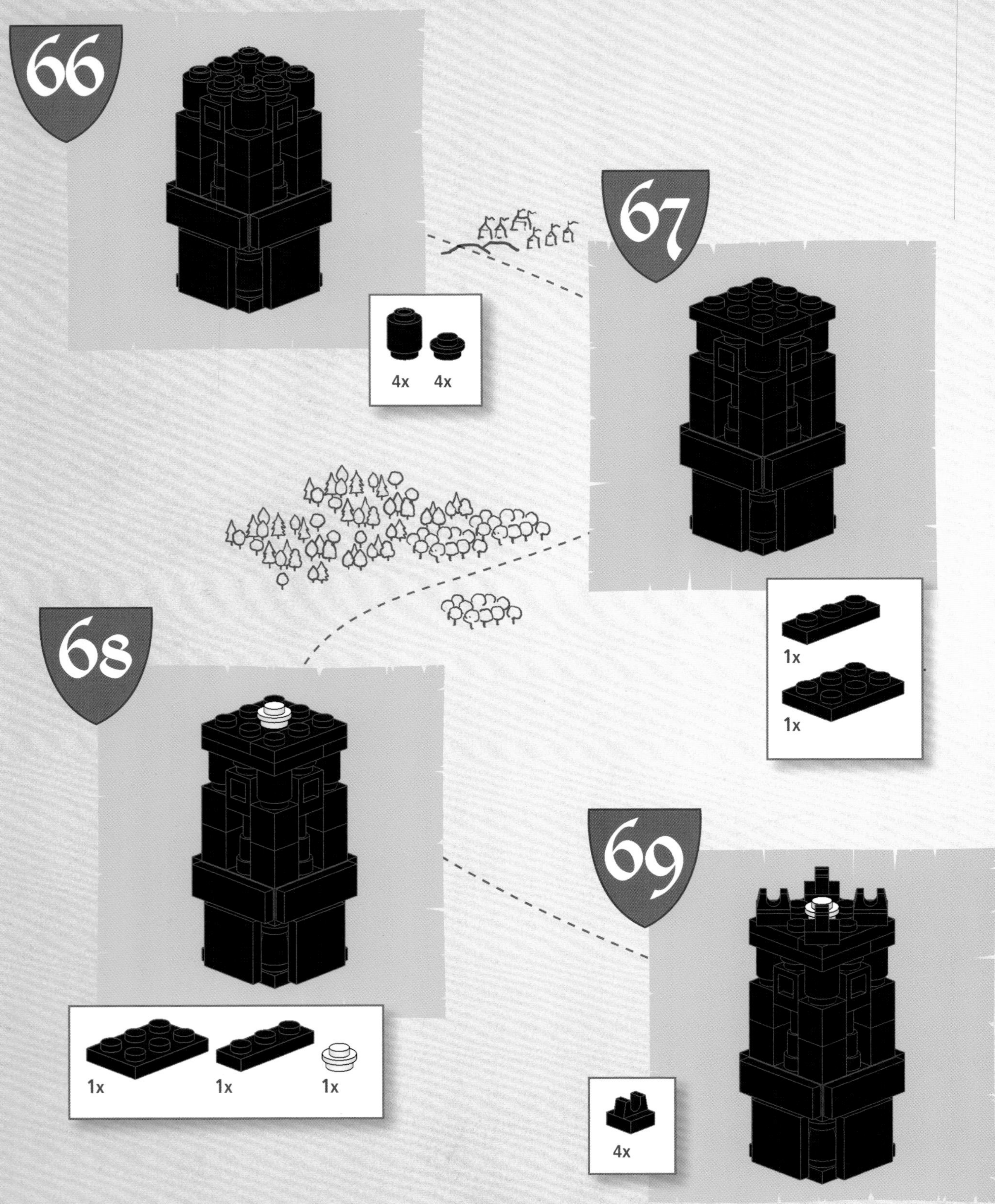
66
4x
4x
67
1x
1x
68
1x
1x
1x
69
4x

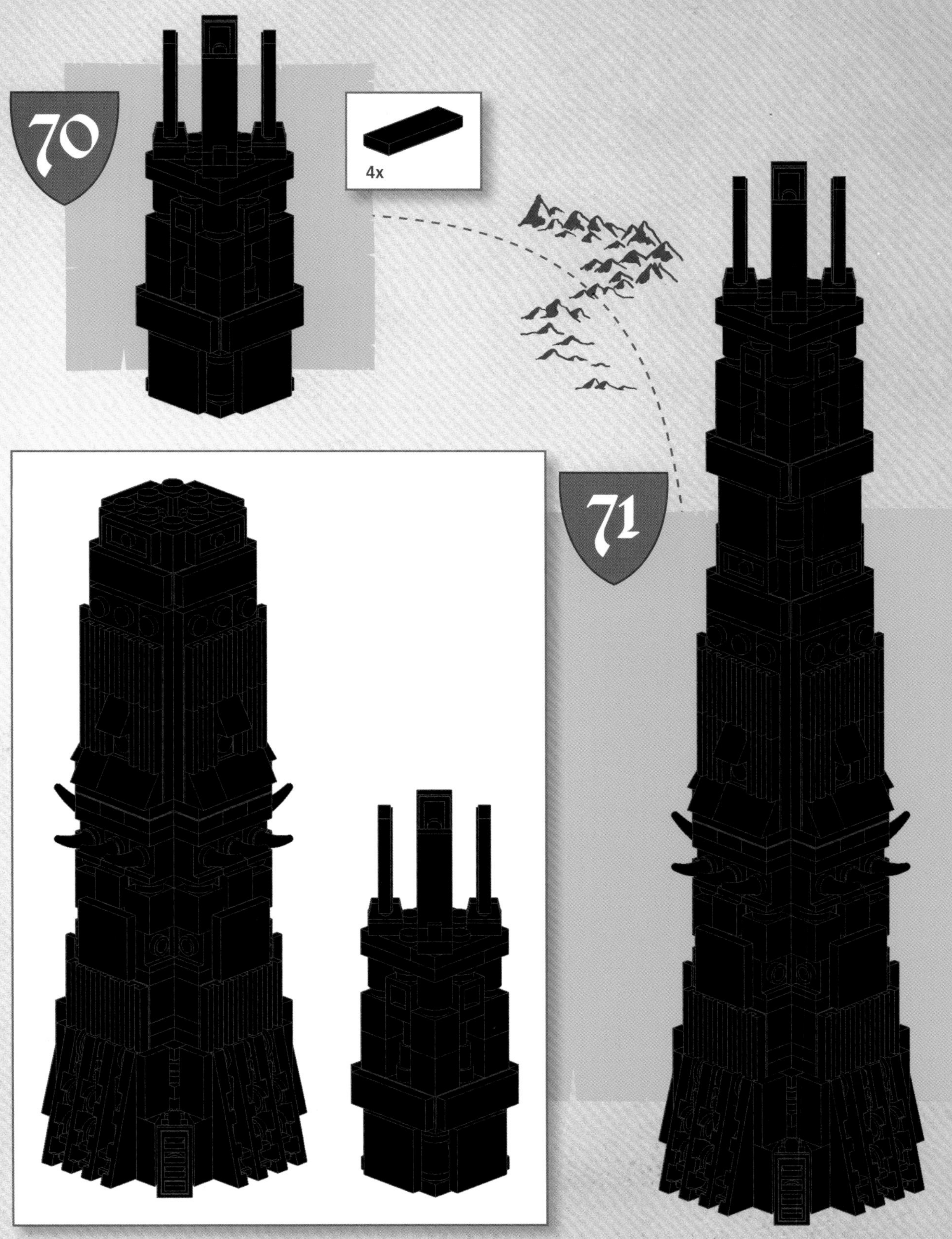
70
4x
71

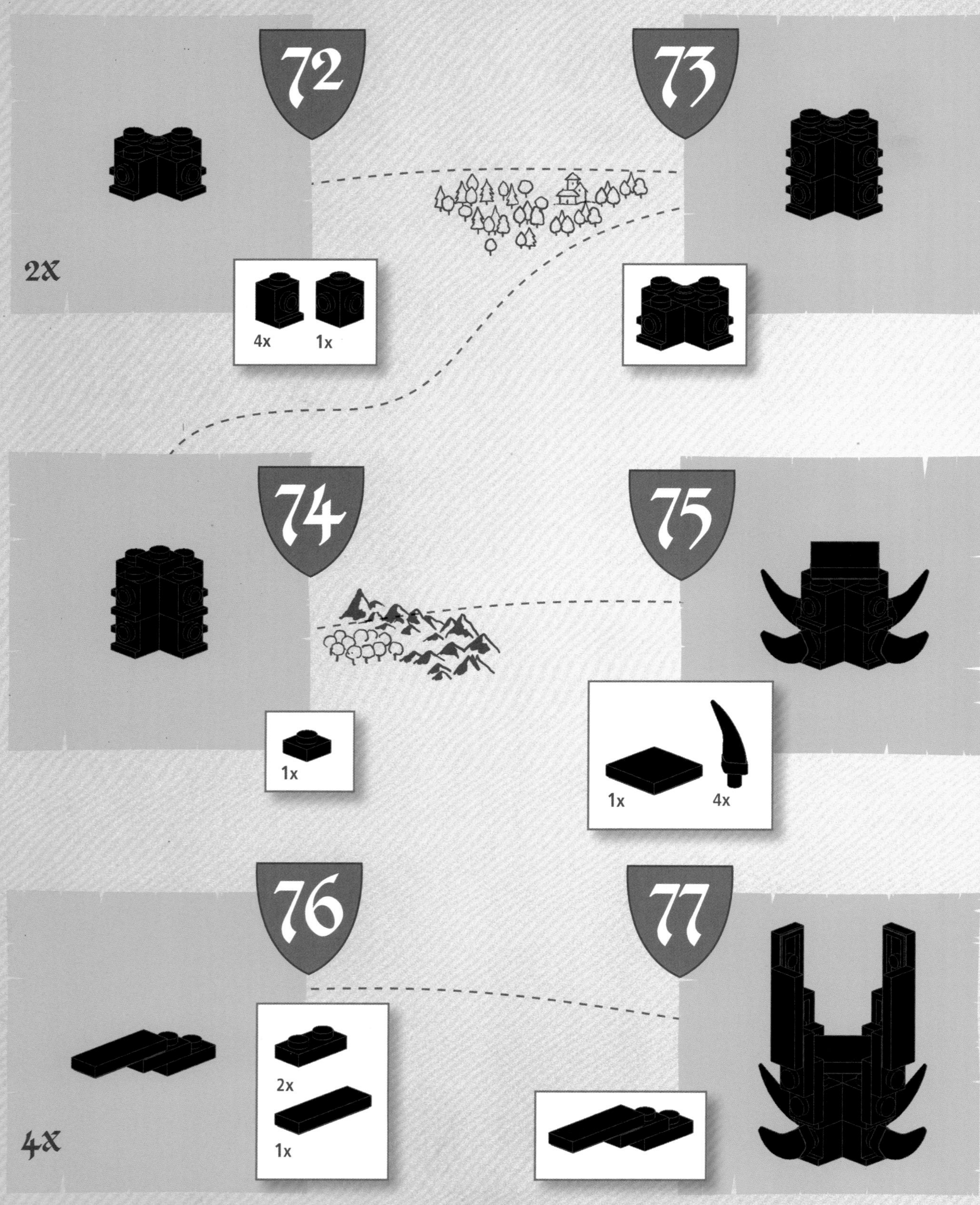
72
2x
4x
1x
73
74
1x
75
1x
4x
76
4x
2x
1x
77

78

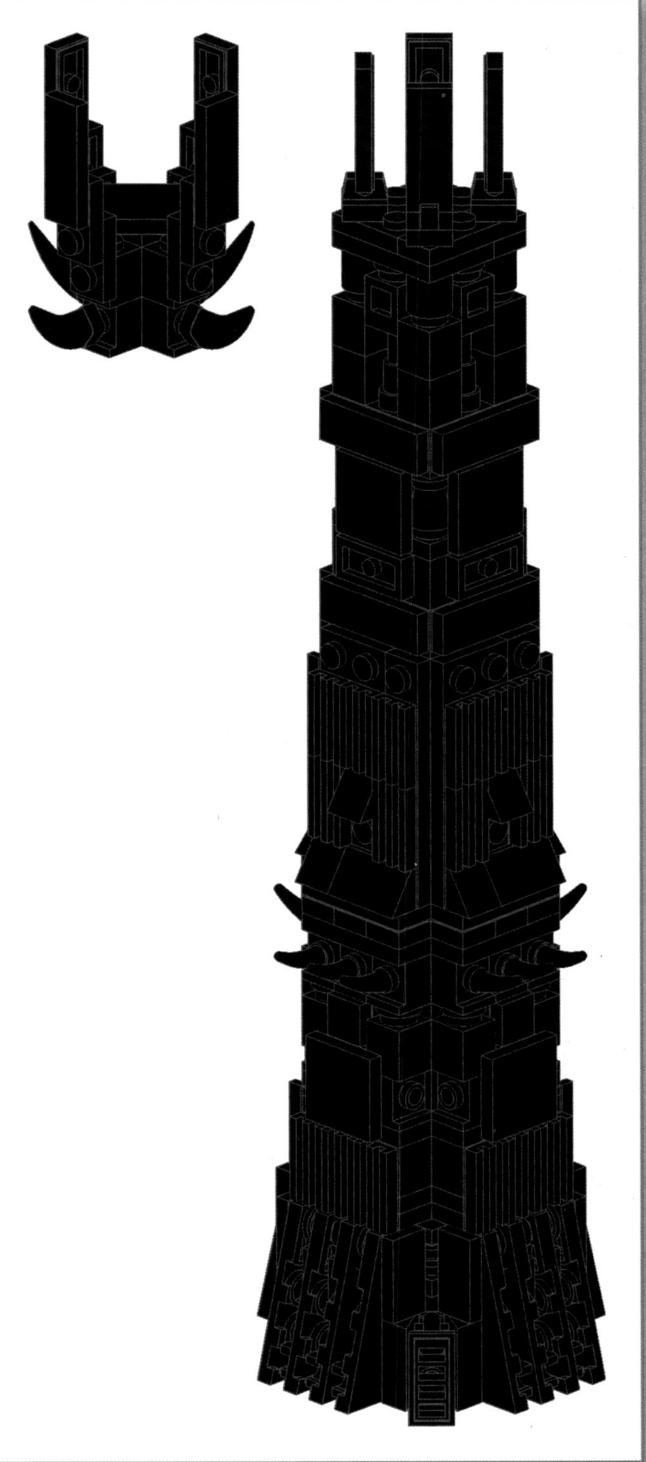

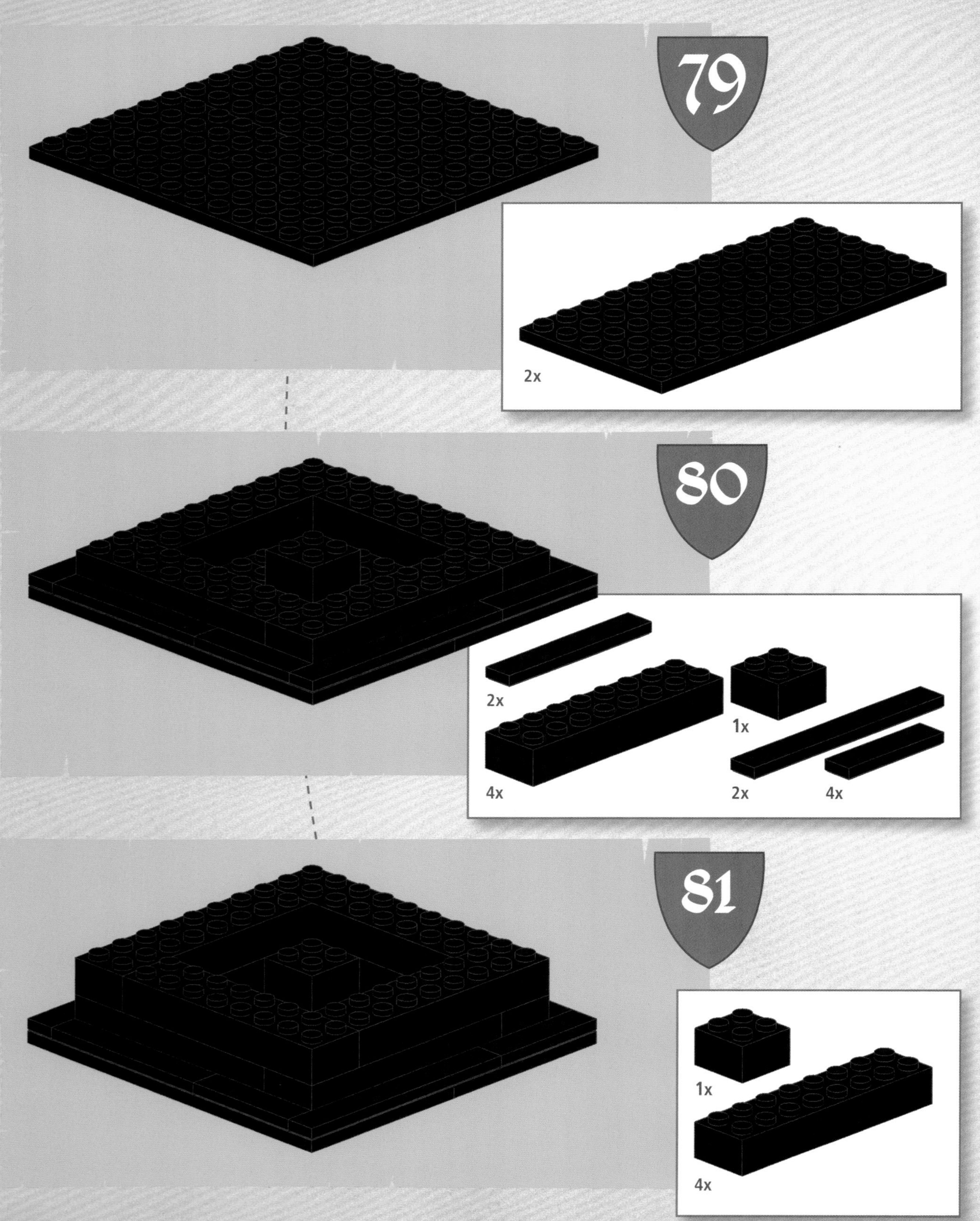
79
2x
80
2x
1x
4x
2x
4x
81
1x
4x

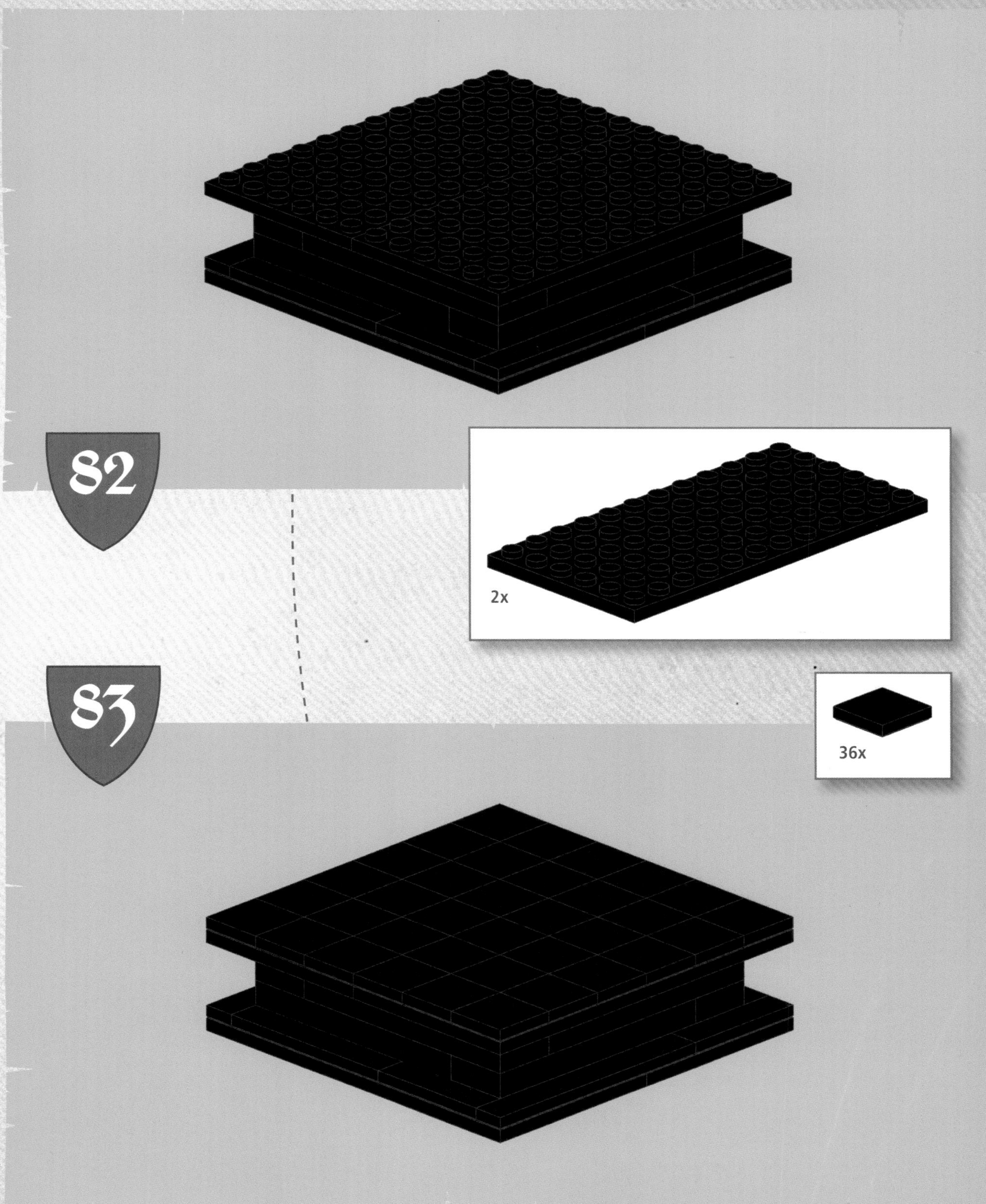
82
2x
83
36x

84
非常适合在柜子中
或者桌子上展示。

零件清单

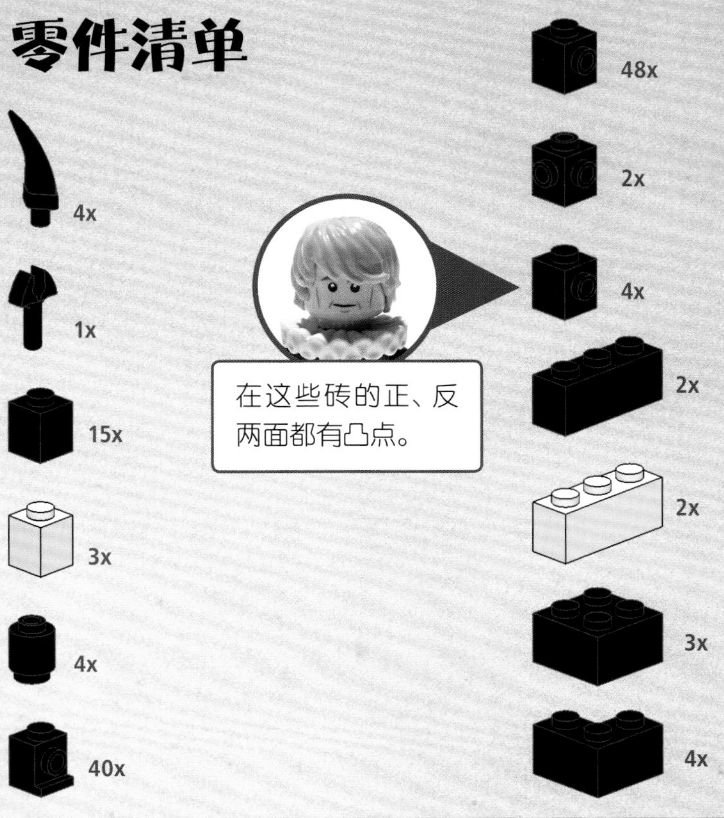

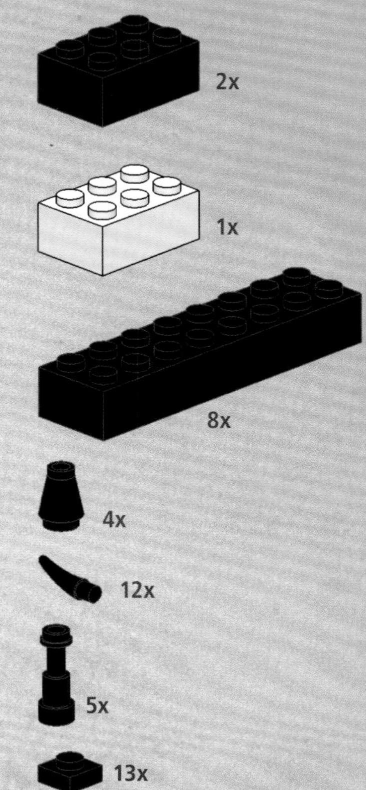

数量		颜色	零件编号	零件名称
4		黑	87747	Bar 0.5L with Curved Blade 2L
1		黑	48729	Bar 1.5L with Clip
15		黑	3005	Brick 1 x 1
3		白	3005	Brick 1 x 1
4		黑	3062b	Brick 1 x 1 Round with Hollow Stud
40		黑	4070	Brick 1 x 1 with Headlight
48		黑	87087	Brick 1 x 1 with Stud on 1 Side
2		黑	4733	Brick 1 x 1 with Studs on 4 Sides
4		黑	47905	Brick 1 x 1 with Studs on 2 Opposite Sides
2		黑	3622	Brick 1 x 3
2		白	3622	Brick 1 x 3
3		黑	3003	Brick 2 x 2
4		黑	2357	Brick 2 x 2 Corner
2		黑	3002	Brick 2 x 3
1		白	3002	Brick 2 x 3
8		黑	3007	Brick 2 x 8
4		黑	4589	Cone 1 x 1
12		黑	88513	Minifig Helmet Viking Horn
5		黑	64644	Minifig Telescope
13		黑	3024	Plate 1 x 1

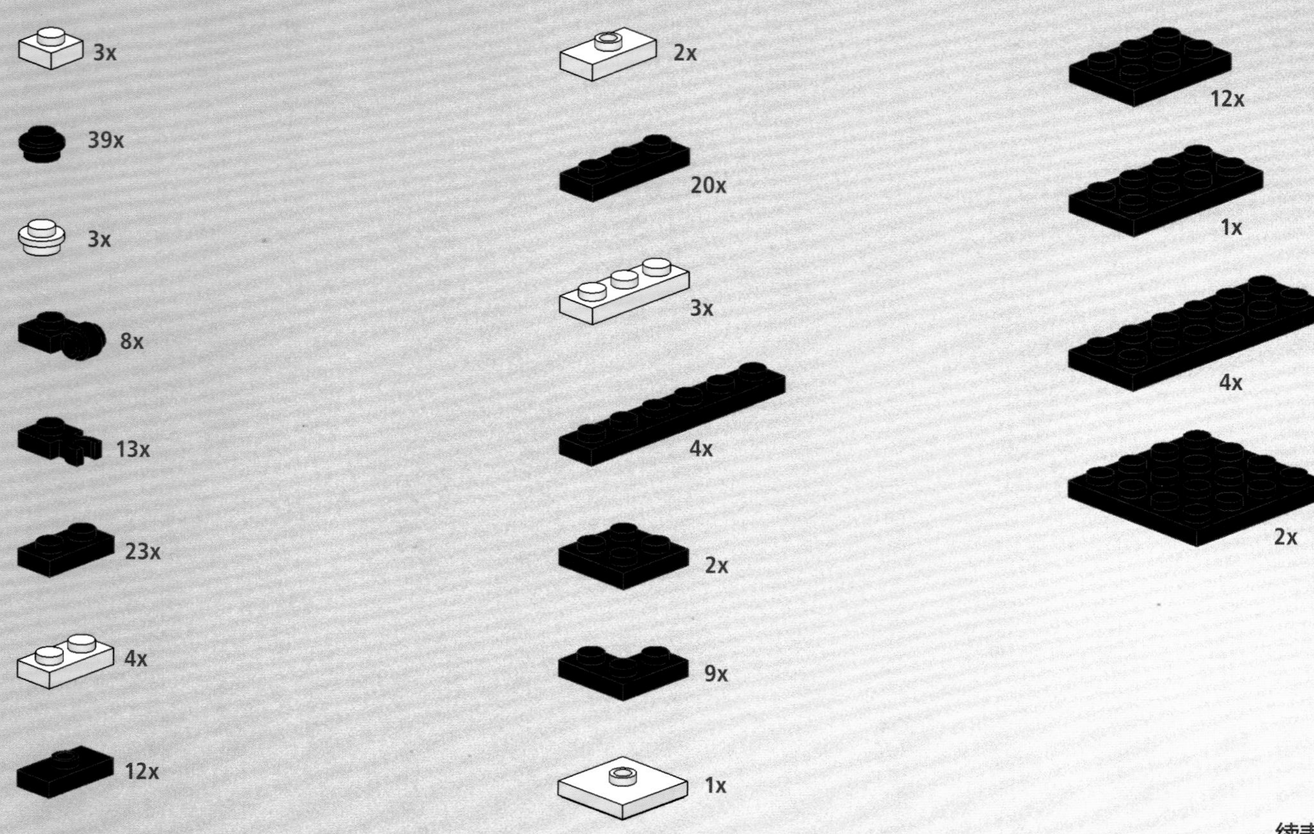

续表

数量		颜色	零件编号	零件名称
3		白	3024	Plate 1 x 1
39		黑	4073	Plate 1 x 1 Round
3		白	4073	Plate 1 x 1 Round
8		黑	4081b	Plate 1 x 1 with Clip Light Type 2
13		黑	4085c	Plate 1 x 1 with Clip Vertical Type 3
23		黑	3023	Plate 1 x 2
4		白	3023	Plate 1 x 2
12		黑	3794a	Plate 1 x 2 without Groove with 1 Centre Stud
2		白	3794a	Plate 1 x 2 without Groove with 1 Centre Stud
20		黑	3623	Plate 1 x 3
3		白	3623	Plate 1 x 3
4		黑	3666	Plate 1 x 6
2		黑	3022	Plate 2 x 2
9		黑	2420	Plate 2 x 2 Corner
1		白	87580	Plate 2 x 2 with Groove with 1 Center Stud
12		黑	3021	Plate 2 x 3
1		黑	3020	Plate 2 x 4
4		黑	3795	Plate 2 x 6
2		黑	3031	Plate 4 x 4

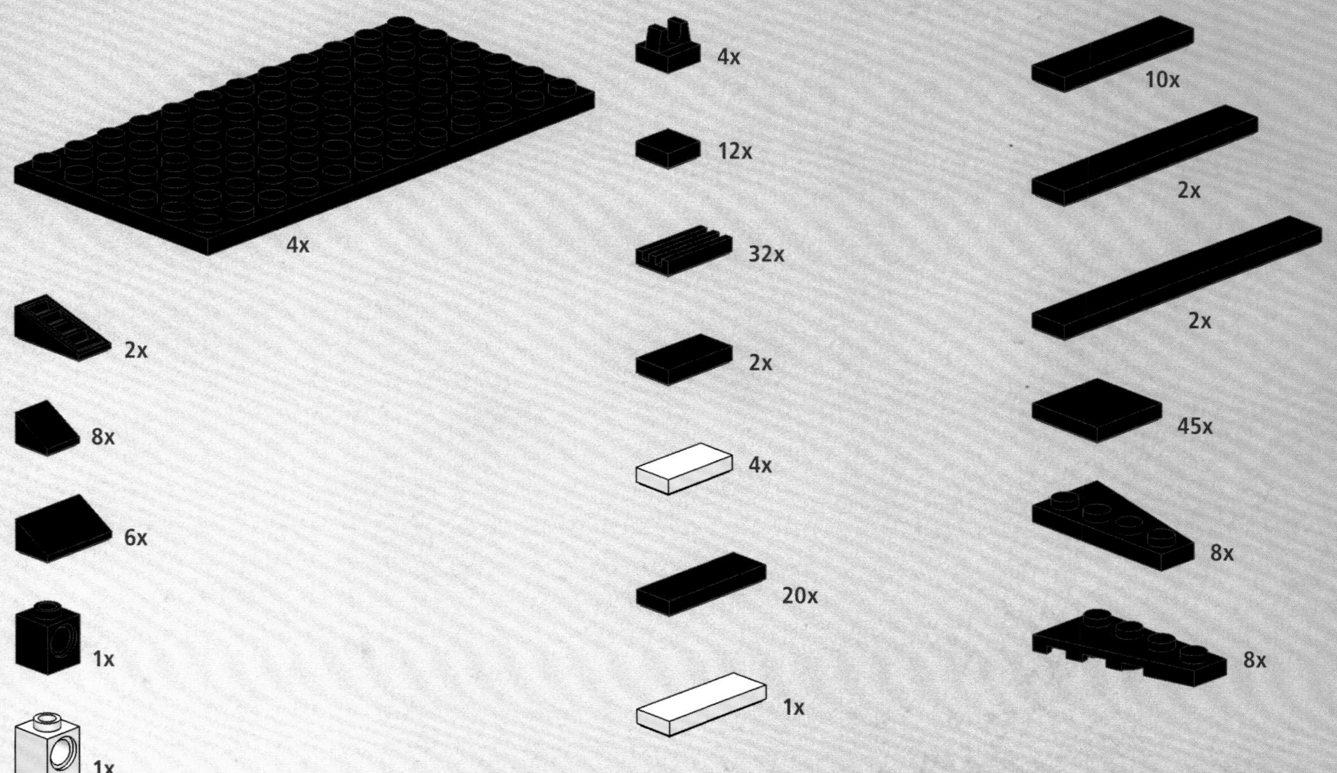

续表

数量		颜色	零件编号	零件名称
4		黑	3028	Plate 6 x 12
2		黑	61409	Slope Brick 18 2 x 1 x 2/3 Grille
8		黑	54200	Slope Brick 31 1 x 1 x 2/3
6		黑	85984	Slope Brick 31 1 x 2 x 2/3
1		黑	6541	Technic Brick 1 x 1 with Hole
1		白	6541	Technic Brick 1 x 1 with Hole
4		黑	2555	Tile 1 x 1 with Clip
12		黑	3070b	Tile 1 x 1 with Groove
32		黑	2412b	Tile 1 x 2 Grille with Groove
2		黑	3069b	Tile 1 x 2 with Groove
4		白	3069b	Tile 1 x 2 with Groove
20		黑	63864	Tile 1 x 3 with Groove
1		白	63864	Tile 1 x 3 with Groove
10		黑	2431	Tile 1 x 4 with Groove
2		黑	6636	Tile 1 x 6
2		黑	4162	Tile 1 x 8
45		黑	3068b	Tile 2 x 2 with Groove
8		黑	41770	Wing 2 x 4 Left
8		黑	41769	Wing 2 x 4 Right

骑士对决

在看完我们的决斗场景之后，我想你一定会懂得为什么我们会如此享受搭建的过程。桌游系列人仔的尺寸总体上来说是很吸引人眼球的，不用再配上很多的零件，你就可以搭建出一个更大的场景。

不过，在制作出披着华丽战袍的骑士和他的骏马之前，我们还是要费一些心思的。另外，相比在建造指南中的骑士版本，你会在全景图中发现一个例外，有一个骑士的头部是由积木搭建而成的。

Joe设计搭建

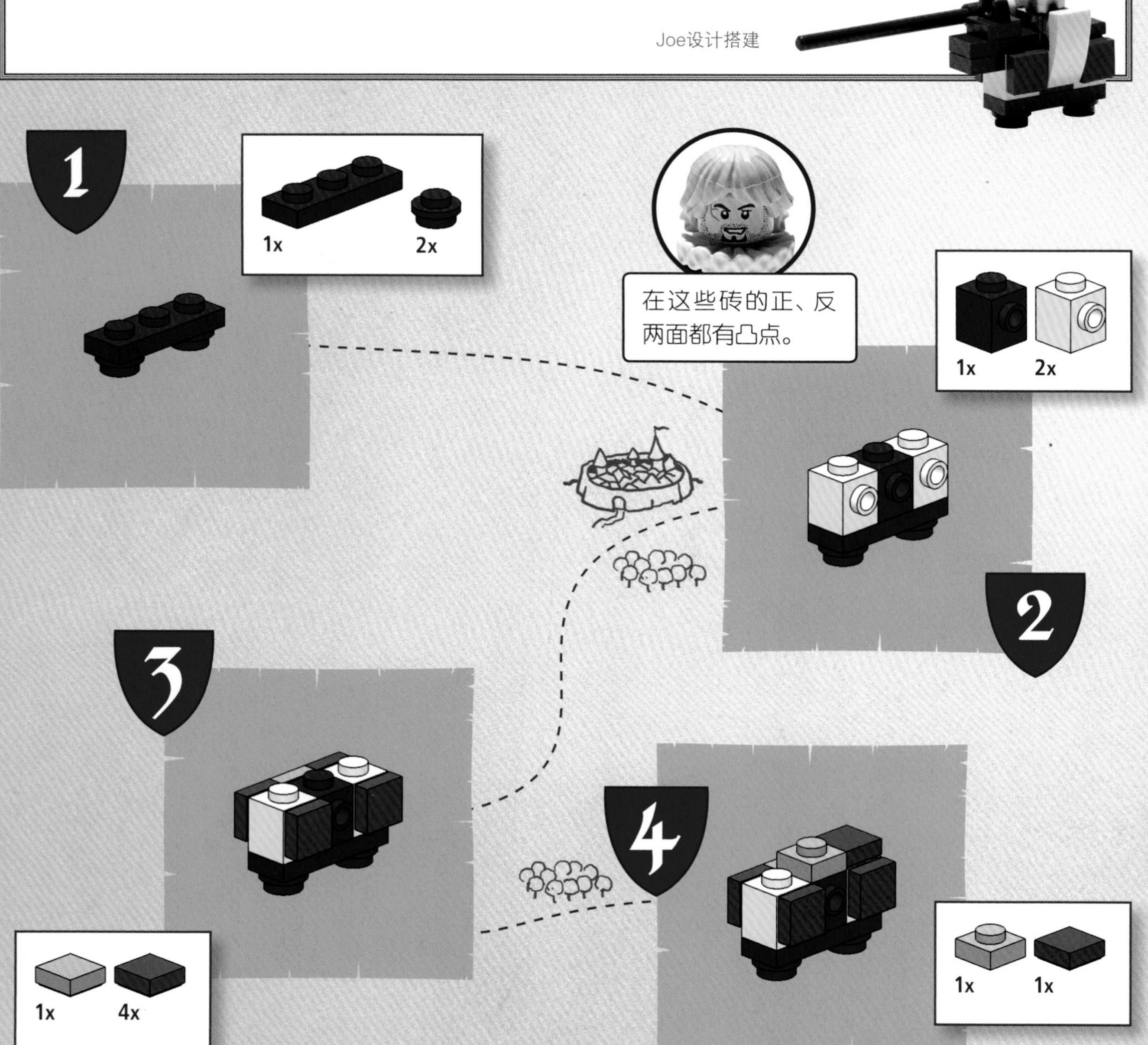

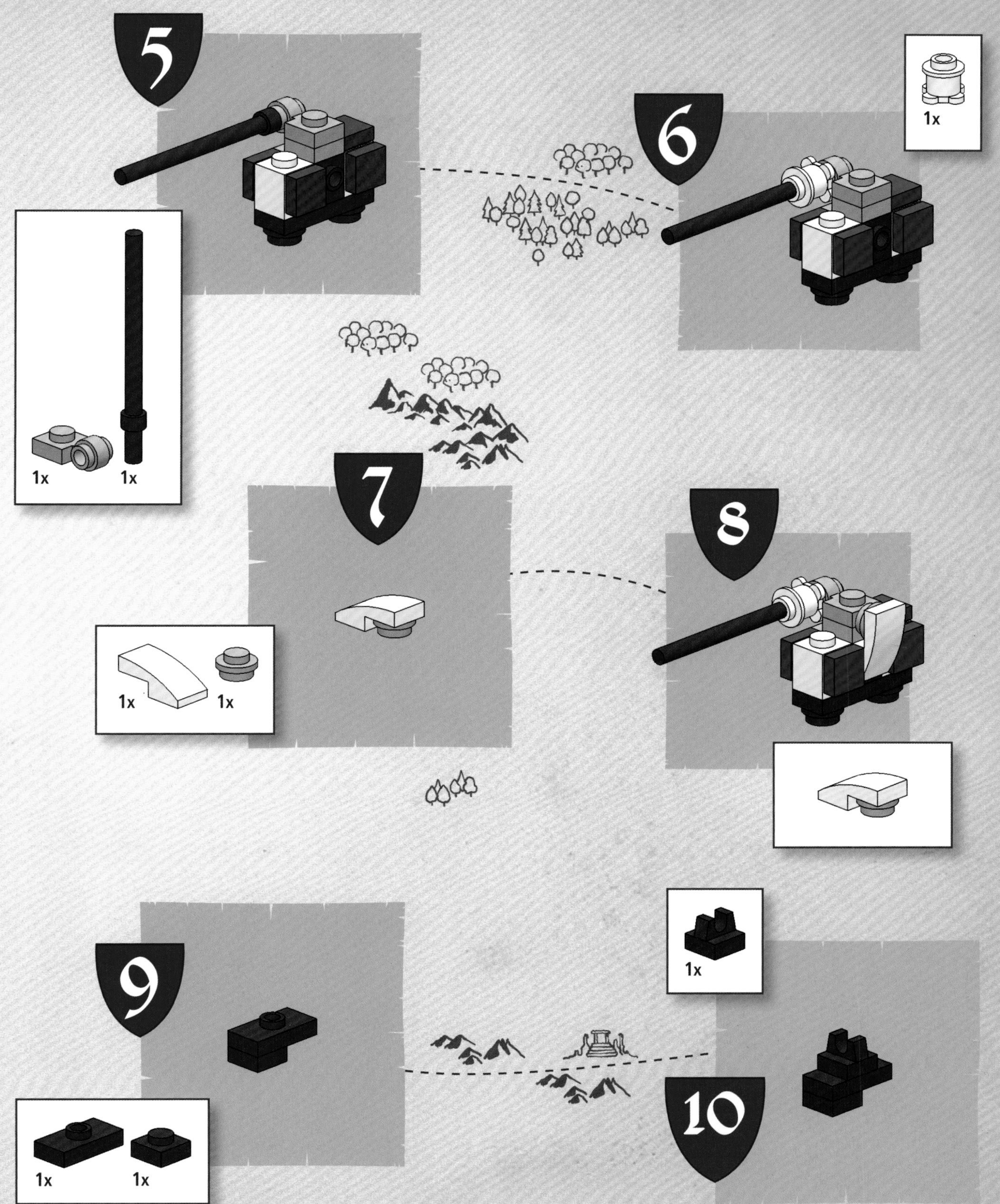
5
1x
1x
6
1x
7
1x
1x
8
9
1x
1x
10
1x

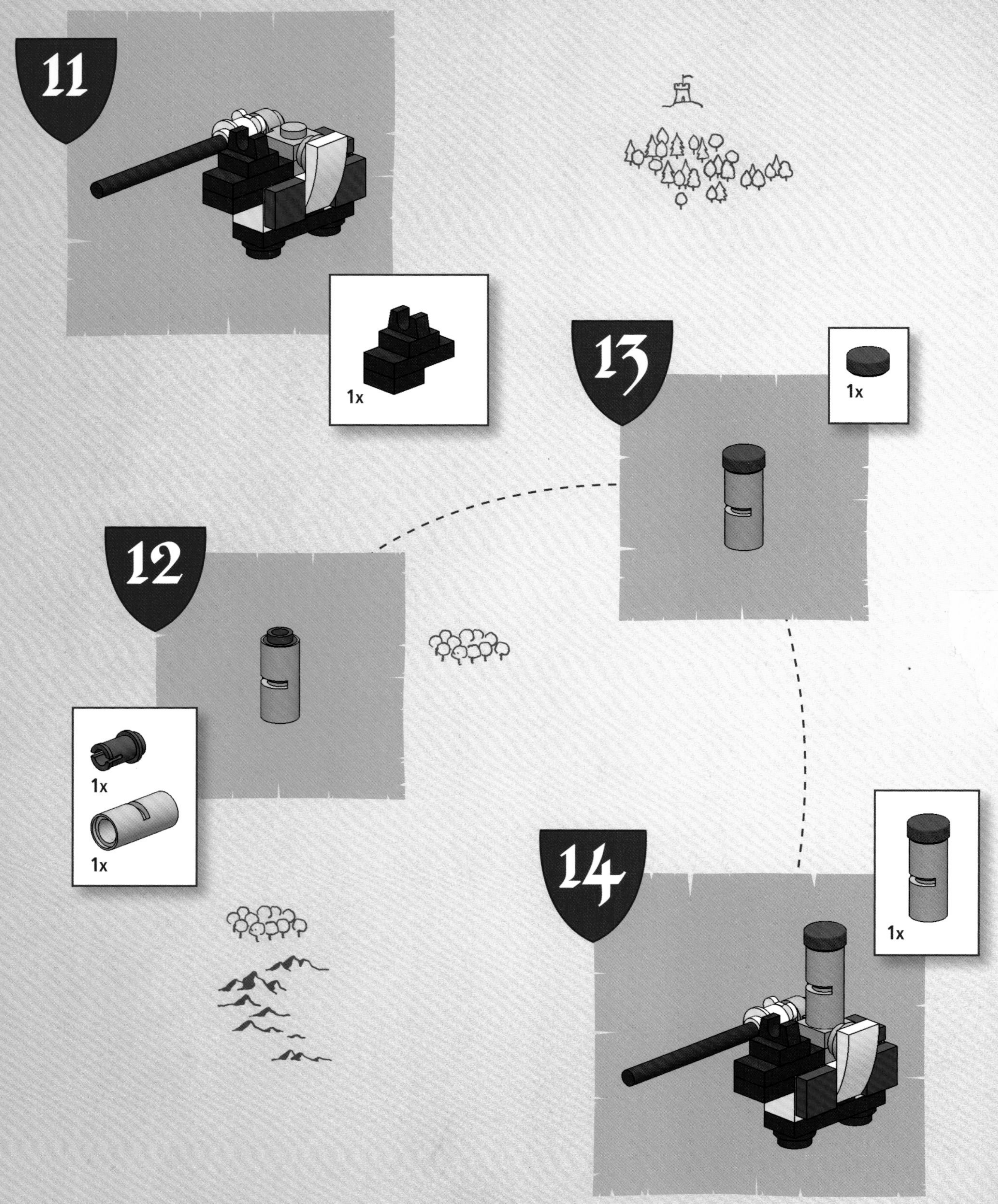
11
1x
13
1x
12
1x
1x
14
1x

零件清单

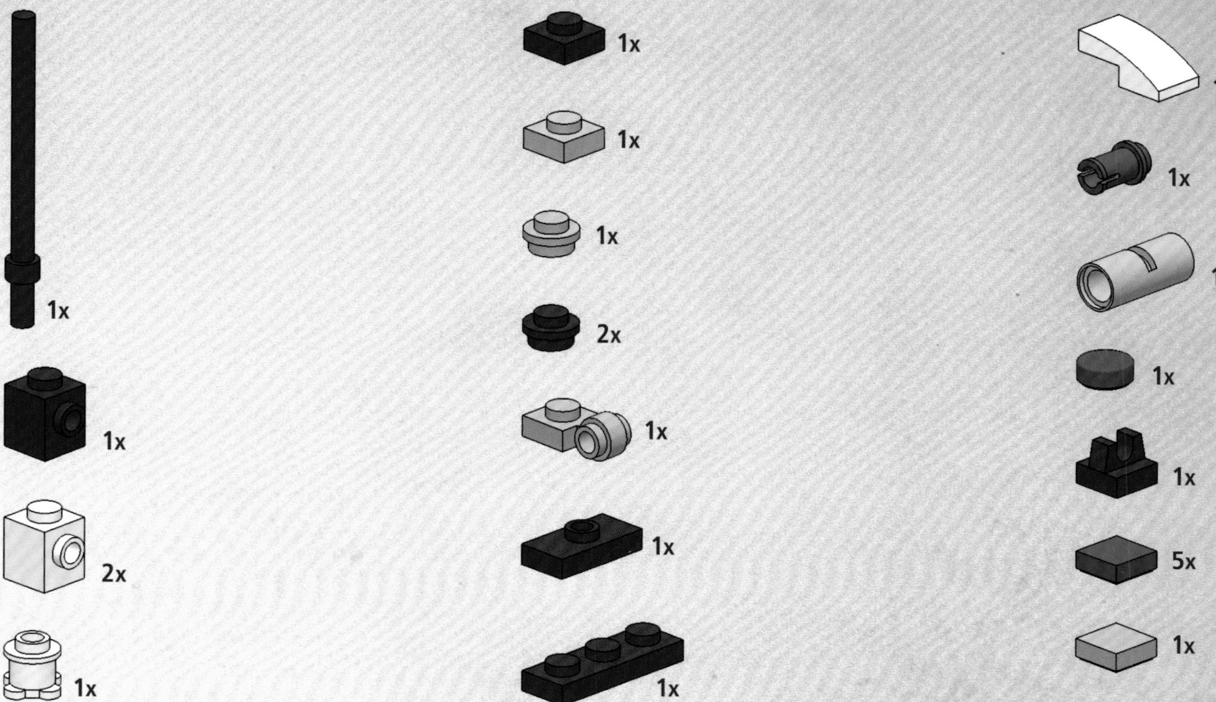

数量		颜色	零件编号	零件名称
1		红棕	63965	Bar 6L with Thick Stop
1		红棕	47905	Brick 1 x 1 with Studs on 2 Opposite Sides
2		白	47905	Brick 1 x 1 with Studs on 2 Opposite Sides
1		白	33286	Brick 1 x 1 x 2/3 Round with Scala Base
1		金属银	3024	Plate 1 x 1
1		红棕	3024	Plate 1 x 1
1		浅蓝灰	4073	Plate 1 x 1 Round
2		红棕	4073	Plate 1 x 1 Round
1		浅蓝灰	4081b	Plate 1 x 1 with Clip Light Type 2
1		红棕	3794a	Plate 1 x 2 without Groove with 1 Centre Stud
1		红棕	3623	Plate 1 x 3
1		白	11477	Slope Brick Curved 2 x 1
1		蓝	4274	Technic Pin 1/2
1		金属银	62462	Technic Pin Joiner Round with Slot
1		深珠光灰	98138	Tile 1 x 1 Round with Groove
1		红棕	2555	Tile 1 x 1 with Clip
5		蓝	3070b	Tile 1 x 1 with Groove
1		浅蓝灰	3070b	Tile 1 x 1 with Groove

小帐篷

尽管我们的骑士身材小巧玲珑，但他还是需要一个用来准备决斗的小帐篷。在这里，我们向你展示一座由红白两色覆盖、有着雨篷和旗帜的小帐篷。

当然，如果你有其他配色的骑士，也可以搭建一座相应的小帐篷。

Phil设计搭建

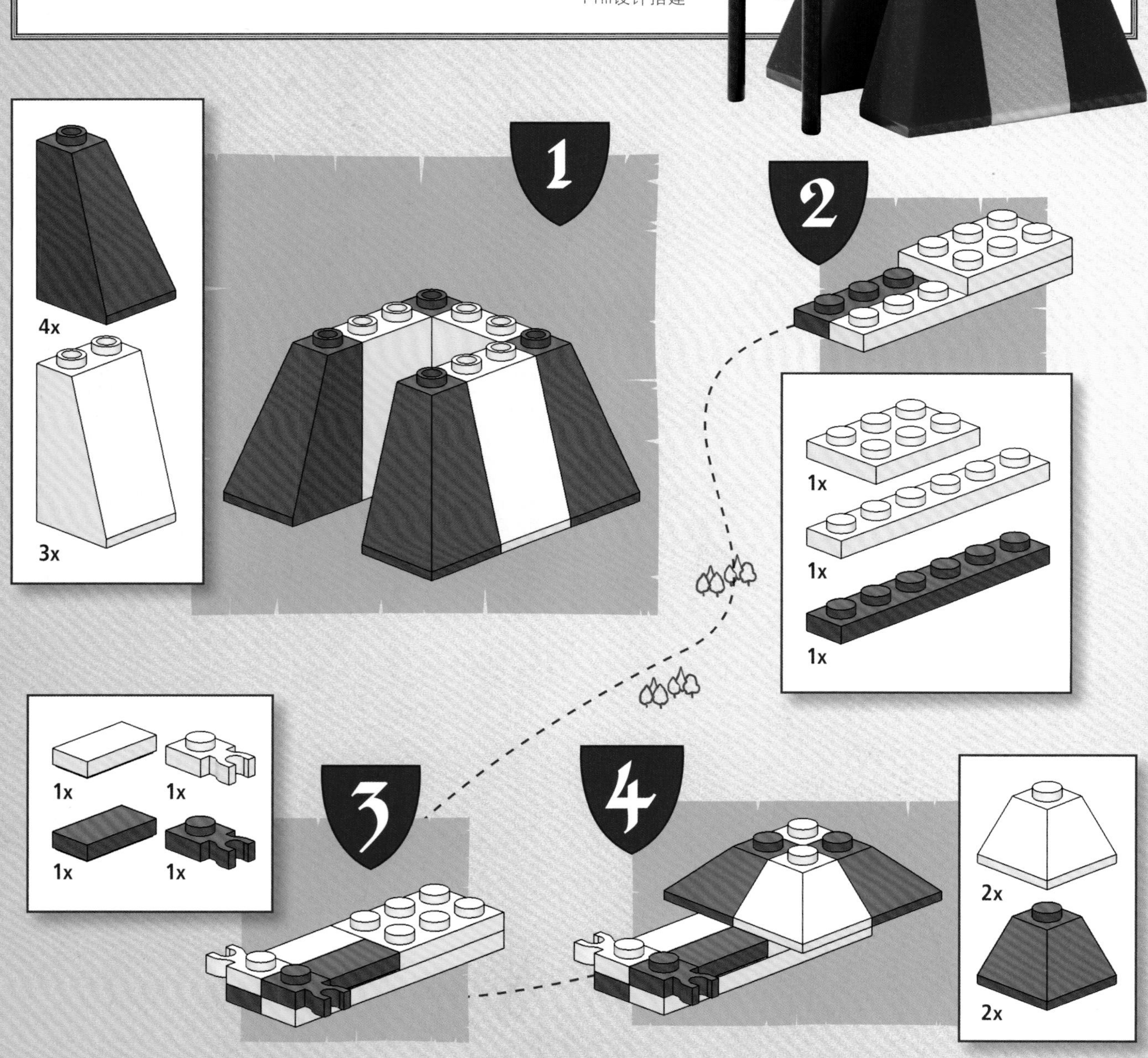

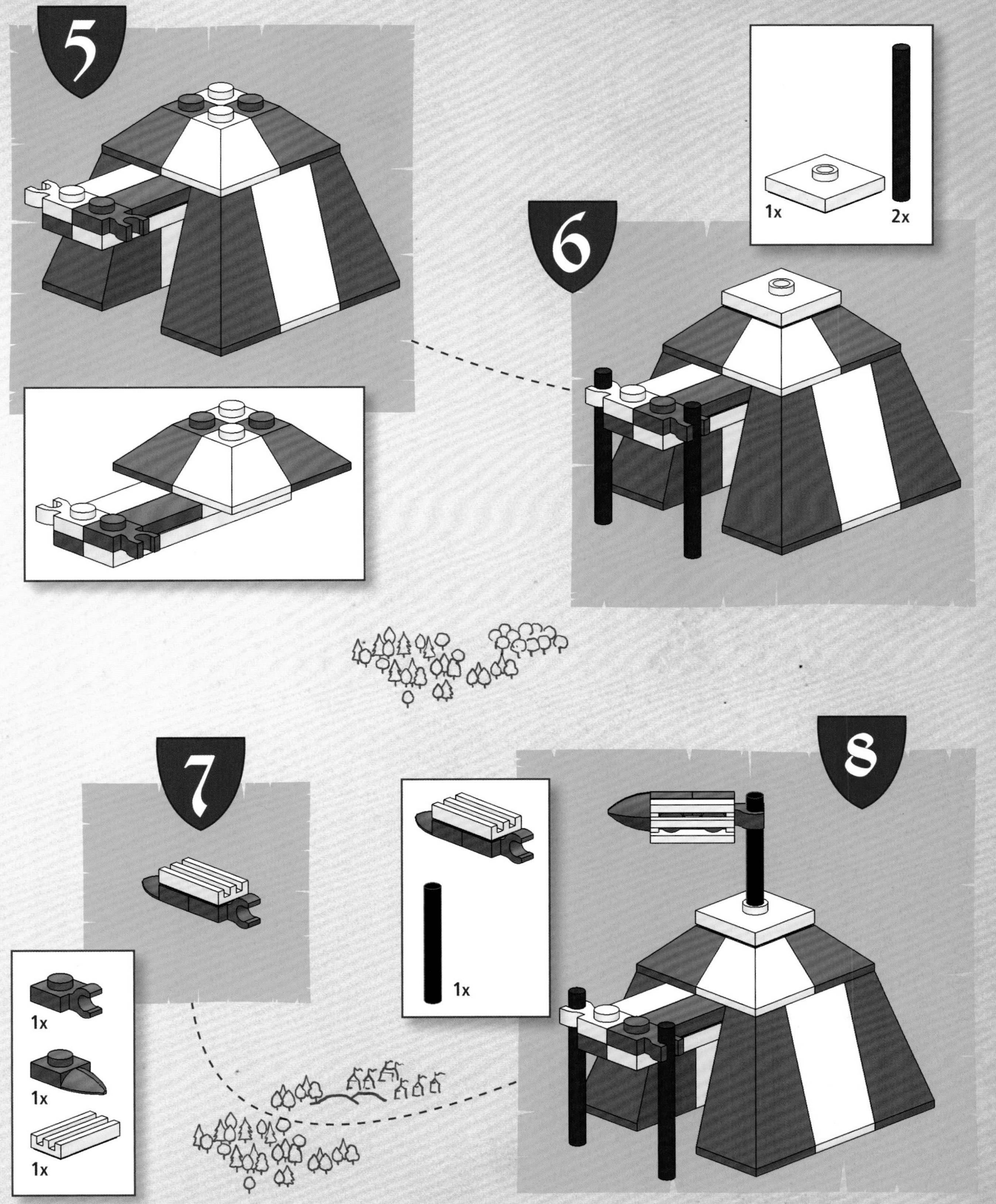
5
6
1x
2x
7
1x
1x
1x
8
1x

零件清单

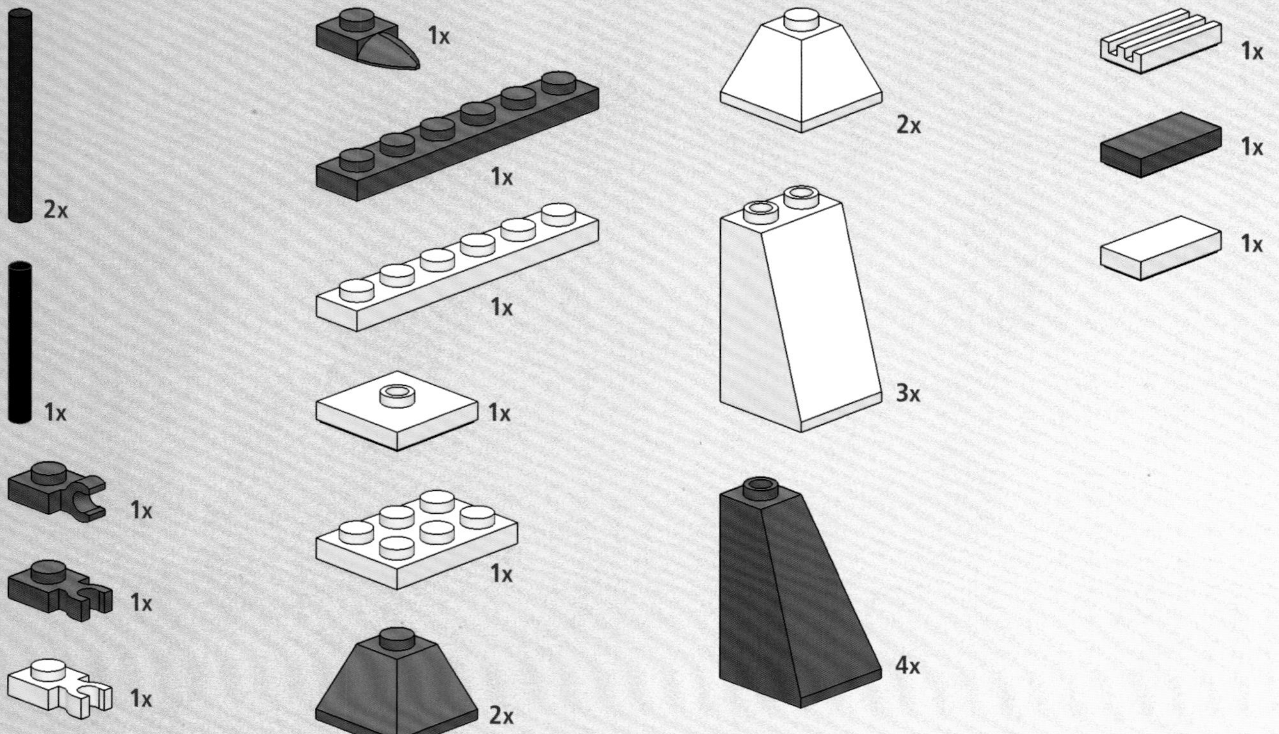

数量		颜色	零件编号	零件名称
2		红棕	30374	Bar 4L Light Sabre Blade
1		黑	87994	Bar 3L
1		红	61252	Plate 1 x 1 with Clip Horizontal (Open O-Clip)
1		红	4085c	Plate 1 x 1 with Clip Vertical Type 3
1		白	4085c	Plate 1 x 1 with Clip Vertical Type 3
1		红	49673	Plate 1 x 1 with Tooth
1		红	3666	Plate 1 x 6
1		白	3666	Plate 1 x 6
1		白	87580	Plate 2 x 2 with Groove with 1 Center Stud
1		白	3021	Plate 2 x 3
2		红	3045	Slope Brick 45 2 x 2 Double Convex
2		白	3045	Slope Brick 45 2 x 2 Double Convex
3		白	3684	Slope Brick 75 2 x 2 x 3
4		红	3685	Slope Brick 75 2 x 2 x 3 Double Convex
1		白	2412b	Tile 1 x 2 Grille with Groove
1		红	3069b	Tile 1 x 2 with Groove
1		白	3069b	Tile 1 x 2 with Groove

枝繁叶茂的树

不同颜色的树叶或者不同的地貌可为枝繁叶茂的树营造出完全不同的效果。青绿色的树象征着温暖的春天，而红色与褐色则寓意着秋天的到来。

可能已有读者认出这是一款出自我们的第一本书《乐高大师：城市街景》中的设计。为了让我们的决斗场景有一个完美的背景，所以我们决定在这里将它再次展示。

Joe设计搭建

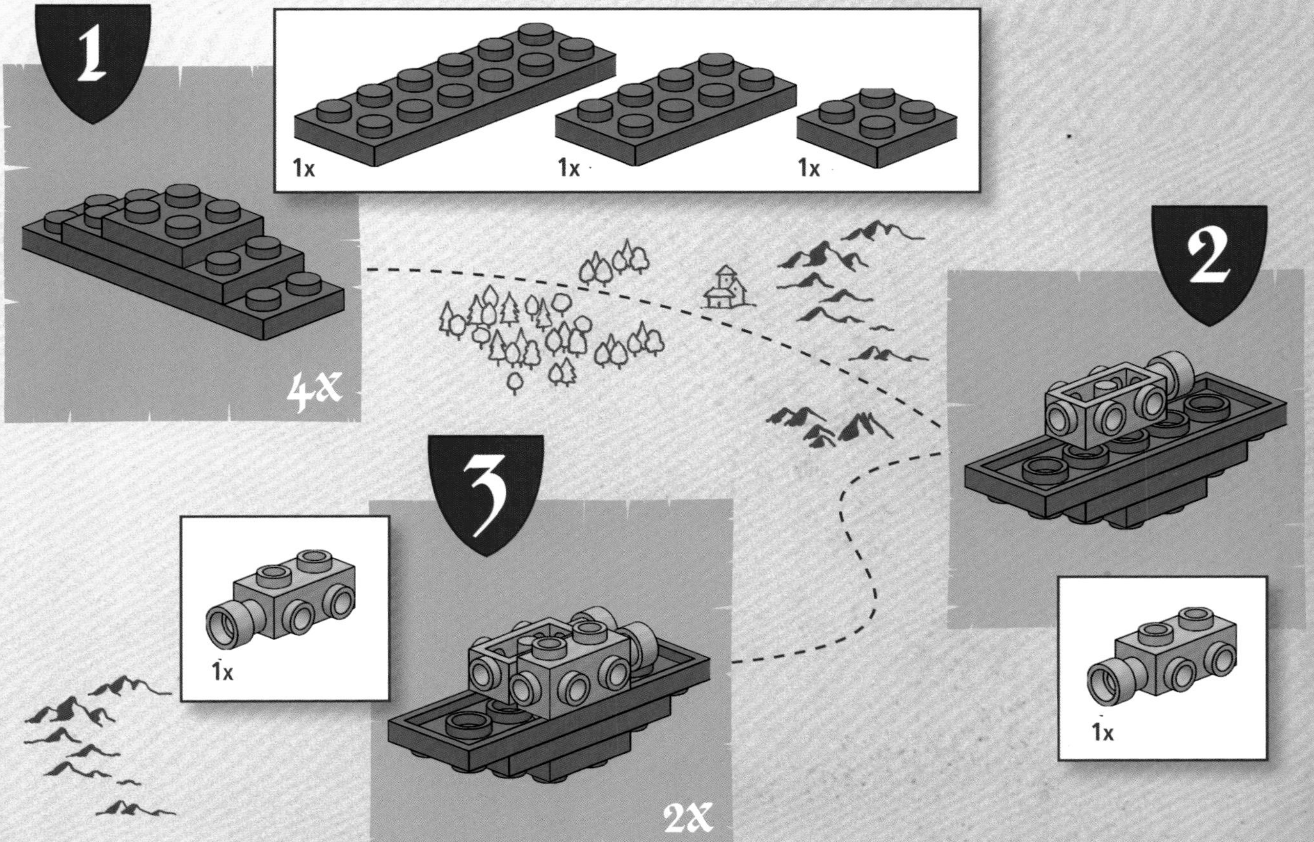

1

1x 1x 1x

4x

2

1x

3

1x

2x

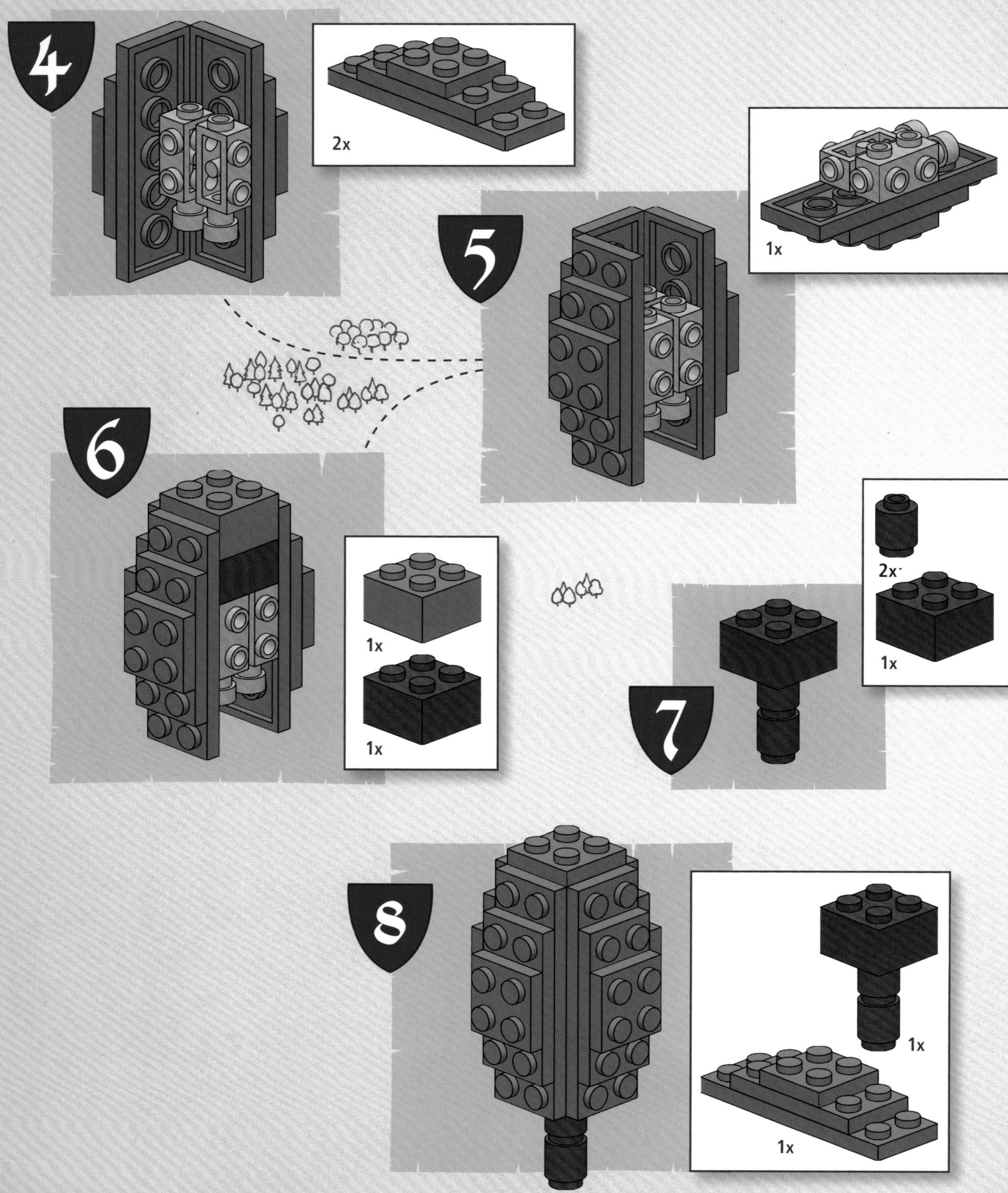
4
2x
5
1x
6
1x
1x
7
2x
1x
8
1x
1x

零件清单

2x

4x

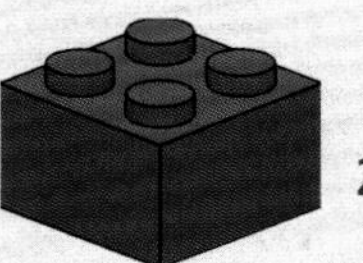
2x

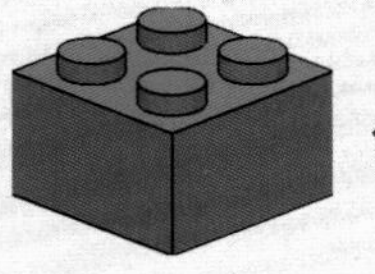
1x

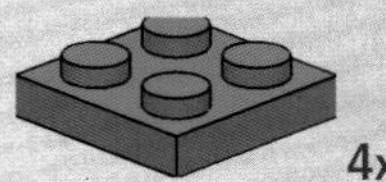
4x

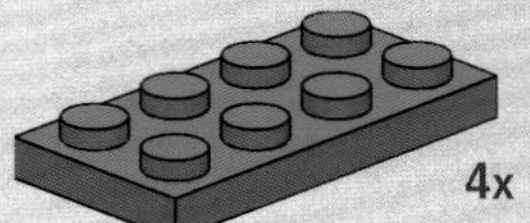
4x

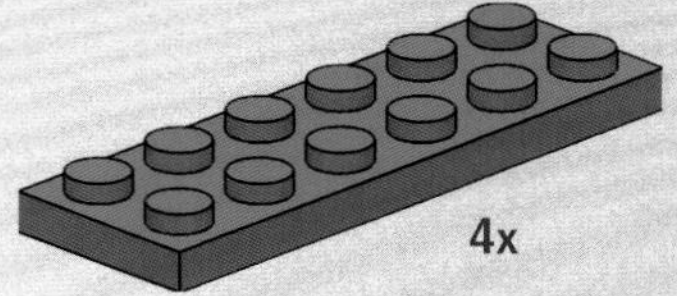
4x

使用更大的薄板零件，比如2x16，可以搭建出像杨树一样的大树。

数量		颜色	零件编号	零件名称
2		棕	3062b	Brick 1 x 1 Round with Hollow Stud
4		浅灰	4595	Brick 1 x 2 x 2/3 with Studs on Sides
2		棕	3003	Brick 2 x 2
1		绿	3003	Brick 2 x 2
4		绿	3022	Plate 2 x 2
4		绿	3020	Plate 2 x 4
4		绿	3795	Plate 2 x 6

鱼梁木古树

枝条上的火红树叶，躯干上的长者之面，这棵古树被无数玩家追捧。现在，我们终于以乐高积木的形式还原了这棵神圣的古树。

当然，使用其他颜色来装点它也未尝不可。如果你觉得搭建过程过于复杂，搭建一棵没有面部的普通古树也是不错的选择。

Tim设计搭建

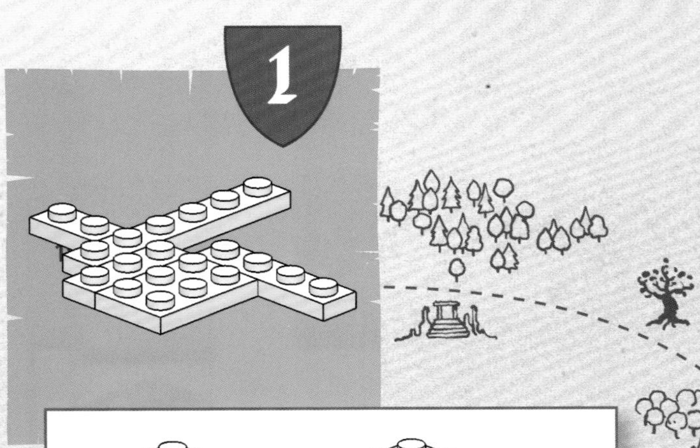

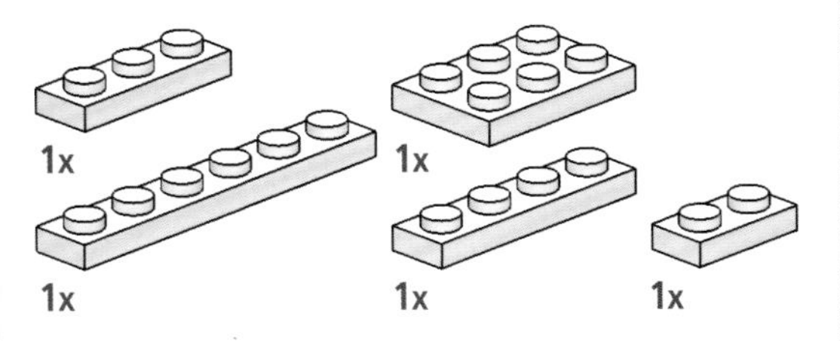

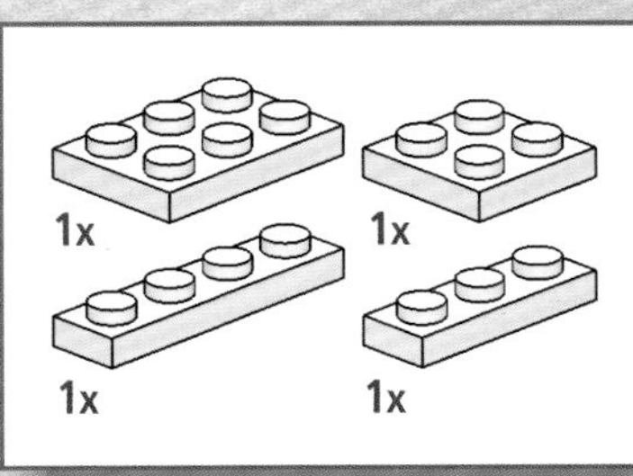

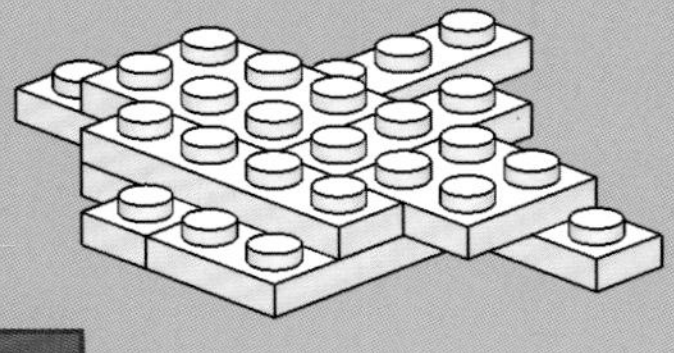

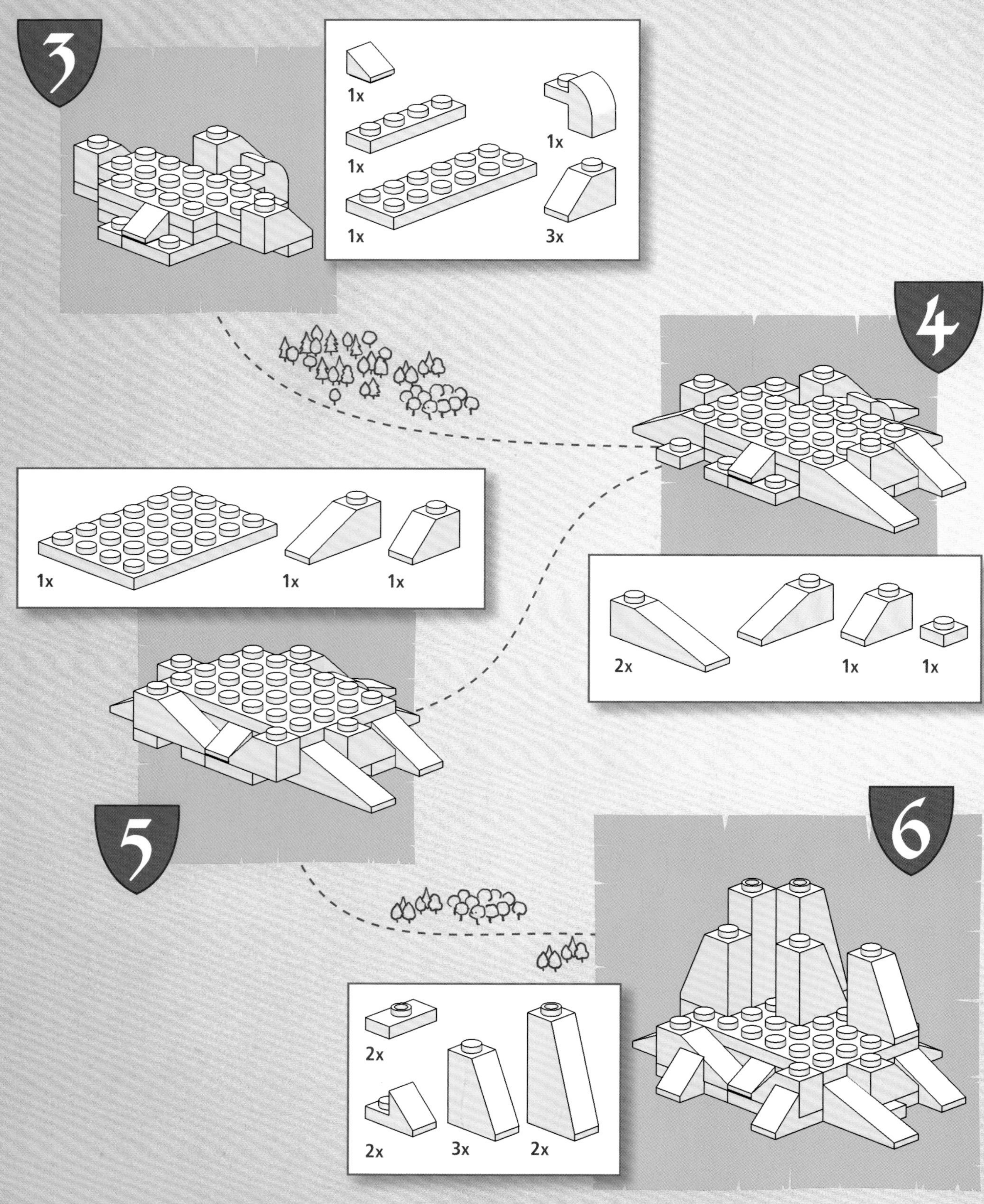
3
1x
1x
1x
1x
3x
4
1x
1x
1x
2x
1x
1x
5
6
2x
2x
3x
2x

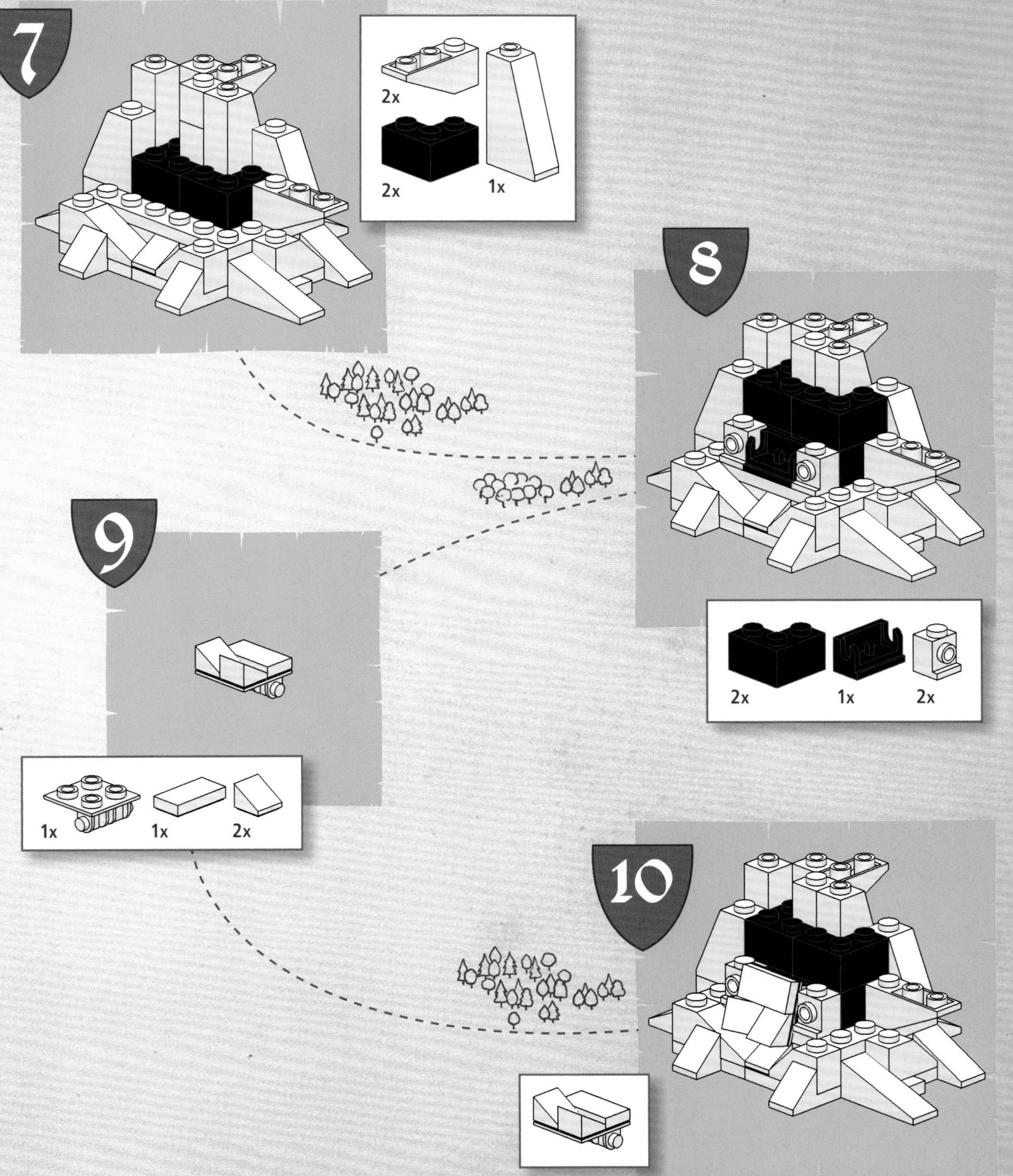
7
2x
2x
1x
8
2x
1x
2x
9
1x
1x
2x
10

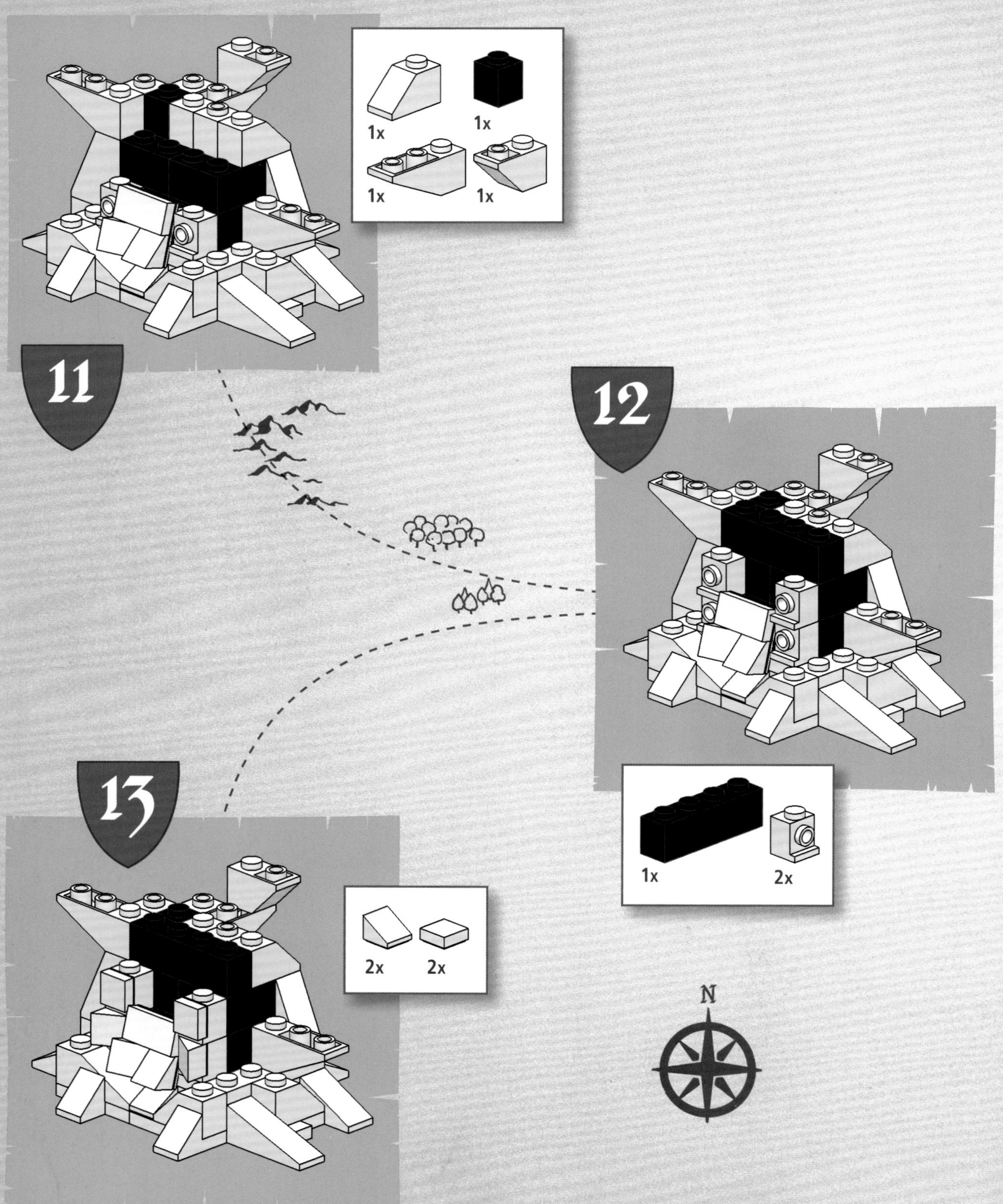
1x
1x
1x
1x
11
12
1x
2x
13
2x
2x
N

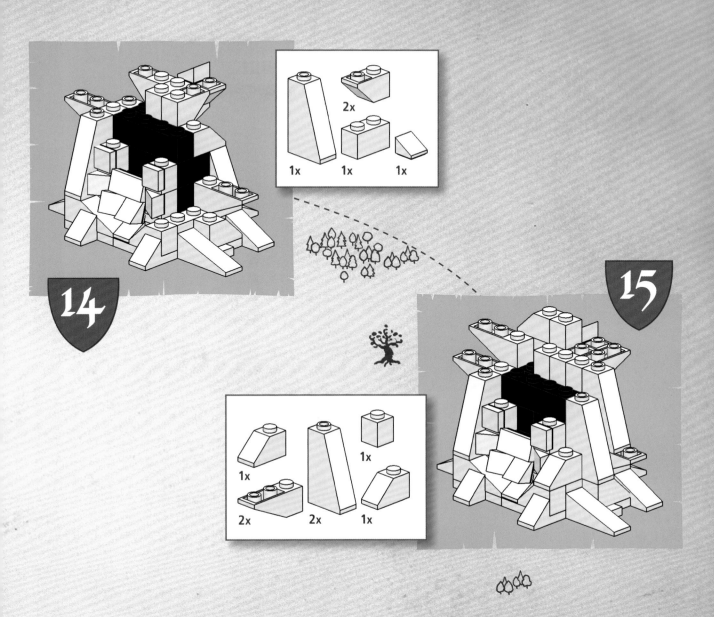

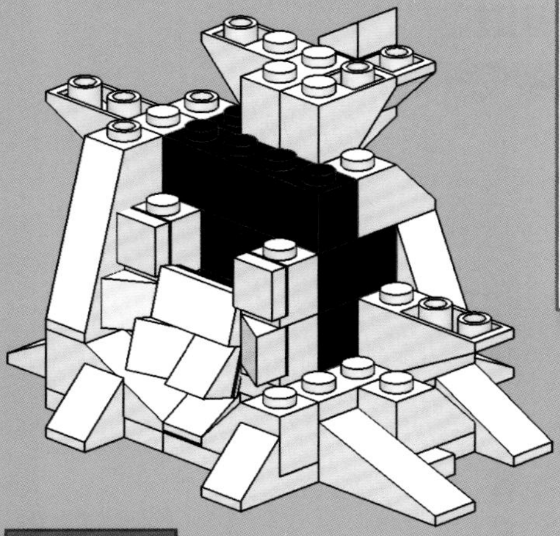

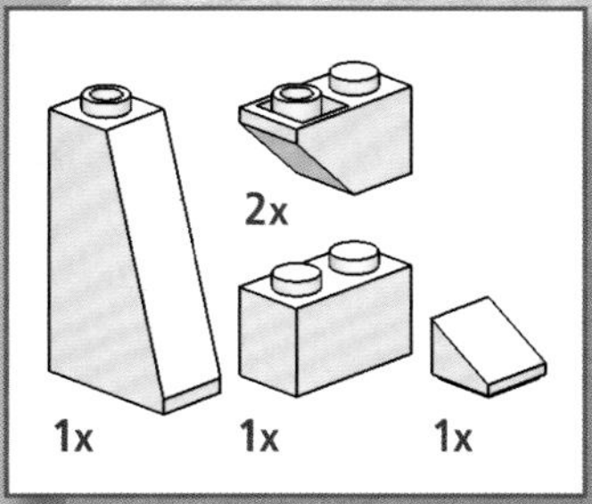

14

2x

1x 1x 1x

15

1x

1x

2x 2x 1x

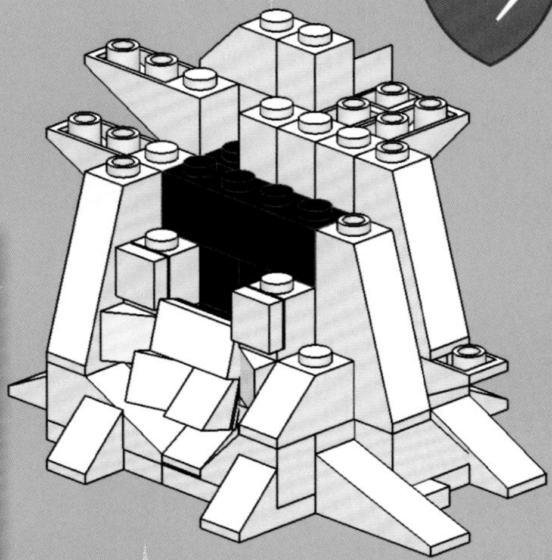

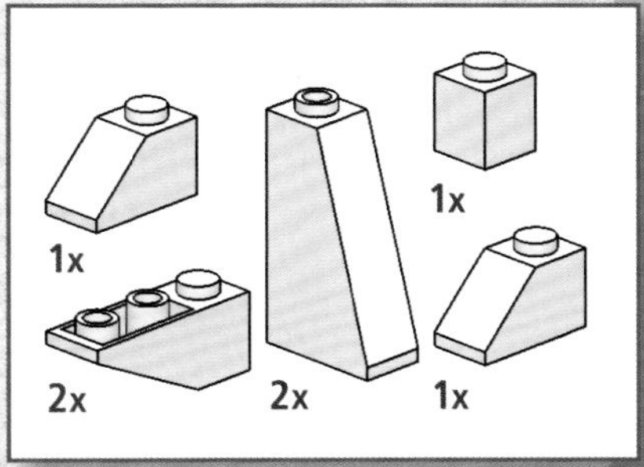

褐色的树干也同样合适。

16

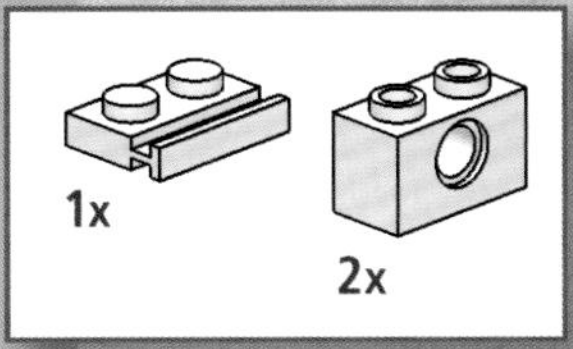

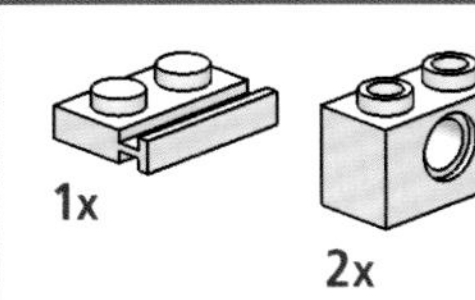

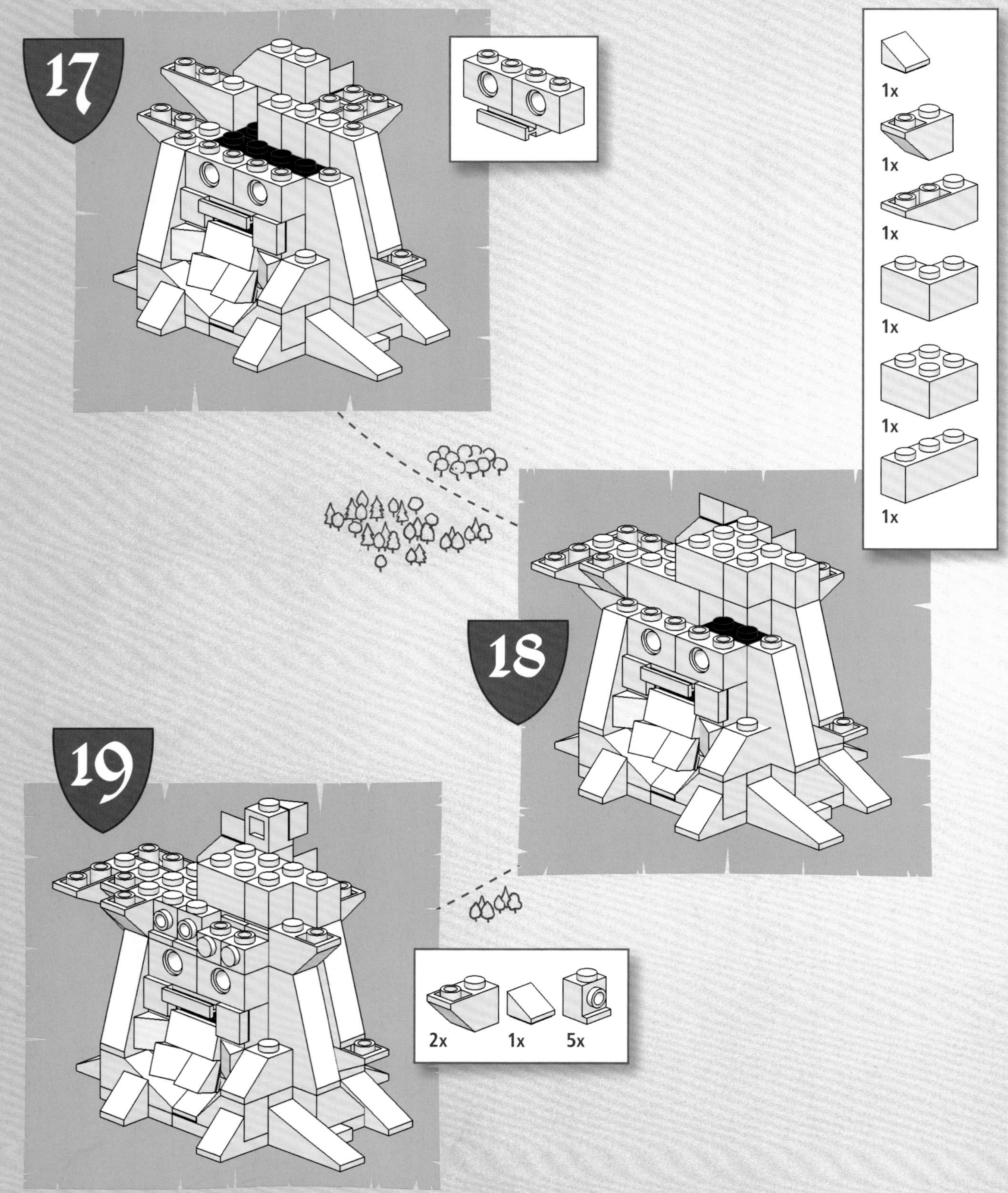
17
1x
1x
1x
1x
1x
1x
18
19
2x
1x
5x

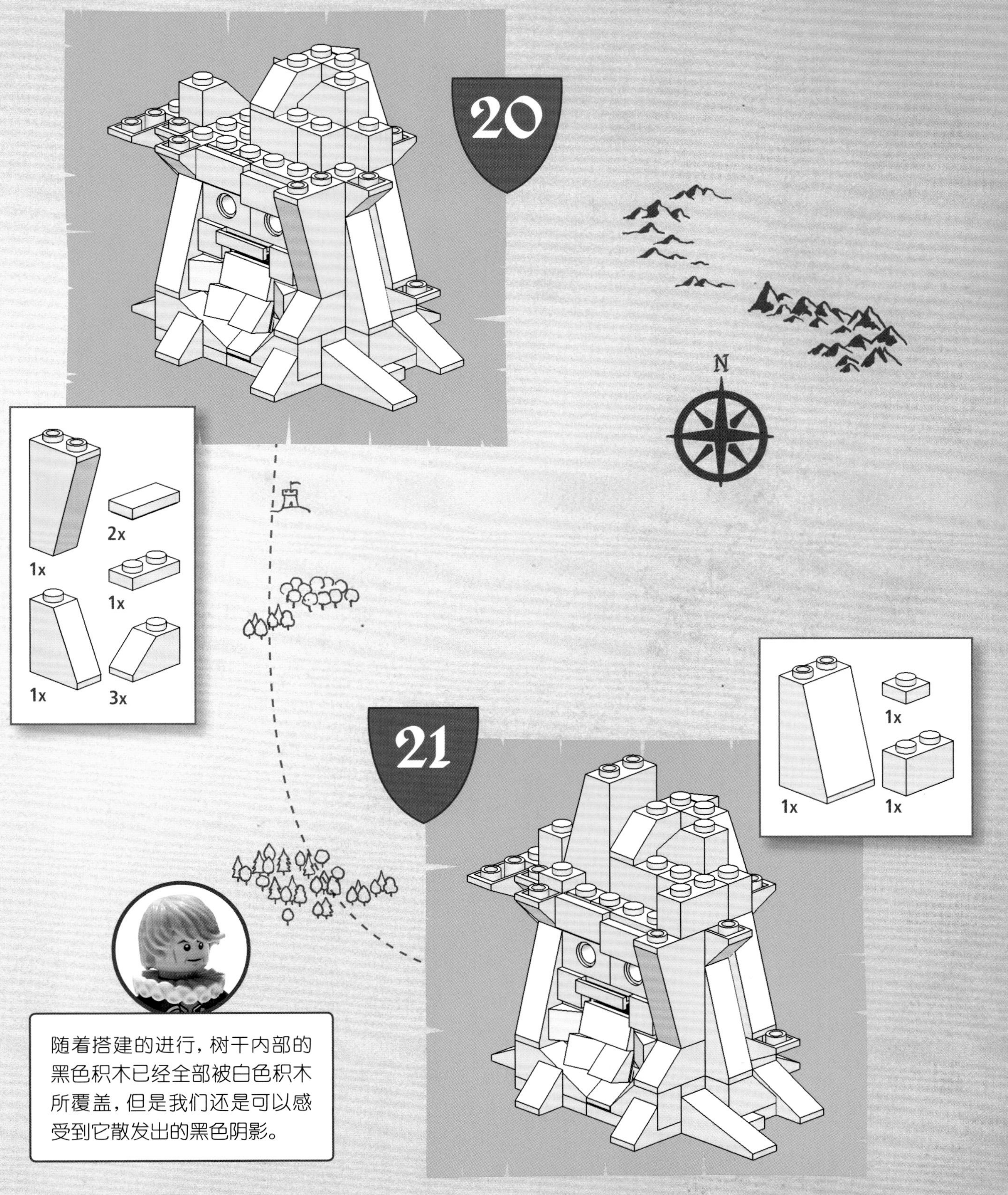

随着搭建的进行，树干内部的黑色积木已经全部被白色积木所覆盖，但是我们还是可以感受到它散发出的黑色阴影。

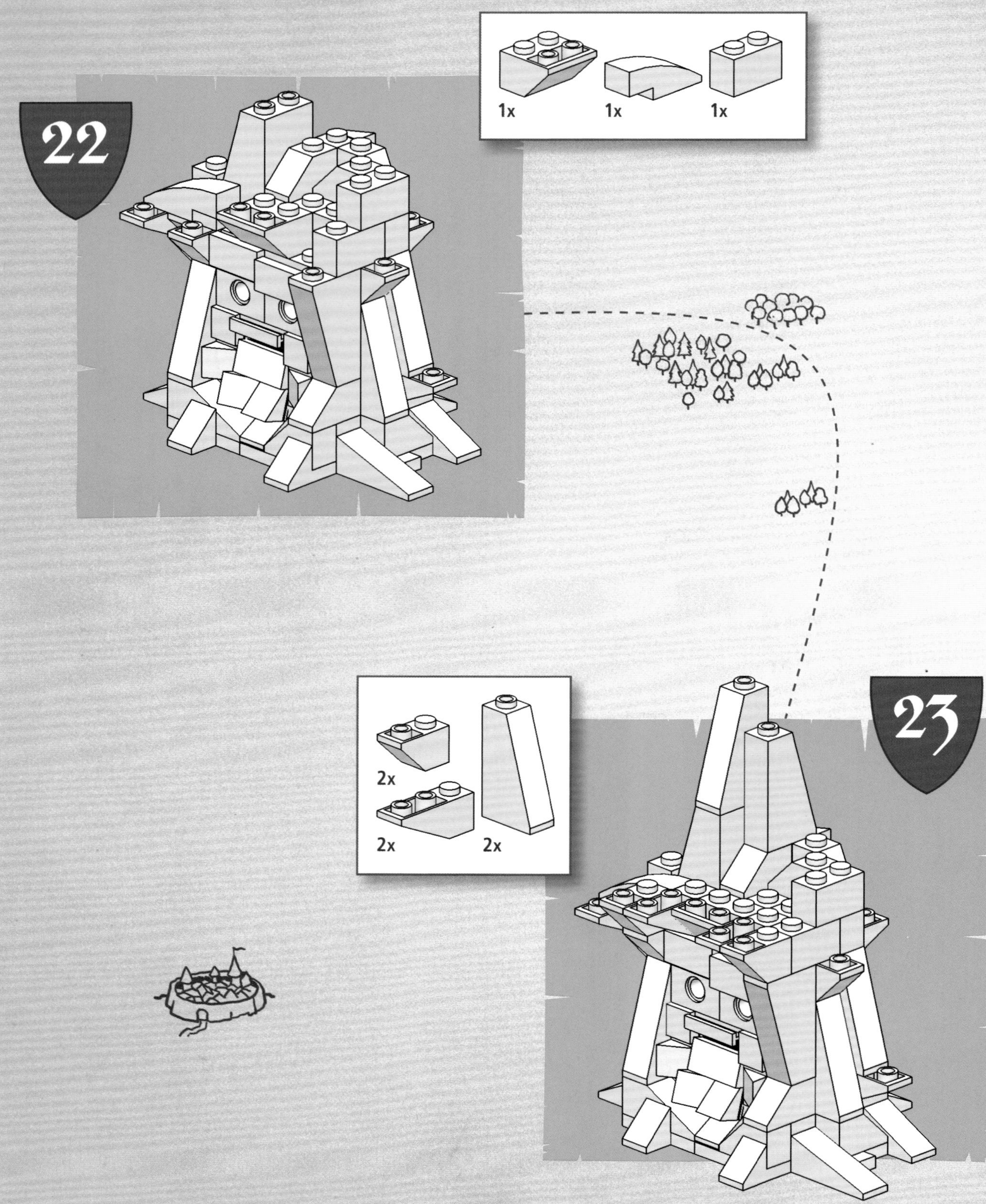

22
1x
1x
1x
23
2x
2x
2x

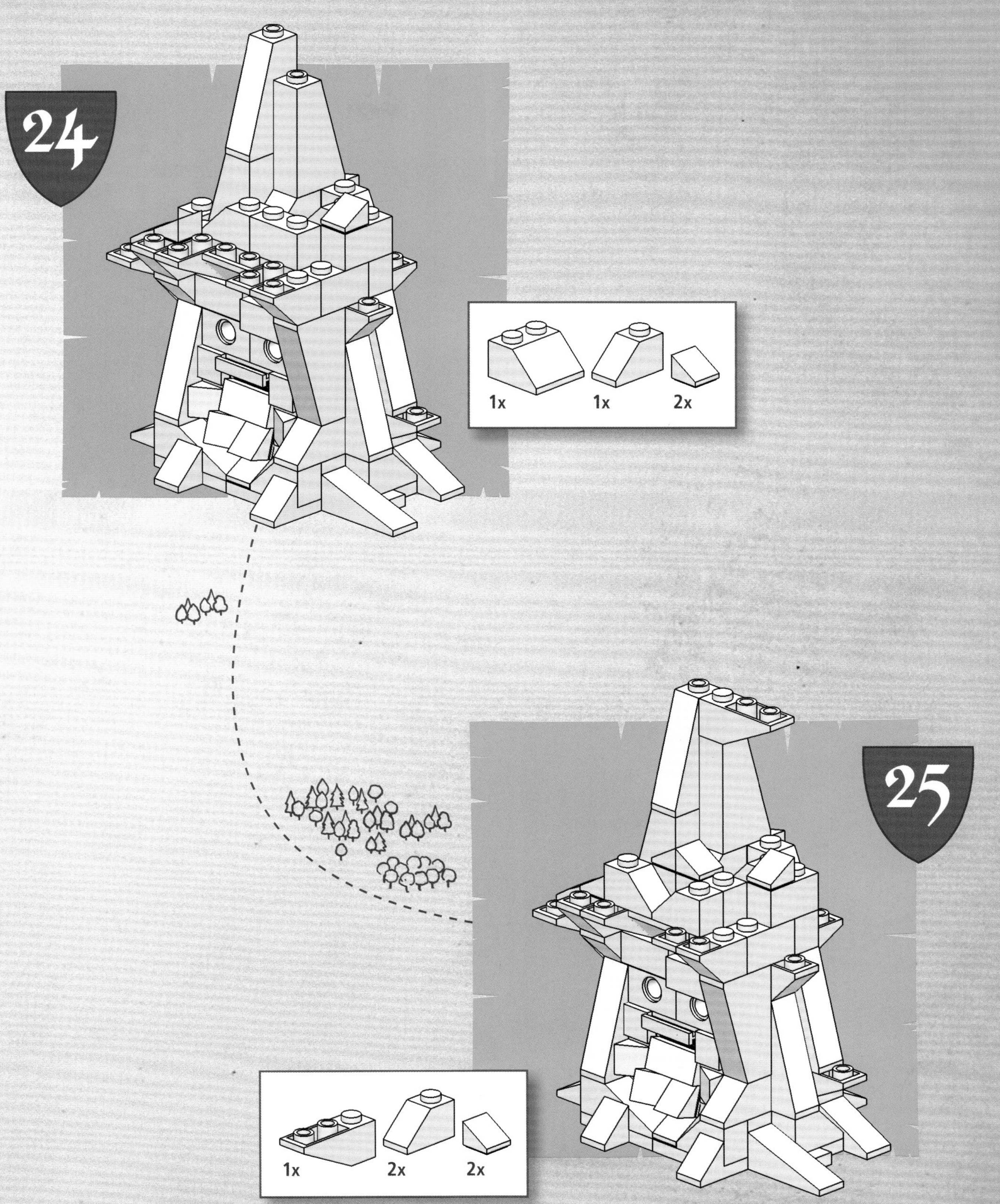
24
1x
1x
2x
25
1x
2x
2x

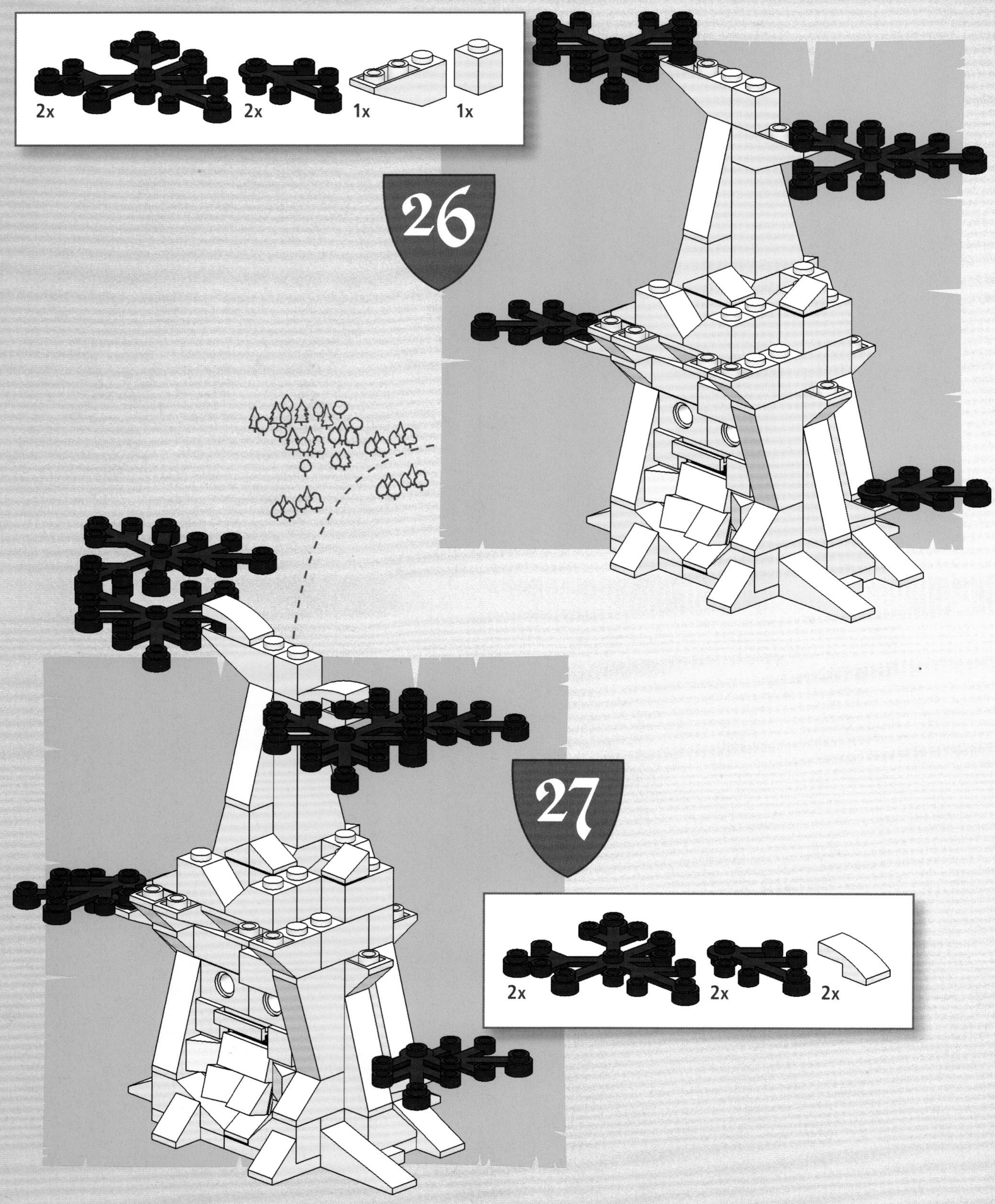
2x
2x
1x
1x
26
27
2x
2x
2x

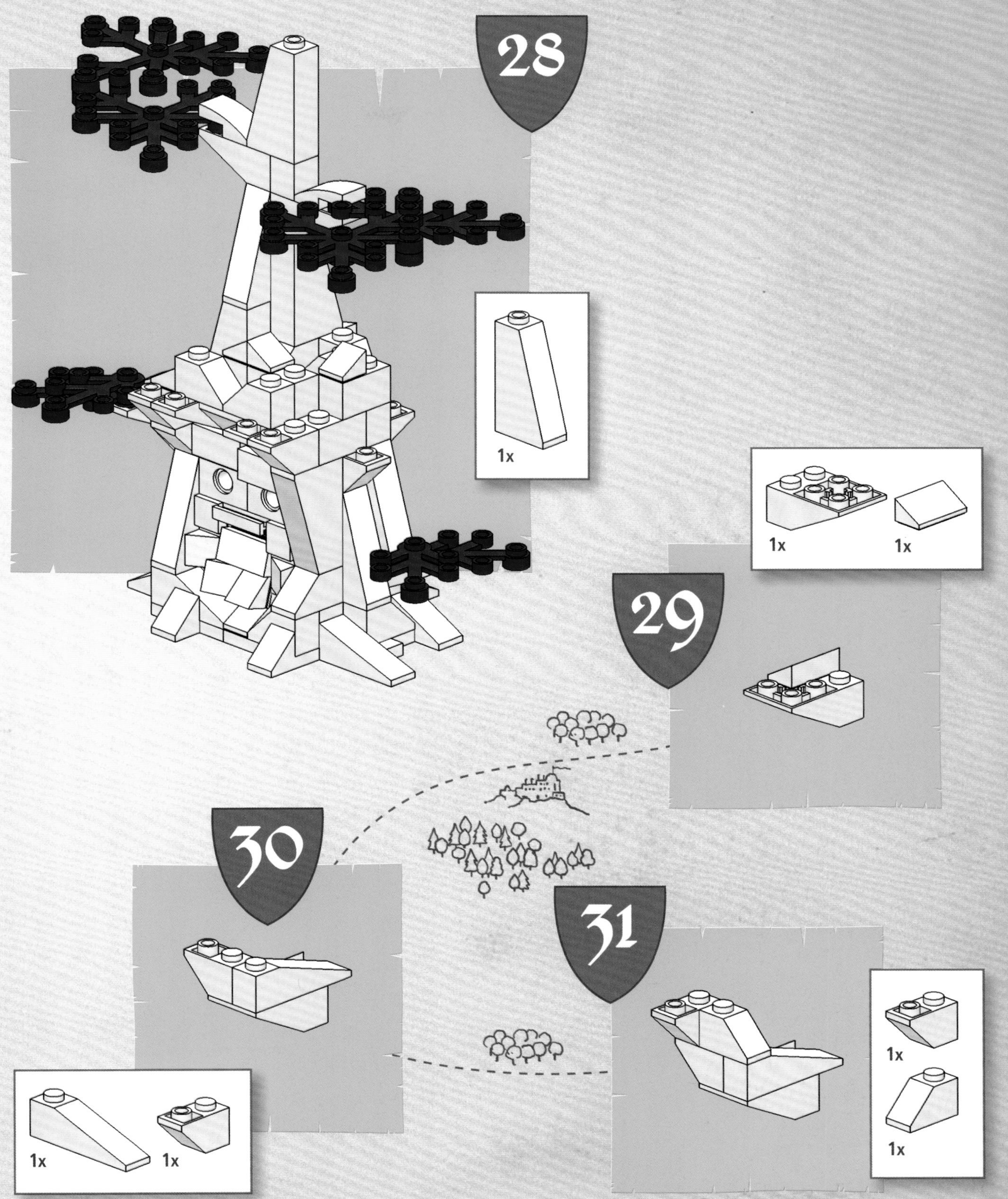
28
1x
1x
1x
29
30
1x
1x
31
1x
1x

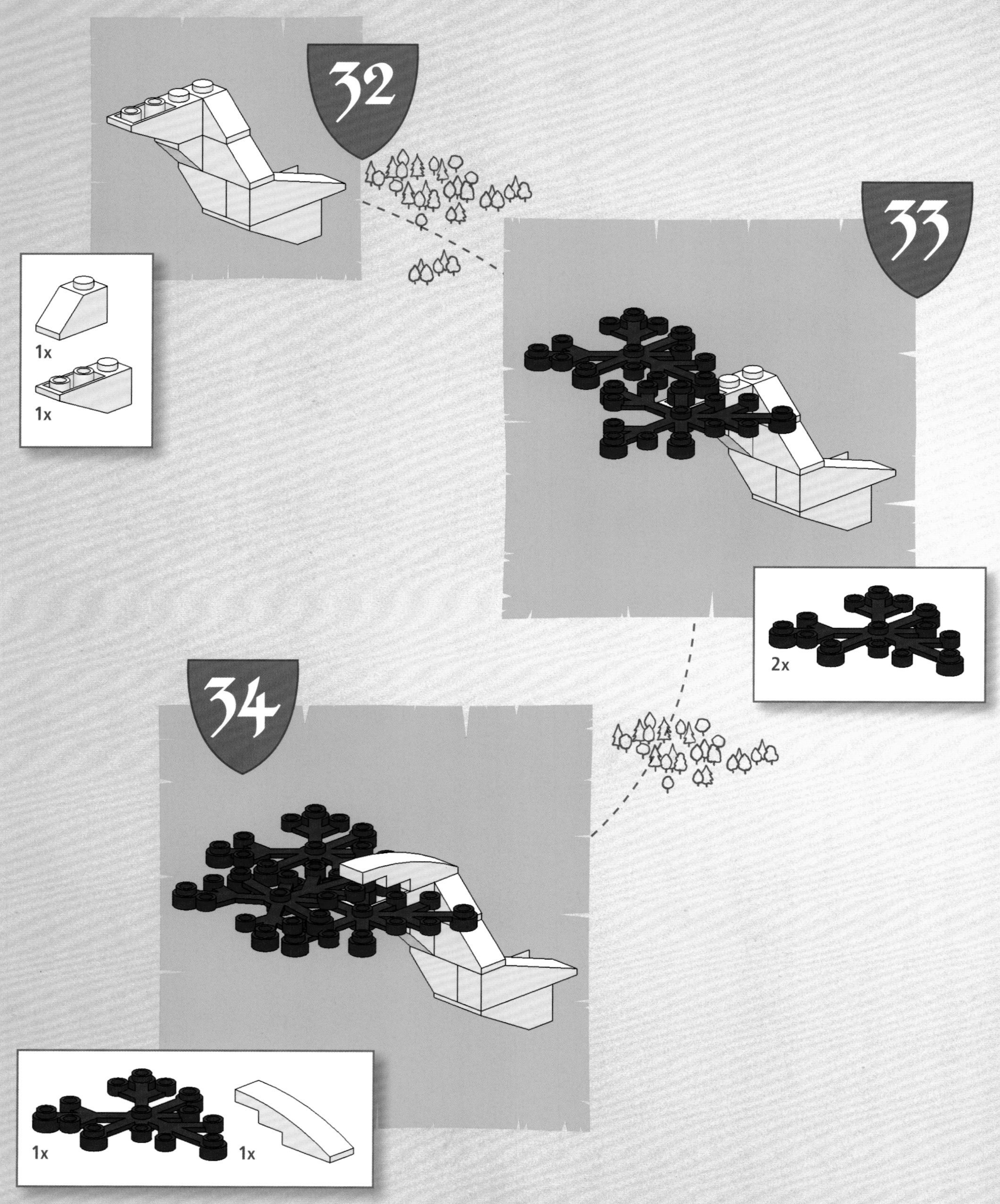
32
1x
1x
33
2x
34
1x
1x

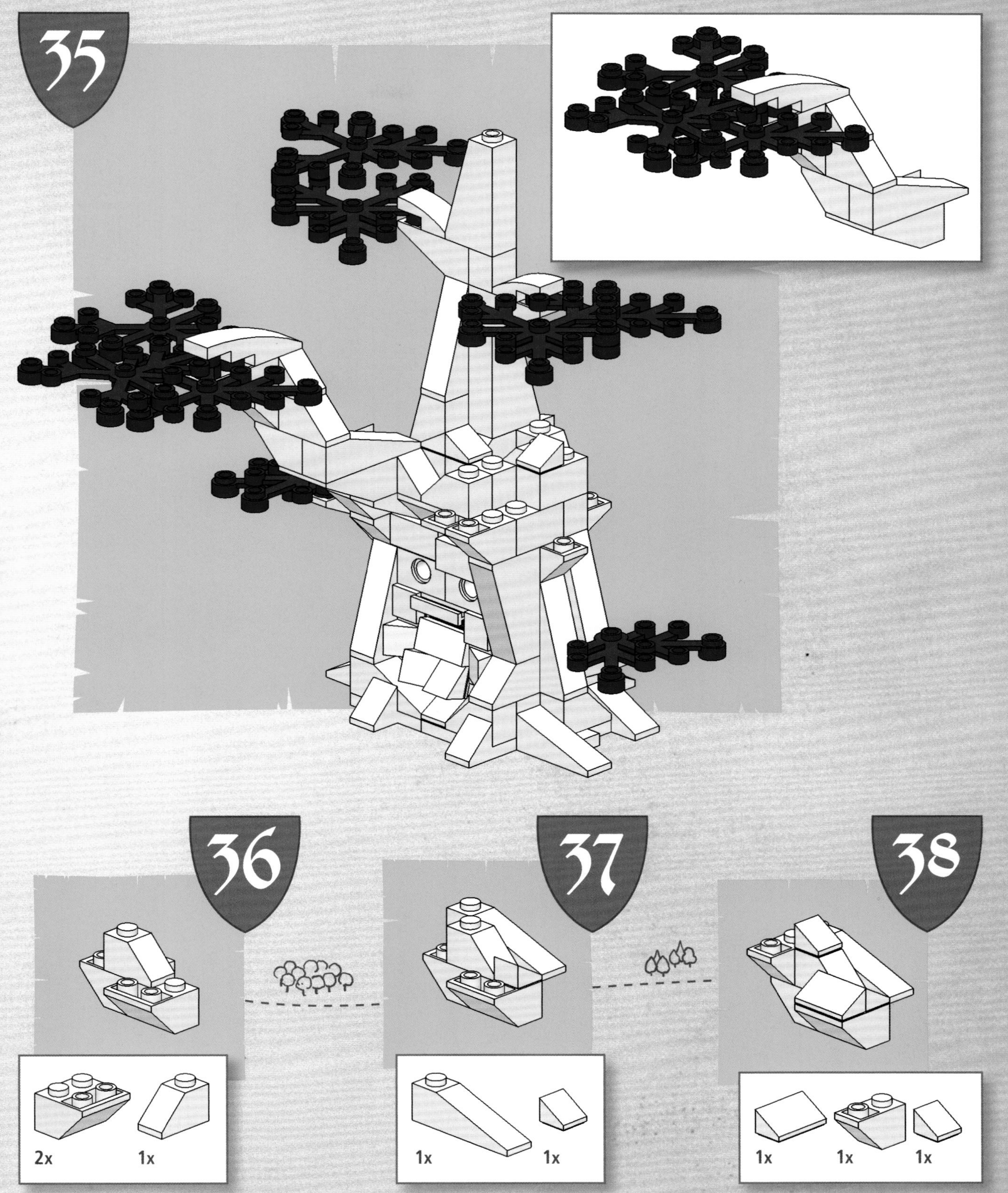
35
36
2x
1x
37
1x
1x
38
1x
1x
1x

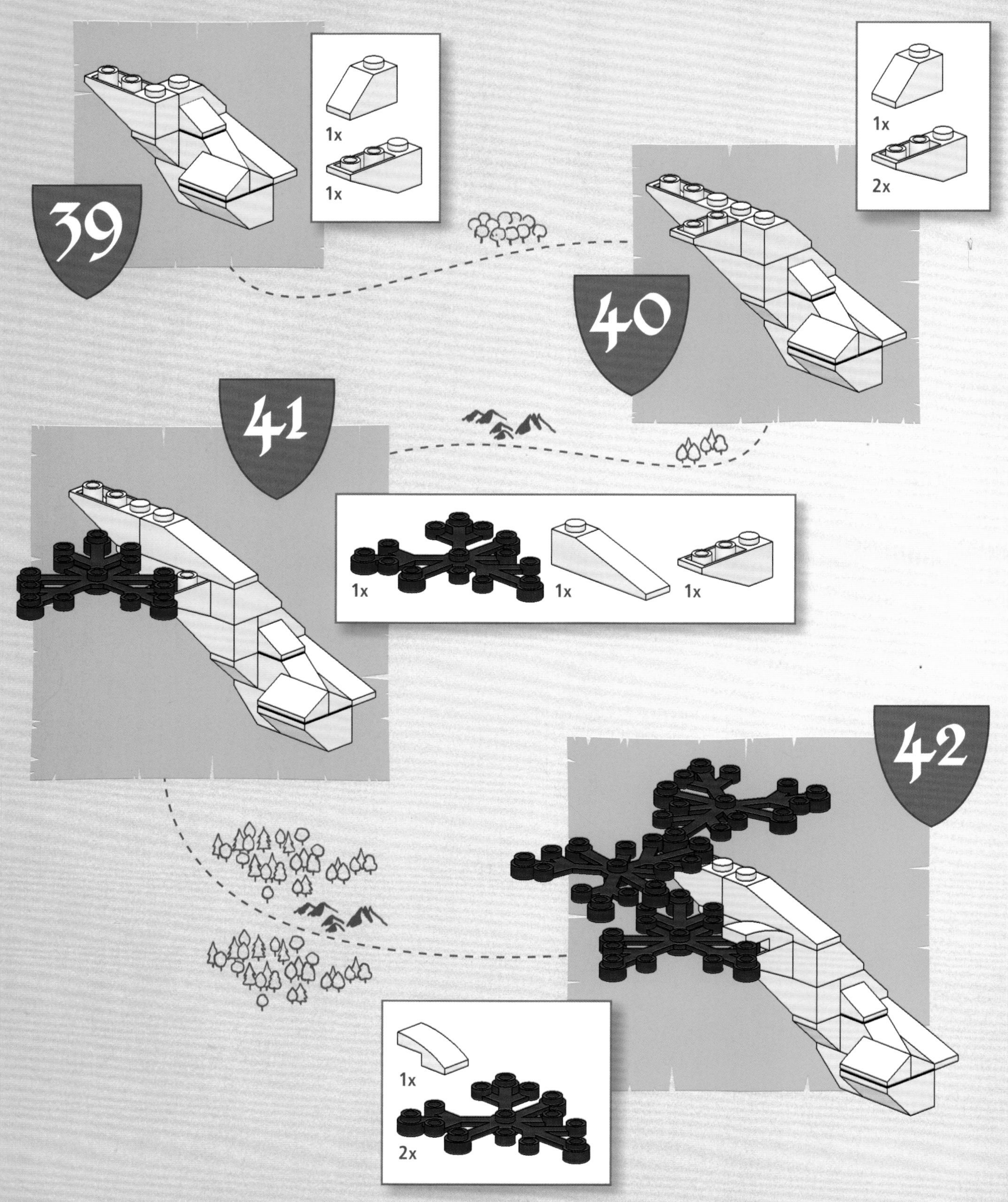
39
1x
1x
40
1x
2x
41
1x
1x
1x
42
1x
2x

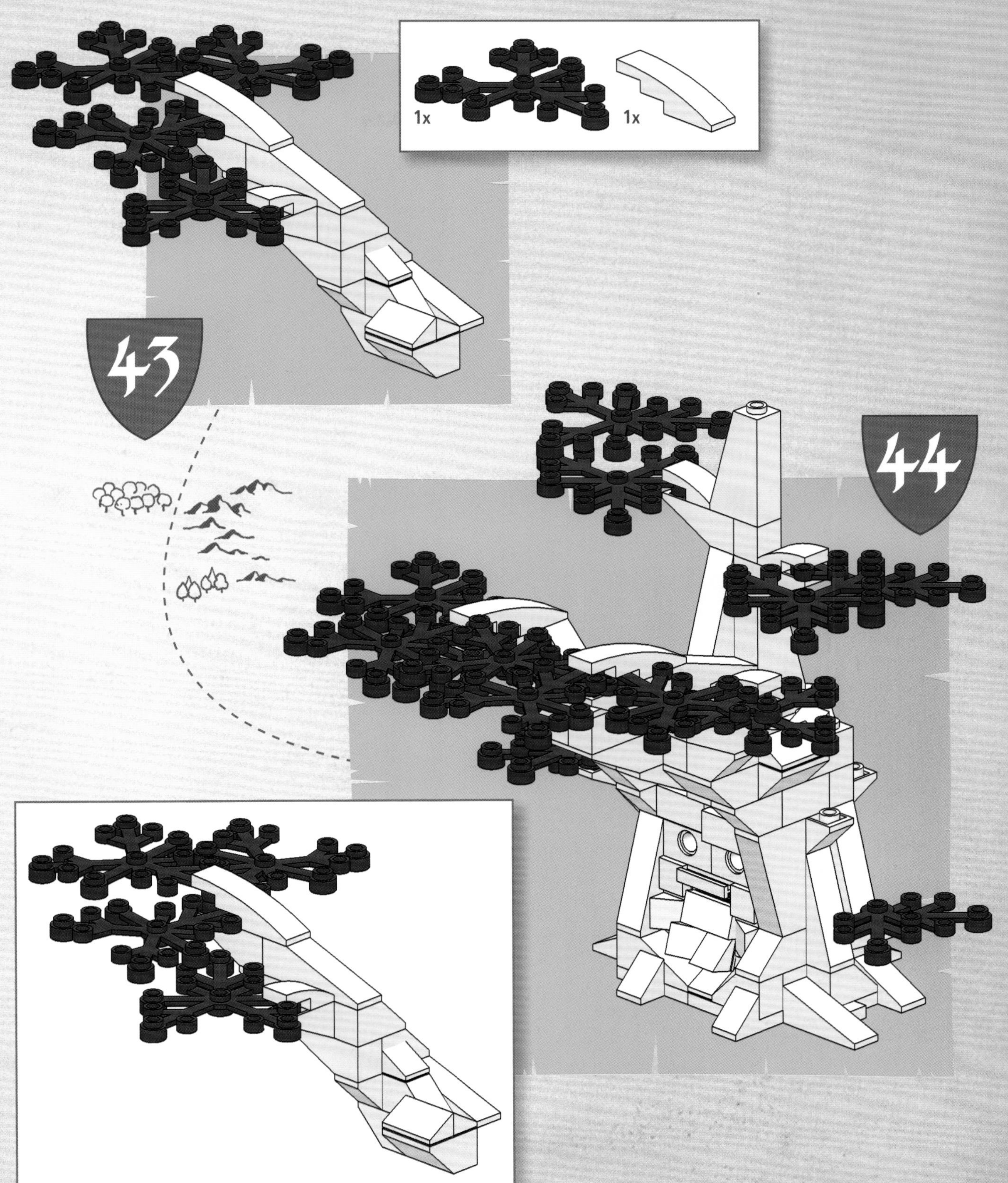
1x
1x
43
44

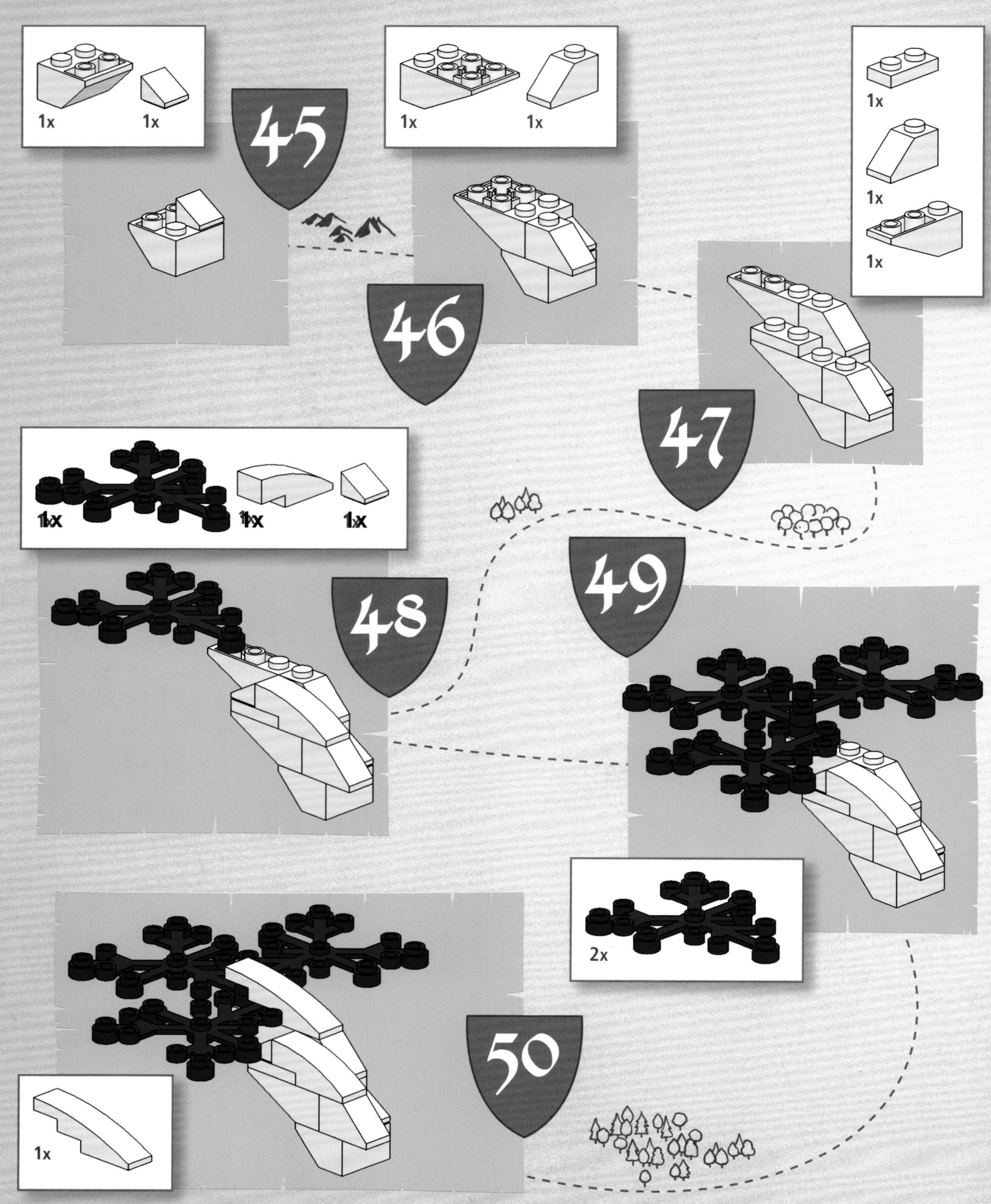
1x
1x
45
1x
1x
46
1x
1x
1x
47
1x
1x
1x
48
49
2x
50
1x

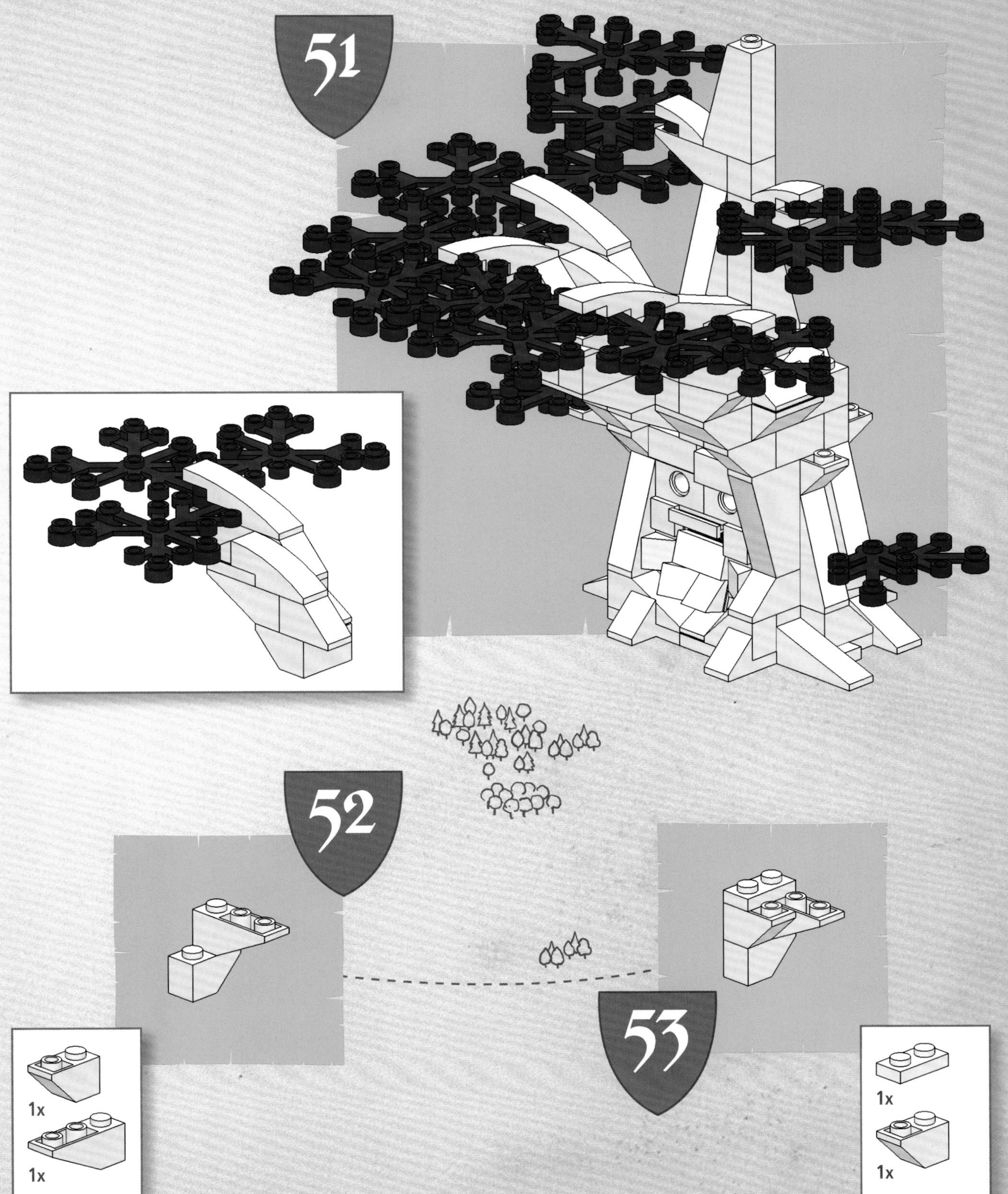
51
52
53
1x
1x
1x
1x

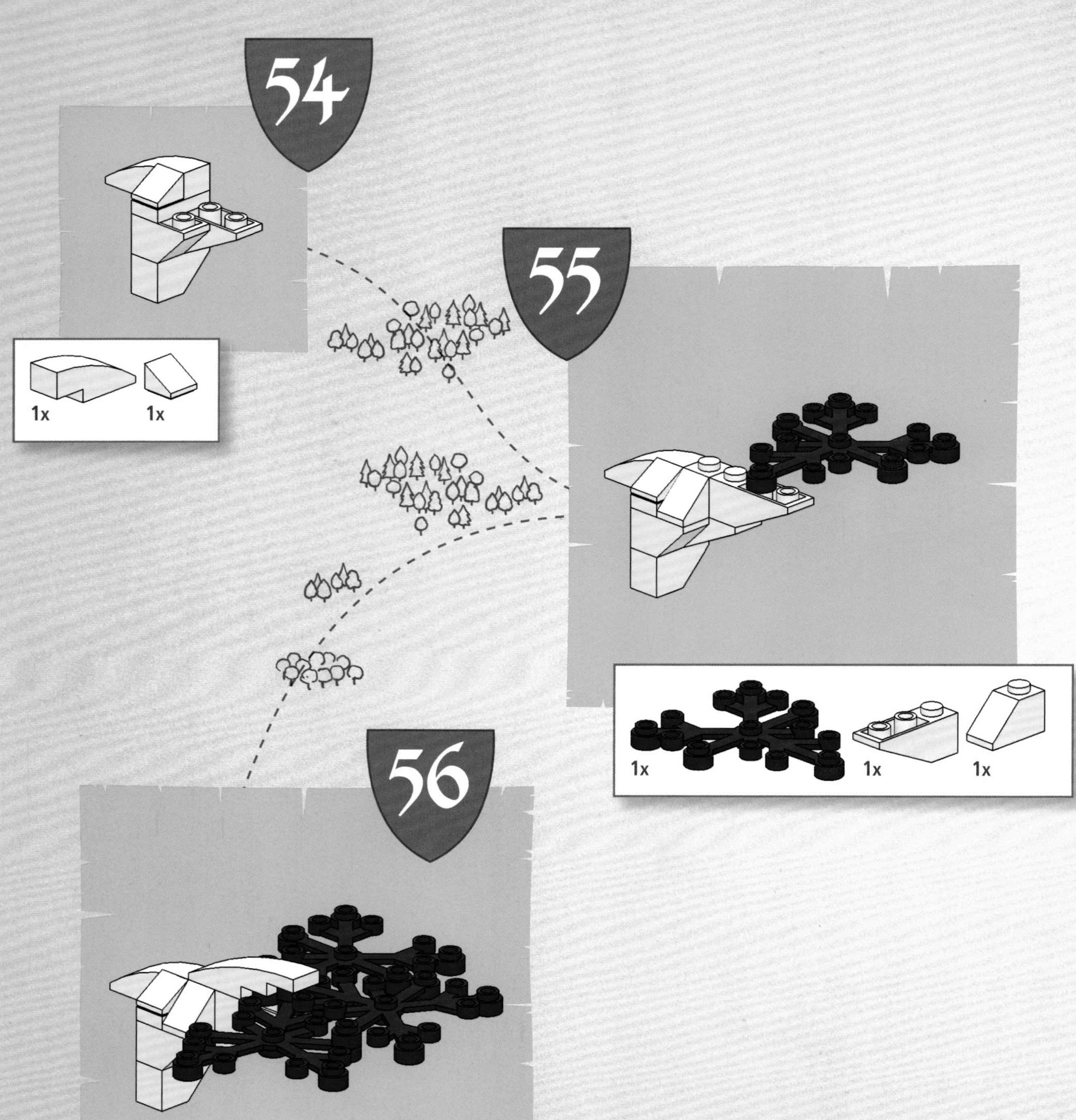

2x 1x

57

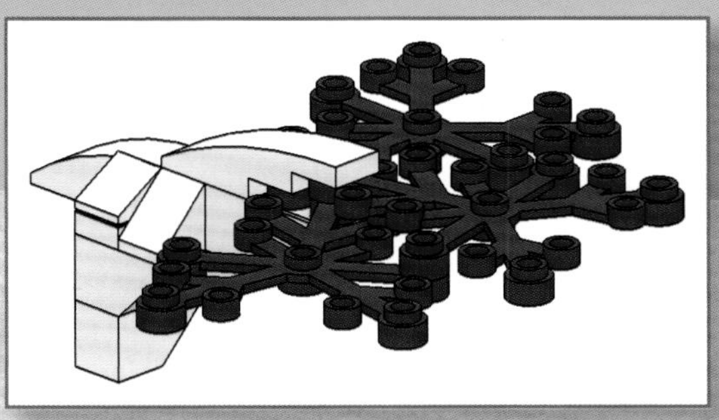

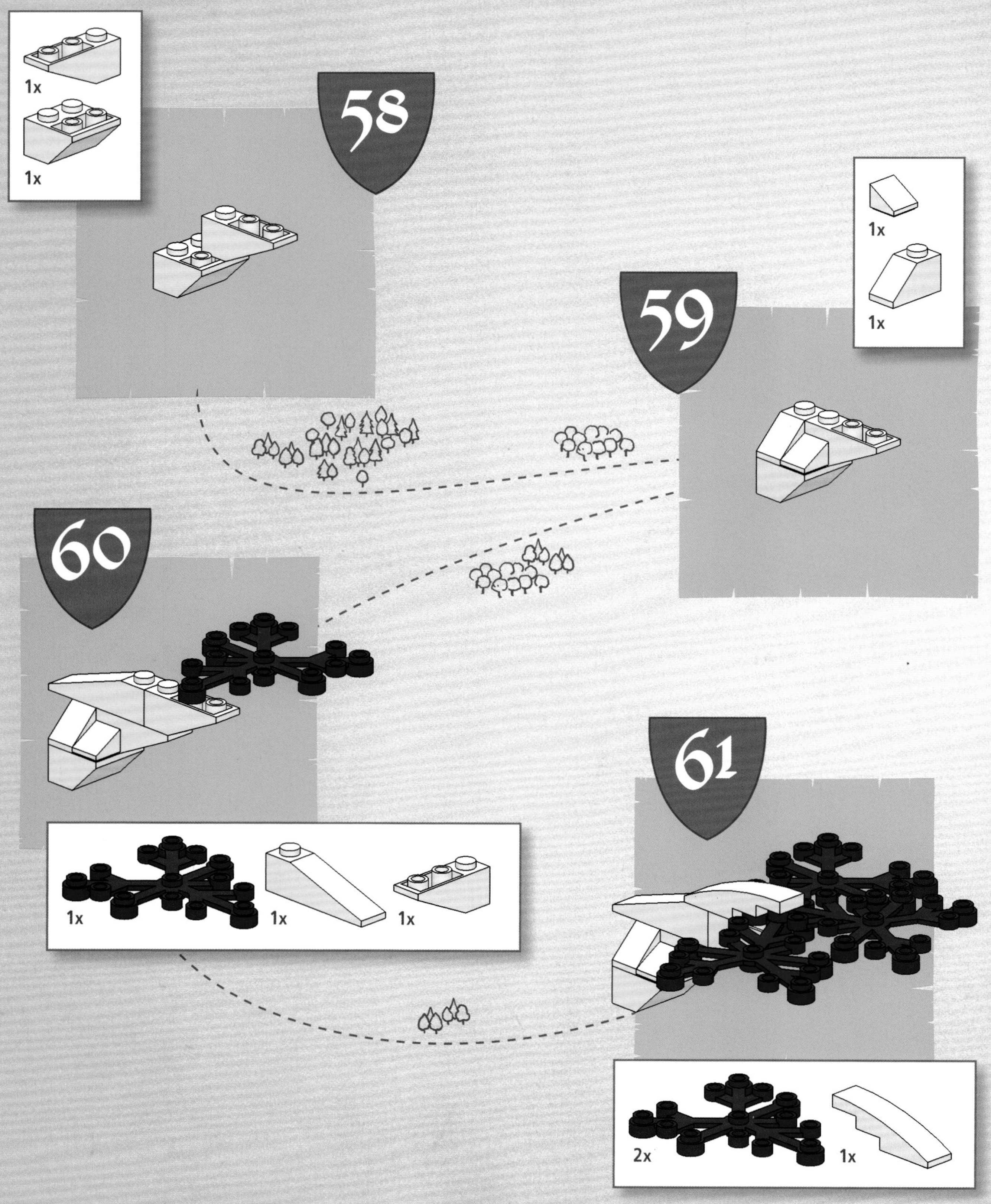

58
1x
1x
59
1x
1x
60
1x
1x
1x
61
2x
1x

62

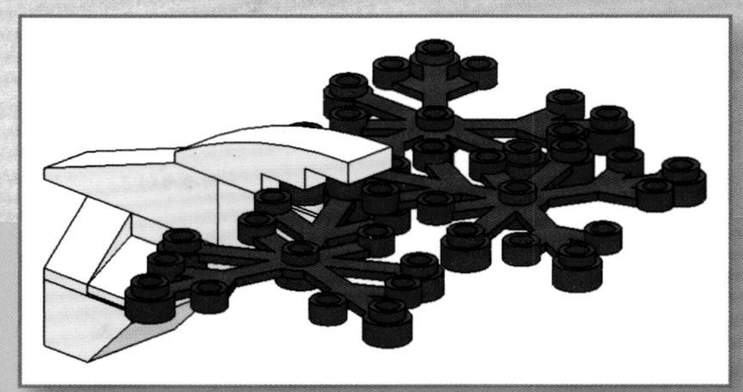

63
2x
1x
64
1x
65
1x
1x

66

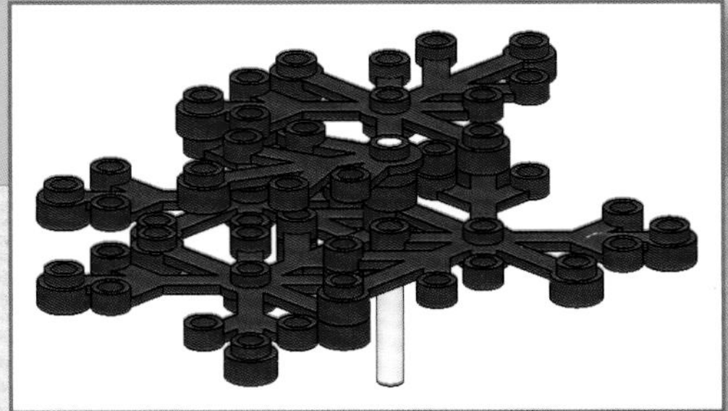

零件清单

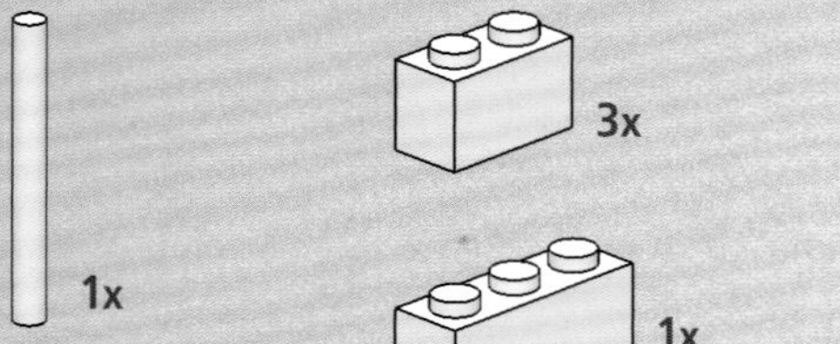

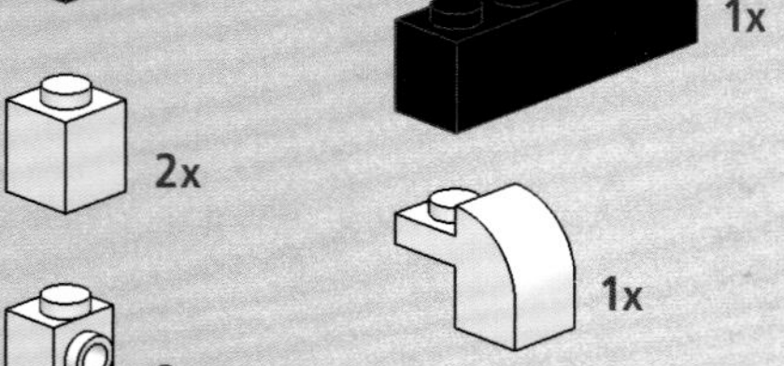

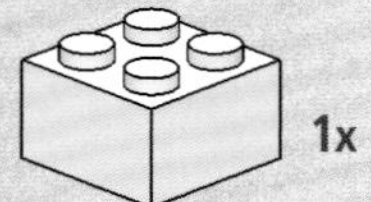

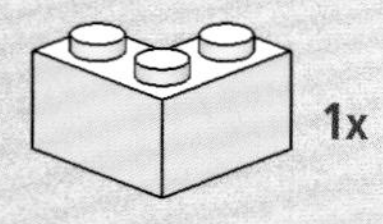

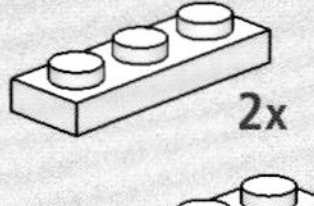

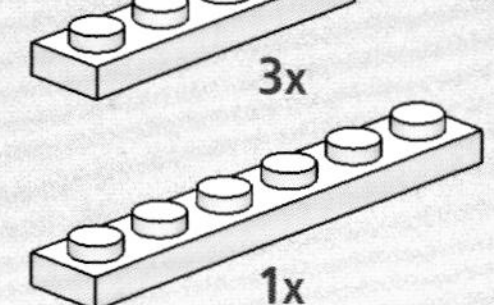

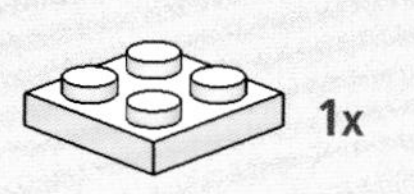

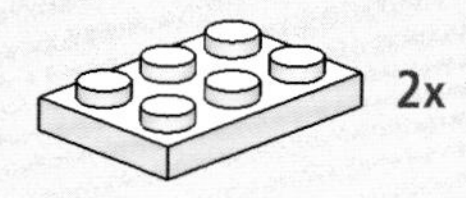

数量		颜色	零件编号	零件名称
1		白	30374	Bar 4L Light Sabre Blade
1		黑	3005	Brick 1 x 1
2		白	3005	Brick 1 x 1
9		白	4070	Brick 1 x 1 with Headlight
3		白	3004	Brick 1 x 2
1		白	3622	Brick 1 x 3
1		黑	3010	Brick 1 x 4
1		白	6091	Brick 2 x 1 x 1 & 1/3 with Curved Top
1		白	3003	Brick 2 x 2
4		黑	2357	Brick 2 x 2 Corner
1		白	2357	Brick 2 x 2 Corner
1		黑	3937	Hinge 1 x 2 Base
1		白	6134	Hinge 2 x 2 Top
5		暗红	2423	Plant Leaves 4 x 3
24		暗红	2417	Plant Leaves 6 x 5
2		白	3024	Plate 1 x 1
4		白	3023	Plate 1 x 2
1		白	32028	Plate 1 x 2 with Door Rail
2		白	3794a	Plate 1 x 2 without Groove with 1 Centre Stud
2		白	3623	Plate 1 x 3
3		白	3710	Plate 1 x 4
1		白	3666	Plate 1 x 6
1		白	3022	Plate 2 x 2
2		白	3021	Plate 2 x 3
1		白	3795	Plate 2 x 6

续表

数量	颜色	零件编号	零件名称
1	白	3032	Plate 4 x 6
6	白	60477	Slope Brick 18 4 x 1
18	白	54200	Slope Brick 31 1 x 1 x 2/3
2	白	85984	Slope Brick 31 1 x 2 x 2/3
4	白	4286	Slope Brick 33 3 x 1
20	白	4287	Slope Brick 33 3 x 1 Inverted
2	白	3747b	Slope Brick 33 3 x 2 Inverted with Ribs between Studs
23	白	3040	Slope Brick 45 2 x 1
13	白	3665	Slope Brick 45 2 x 1 Inverted
1	白	3039	Slope Brick 45 2 x 2
5	白	3660	Slope Brick 45 2 x 2 Inverted
4	白	60481	Slope Brick 65 2 x 1 x 2
9	白	4460	Slope Brick 75 2 x 1 x 3
1	白	2449	Slope Brick 75 2 x 1 x 3 Inverted
1	白	3684	Slope Brick 75 2 x 2 x 3
3	白	11477	Slope Brick Curved 2 x 1
3	白	50950	Slope Brick Curved 3 x 1
5	白	61678	Slope Brick Curved 4 x 1
2	白	92946	Slope Plate 45 2 x 1
2	白	3700	Technic Brick 1 x 2 with Hole
2	白	3070b	Tile 1 x 1 with Groove
3	白	3069b	Tile 1 x 2 with Groove

龙

起初，我们有些犹豫是否进行此创意，因为已经有很多玩家高手将其付诸行动，创作的作品也各有千秋。但最终我们还是技痒难忍，要让灵感自由地迸发，决定要设计一只上肢与翅膀为一体的龙。也许《权力的游戏》的粉丝们会认为这只龙应该是黑色而不是红色，那就留给你们自由发挥的空间吧。只要按照建造指南，你也可以成为龙母或者龙父。

不过如果要换配色的话，我们有个小小的创作建议：将指南中龙身上的米黄色零件替换为深灰色零件，龙的整体效果可能会更好。发挥你的创作能力，尝试更多的配色，比如绿色或者深绿色；龙的翅膀也可以找到绿色的版本。

Joe设计搭建

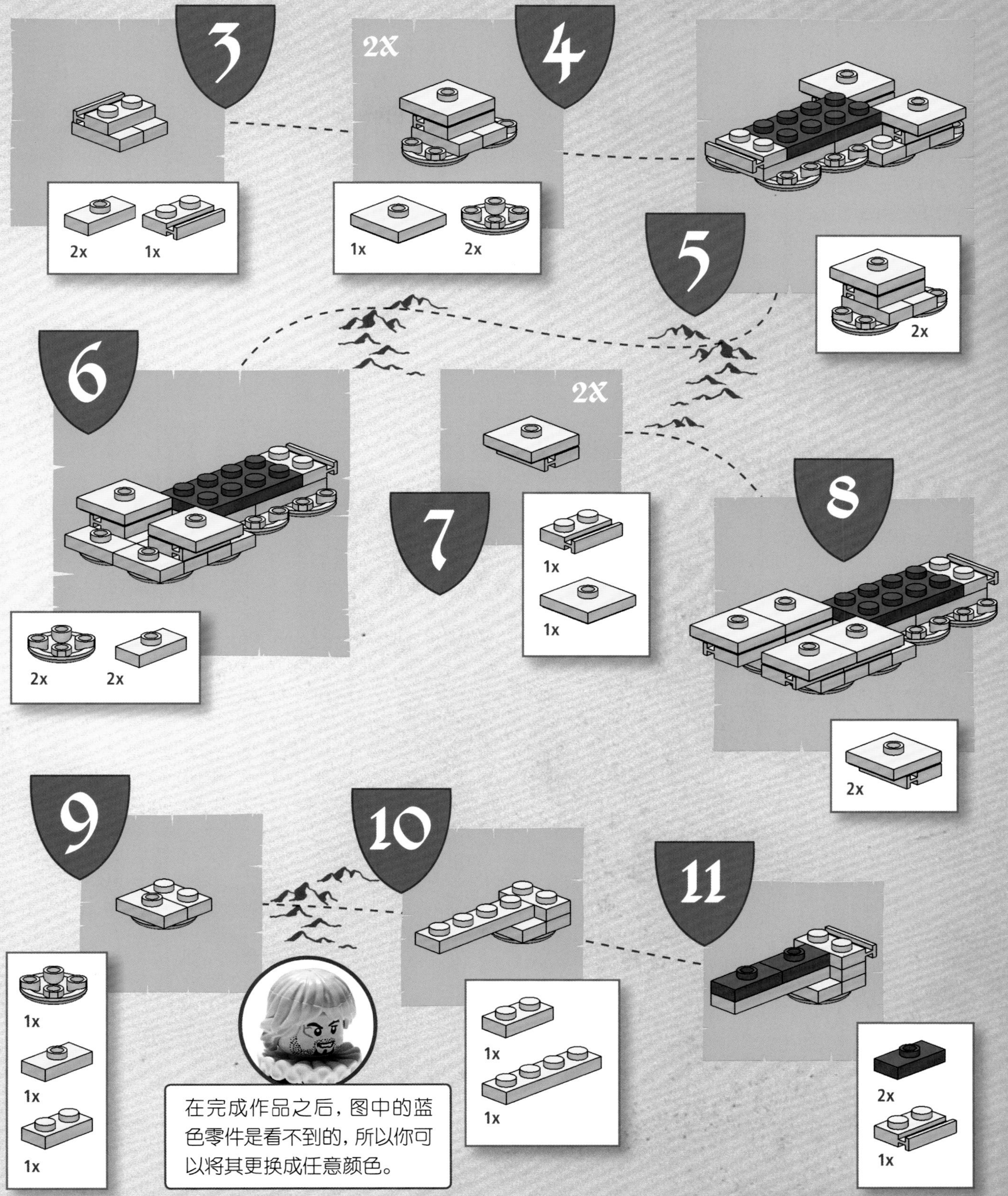
3
2x
1x
2x
4
1x
2x
5
2x
6
2x
2x
2x
7
1x
1x
8
2x
9
1x
1x
1x
10
1x
1x
11
2x
1x
在完成作品之后，图中的蓝色零件是看不到的，所以你可以将其更换成任意颜色。

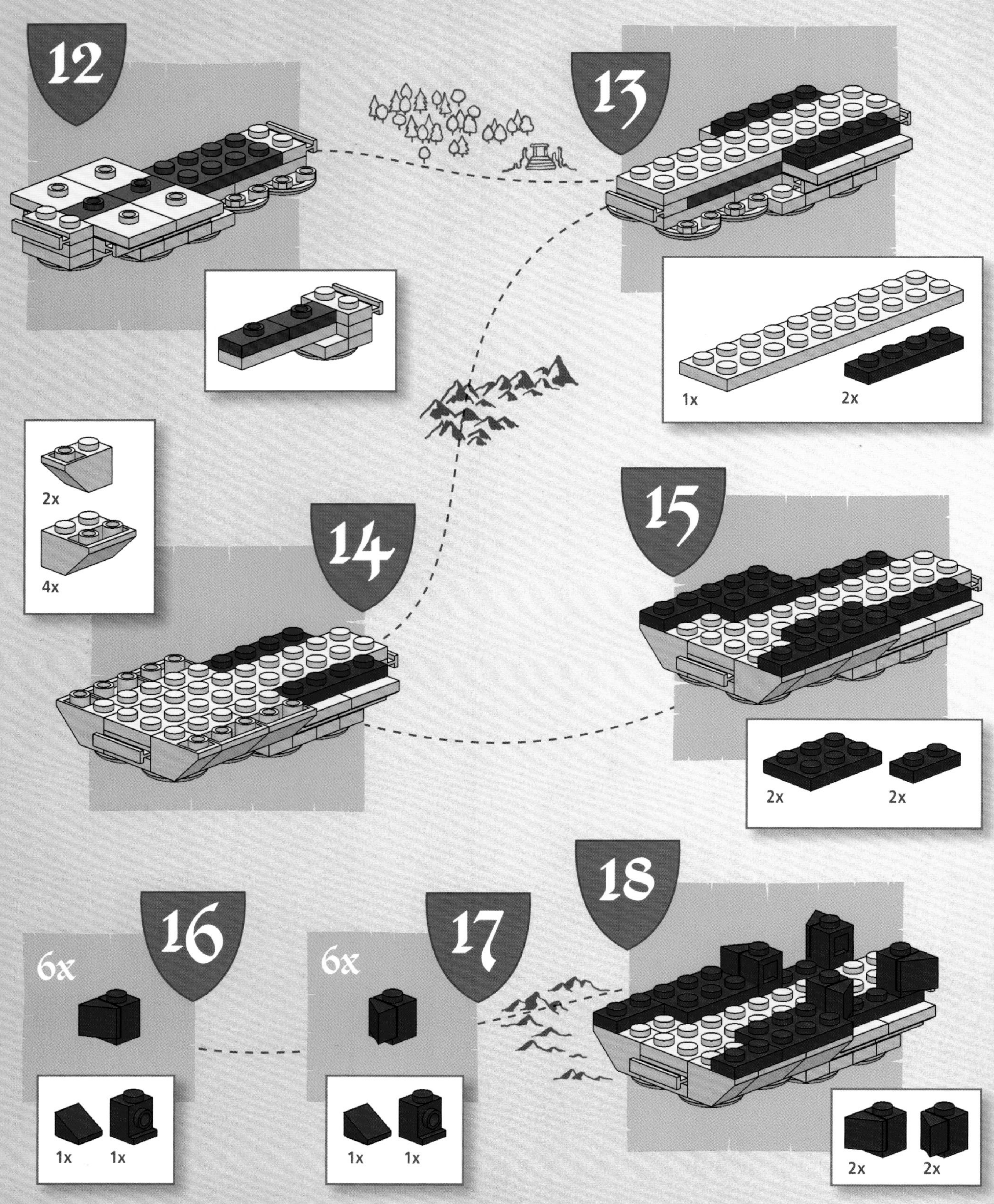
12
13
1x
2x
2x
4x
14
15
2x
2x
16
6x
1x
1x
17
6x
1x
1x
18
2x
2x

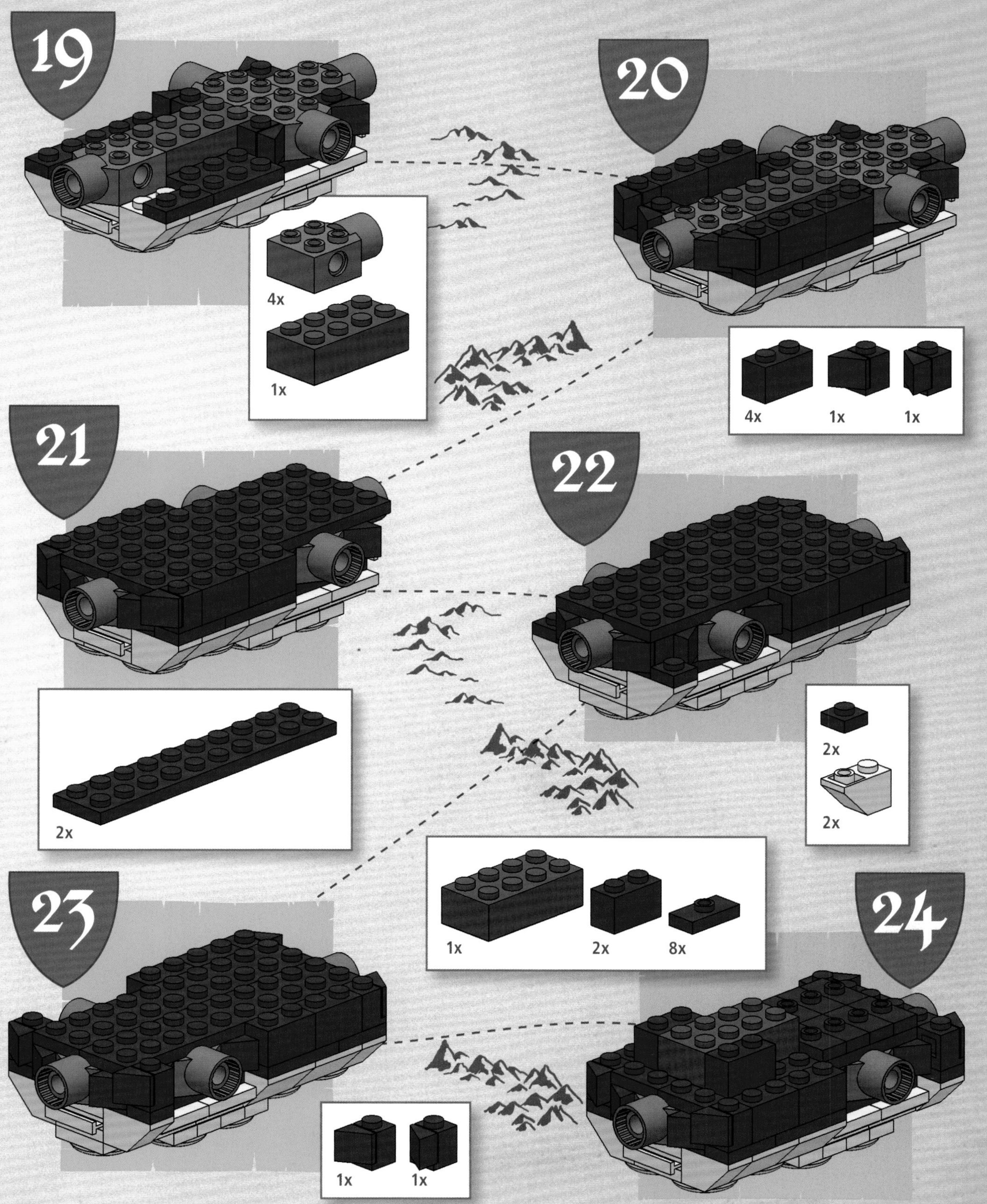
19
4x
1x
20
4x
1x
1x
21
2x
22
2x
2x
1x
2x
8x
23
1x
1x
24

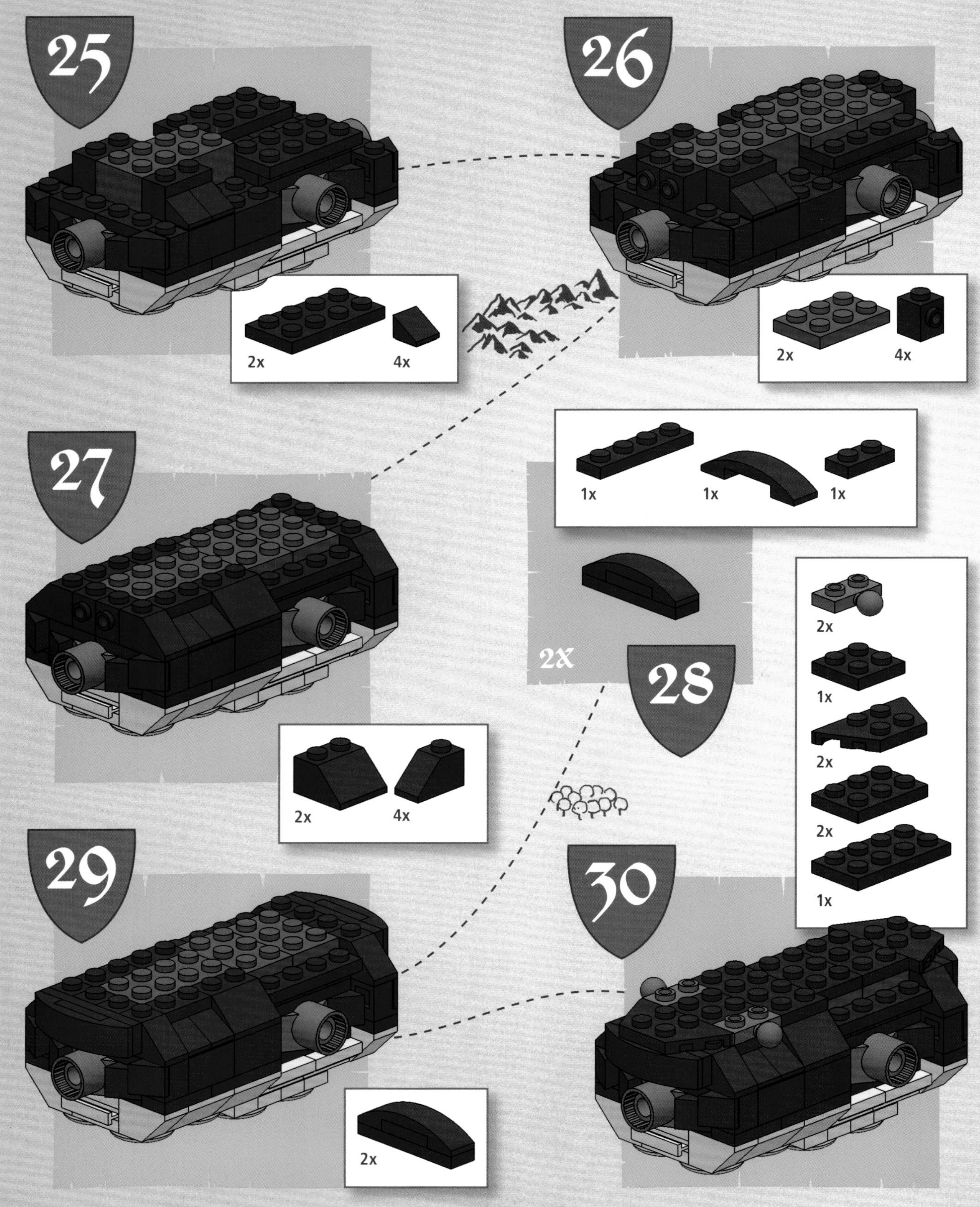
25
2x
4x
26
2x
4x
27
2x
4x
1x
1x
1x
2X
28
2x
1x
2x
2x
1x
29
2x
30

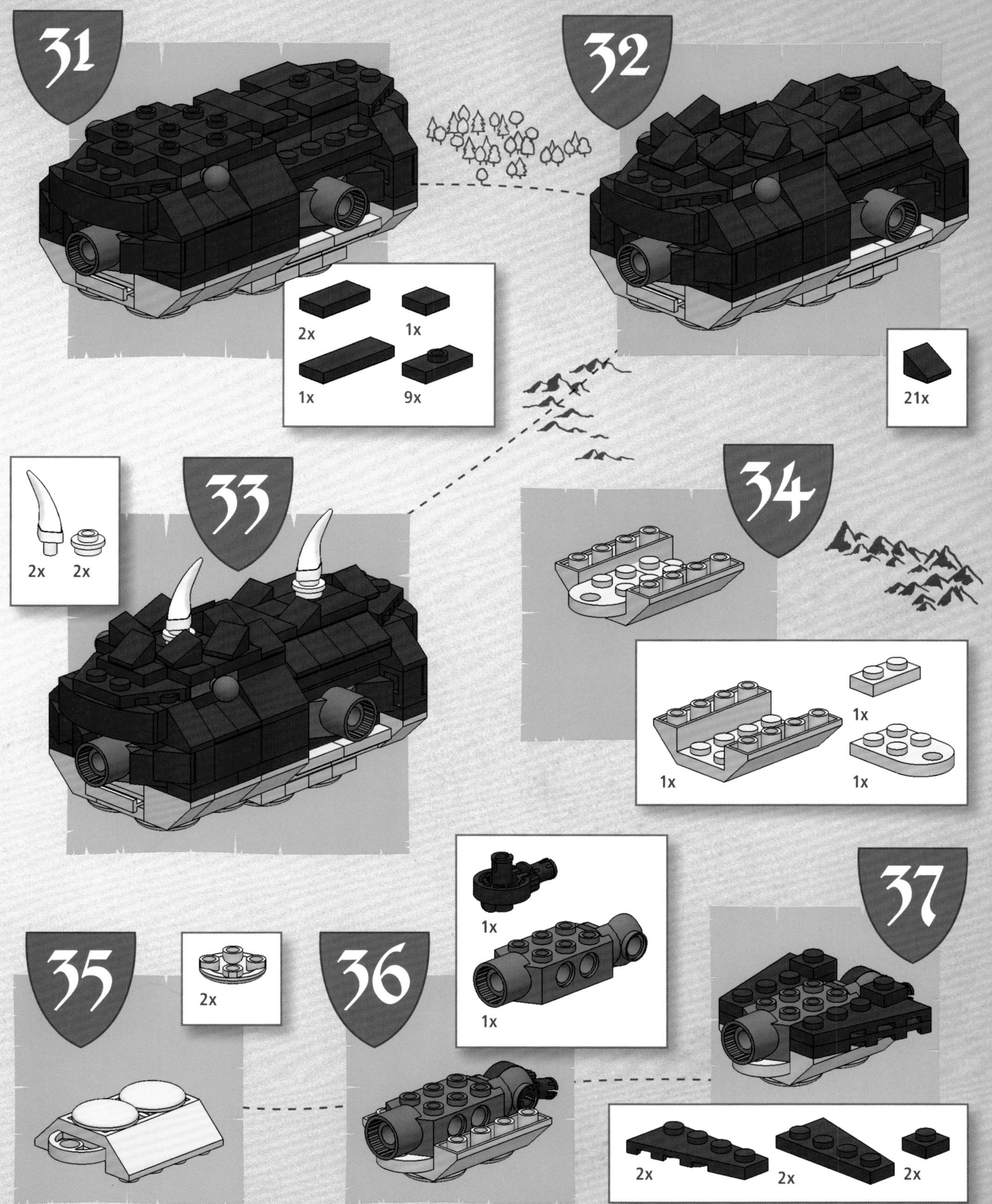

31
2x
1x
1x
9x
32
21x
33
2x
2x
34
1x
1x
1x
35
2x
36
1x
1x
37
2x
2x
2x

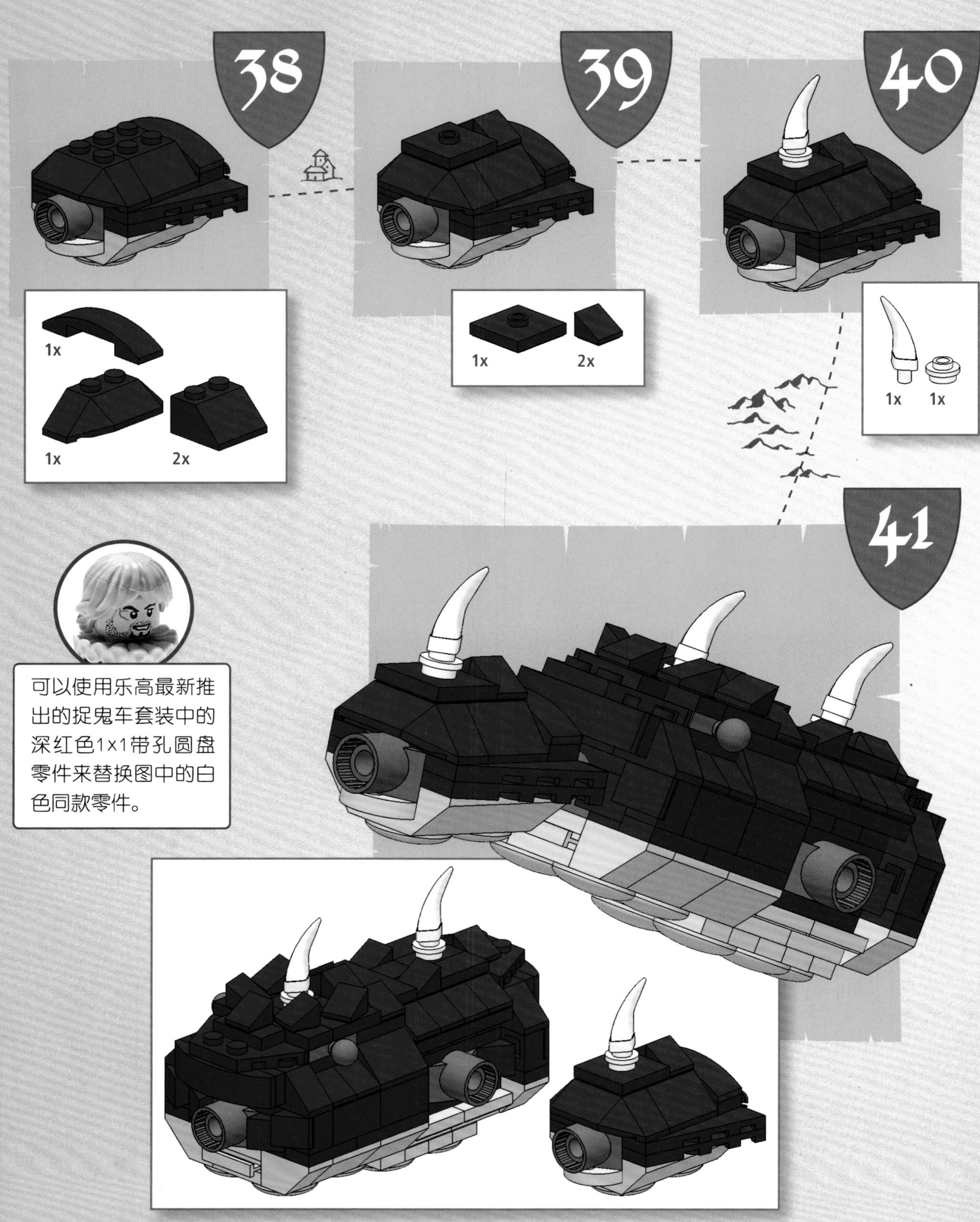

可以使用乐高最新推出的捉鬼车套装中的深红色1×1带孔圆盘零件来替换图中的白色同款零件。

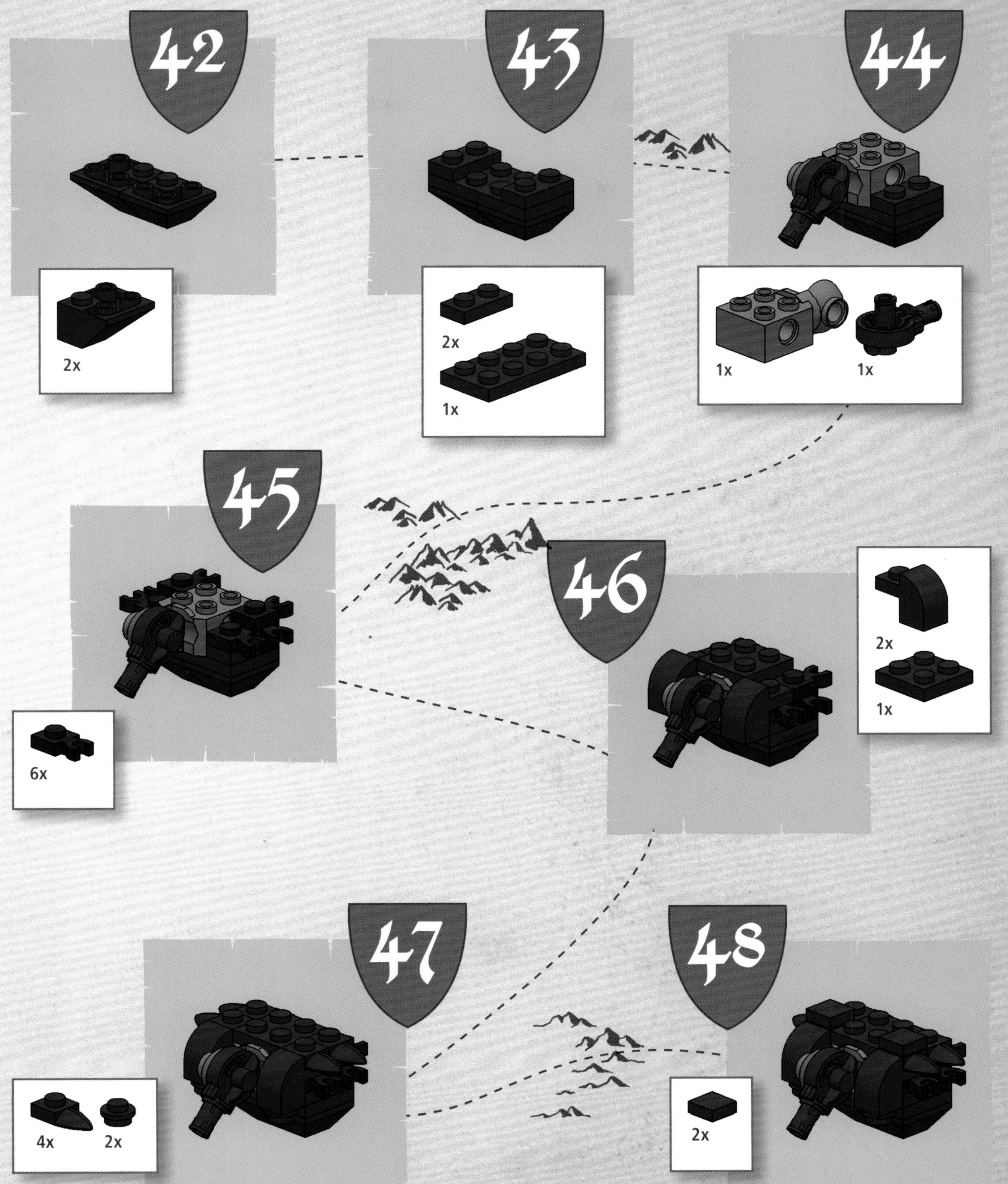
42
2x
43
2x
1x
44
1x
1x
45
6x
46
2x
1x
47
4x
2x
48
2x

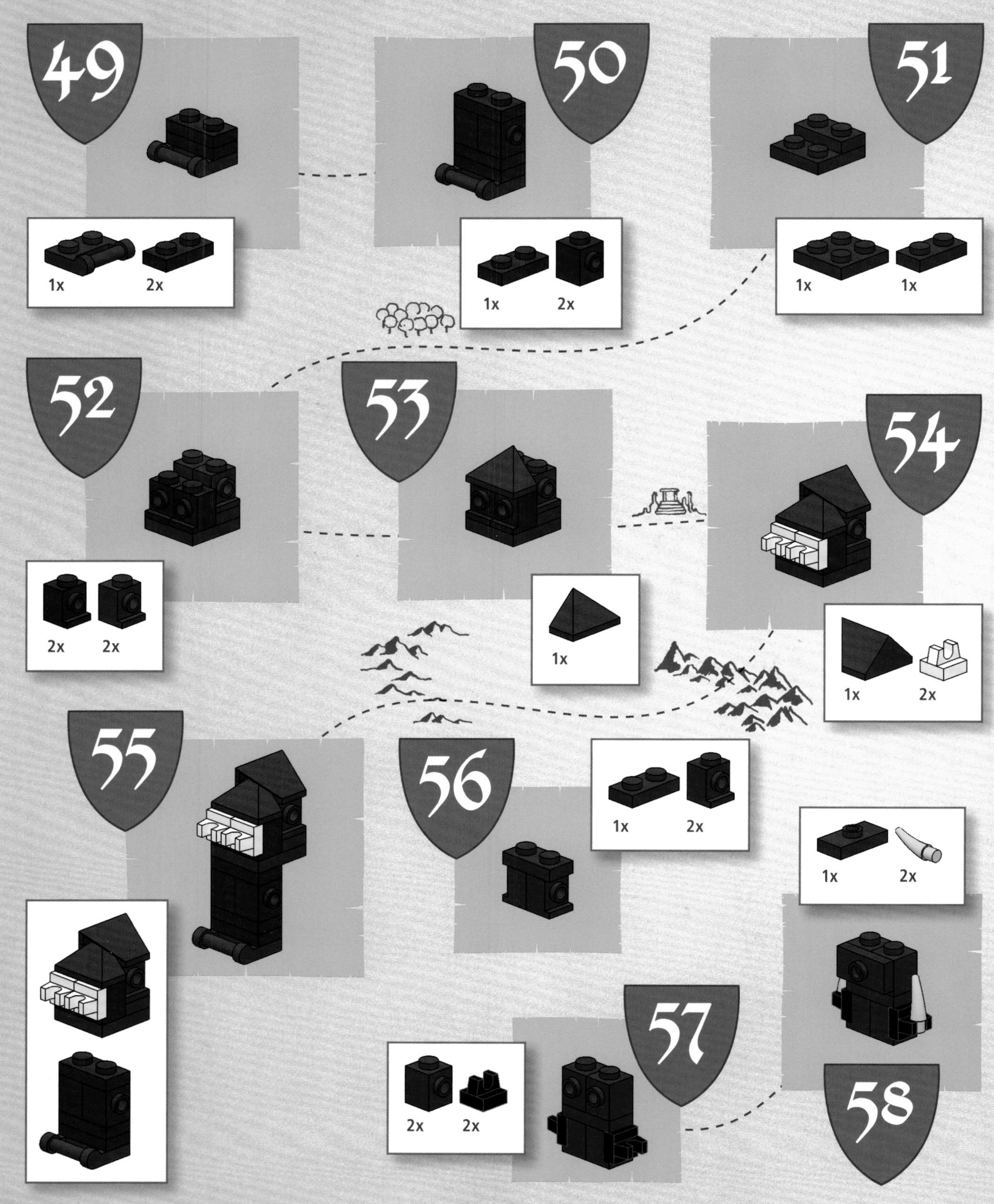
49
1x
2x
50
1x
2x
51
1x
1x
52
2x
2x
53
1x
54
1x
2x
55
56
1x
2x
1x
2x
57
2x
2x
58

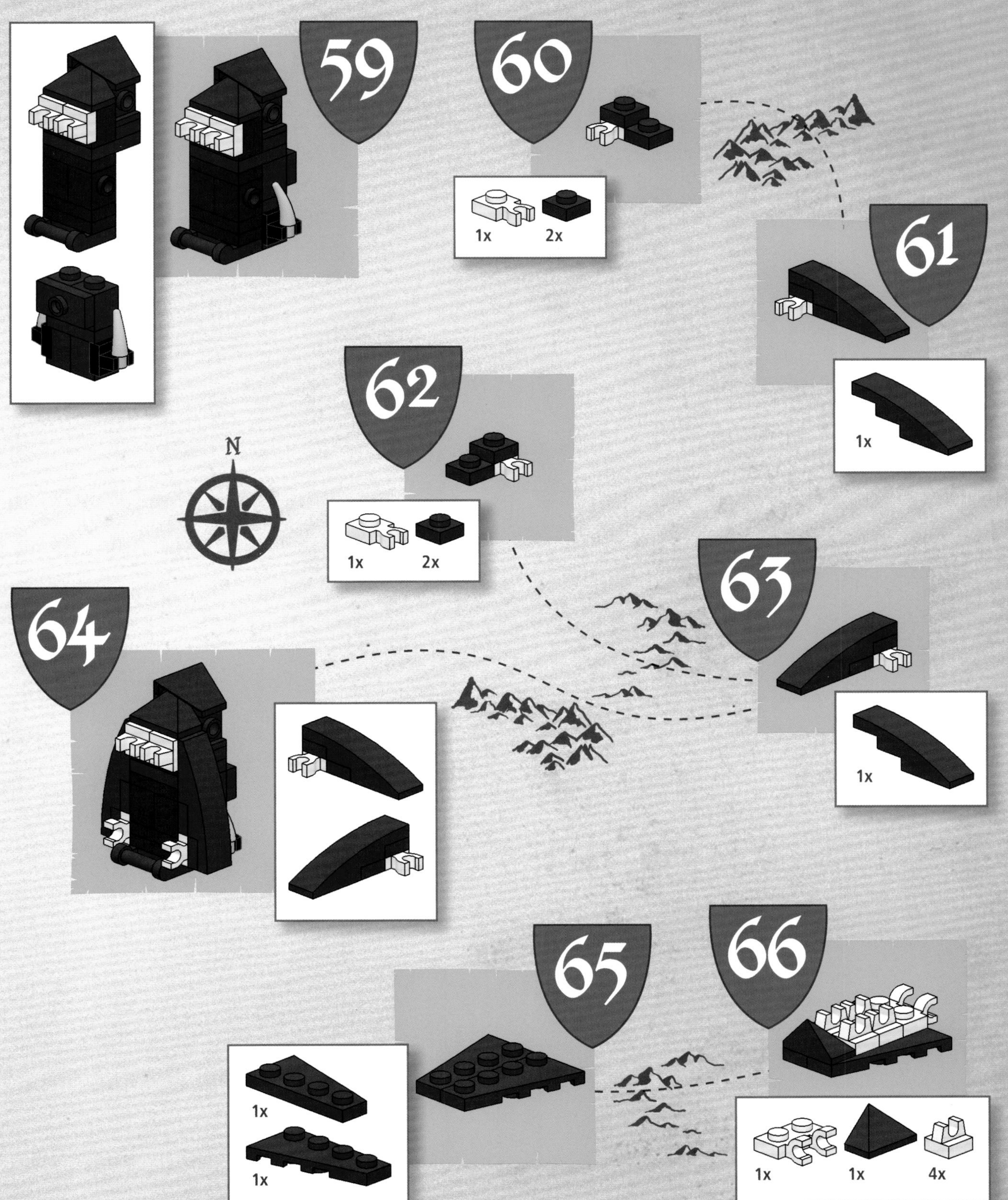

59
60
1x
2x
61
1x
N
62
1x
2x
63
1x
64
65
1x
1x
66
1x
1x
4x

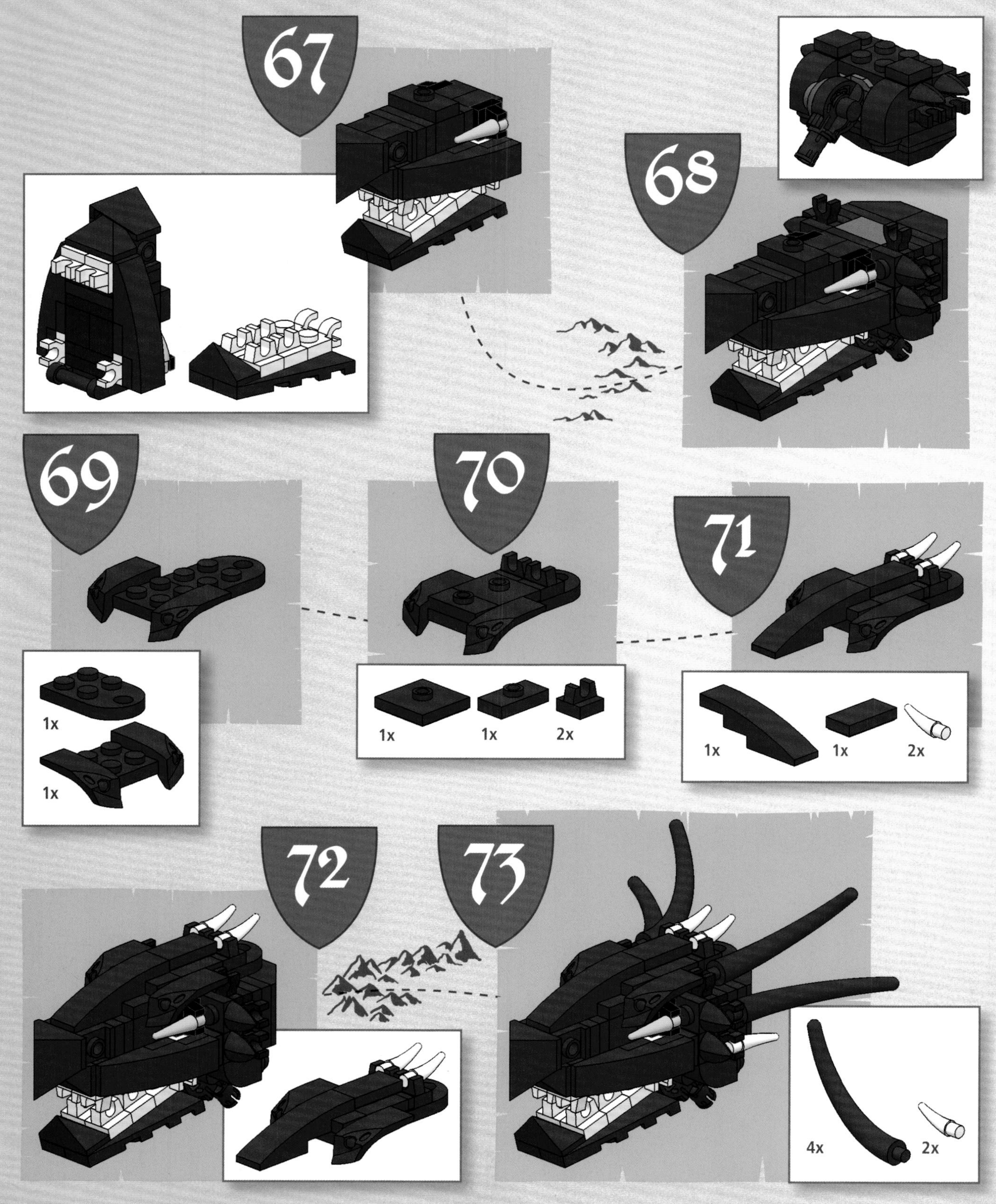
67
68
69
1x
1x
70
1x
1x
2x
71
1x
1x
2x
72
73
4x
2x

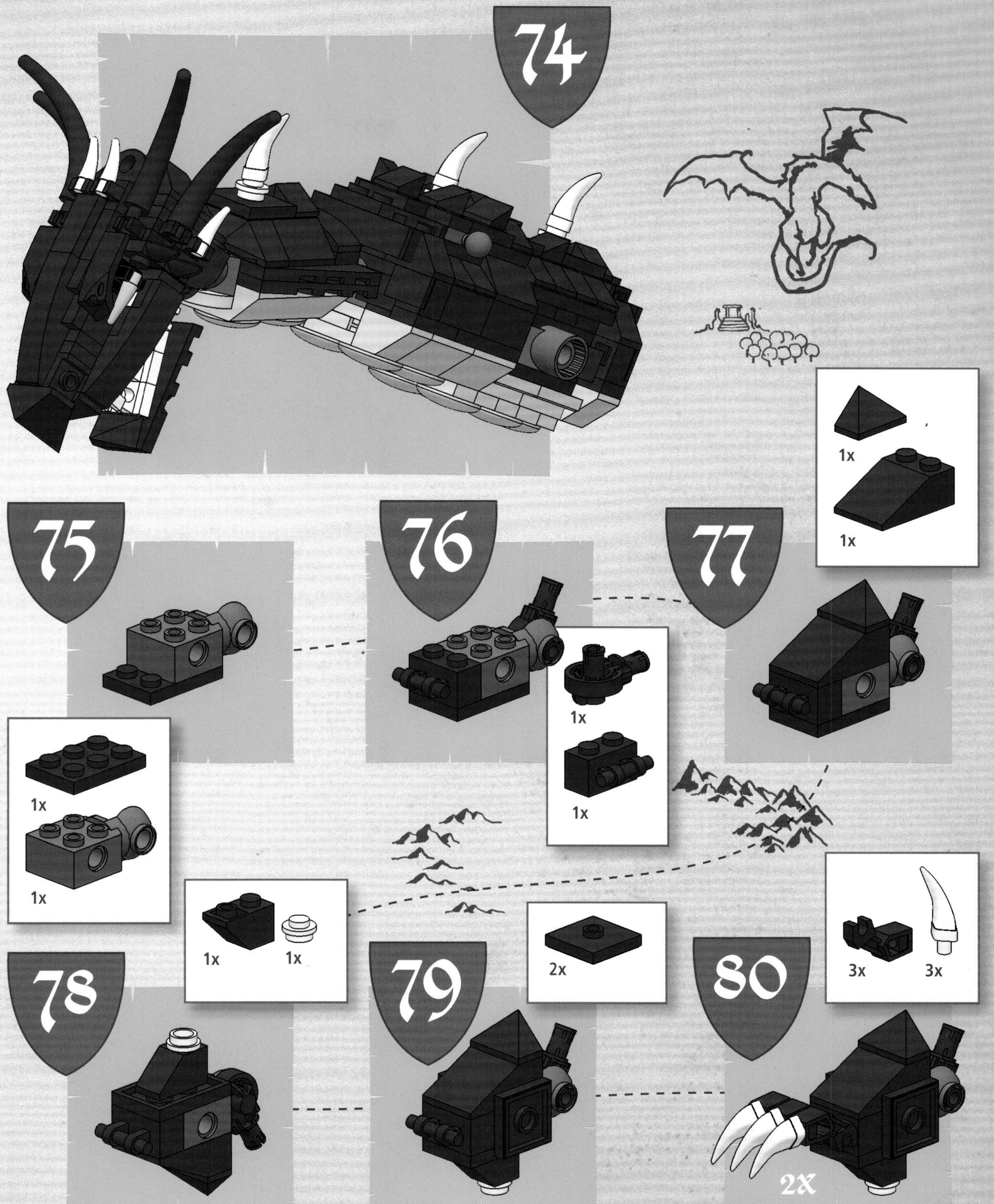
74
75
1x
1x
76
1x
1x
77
1x
1x
78
1x
1x
79
2x
80
3x
3x
2x

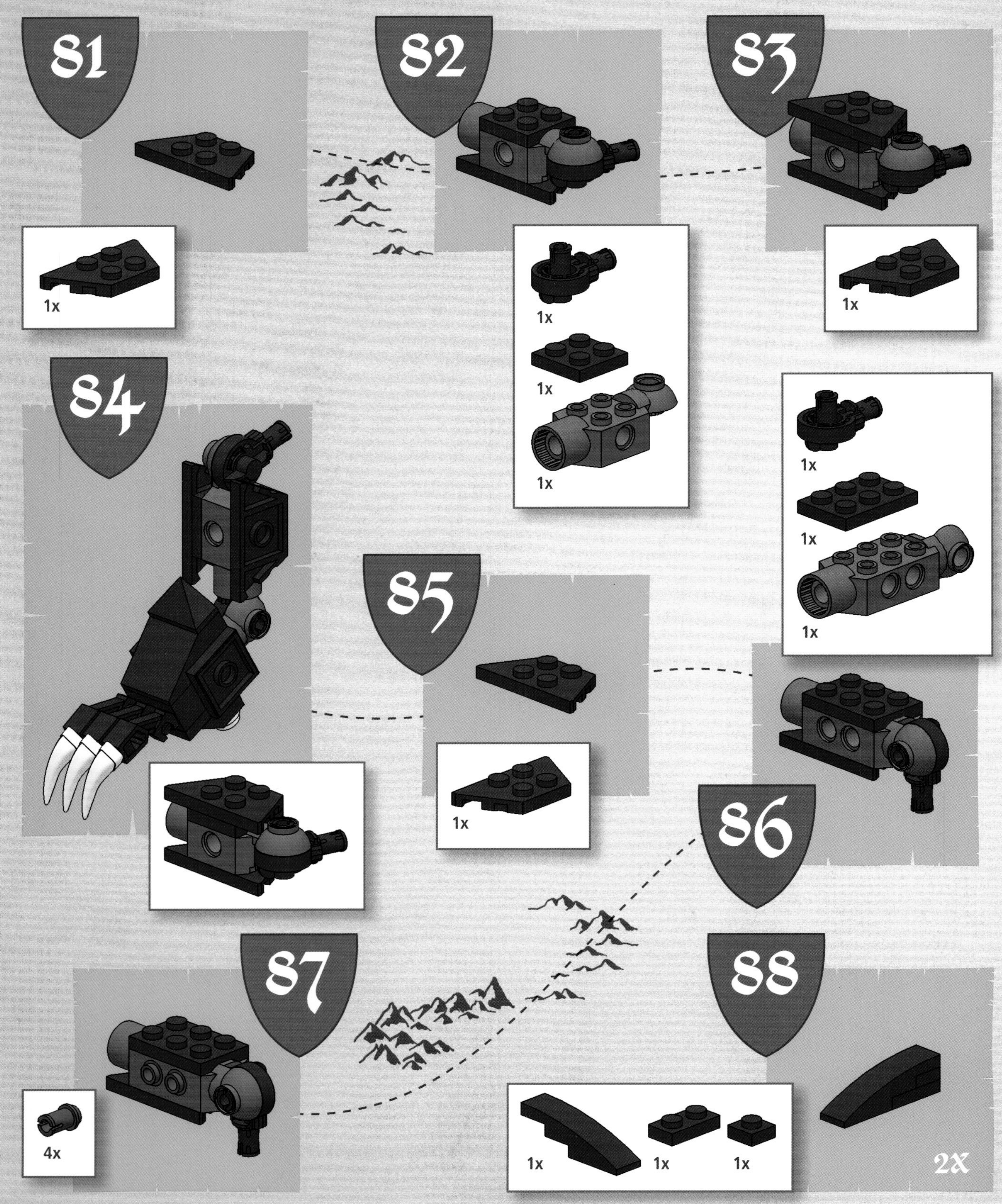
81
1x
82
1x
1x
1x
83
1x
84
1x
1x
1x
85
1x
86
87
4x
88
1x
1x
1x
2X

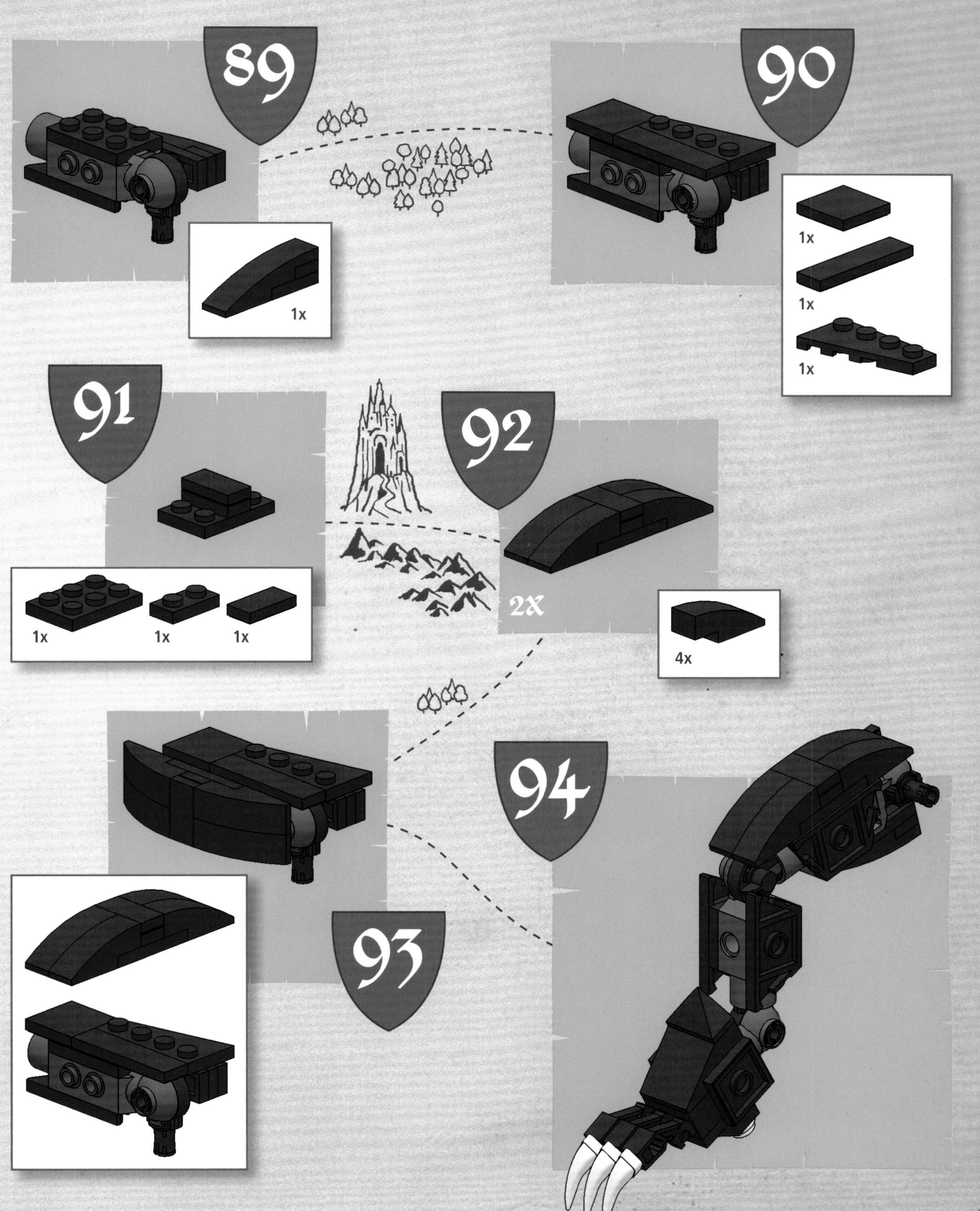
89
1x
90
1x
1x
1x
91
1x
1x
1x
92
2x
4x
93
94

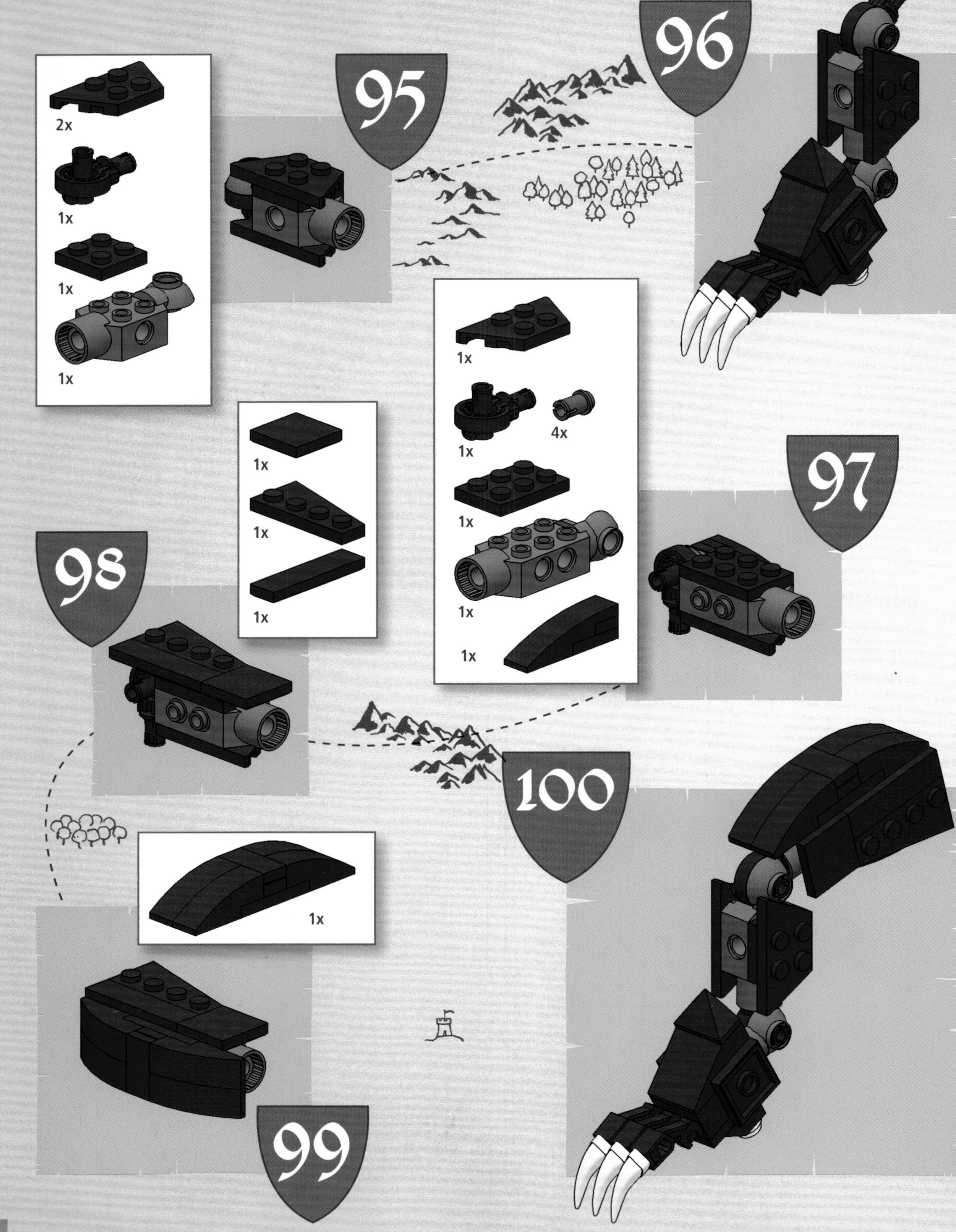

95
2x
1x
1x
1x
96
1x
1x
4x
1x
1x
1x
97
1x
1x
1x
98
100
1x
99

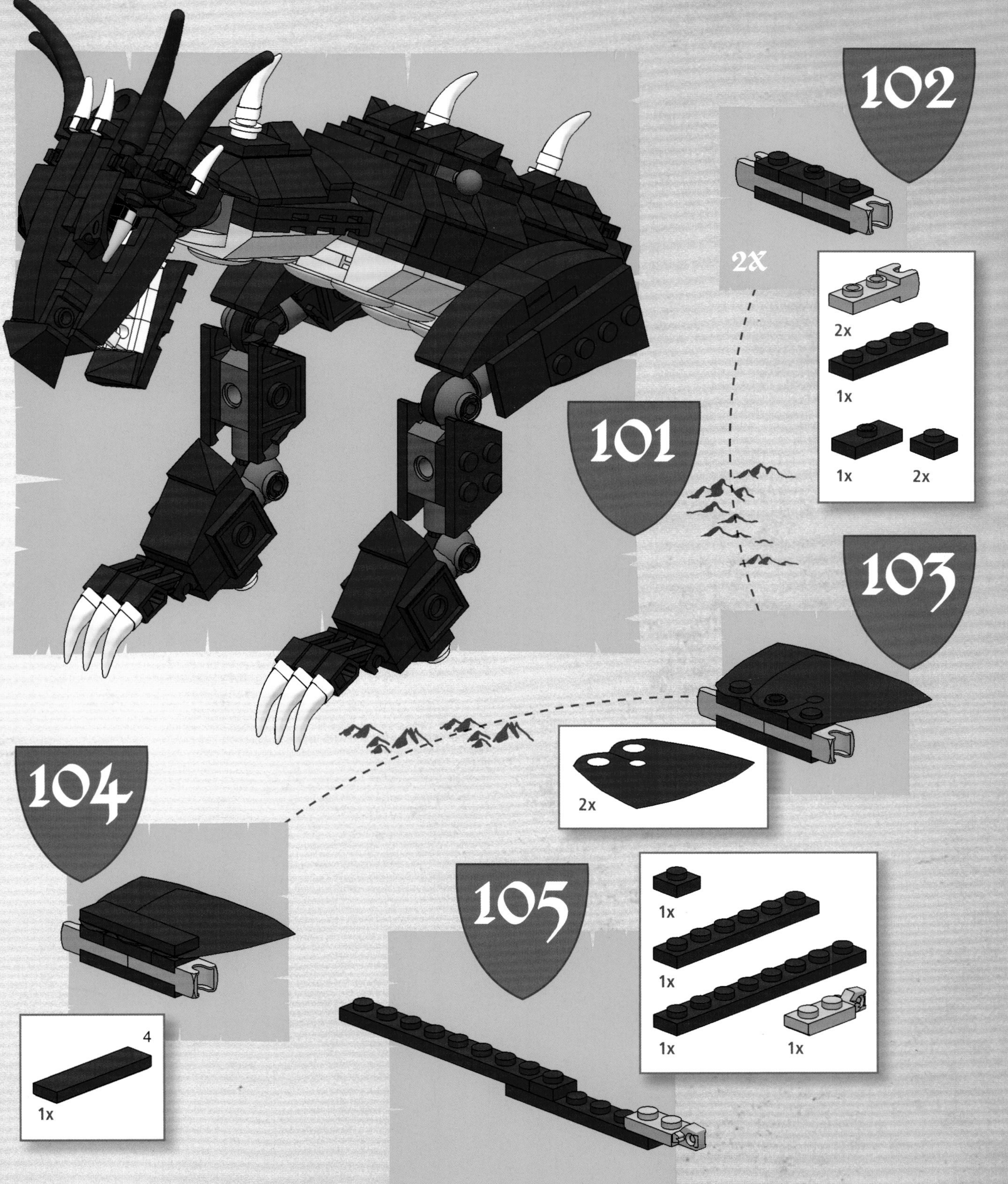

102
2x
2x
1x
1x
2x
101
103
2x
104
4
1x
105
1x
1x
1x
1x

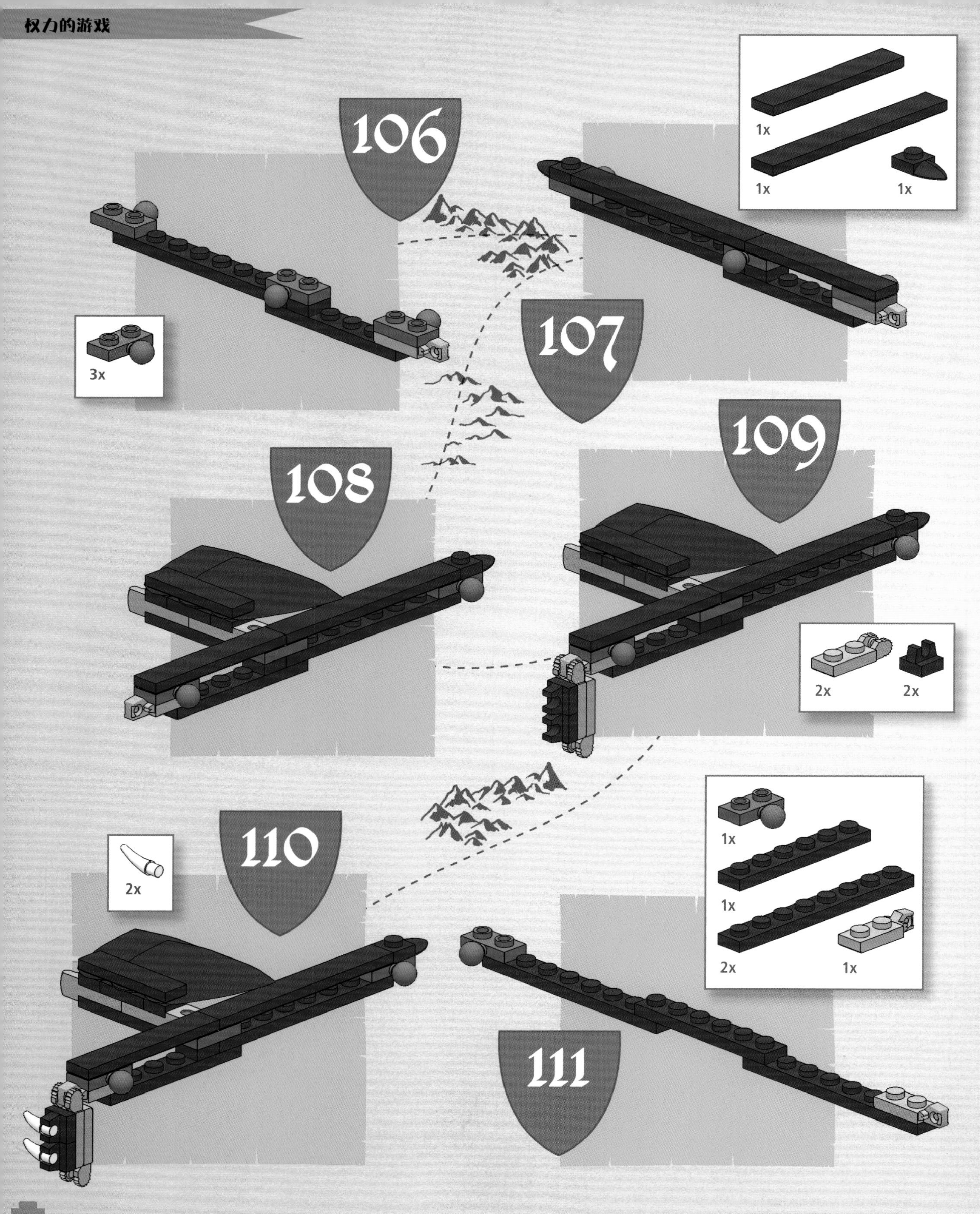
106
1x
1x
1x
3x
107
108
109
2x
2x
110
2x
111
1x
1x
2x
1x

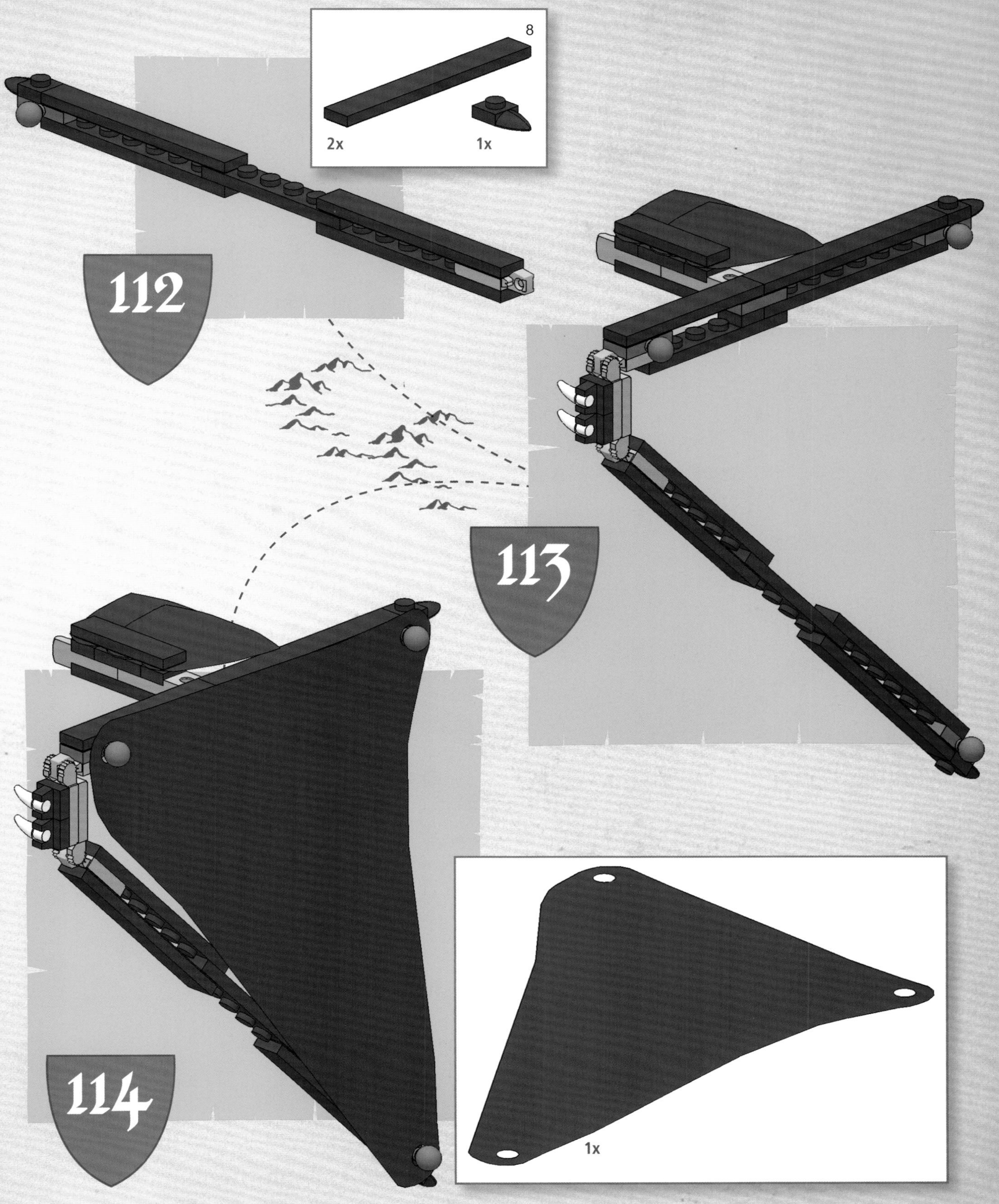
8
2x
1x
112
113
114
1x

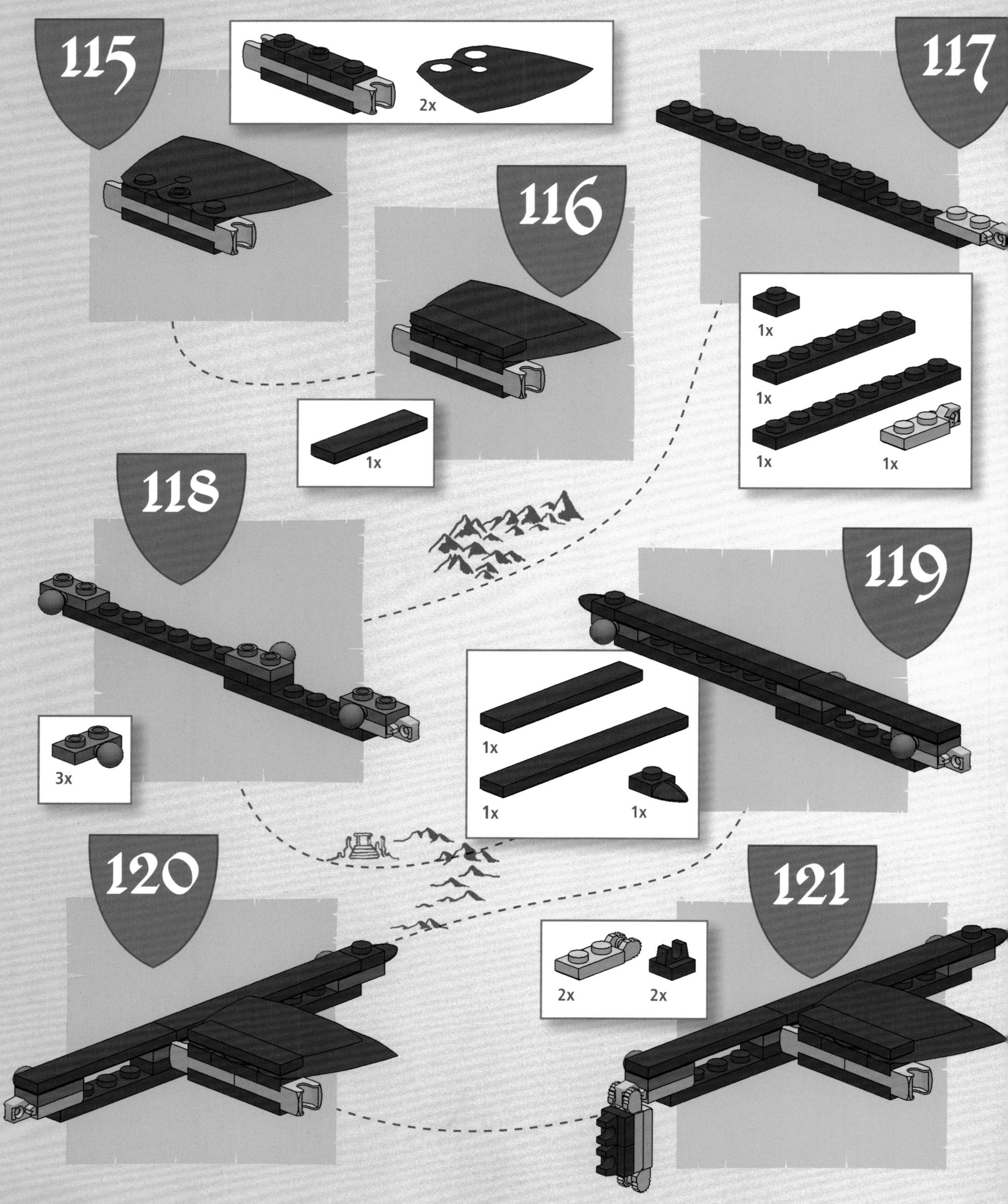

115
2x
116
1x
117
1x
1x
1x
1x
118
3x
119
1x
1x
1x
120
121
2x
2x

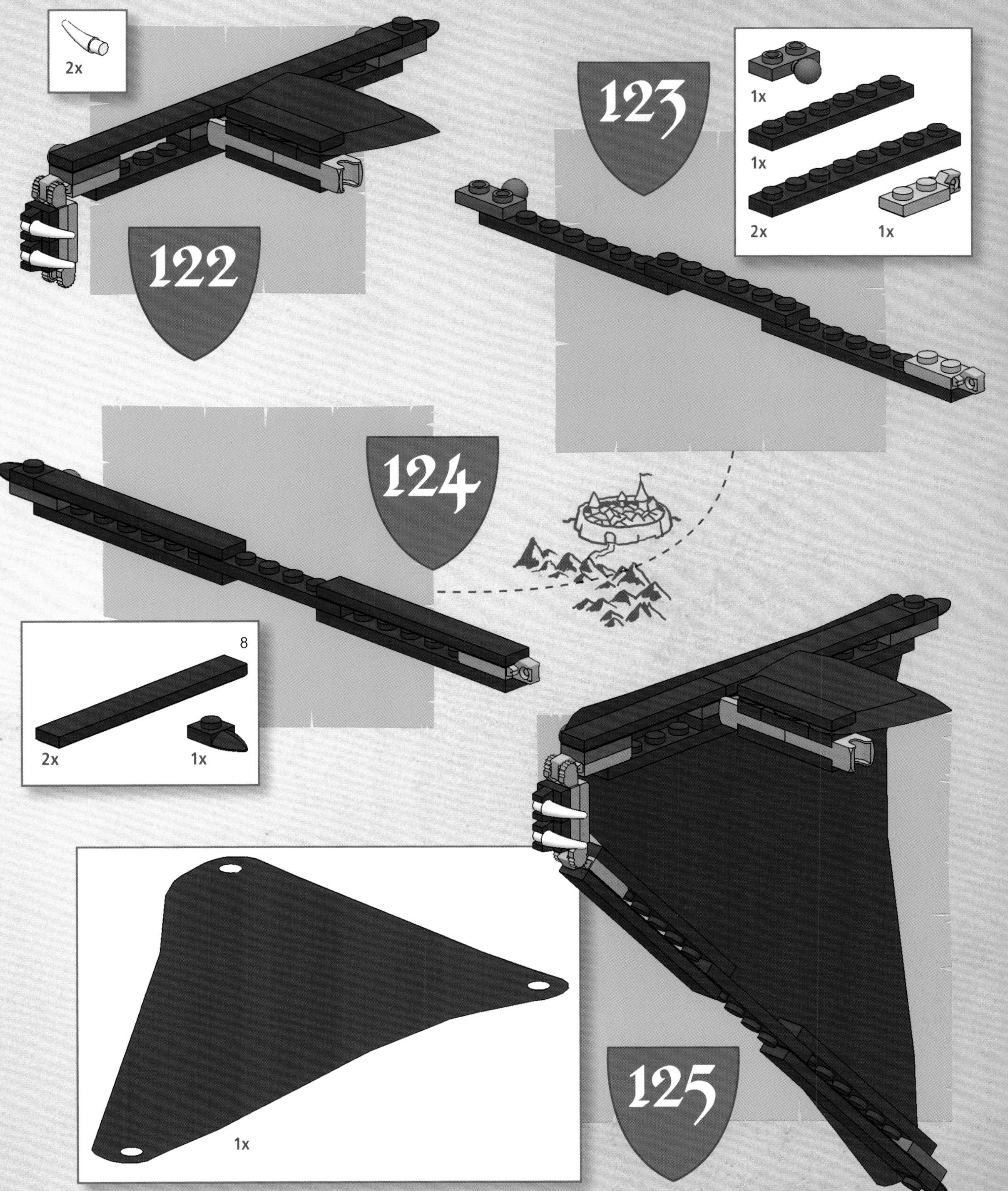
2x
122
123
1x
1x
2x
1x
124
8
2x
1x
125
1x

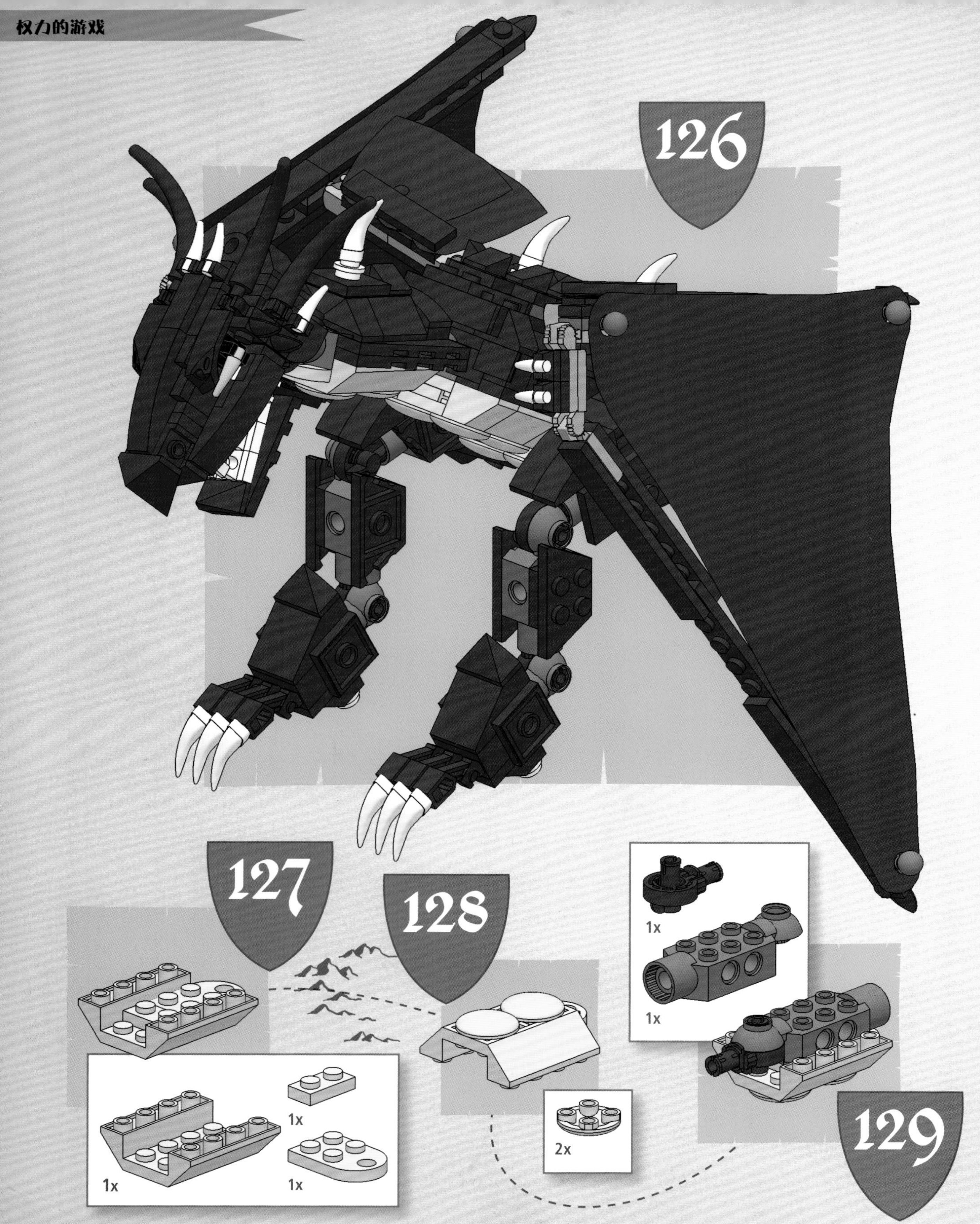
126
127
1x
1x
1x
128
2x
1x
1x
129

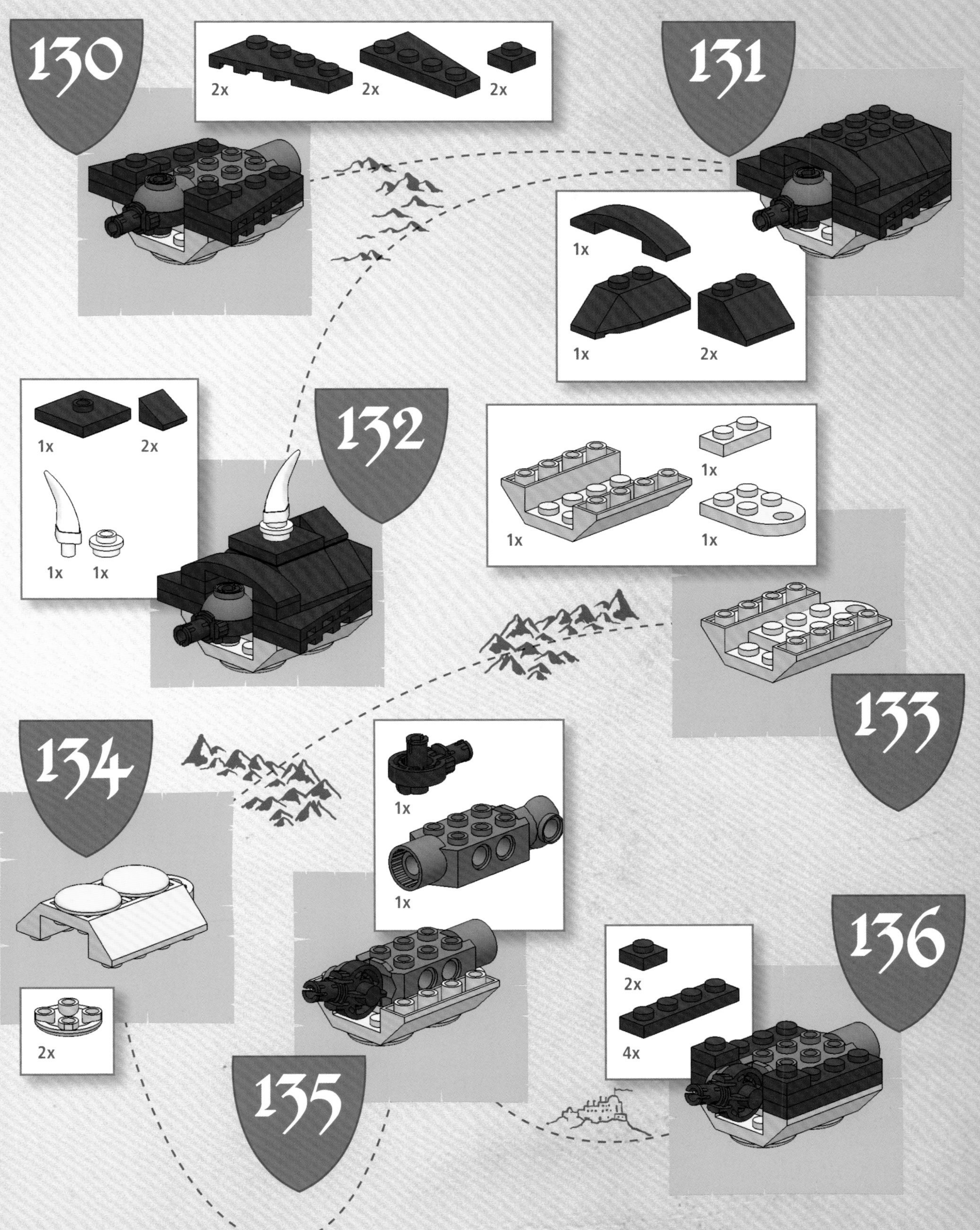
130
2x
2x
2x
131
1x
1x
2x
132
1x
2x
1x
1x
1x
1x
1x
1x
133
134
2x
1x
1x
135
136
2x
4x

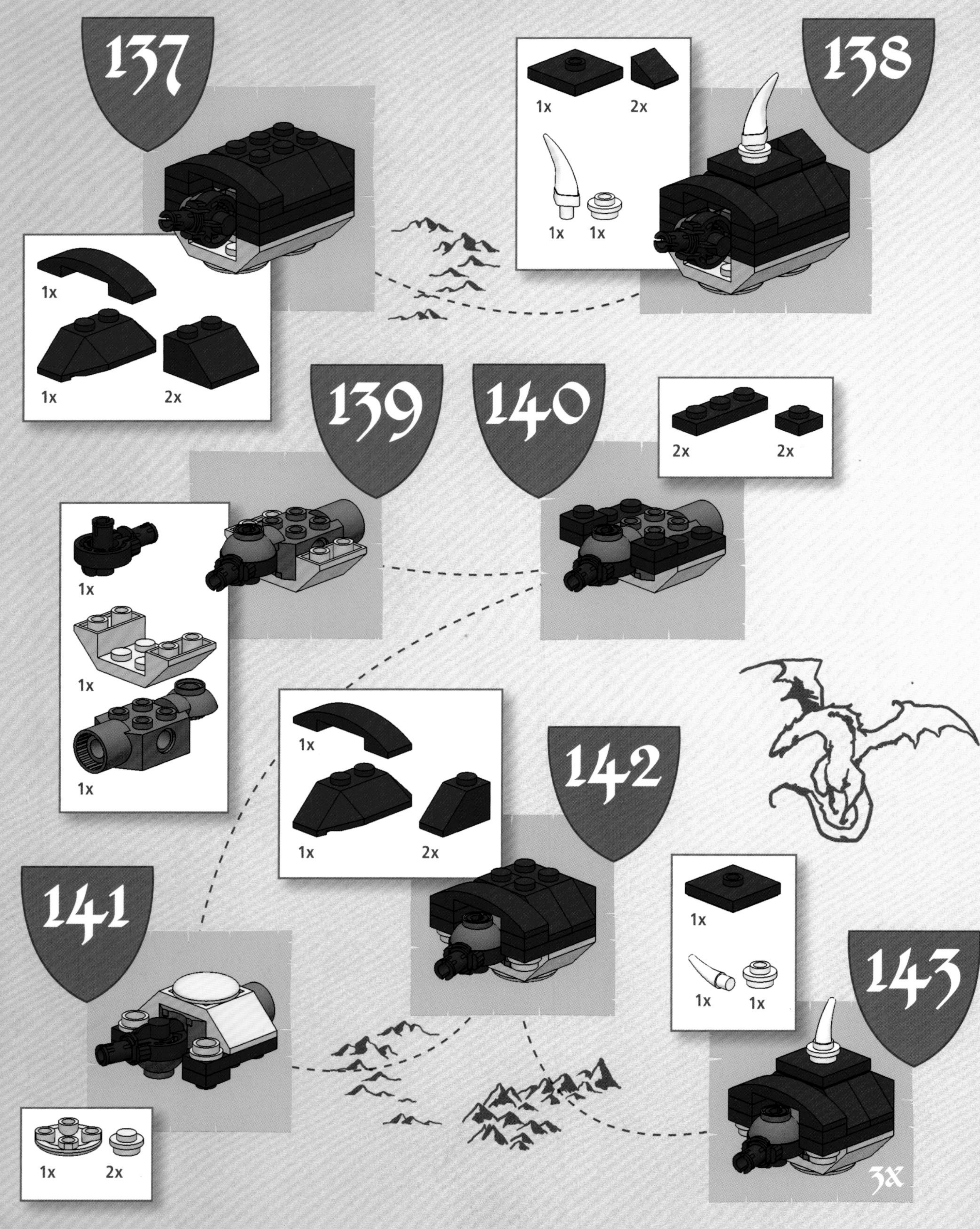

137
1x
1x
2x
138
1x
2x
1x
1x
139
1x
1x
1x
140
2x
2x
141
1x
2x
142
1x
1x
2x
143
1x
1x
1x
3x

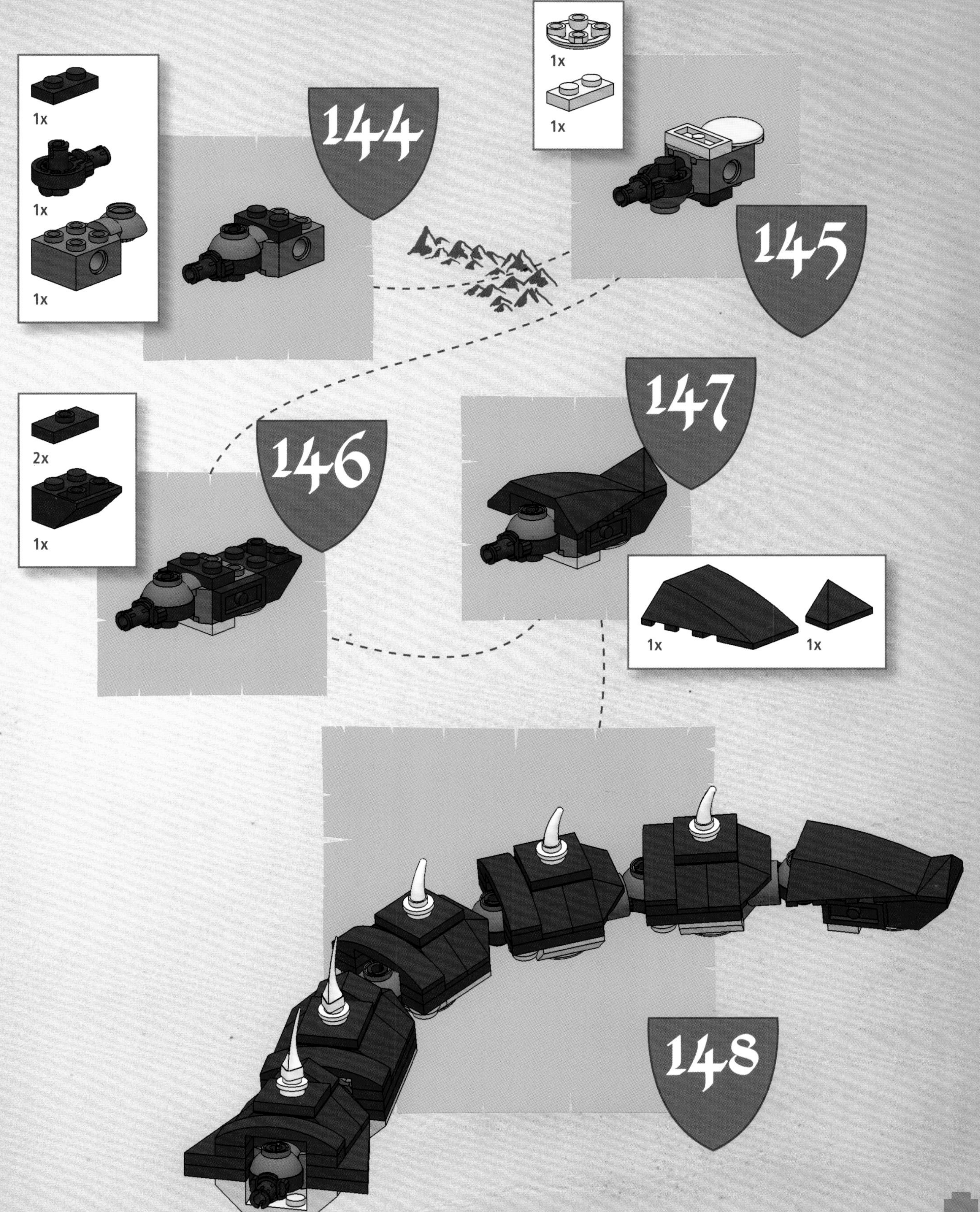

1x
1x
1x
144
1x
1x
145
2x
1x
146
147
1x
1x
148

149

1:1,43

零件清单

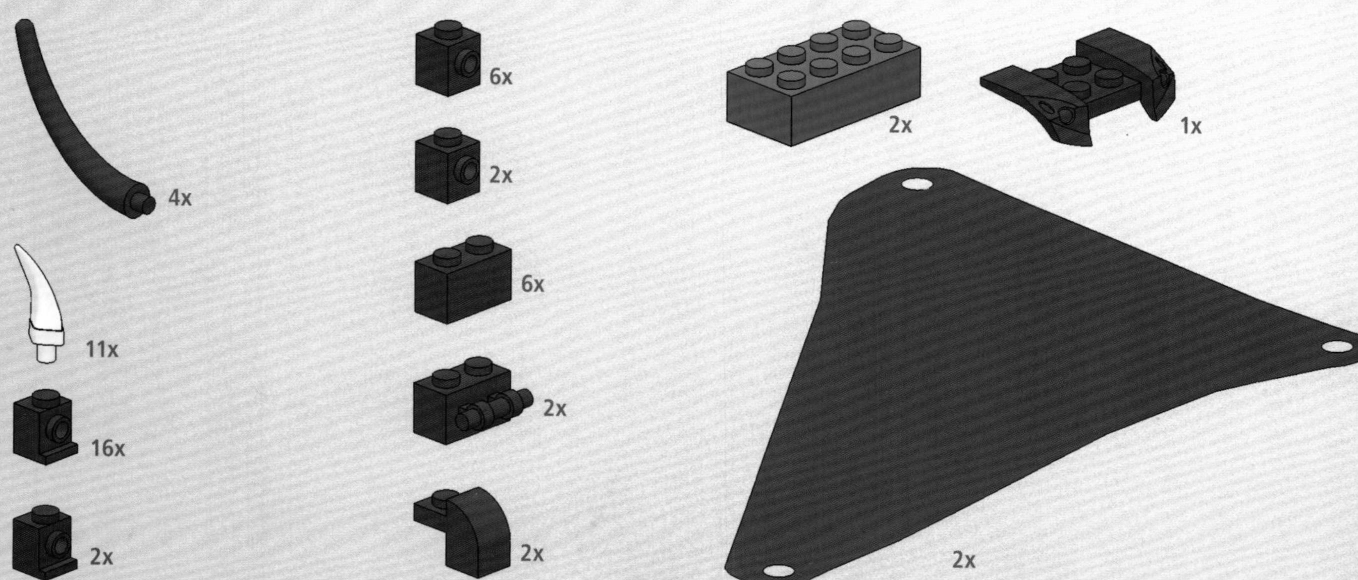

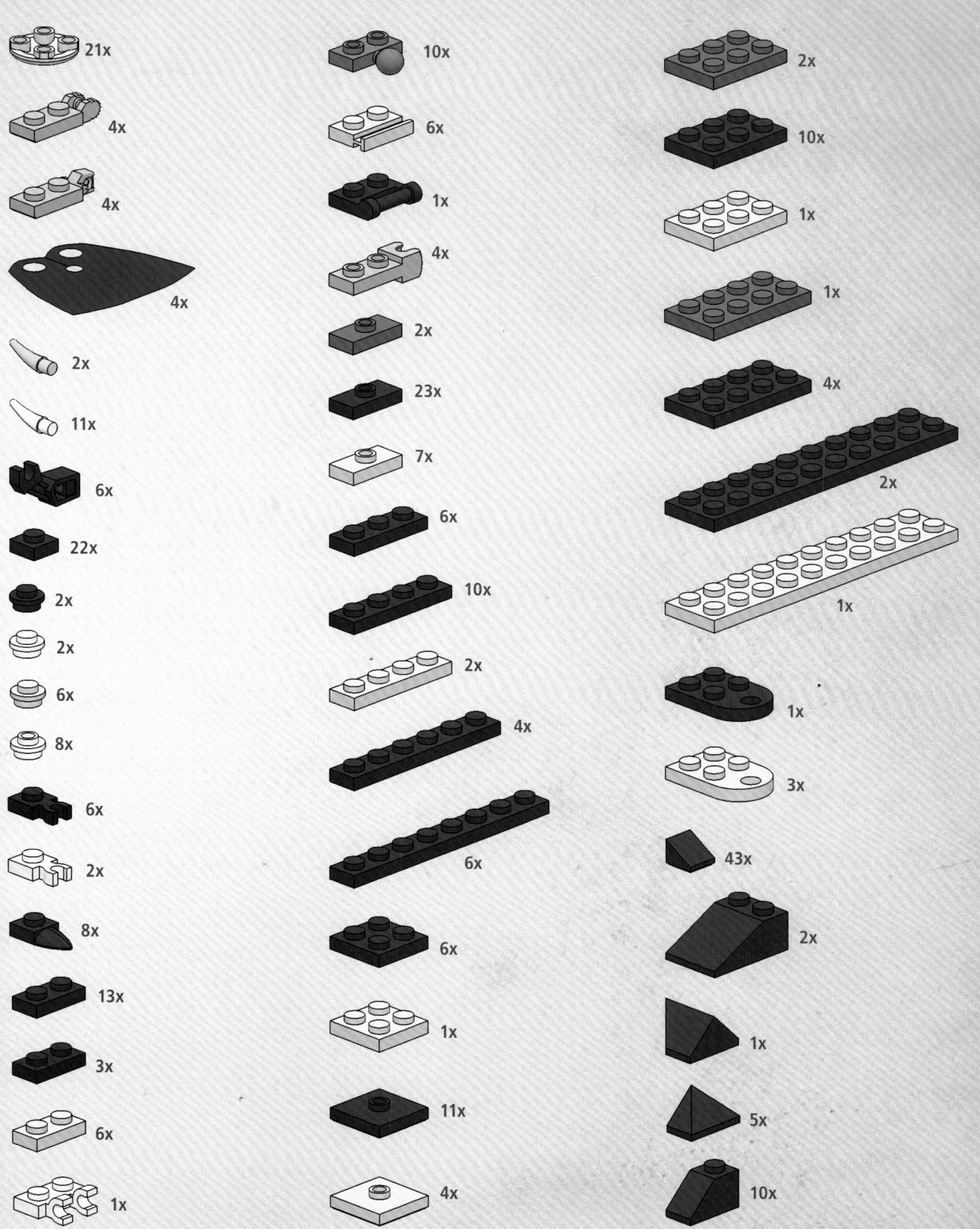
21x
4x
4x
4x
2x
11x
6x
22x
2x
2x
6x
8x
6x
2x
8x
13x
3x
6x
1x
10x
6x
1x
4x
2x
23x
7x
6x
10x
2x
4x
6x
6x
1x
11x
4x
2x
10x
1x
1x
4x
2x
1x
1x
3x
43x
2x
1x
5x
10x

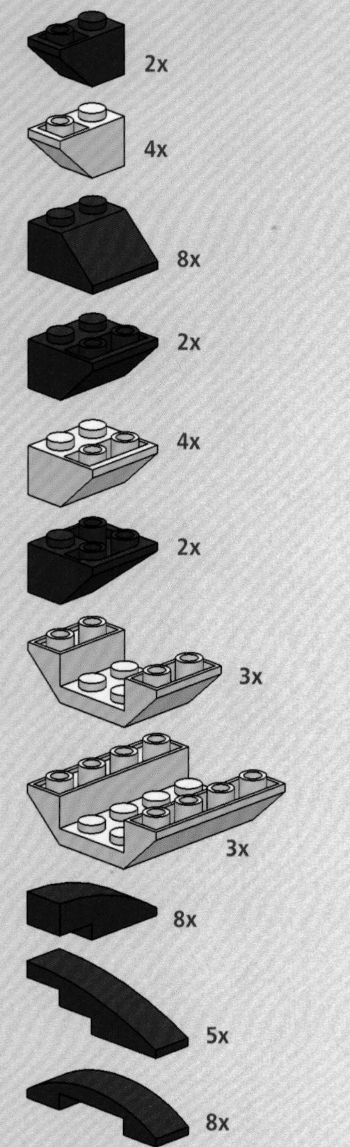

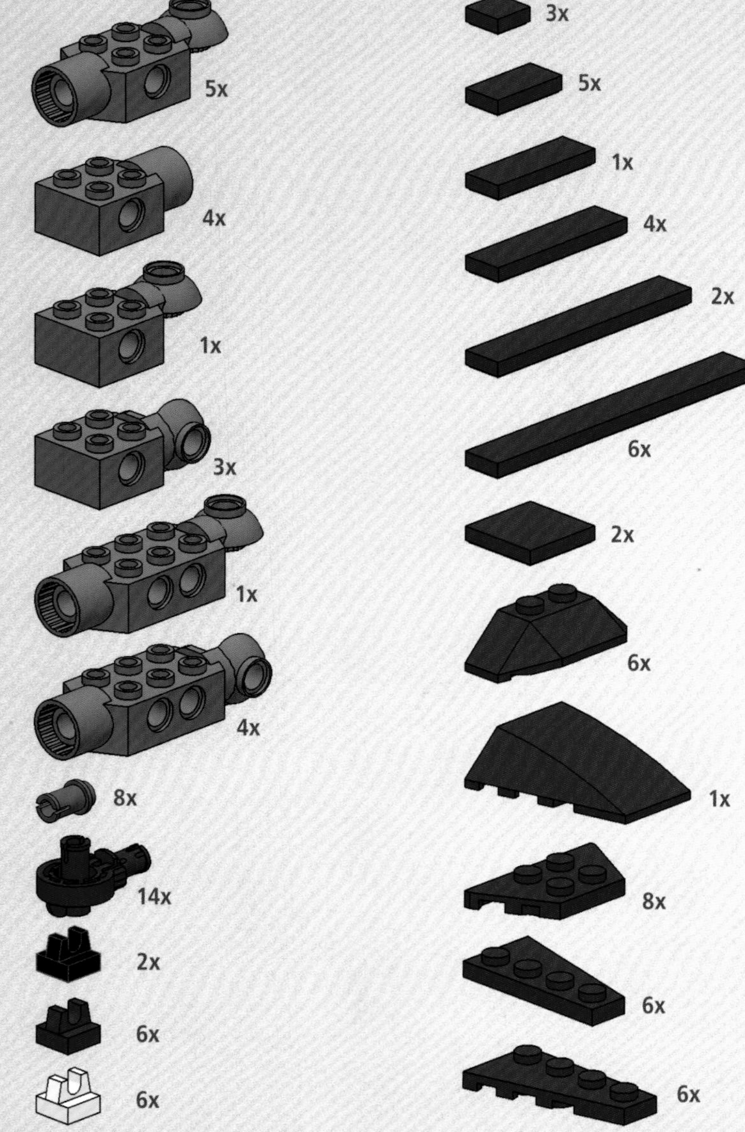

数量		颜色	零件编号	零件名称
4		暗红	40379	Animal Tail Section End
11		白色	87747	Bar 0.5L with Curved Blade 2L
16		暗红	4070	Brick 1 x 1 with Headlight
2		红棕	4070	Brick 1 x 1 with Headlight
6		暗红	87087	Brick 1 x 1 with Stud on 1 Side
2		红棕	87087	Brick 1 x 1 with Stud on 1 Side
6		暗红	3004	Brick 1 x 2
2		暗红	30236	Brick 1 x 2 with Handle
2		暗红	6091	Brick 2 x 1 x 1 & 1/3 with Curved Top
2		蓝	3001	Brick 2 x 4
1		暗红	44674	Car Mudguard 3 x 4 Overhanging

续表

数量		颜色	零件编号	零件名称
2		暗红	sailbb38	Cloth Sail Triangular 15 x 22 with 3 Holes
21		米色	2654	Dish 2 x 2
4		浅蓝灰	44302	Hinge Plate 1 x 2 Locking with Dual Finger on End Vertical
4		浅蓝灰	44301	Hinge Plate 1 x 2 Locking with Single Finger on End Vertical
4		暗红	552	Minifig Cape Cloth, S米色dard
2		柠檬绿	53451	Minifig Helmet Viking Horn
11		白	53451	Minifig Helmet Viking Horn
6		暗红	53989	Minifig Mechanical Arm with Clip and Rod Hole
22		暗红	3024	Plate 1 x 1
2		暗红	4073	Plate 1 x 1 Round
2		白	4073	Plate 1 x 1 Round
6		米	6141	Plate 1 x 1 Round
8		白	85861	Plate 1 x 1 Round with Open Stud
6		红棕	4085c	Plate 1 x 1 with Clip Vertical Type 3
2		白色	4085c	Plate 1 x 1 with Clip Vertical Type 3
8		暗红	49673	Plate 1 x 1 with Tooth
13		暗红	3023	Plate 1 x 2
3		红棕	3023	Plate 1 x 2
6		米	3023	Plate 1 x 2
1		白	60470	Plate 1 x 2 with 2 Clips Horizontal
10		深蓝灰	14417	Plate 1 x 2 with Ball Joint-8
6		米	32028	Plate 1 x 2 with Door Rail
1		暗红	48336	Plate 1 x 2 with Handle Type 2
4		浅蓝灰	14418	Plate 1 x 2 with Socket Joint-8 with Friction
2		蓝	3794a	Plate 1 x 2 without Groove with 1 Centre Stud
23		暗红	3794a	Plate 1 x 2 without Groove with 1 Centre Stud
7		米	3794a	Plate 1 x 2 without Groove with 1 Centre Stud
6		暗红	3623	Plate 1 x 3
10		暗红	3710	Plate 1 x 4
2		米	3710	Plate 1 x 4
4		暗红	3666	Plate 1 x 6
6		暗红	3460	Plate 1 x 8
6		暗红	3022	Plate 2 x 2
1		米	3022	Plate 2 x 2
11		暗	87580	Plate 2 x 2 with Groove with 1 Center Stud
4		米	87580	Plate 2 x 2 with Groove with 1 Center Stud
2		蓝	3021	Plate 2 x 3
10		暗红	3021	Plate 2 x 3
1		米	3021	Plate 2 x 3
1		蓝	3020	Plate 2 x 4
4		暗红	3020	Plate 2 x 4
2		暗红	3832	Plate 2 x 10

续表

数量		颜色	零件编号	零件名称
1		米	3832	Plate 2 x 10
1		暗红	3176	Plate 3 x 2 with Hole
3		米	3176	Plate 3 x 2 with Hole
43		暗红	54200	Slope Brick 31 1 x 1 x 2/3
2		暗红	3298	Slope Brick 33 3 x 2
1		暗红	3049b	Slope Brick 45 1 x 2 Double / Inverted
5		暗红	3048	Slope Brick 45 1 x 2 Triple
10		暗红	3040b	Slope Brick 45 2 x 1
2		暗红	3665	Slope Brick 45 2 x 1 Inverted
4		米	3665	Slope Brick 45 2 x 1 Inverted
8		暗红	3039	Slope Brick 45 2 x 2
2		暗红	3660	Slope Brick 45 2 x 2 Inverted
4		米	3660	Slope Brick 45 2 x 2 Inverted
2		暗红	3676	Slope Brick 45 2 x 2 Inverted Double Convex
3		米	4871	Slope Brick 45 4 x 2 Double Inverted with Open Center
3		米	4854	Slope Brick 45 4 x 4 Double Inverted with Open Center
8		暗红	50950	Slope Brick Curved 3 x 1
5		暗红	61678	Slope Brick Curved 4 x 1
8		暗红	93273	Slope Brick Curved 4 x 1 Double
5		深蓝灰	47452	Technic Brick 2 x 2 w/ Hole, Click Rot. Hinge (H) and Socket
4		深蓝灰	48169	Technic Brick 2 x 2 with Hole and Rotation Joint Socket
1		深蓝灰	48170	Technic Brick 2 x 2 with Hole, Half Rotation Joint Ball Horiz
3		深蓝灰	48171	Technic Brick 2 x 2 with Hole, Half Rotation Joint Ball Vert
1		深蓝灰	47454	Technic Brick 2 x 3 w/ Holes, Click Rot. Hinge (H) and Socket
4		深蓝灰	47432	Technic Brick 2 x 3 w/ Holes, Click Rot. Hinge (V) and Socket
8		蓝	4274	Technic Pin 1/2
14		暗红	47455	Technic Pin with Friction with Click Rotation Pin
2		黑	2555	Tile 1 x 1 with Clip
6		暗红	2555	Tile 1 x 1 with Clip
6		白	2555	Tile 1 x 1 with Clip
3		暗红	3070b	Tile 1 x 1 with Groove
5		暗红	3069b	Tile 1 x 2 with Groove
1		暗红	63864	Tile 1 x 3 with Groove
4		暗红	2431	Tile 1 x 4 with Groove
2		暗红	6636	Tile 1 x 6
6		暗红	4162	Tile 1 x 8
2		暗红	3068b	Tile 2 x 2 with Groove
6		暗红	47759	Wedge 2 x 4 Triple
1		暗红	47753	Wedge 4 x 4 Triple Curved without Studs
8		暗红	51739	Wing 2 x 4
6		暗红	41770	Wing 2 x 4 Left
6		暗红	41769	Wing 2 x 4 Right

四轮马车

同样，我们在这款设计的配色上给予玩家自由发挥的空间。至于这三块标准砖块高度的倒斜面，其尊容都不为我们所常见，更别说拥有足够的数量了。因此，如果你有很多此种零件的话，那简直太让人羡慕了。

Joe设计搭建

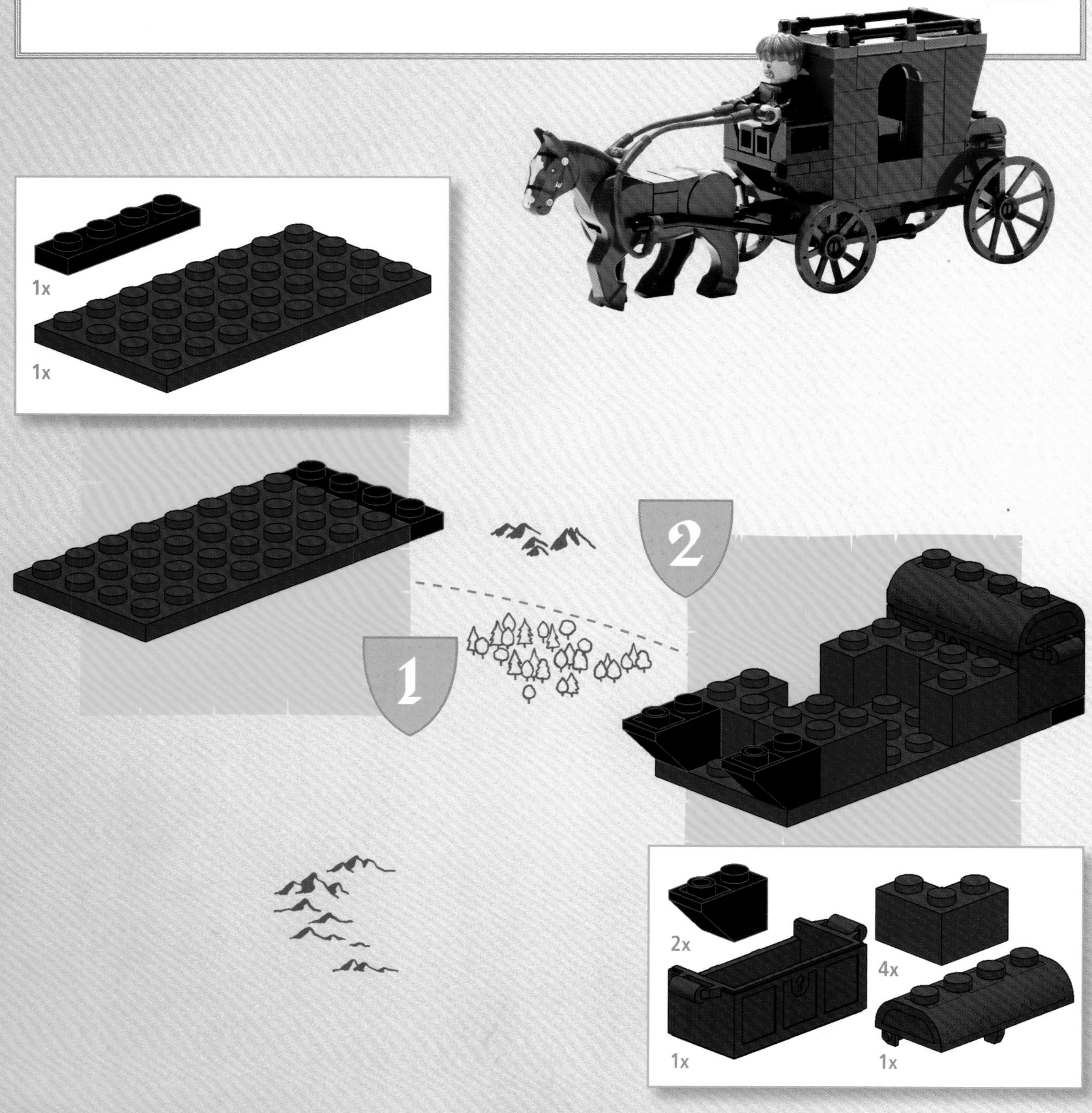

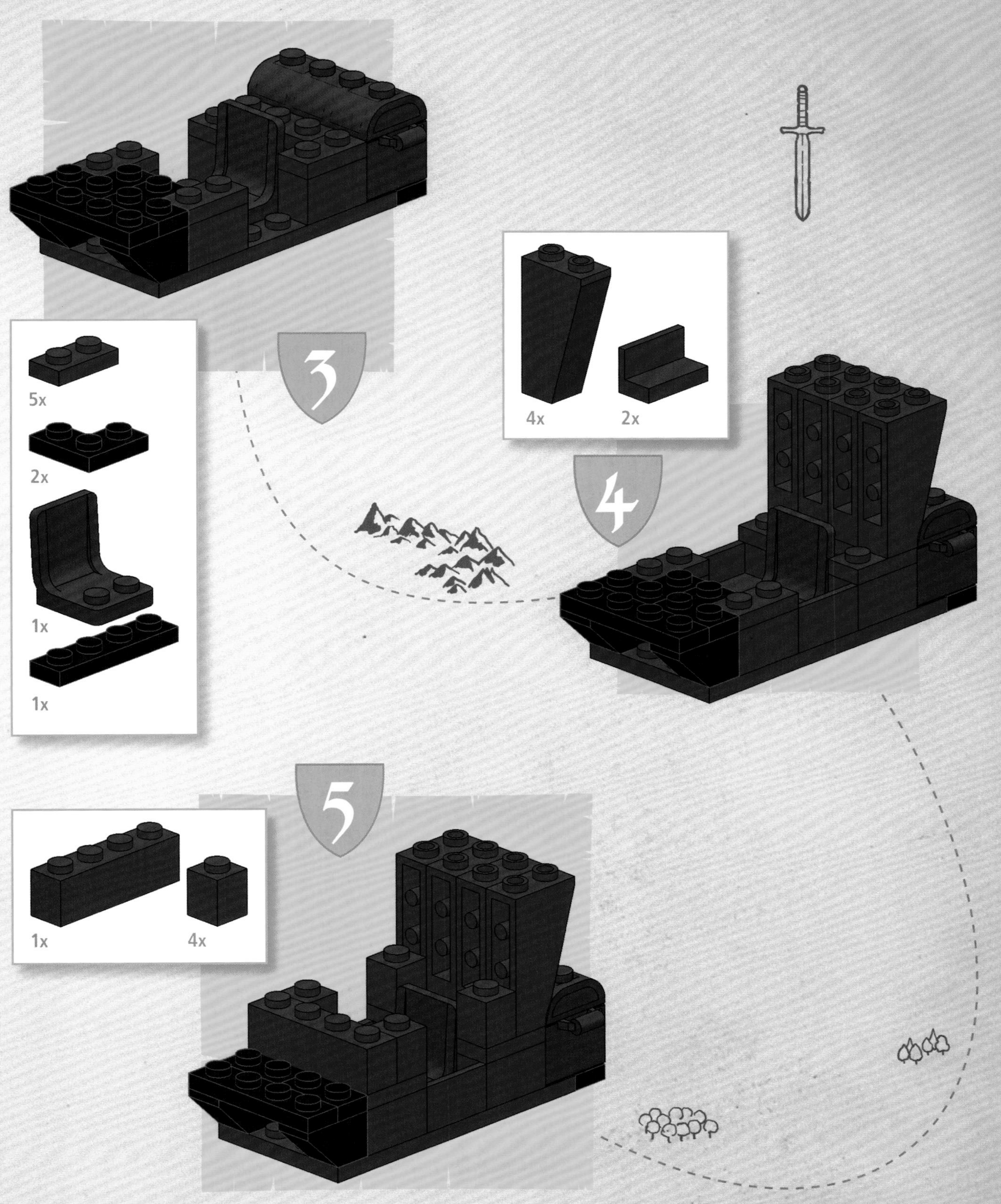
3
5x
2x
1x
1x
4
4x
2x
5
1x
4x

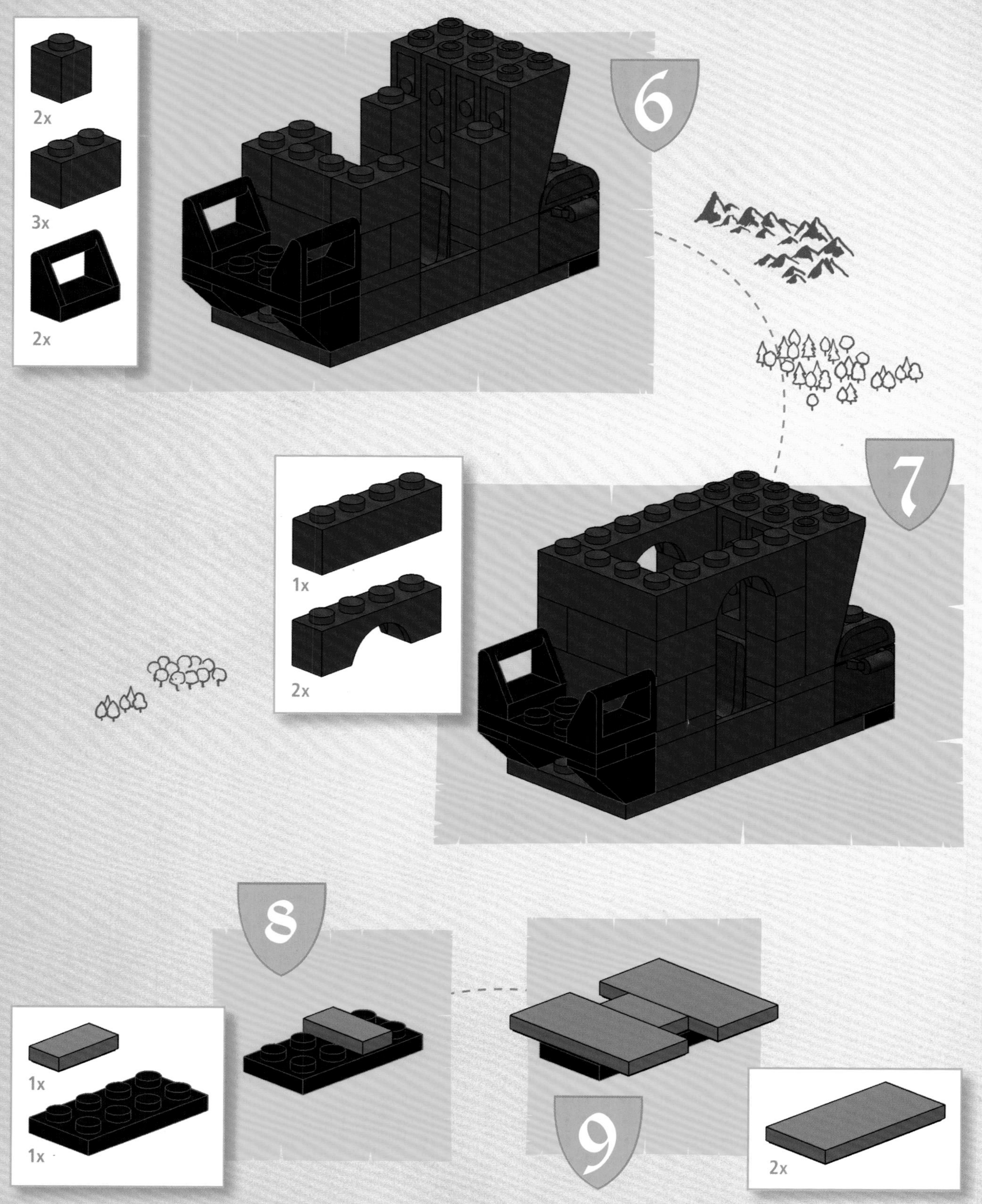

2x
3x
2x
6
1x
2x
7
8
1x
1x
9
2x

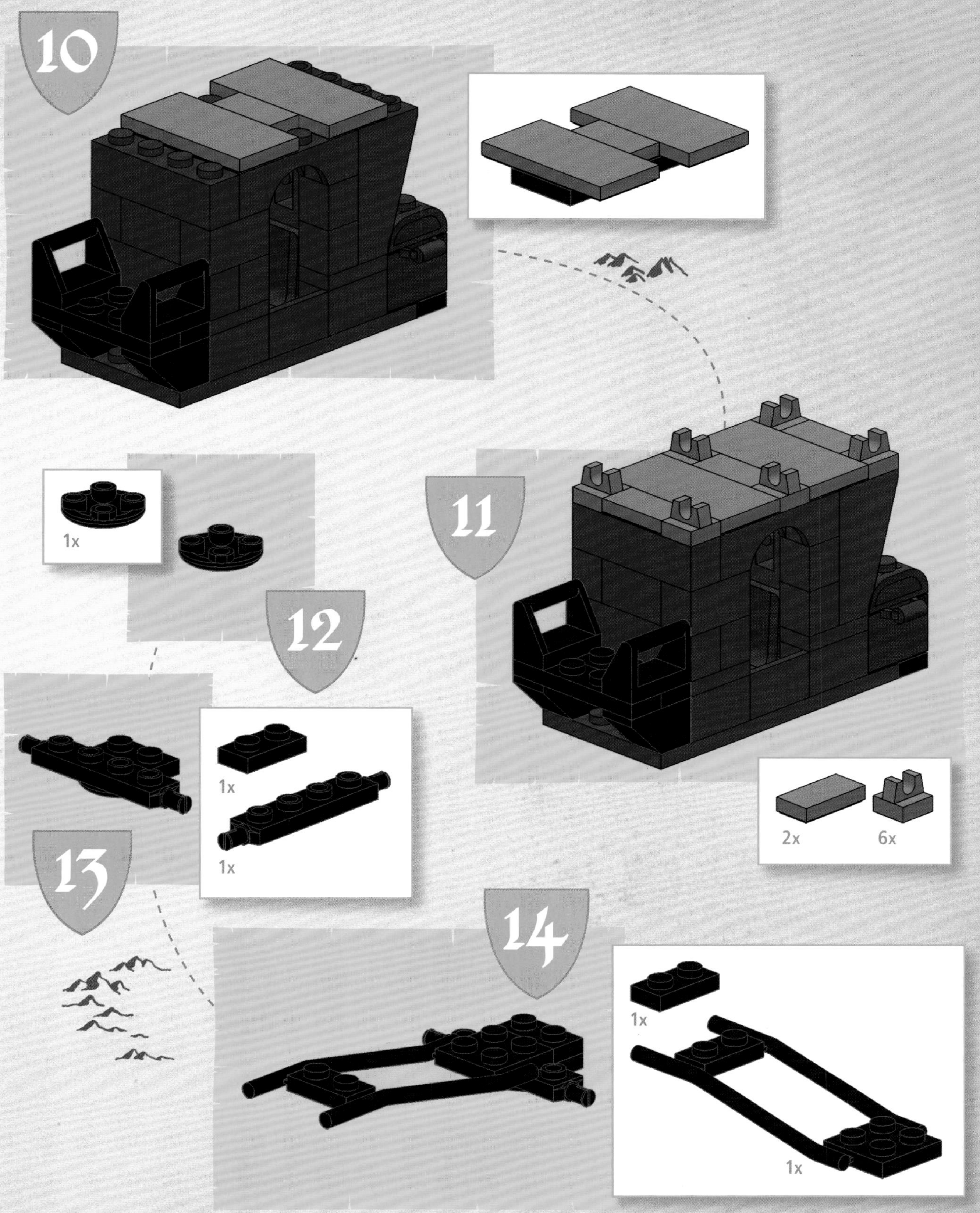
10
11
1x
12
1x
1x
13
2x
6x
14
1x
1x

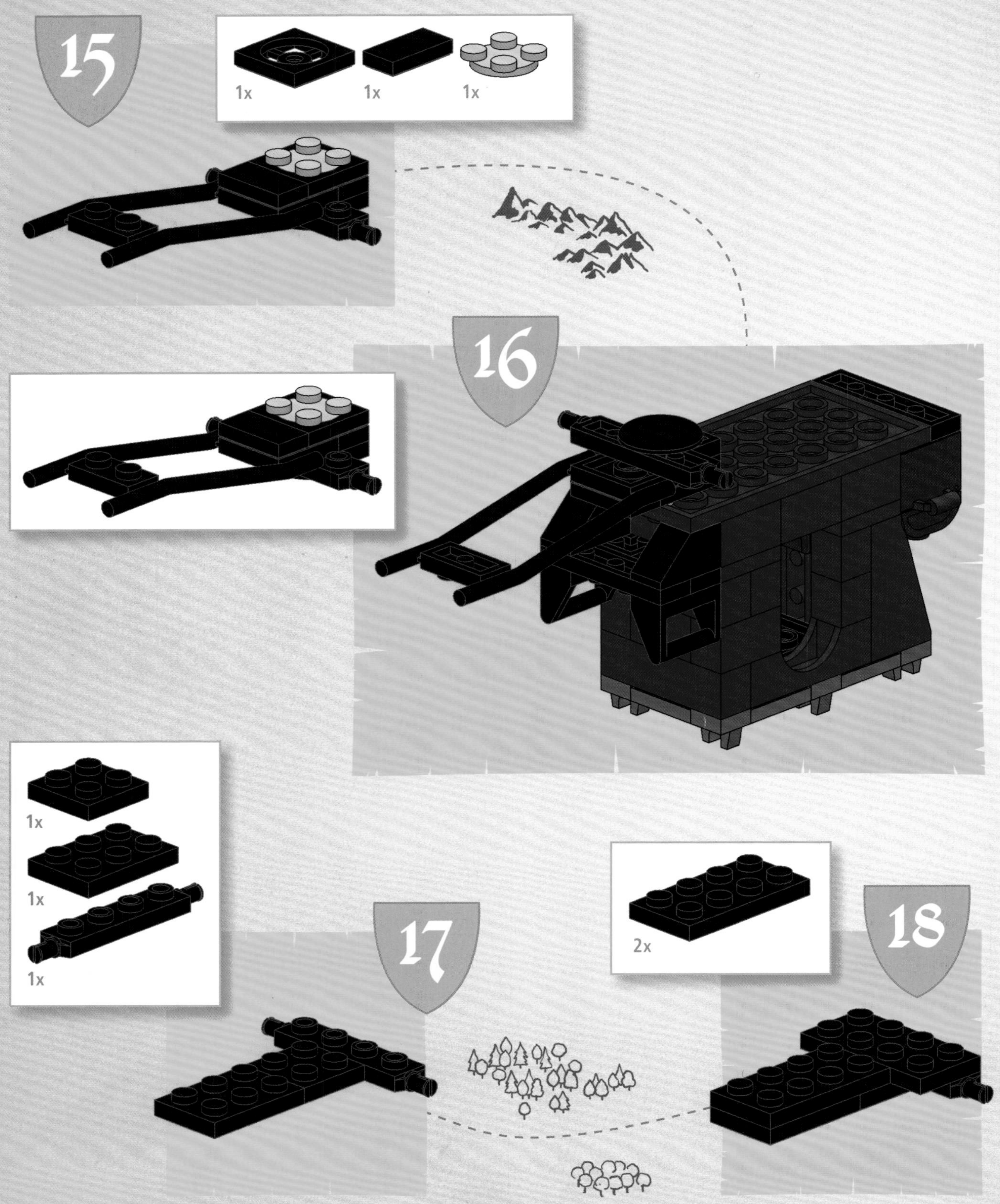
15
1x
1x
1x
16
1x
1x
1x
17
2x
18

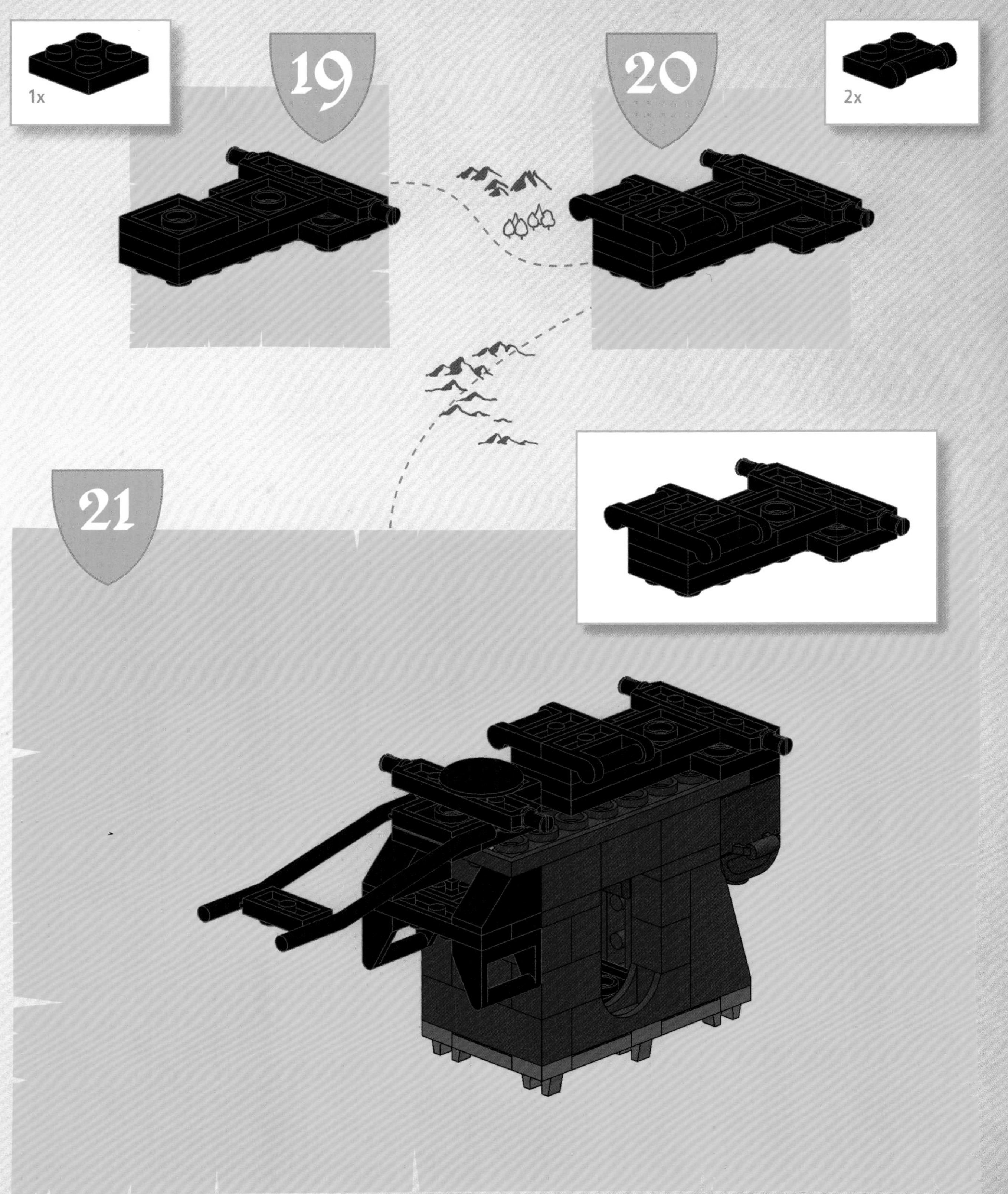
1x
19
20
2x
21

1x
2x
1x
2x
2x
2x
22
1x
1x
23

出自新款星战系列的莫斯艾斯利酒吧中的新款缰绳是个不错的备选。

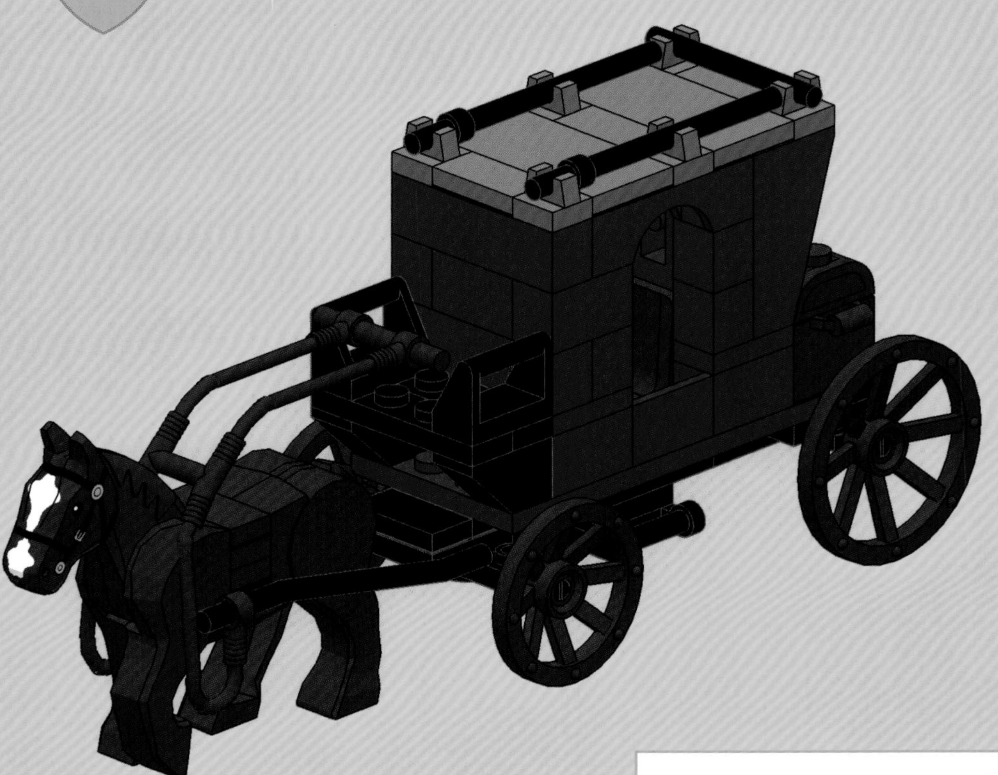

1x

零件清单

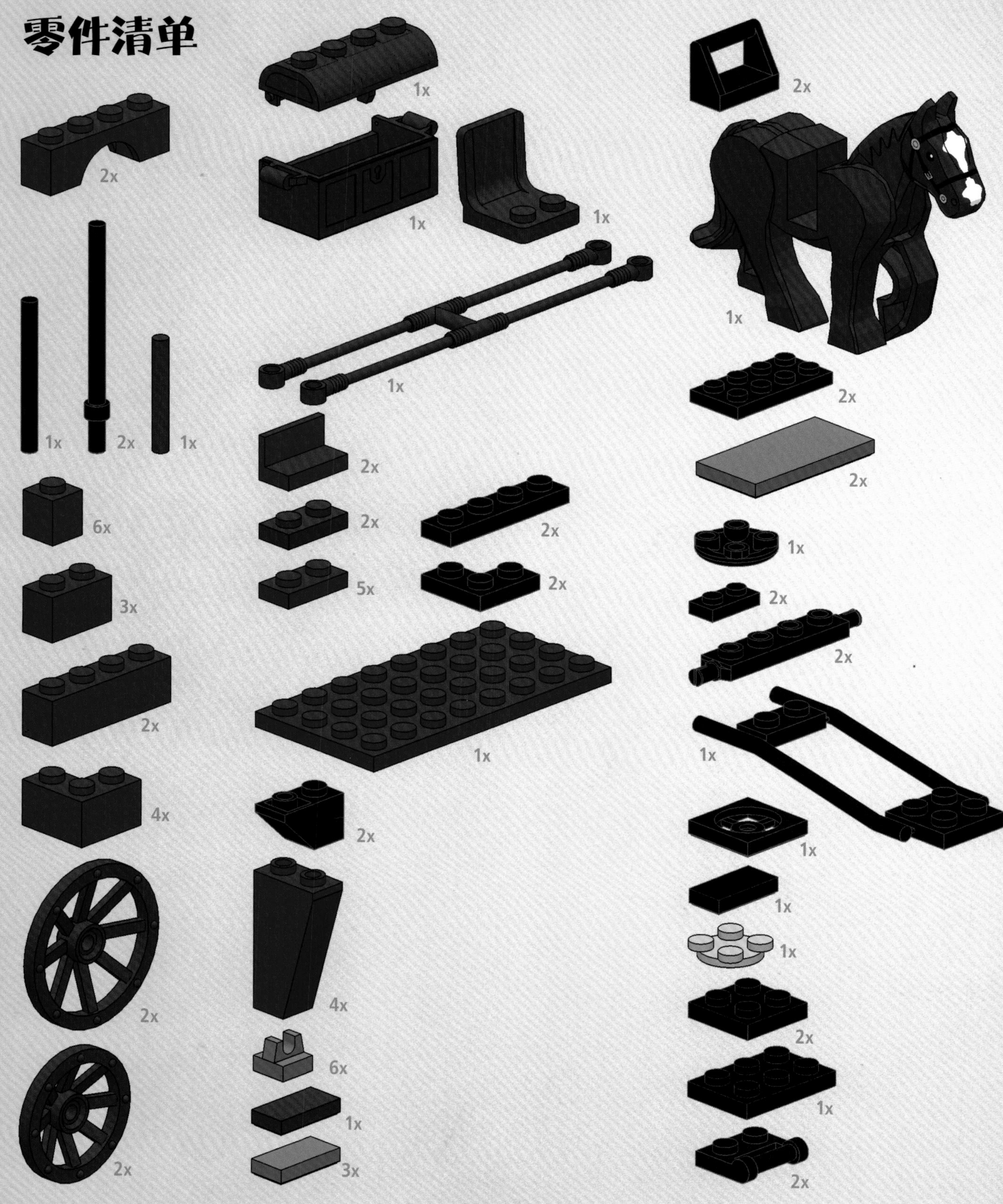
1x
2x
1x
1x
2x
1x
1x
2x
1x
1x
2x
1x
2x
6x
2x
2x
2x
3x
5x
2x
1x
1x
2x
2x
2x
1x
4x
2x
1x
1x
2x
4x
1x
1x
2x
6x
2x
1x
1x
3x
2x

数量		颜色	零件编号	零件名称
2		暗红	3659	Arch 1 x 4
1		黑	30374	Bar 4L Light Sabre Blade
2		黑	63965	Bar 6L with Thick Stop
1		红棕	87994	Bar 3L
6		暗红	3005	Brick 1 x 1
3		暗红	3004	Brick 1 x 2
2		暗红	3010	Brick 1 x 4
4		暗红	2357	Brick 2 x 2 Corner
2		红棕	4489	Castle Wagon Wheel Large
2		红棕	2470	Castle Wagon Wheel Small
1		红棕	4739	Container Treasure Chest Lid
1		红棕	4738b	Container Treasure Chest without Slots
1		红棕	4079	Minifig Seat 2 x 2
1		红棕	30191	Minifig Stretcher Holder
2		暗红	4865a	Panel 1 x 2 x 1 with Square Corners
2		红棕	3023	Plate 1 x 2
5		暗红	3023	Plate 1 x 2
2		黑	3710	Plate 1 x 4
2		黑	2420	Plate 2 x 2 Corner
1		暗红	3035	Plate 4 x 8
2		黑	3665	Slope Brick 45 2 x 1 Inverted
4		暗红	2449	Slope Brick 75 2 x 1 x 3 Inverted
6		深蓝灰	2555	Tile 1 x 1 with Clip
1		红棕	3069b	Tile 1 x 2 with Groove
3		深蓝灰	3069b	Tile 1 x 2 with Groove
2		黑	2432	Tile 1 x 2 with Handle
1		红棕	10509p01	Animal Horse Poseable with Black Bridle and 白色Blaze Pattern
2		黑	3020	Plate 2 x 4
2		深蓝灰	87079	Tile 2 x 4
1		黑	2654	Plate, Round 2 x 2 with Rounded Bottom
2		黑	3023	Plate 1 x 2
2		黑	2926	Plate, Modified 1 x 4 with Wheels Holder
1		黑	2397	Horse Hitching
1		黑	3680	Turntable 2 x 2 Plate, Base
1		黑	3069b	Tile 1 x 2 with Groove
1		浅蓝灰	3679	Turntable 2 x 2 Plate, Top
2		黑	3022	Plate 2 x 2
1		黑	3021	Plate 2 x 3
2		黑	48336	Plate, Modified 1 x 2 with Handle on Side Closed Ends

大树

在Christian Treczoks的灵感滋润下，这棵繁茂粗壮的大树深深地扎根于乐高丛林之中。它在《罗宾汉》的场景中的渲染作用无出其右。在另外一本书《乐高大师：名车志》中，我们已经将其用作场景的装饰。

现在将呈现大家翘首以盼的建造指南。

Christian设计搭建

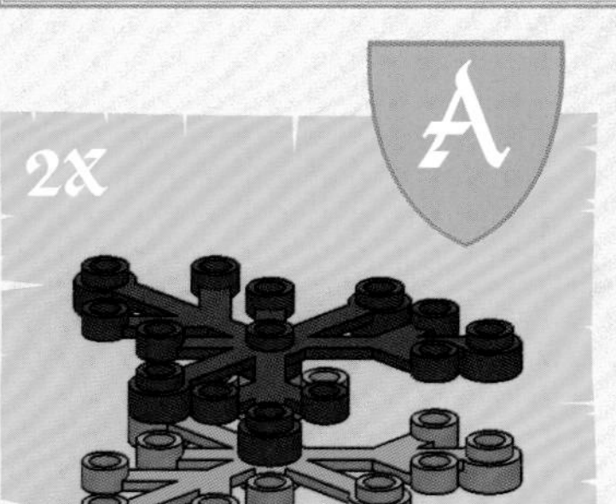

首先，我们先要展示如何处理树叶位置的问题，然后再开始建造指南的部分。

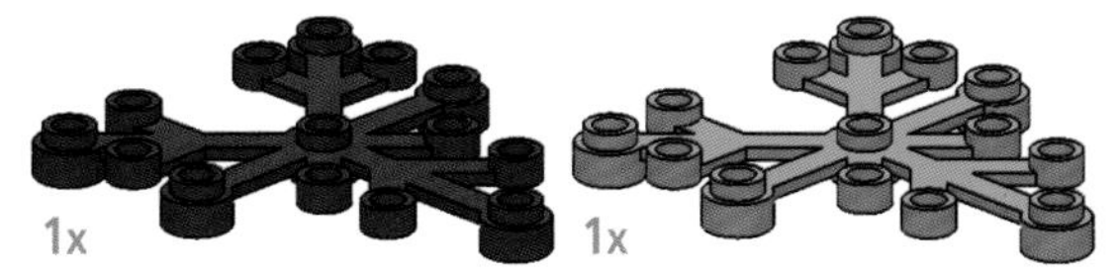

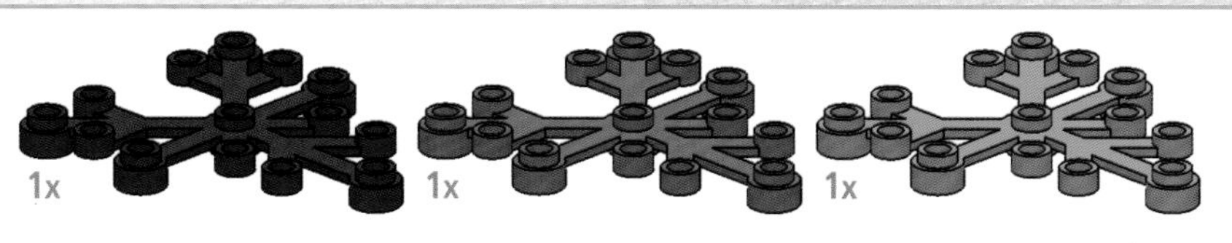

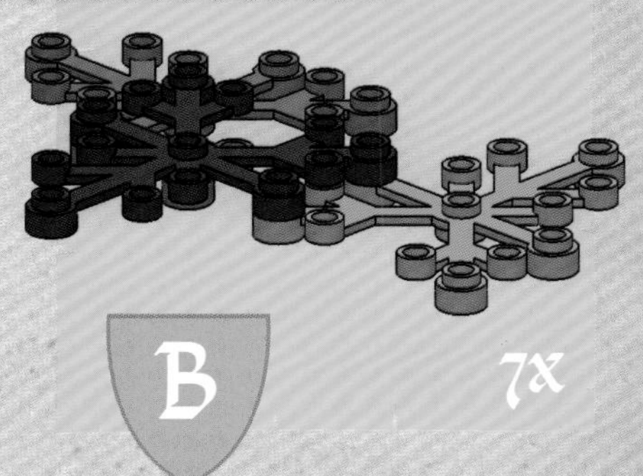

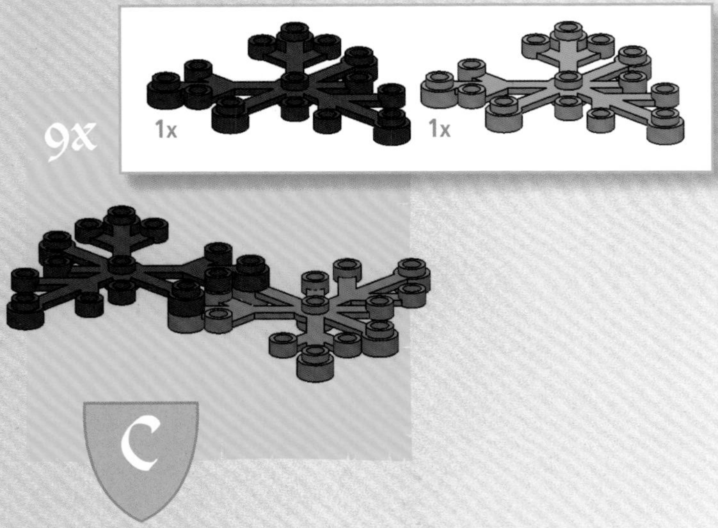

1x 1x

9x

C

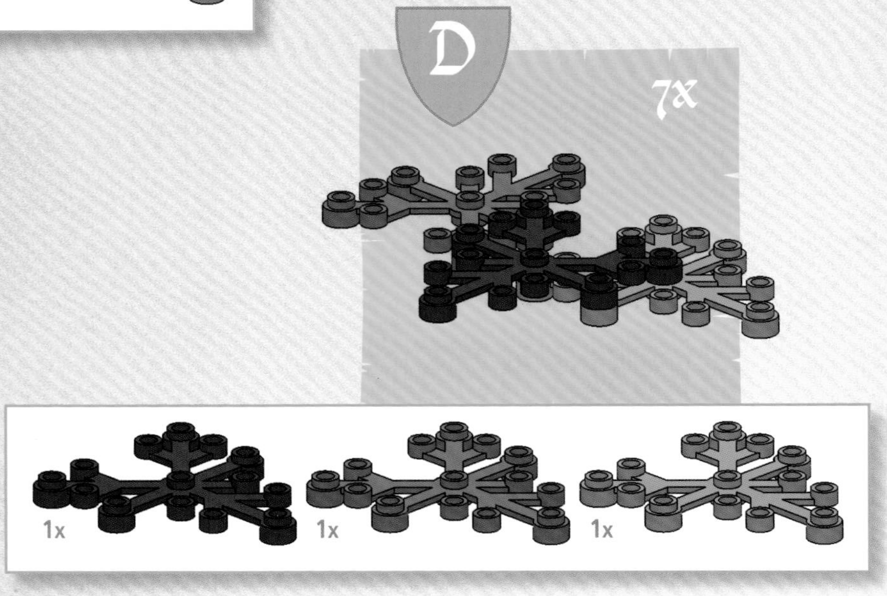

D

7x

1x 1x 1x

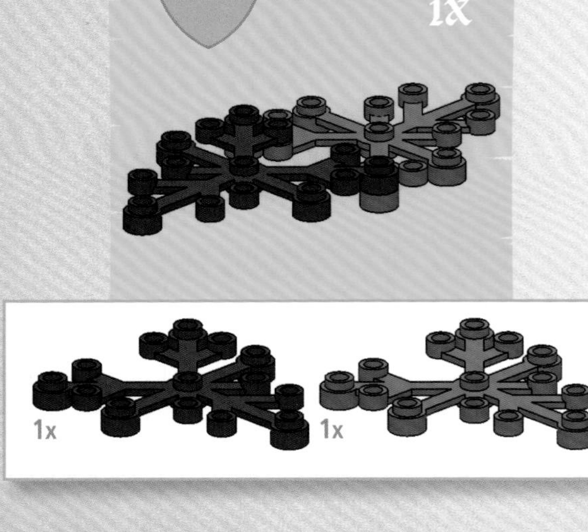

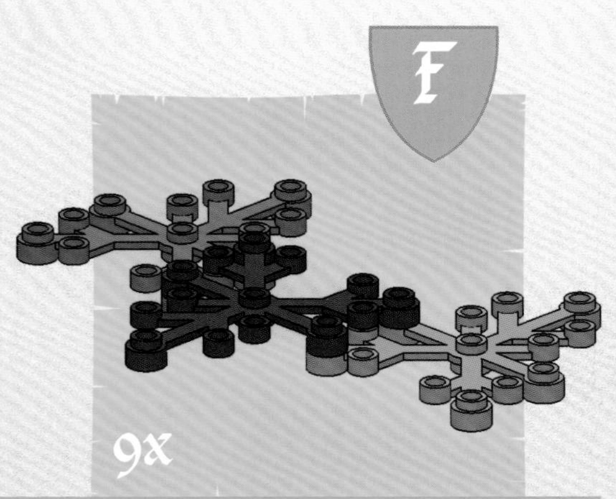

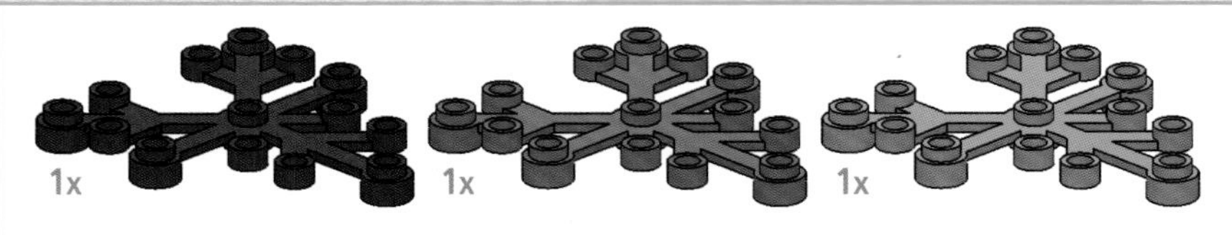

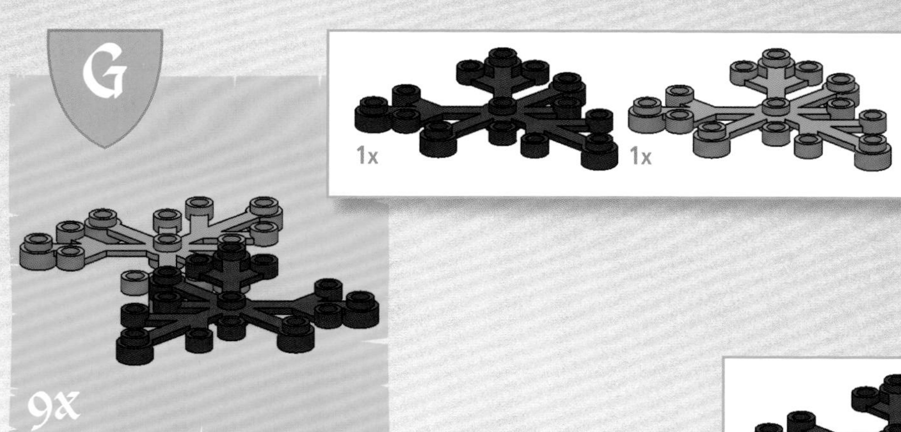
G
1x
1x
9x

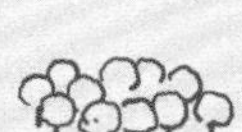

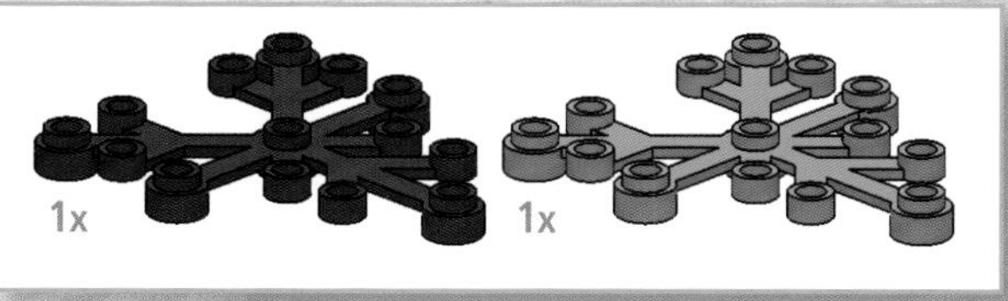
1x
1x

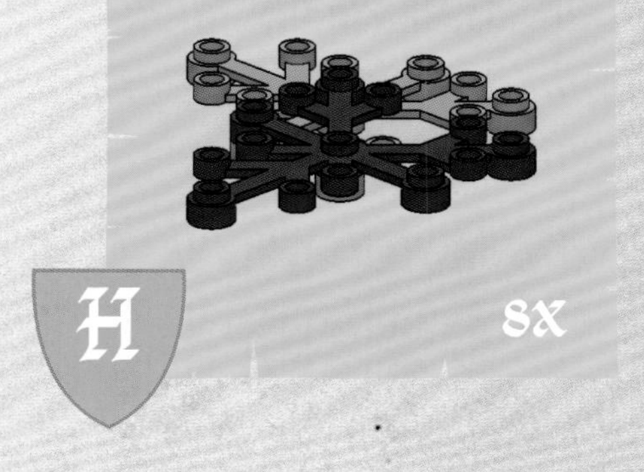
H
8x

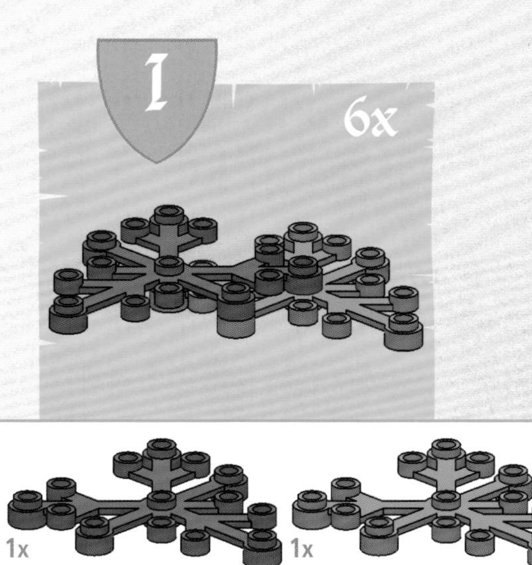
I
6x
1x
1x

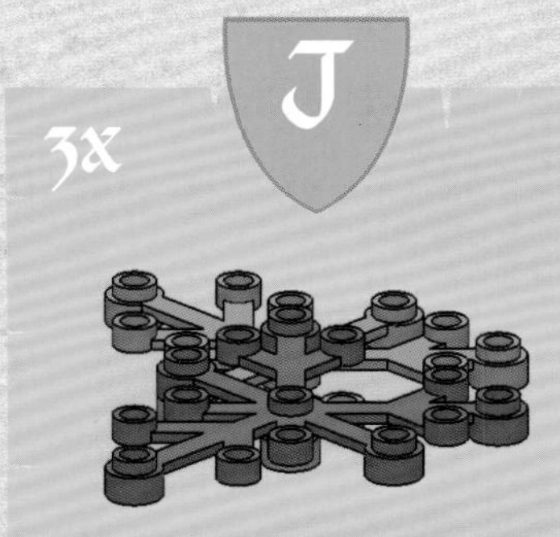
3x
J

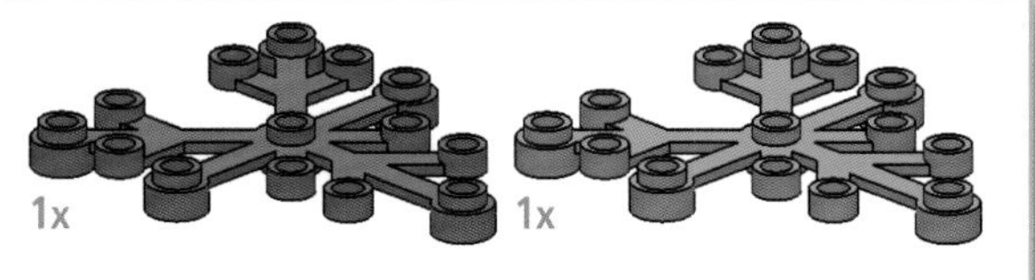
1x
1x

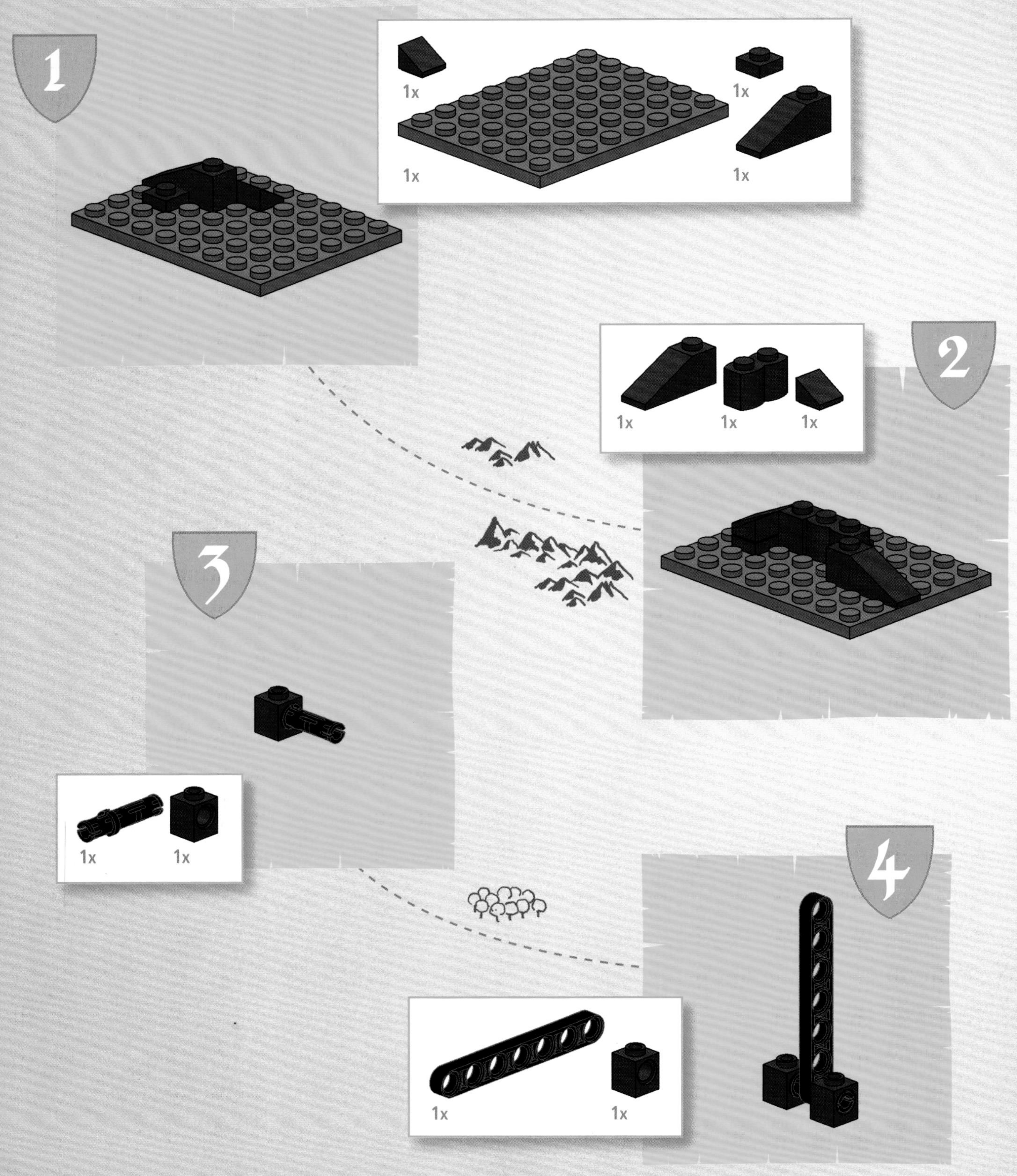
1
1x
1x
1x
1x
2
1x
1x
1x
3
1x
1x
4
1x
1x

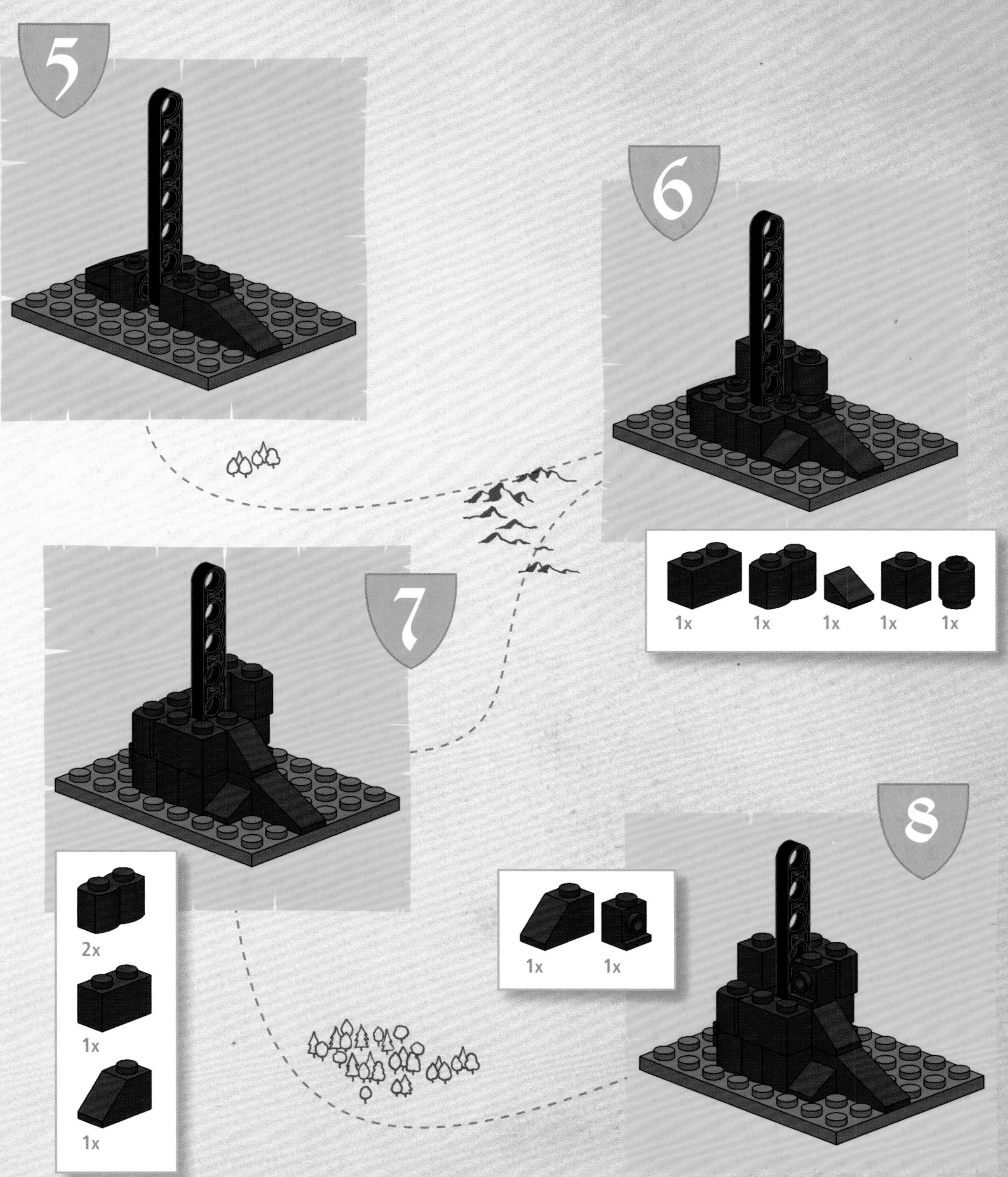
5
6
1x
1x
1x
1x
1x
7
2x
1x
1x
8
1x
1x

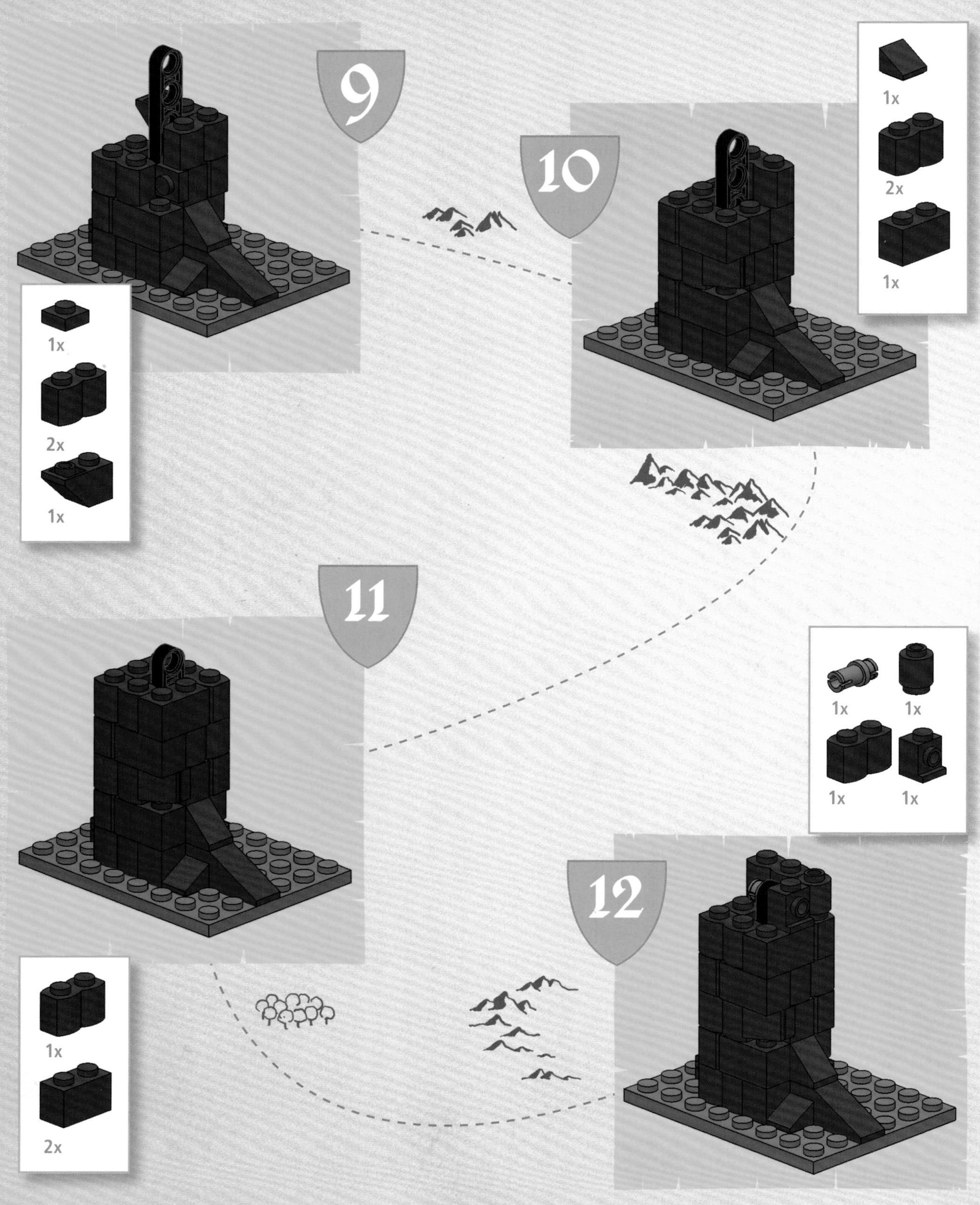
9
1x
2x
1x
10
1x
2x
1x
11
1x
1x
1x
1x
12
1x
2x

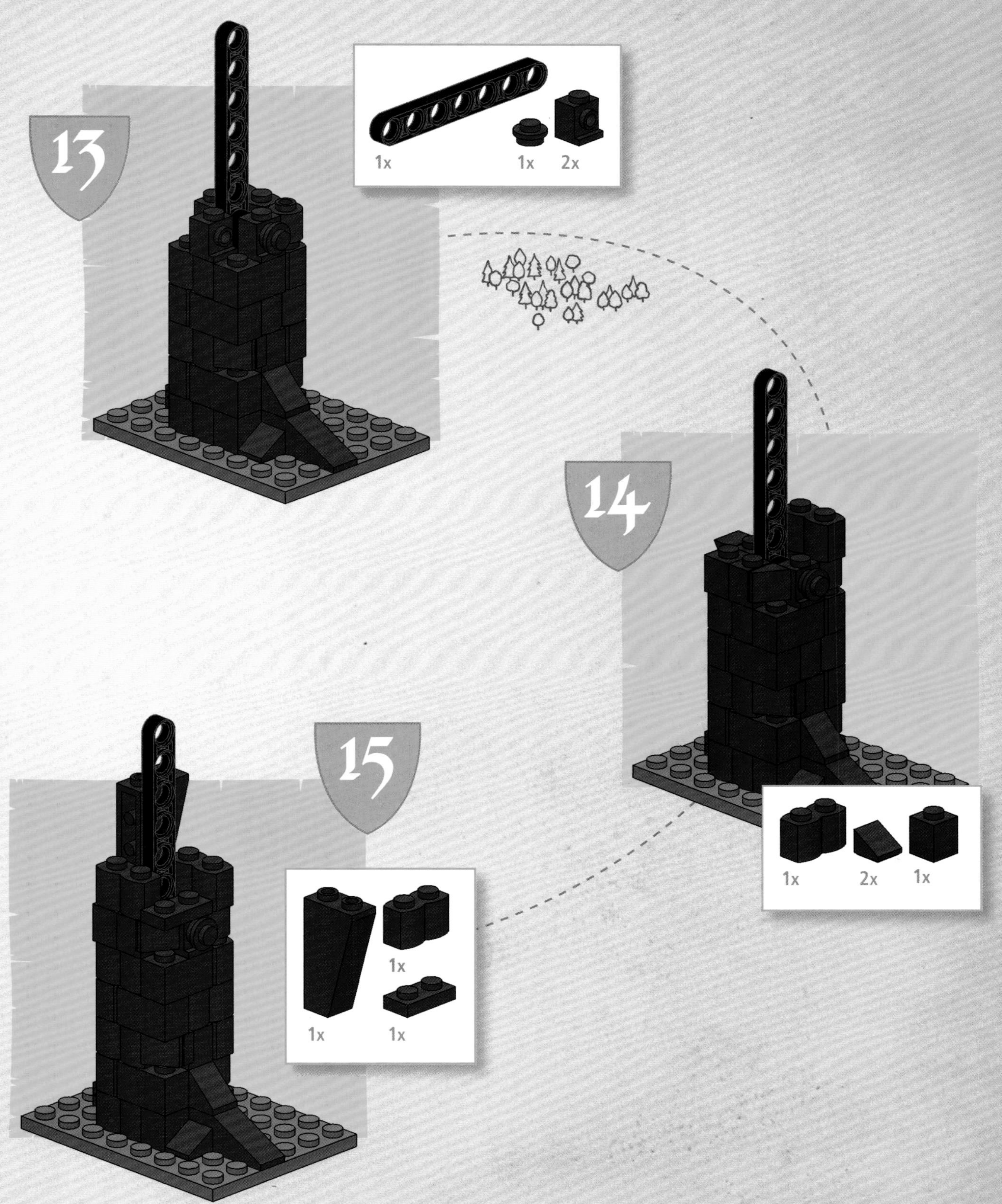
13
1x
1x
2x
14
1x
2x
1x
15
1x
1x
1x

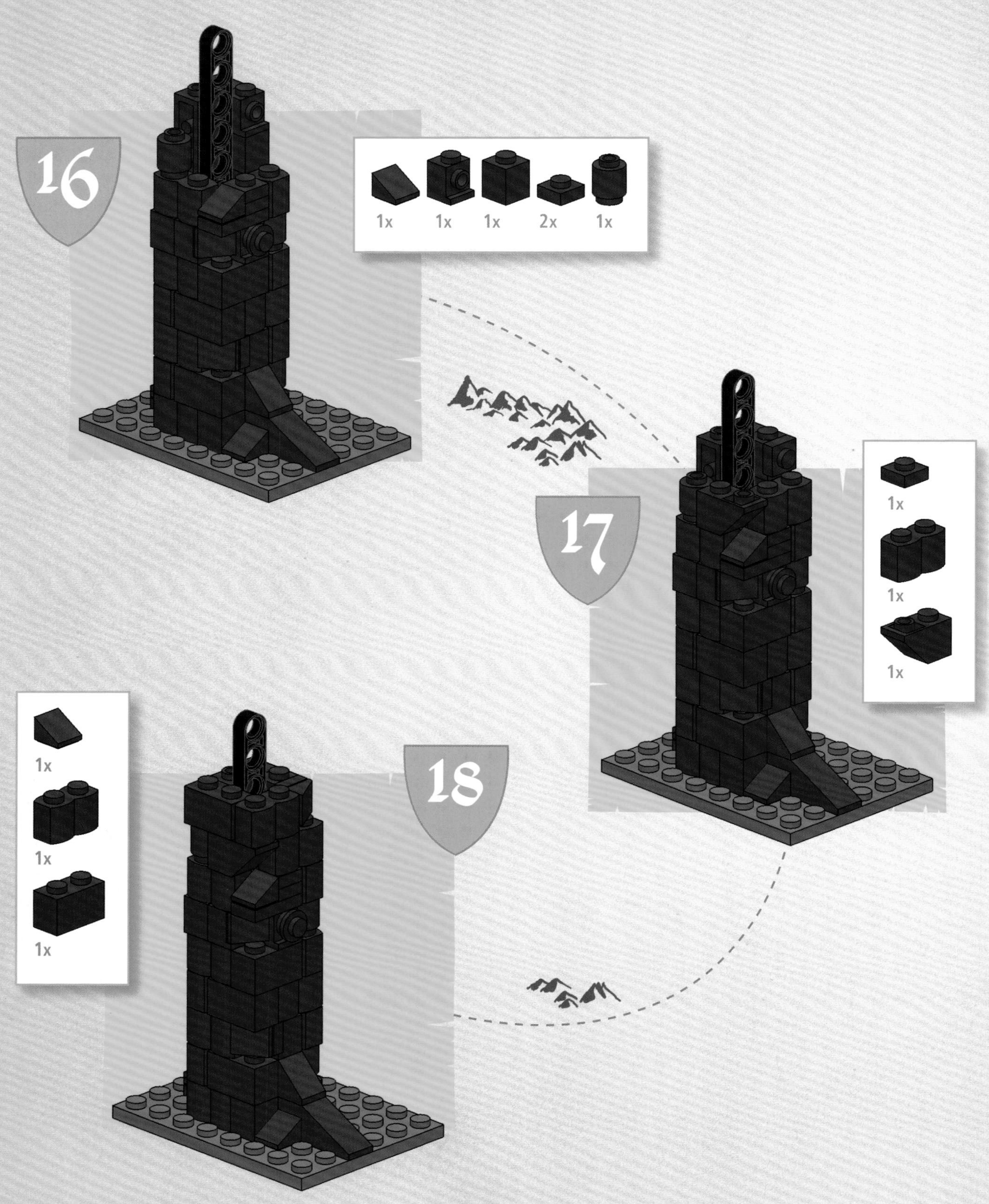
16
1x
1x
1x
2x
1x
17
1x
1x
1x
18
1x
1x
1x

19
2x
2x
20
2x
2x
21
2x
2x

22
1x
1x
23
1x
1x

2x
2x
24
25
1x
1x
26
4x

目前为止，我们只使用了单独的树叶零件，不过从这里开始，前面准备的多片树叶连接在一起的零件将会派上用场。

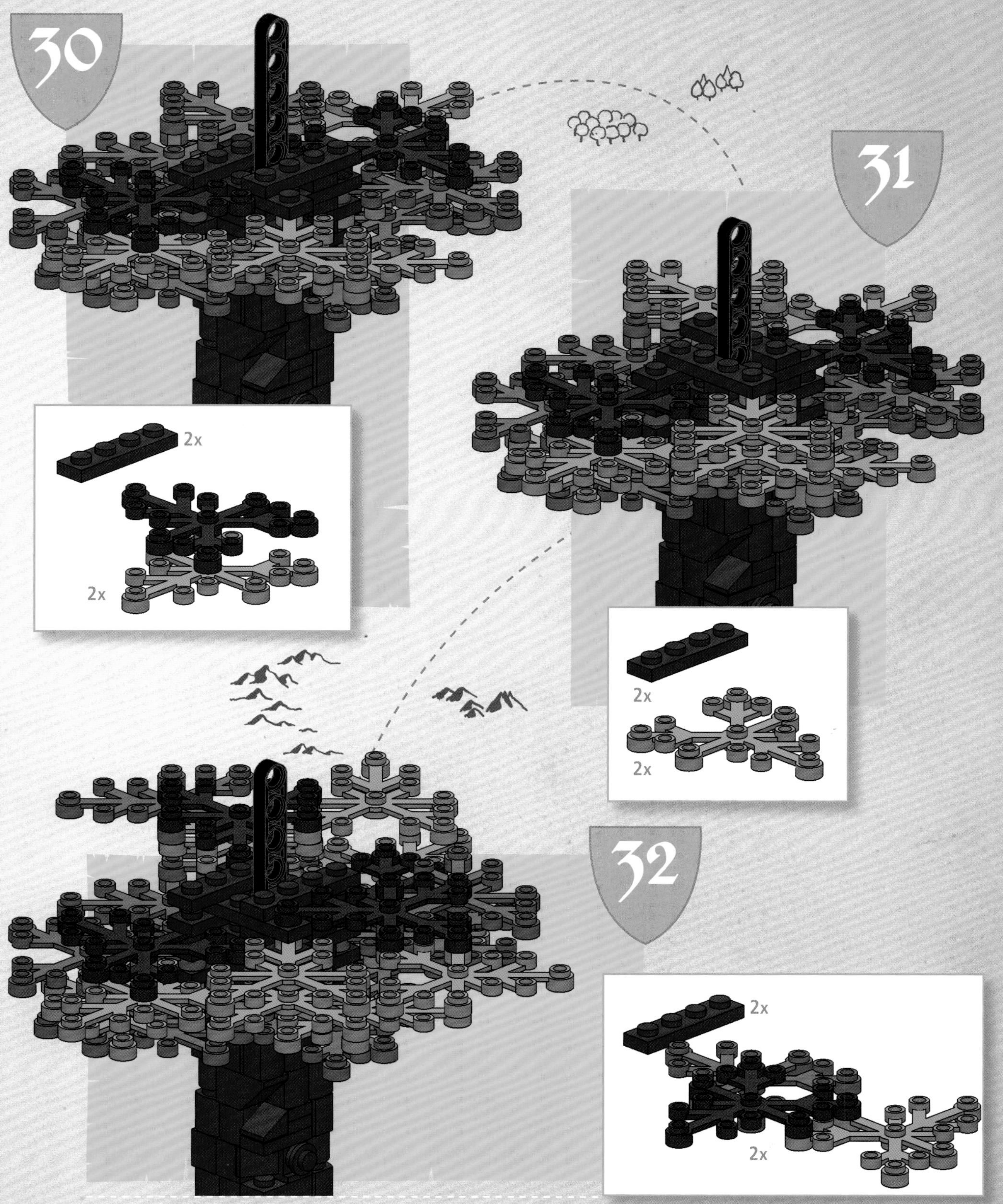
30
2x
2x
31
2x
2x
32
2x
2x

33
1x
2x
1x
34
1x
1x
2x

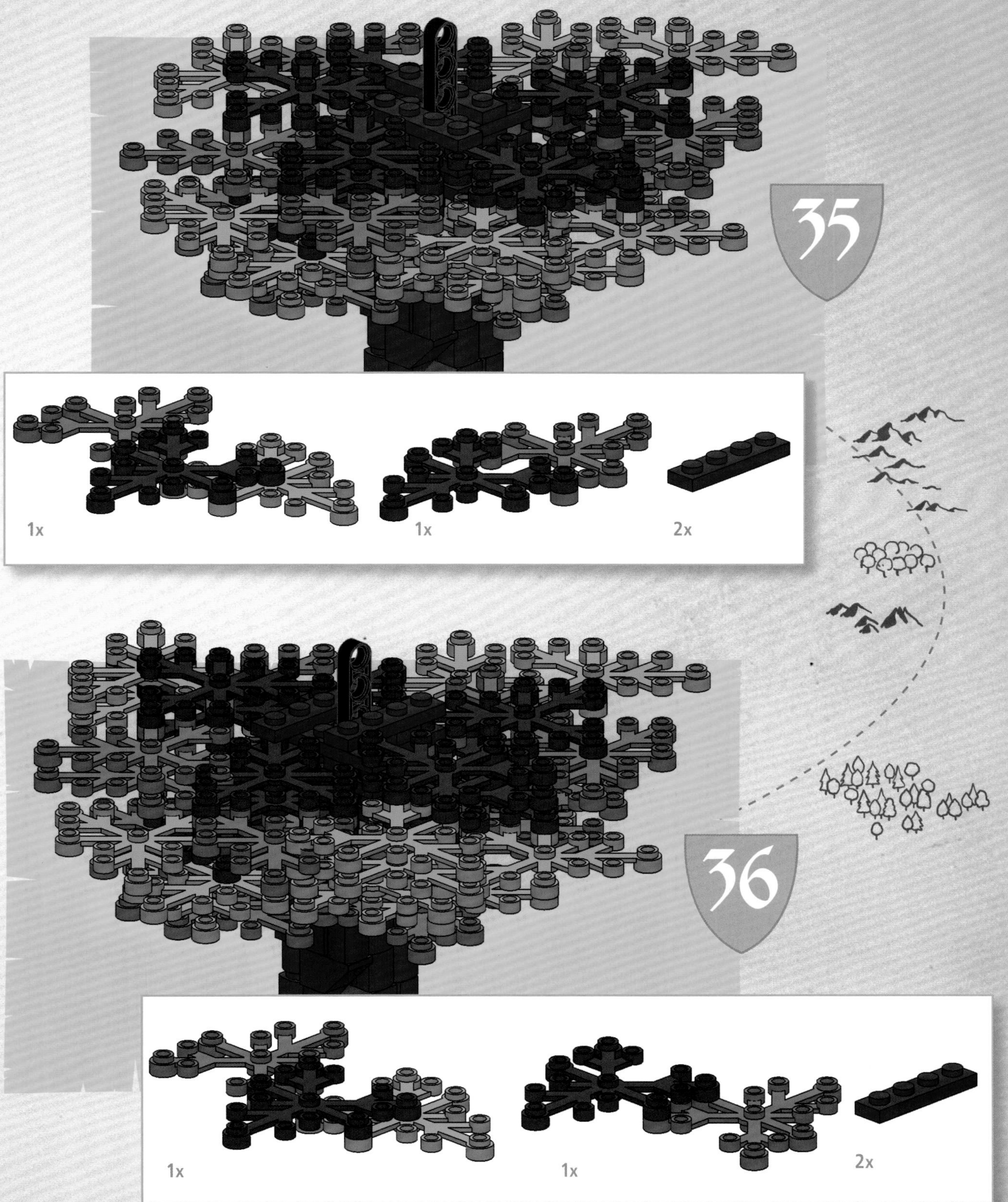
35
1x
1x
2x
36
1x
1x
2x

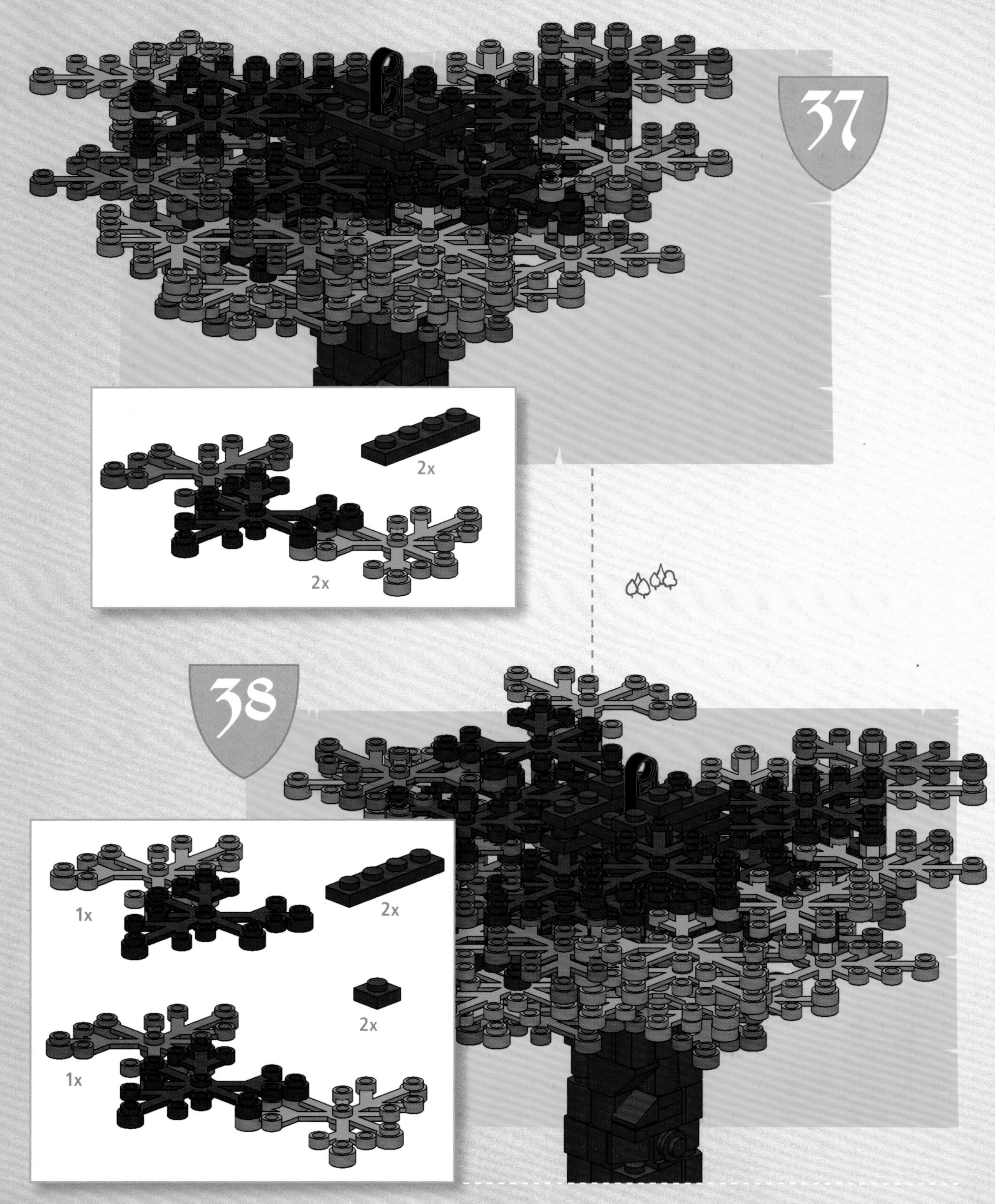
37
2x
2x
38
1x
2x
2x
1x

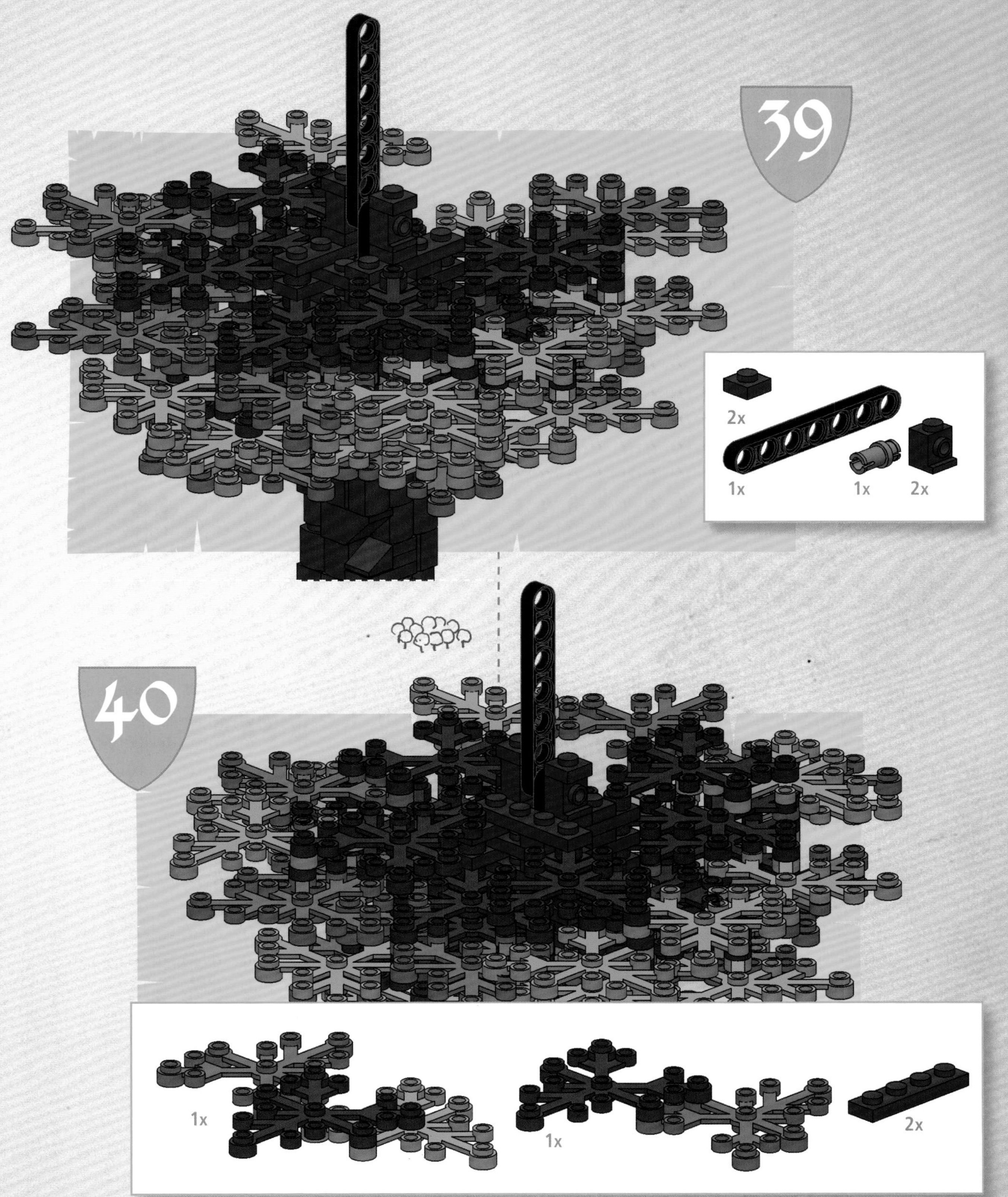
39
2x
1x
1x
2x
40
1x
1x
2x

41
4x
1x
42
2x
1x
1x

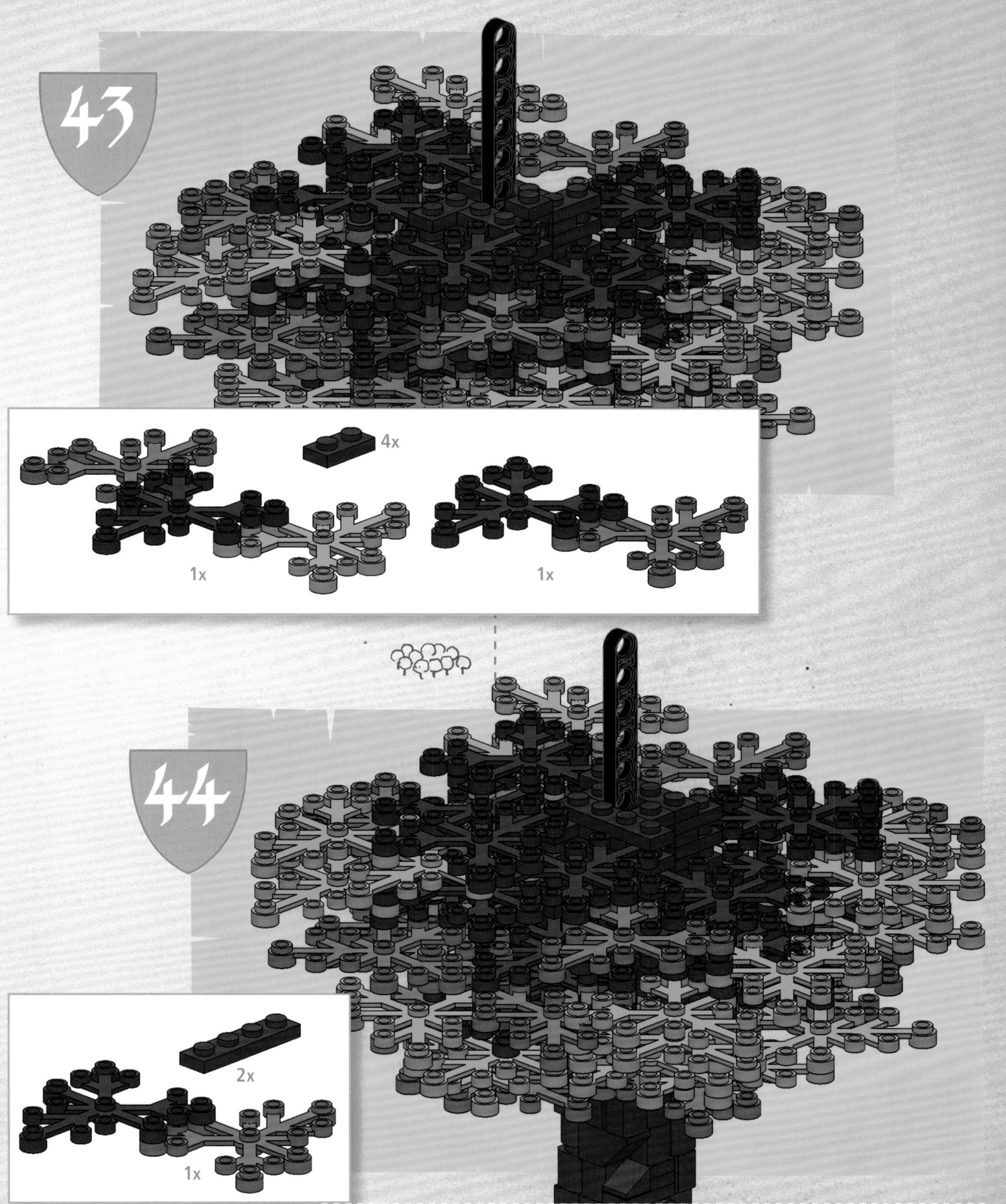
43
4x
1x
1x
44
2x
1x

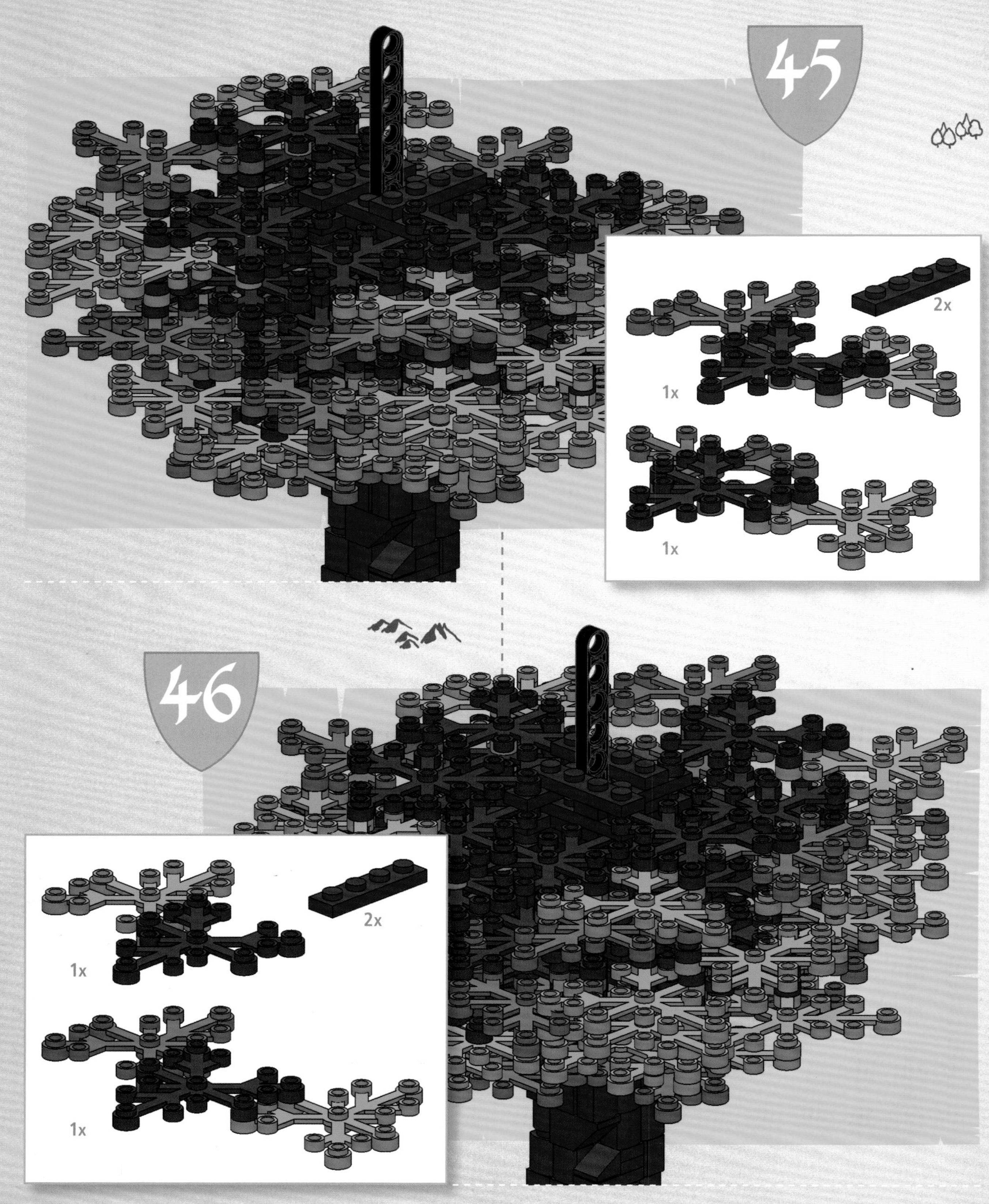
45
2x
1x
1x
46
2x
1x
1x

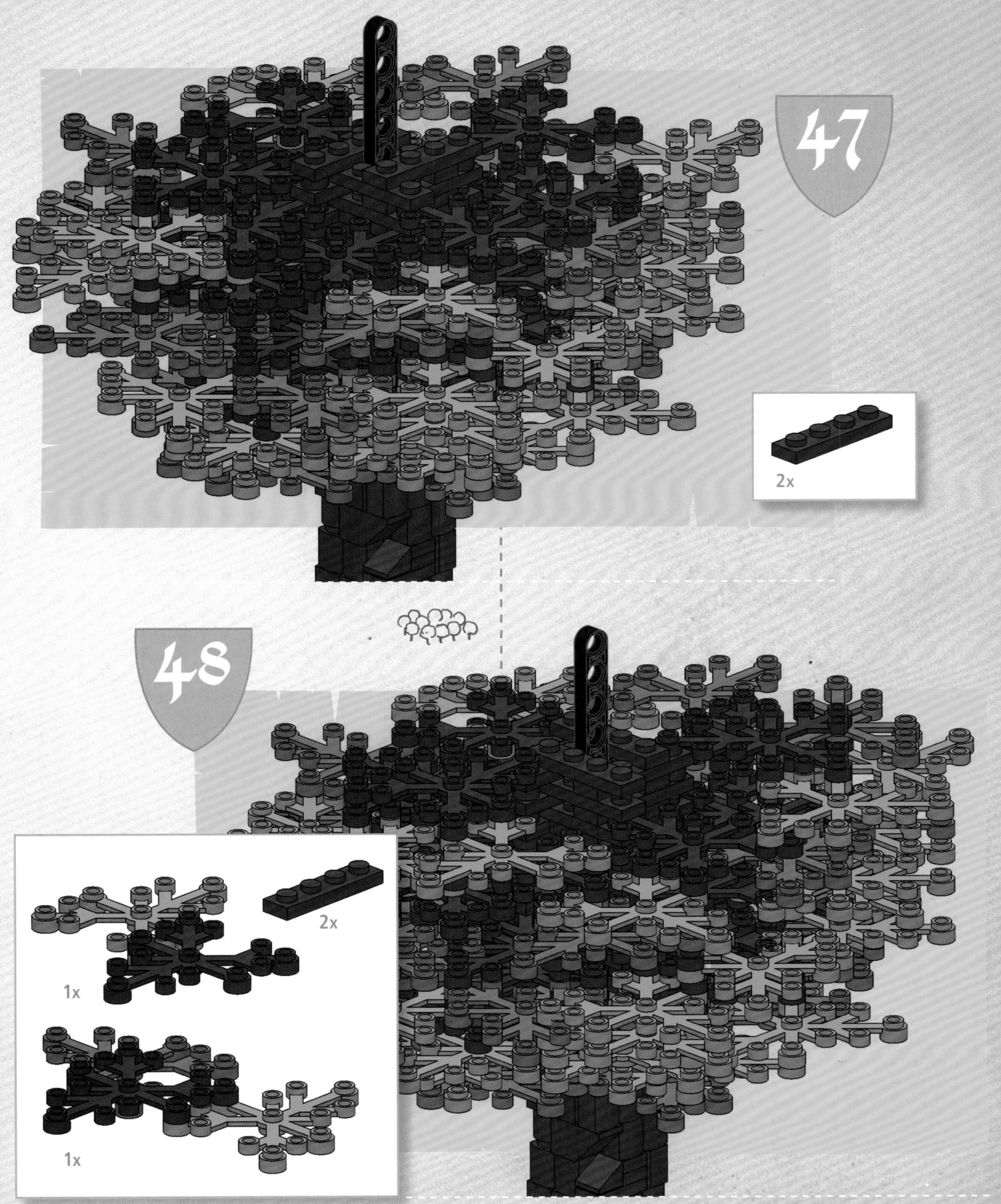
47
2x
48
2x
1x
1x

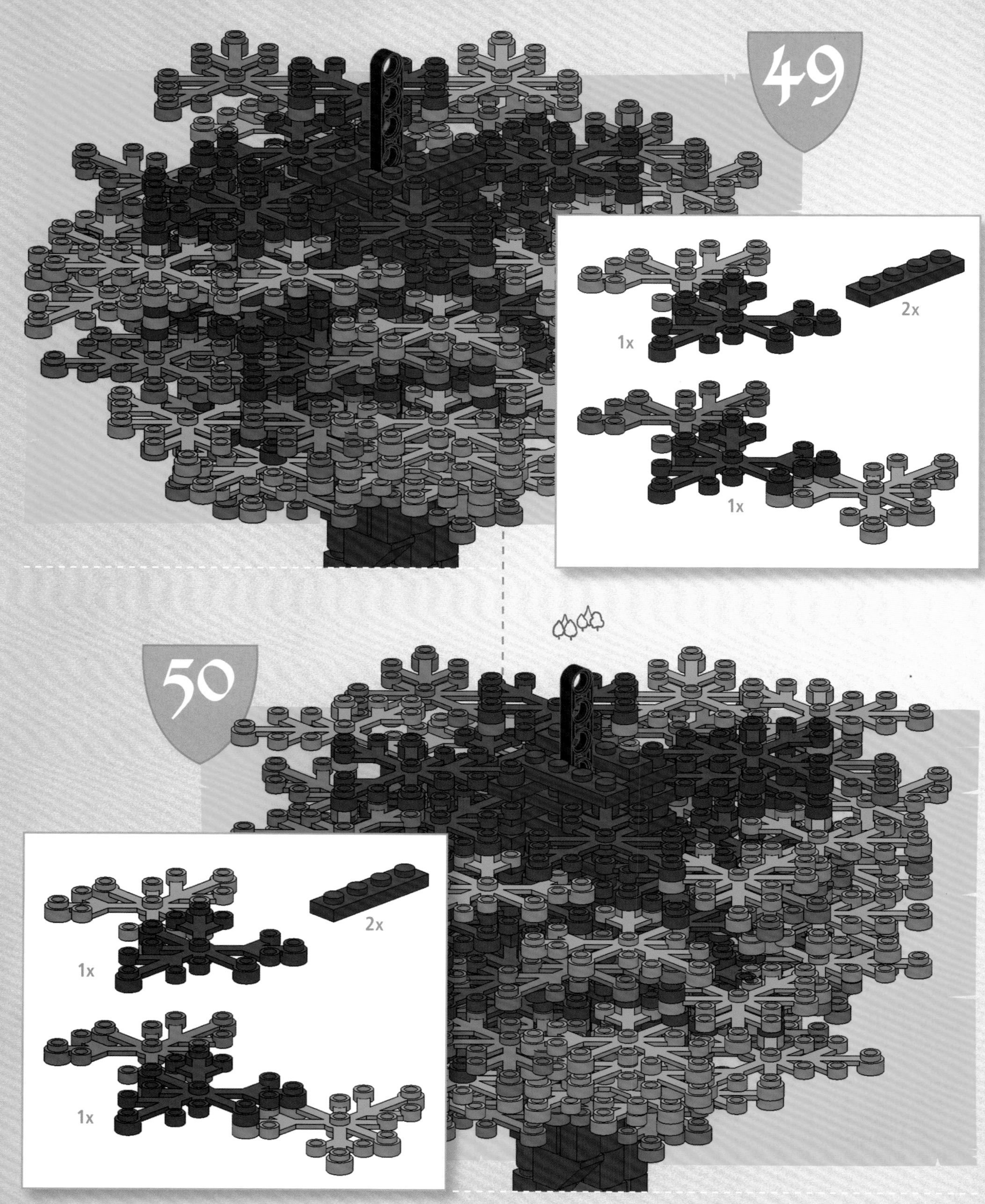
49
1x
2x
1x
50
2x
1x
1x

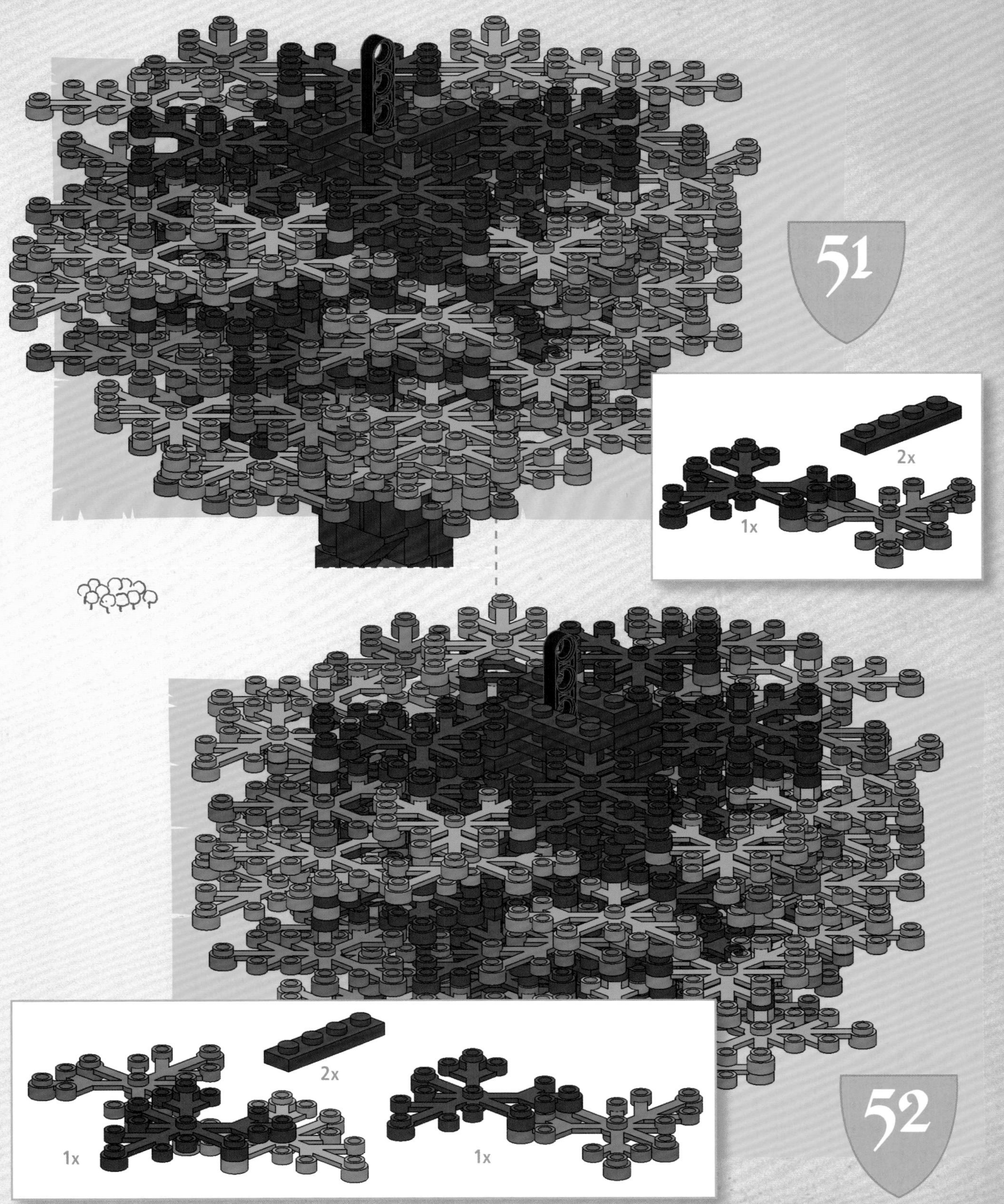
51
2x
1x
2x
1x
1x
52

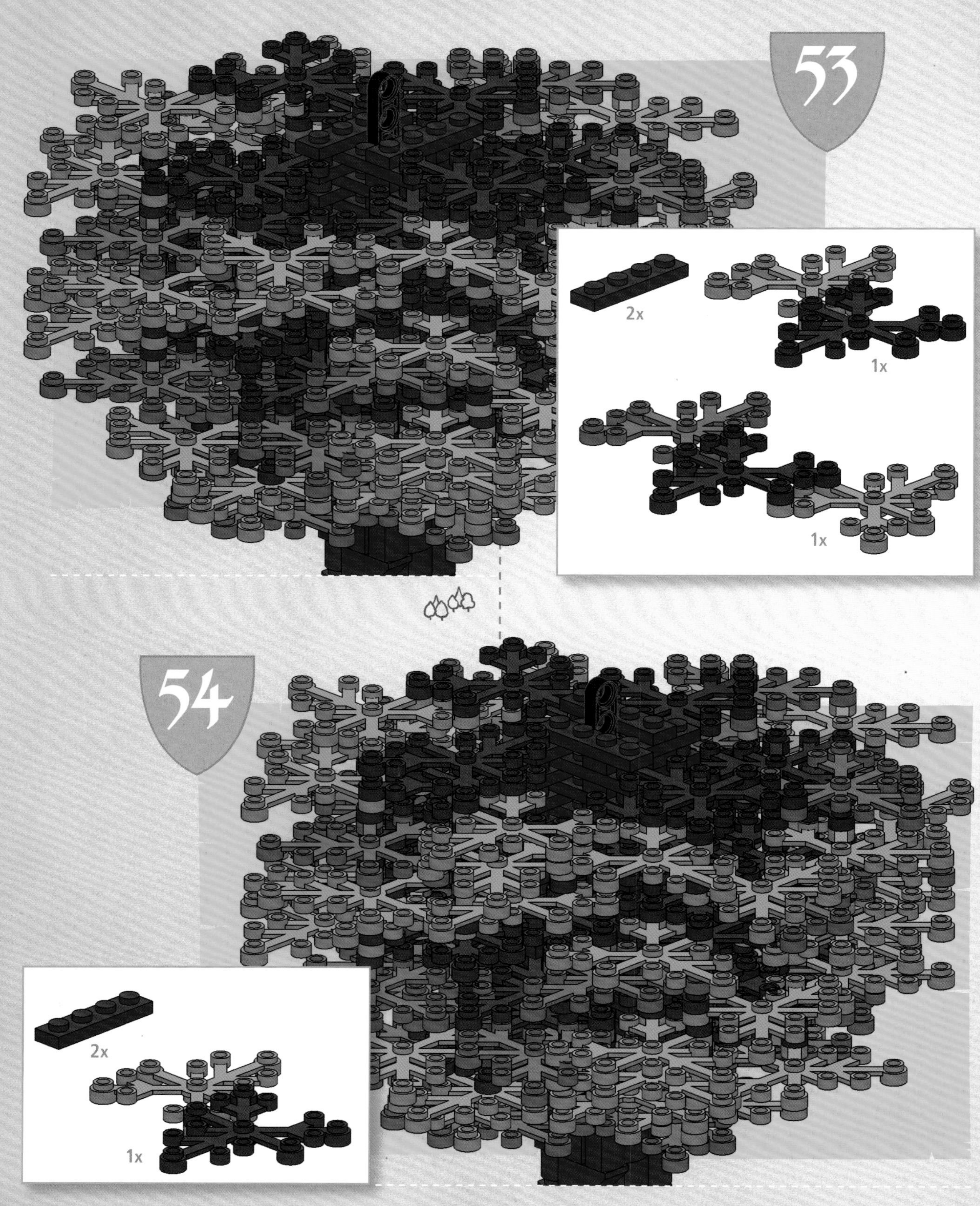
53
2x
1x
1x
54
2x
1x

55
2x
1x
1x
56
1x
1x
2x

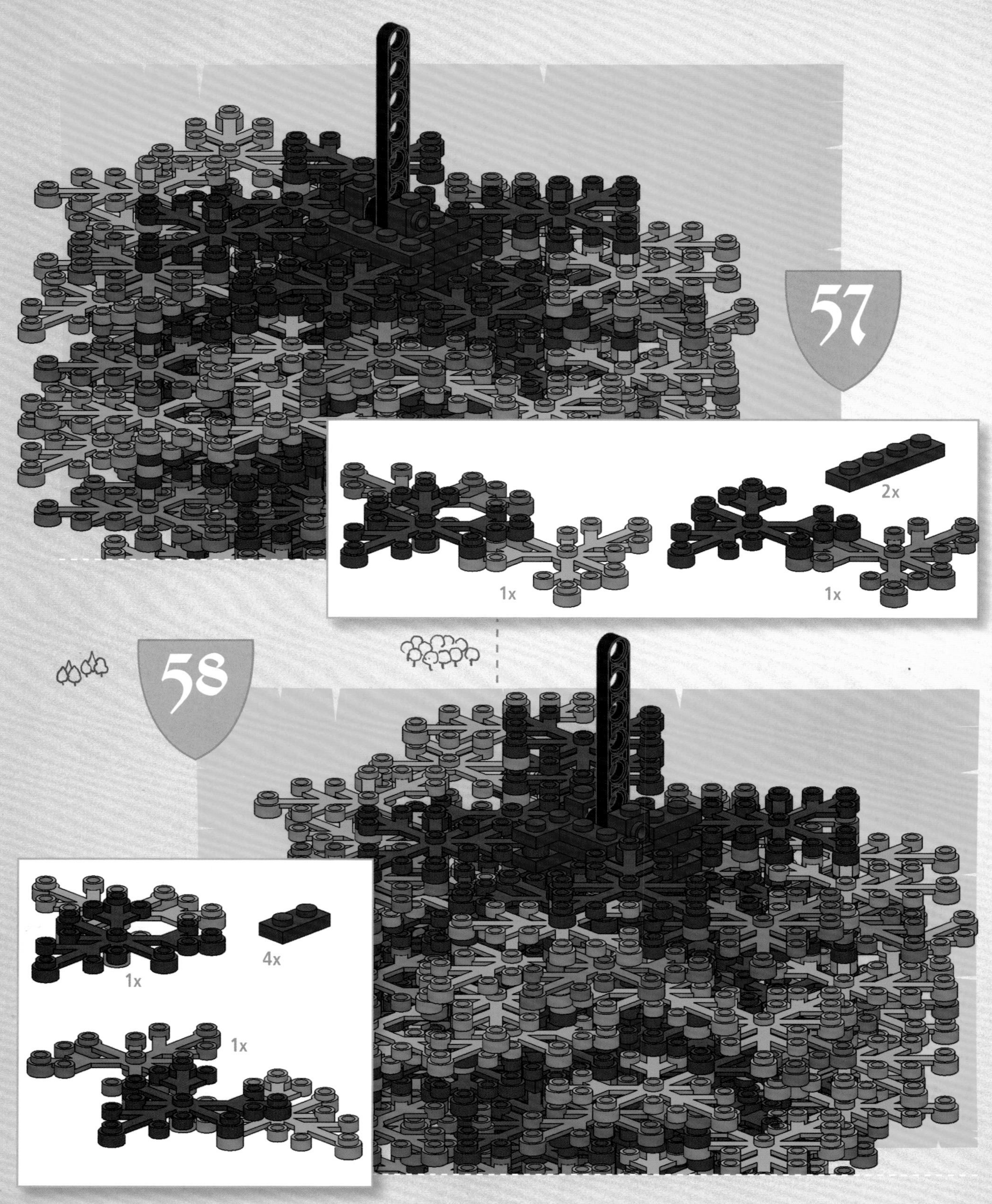
57
2x
1x
1x
58
4x
1x
1x

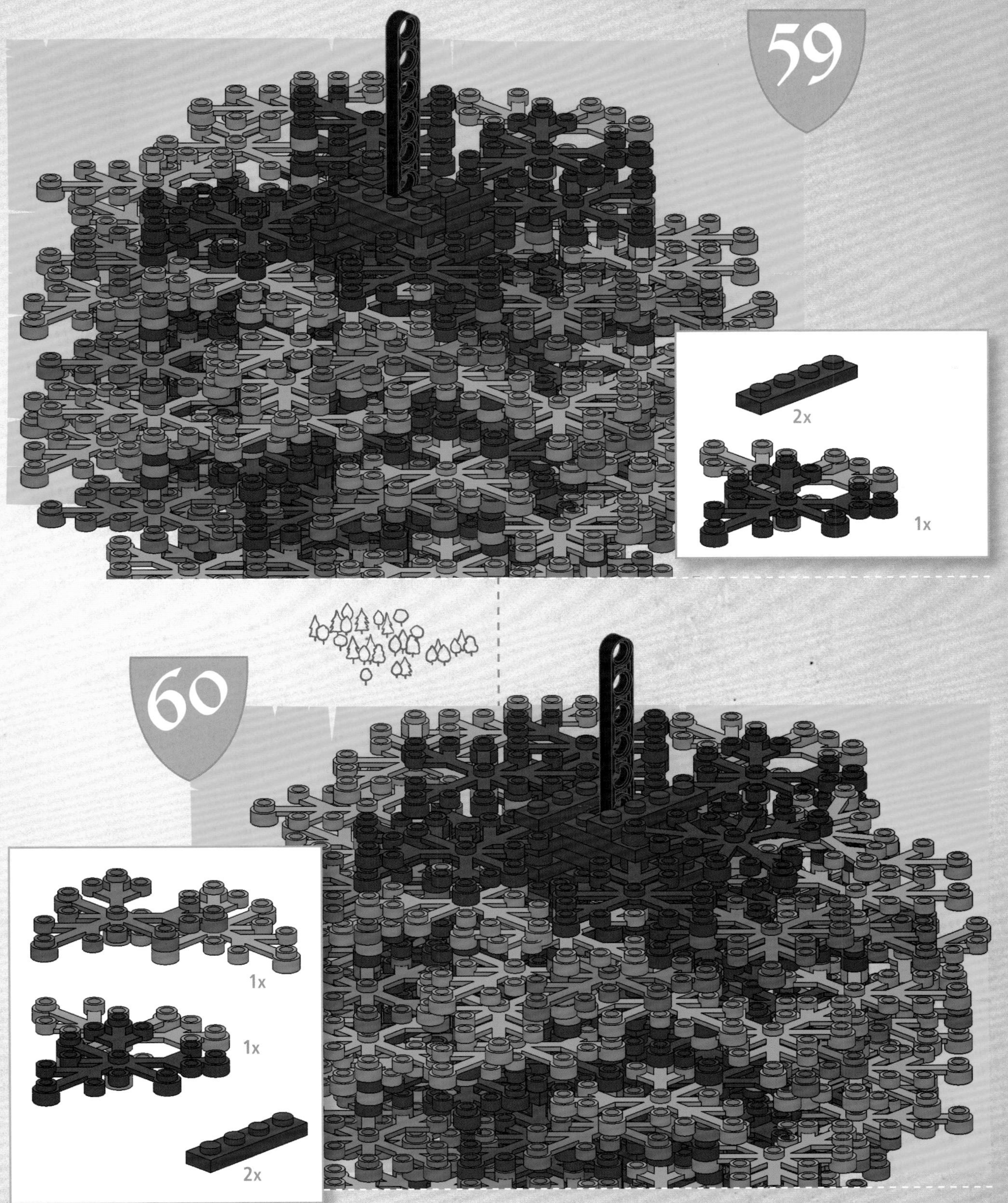
59
2x
1x
60
1x
1x
2x

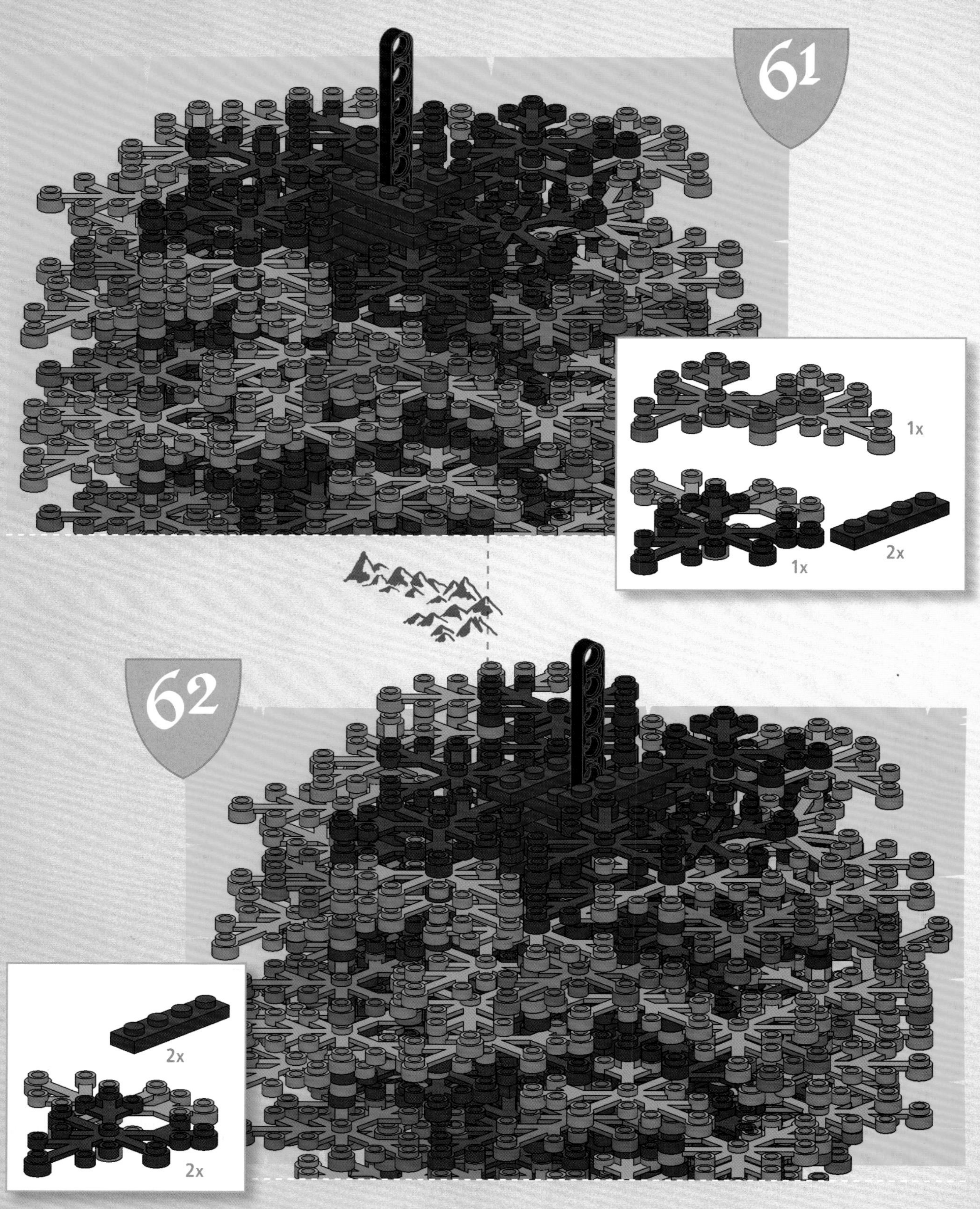
61
1x
1x
2x
62
2x
2x

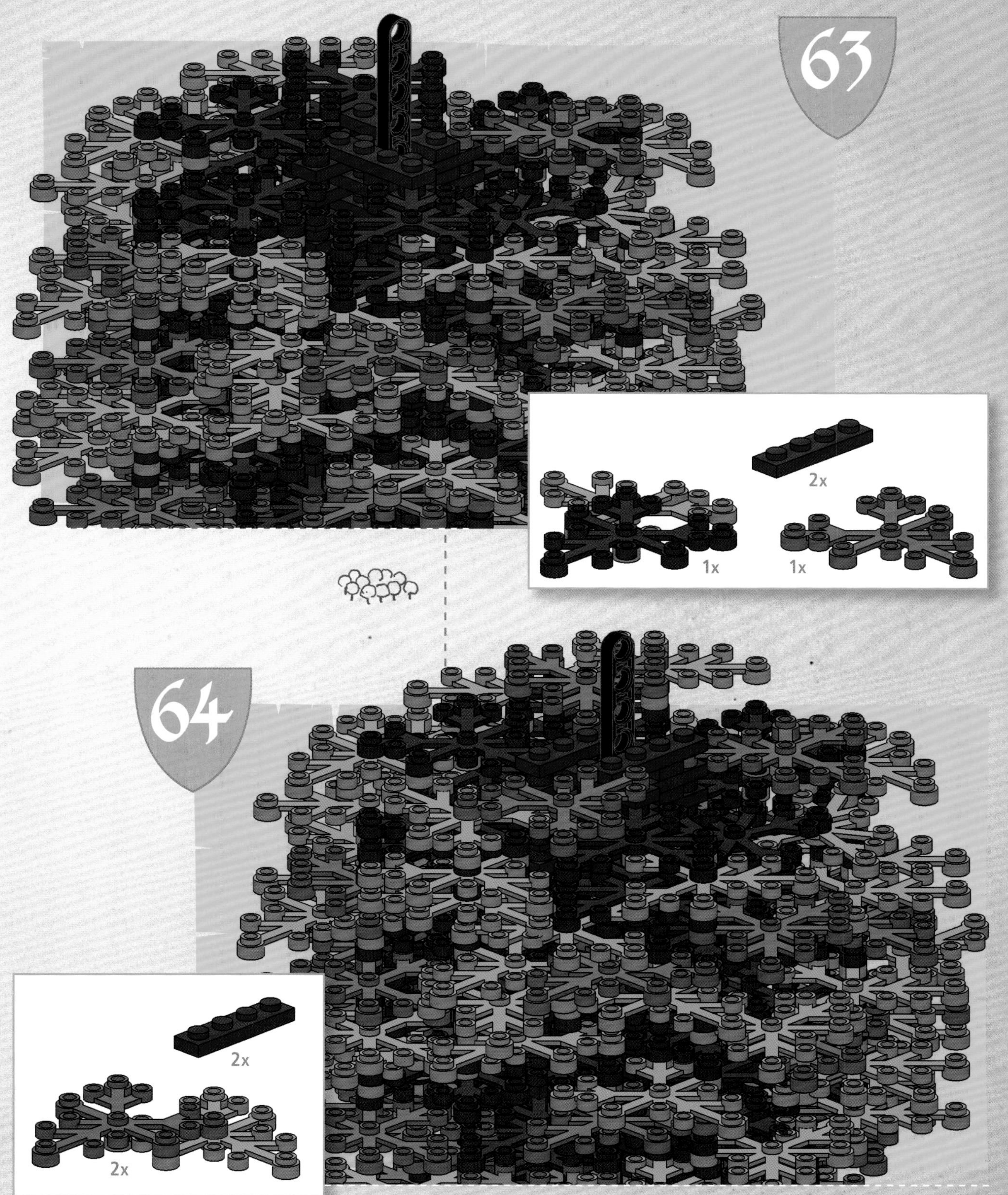
63
2x
1x
1x
64
2x
2x

65
2x
1x
1x
66
1x
1x
2x

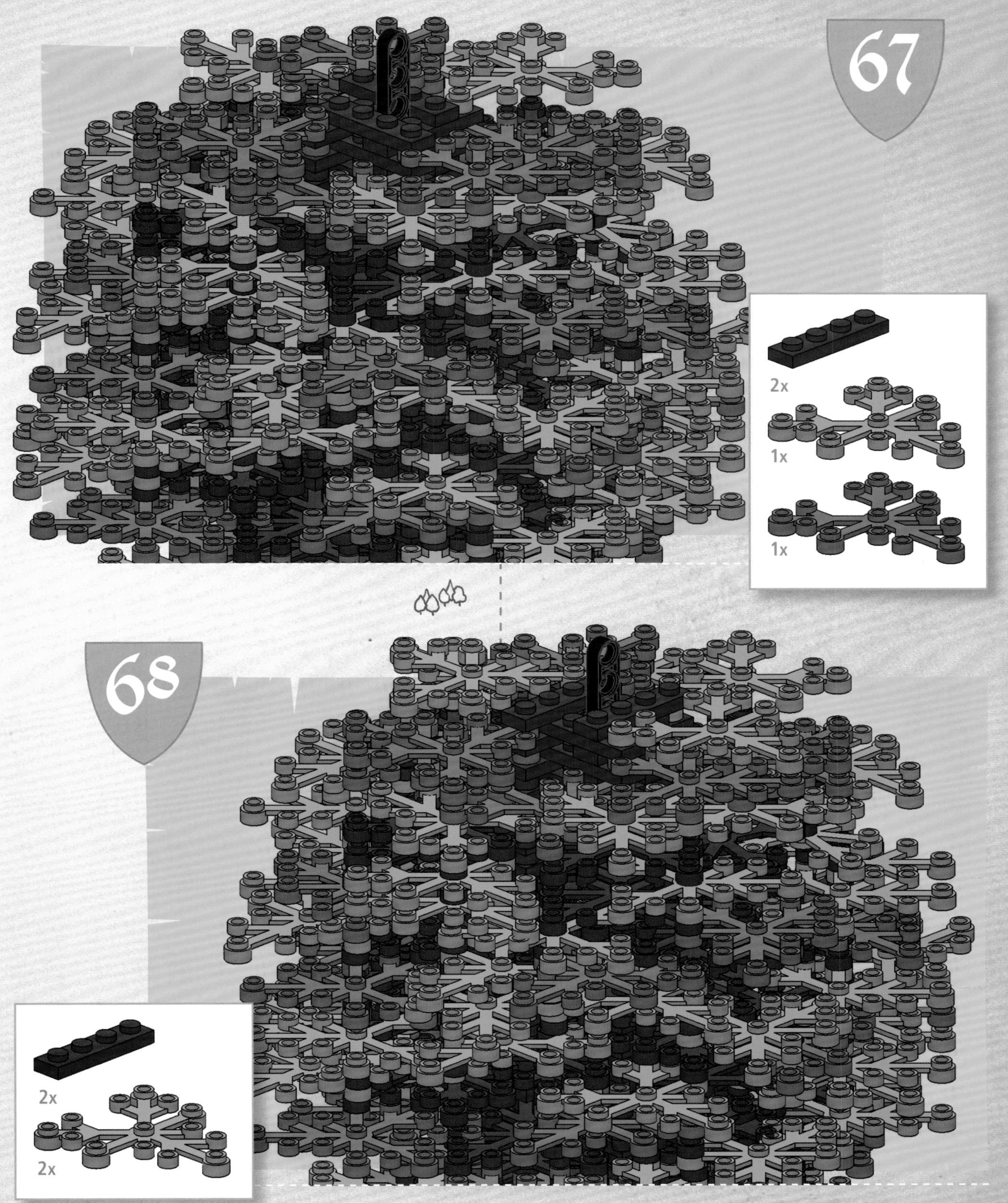
67
2x
1x
1x
68
2x
2x

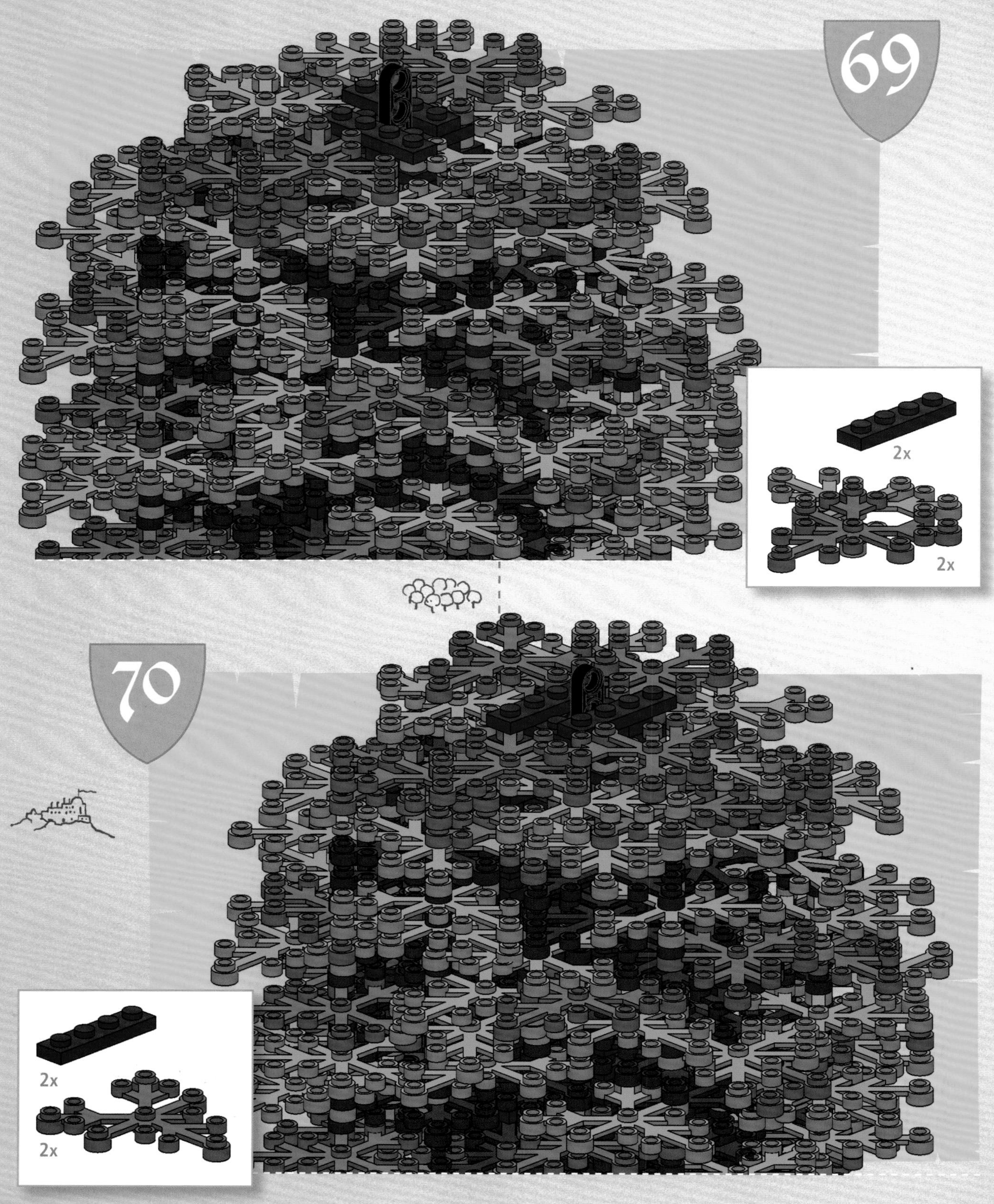
69
2x
2x
70
2x
2x

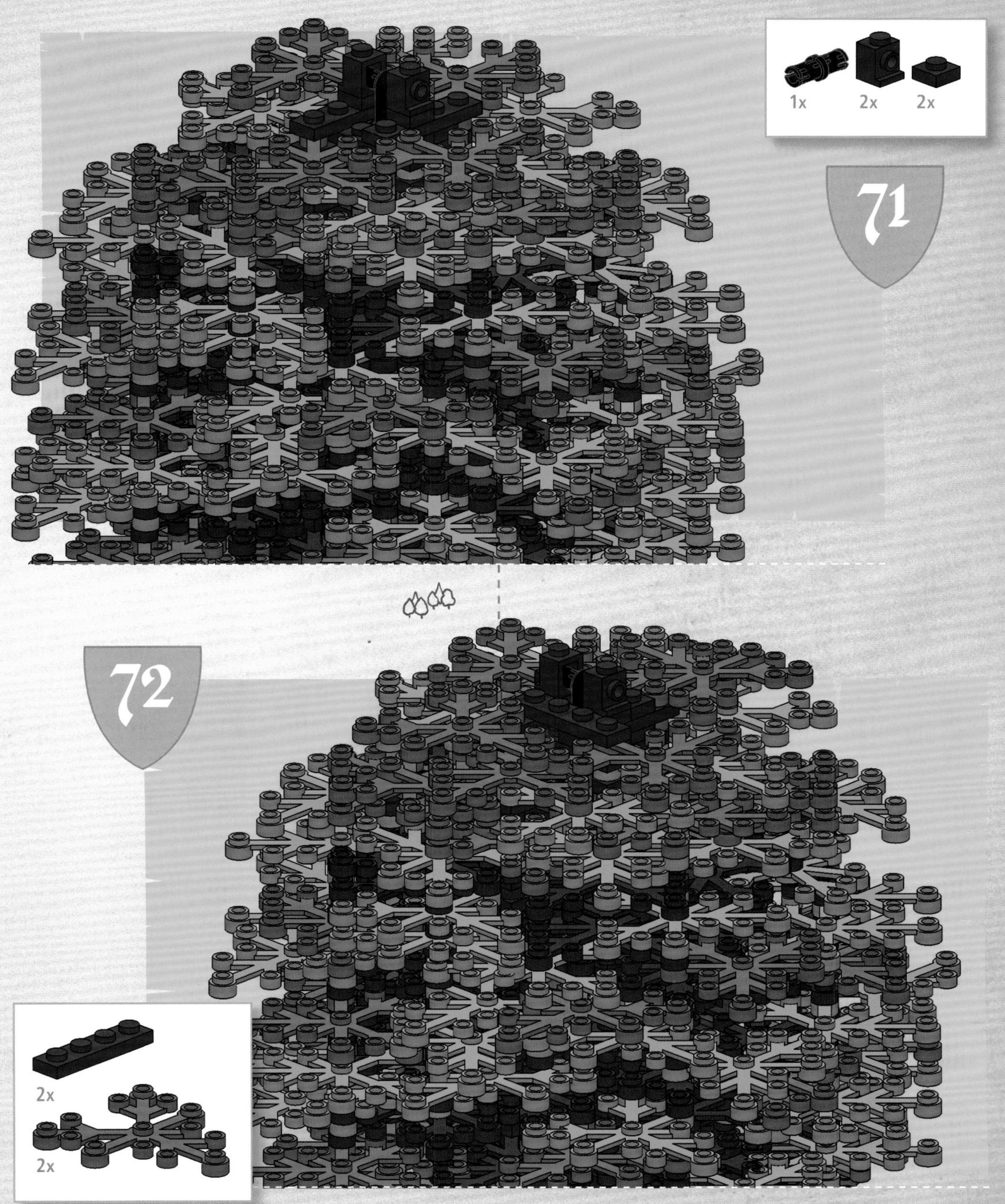
1x
2x
2x
71
72
2x
2x

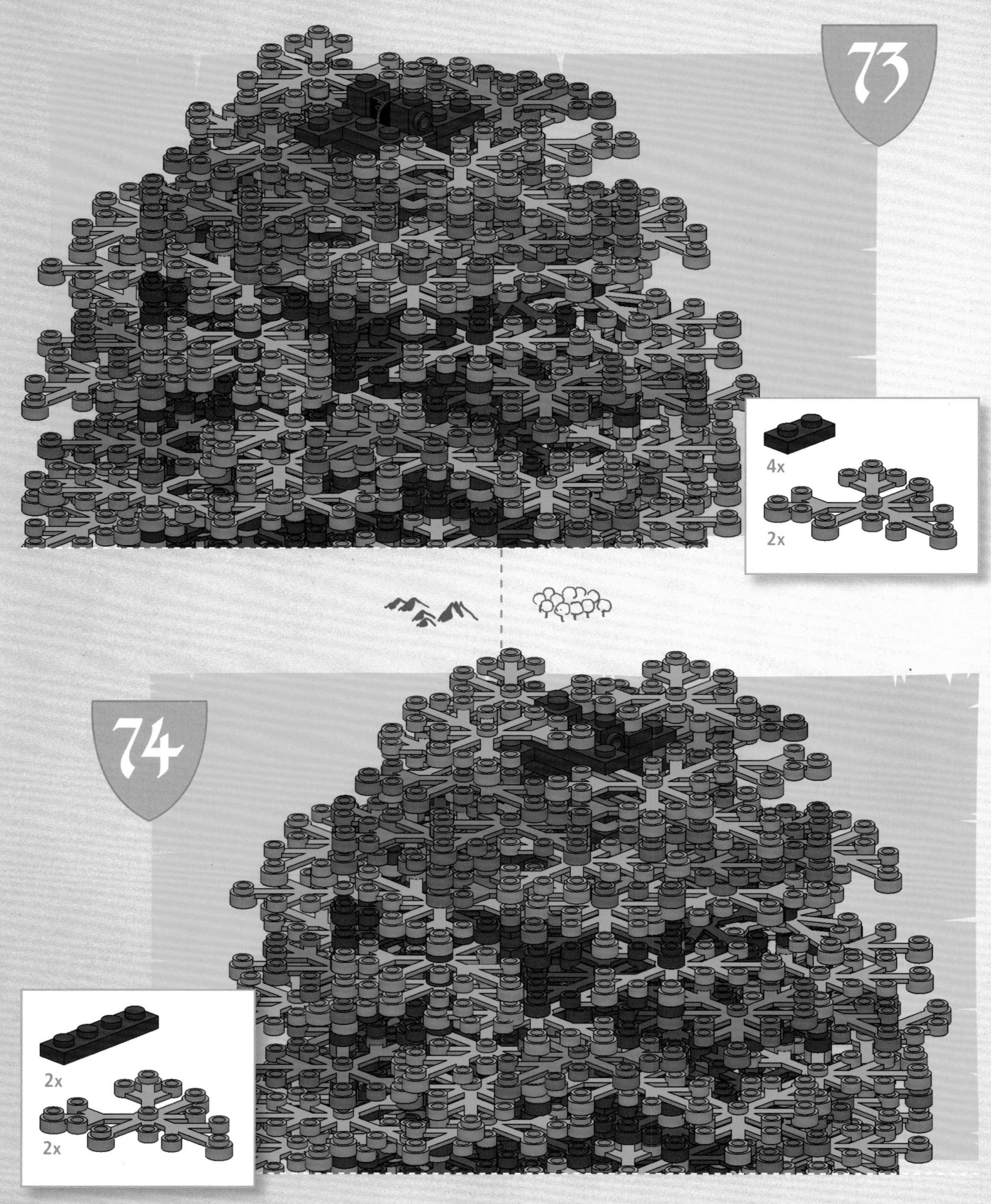
73
4x
2x
74
2x
2x

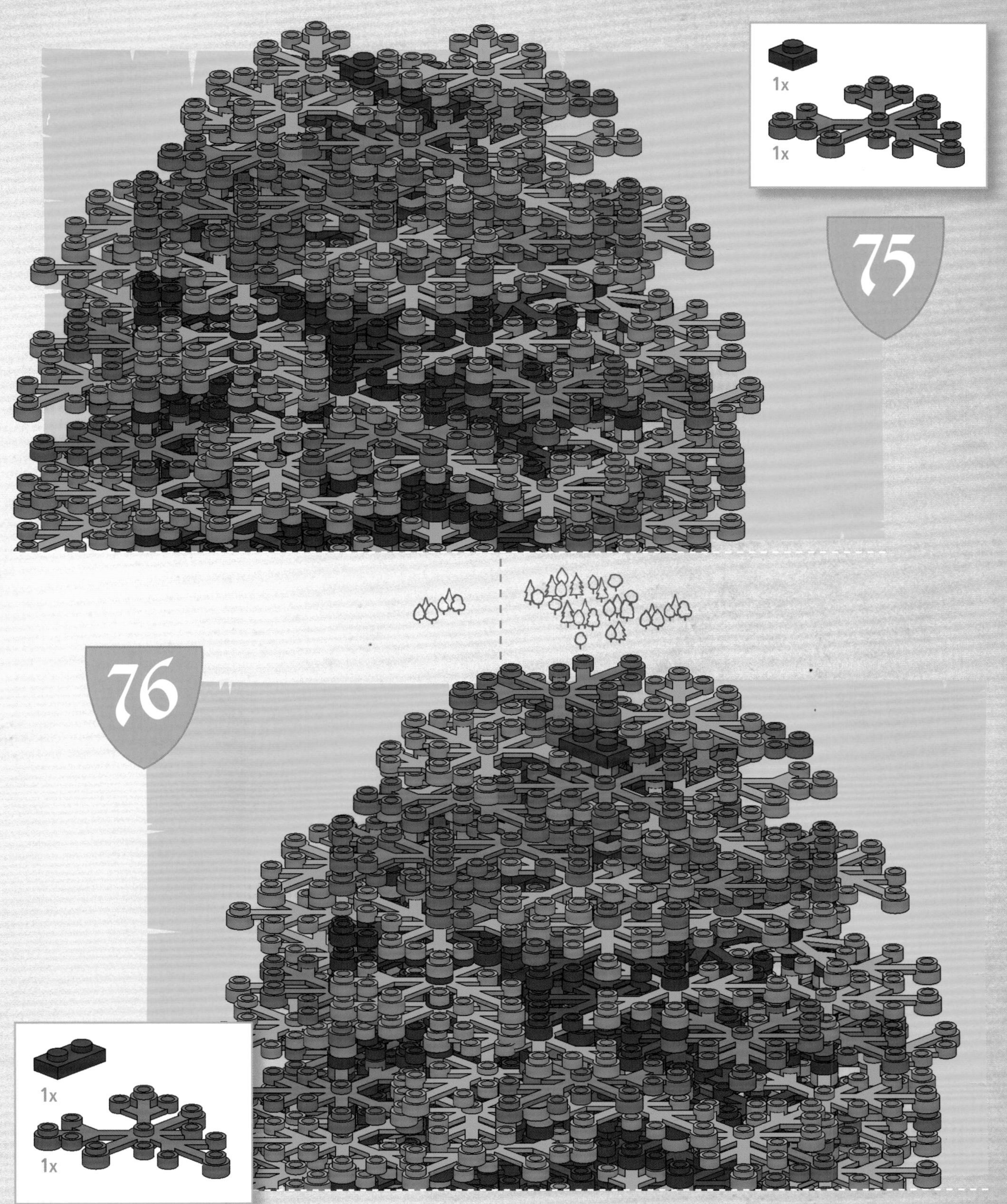
1x
1x
75
76
1x
1x

77

零件清单

3x

3x

13x

6x

14x

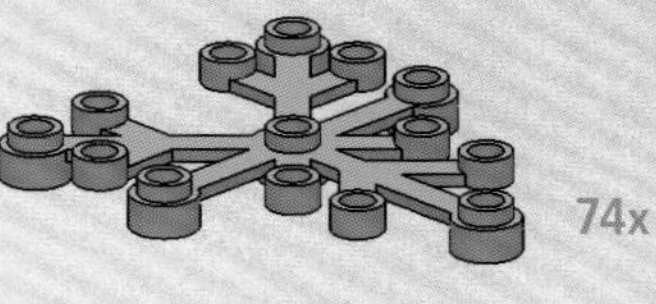

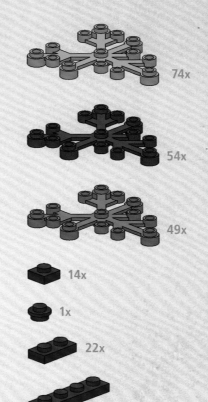

74x

54x

49x

14x

1x

22x

90x

数量		颜色	零件编号	零件名称
3		红棕	3005	Brick 1 x 1
3		红棕	3062b	Brick 1 x 1 Round with Hollow Stud
13		红棕	4070	Brick 1 x 1 with Headlight
6		红棕	3004	Brick 1 x 2
14		红棕	30136	Brick 1 x 2 Log
74		亮绿	2417	Plant Leaves 6 x 5
54		墨绿	2417	Plant Leaves 6 x 5
49		绿	2417	Plant Leaves 6 x 5
14		红棕	3024	Plate 1 x 1
1		红棕	4073	Plate 1 x 1 Round
22		红棕	3023	Plate 1 x 2
90		红棕	3710	Plate 1 x 4

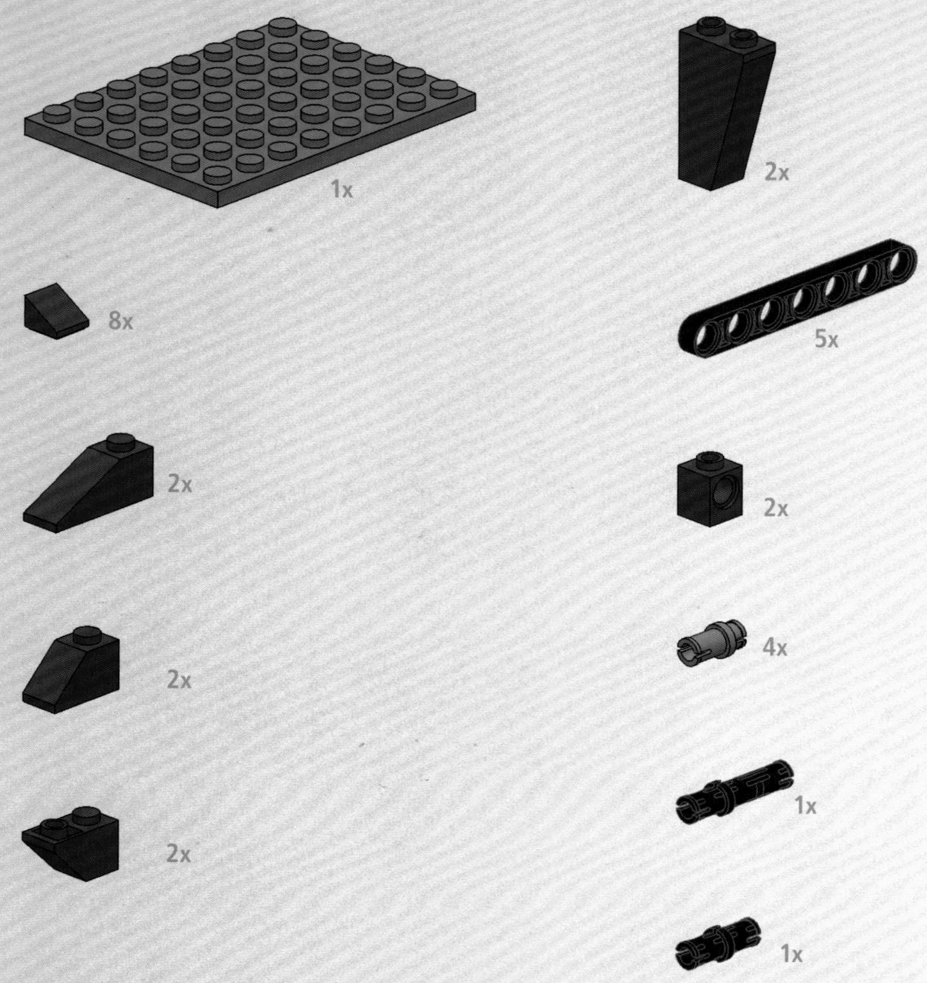

续表

数量		颜色	零件编号	零件名称
1		绿	3036	Plate 6 x 8
8		红棕	54200	Slope Brick 31 1 x 1 x 2/3
2		红棕	4286	Slope Brick 33 3 x 1
2		红棕	3040b	Slope Brick 45 2 x 1
2		红棕	3665	Slope Brick 45 2 x 1 Inverted
2		红棕	2449	Slope Brick 75 2 x 1 x 3 Inverted
5		黑	32065	Technic Beam 7 x 1/2
2		红棕	6541	Technic Brick 1 x 1 with Hole
4		深蓝灰	32002	Technic Pin 3/4
1		黑	6558	Technic Pin Long with Friction and Slot
1		黑	2780	Technic Pin with Friction and Slots

牛车

这款牛车的尺寸对我们来说是个挑战。尽管在网络上见到过各式各样的牛车，但我们还是希望找到一款能与人仔小巧的身材完美契合的特别设计。当然，因为所有褐色都很符合这种自然的气息，你可以选择各种不同明暗程度的褐色。

Joe设计搭建

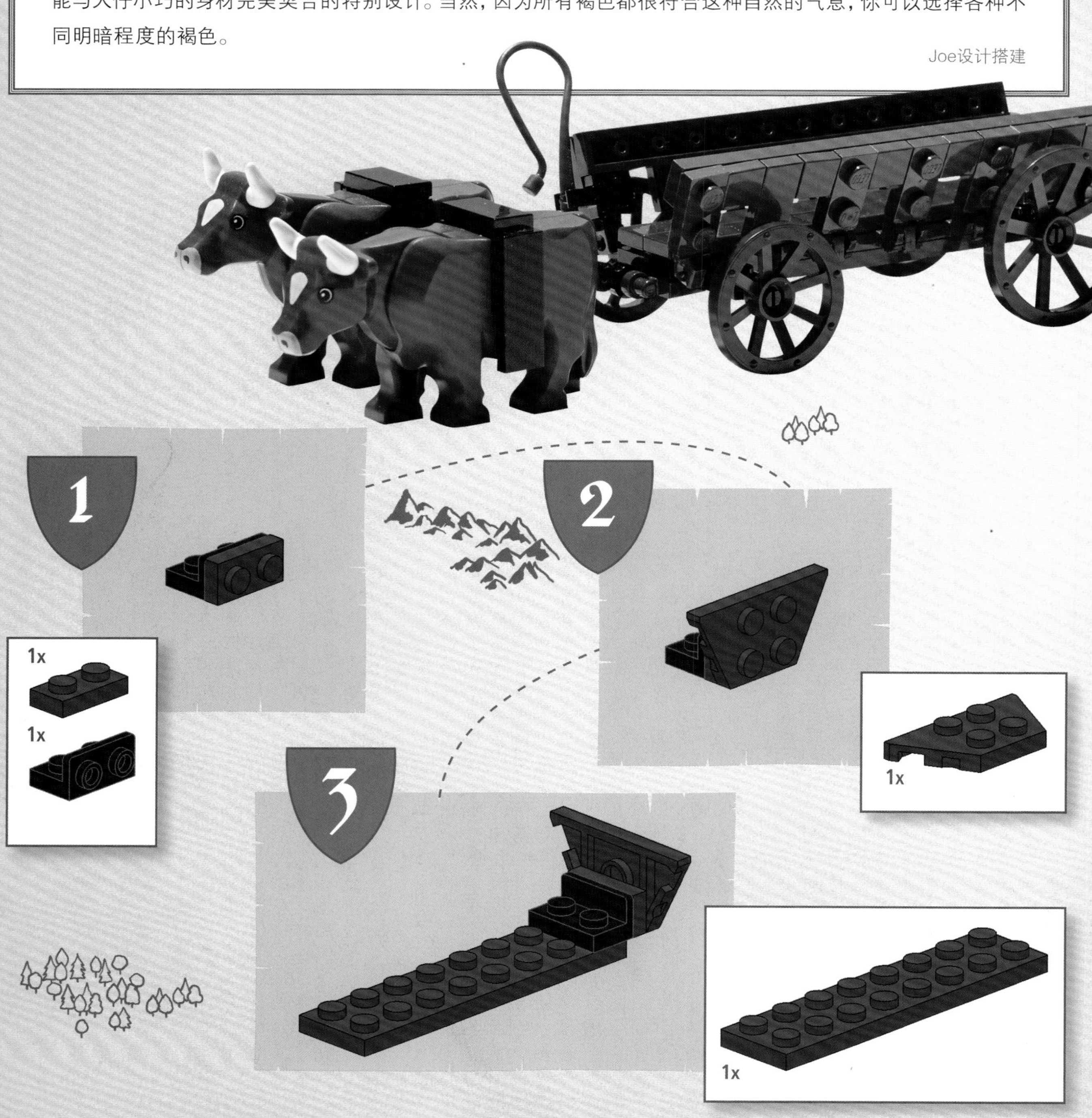

4

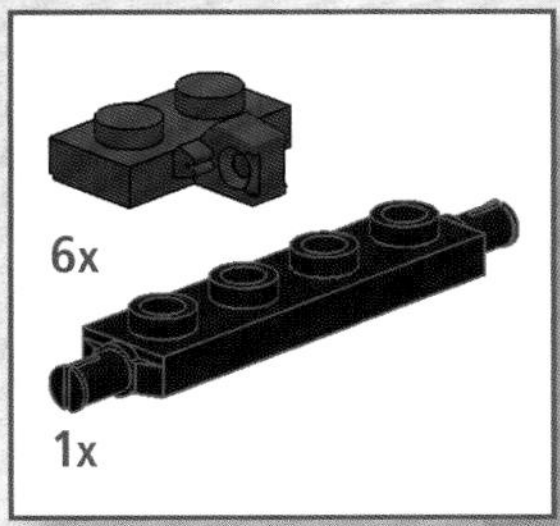

6x

1x

5

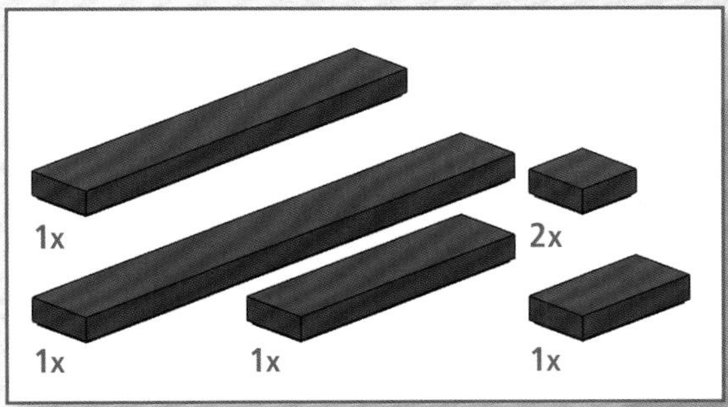

1x

2x

1x

1x

1x

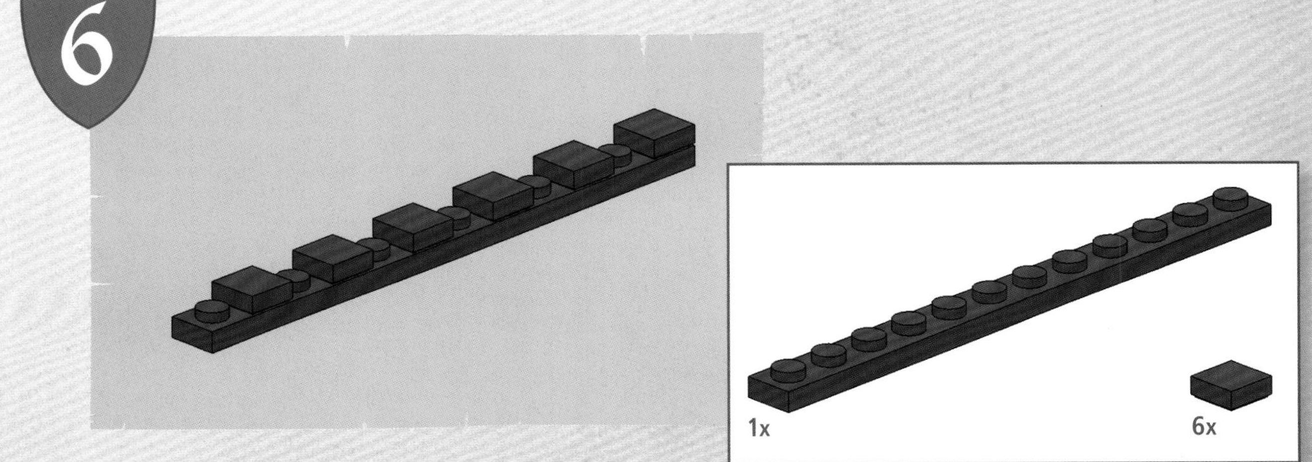

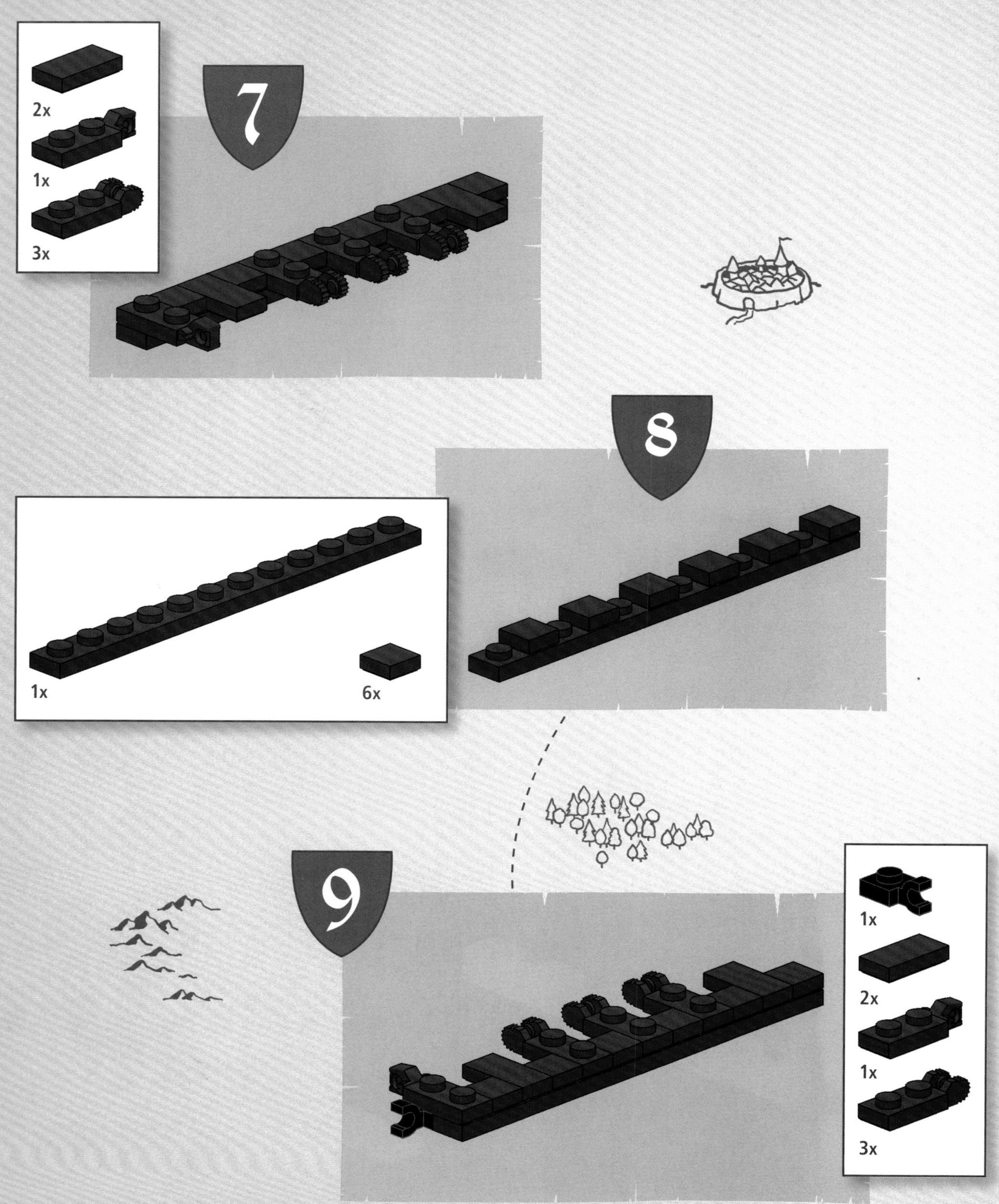
2x
1x
3x
7
8
1x
6x
9
1x
2x
1x
3x

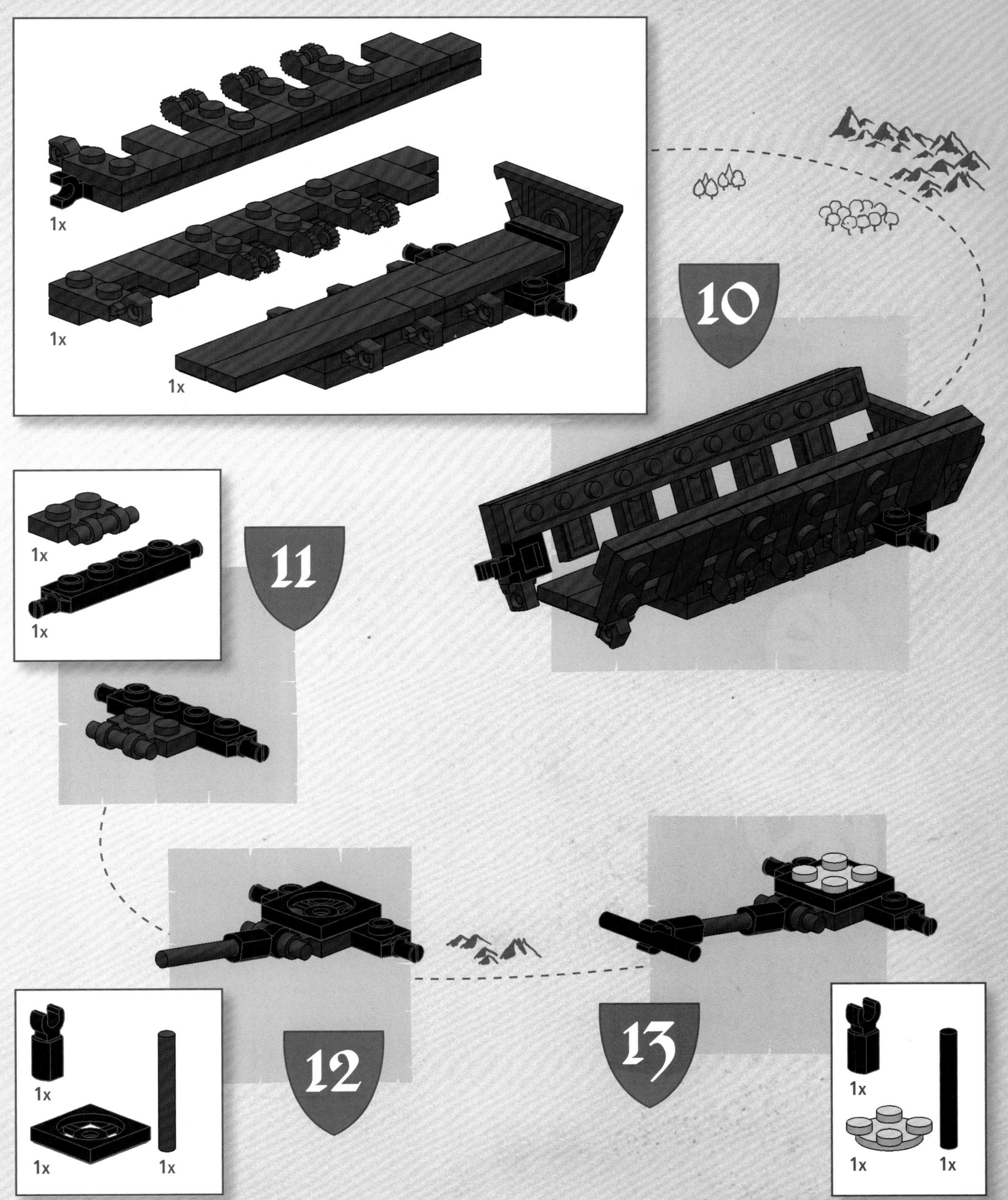
1x
1x
1x
10
1x
1x
11
1x
1x
1x
12
13
1x
1x
1x

14
2x
2x
15

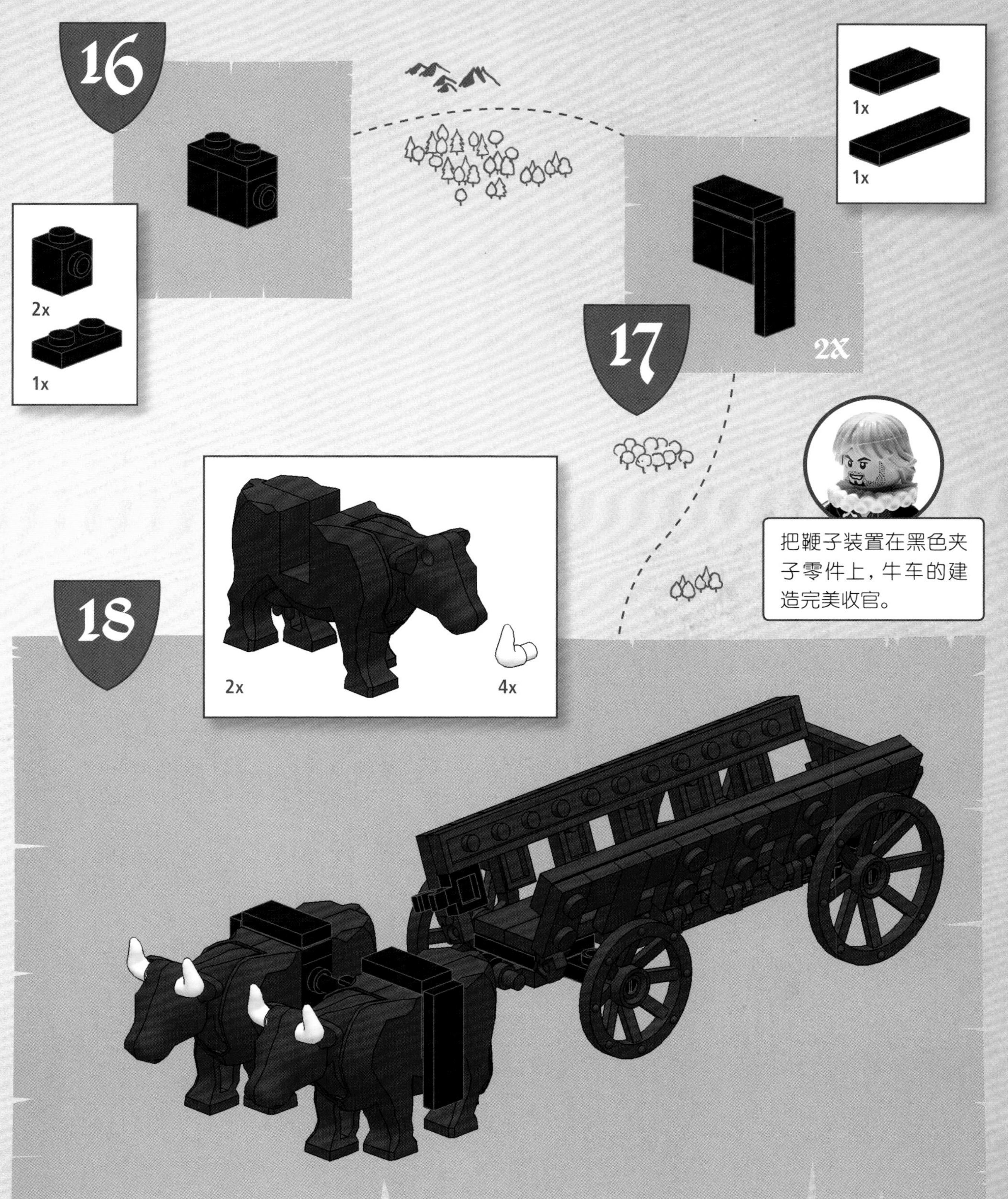
16
2x
1x
1x
1x
17
2X
2x
4x
18
把鞭子装置在黑色夹子零件上，牛车的建造完美收官。

零件清单

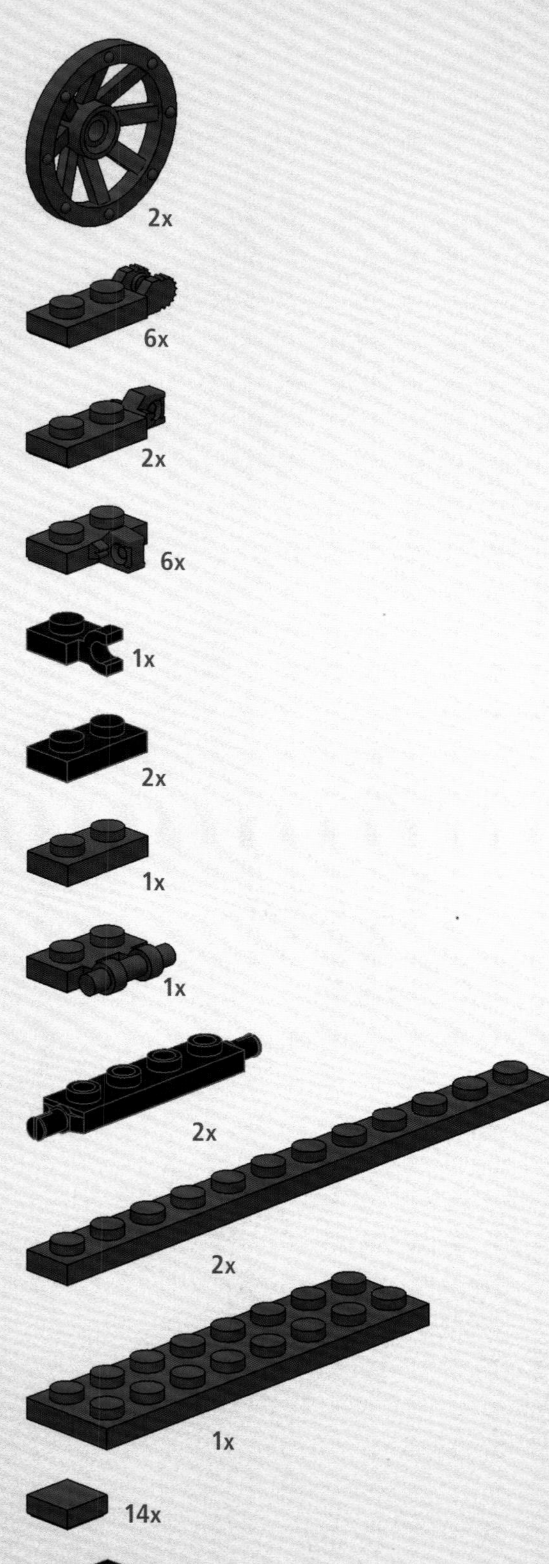

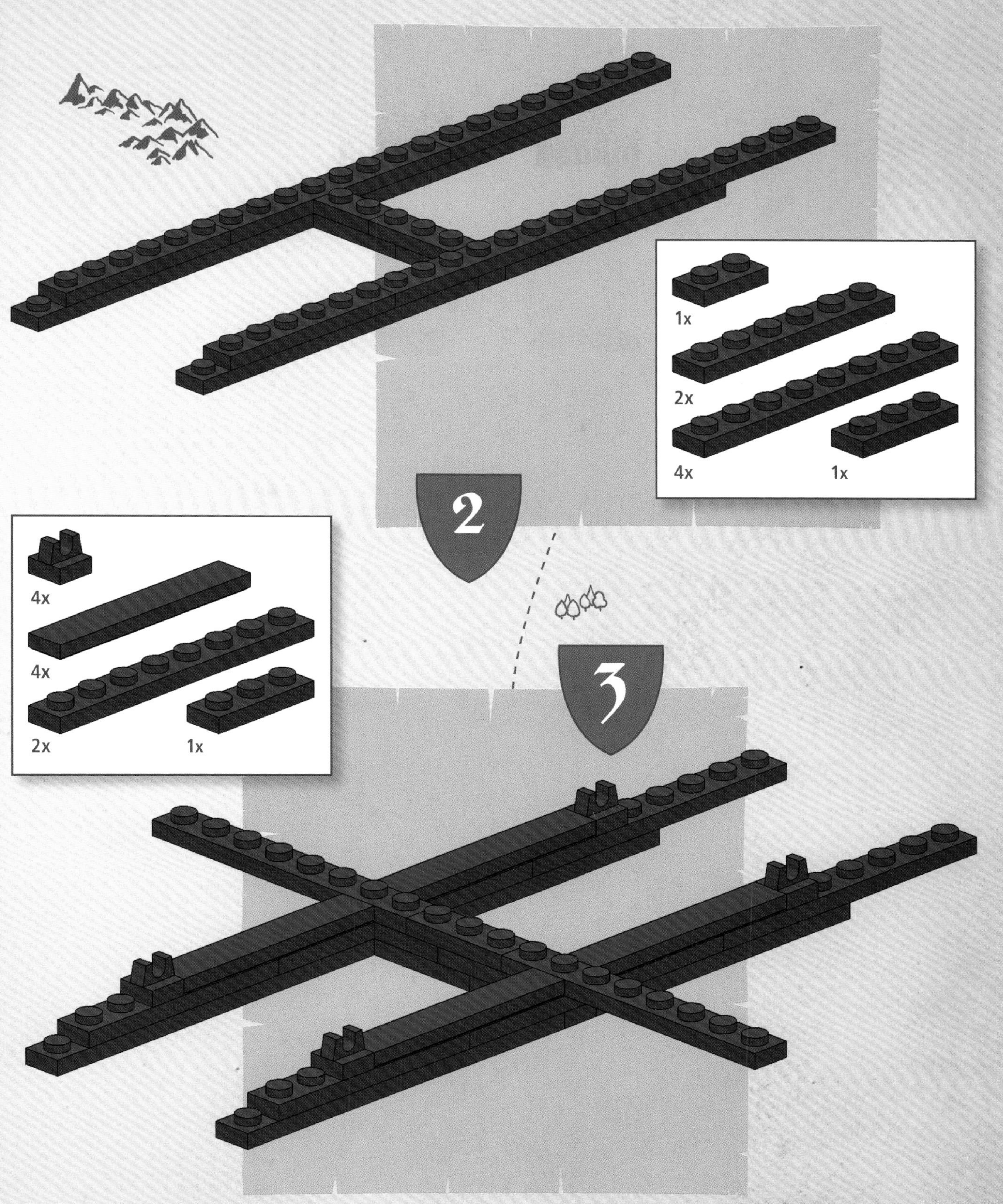
1x
2x
4x
1x
2
4x
4x
2x
1x
3

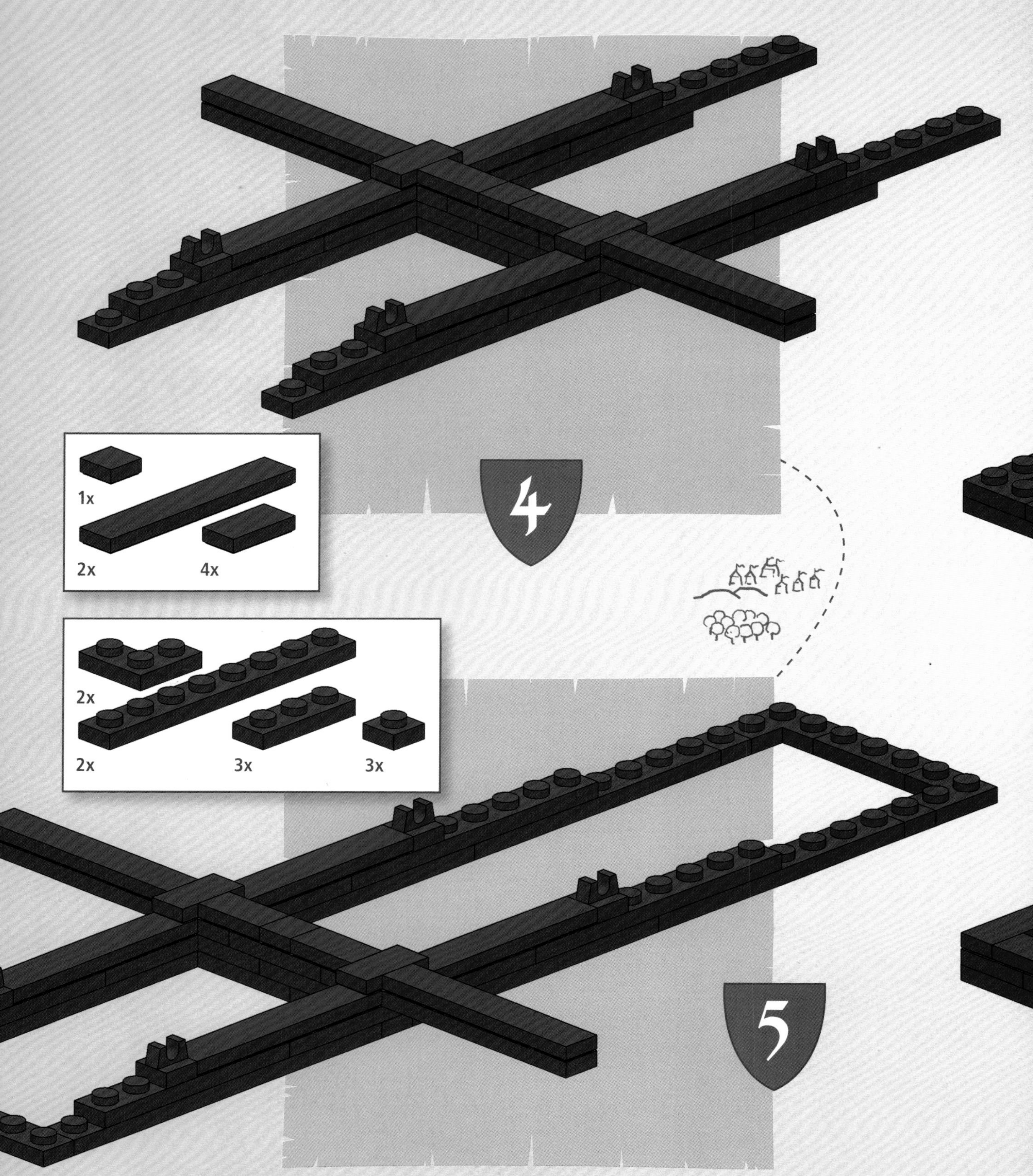
1x
2x
4x
2x
2x
3x
3x
4
5

2x
1x
2x
2x
2x
6
7
1x
1x
2x
2x
2x
1x
1x
1x

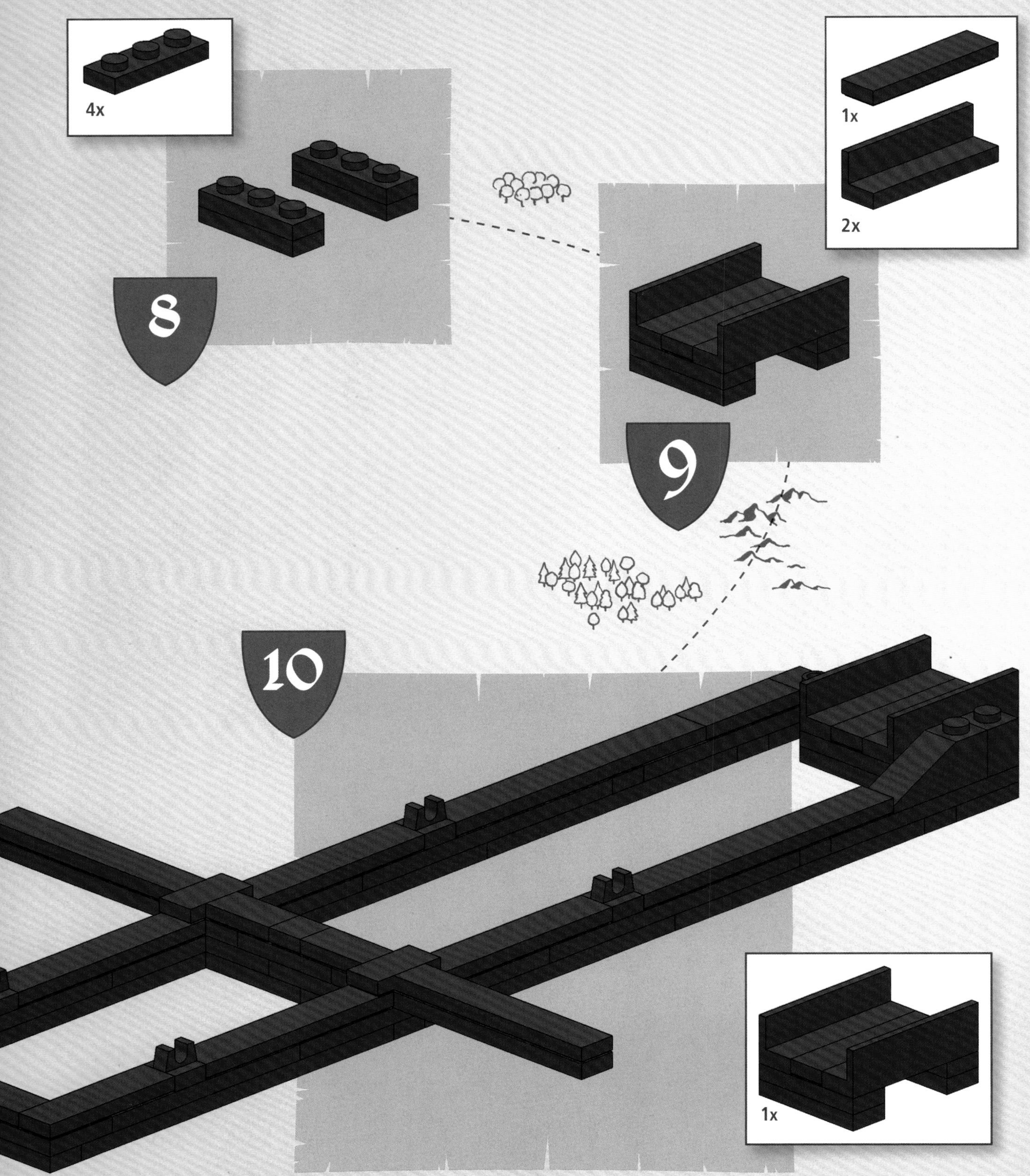
4x
8
1x
2x
9
10
1x

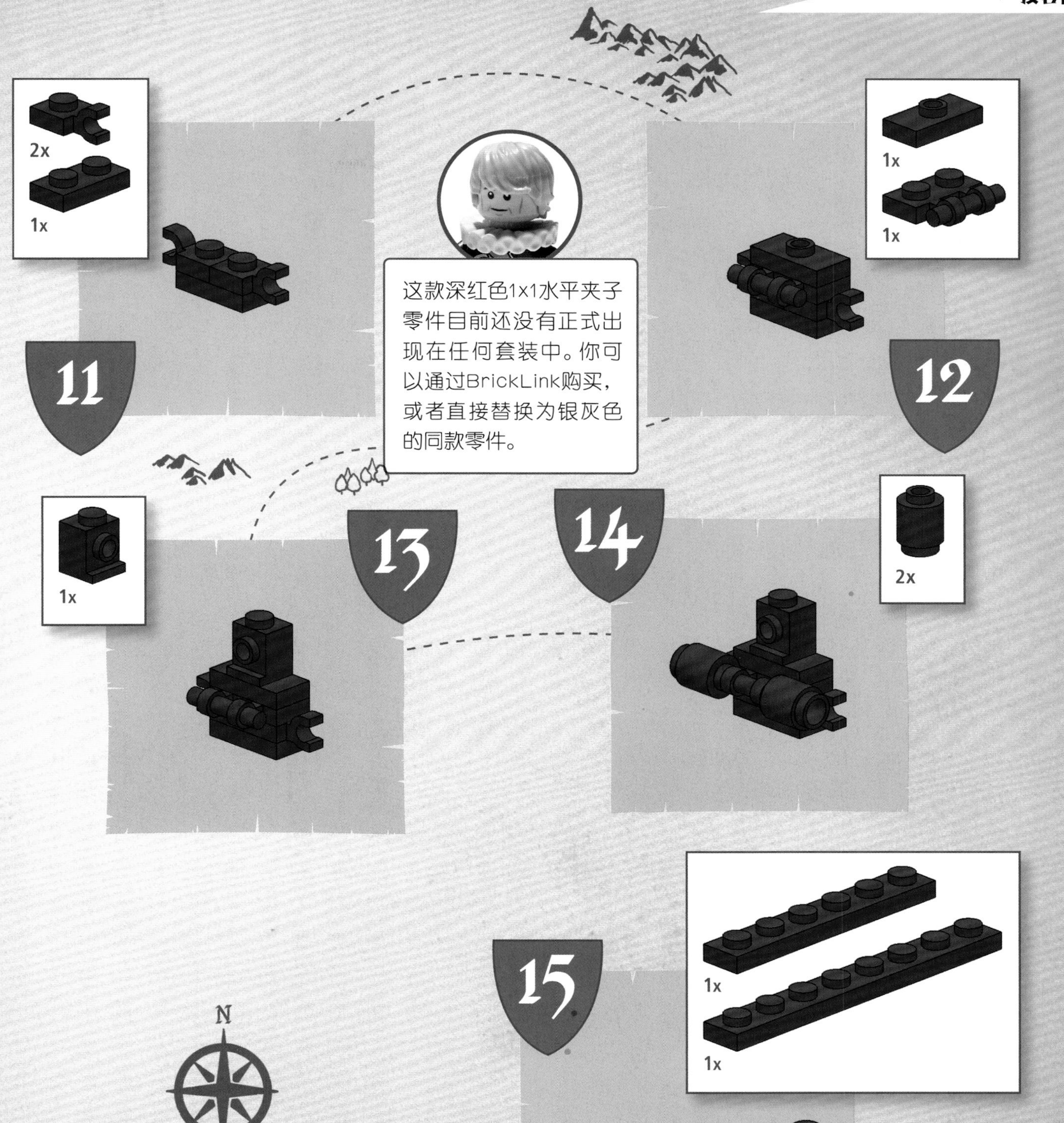
2x
1x
11
1x
1x
12
这款深红色1x1水平夹子零件目前还没有正式出现在任何套装中。你可以通过BrickLink购买，或者直接替换为银灰色的同款零件。
1x
13
14
2x
15
1x
1x
N

16
1x
1x
1x
2X
17
1x
1x
18
2X
2x

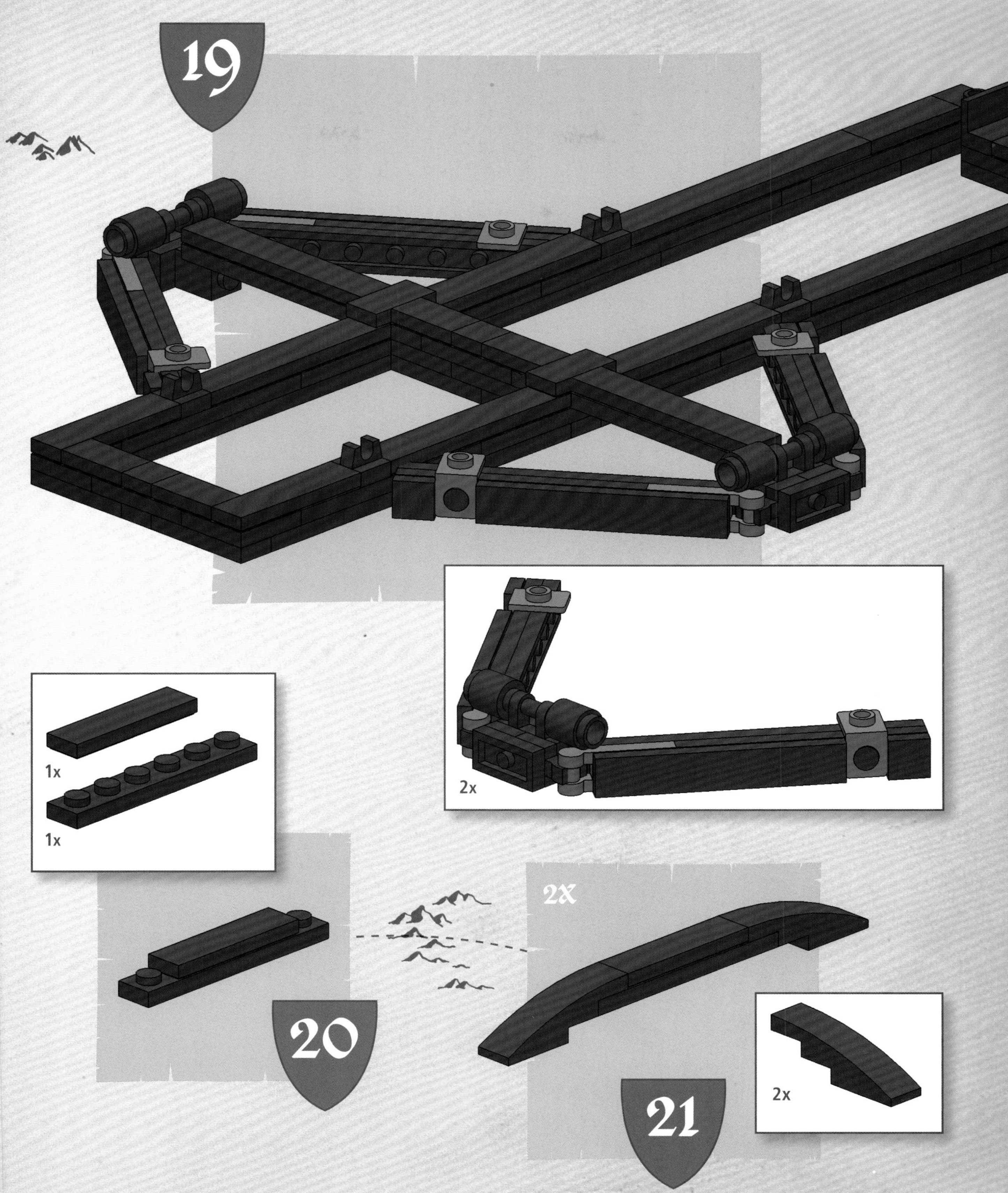
19
1x
1x
2x
20
2X
21
2x

22

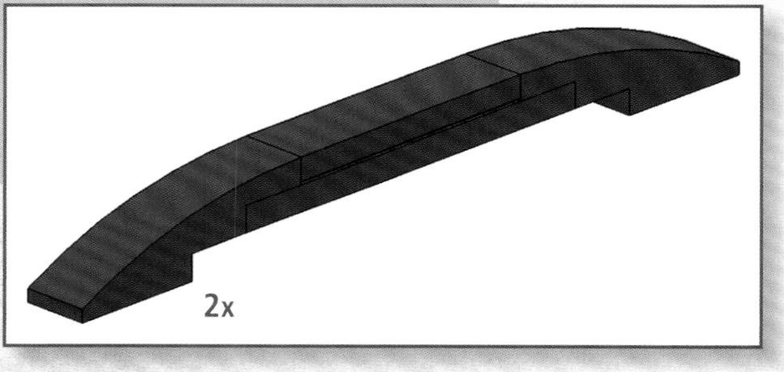

2x

23

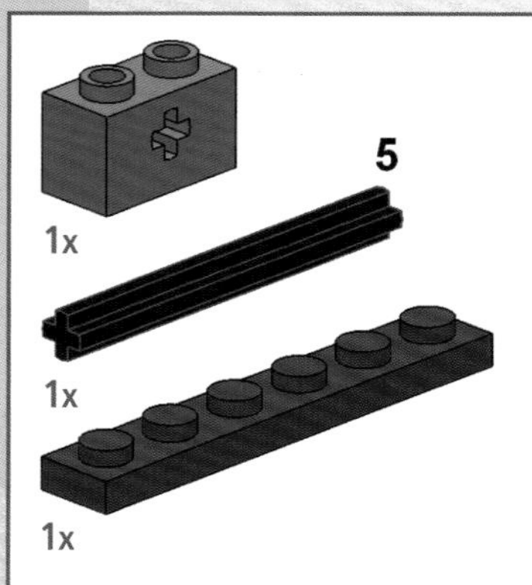

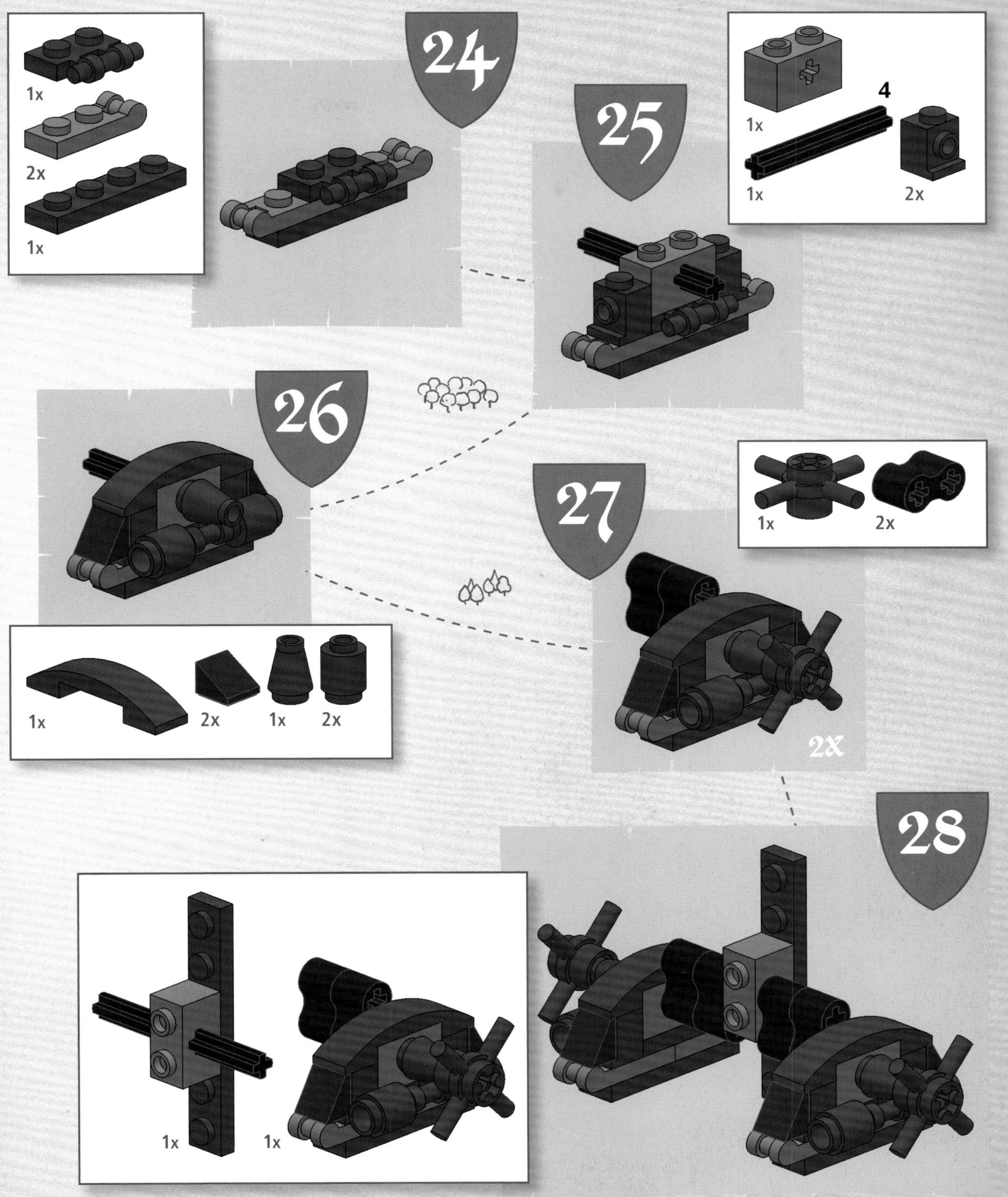
24
1x
2x
1x
25
4
1x
1x
2x
26
1x
2x
1x
2x
27
1x
2x
2x
28
1x
1x

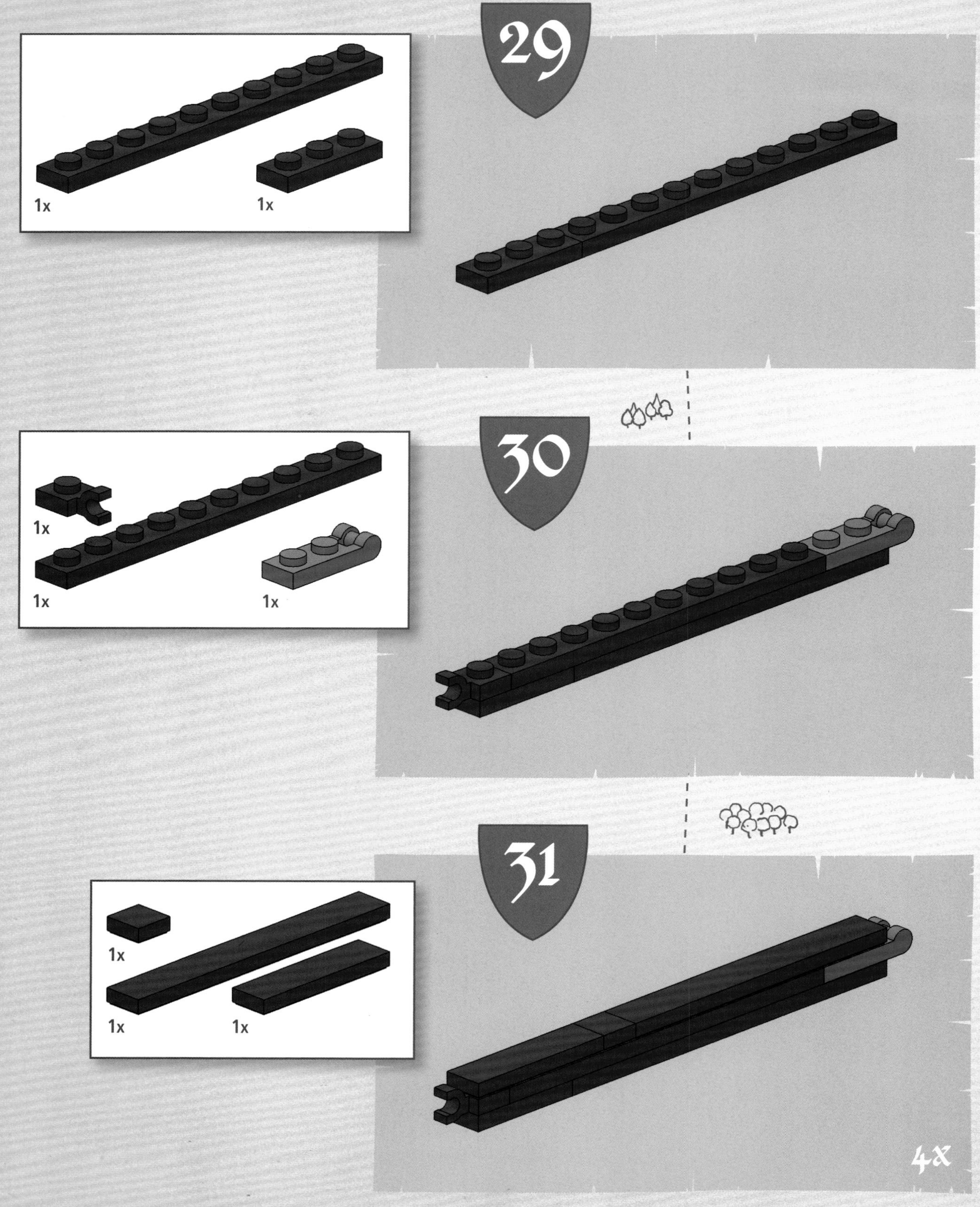
29
1x
1x
30
1x
1x
1x
31
1x
1x
1x
4x

4x
32

1x
2x
33
2x
2x
2x
34
1x
3x
2x
35
36
4x
2x
2x

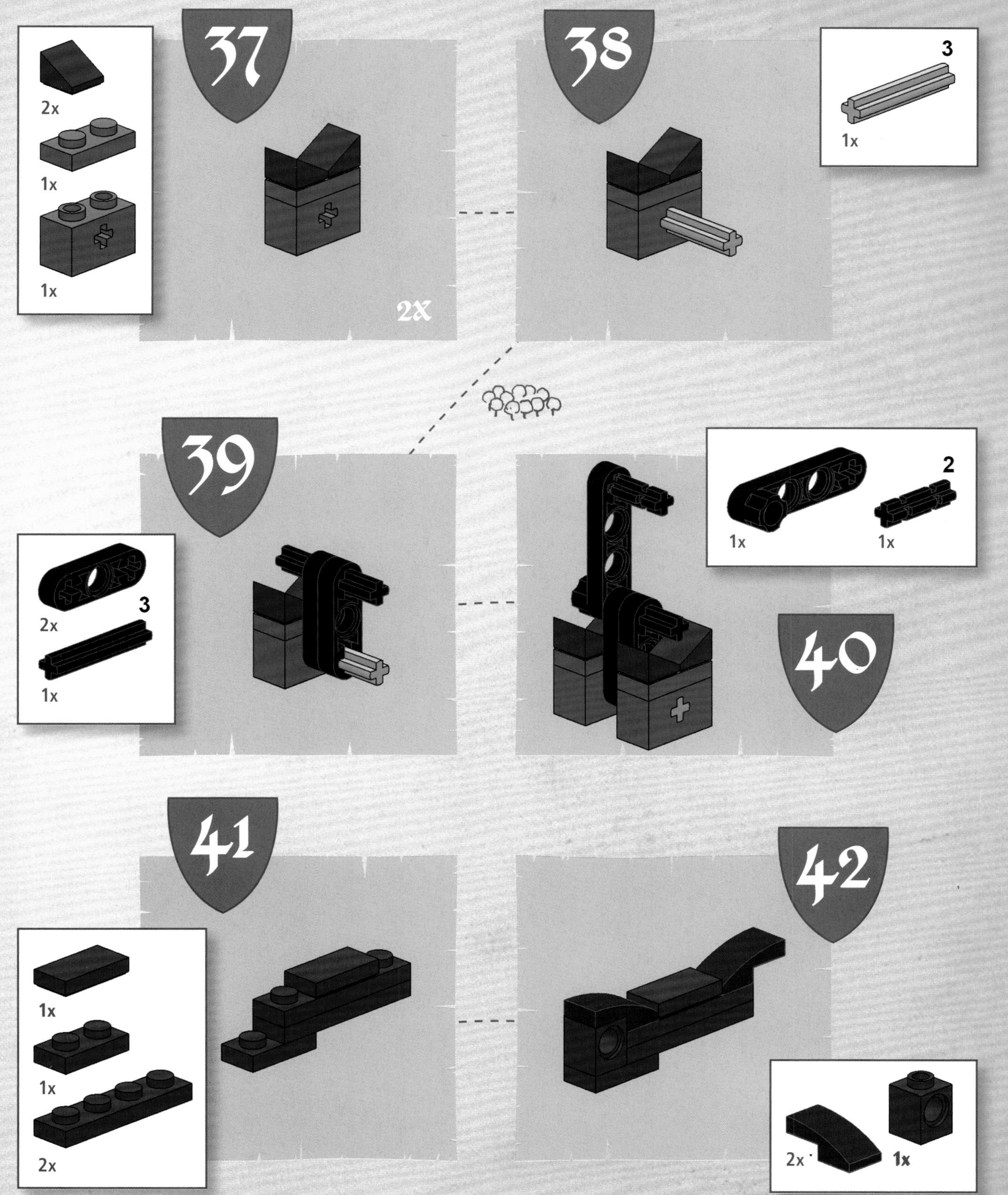
37
2x
1x
1x
2X
38
3
1x
39
2x
3
1x
2
1x
1x
40
41
1x
1x
2x
42
2x
1x

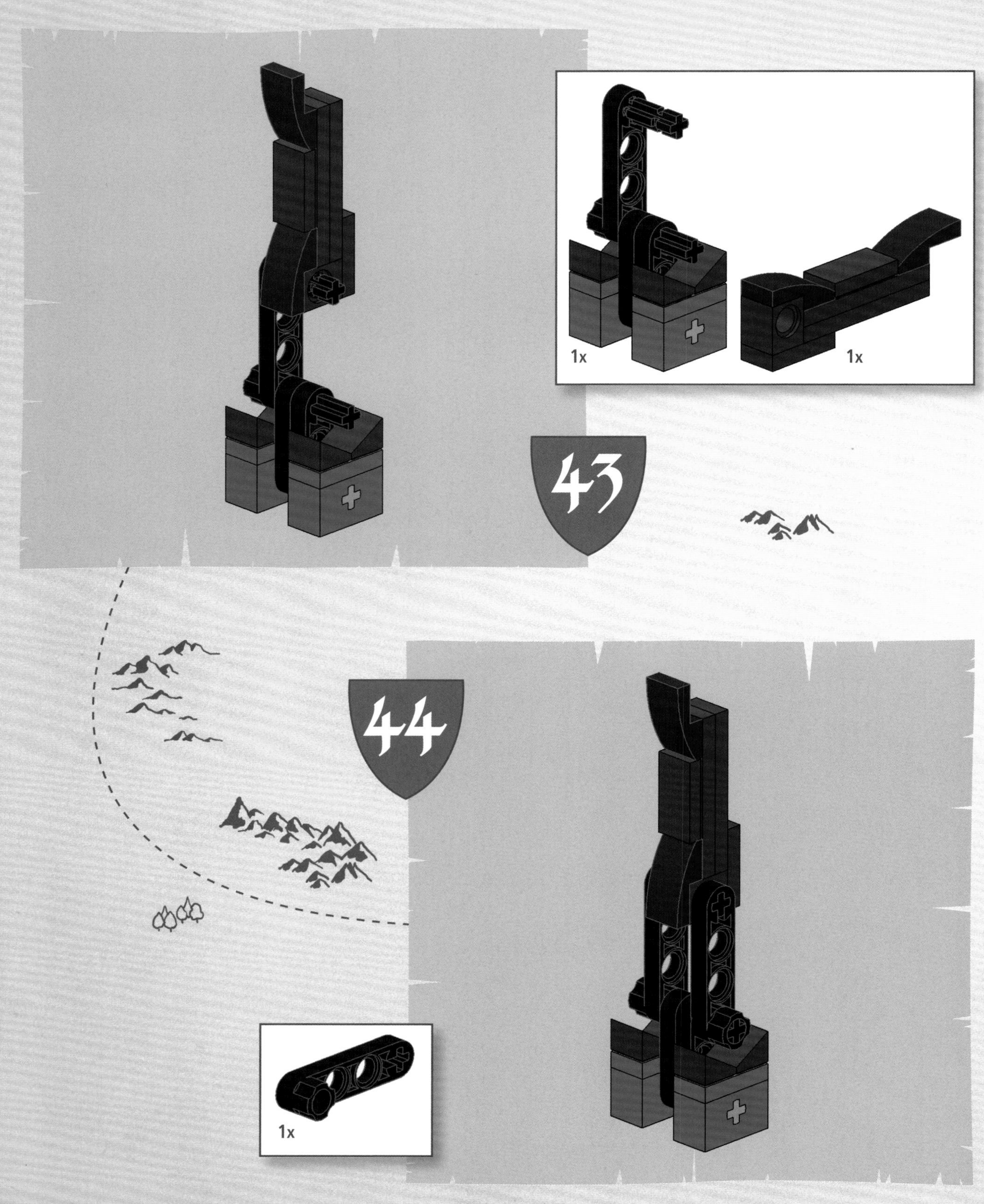
1x
1x
43
44
1x

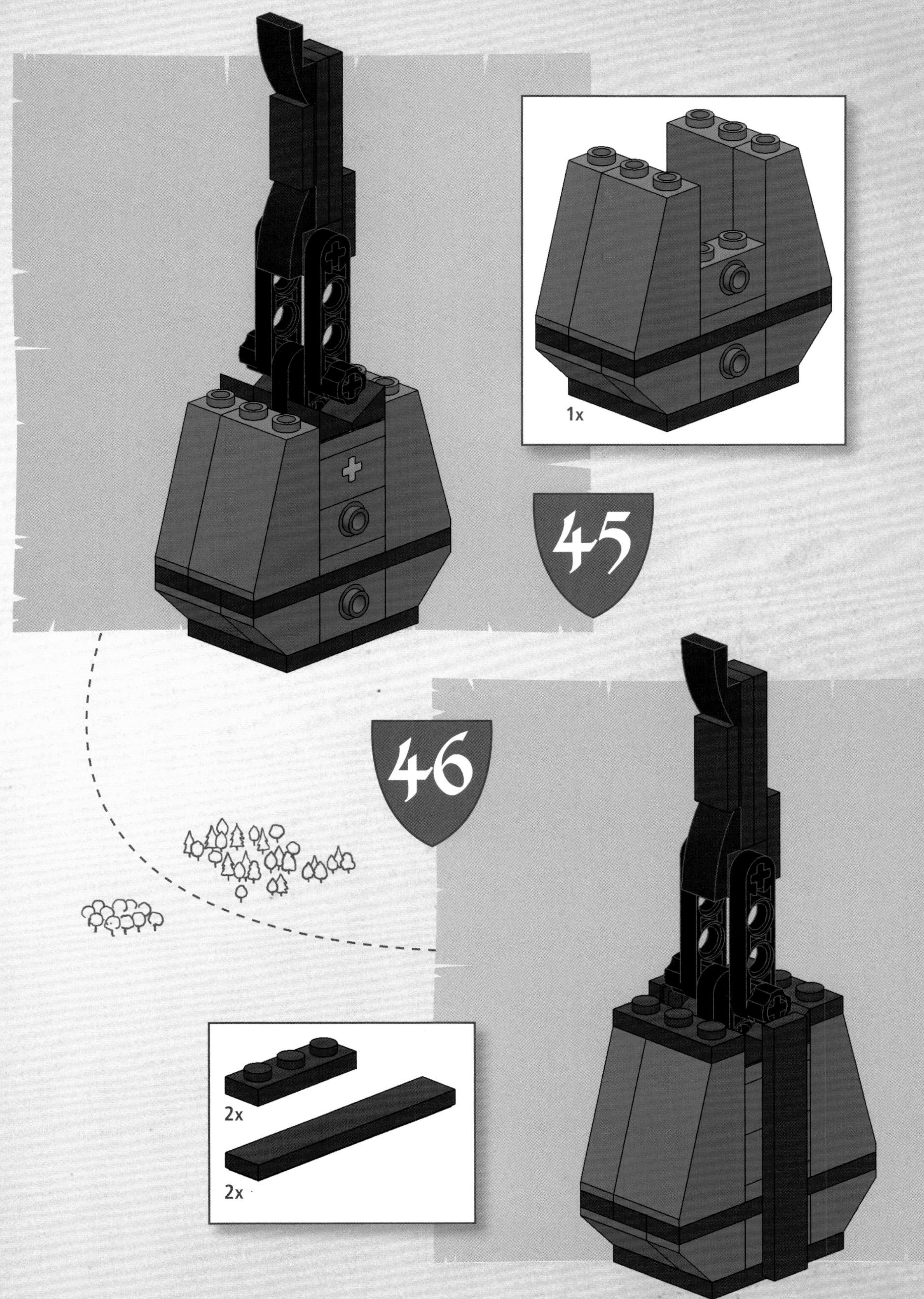
1x
45
46
2x
2x

47
1x

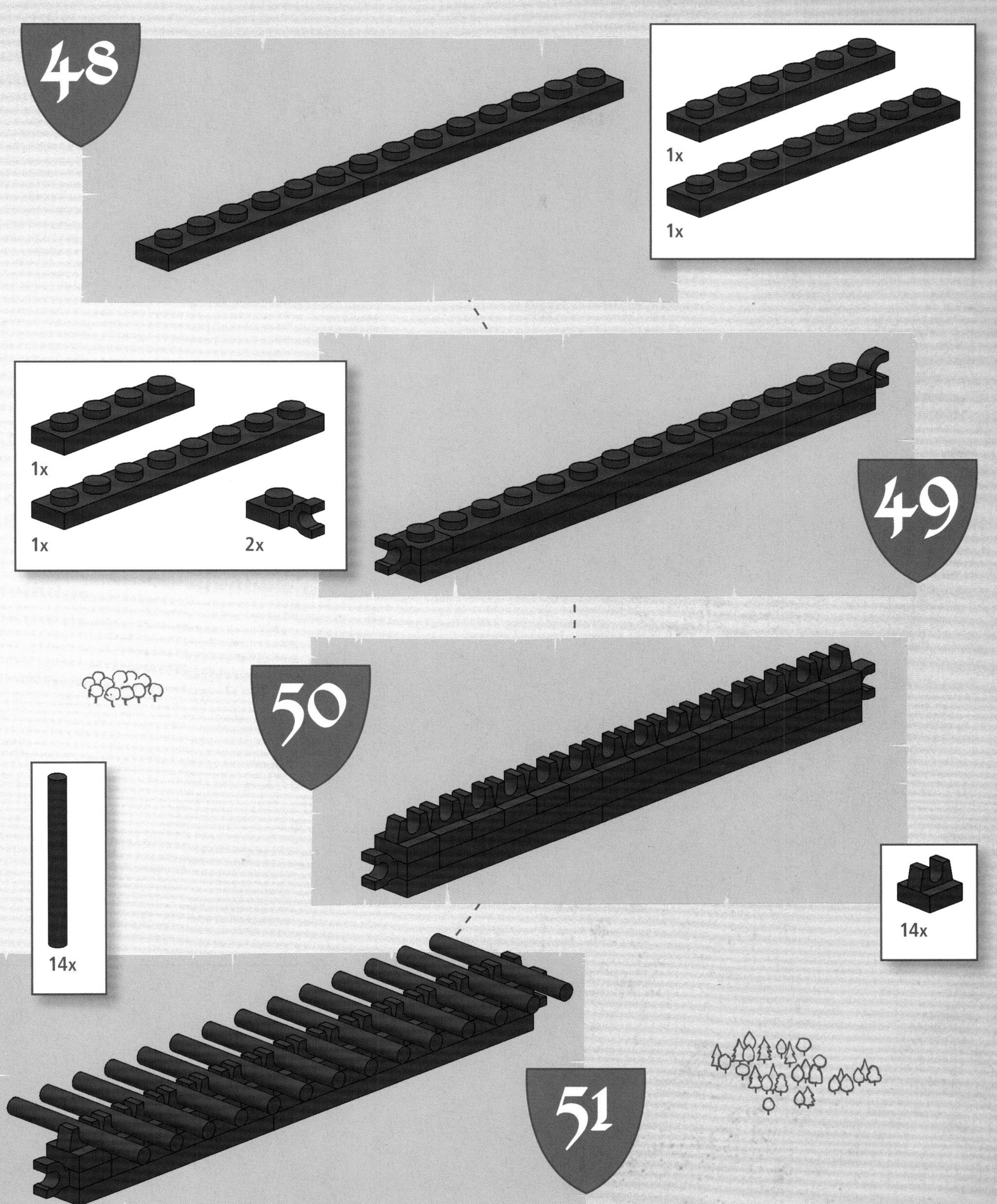
48
1x
1x
1x
1x
2x
49
50
14x
14x
51

1x
1x
52
53
1x
1x
2x
54
1x
1x

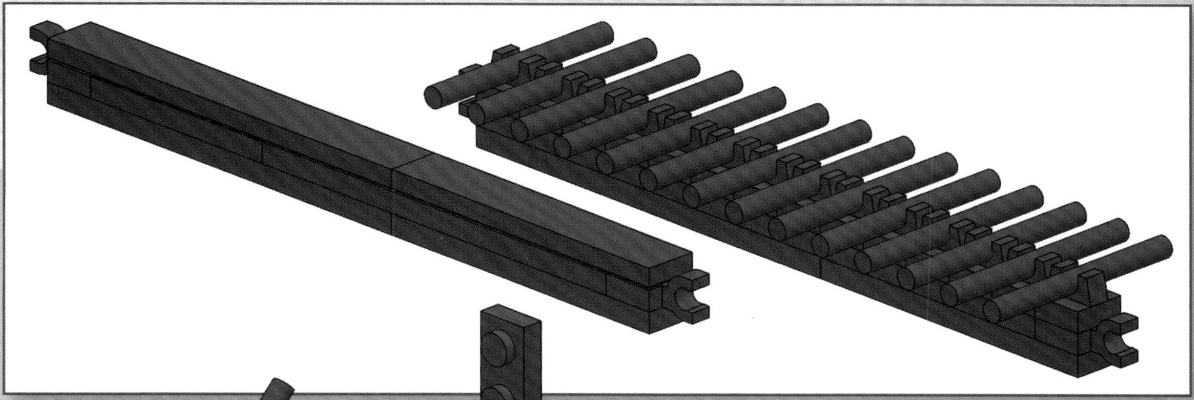

55

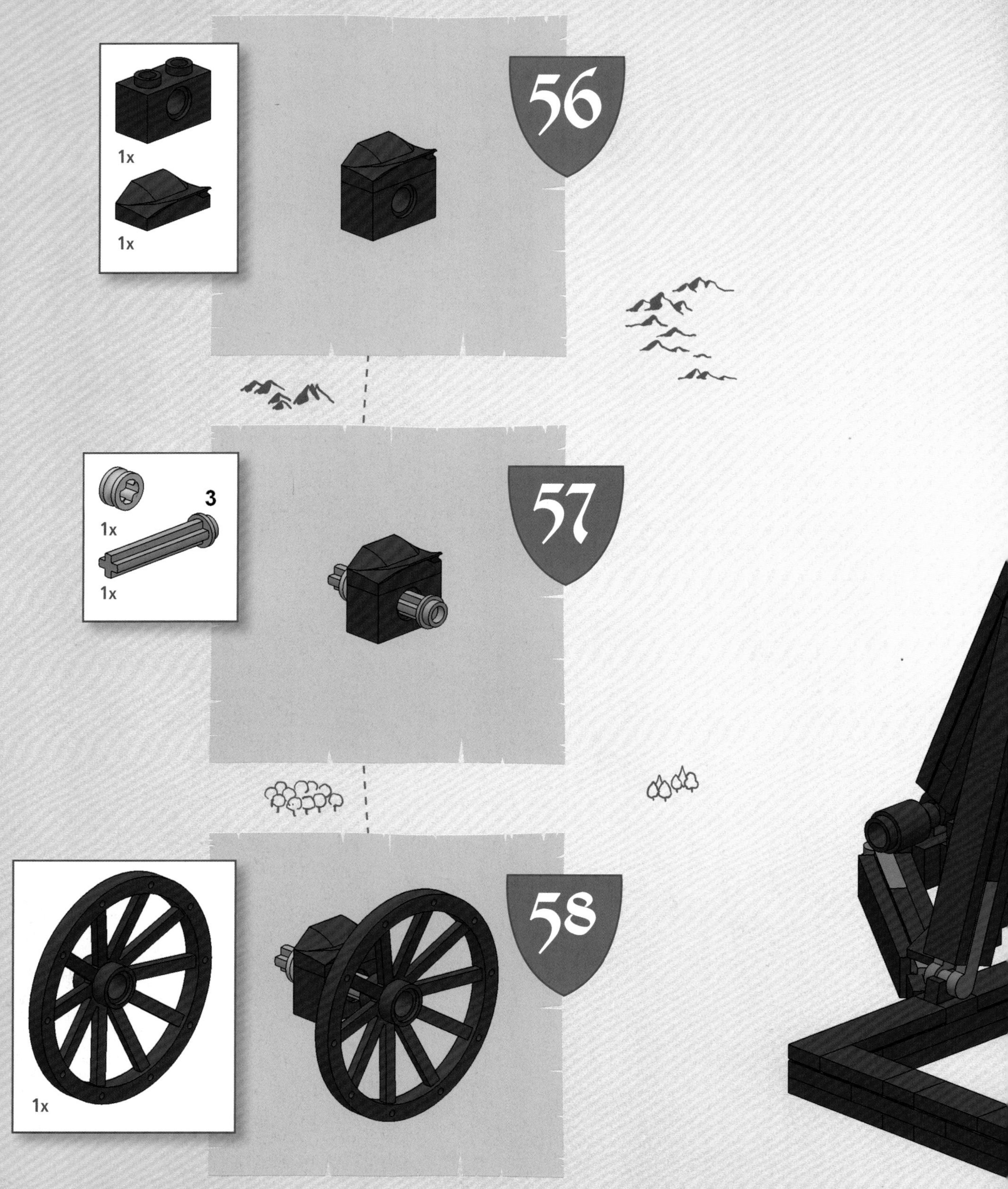
56
1x
1x
57
3
1x
1x
58
1x

59
1x

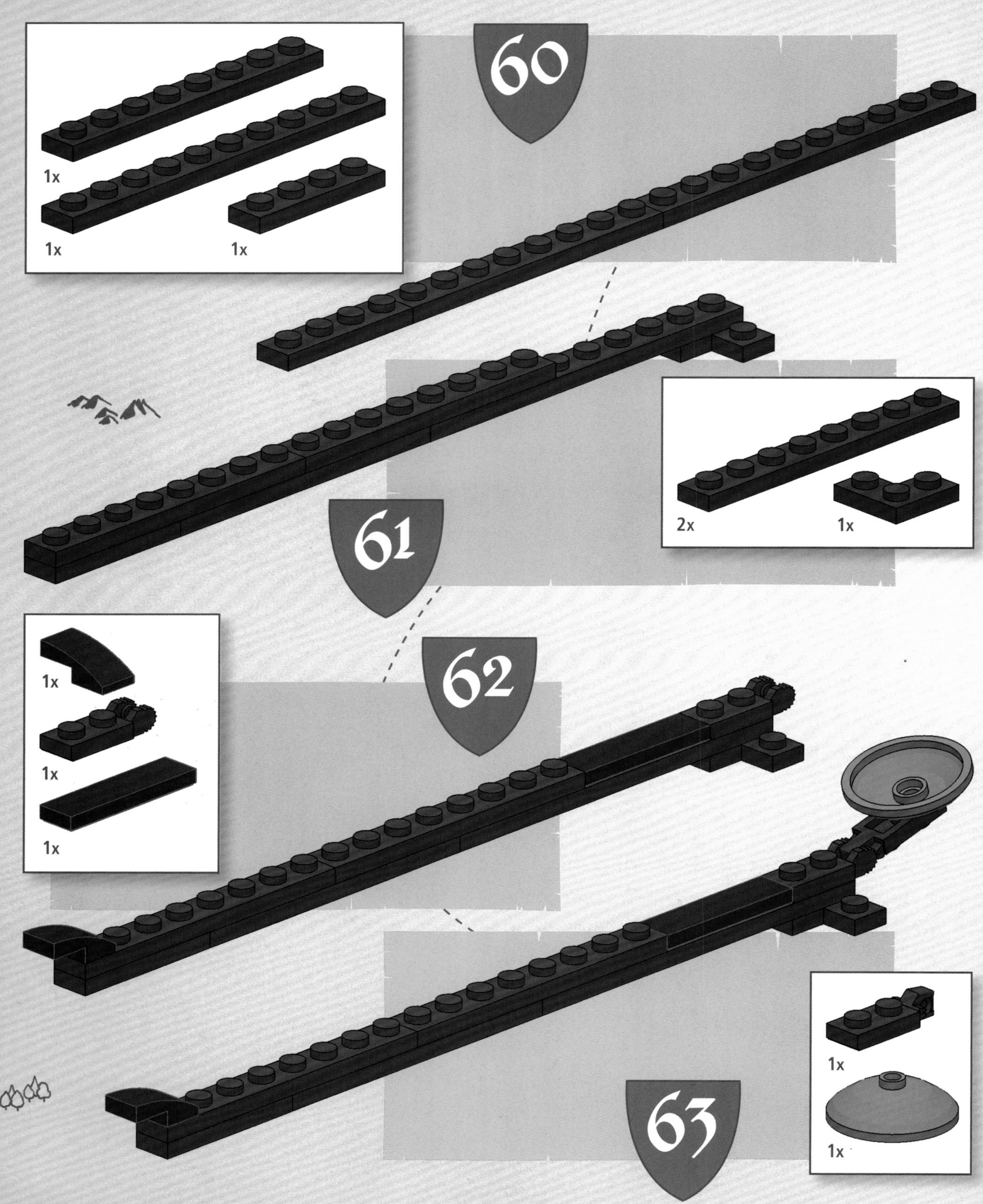

60
1x
1x
1x
61
2x
1x
62
1x
1x
1x
63
1x
1x

64
1x
1:1,66

零件清单

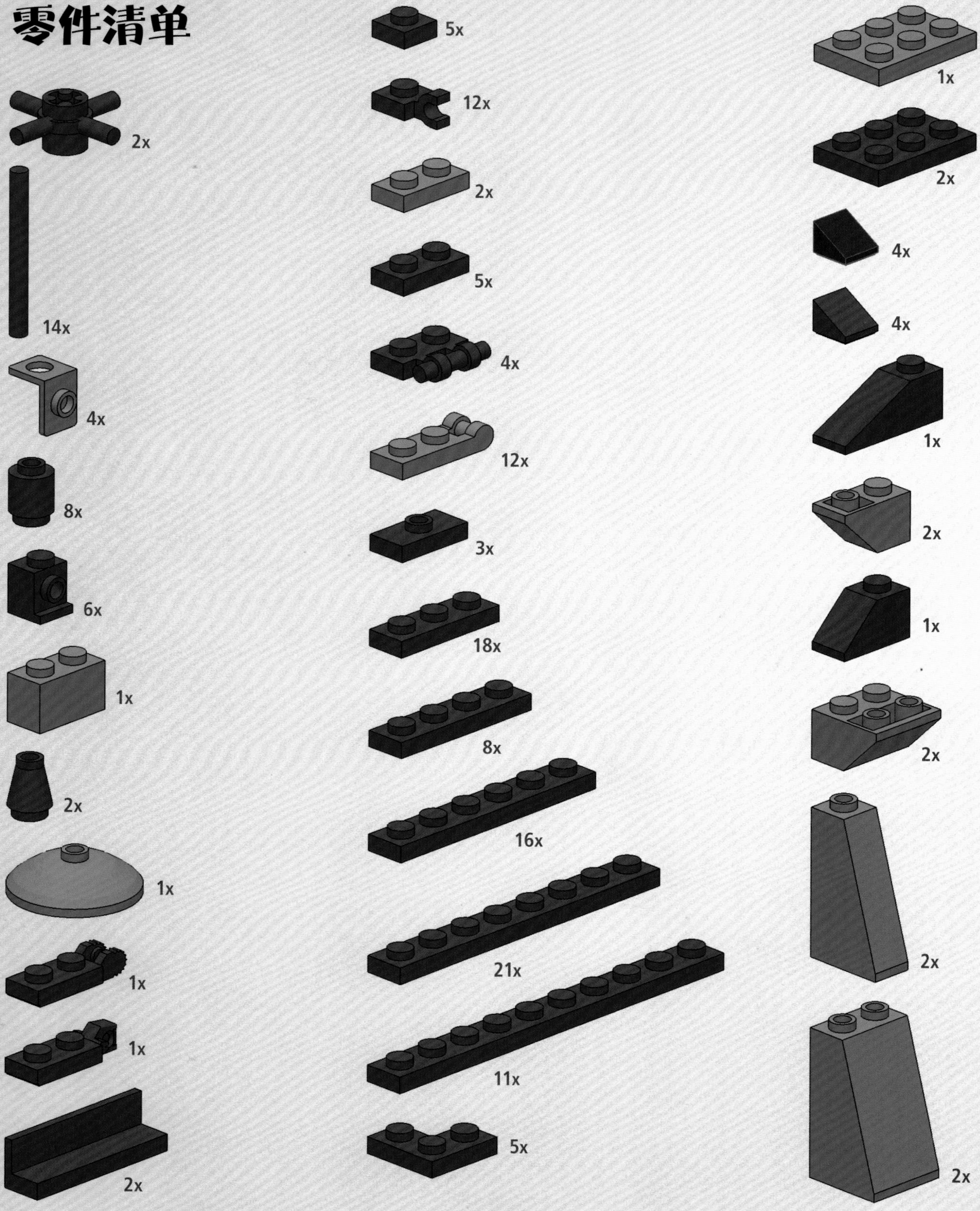

2x
14x
4x
8x
6x
1x
2x
1x
1x
1x
2x

5x
12x
2x
5x
4x
12x
3x
18x
8x
16x
21x
11x
5x

1x
2x
4x
4x
1x
2x
1x
2x
2x
2x

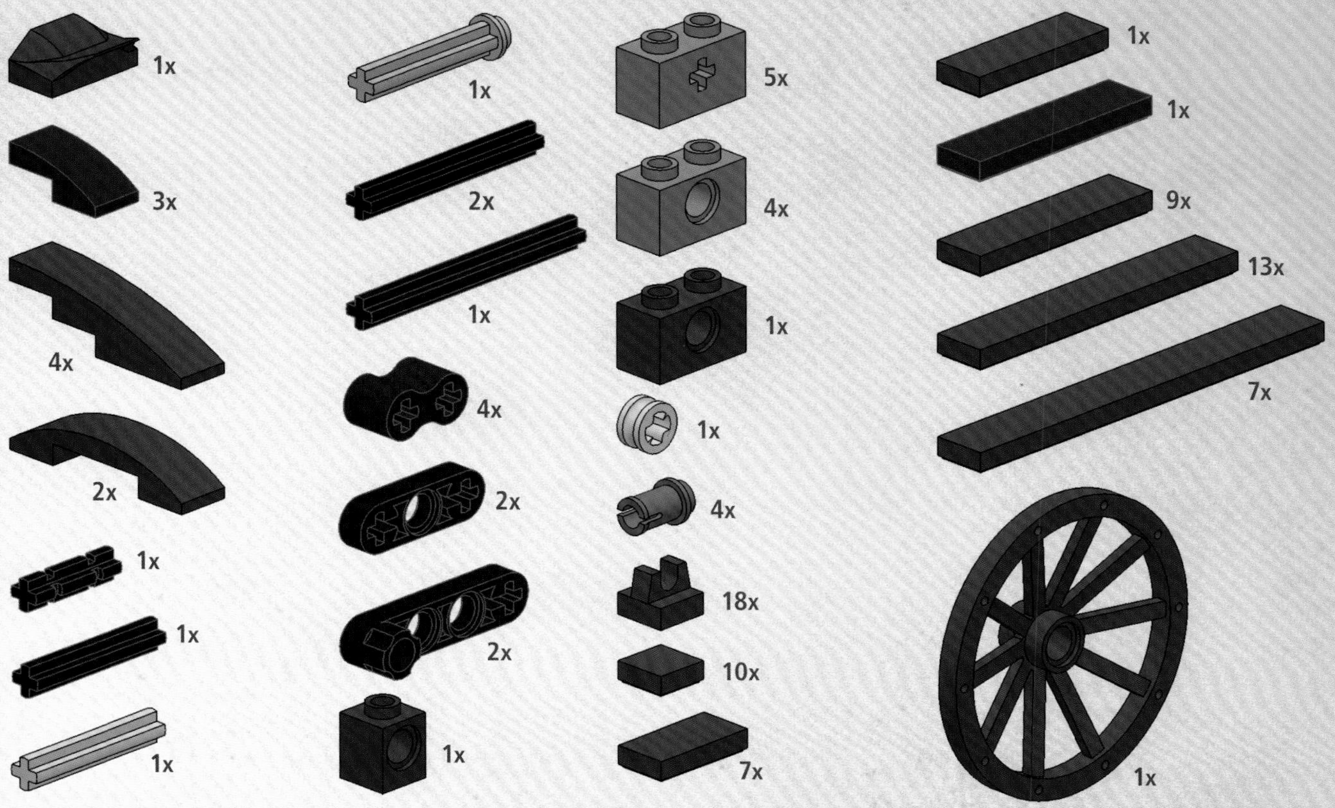

数量		颜色	零件编号	零件名称
2		红棕	48723	Bar 1L Quadruple with Axlehole Hub
14		红棕	30374	Bar 4L Light Sabre Blade
4		深蓝灰	42446	Bracket 1 x 1 -1 x 1
8		红棕	3062b	Brick 1 x 1 Round with Hollow Stud
6		红棕	4070	Brick 1 x 1 with Headlight
1		深蓝灰	3004	Brick 1 x 2
2		红棕	6188	Cone 1 x 1
1		深蓝灰	43898	Dish 3 x 3 Inverted
1		红棕	44302	Hinge Plate 1 x 2 Locking with Dual Finger on End Vertical
1		红棕	44301	Hinge Plate 1 x 2 Locking with Single Finger on End Vertical
2		红棕	30413	Panel 1 x 4 x 1
5		红棕	3024	Plate 1 x 1
12		红棕	6019	Plate 1 x 1 with Clip Horizontal
2		深蓝灰	3023	Plate 1 x 2
5		红棕	3023	Plate 1 x 2
4		红棕	2540	Plate 1 x 2 with Handle
12		深蓝灰	60478	Plate 1 x 2 with Handle on End
3		红棕	3794a	Plate 1 x 2 without Groove with 1 Centre Stud
18		红棕	3623	Plate 1 x 3
8		红棕	3710	Plate 1 x 4

续表

数量		颜色	零件编号	零件名称
16		红棕	3666	Plate 1 x 6
21		红棕	3460	Plate 1 x 8
11		红棕	4477	Plate 1 x 10
5		红棕	2420	Plate 2 x 2 Corner
1		深蓝灰	3021	Plate 2 x 3
2		红棕	3021	Plate 2 x 3
4		深棕	54200	Slope Brick 31 1 x 1 x 2/3
4		红棕	54200	Slope Brick 31 1 x 1 x 2/3
1		红棕	4286	Slope Brick 33 3 x 1
2		深蓝灰	3665	Slope Brick 45 2 x 1 Inverted
1		红棕	3040	Slope Brick 45 2 x 1 without Centre Stud
2		深蓝灰	3660	Slope Brick 45 2 x 2 Inverted
2		深蓝灰	4460	Slope Brick 75 2 x 1 x 3
2		深蓝灰	3684	Slope Brick 75 2 x 2 x 3
1		红棕	47458	Slope Brick Curved 1 x 2 x 2/3 with Fin without Studs
3		深棕	11477	Slope Brick Curved 2 x 1
4		红棕	61678	Slope Brick Curved 4 x 1
2		红棕	93273	Slope Brick Curved 4 x 1 Double
1		黑	32062	Technic Axle 2 Notched
1		黑	4519	Technic Axle 3
1		浅蓝灰	4519	Technic Axle 3
1		卡其	6587	Technic Axle 3 with Stud
2		黑	3705	Technic Axle 4
1		黑	32073	Technic Axle 5
4		橡胶黑	45590	Technic Axle Joiner Double Flexible
2		黑	6632	Technic Beam 3 x 1/2 Liftarm
2		黑	2825	Technic Beam 4 x 1/2 Liftarm with Boss
1		红棕	6541	Technic Brick 1 x 1 with Hole
5		深蓝灰	32064a	Technic Brick 1 x 2 with Axlehole Type 1
4		深蓝灰	3700	Technic Brick 1 x 2 with Hole
1		红棕	3700	Technic Brick 1 x 2 with Hole
1		浅蓝灰	32123a	Technic Bush 1/2 Smooth with Axle Hole 红色uced
4		蓝	4274	Technic Pin 1/2
18		红棕	2555	Tile 1 x 1 with Clip
10		红棕	3070b	Tile 1 x 1 with Groove
7		红棕	3069b	Tile 1 x 2 with Groove
1		红棕	63864	Tile 1 x 3 with Groove
1		深棕	2431	Tile 1 x 4 with Groove
9		红棕	2431	Tile 1 x 4 with Groove
13		红棕	6636	Tile 1 x 6
7		红棕	4162	Tile 1 x 8
1		红棕	33211	Wheel Spoked 5 & 1/2 x 5 & 1/2

幕墙

城堡的建造是我们这本书的重头戏。经过了细致的探讨，我们最终达成了一致意见：搭建出的城堡一定要富于变化，其建造过程不能太复杂，还要拥有可观的规模。模块化的设计满足了以上所有的要求。

在此，我们将展示一些城堡的基本元素，例如城墙、塔楼，还有必不可少的吊桥。不过，千万不要局限于我们的指南，在你的城堡里，你才是国王，你可以给它设计独特的外形和机关。另外，你还可以在图片中看到其他几座城堡景观的建筑。再次强调，千万不要让指南禁锢了你的创意，你的城堡的规模只取决于你的想象力！如果没有纹路砖，那就以普通砖替代；亮灰色零件数量不足的话，深灰色零件同样可以让你的城堡坚不可摧。

Phil设计搭建

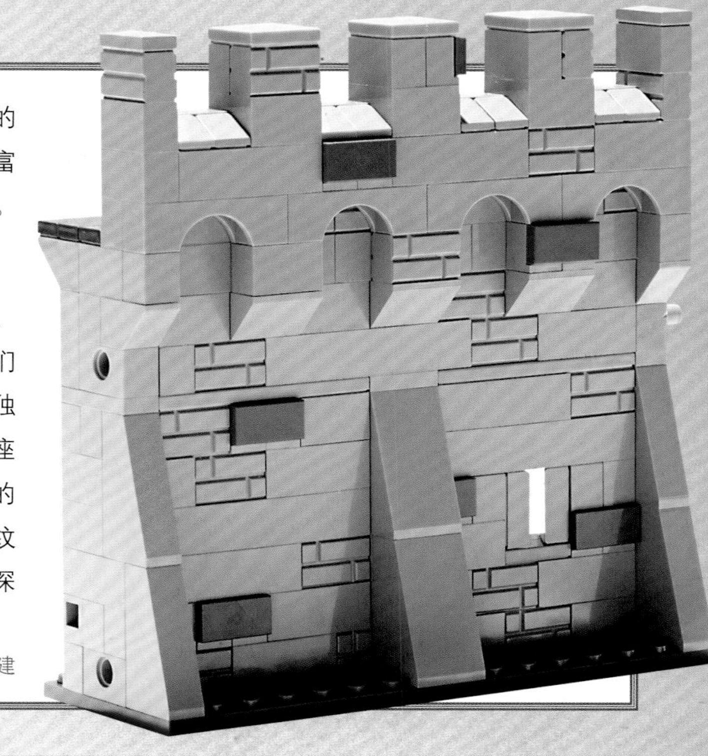

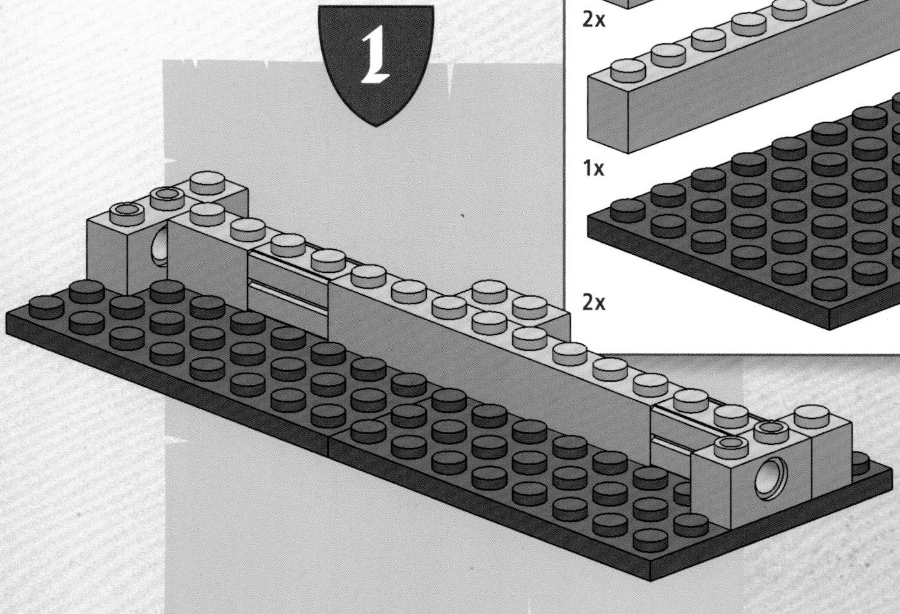

1

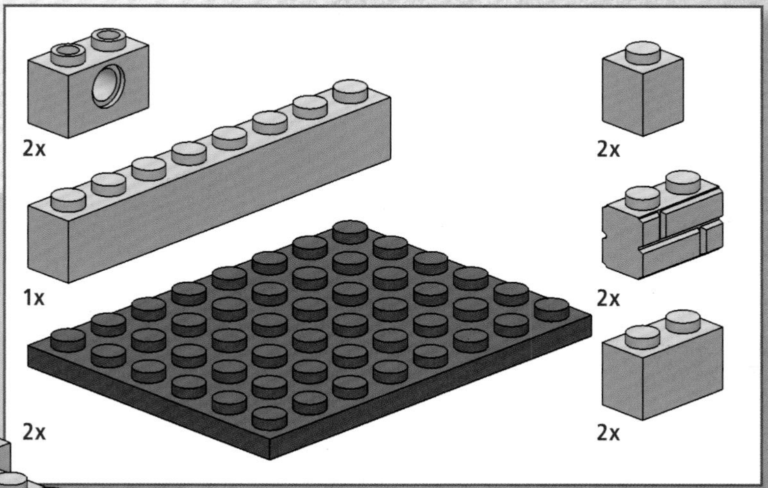

2x

1x

2x

2x

2x

2x

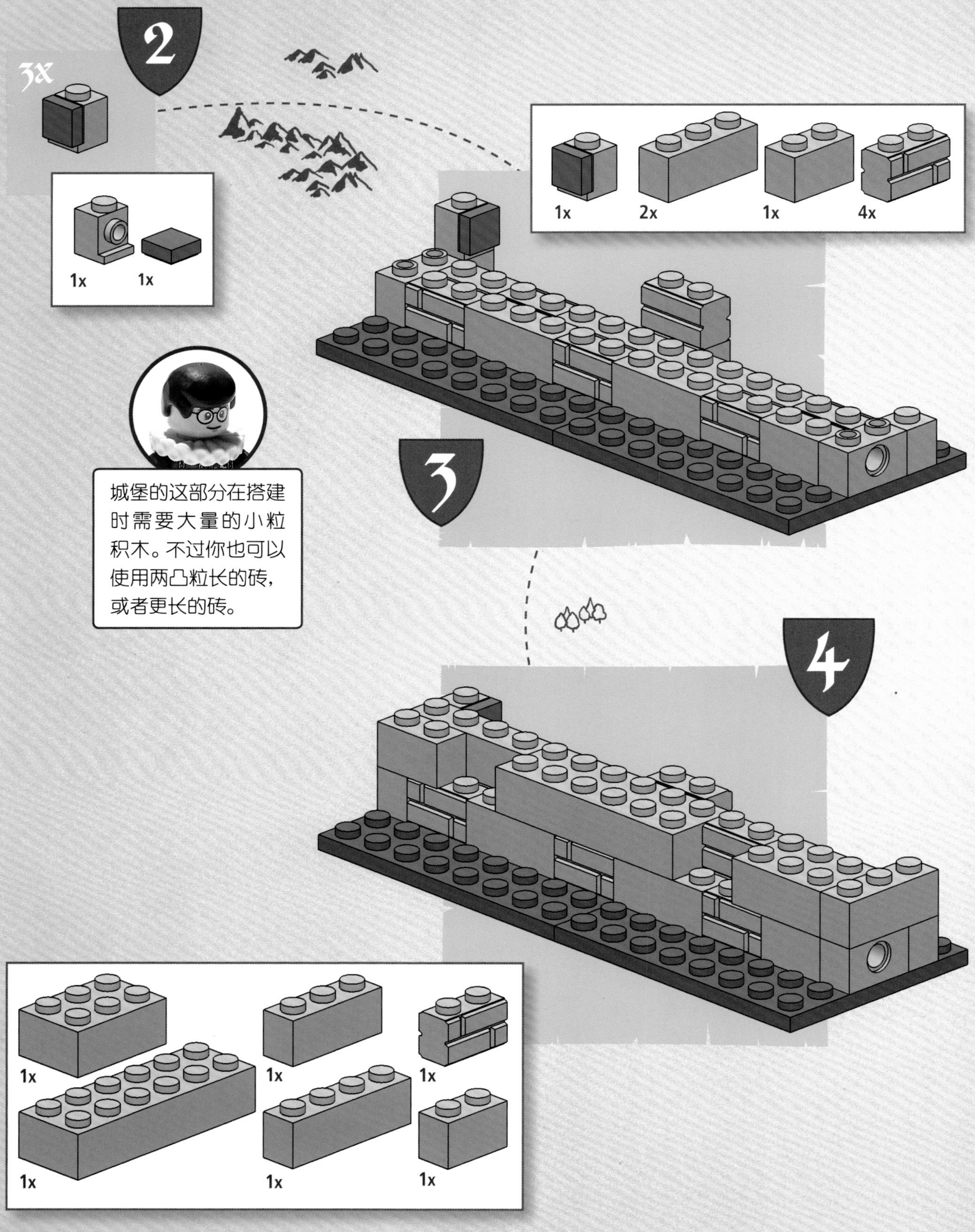
2
3x
1x
1x
1x
2x
1x
4x
城堡的这部分在搭建时需要大量的小粒积木。不过你也可以使用两凸粒长的砖，或者更长的砖。
3
4
1x
1x
1x
1x
1x
1x

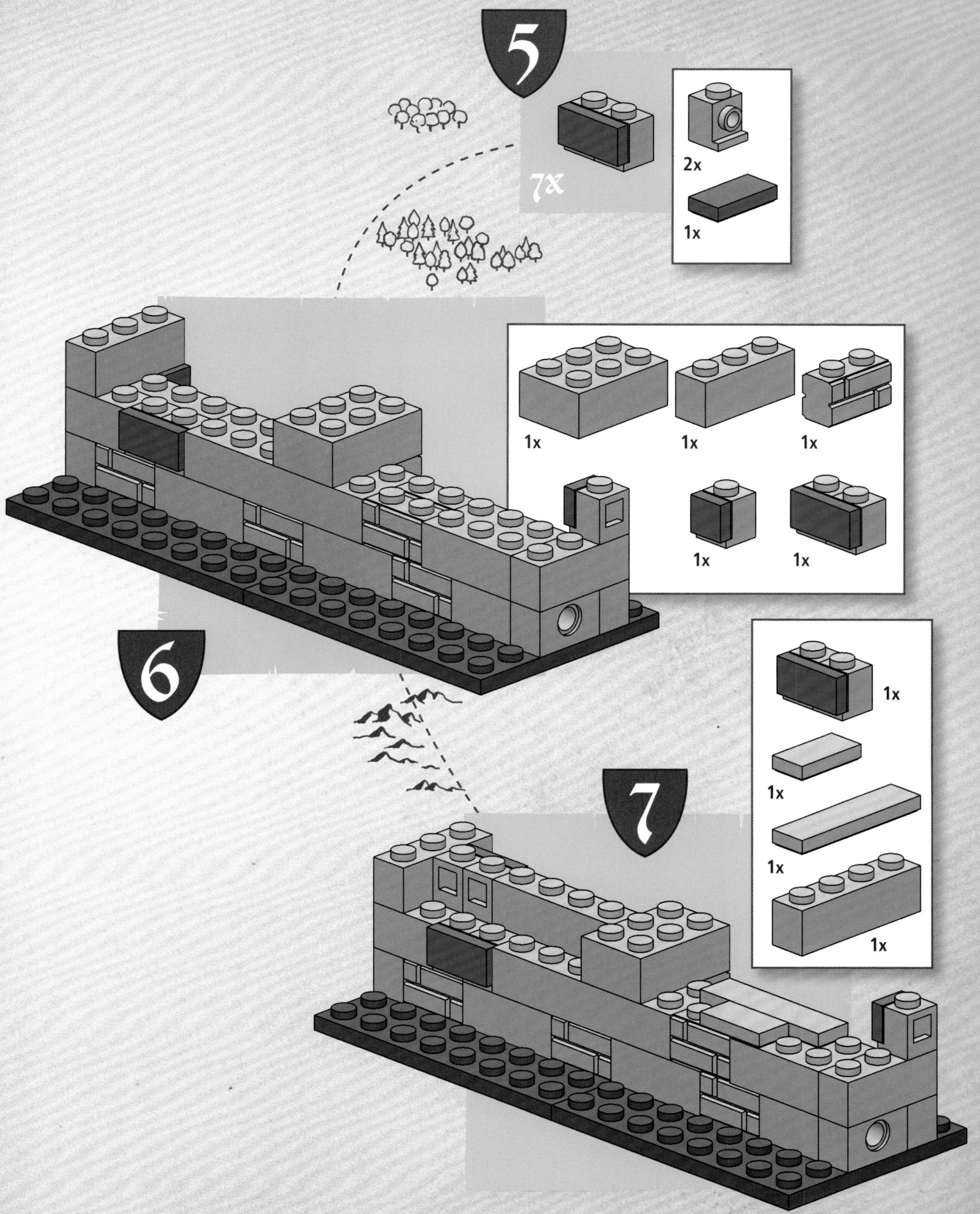
5
7x
2x
1x
1x
1x
1x
1x
1x
6
1x
1x
1x
7
1x

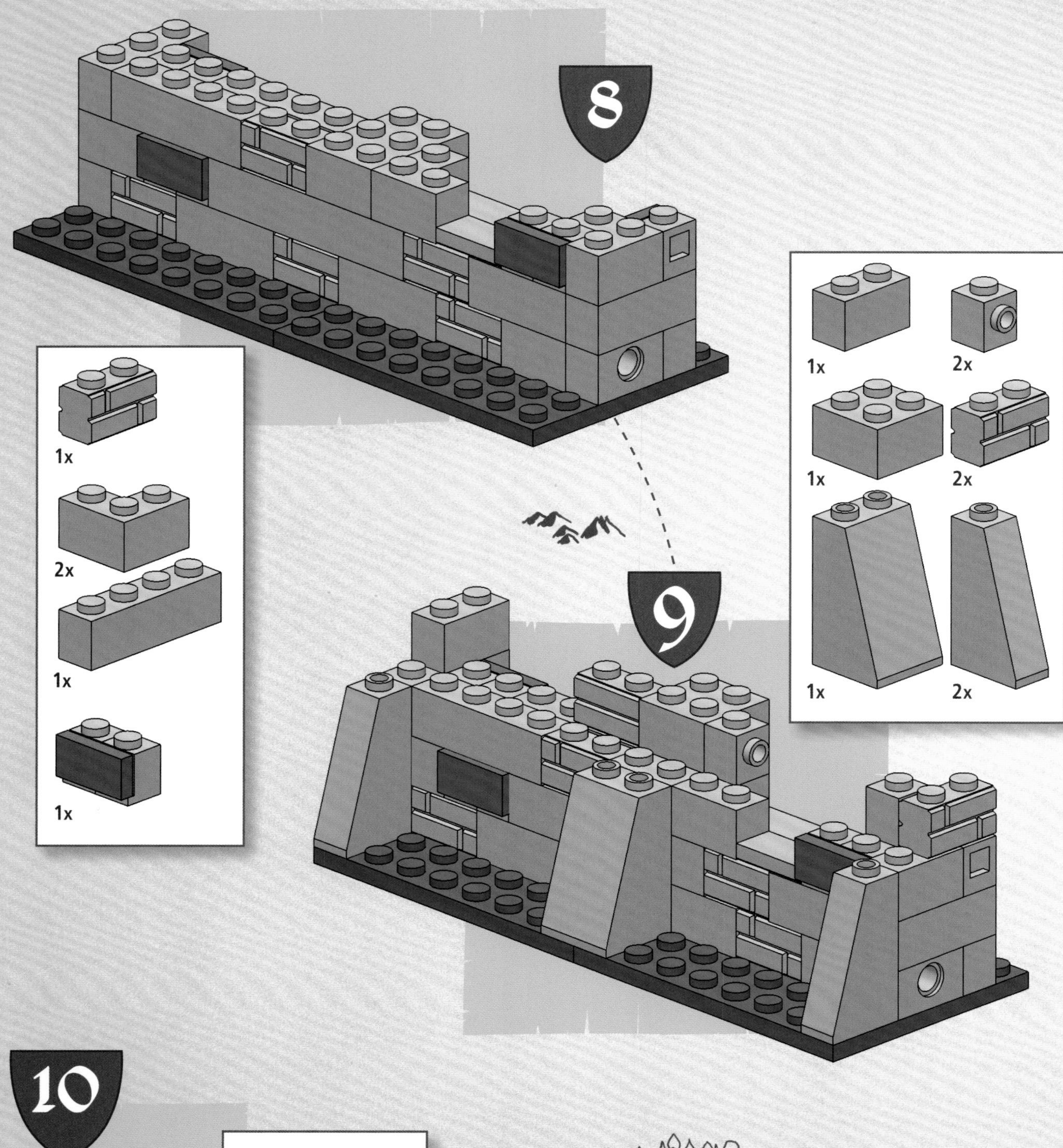

10

2x

1x 2x

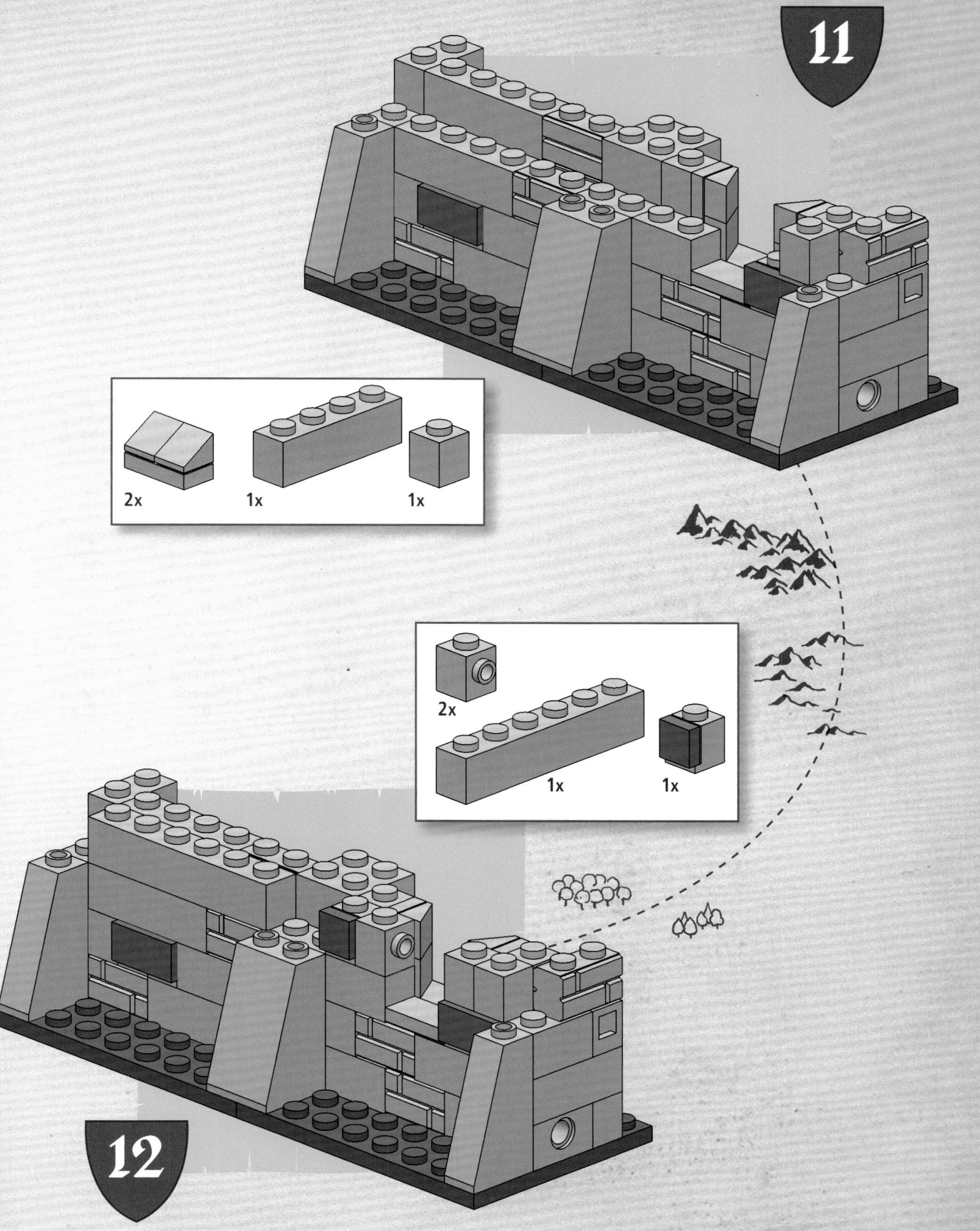
11
2x
1x
1x
2x
1x
1x
12

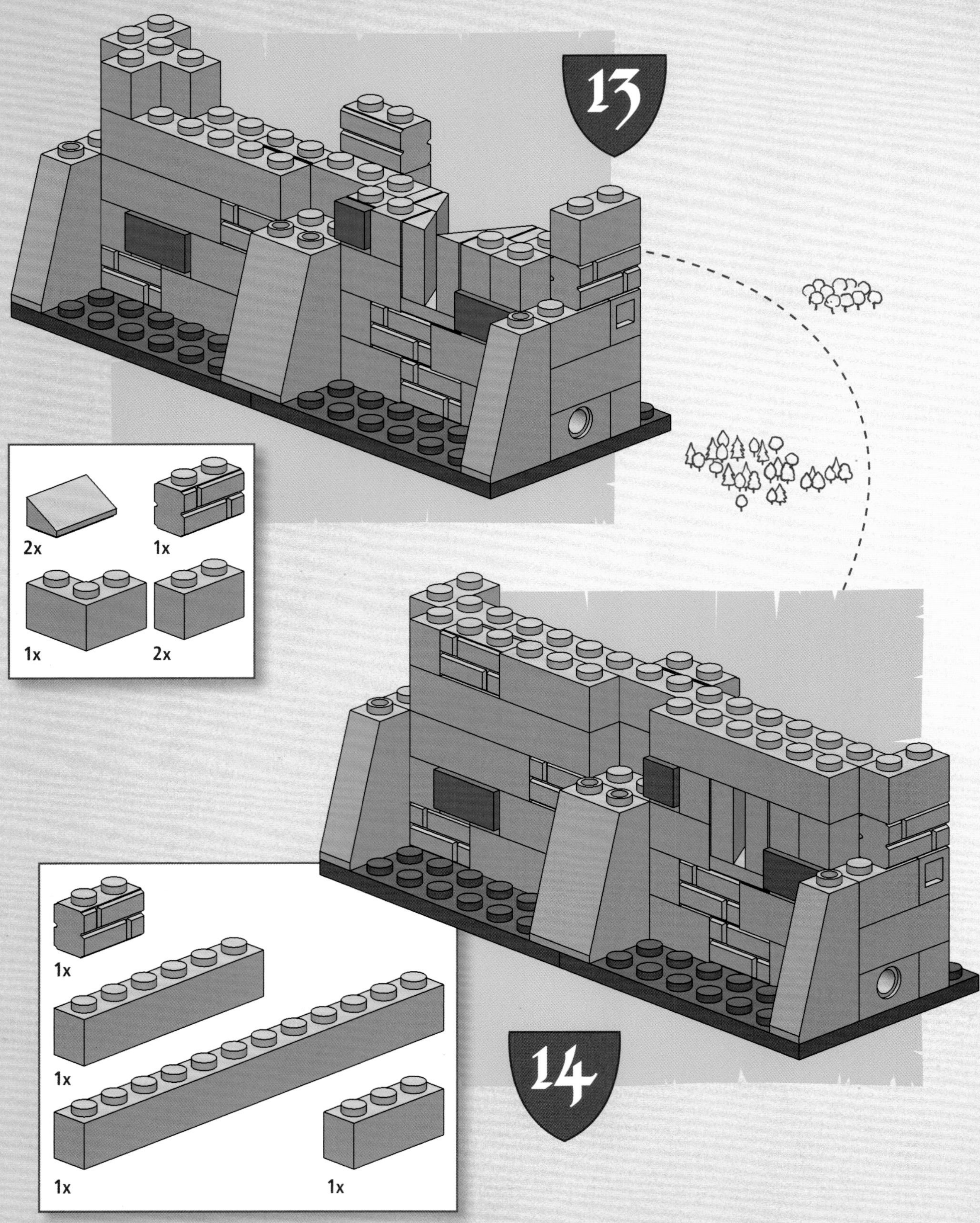
13
2x
1x
1x
2x
14
1x
1x
1x
1x

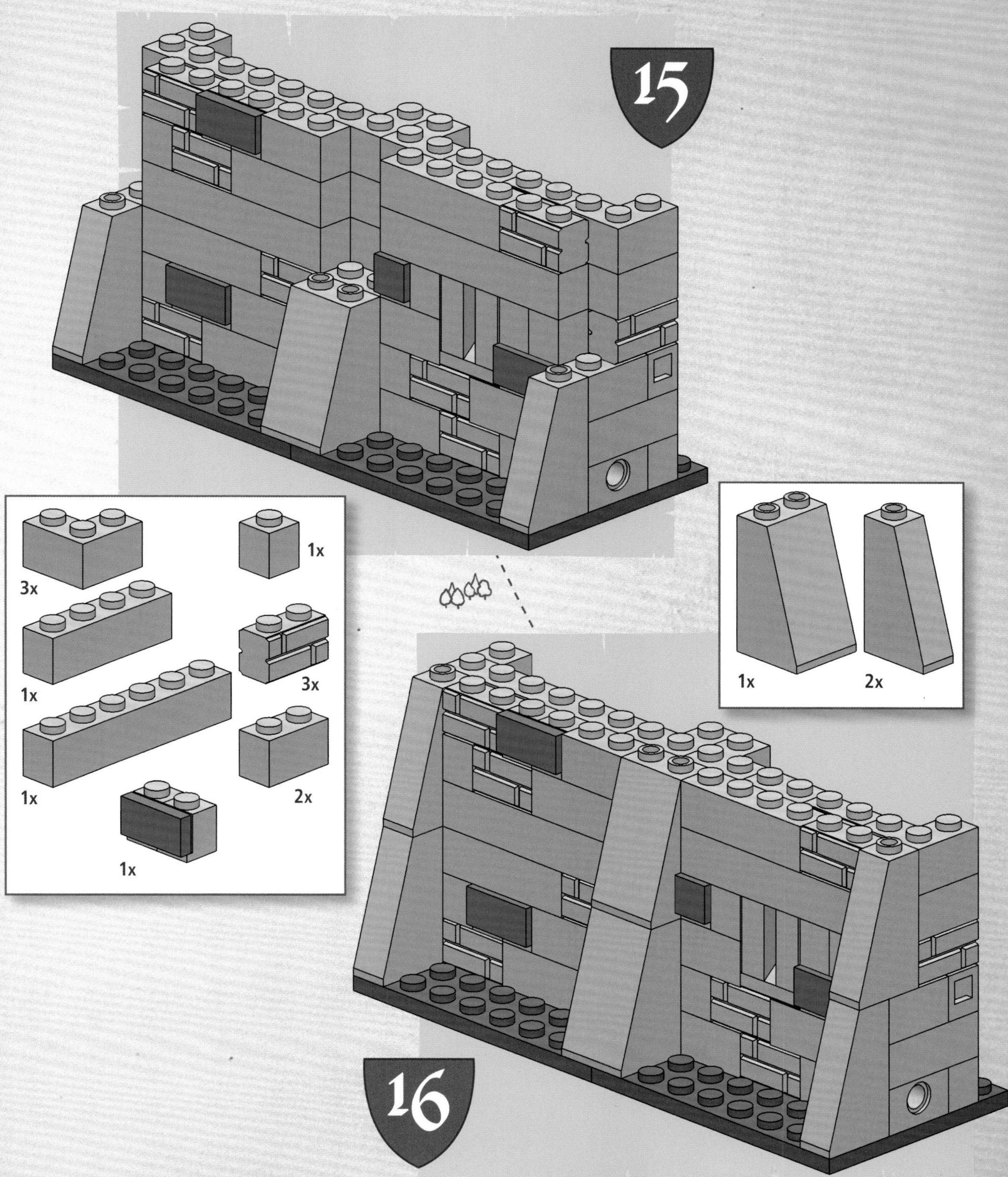
15
3x
1x
1x
3x
1x
2x
1x
1x
2x
16

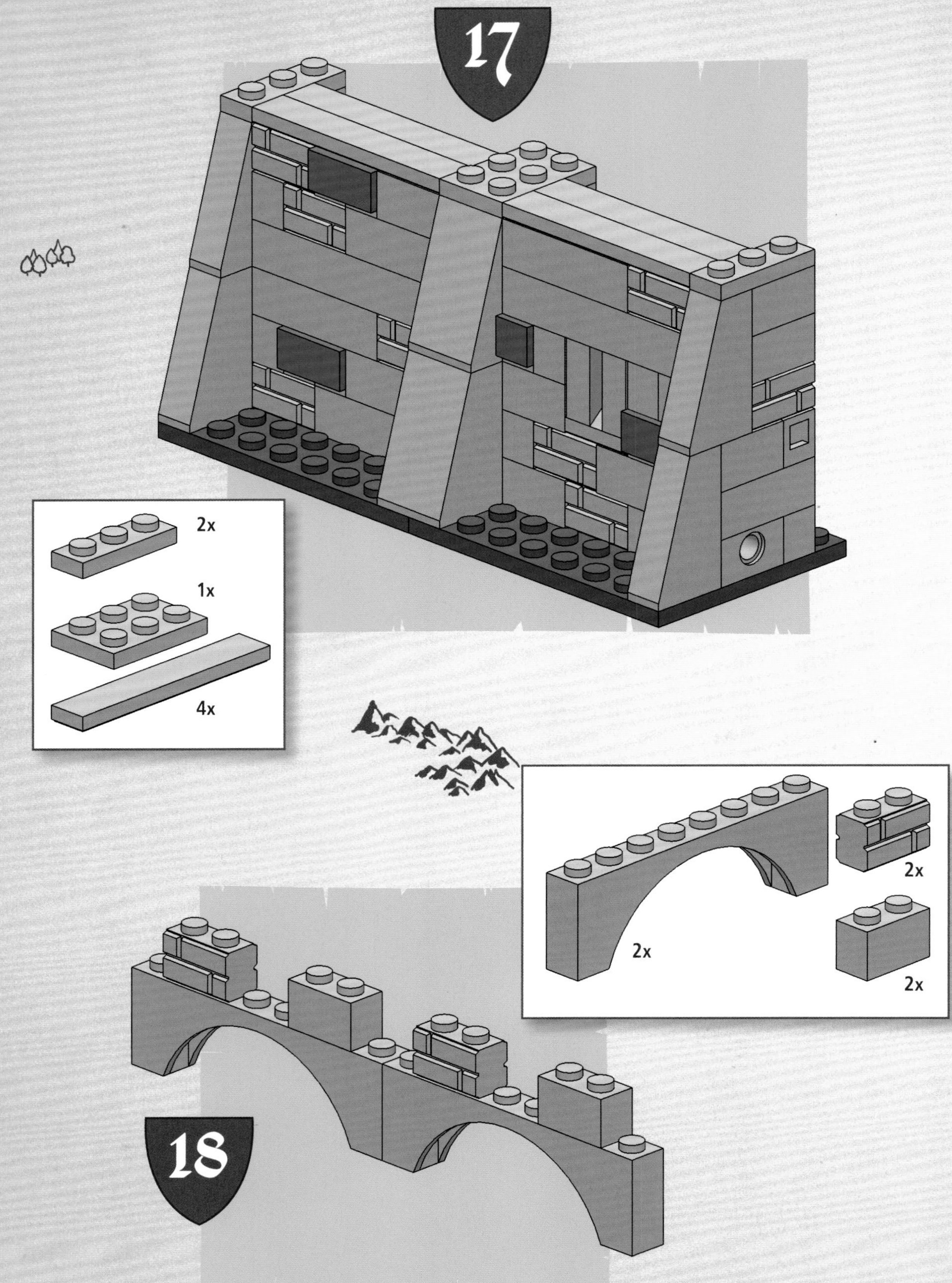
17
2x
1x
4x
2x
2x
2x
18

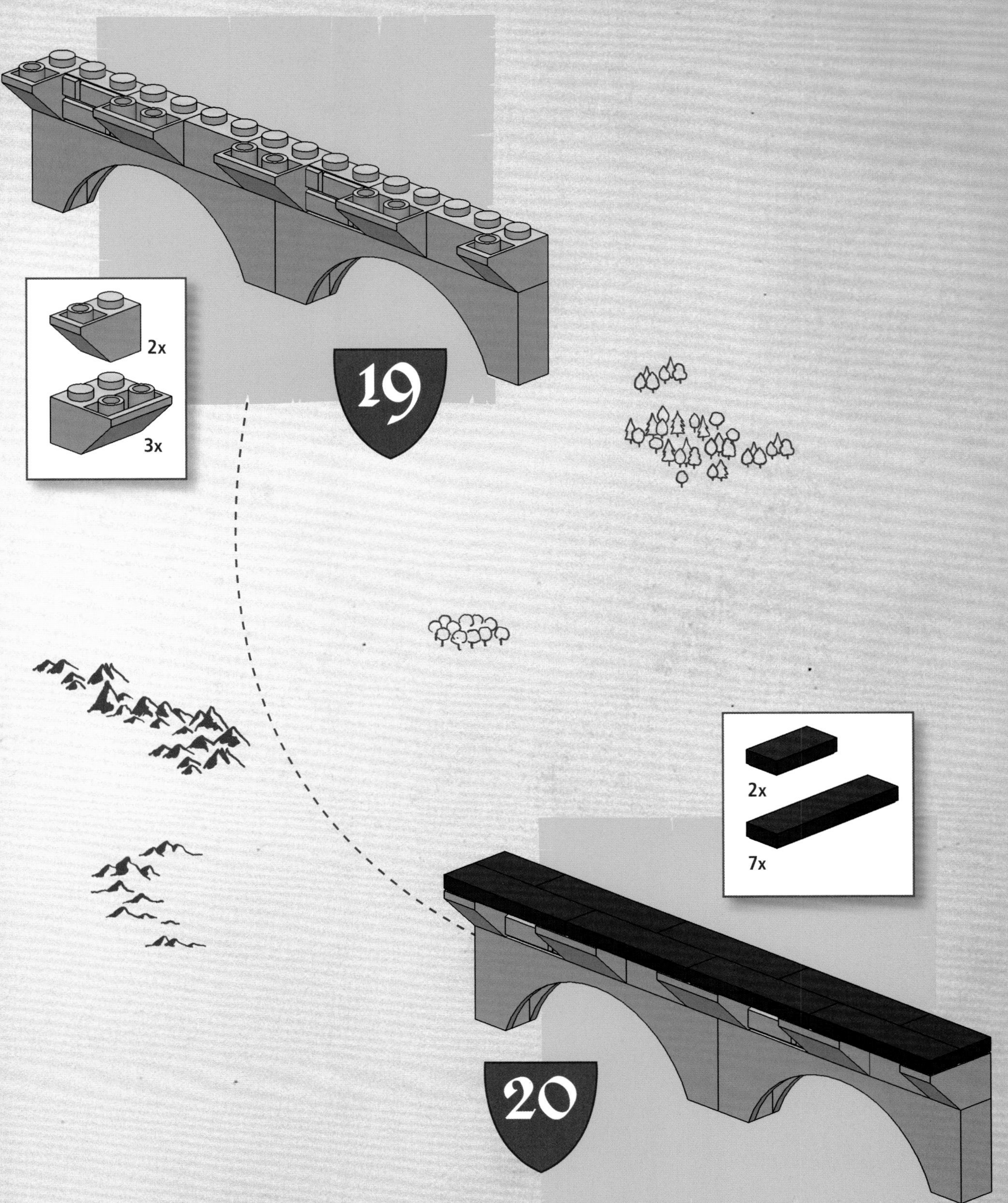
2x
3x
19
2x
7x
20

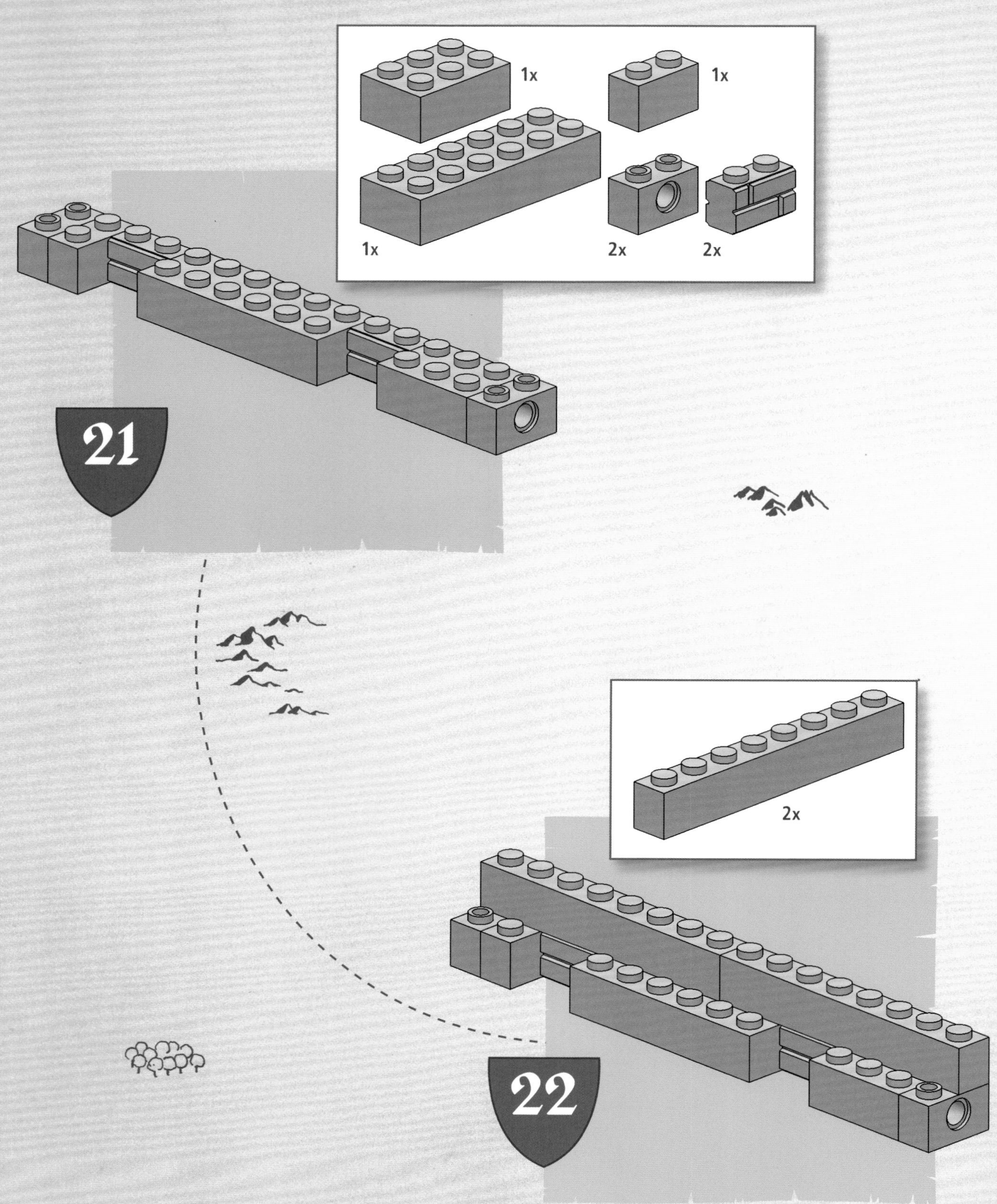
1x
1x
1x
2x
2x
21
2x
22

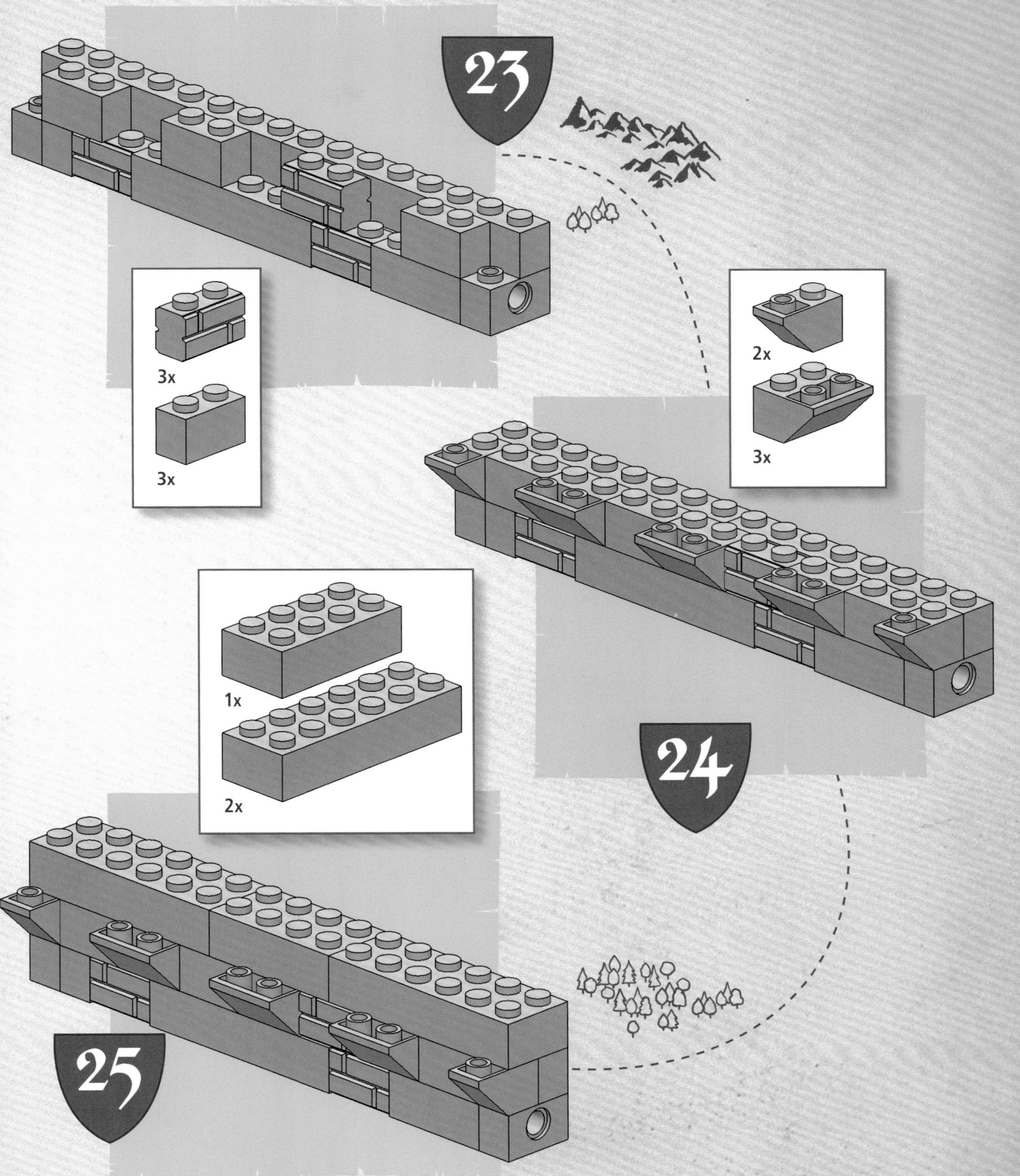
23
3x
3x
2x
3x
24
1x
2x
25

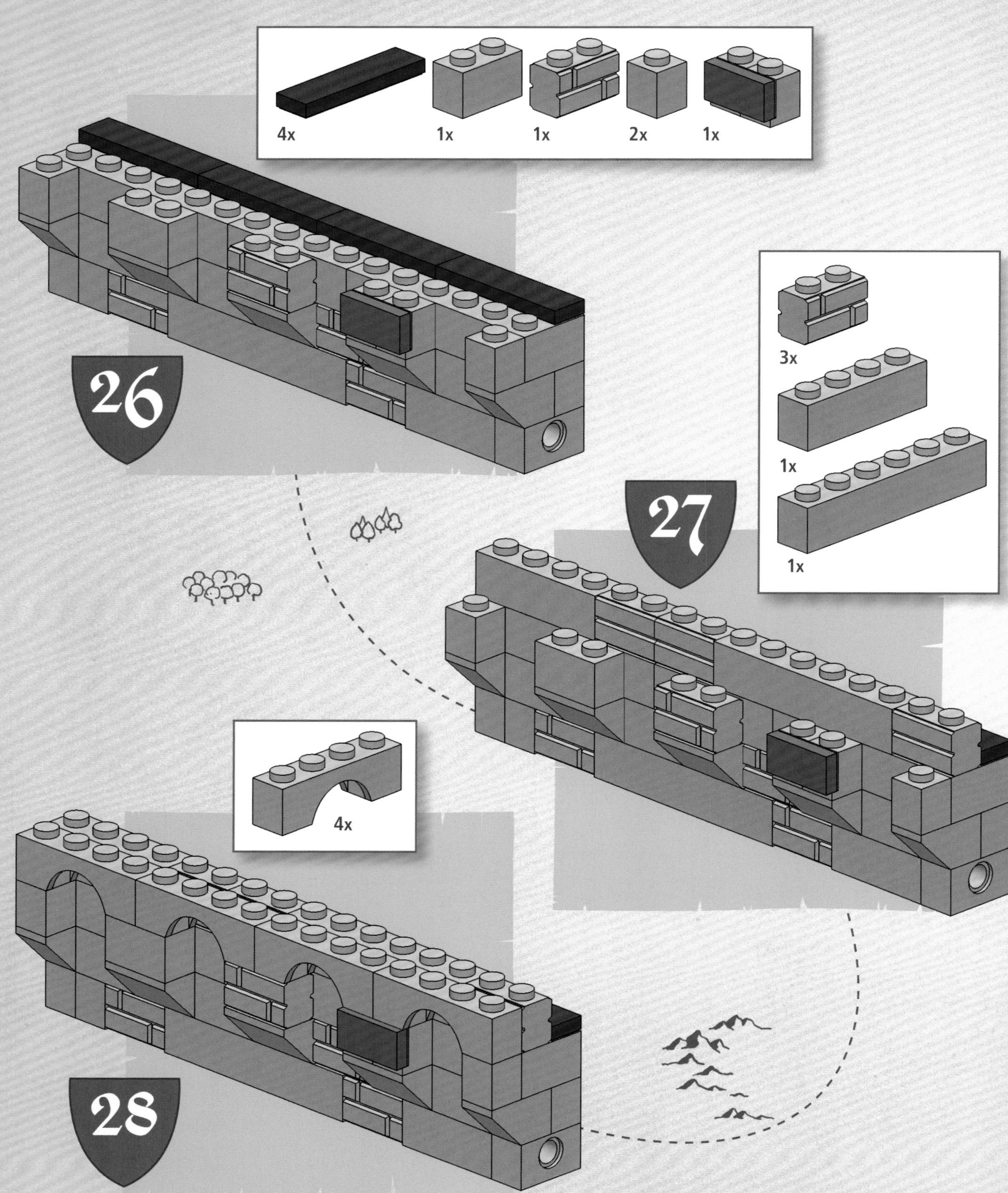
4x
1x
1x
2x
1x
26
3x
1x
1x
27
4x
28

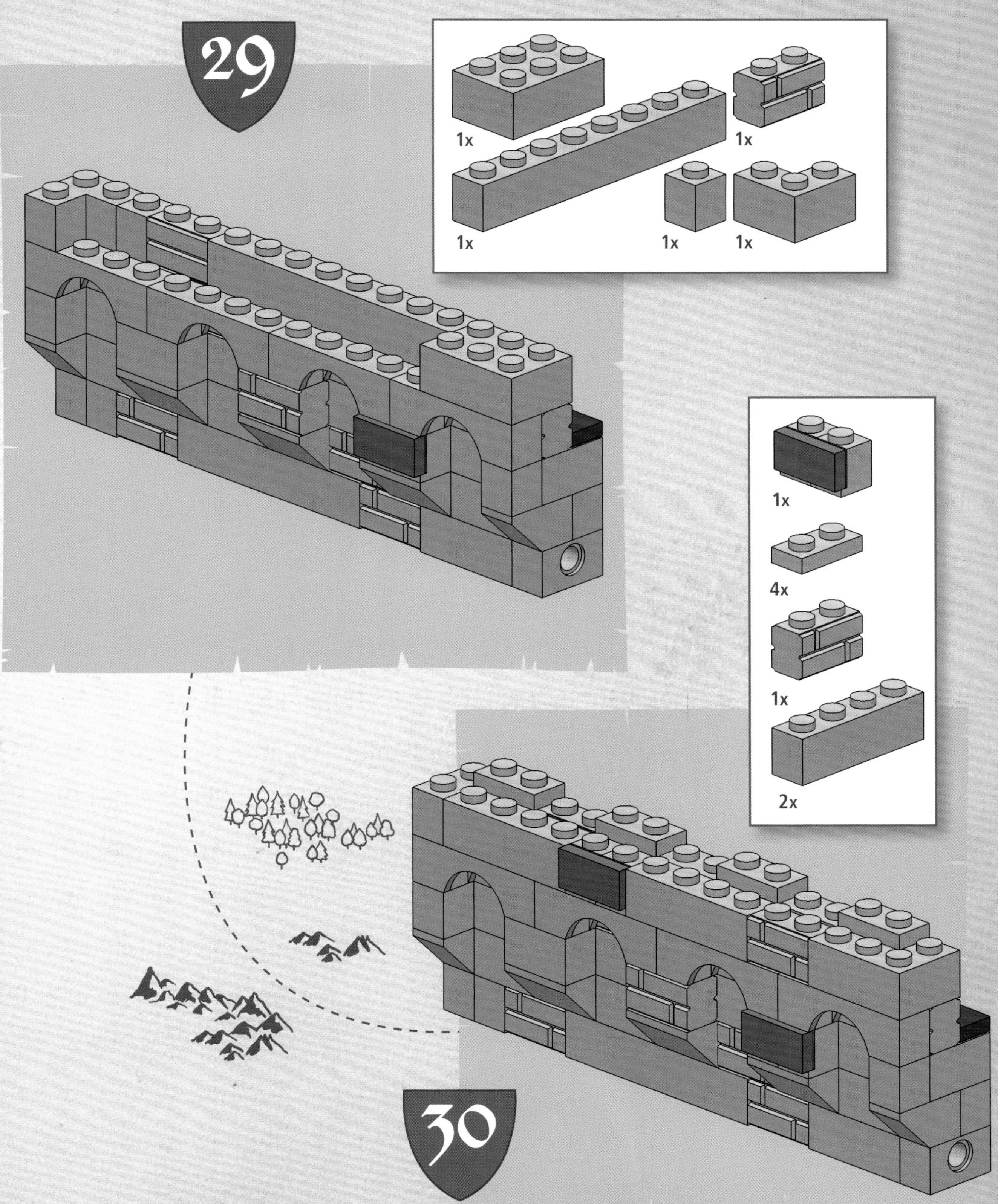
29
1x
1x
1x
1x
1x
1x
4x
1x
2x
30

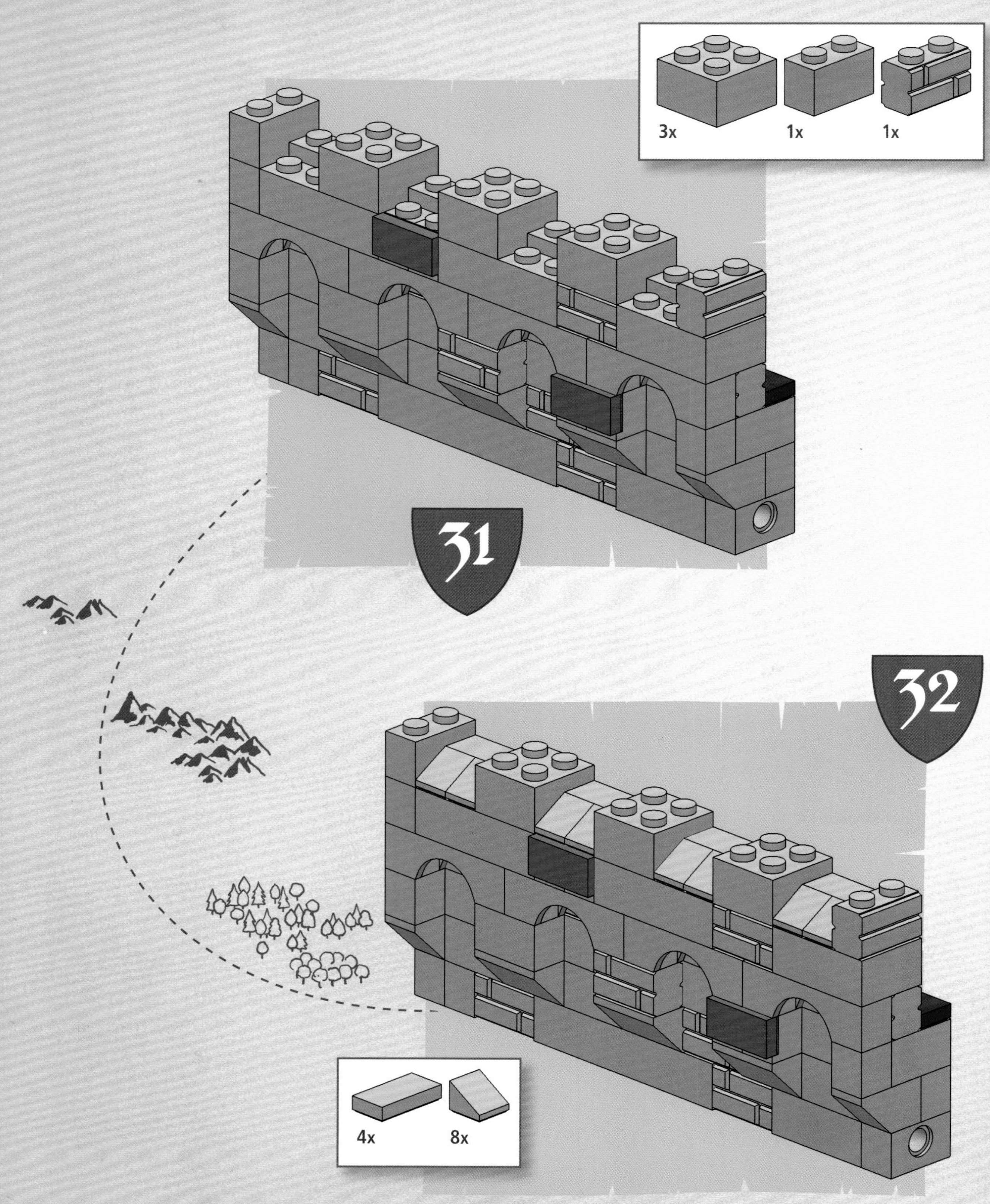

3x
1x
1x
31
32
4x
8x

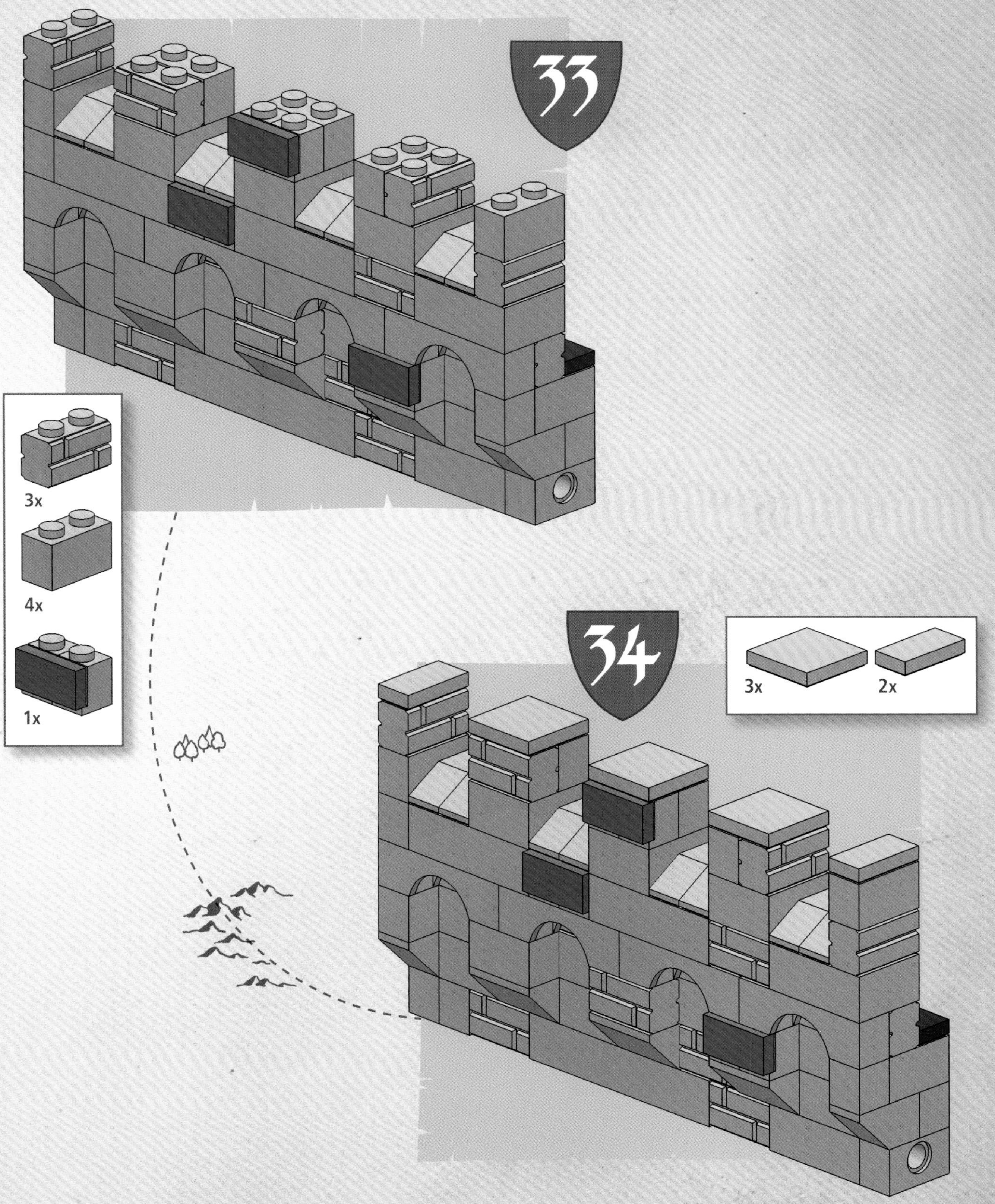
33
3x
4x
1x
34
3x
2x

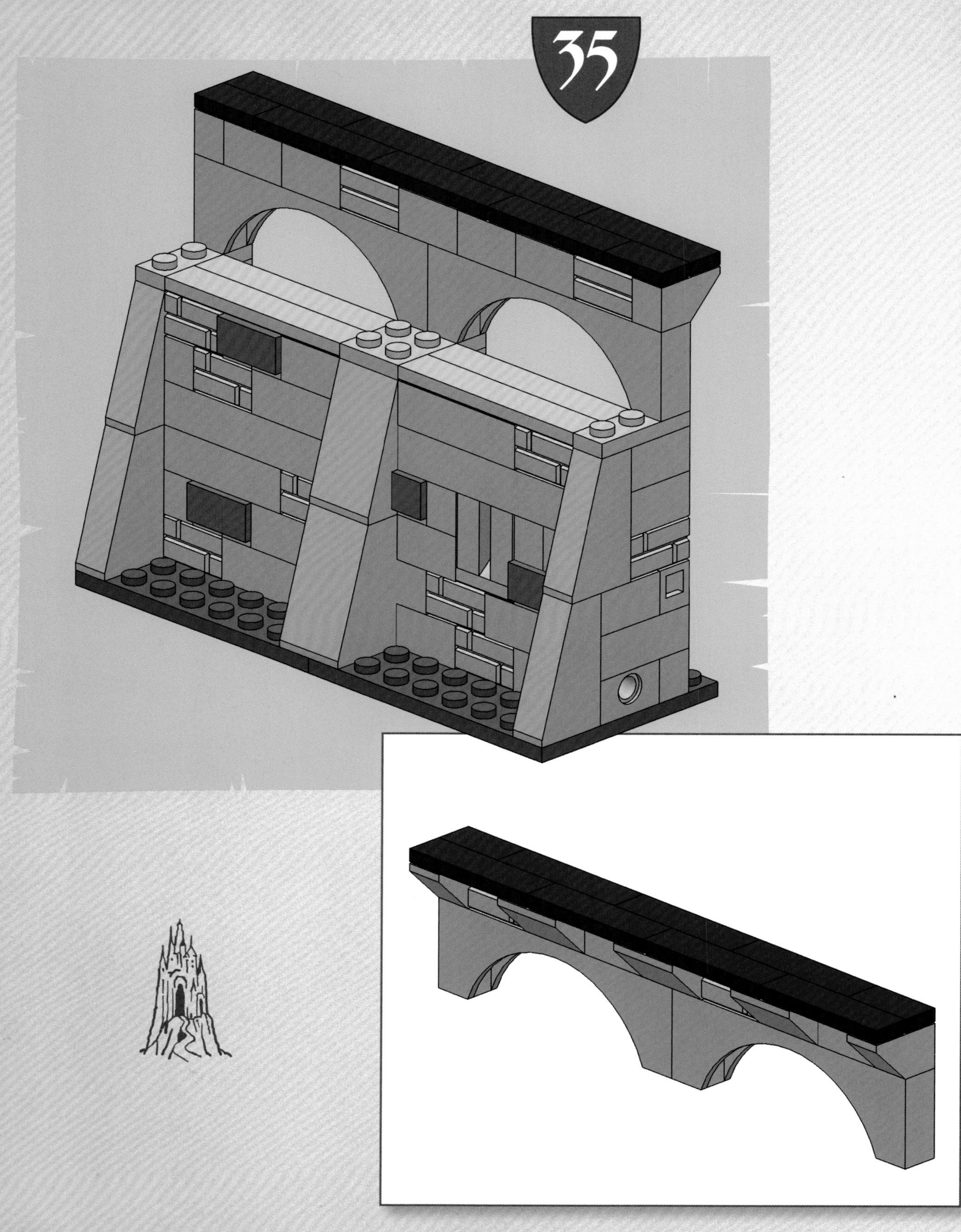
35

2x
36

零件清单

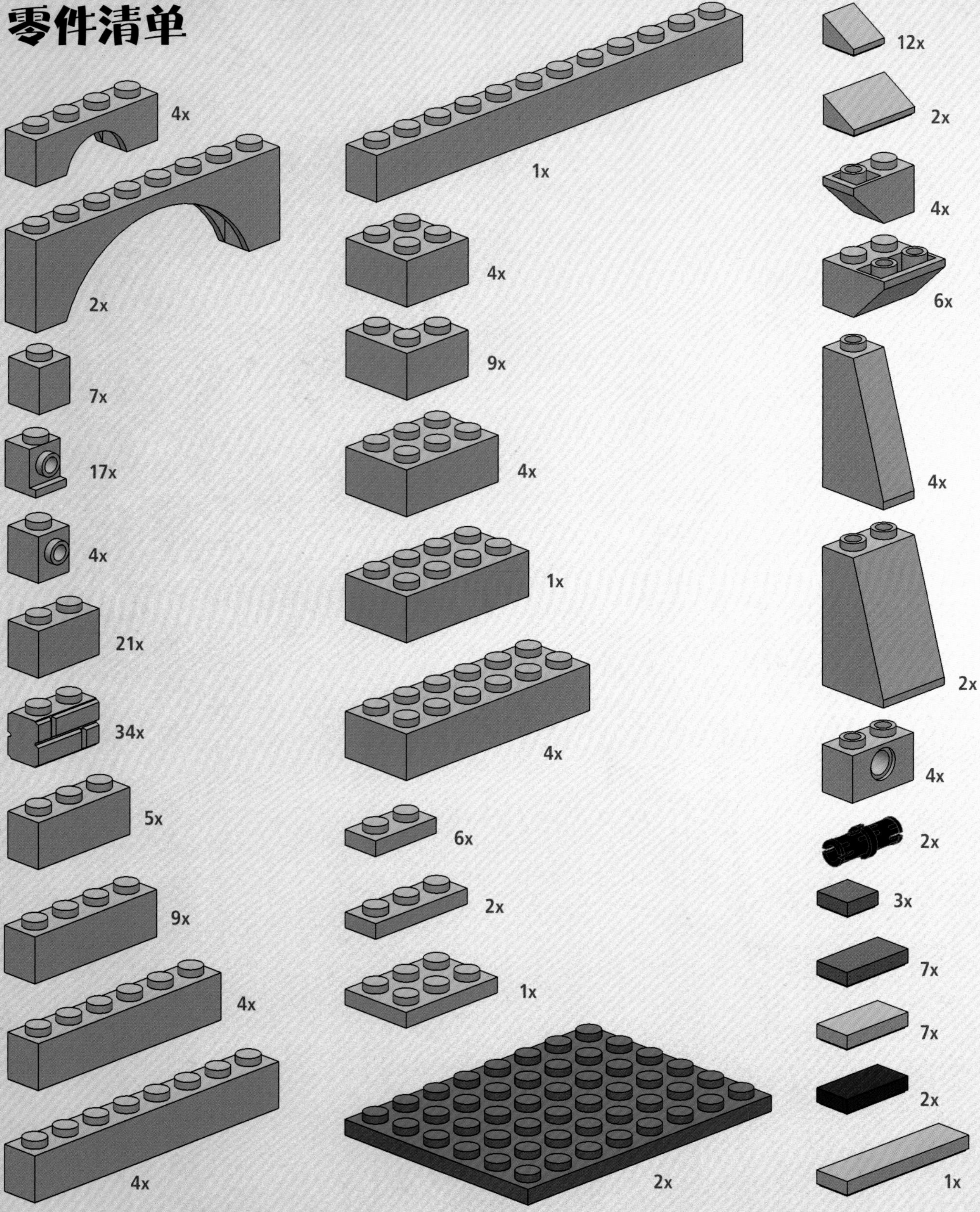

4x

2x

7x

17x

4x

21x

34x

5x

9x

4x

4x

1x

4x

9x

4x

1x

4x

6x

2x

1x

2x

12x

2x

4x

6x

4x

2x

4x

2x

3x

7x

7x

2x

1x

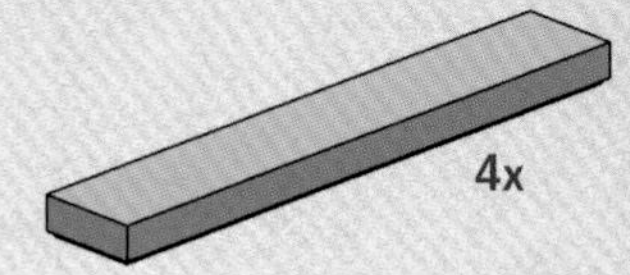

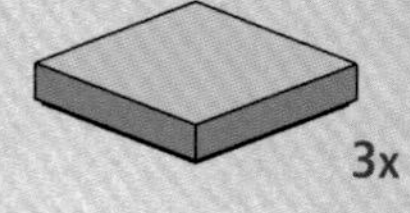

数量		颜色	零件编号	零件名称
4		浅蓝灰	3659	Arch 1 x 4
2		浅蓝灰	3308	Arch 1 x 8 x 2
7		浅蓝灰	3005	Brick 1 x 1
17		浅蓝灰	4070	Brick 1 x 1 with Headlight
4		浅蓝灰	87087	Brick 1 x 1 with Stud on 1 Side
21		浅蓝灰	3004	Brick 1 x 2
34		浅蓝灰	98283	Brick 1 x 2 with Embossed Bricks
5		浅蓝灰	3622	Brick 1 x 3
9		浅蓝灰	3010	Brick 1 x 4
4		浅蓝灰	3009	Brick 1 x 6
4		浅蓝灰	3008	Brick 1 x 8
1		浅蓝灰	6112	Brick 1 x 12
4		浅蓝灰	3003	Brick 2 x 2
9		浅蓝灰	2357	Brick 2 x 2 Corner
4		浅蓝灰	3002	Brick 2 x 3
1		浅蓝灰	3001	Brick 2 x 4
4		浅蓝灰	2456	Brick 2 x 6
6		浅蓝灰	3023	Brick 1 x 2
2		浅蓝灰	3623	Brick 1 x 3
1		浅蓝灰	3021	Plate 2 x 3
2		绿	3036	Plate 6 x 8
12		浅蓝灰	54200	Slope Brick 31 1 x 1 x 2/3
2		浅蓝灰	85984	Slope Brick 31 1 x 2 x 2/3
4		浅蓝灰	3665	Slope Brick 45 2 x 1 Inverted
6		浅蓝灰	3660	Slope Brick 45 2 x 2 Inverted
4		浅蓝灰	4460	Slope Brick 75 2 x 1 x 3
2		浅蓝灰	3684	Slope Brick 75 2 x 2 x 3
4		浅蓝灰	3700	Technic Brick 1 x 2 with Hole
2		黑	2780	Technic Pin with Friction and Slots
3		深蓝灰	3070b	Tile 1 x 1 with Groove
7		深蓝灰	3069b	Tile 1 x 2 with Groove
7		浅蓝灰	3069b	Tile 1 x 2 with Groove
2		红棕	3069b	Tile 1 x 2 with Groove
1		浅蓝灰	2431	Tile 1 x 4 with Groove
11		红棕	2431	Tile 1 x 4 with Groove
4		浅蓝灰	6636	Tile 1 x 6
3		浅蓝灰	3068b	Tile 2 x 2 with Groove

单体城墙

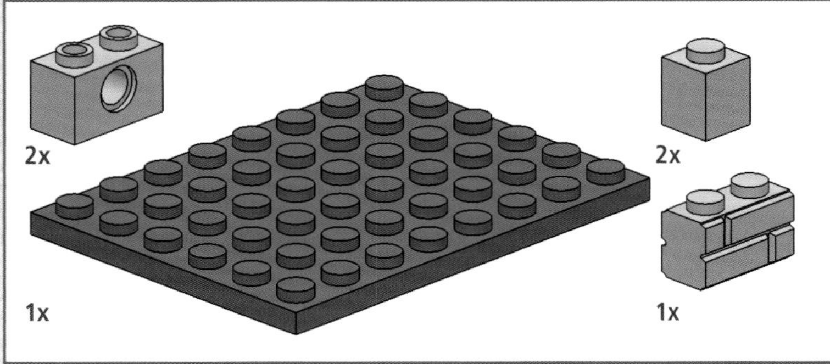

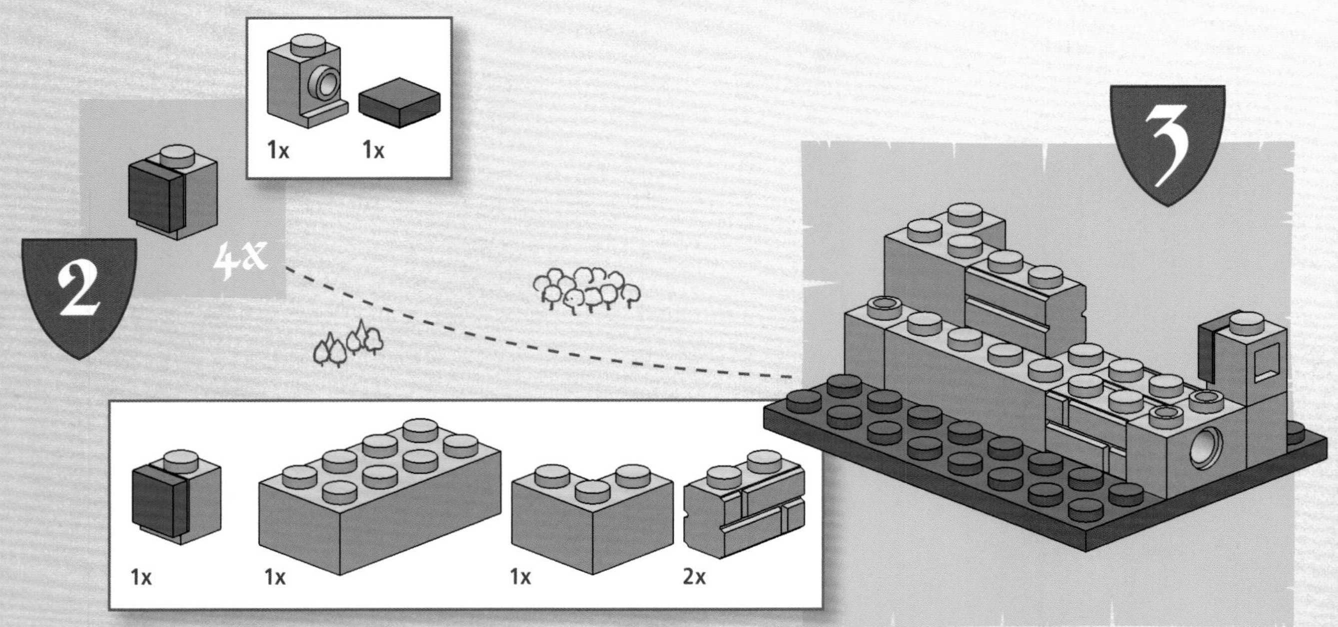

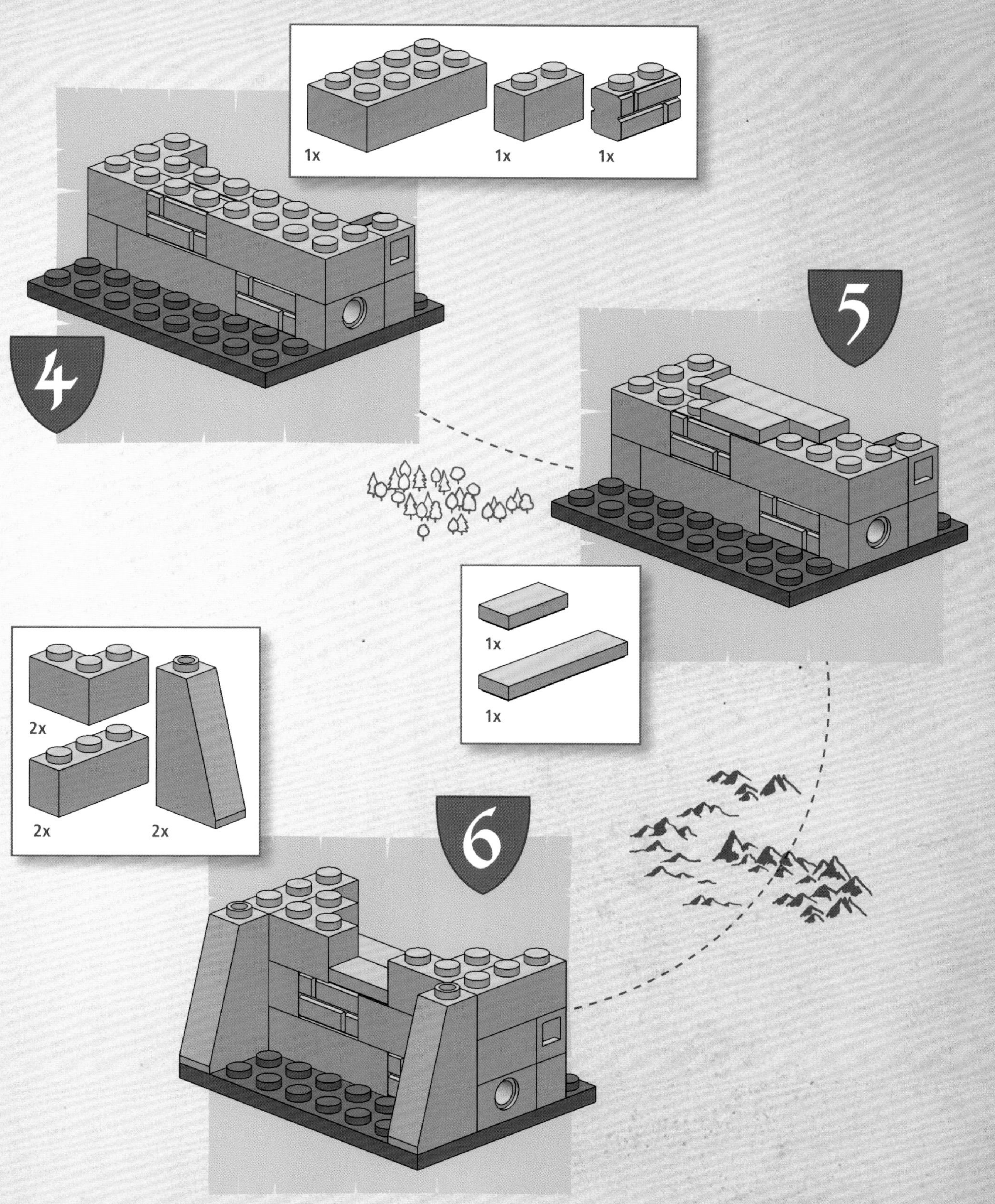
1x
1x
1x
4
5
1x
1x
2x
2x
2x
6

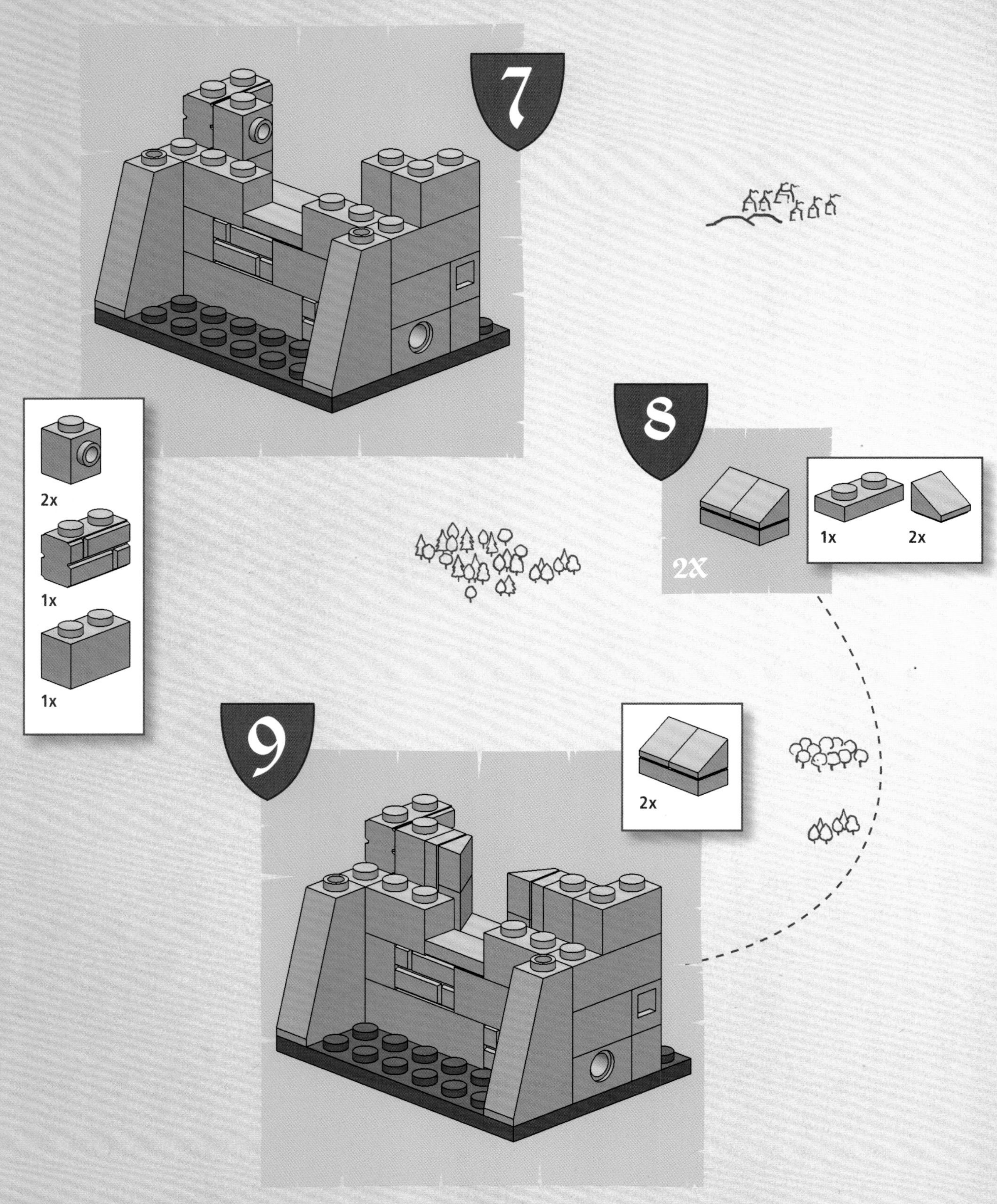
7
2x
1x
1x
8
2X
1x
2x
9
2x

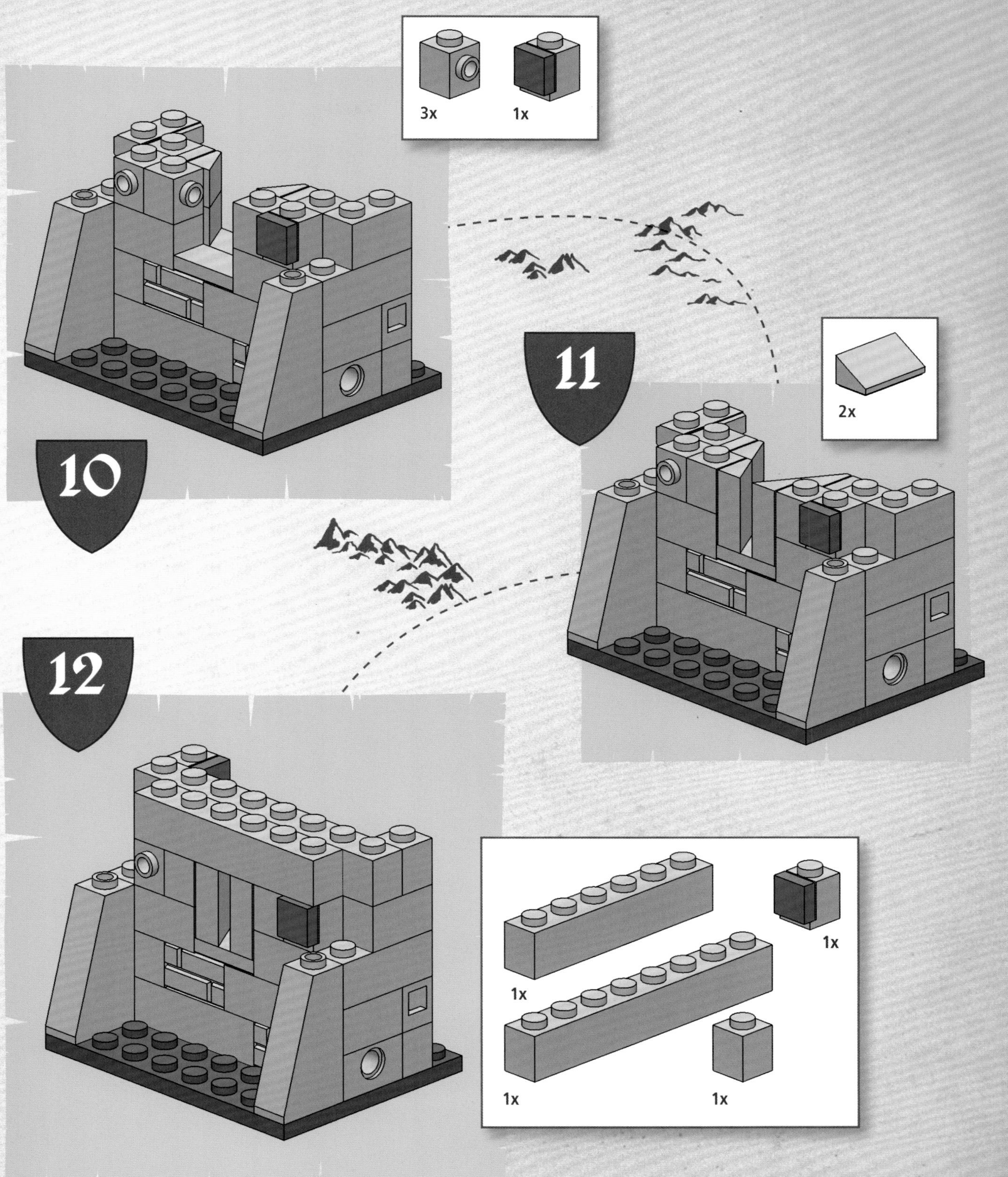
3x
1x
10
11
2x
12
1x
1x
1x
1x

13
1x
2x
2x
14
2x
1x
15
2x
2x
2x

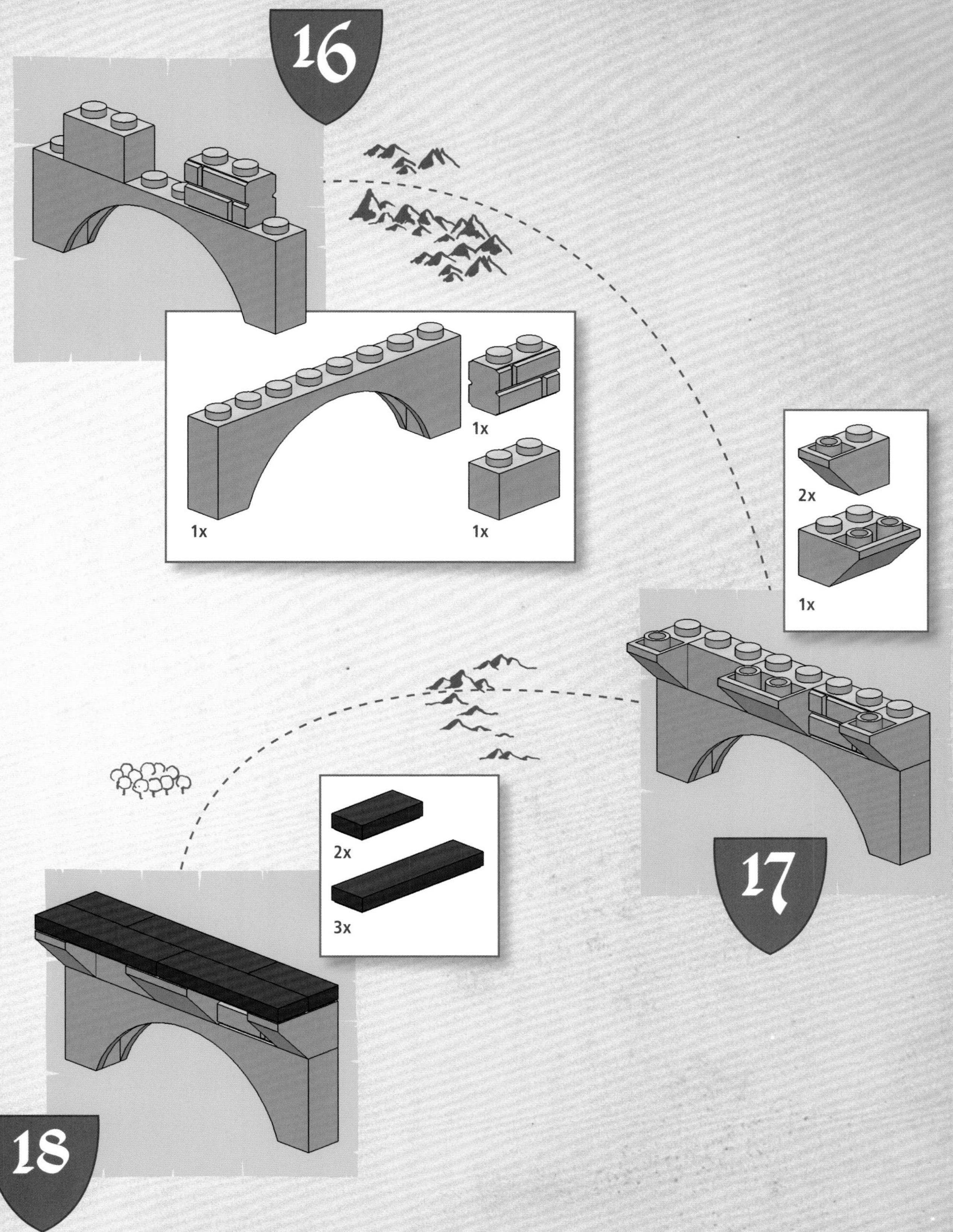
16
1x
1x
1x
2x
1x
17
2x
3x
18

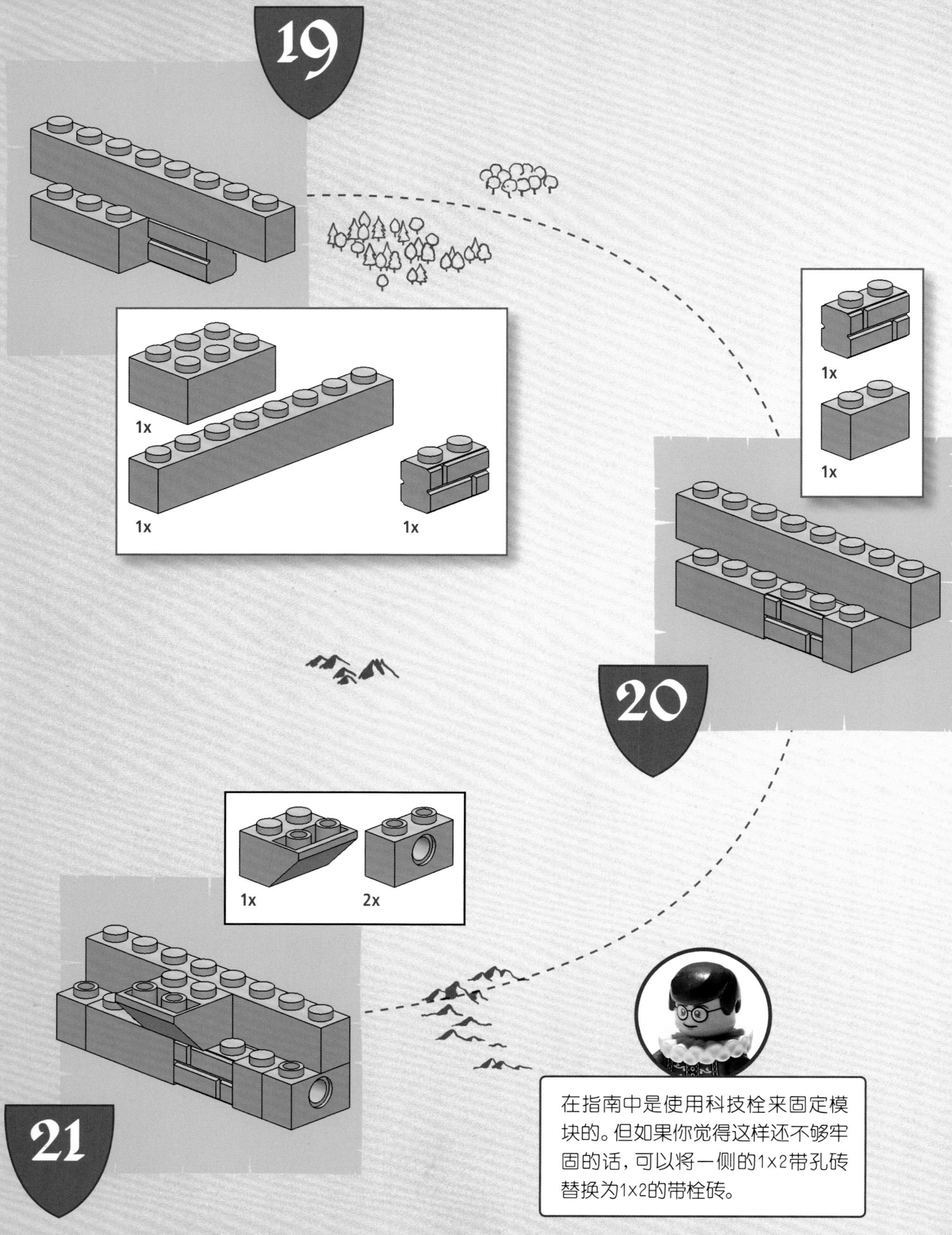

在指南中是使用科技栓来固定模块的。但如果你觉得这样还不够牢固的话，可以将一侧的1×2带孔砖替换为1×2的带栓砖。

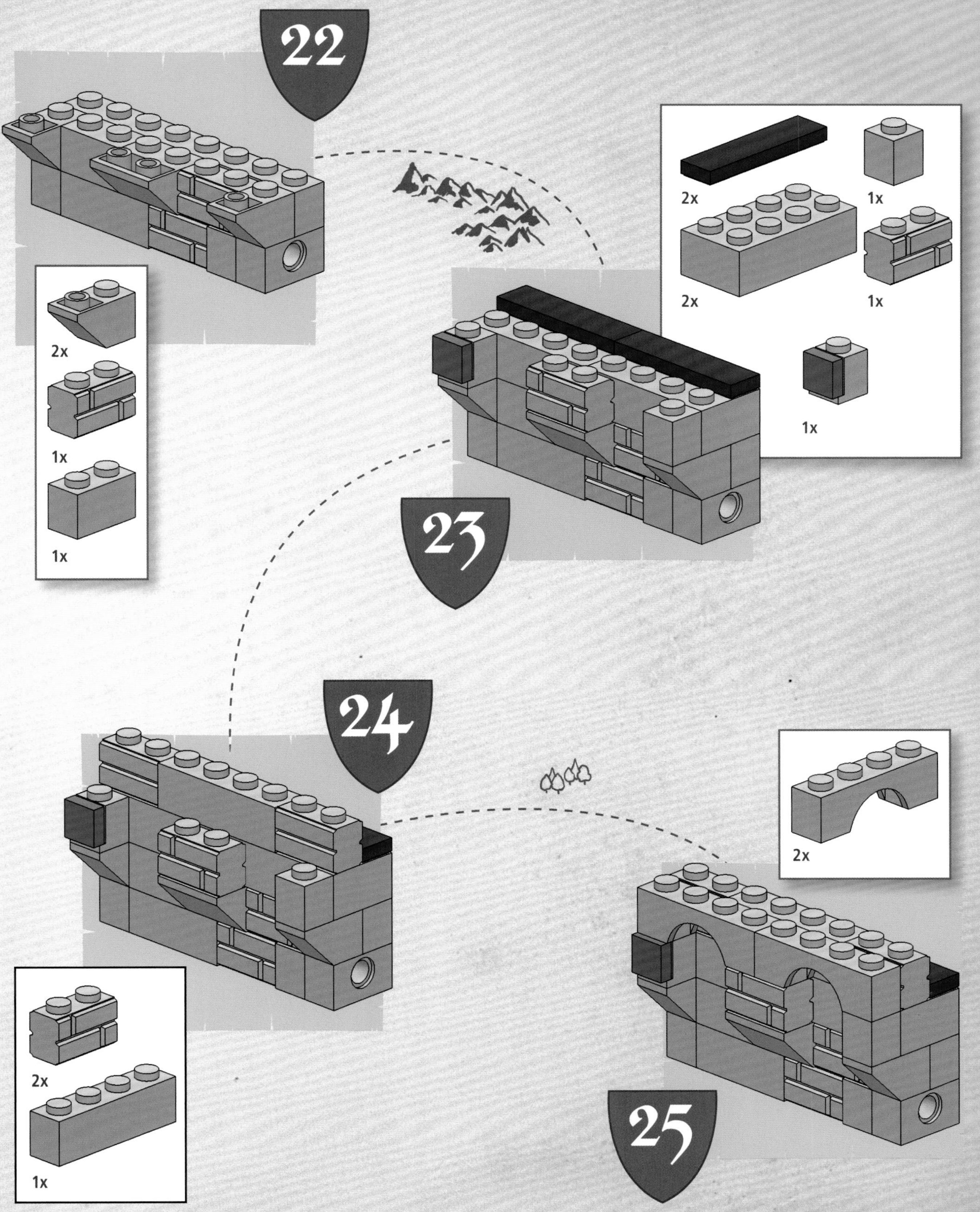
22
2x
1x
1x
2x
1x
2x
1x
1x
23
24
2x
1x
2x
25

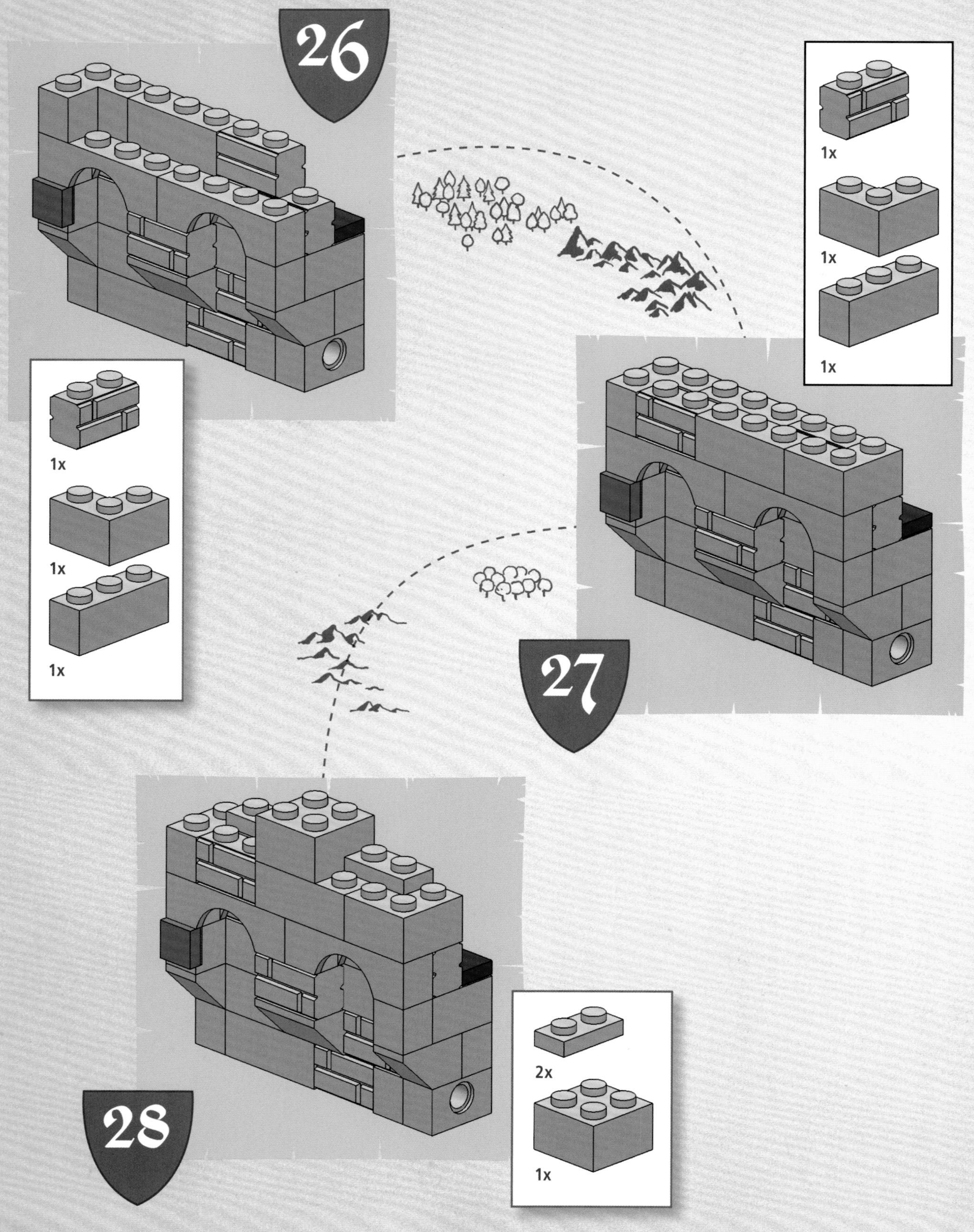
26
1x
1x
1x
27
1x
1x
1x
28
2x
1x

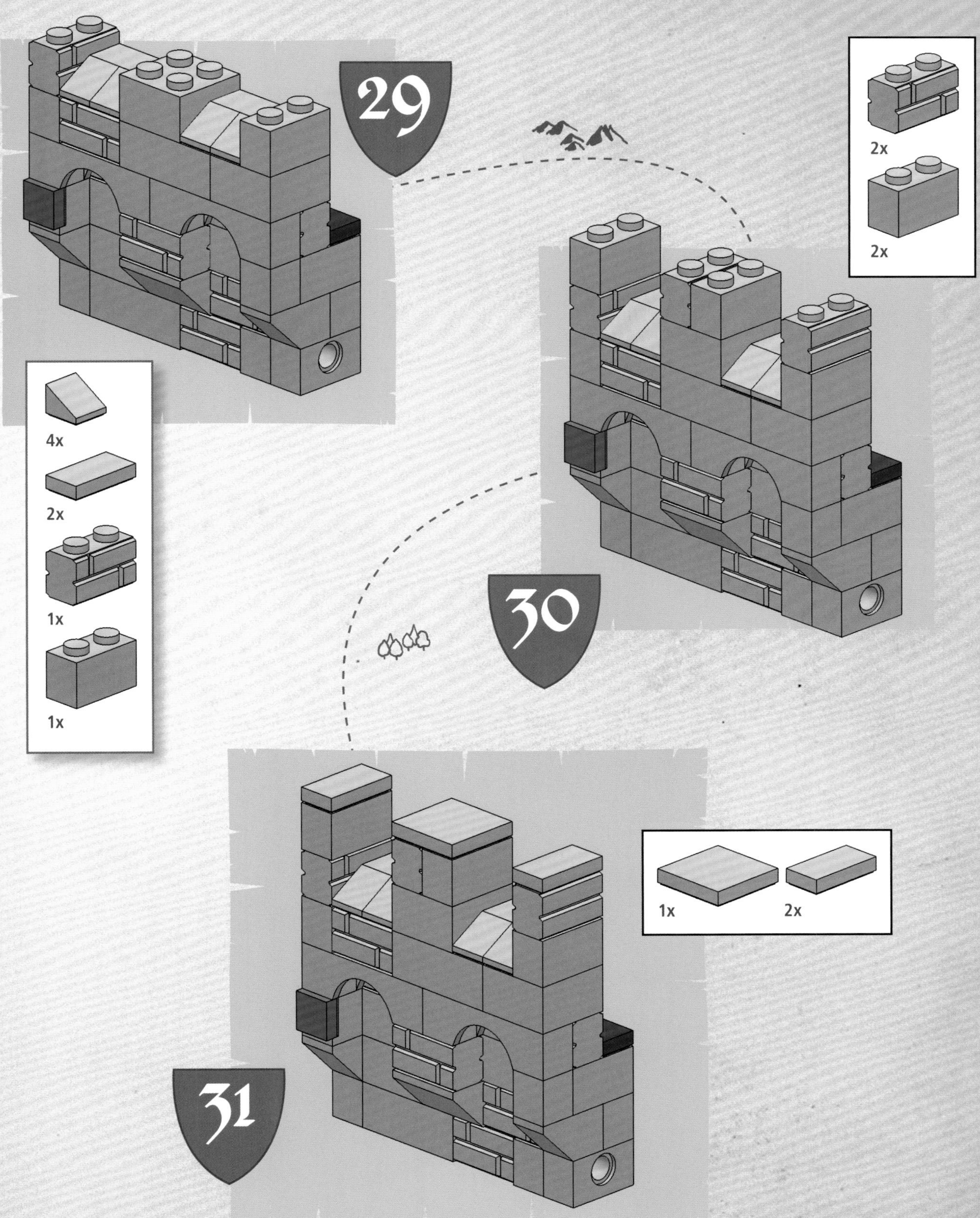
29
4x
2x
1x
1x
2x
2x
30
31
1x
2x

32

2x
33

零件清单

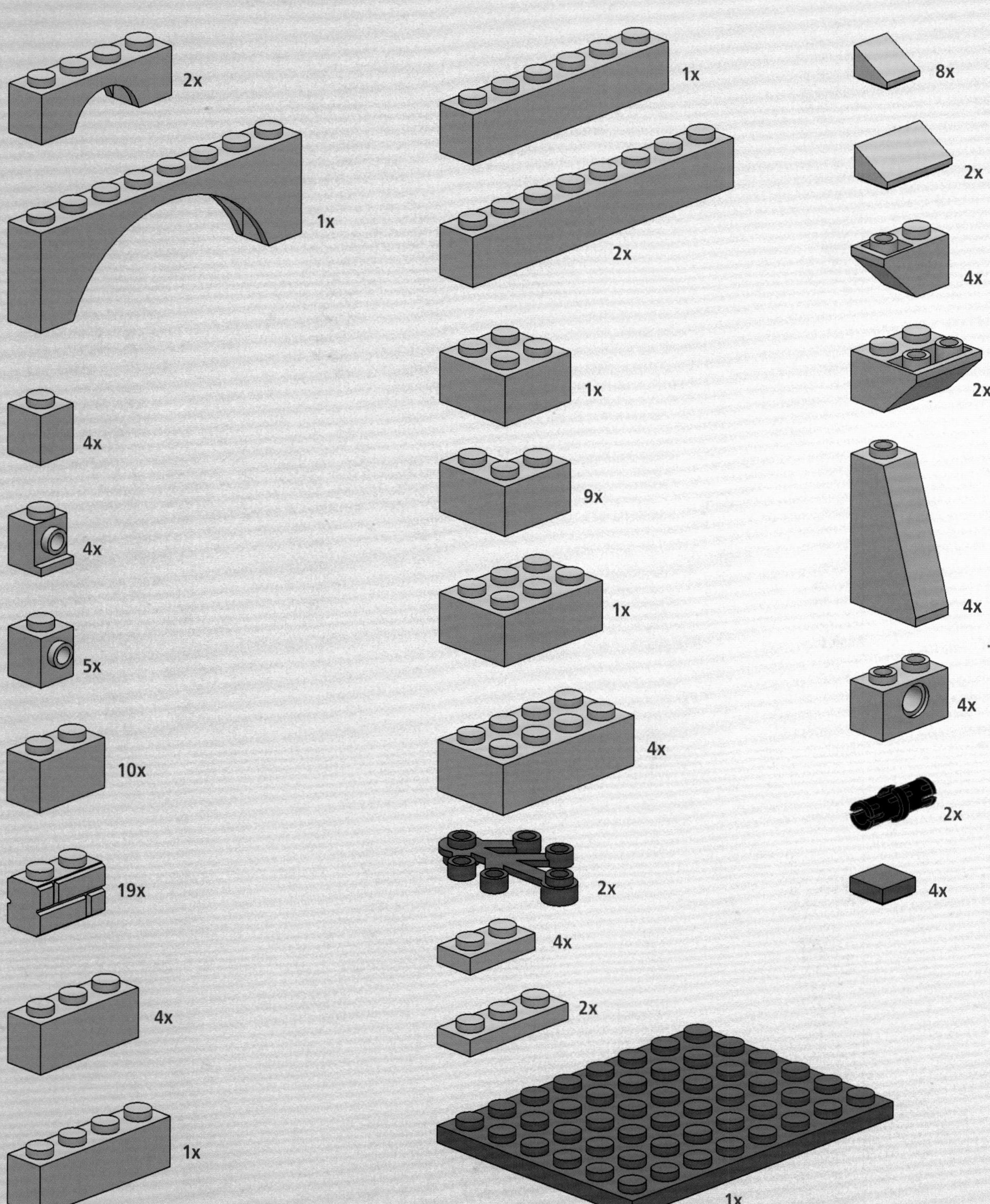
2x
1x
4x
4x
5x
10x
19x
4x
1x
1x
2x
1x
9x
1x
4x
2x
4x
2x
1x
8x
2x
4x
2x
4x
4x
2x
4x

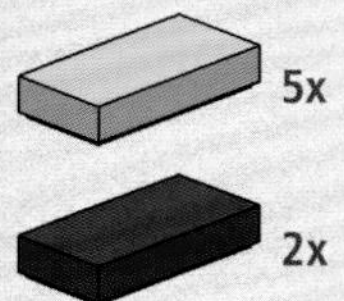

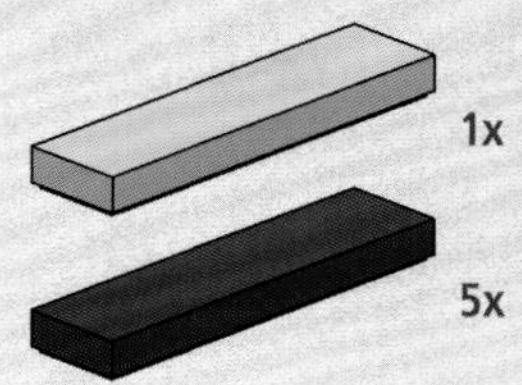

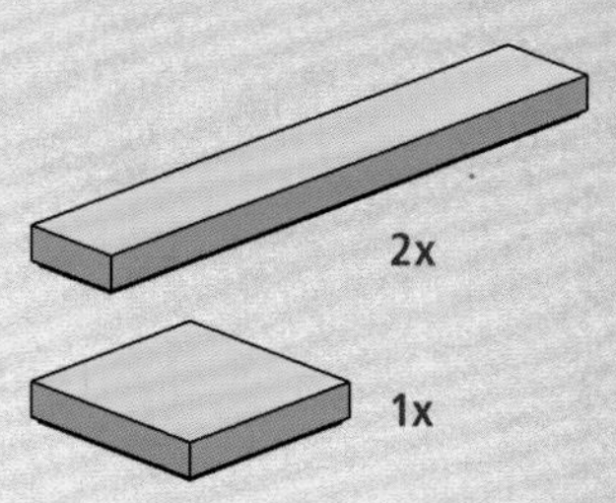

数量		颜色	零件编号	零件名称
2		浅蓝灰	3659	Arch 1 x 4
1		浅蓝灰	3308	Arch 1 x 8 x 2
4		浅蓝灰	3005	Brick 1 x 1
4		浅蓝灰	4070	Brick 1 x 1 with Headlight
5		浅蓝灰	87087	Brick 1 x 1 with Stud on 1 Side
10		浅蓝灰	3004	Brick 1 x 2
19		浅蓝灰	98283	Brick 1 x 2 with Embossed Bricks
4		浅蓝灰	3622	Brick 1 x 3
1		浅蓝灰	3010	Brick 1 x 4
1		浅蓝灰	3009	Brick 1 x 6
2		浅蓝灰	3008	Brick 1 x 8
1		浅蓝灰	3003	Brick 2 x 2
9		浅蓝灰	2357	Brick 2 x 2 Corner
1		浅蓝灰	3002	Brick 2 x 3
4		浅蓝灰	3001	Brick 2 x 4
2		绿	2423	Plant Leaves 4 x 3
4		浅蓝灰	3023	Plate 1 x 2
2		浅蓝灰	3623	Plate 1 x 3
1		绿	3036	Plate 6 x 8
8		浅蓝灰	54200	Slope Brick 31 1 x 1 x 2/3
2		浅蓝灰	85984	Slope Brick 31 1 x 2 x 2/3
4		浅蓝灰	3665	Slope Brick 45 2 x 1 Inverted
2		浅蓝灰	3660	Slope Brick 45 2 x 2 Inverted
4		浅蓝灰	4460	Slope Brick 75 2 x 1 x 3
4		浅蓝灰	3700	Technic Brick 1 x 2 with Hole
2		黑	2780	Technic Pin with Friction and Slots
4		深蓝灰	3070b	Tile 1 x 1 with Groove
5		浅蓝灰	3069b	Tile 1 x 2 with Groove
2		红棕	3069b	Tile 1 x 2 with Groove
1		浅蓝灰	2431	Tile 1 x 4 with Groove
5		红棕	2431	Tile 1 x 4 with Groove
2		浅蓝灰	6636	Tile 1 x 6
1		浅蓝灰	3068b	Tile 2 x 2 with Groove

角楼

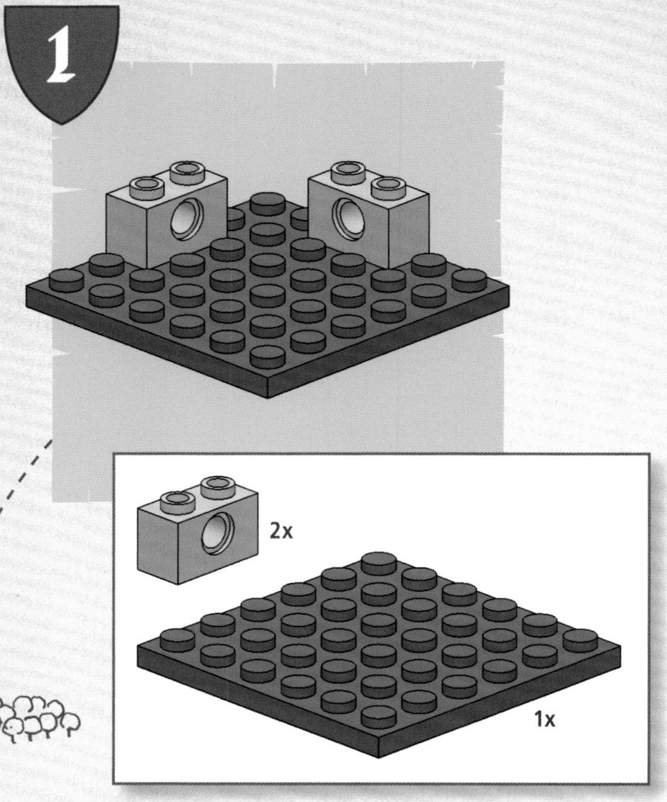

1

2x

1x

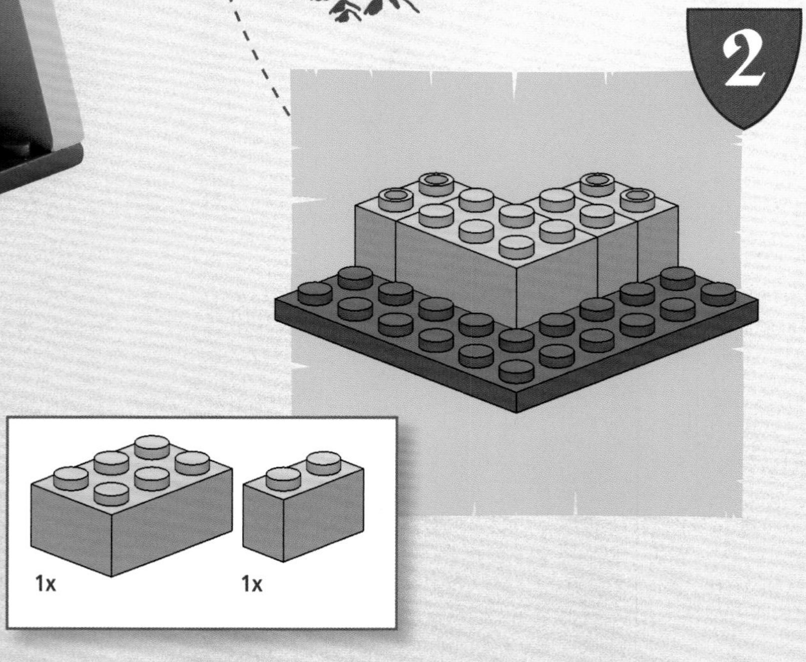

2

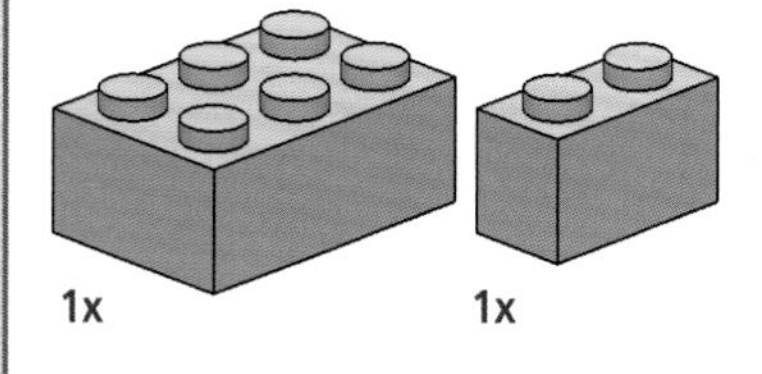

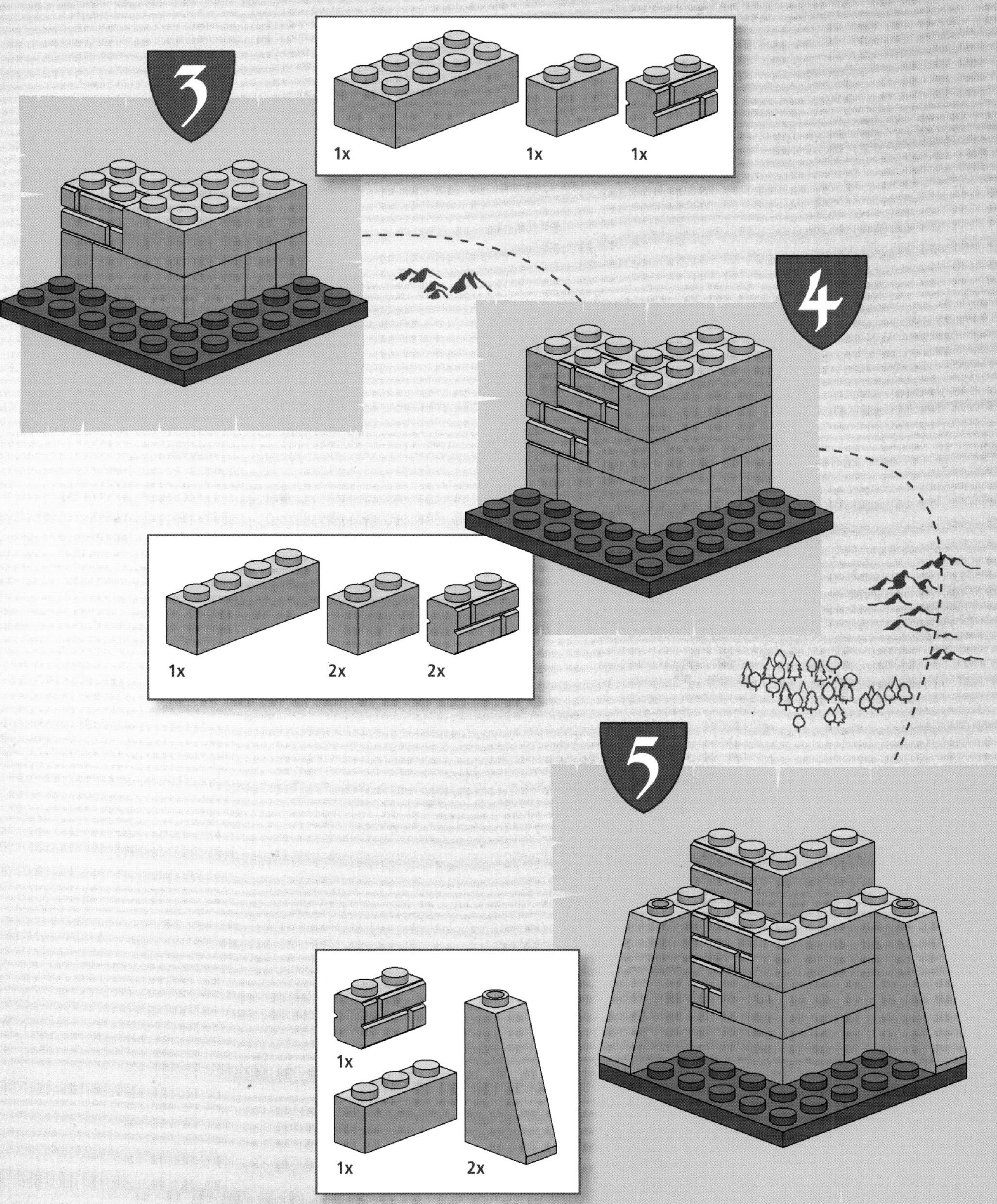
3
1x
1x
1x
4
1x
2x
2x
5
1x
1x
2x

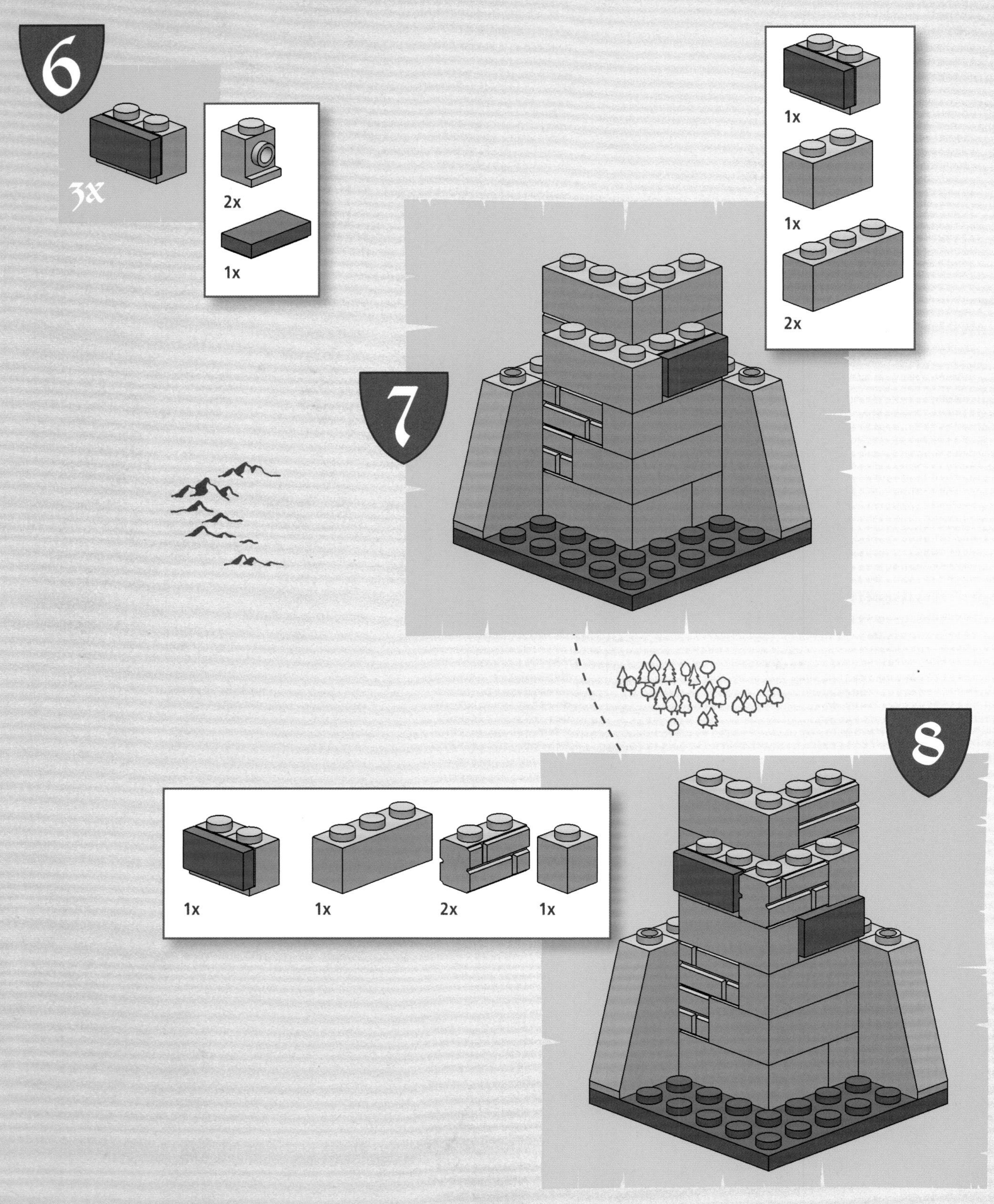
6
3x
2x
1x
7
1x
1x
2x
8
1x
1x
2x
1x

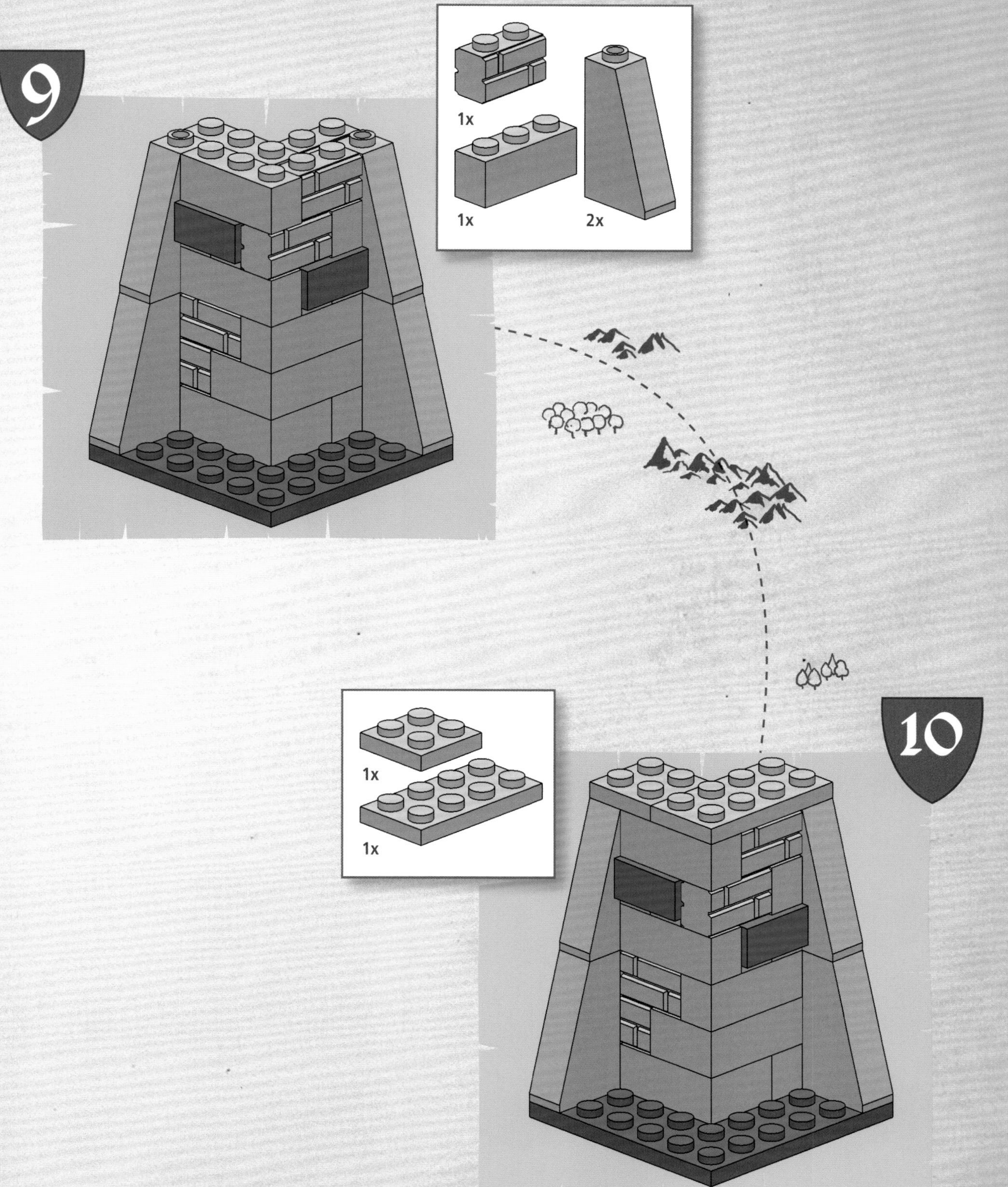
9
1x
1x
2x
10
1x
1x

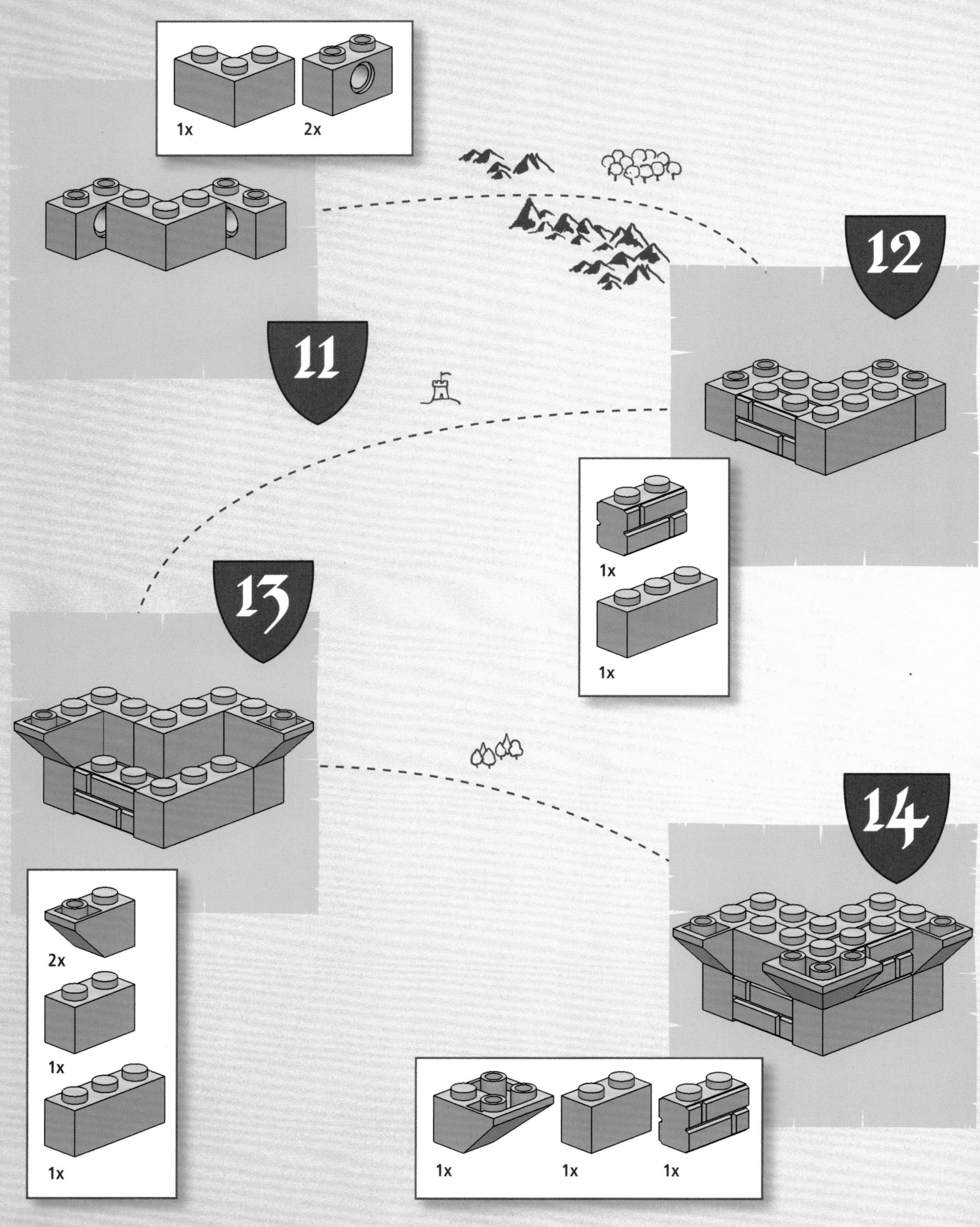
1x
2x
11
12
1x
1x
13
2x
1x
1x
14
1x
1x
1x

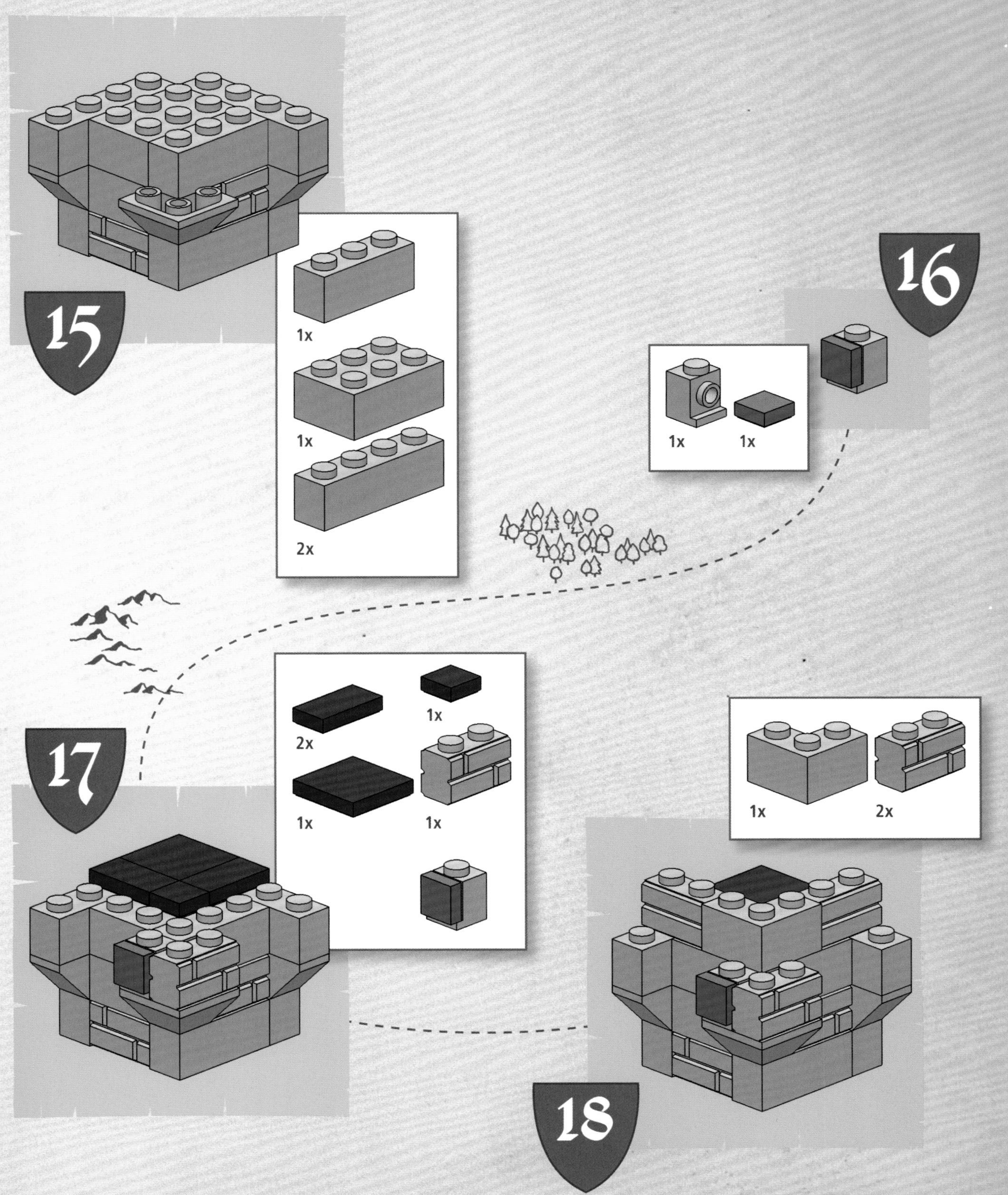
15
1x
1x
2x
16
1x
1x
17
2x
1x
1x
1x
18
1x
2x

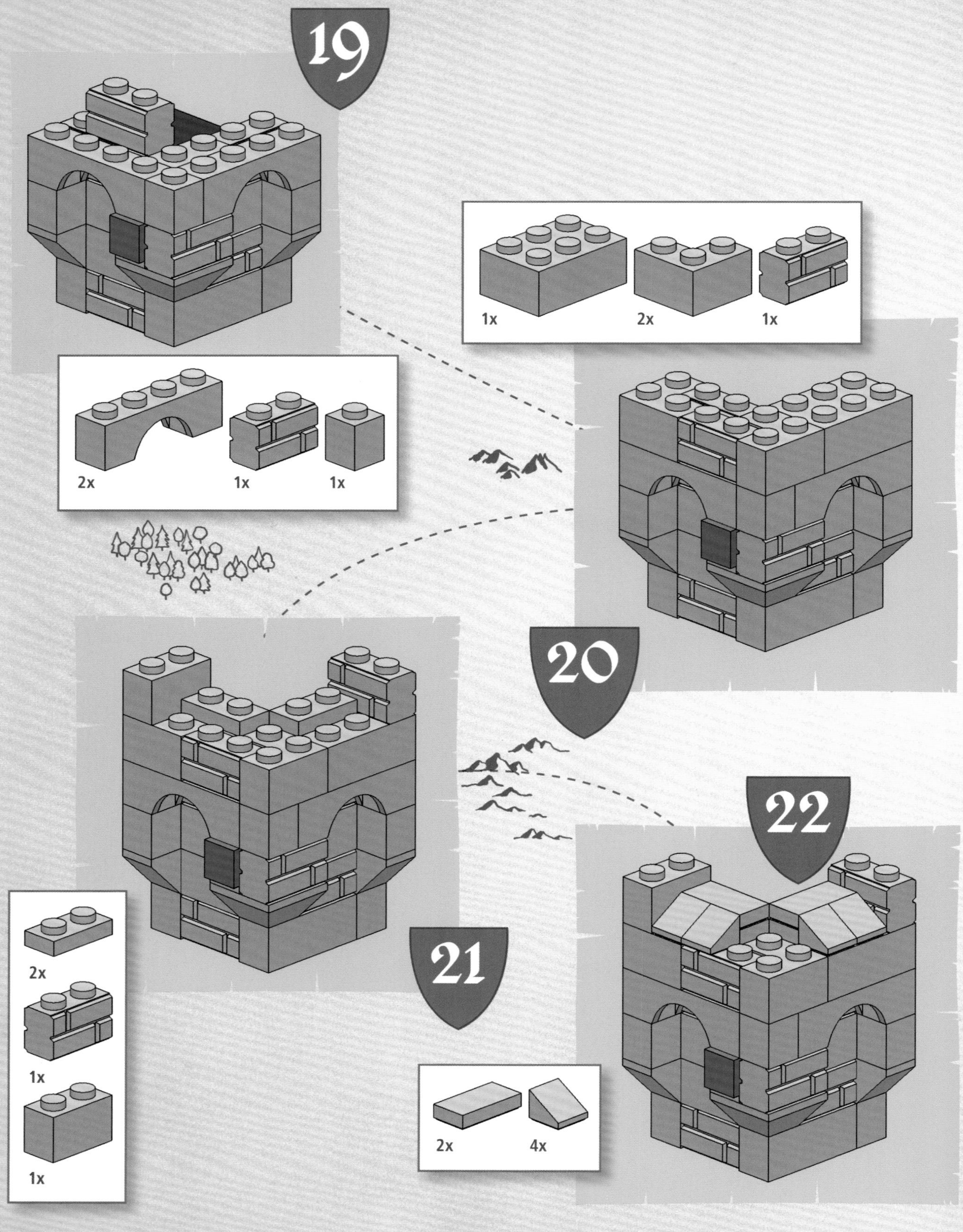
19
2x
1x
1x
1x
2x
1x
20
21
2x
1x
1x
22
2x
4x

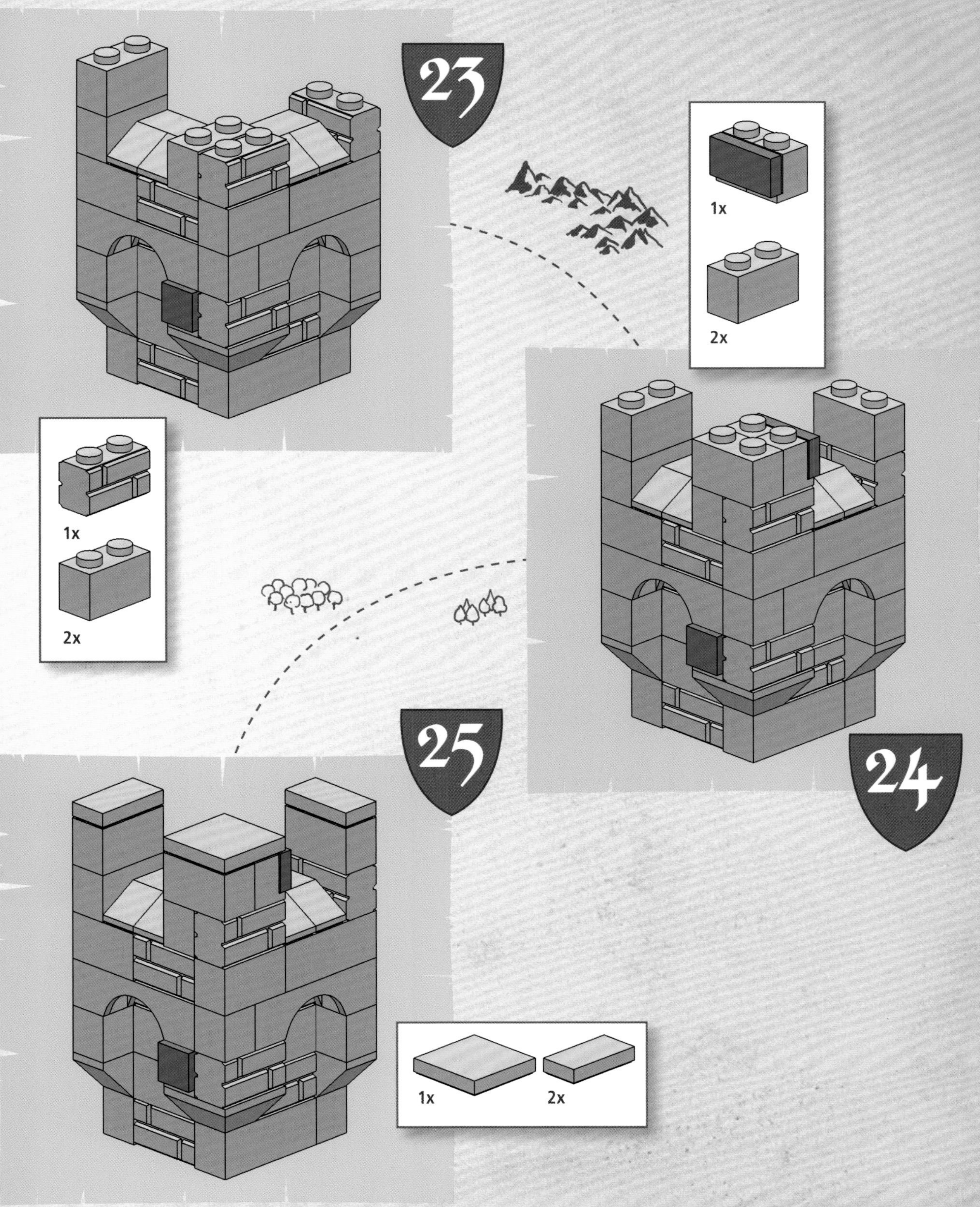
23
1x
2x
1x
2x
24
25
1x
2x

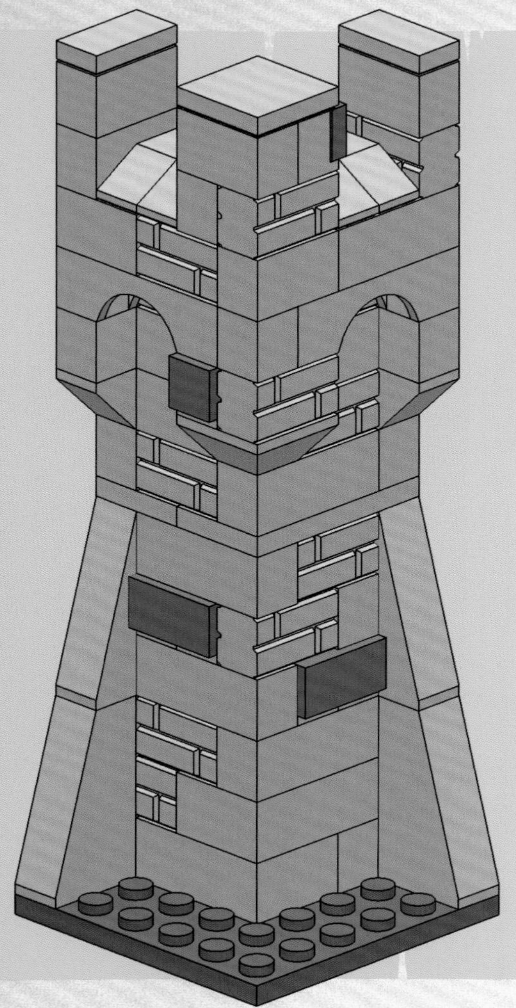

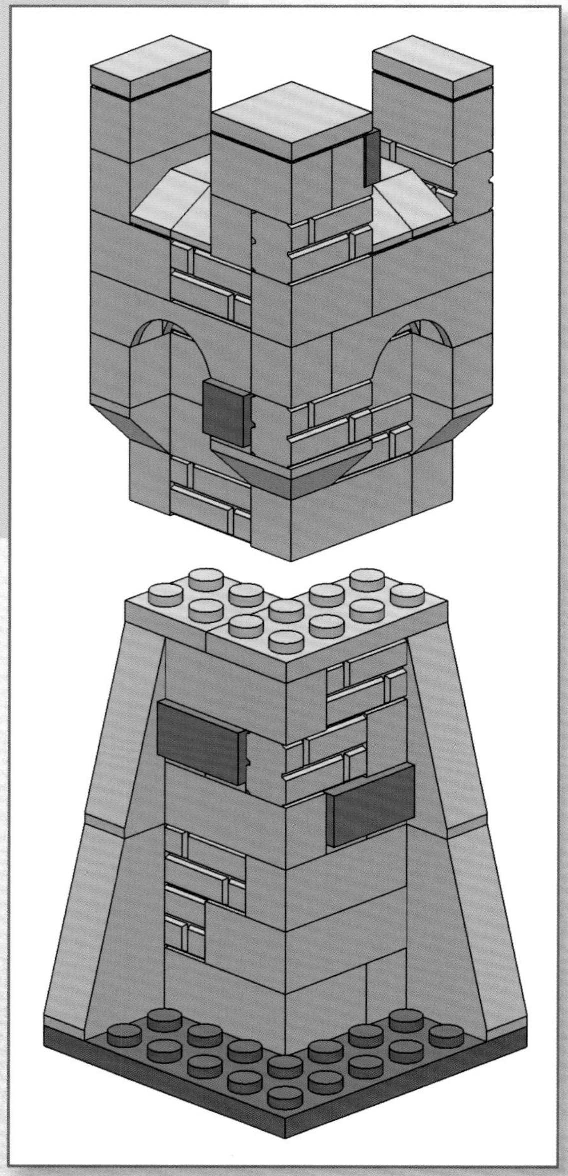

外墙的拐角上所使用的新款亮灰色反向房顶零件非常稀少，所以我只好使用老款的亮灰色零件来替代。塞翁失马，焉知非福，谁想这样的设计反而提升了整体效果。

27

2x

零件清单

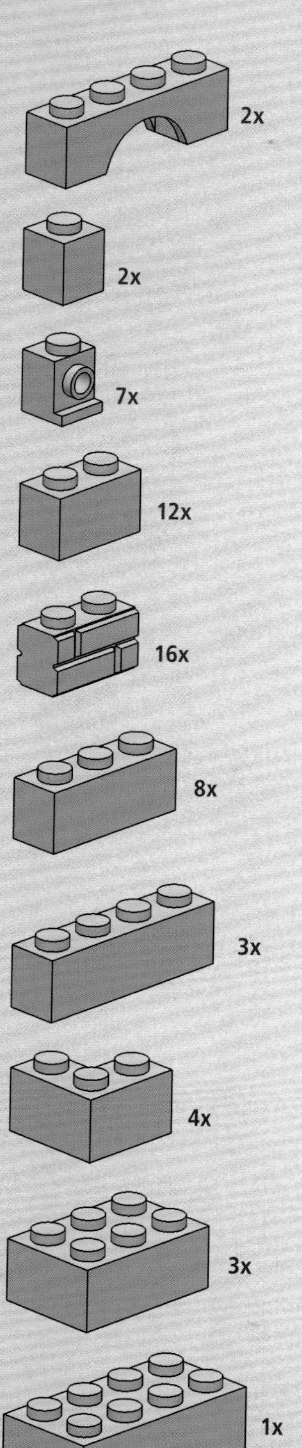
2x
2x
7x
12x
16x
8x
3x
4x
3x
1x

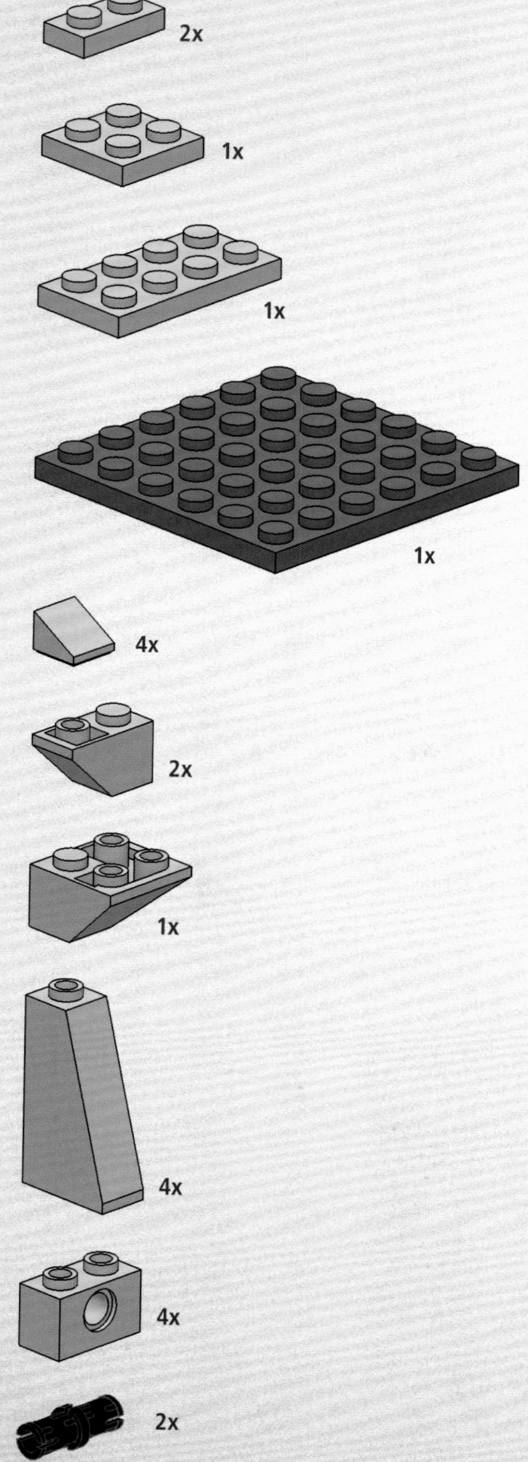
2x
1x
1x
1x
4x
2x
1x
4x
4x
2x

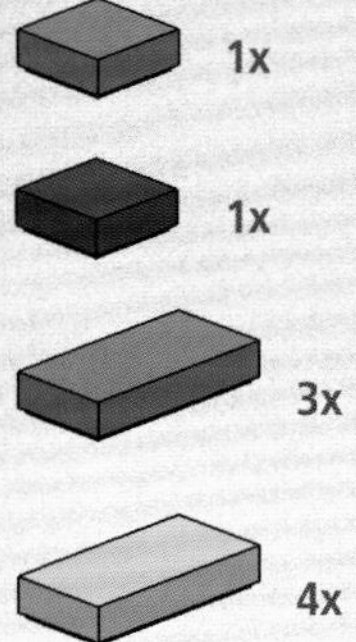

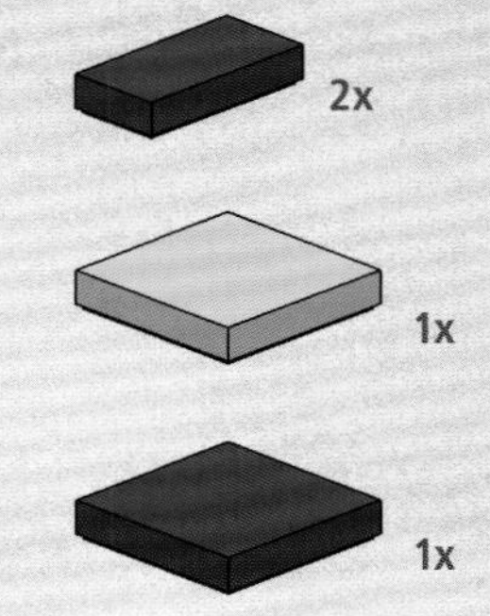

数量		颜色	零件编号	零件名称
2		浅蓝灰	3659	Arch 1 x 4
2		浅蓝灰	3005	Brick 1 x 1
7		浅蓝灰	4070	Brick 1 x 1 with Headlight
12		浅蓝灰	3004	Brick 1 x 2
16		浅蓝灰	98283	Brick 1 x 2 with Embossed Bricks
8		浅蓝灰	3622	Brick 1 x 3
3		浅蓝灰	3010	Brick 1 x 4
4		浅蓝灰	2357	Brick 2 x 2 Corner
3		浅蓝灰	3002	Brick 2 x 3
1		浅蓝灰	3001	Brick 2 x 4
2		浅蓝灰	3023	Plate 1 x 2
1		浅蓝灰	3022	Plate 2 x 2
1		浅蓝灰	3020	Plate 2 x 4
1		绿	3958	Plate 6 x 6
4		浅蓝灰	54200	Slope Brick 31 1 x 1 x 2/3
2		浅蓝灰	3665	Slope Brick 45 2 x 1 Inverted
1		浅蓝灰	3676	Slope Brick 45 2 x 2 Inverted Double Convex
4		浅蓝灰	4460	Slope Brick 75 2 x 1 x 3
4		浅蓝灰	3700	Technic Brick 1 x 2 with Hole
2		黑	2780	Technic Pin with Friction and Slots
1		深蓝灰	3070b	Tile 1 x 1 with Groove
1		红棕	3070b	Tile 1 x 1 with Groove
3		深蓝灰	3069b	Tile 1 x 2 with Groove
4		浅蓝灰	3069b	Tile 1 x 2 with Groove
2		红棕	3069b	Tile 1 x 2 with Groove
1		浅蓝灰	3068b	Tile 2 x 2 with Groove
1		红棕	3068b	Tile 2 x 2 with Groove

墙体连接部

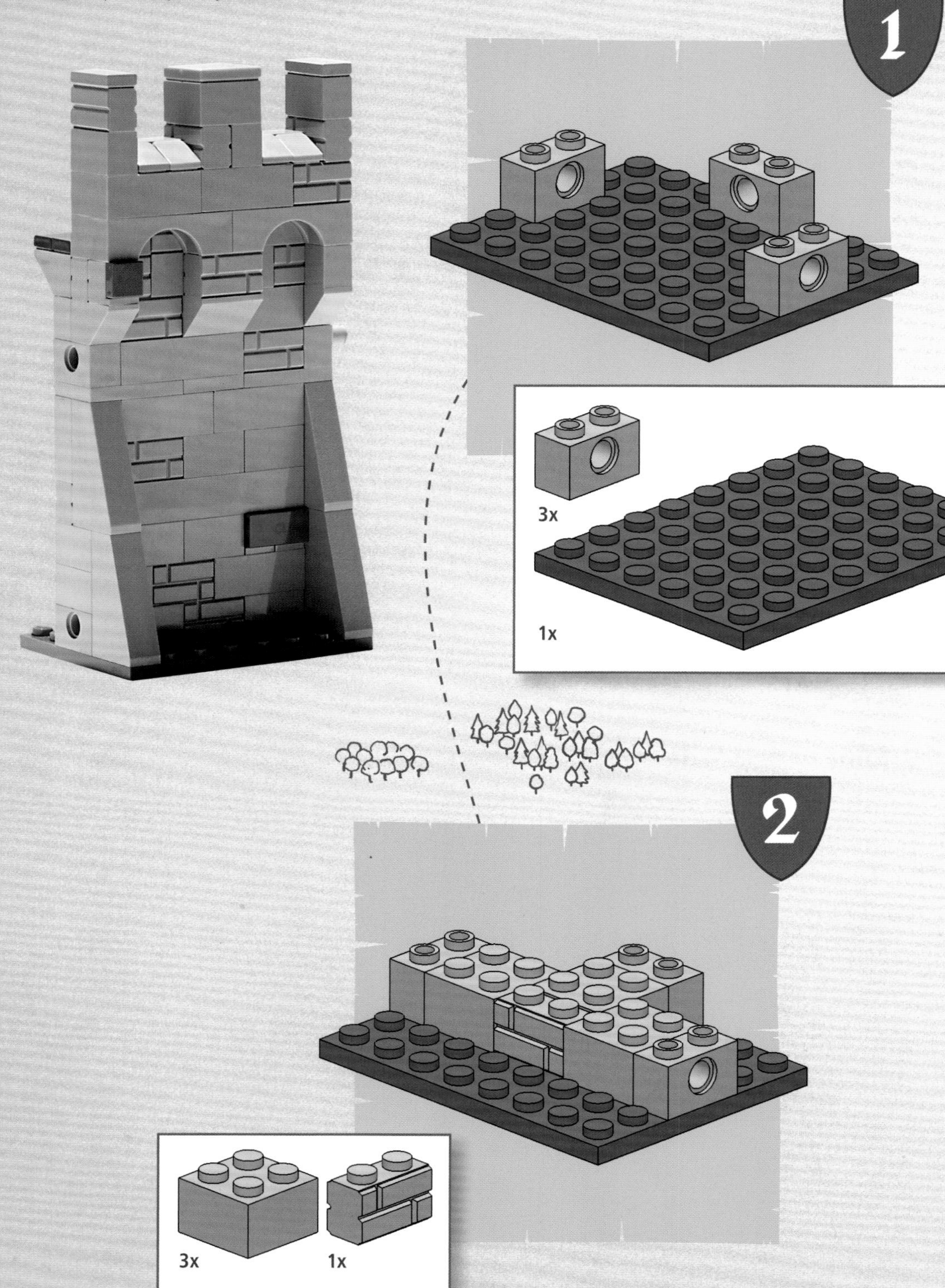

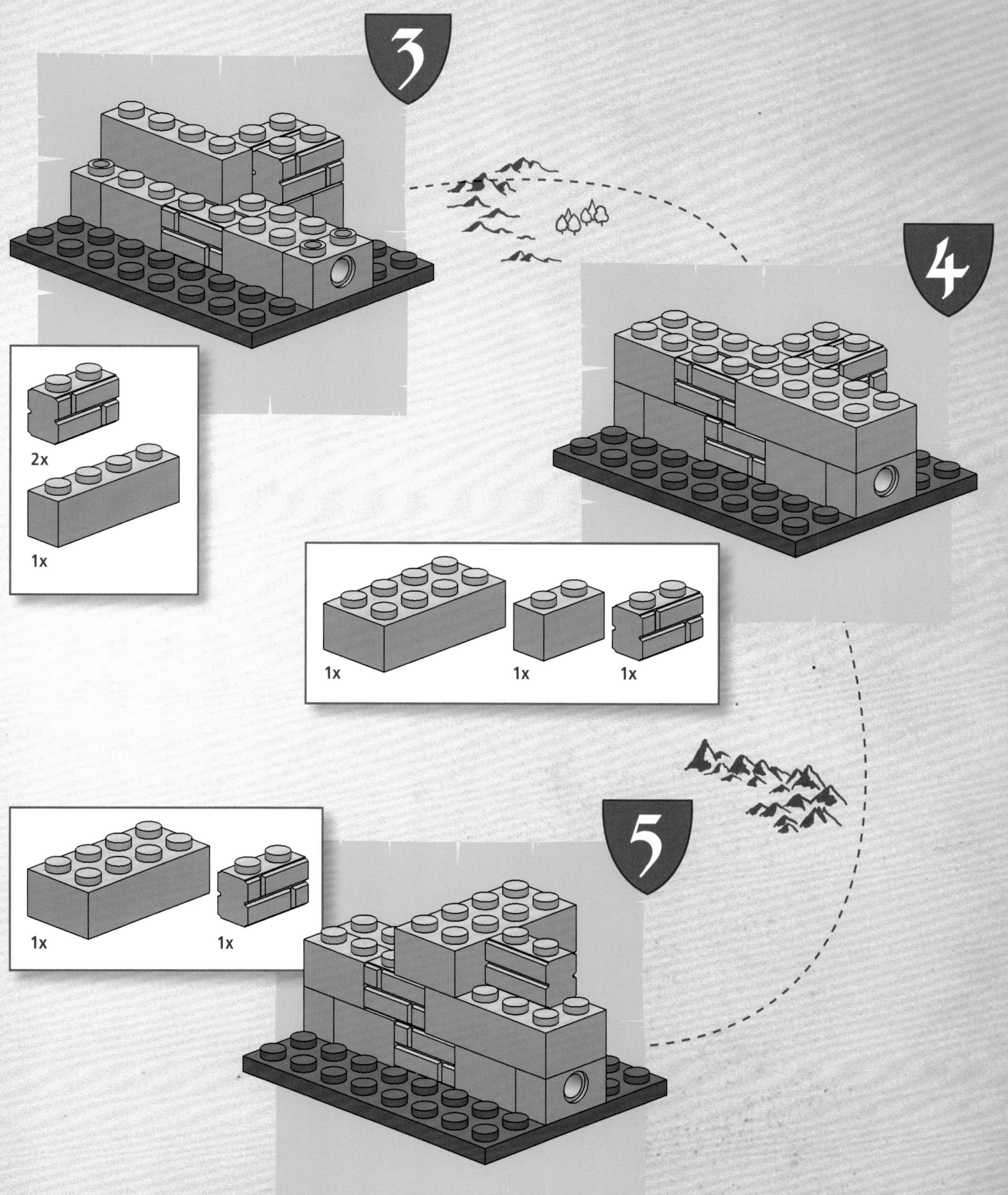
3
2x
1x
4
1x
1x
1x
5
1x
1x

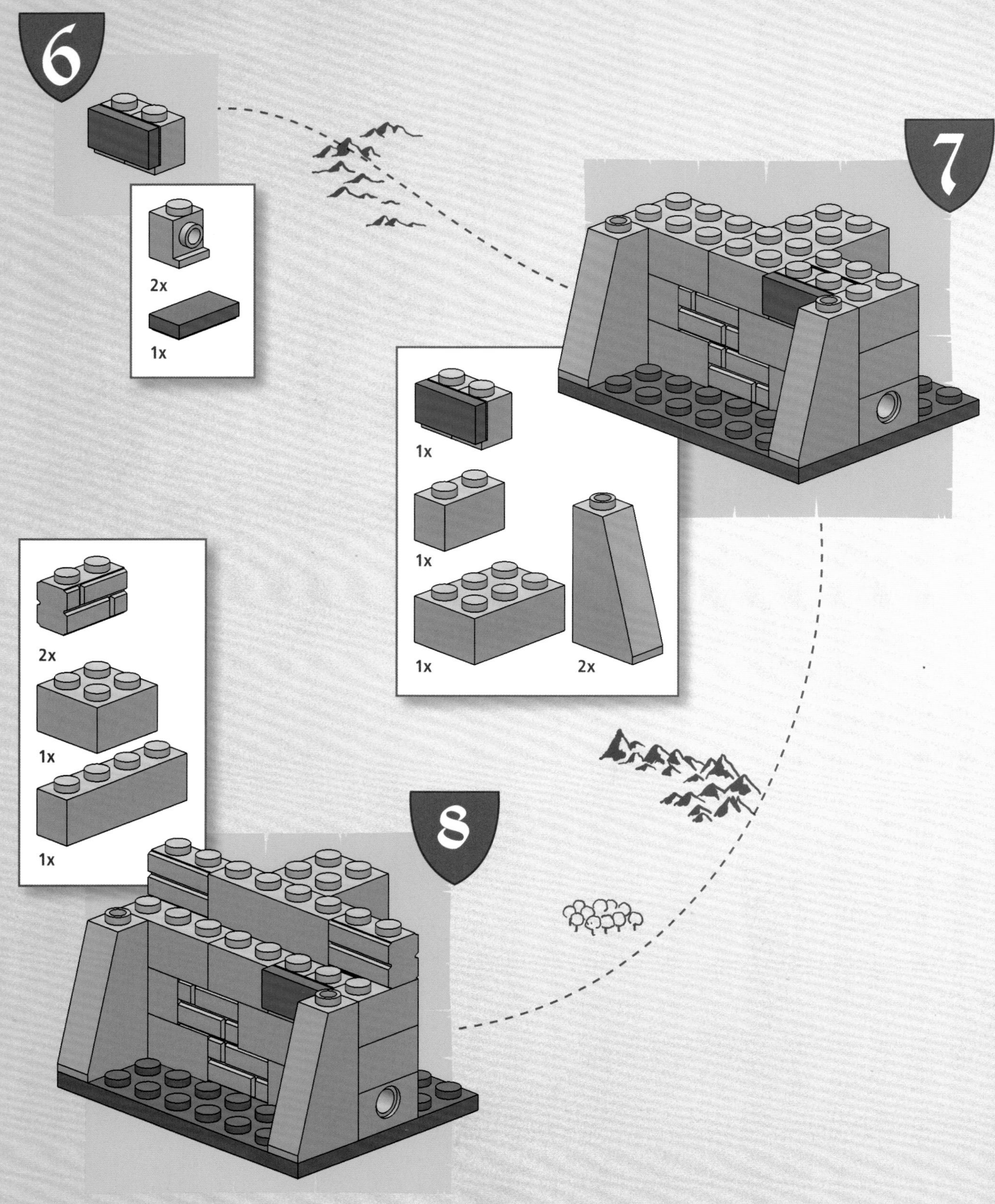
6
2x
1x
7
1x
1x
1x
2x
2x
1x
1x
8

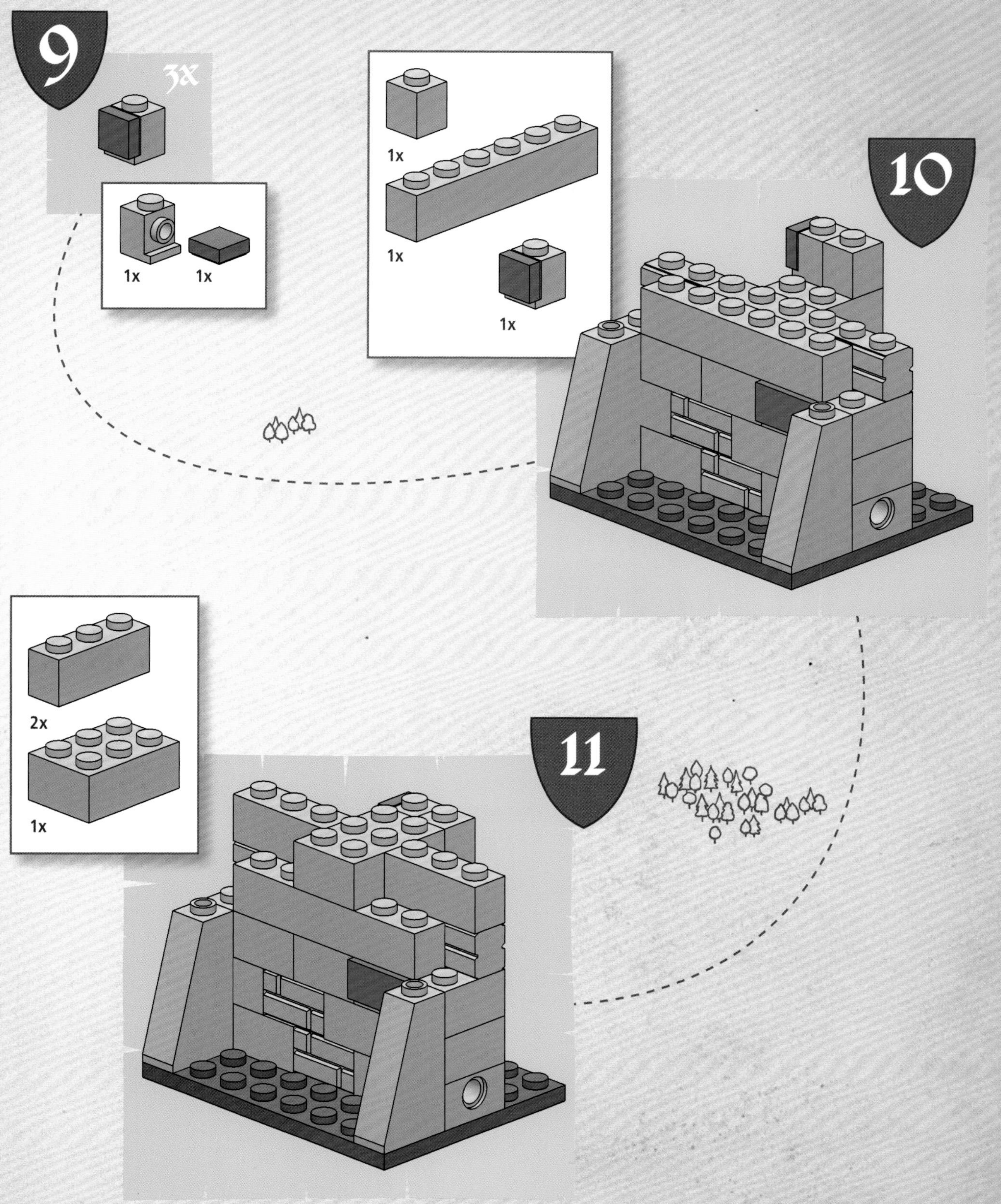
9
3x
1x
1x
1x
1x
1x
10
2x
1x
11

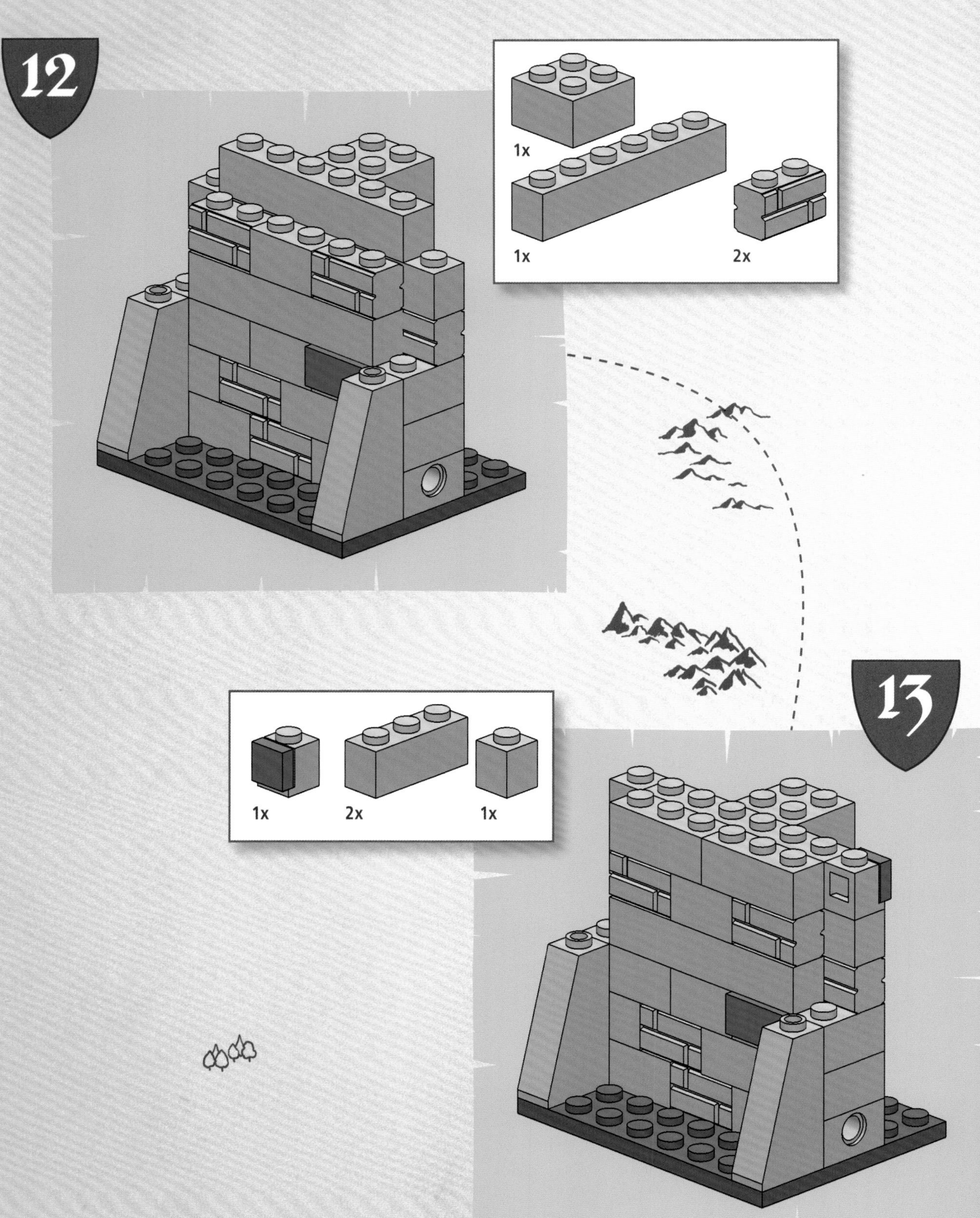
12
1x
1x
2x
1x
2x
1x
13

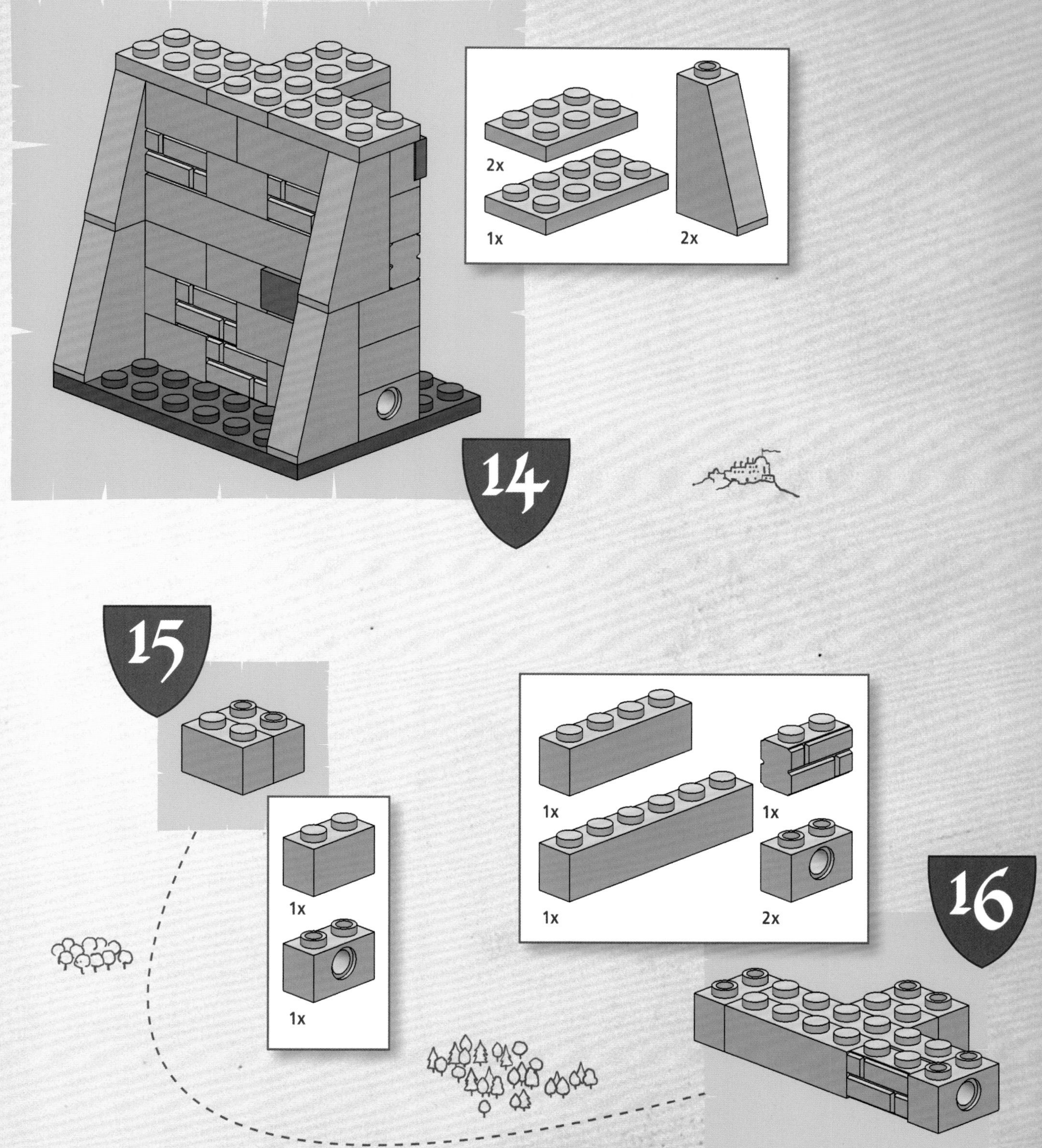
2x
1x
2x
14
15
1x
1x
1x
1x
1x
2x
16

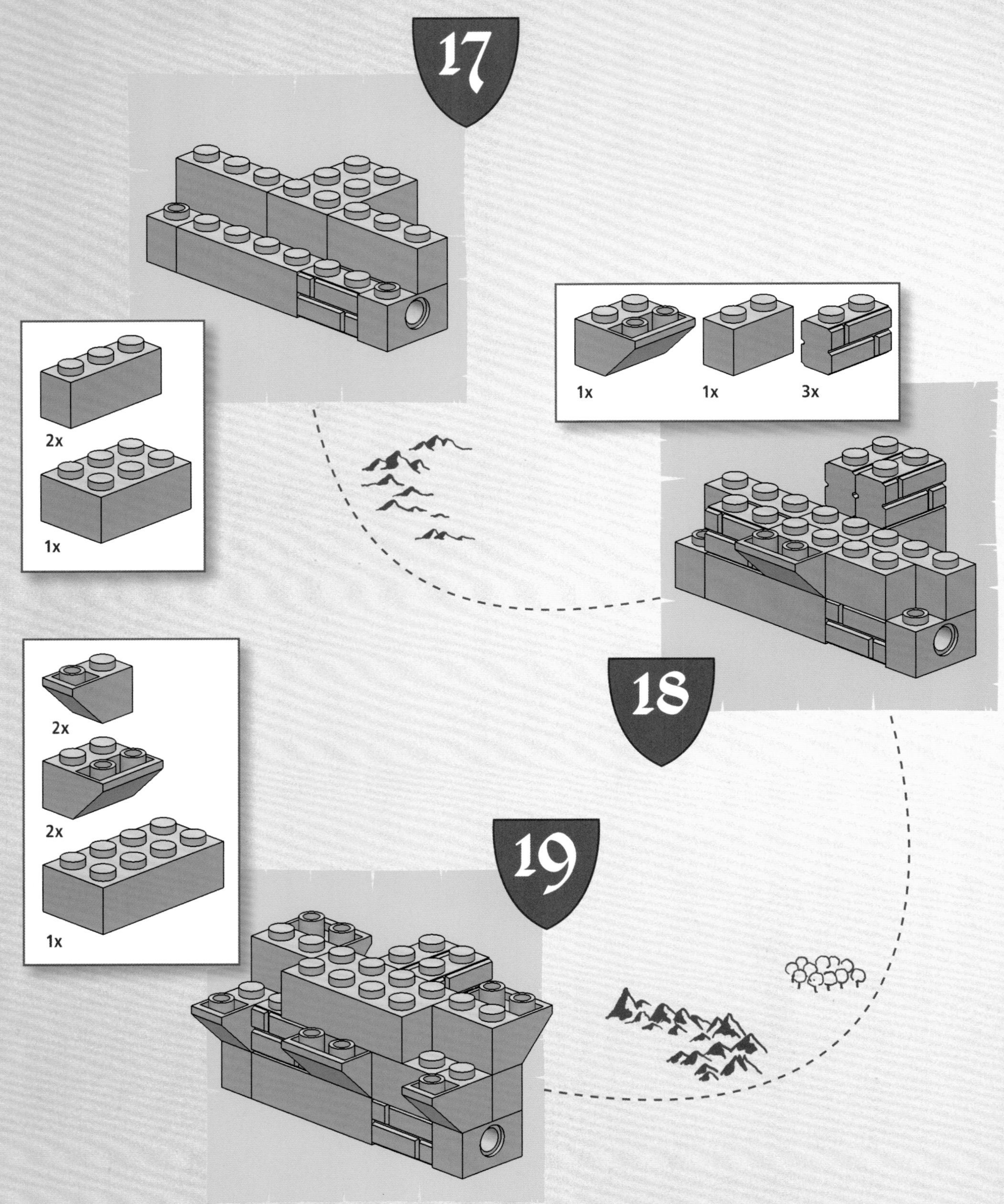
17
2x
1x
1x
1x
3x
18
2x
2x
1x
19

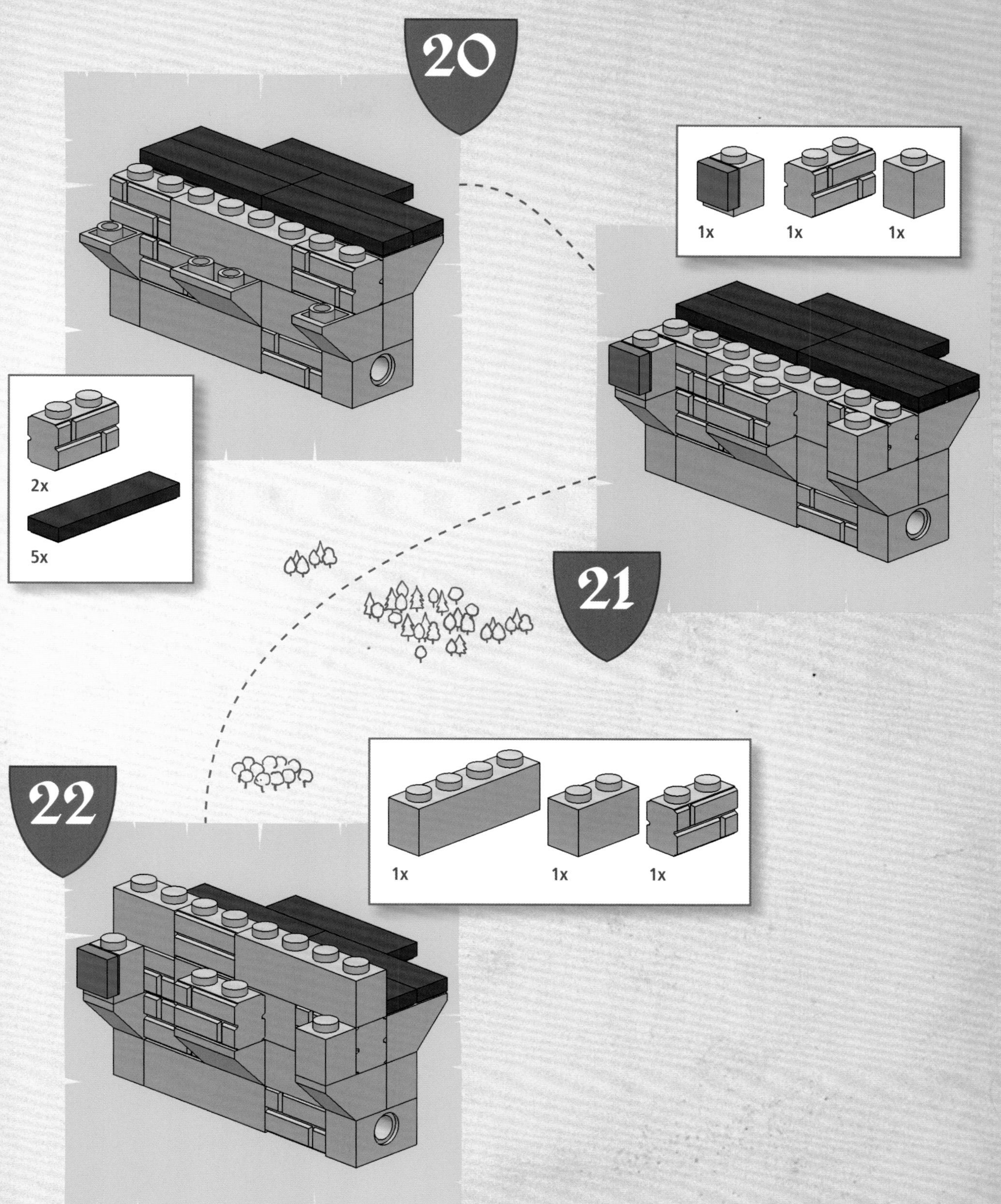
20
2x
5x
1x
1x
1x
21
22
1x
1x
1x

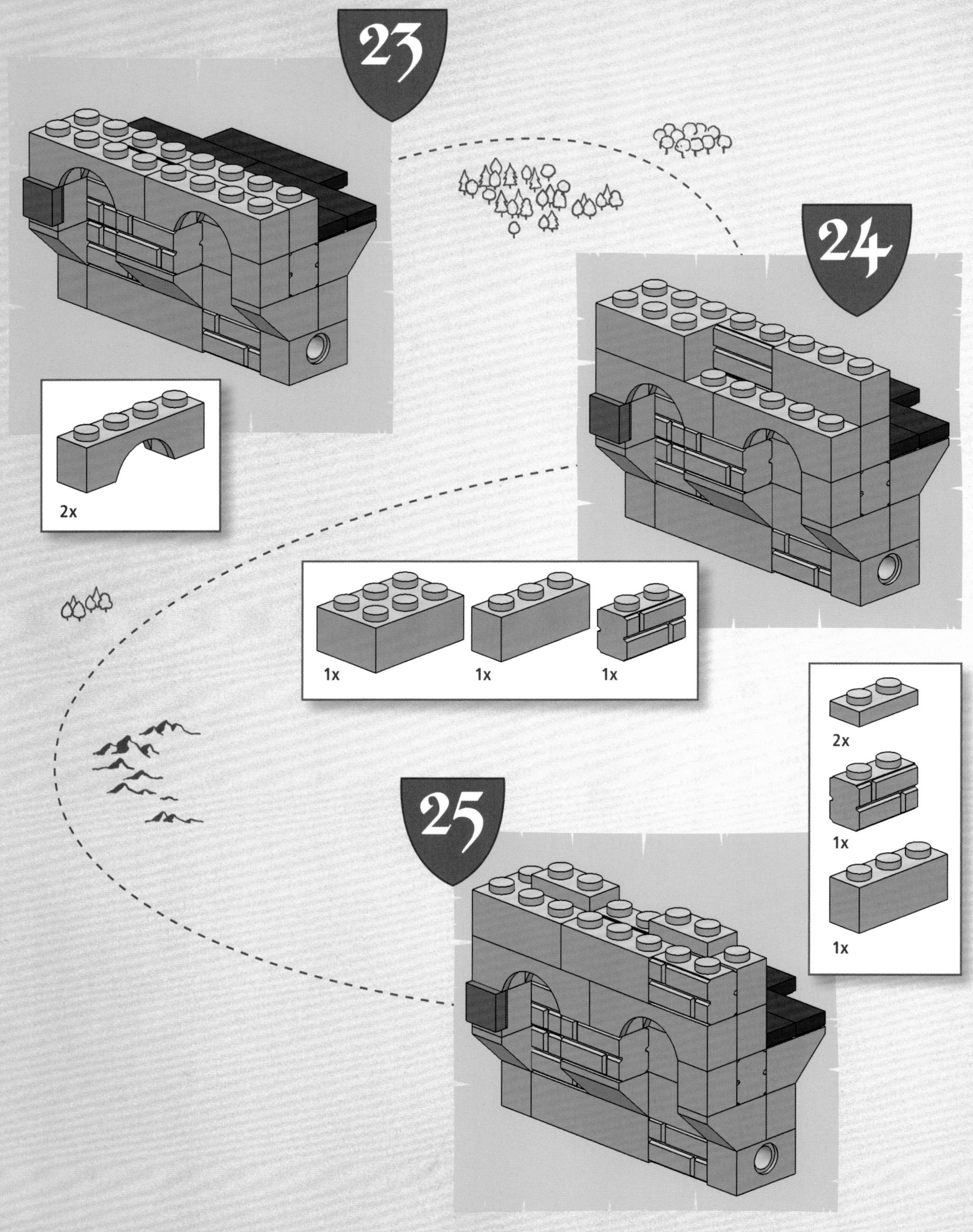
23
2x
24
1x
1x
1x
25
2x
1x
1x

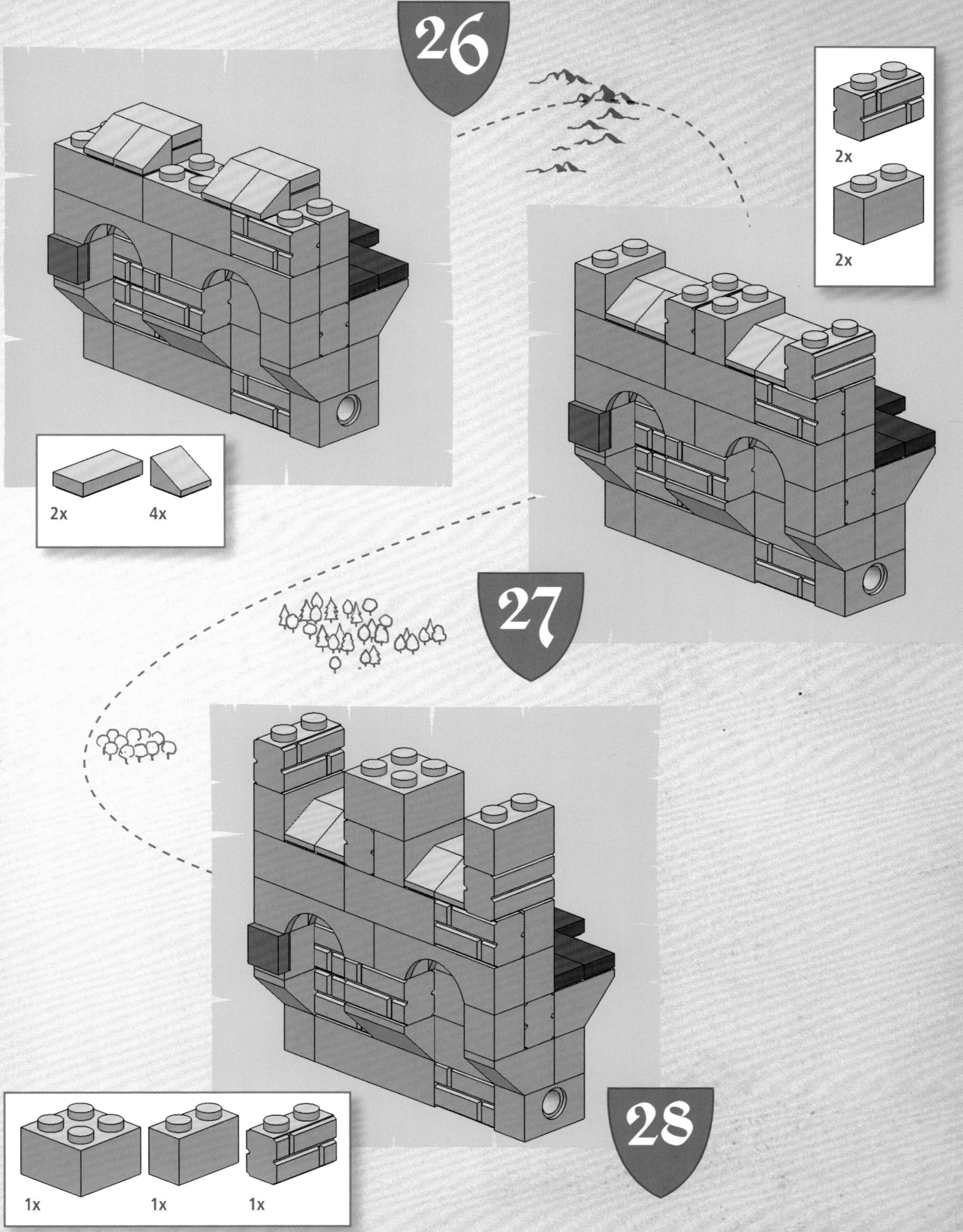
26
2x
4x
2x
2x
27
1x
1x
1x
28

1x
2x
29
30
2x

零件清单

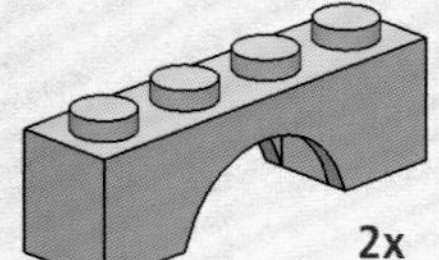
2x

3x

5x

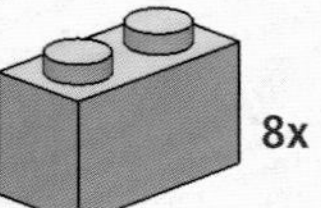
8x

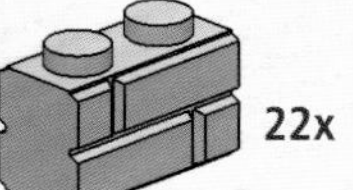
22x

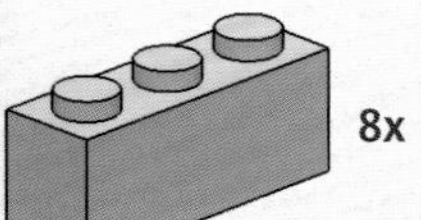
8x

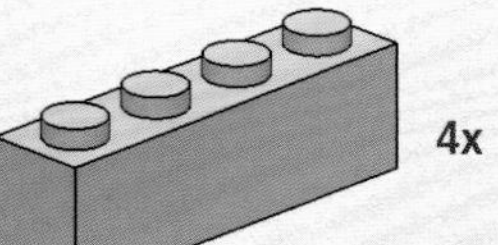
4x

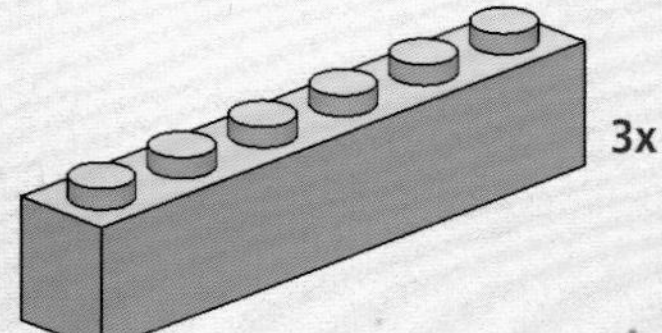
3x

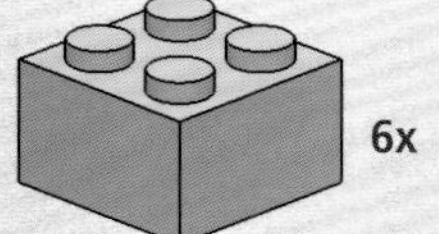
6x

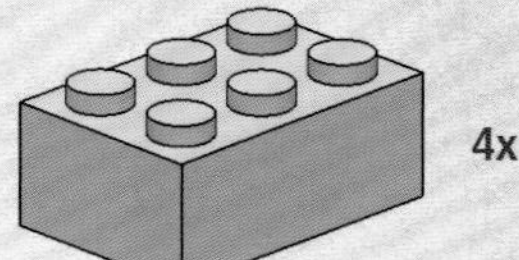
4x

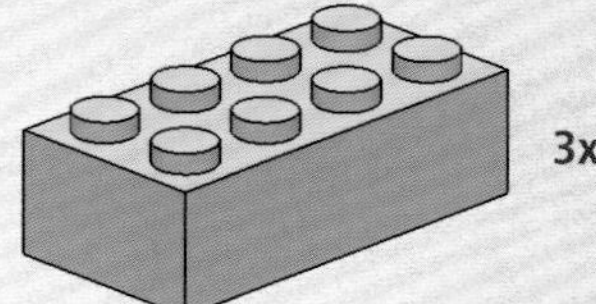
3x

2x

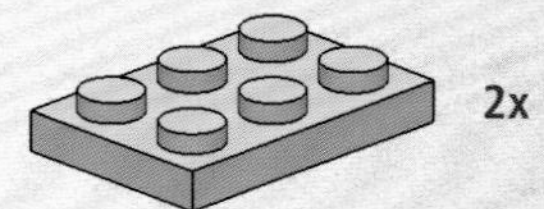
2x

1x

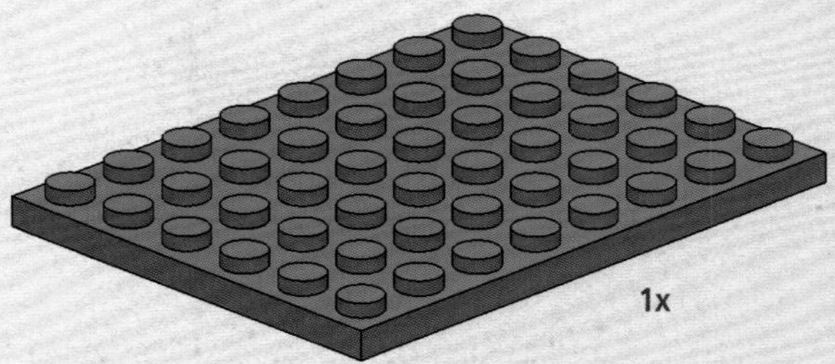
1x

4x

2x

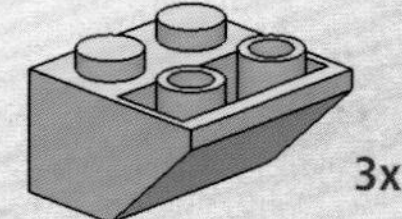
3x

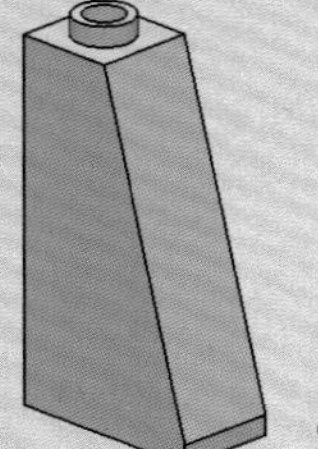

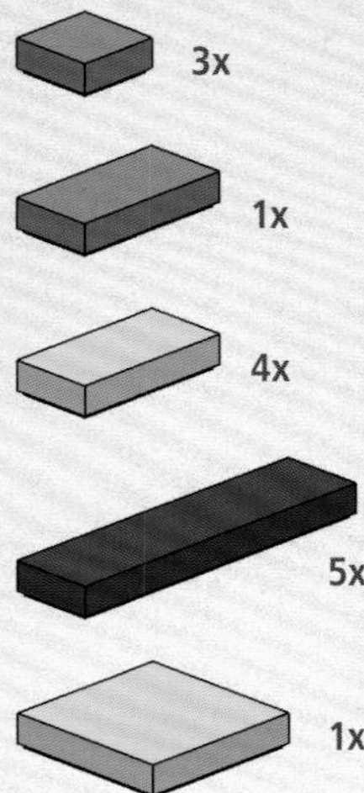

数量		颜色	零件编号	零件名称
2		浅蓝灰	3659	Arch 1 x 4
3		浅蓝灰	3005	Brick 1 x 1
5		浅蓝灰	4070	Brick 1 x 1 with Headlight
8		浅蓝灰	3004	Brick 1 x 2
22		浅蓝灰	98283	Brick 1 x 2 with Embossed Bricks
8		浅蓝灰	3622	Brick 1 x 3
4		浅蓝灰	3010	Brick 1 x 4
3		浅蓝灰	3009	Brick 1 x 6
6		浅蓝灰	3003	Brick 2 x 2
4		浅蓝灰	3002	Brick 2 x 3
3		浅蓝灰	3001	Brick 2 x 4
2		浅蓝灰	3023	Plate 1 x 2
2		浅蓝灰	3021	Plate 2 x 3
1		浅蓝灰	3020	Plate 2 x 4
1		绿	3036	Plate 6 x 8
4		浅蓝灰	54200	Slope Brick 31 1 x 1 x 2/3
2		浅蓝灰	3665	Slope Brick 45 2 x 1 Inverted
3		浅蓝灰	3660	Slope Brick 45 2 x 2 Inverted
4		浅蓝灰	4460	Slope Brick 75 2 x 1 x 3
6		浅蓝灰	3700	Technic Brick 1 x 2 with Hole
2		黑	2780	Technic Pin with Friction and Slots
3		深蓝灰	3070b	Tile 1 x 1 with Groove
1		深蓝灰	3069b	Tile 1 x 2 with Groove
4		浅蓝灰	3069b	Tile 1 x 2 with Groove
5		红棕	2431	Tile 1 x 4 with Groove
1		浅蓝灰	3068b	Tile 2 x 2 with Groove

墙墩

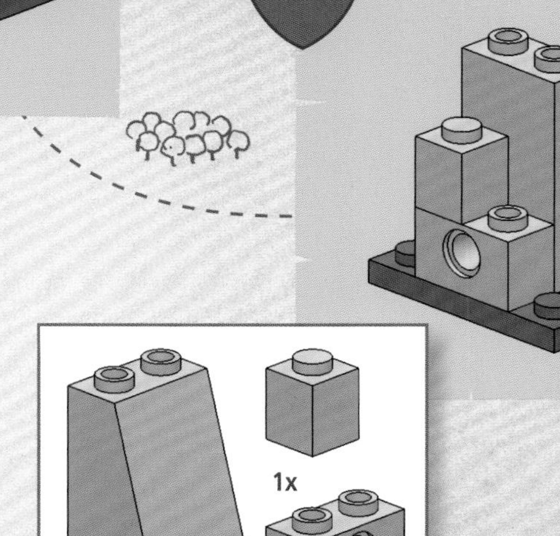

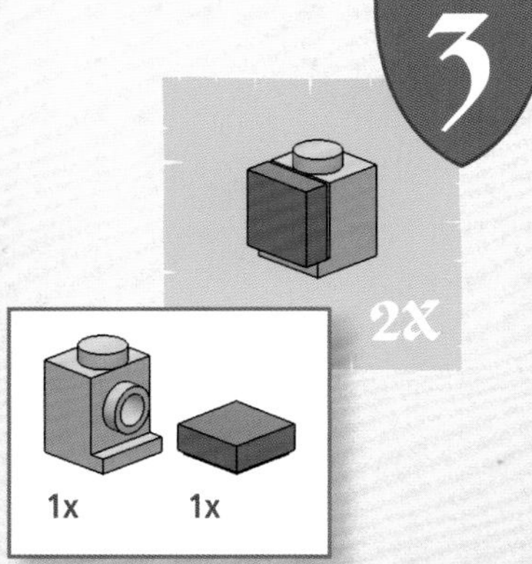

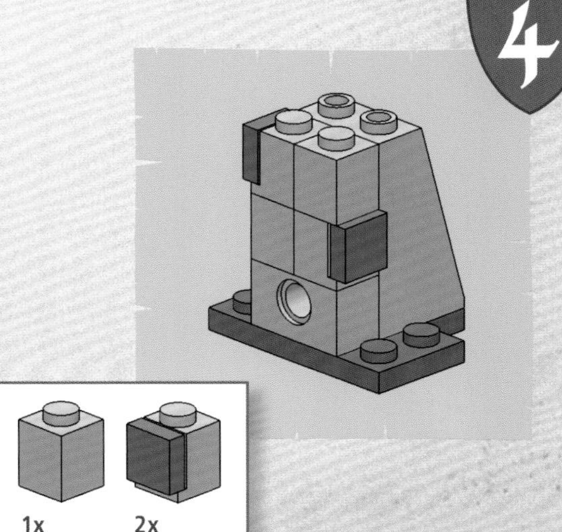

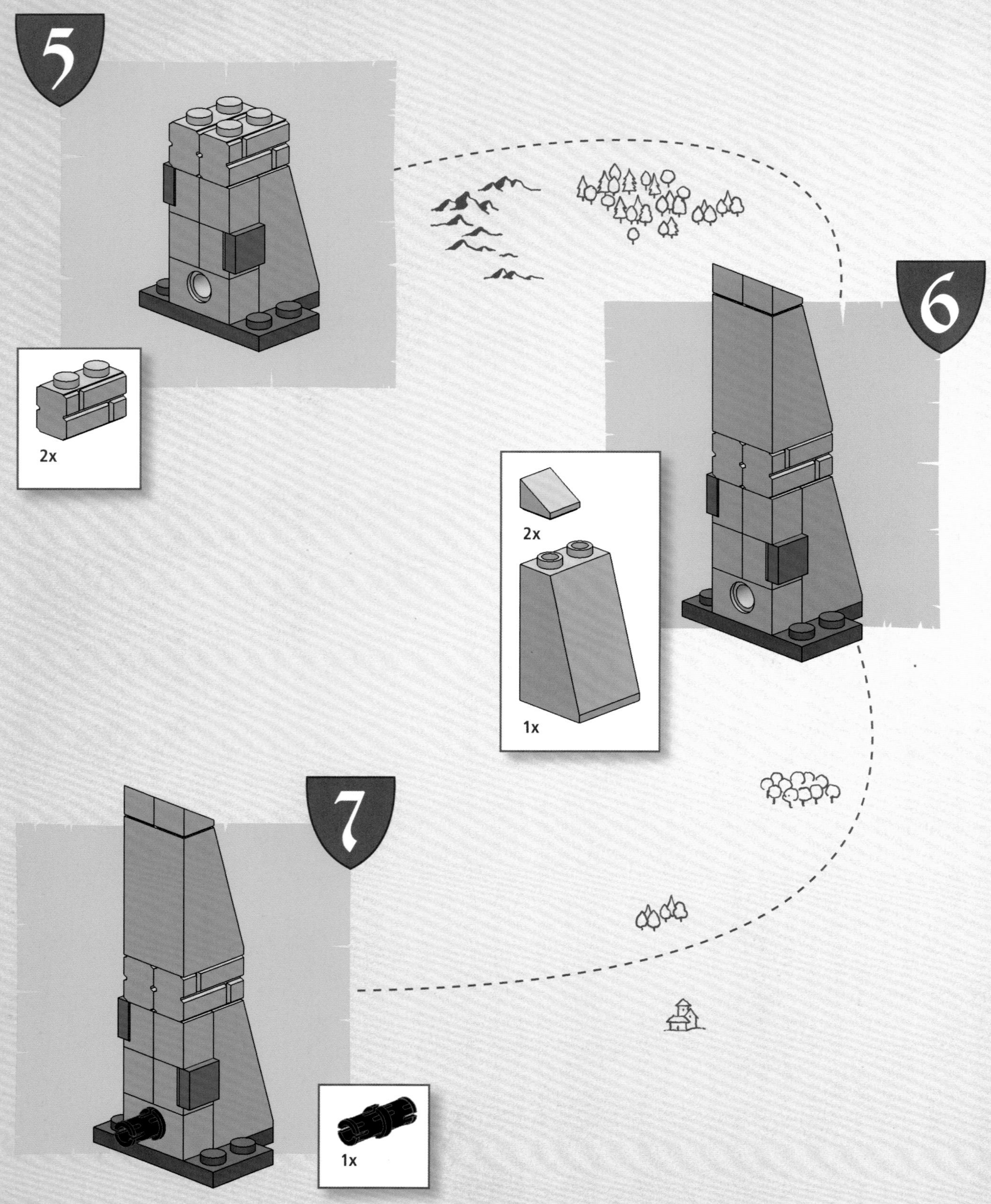
5
2x
6
2x
1x
7
1x

零件清单

2x

2x

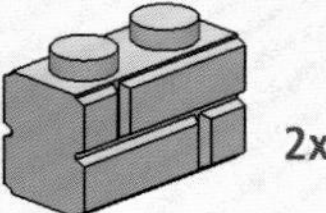
2x

1x

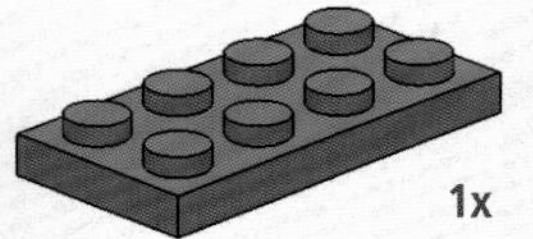
1x

2x

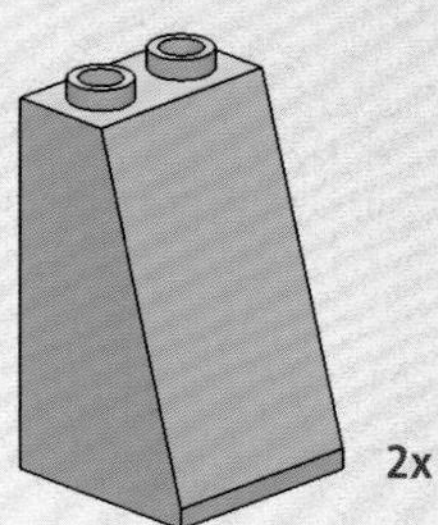
2x

1x

1x

2x

数量		颜色	零件编号	零件名称
2		浅蓝灰	3005	Brick 1 x 1
2		浅蓝灰	4070	Brick 1 x 1 with Headlight
2		浅蓝灰	98283	Brick 1 x 2 with Embossed Bricks
1		绿	3023	Plate 1 x 2
1		绿	3020	Plate 2 x 4
2		浅蓝灰	54200	Slope Brick 31 1 x 1 x 2/3
2		浅蓝灰	3684	Slope Brick 75 2 x 2 x 3
1		浅蓝灰	3700	Technic Brick 1 x 2 with Hole
1		黑	2780	Technic Pin with Friction and Slots
2		深蓝灰	3070b	Tile 1 x 1 with Groove

石阶

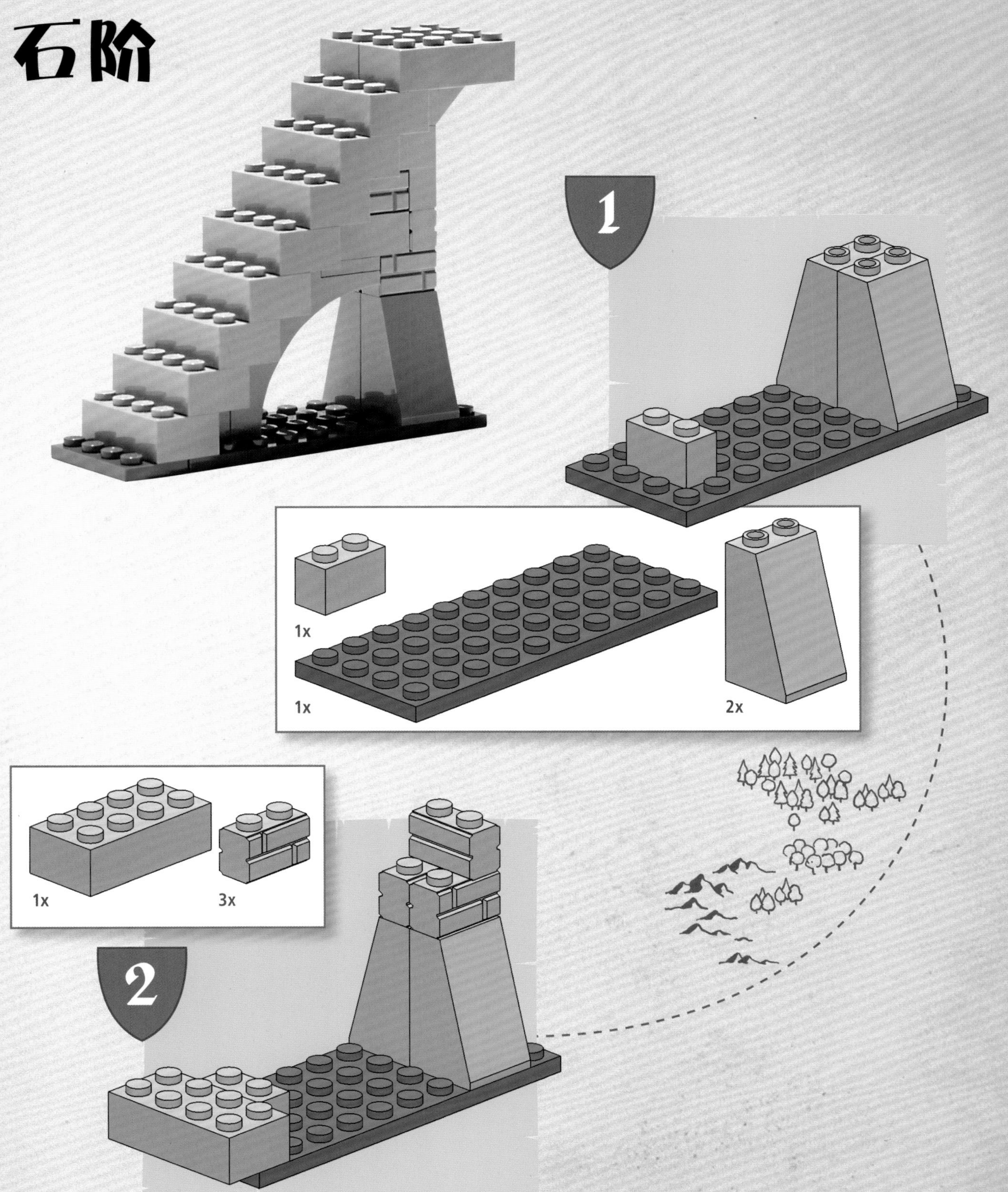

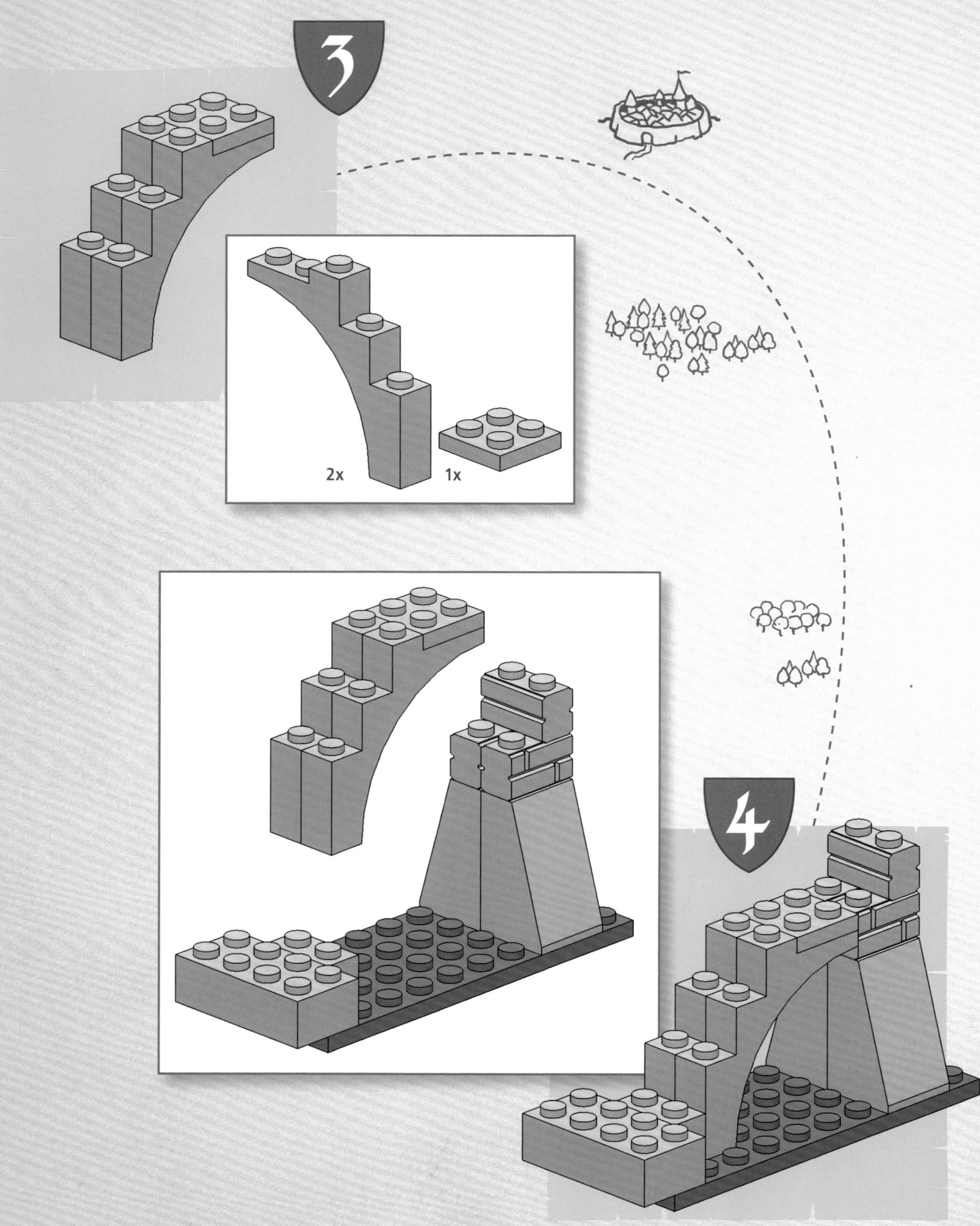
3
2x
1x
4

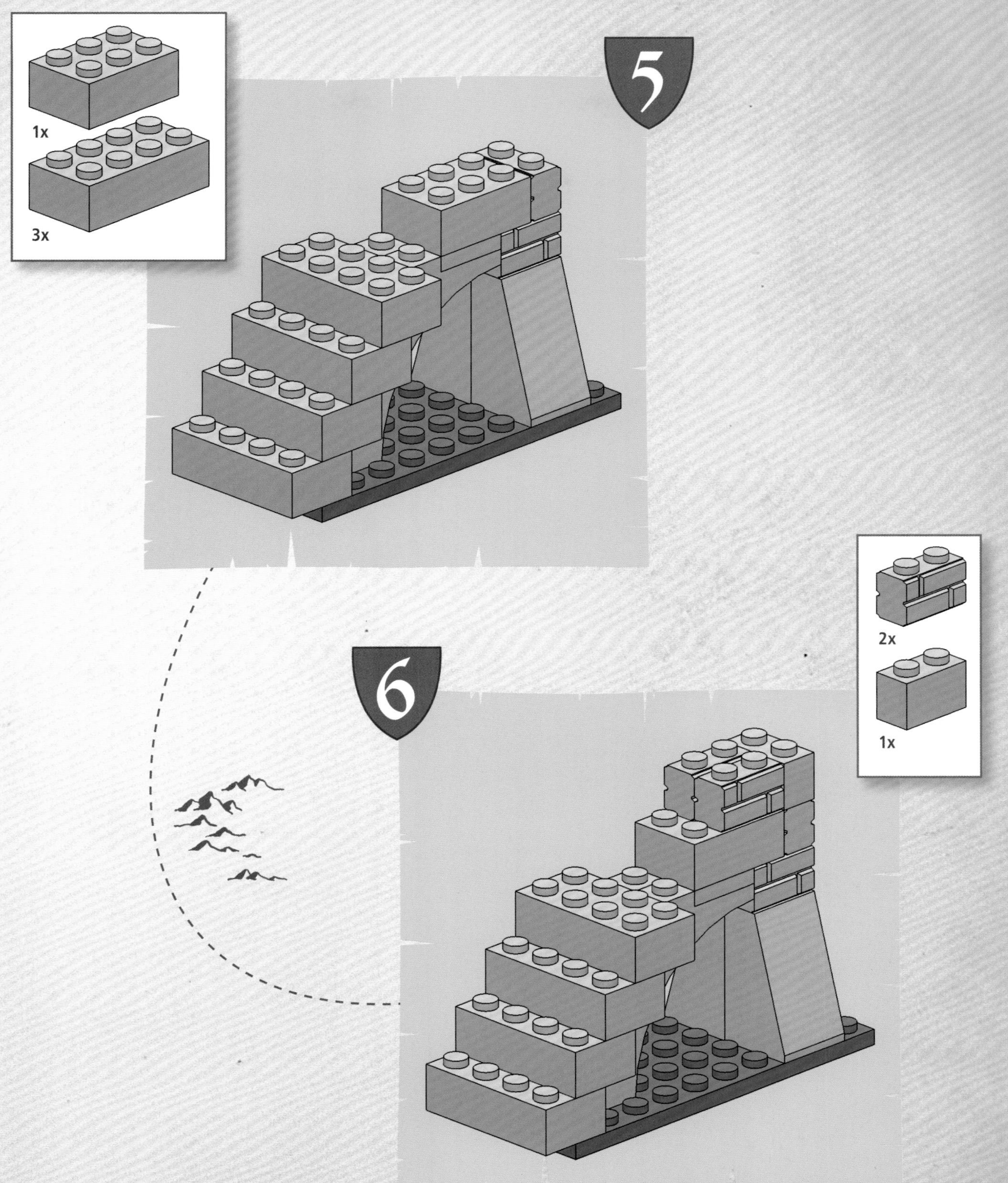
1x
3x
5
2x
1x
6

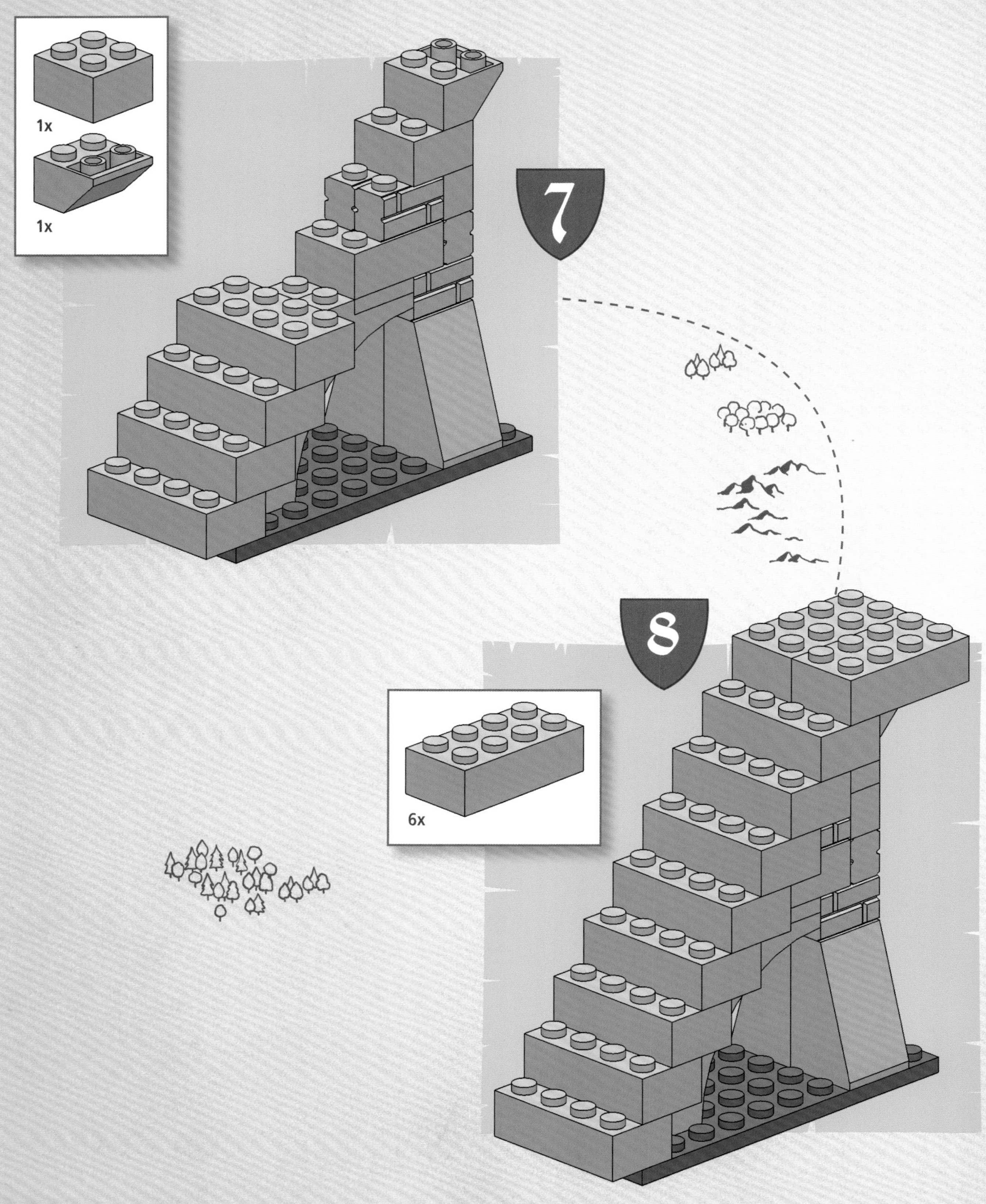
1x
1x
7
8
6x

零件清单

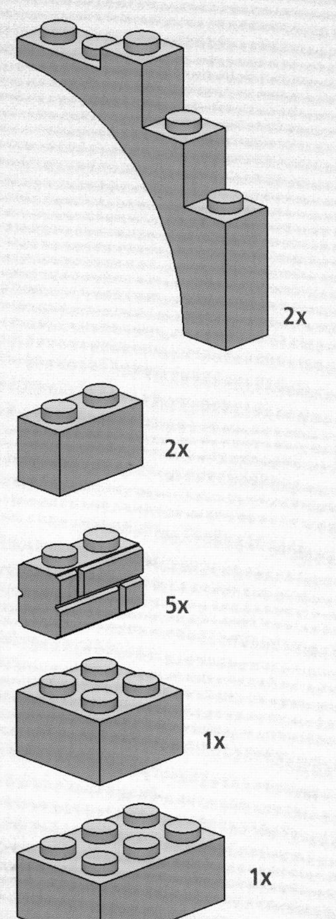

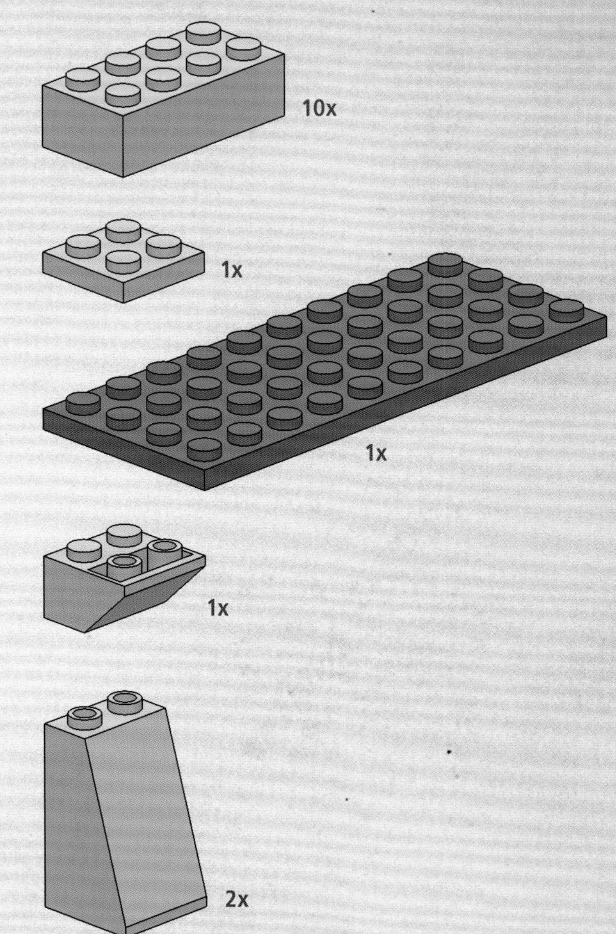

数量		颜色	零件编号	零件名称
2		浅蓝灰	2339	Arch 1 x 5 x 4
2		浅蓝灰	3004	Brick 1 x 2
5		浅蓝灰	98283	Brick 1 x 2 with Embossed Bricks
1		浅蓝灰	3003	Brick 2 x 2
1		浅蓝灰	3002	Brick 2 x 3
10		浅蓝灰	3001	Brick 2 x 4
1		浅蓝灰	3022	Plate 2 x 2
1		绿	3030	Plate 4 x 10
1		浅蓝灰	3660	Slope Brick 45 2 x 2 Inverted
2		浅蓝灰	30499	Slope Brick 75 2 x 2 x 3

塔楼底座

1

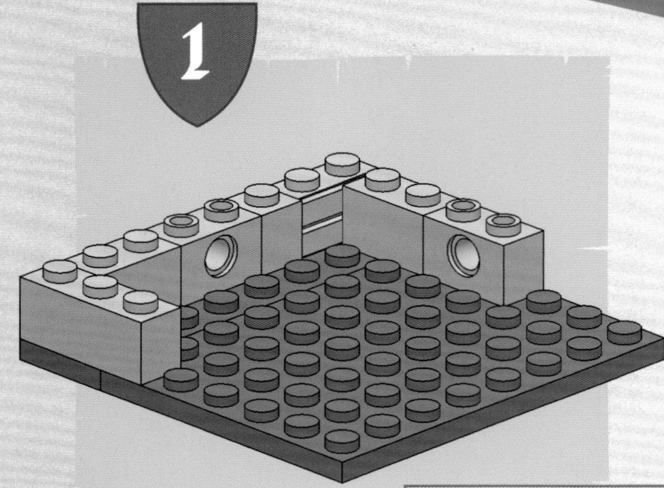

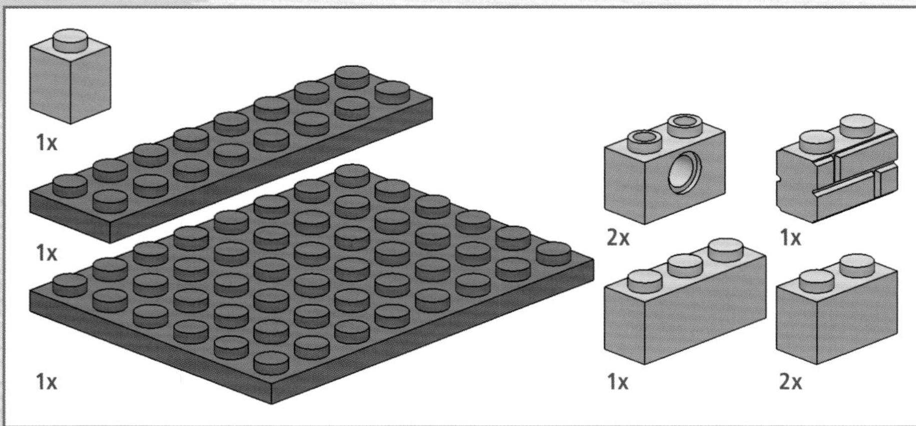

2
2X
2x
1x
3
1x
2x
2x
2x
2x
1x
4
1x
1x
1x
1x
1x
1x
2x
2x

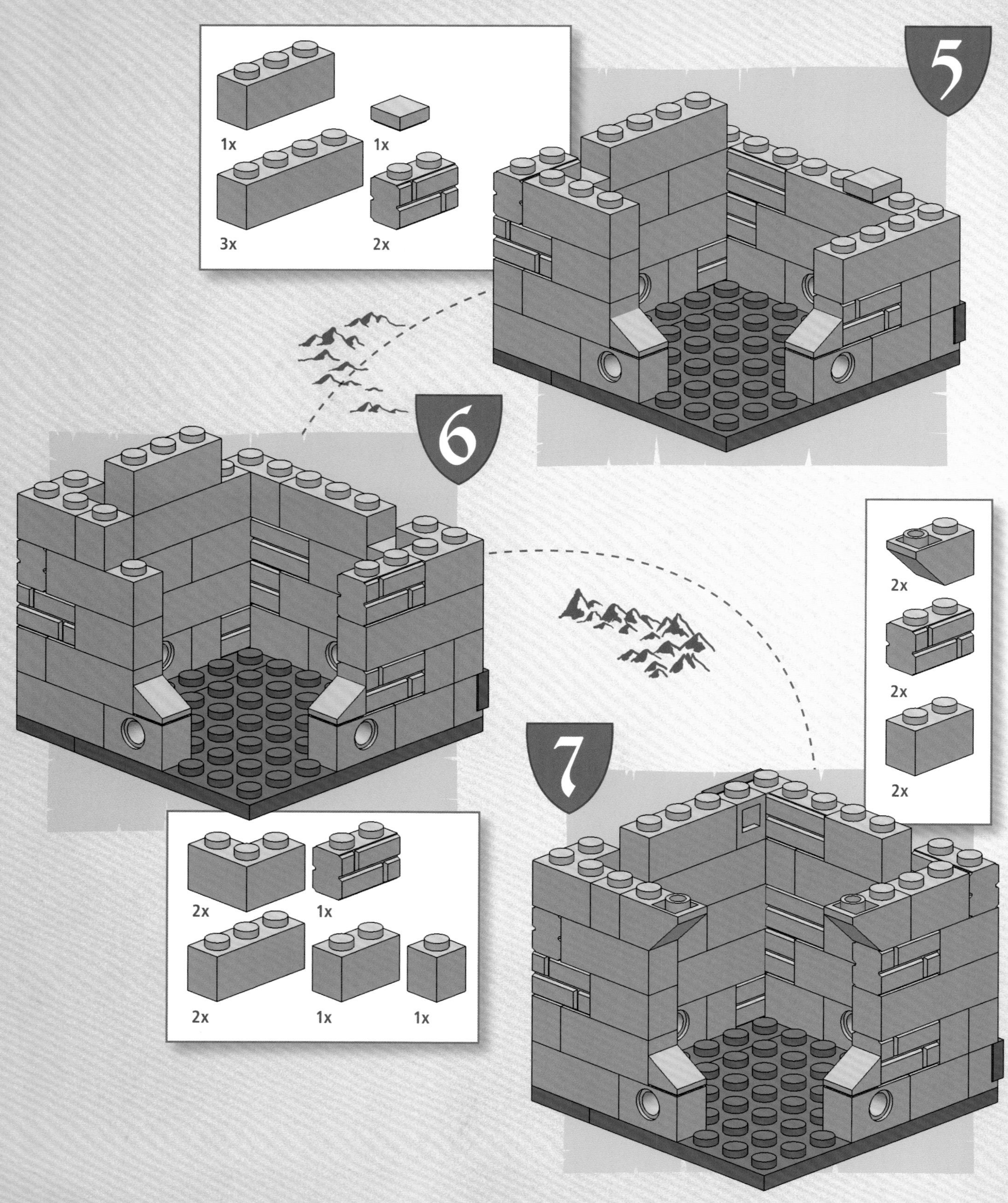
5
1x
1x
3x
2x
6
2x
1x
2x
1x
1x
7
2x
2x
2x

8
2x
3x
1x
2x
1x
9
2x
2x

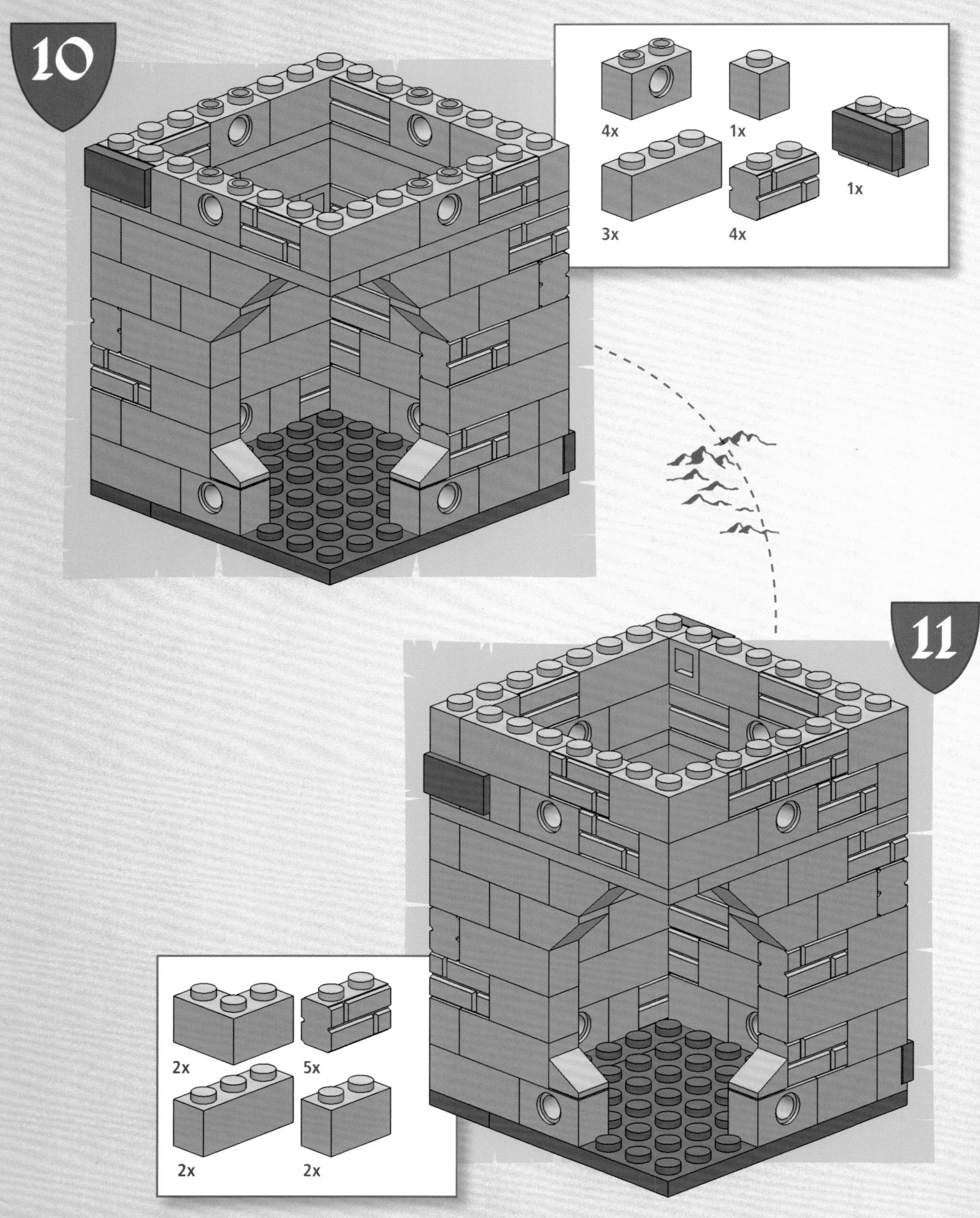

10
4x
1x
3x
4x
1x
11
2x
5x
2x
2x

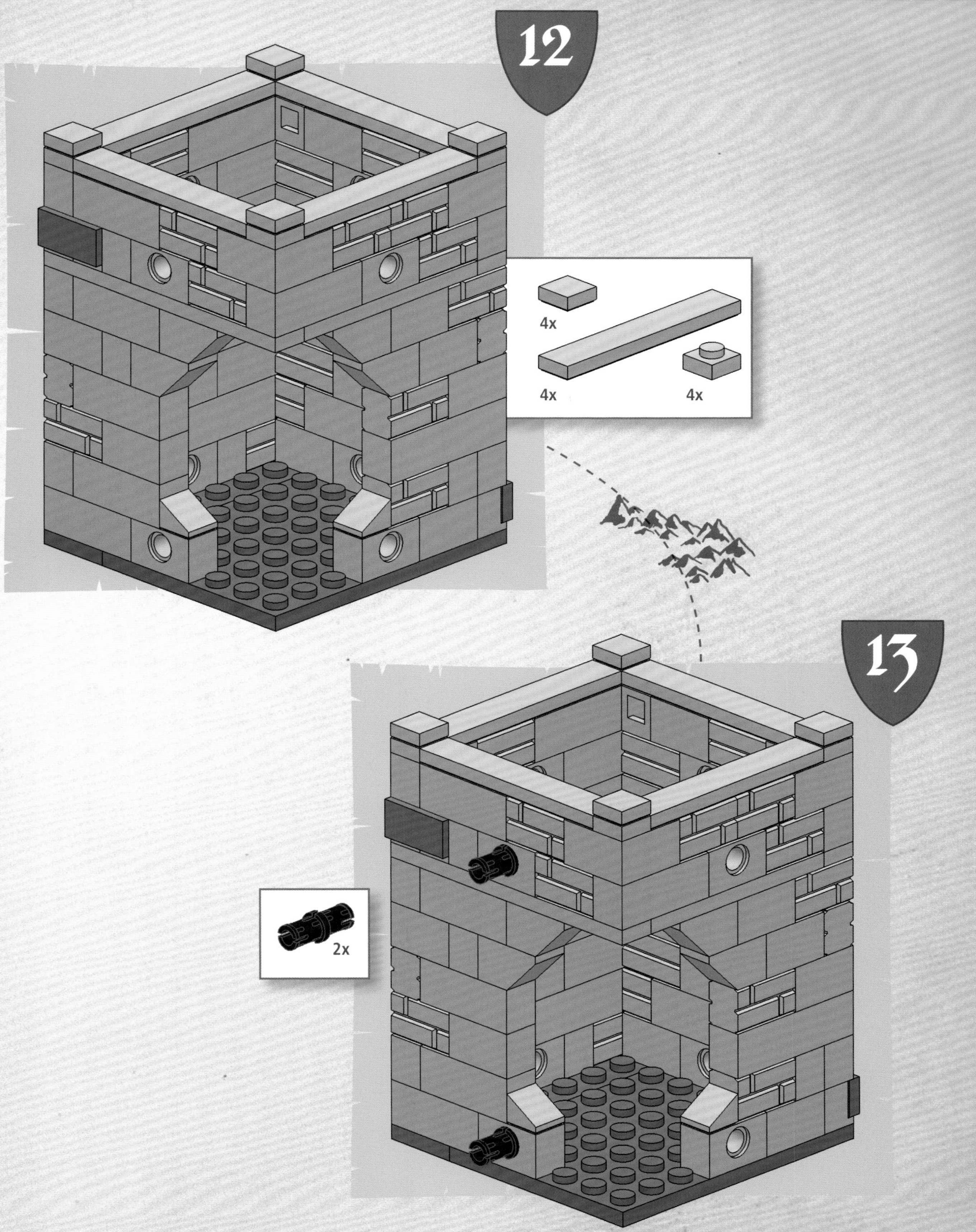
12
4x
4x
4x
13
2x

零件清单

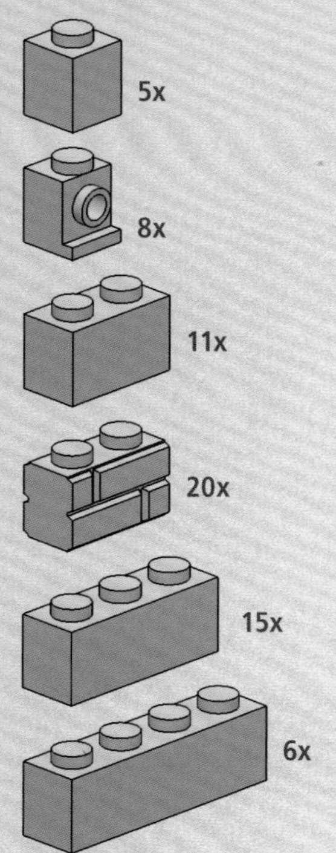

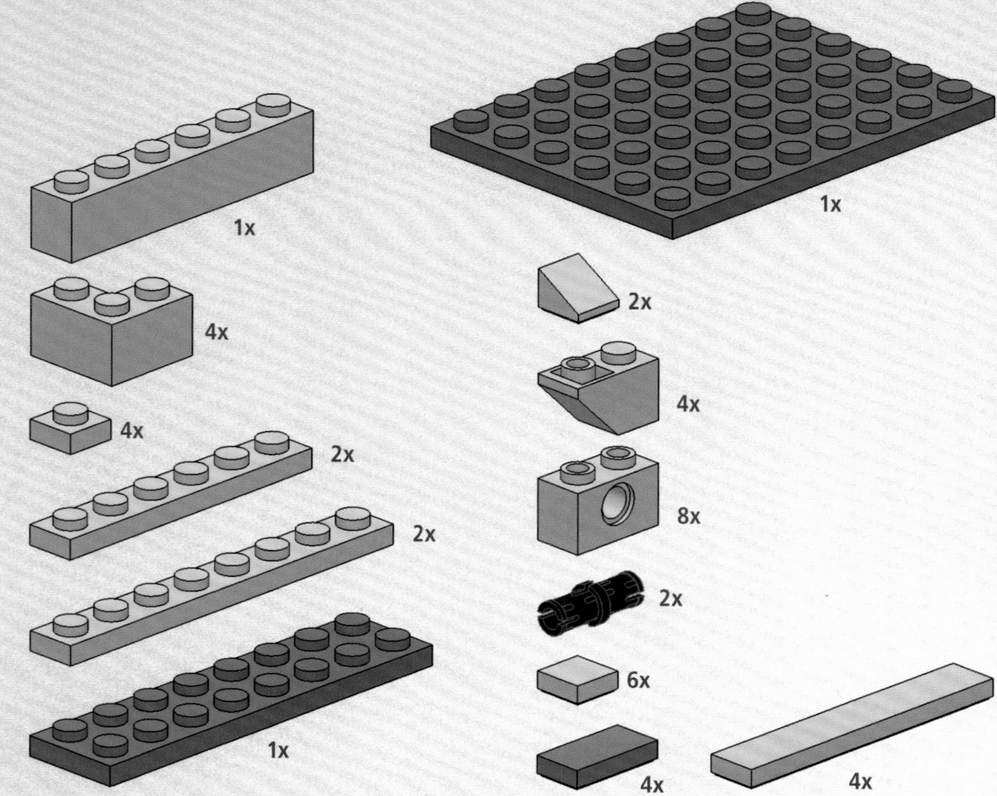

数量		颜色	零件编号	零件名称
5		浅蓝灰	3005	Brick 1 x 1
8		浅蓝灰	4070	Brick 1 x 1 with Headlight
11		浅蓝灰	3004	Brick 1 x 2
20		浅蓝灰	98283	Brick 1 x 2 with Embossed Bricks
15		浅蓝灰	3622	Brick 1 x 3
6		浅蓝灰	3010	Brick 1 x 4
1		浅蓝灰	3009	Brick 1 x 6
4		浅蓝灰	2357	Brick 2 x 2 Corner
4		浅蓝灰	3024	Plate 1 x 1
2		浅蓝灰	3666	Plate 1 x 6
2		浅蓝灰	3460	Plate 1 x 8
1		绿	3034	Plate 2 x 8
1		绿	3036	Plate 6 x 8
2		浅蓝灰	54200	Slope Brick 31 1 x 1 x 2/3
4		浅蓝灰	3665	Slope Brick 45 2 x 1 Inverted
8		浅蓝灰	3700	Technic Brick 1 x 2 with Hole
2		黑	2780	Technic Pin with Friction and Slots
6		浅蓝灰	3070b	Tile 1 x 1 with Groove
4		深蓝灰	3069b	Tile 1 x 2 with Groove
4		浅蓝灰	6636	Tile 1 x 6

塔楼中部

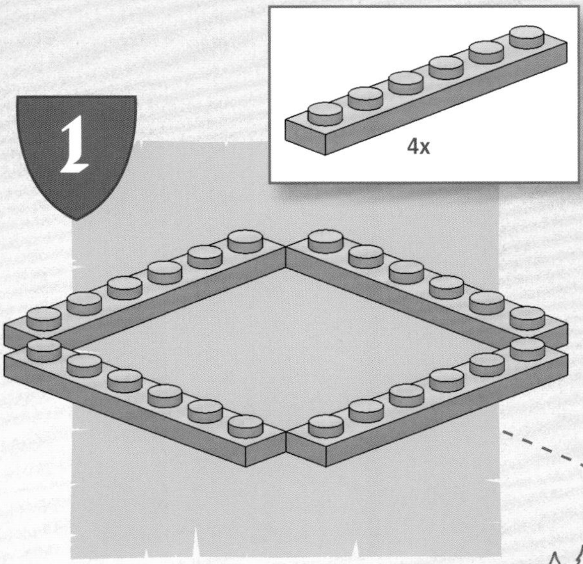

1

4x

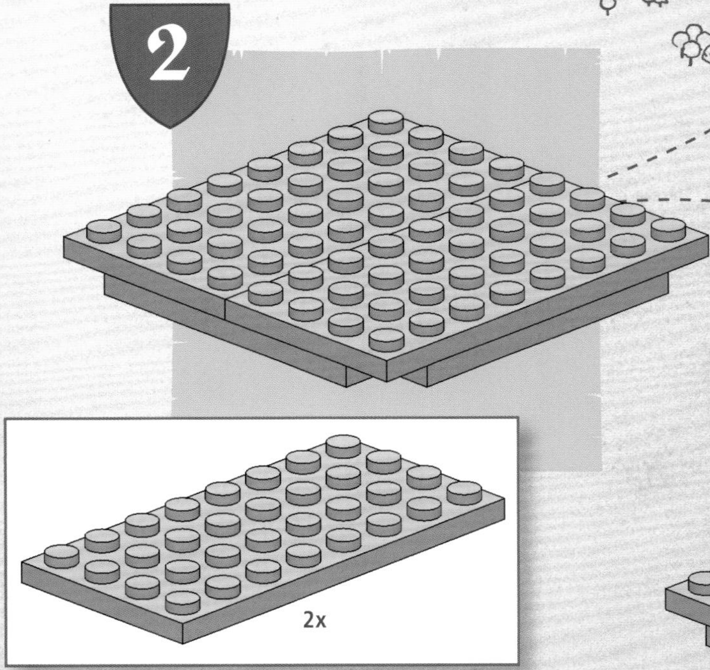

2

2x

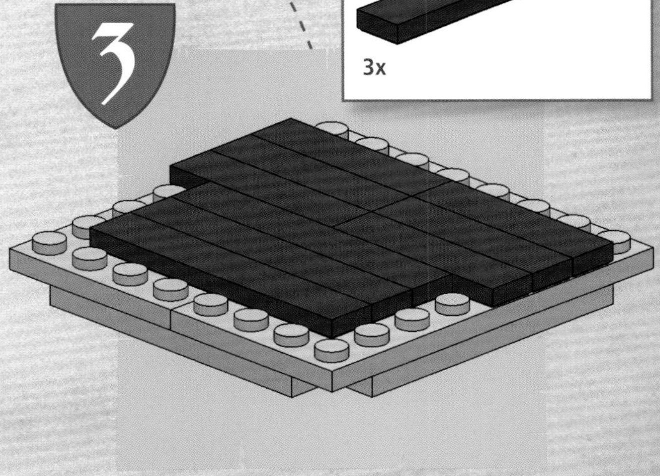

3

6x

3x

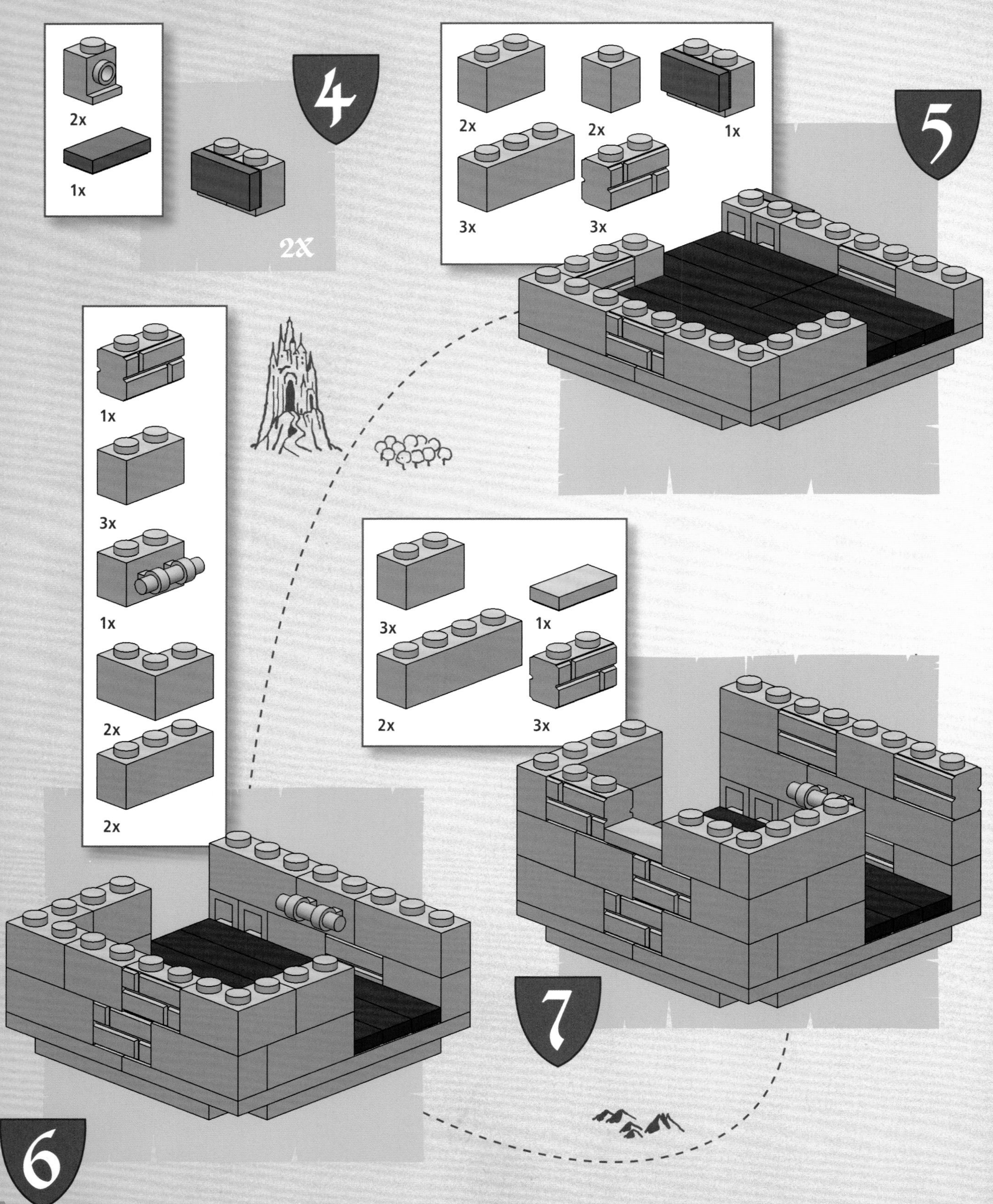
4
2x
1x
2x
5
2x
2x
1x
3x
3x
1x
3x
1x
2x
2x
6
3x
1x
2x
3x
7

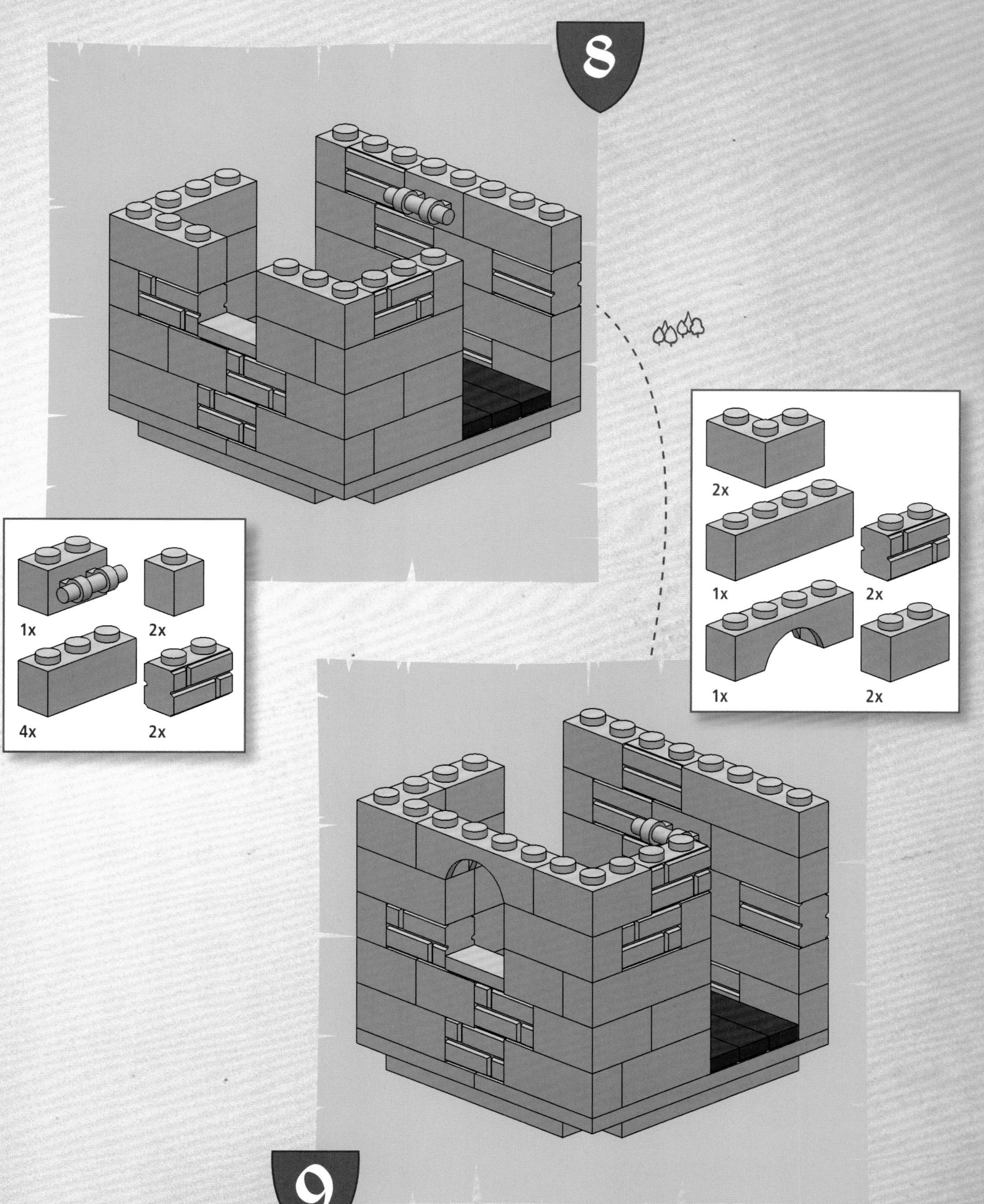
8
1x
2x
4x
2x
2x
1x
2x
1x
2x
9

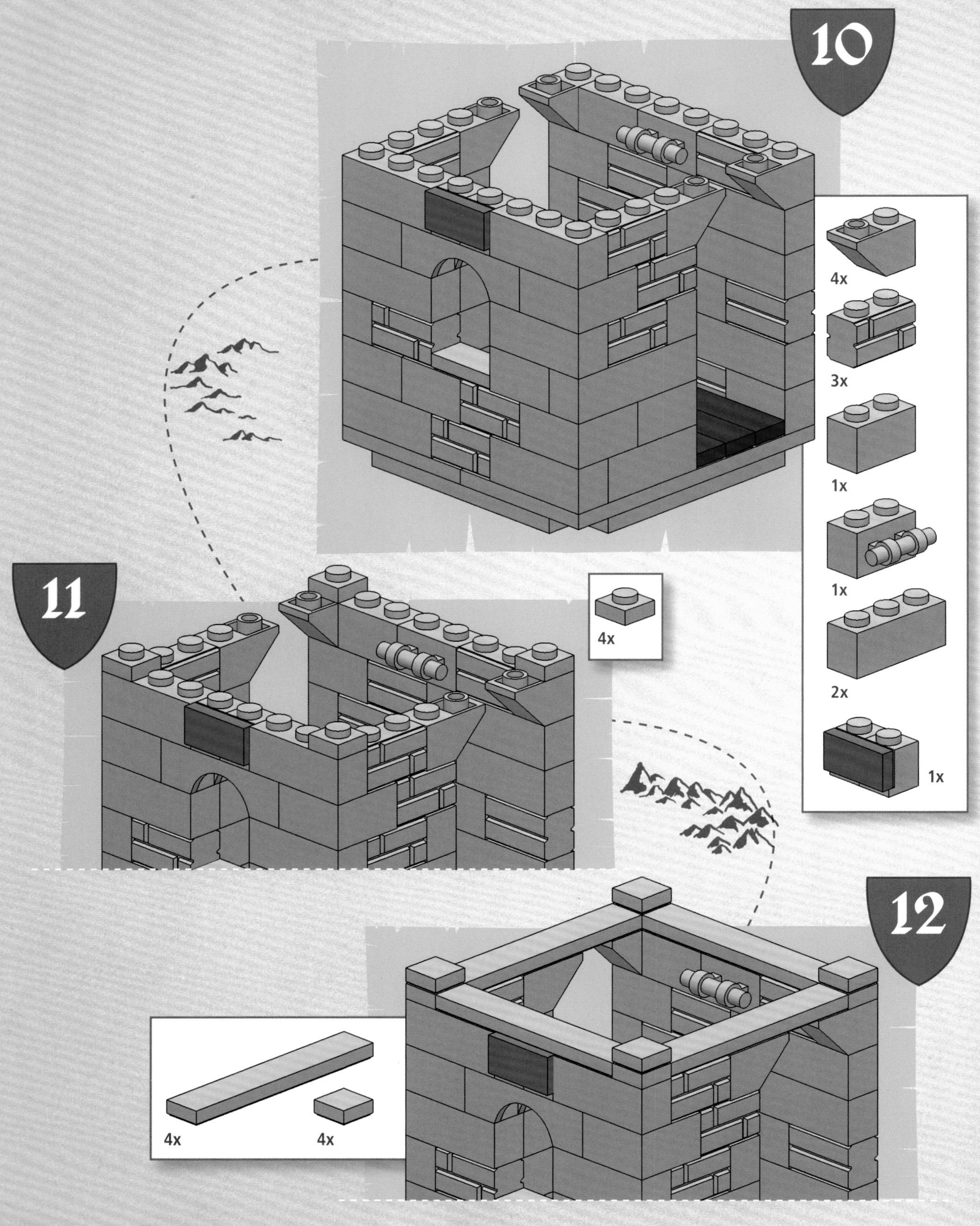
10
4x
3x
1x
1x
2x
1x
11
4x
12
4x
4x

零件清单

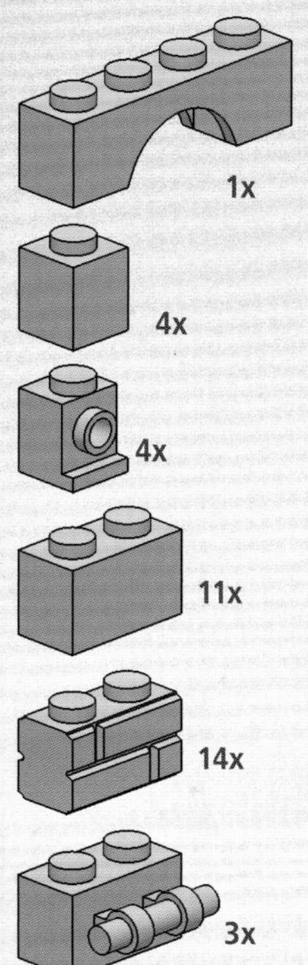

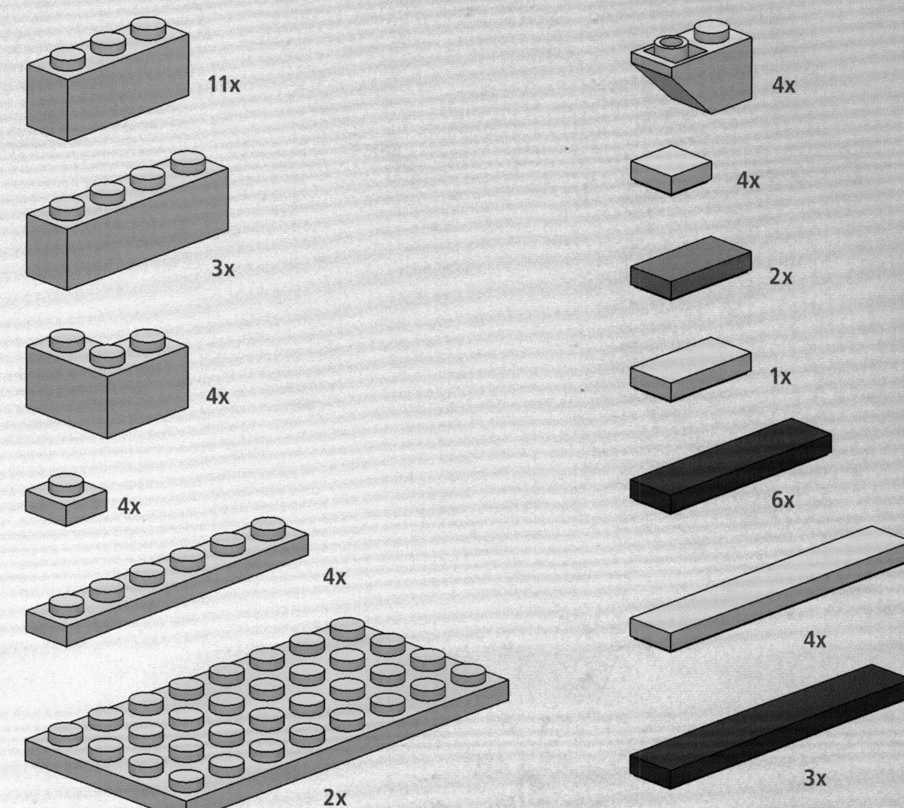

数量		颜色	零件编号	零件名称
1		浅蓝灰	3659	Arch 1 x 4
4		浅蓝灰	3005	Brick 1 x 1
4		浅蓝灰	4070	Brick 1 x 1 with Headlight
11		浅蓝灰	3004	Brick 1 x 2
14		浅蓝灰	98283	Brick 1 x 2 with Embossed Bricks
3		浅蓝灰	30236	Brick 1 x 2 with Handle
11		浅蓝灰	3622	Brick 1 x 3
3		浅蓝灰	3010	Brick 1 x 4
4		浅蓝灰	2357	Brick 2 x 2 Corner
4		浅蓝灰	3024	Plate 1 x 1
4		浅蓝灰	3666	Plate 1 x 6
2		浅蓝灰	3035	Plate 4 x 8
4		浅蓝灰	3665	Slope Brick 45 2 x 1 Inverted
4		浅蓝灰	3070b	Tile 1 x 1 with Groove
2		深蓝灰	3069b	Tile 1 x 2 with Groove
1		浅蓝灰	3069b	Tile 1 x 2 with Groove
6		红棕	2431	Tile 1 x 4 with Groove
4		浅蓝灰	6636	Tile 1 x 6
3		红棕	6636	Tile 1 x 6

塔楼顶部

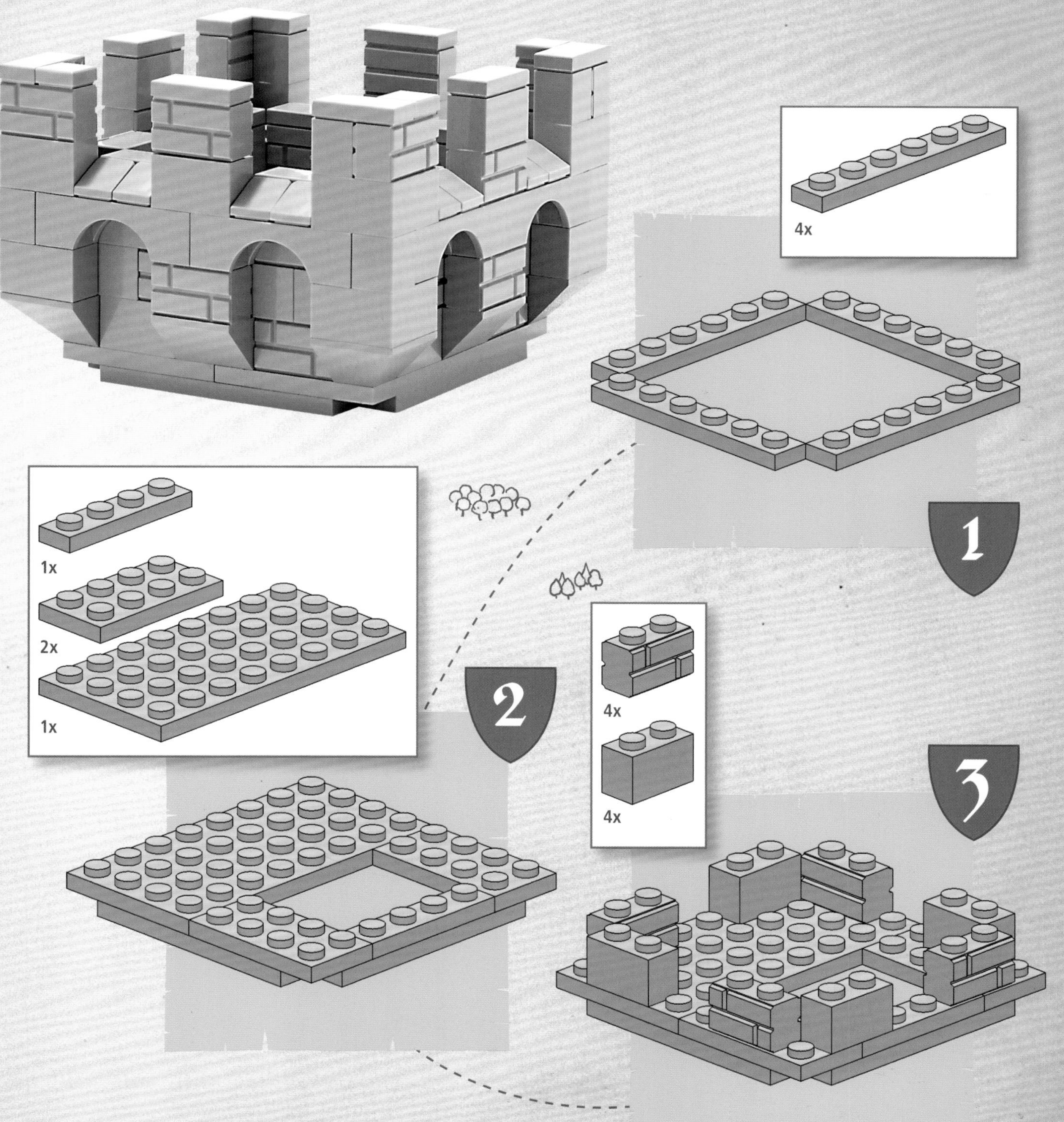

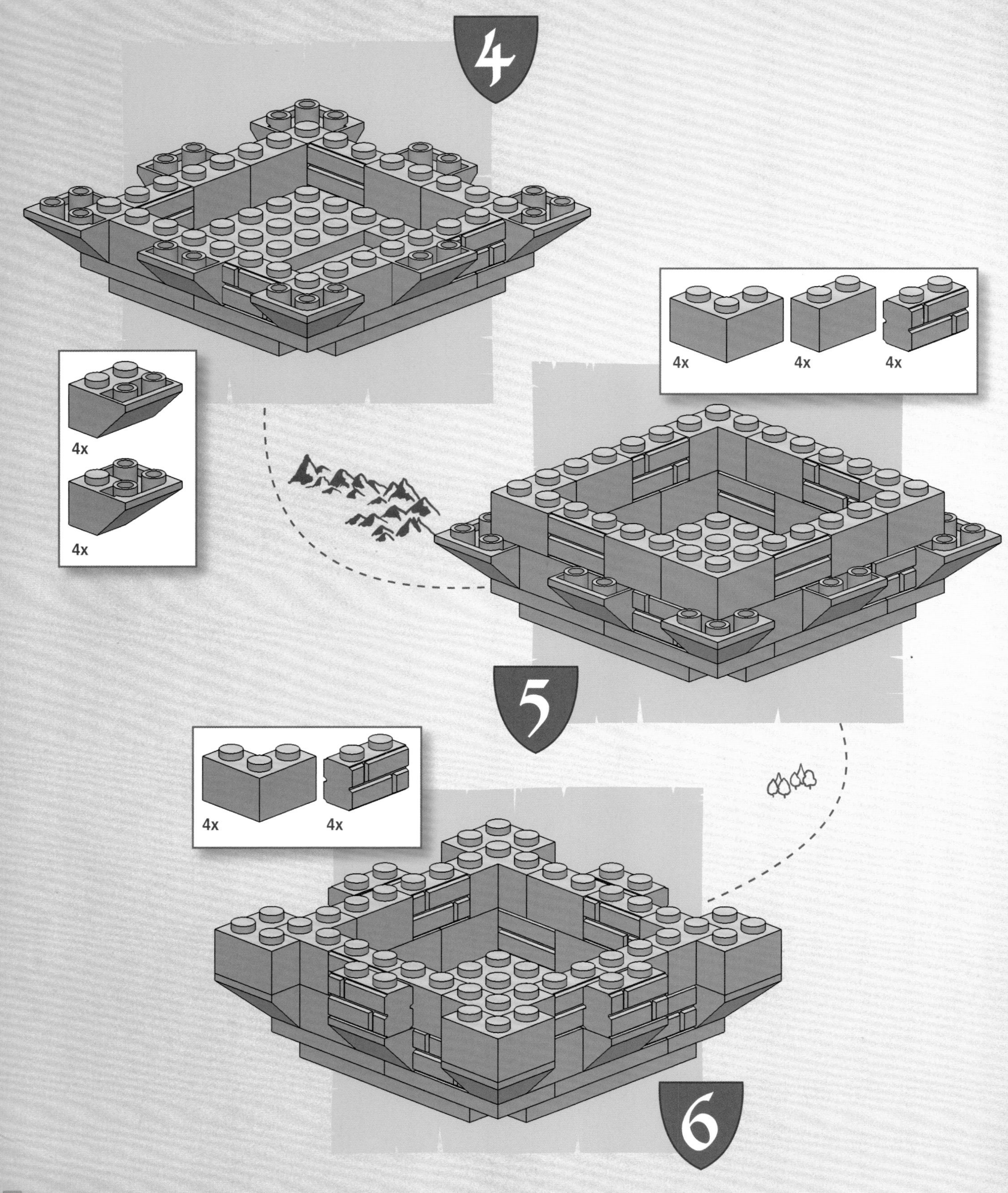

4
4x
4x
4x
4x
4x
5
4x
4x
6

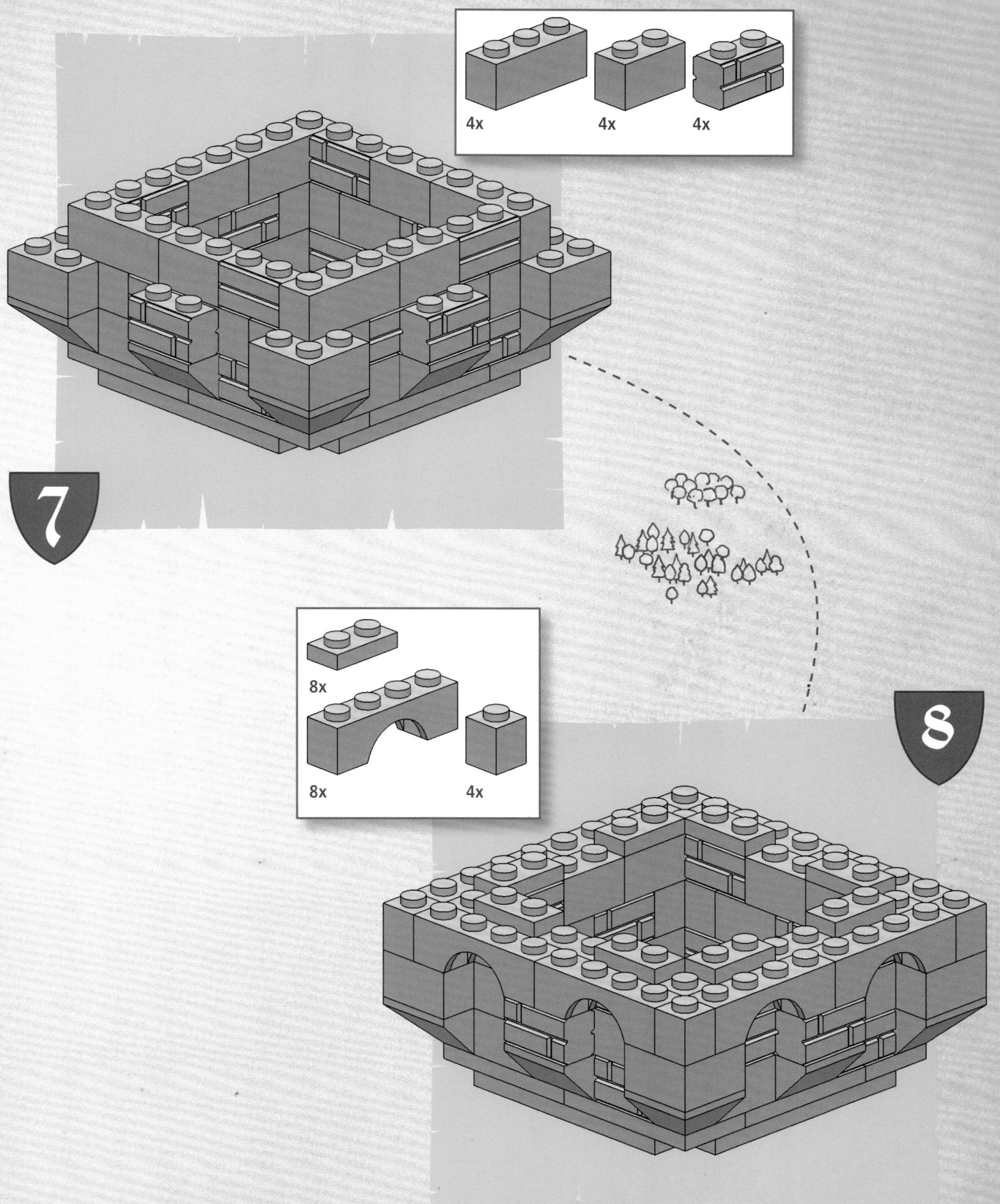
4x
4x
4x
7
8x
8x
4x
8

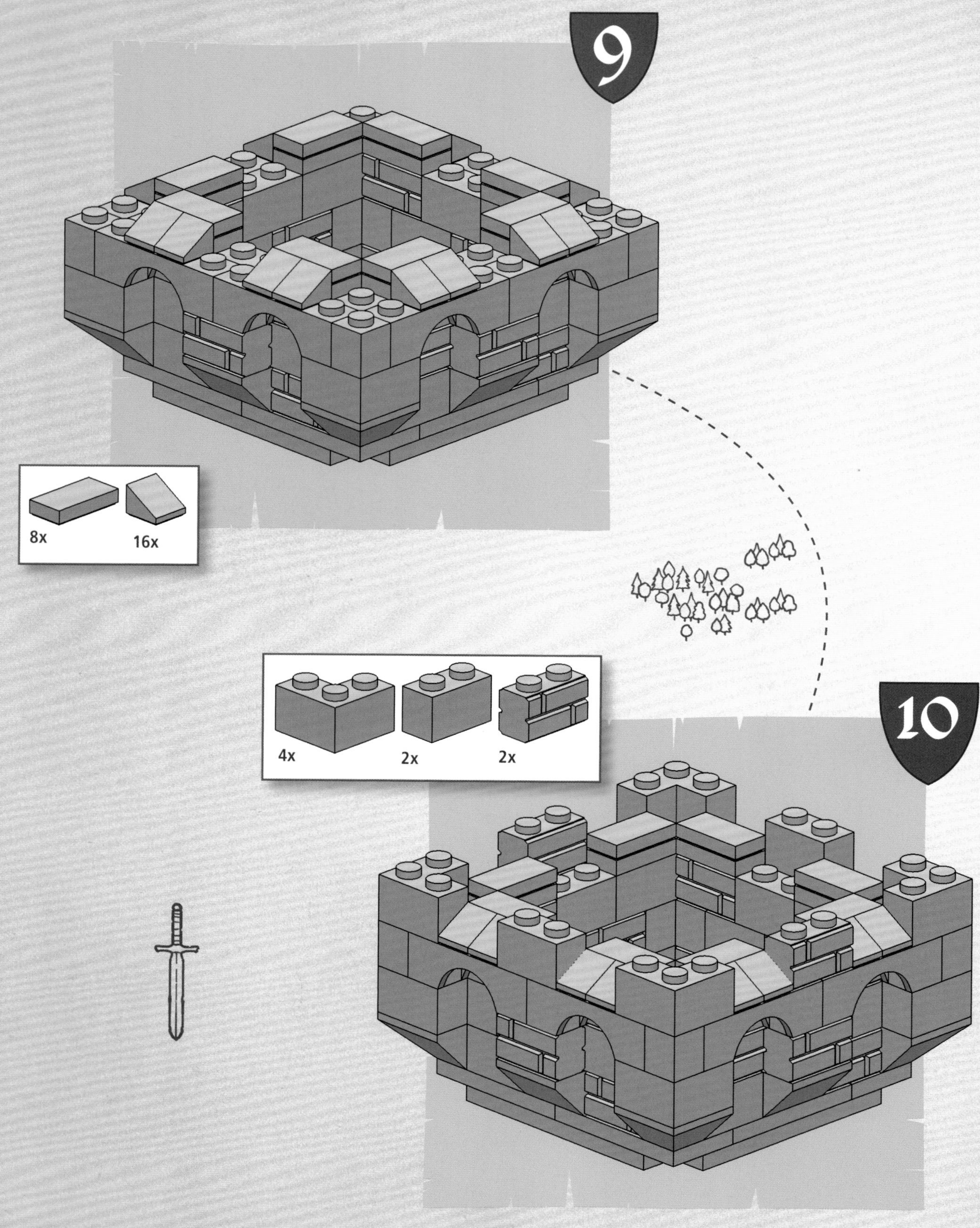
9
8x
16x
4x
2x
2x
10

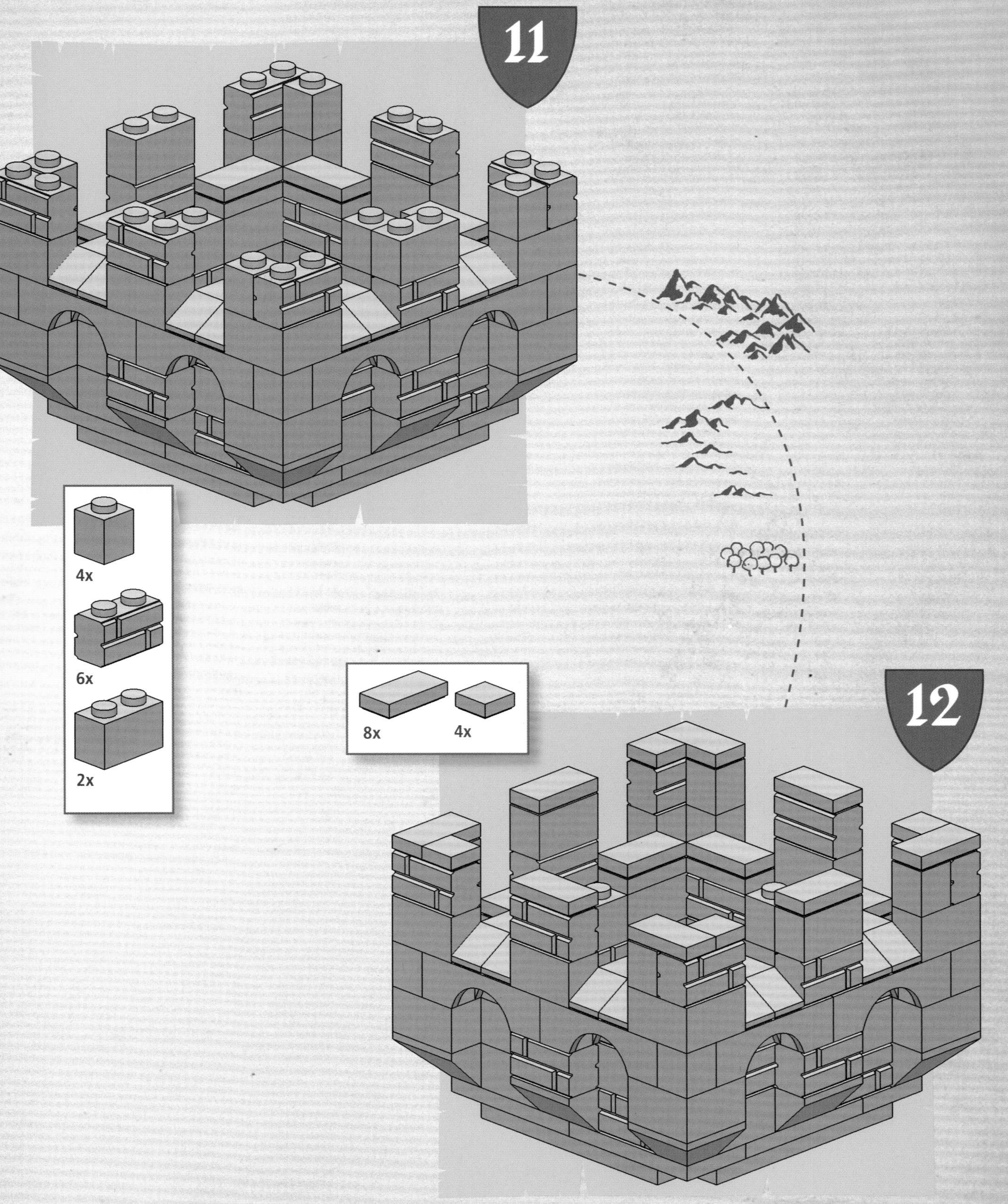
11
4x
6x
2x
8x
4x
12

零件清单

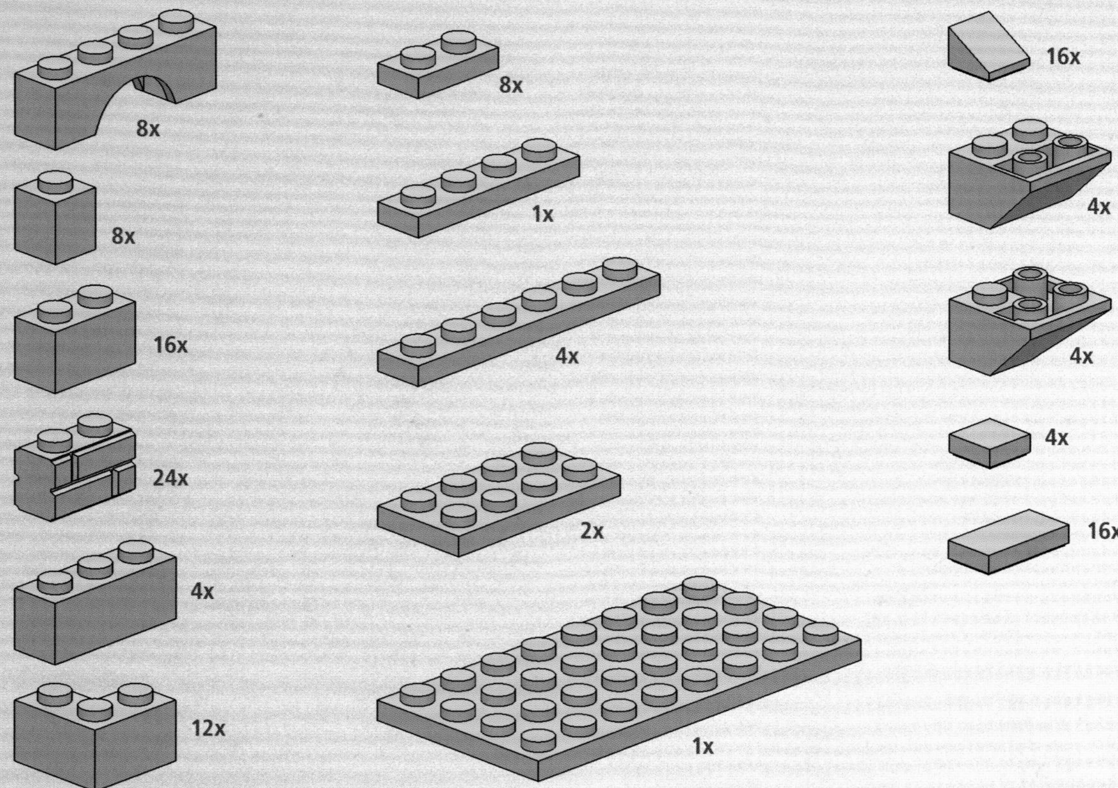

数量		颜色	零件编号	零件名称
8		浅蓝灰	3659	Arch 1 x 4
8		浅蓝灰	3005	Brick 1 x 1
16		浅蓝灰	3004	Brick 1 x 2
24		浅蓝灰	98283	Brick 1 x 2 with Embossed Bricks
4		浅蓝灰	3622	Brick 1 x 3
12		浅蓝灰	2357	Brick 2 x 2 Corner
8		浅蓝灰	3023	Plate 1 x 2
1		浅蓝灰	3710	Plate 1 x 4
4		浅蓝灰	3666	Plate 1 x 6
2		浅蓝灰	3020	Plate 2 x 4
1		浅蓝灰	3035	Plate 4 x 8
16		浅蓝灰	54200	Slope Brick 31 1 x 1 x 2/3
4		浅蓝灰	3660	Slope Brick 45 2 x 2 Inverted
4		浅蓝灰	3676	Slope Brick 45 2 x 2 Inverted Double Convex
4		浅蓝灰	3070b	Tile 1 x 1 with Groove
16		浅蓝灰	3069b	Tile 1 x 2 with Groove

尖塔顶

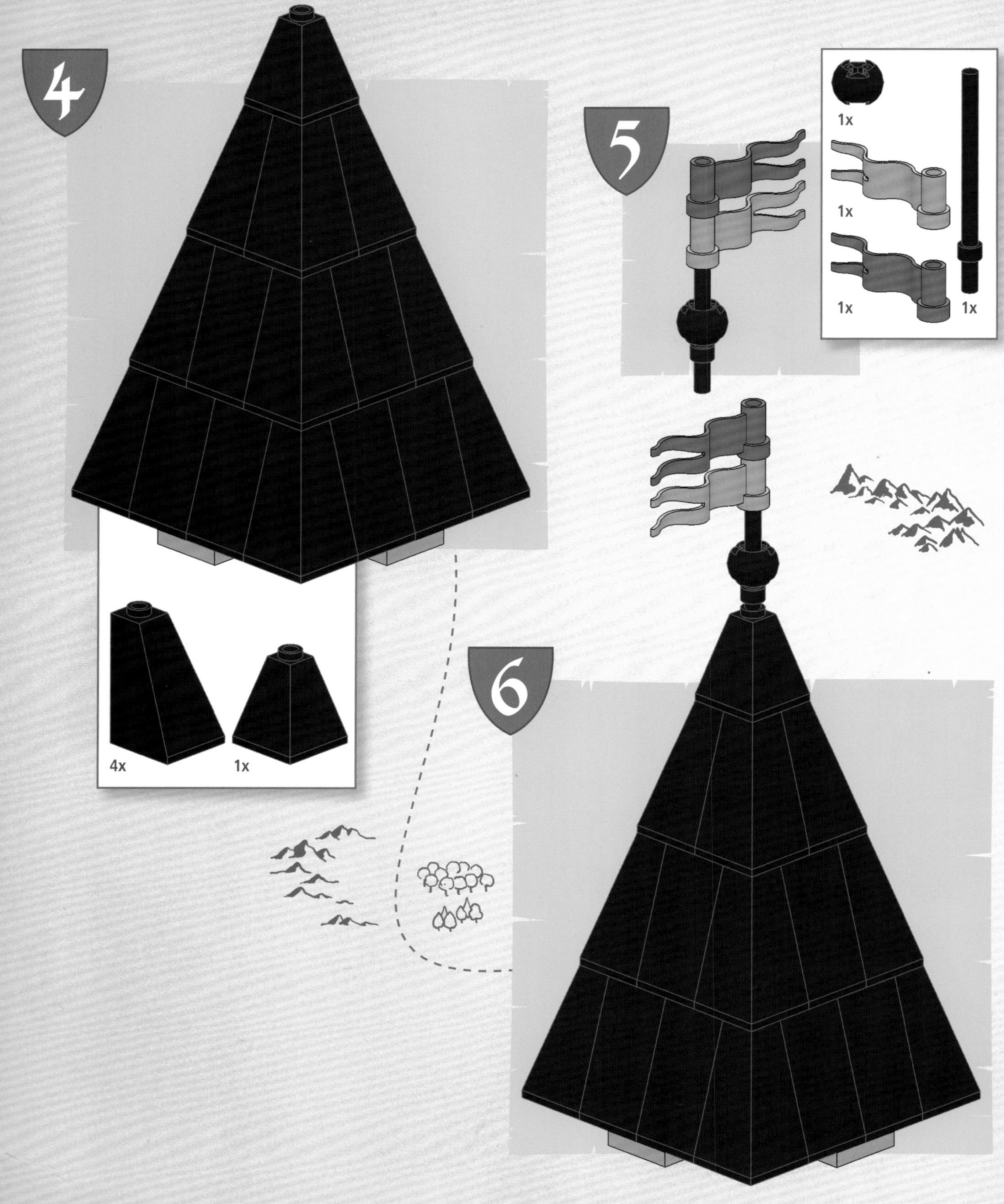
4
4x
1x
5
1x
1x
1x
1x
6

零件清单

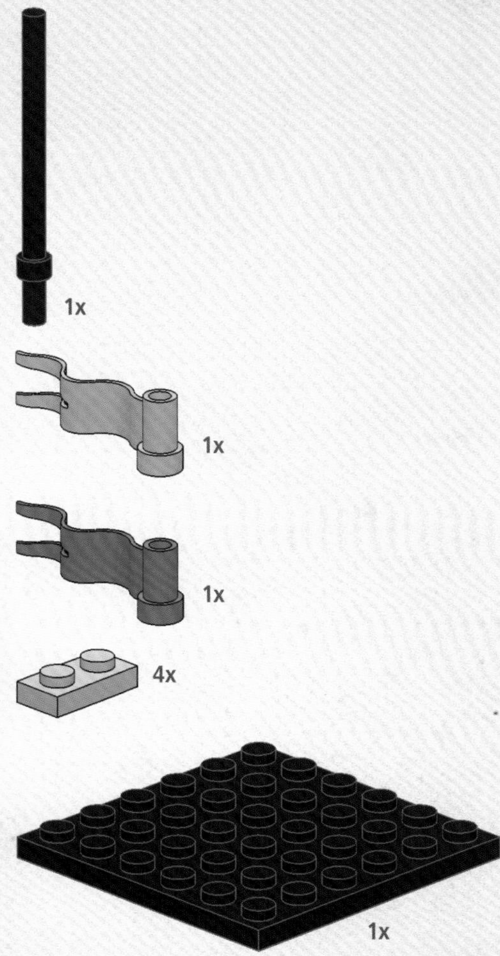

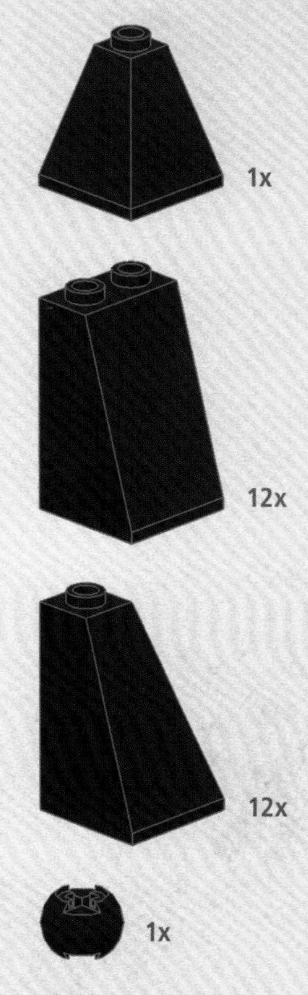

数量		颜色	零件编号	零件名称
1		黑	63965	Bar 6L with Thick Stop
1		珍珠金	4495b	Flag 4 x 1 with First Wave Right
1		红	4495b	Flag 4 x 1 with First Wave Right
4		浅蓝灰	3023	Plate 1 x 2
1		黑	3958	Plate 6 x 6
1		黑	3688	Slope Brick 75 2 x 2 x 2 Quadruple Convex
12		黑	3684	Slope Brick 75 2 x 2 x 3
12		黑	3685	Slope Brick 75 2 x 2 x 3 Double Convex
1		黑	53585	Technic Ball Joint with Axlehole Open

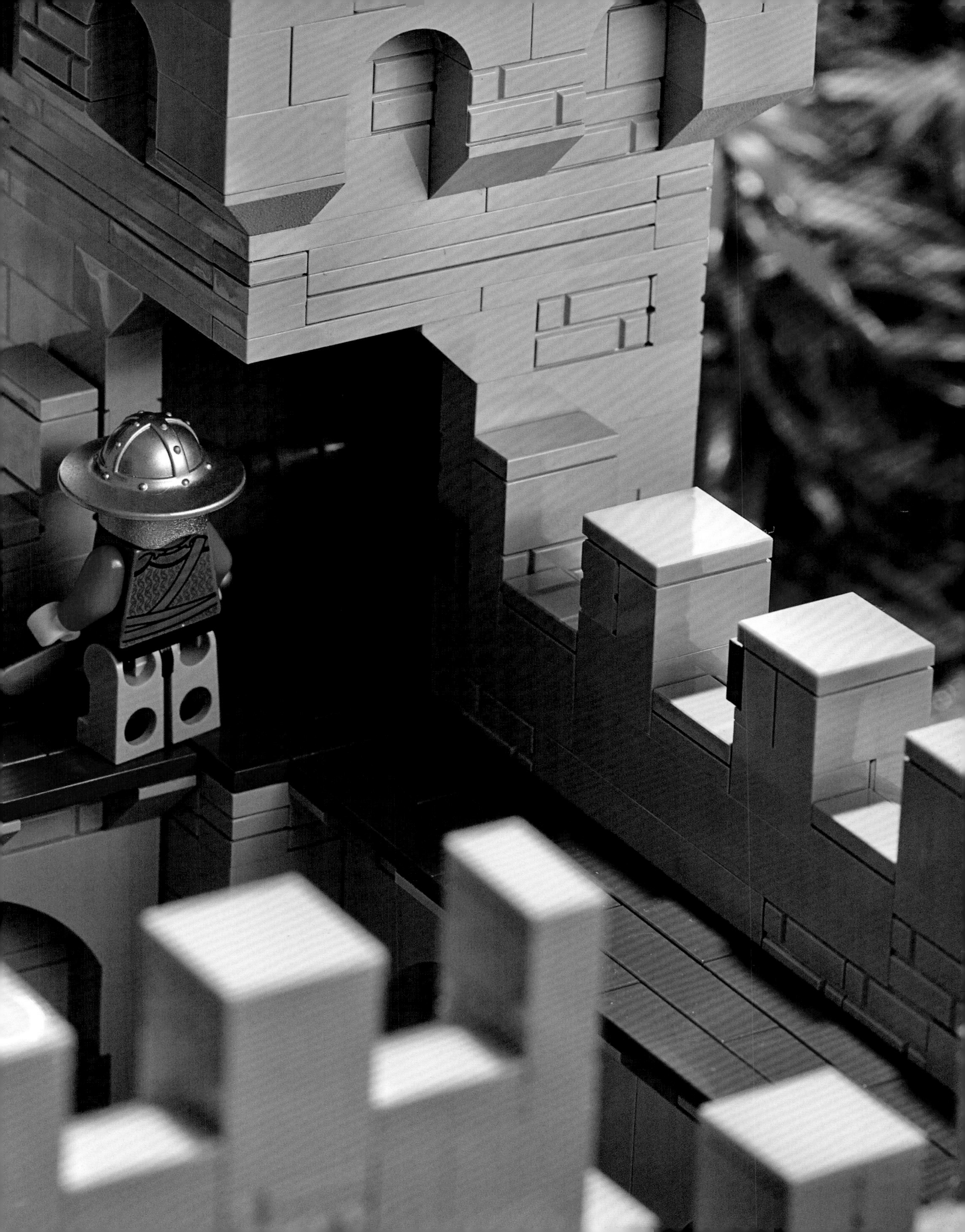

内城门

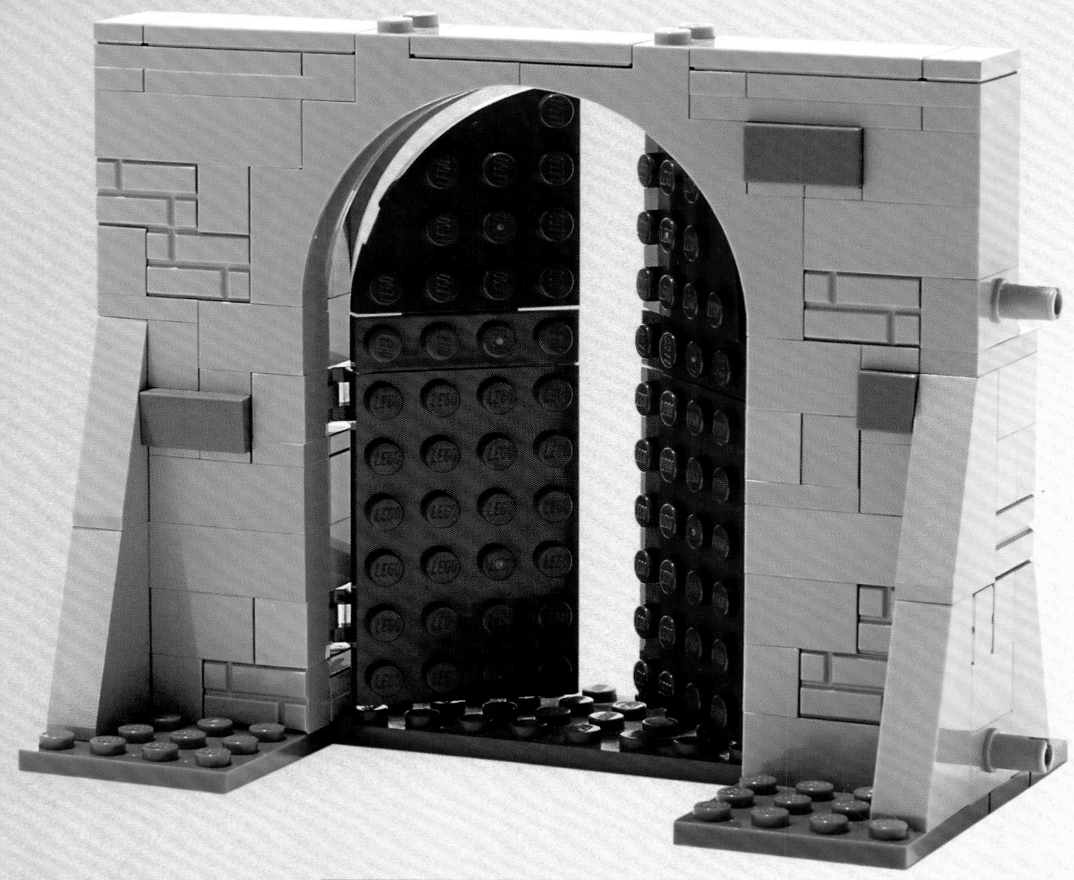

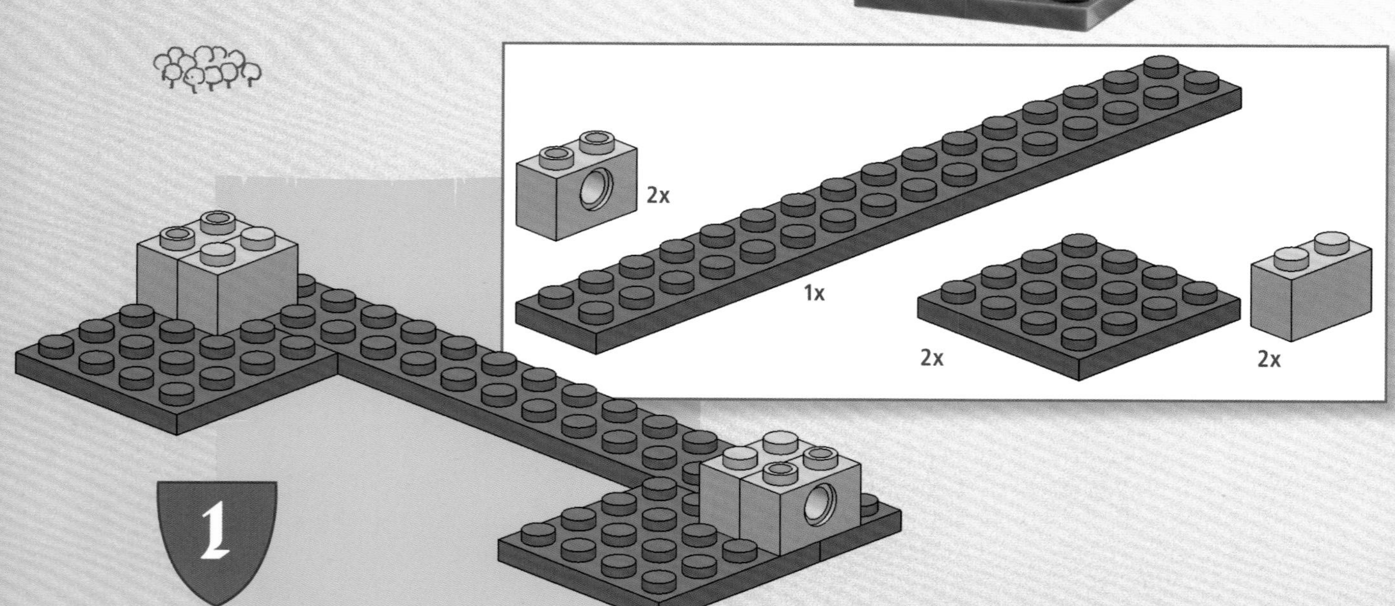

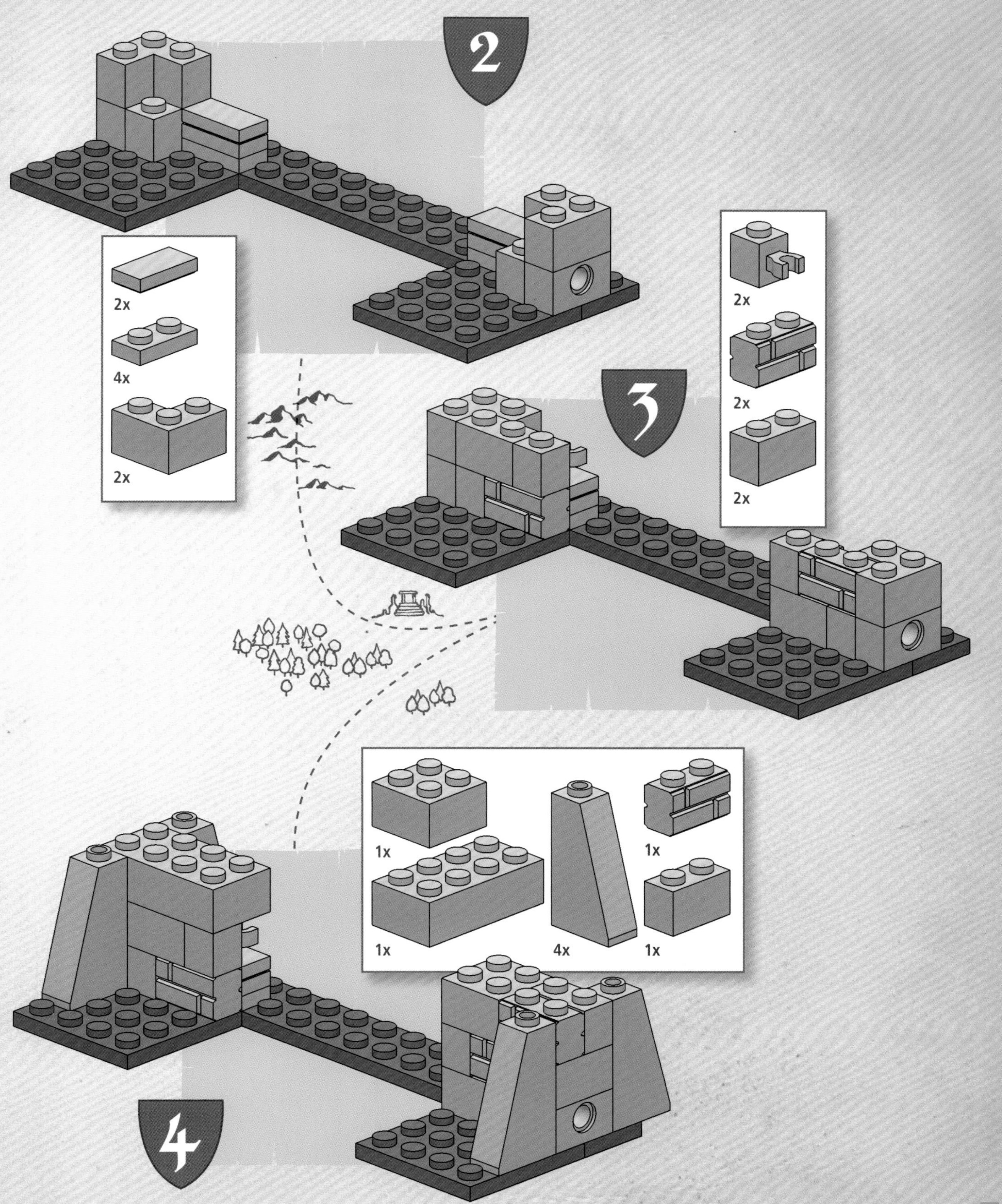
2
2x
4x
2x
2x
2x
2x
3
1x
1x
4x
1x
1x
1x
4

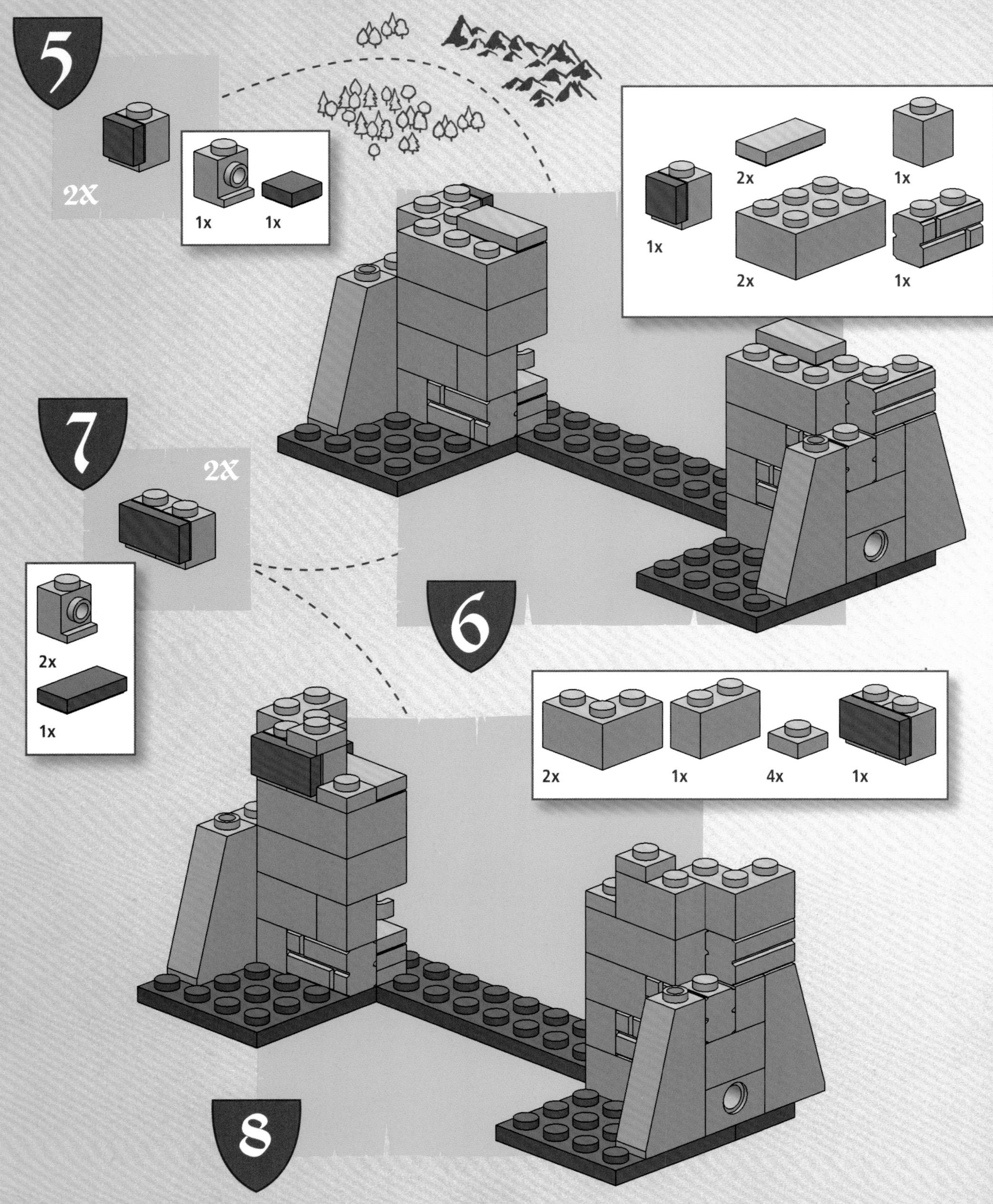
5
2X
1x
1x
1x
2x
1x
2x
1x
7
2X
2x
1x
6
2x
1x
4x
1x
8

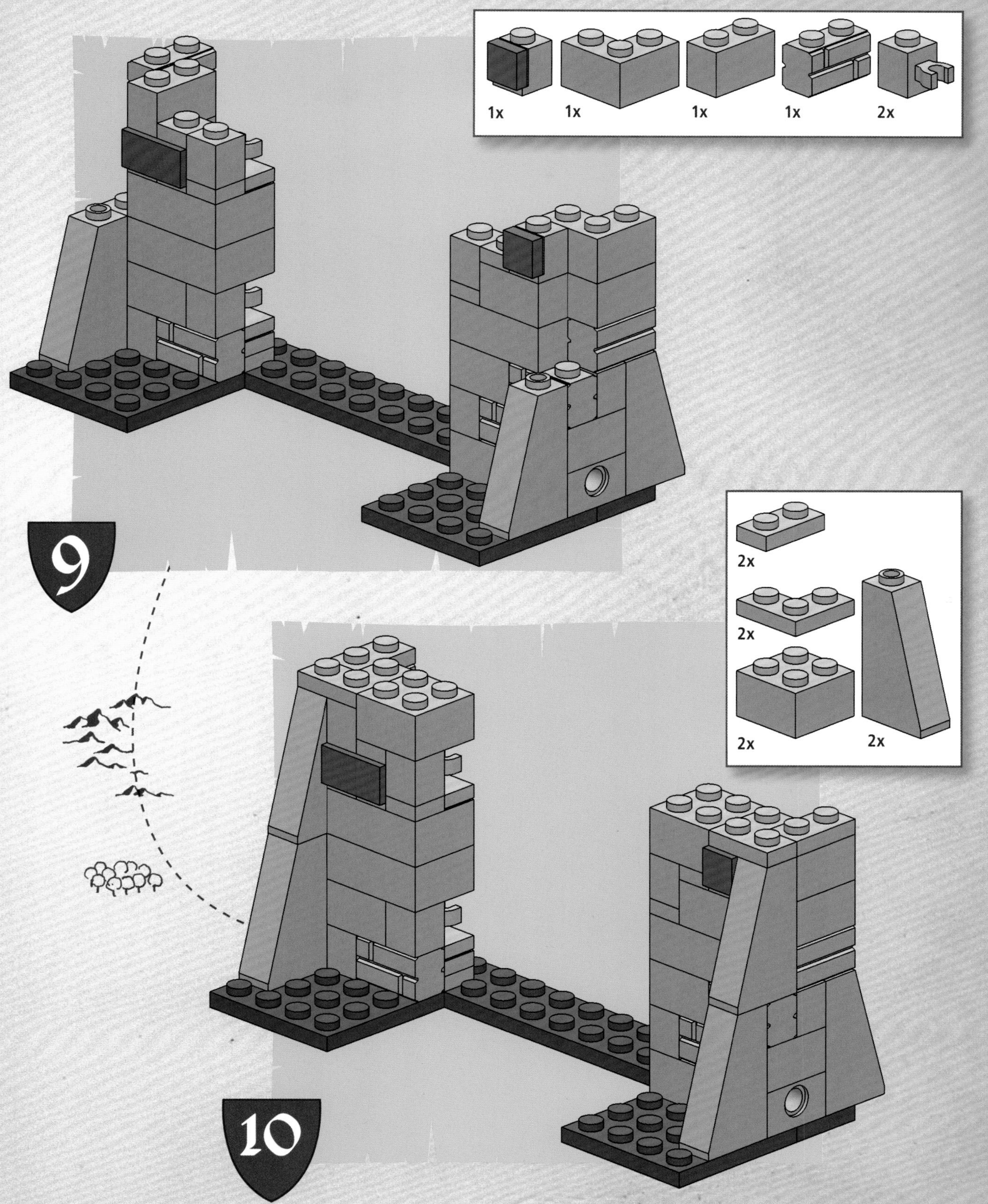
1x
1x
1x
1x
2x
9
2x
2x
2x
2x
10

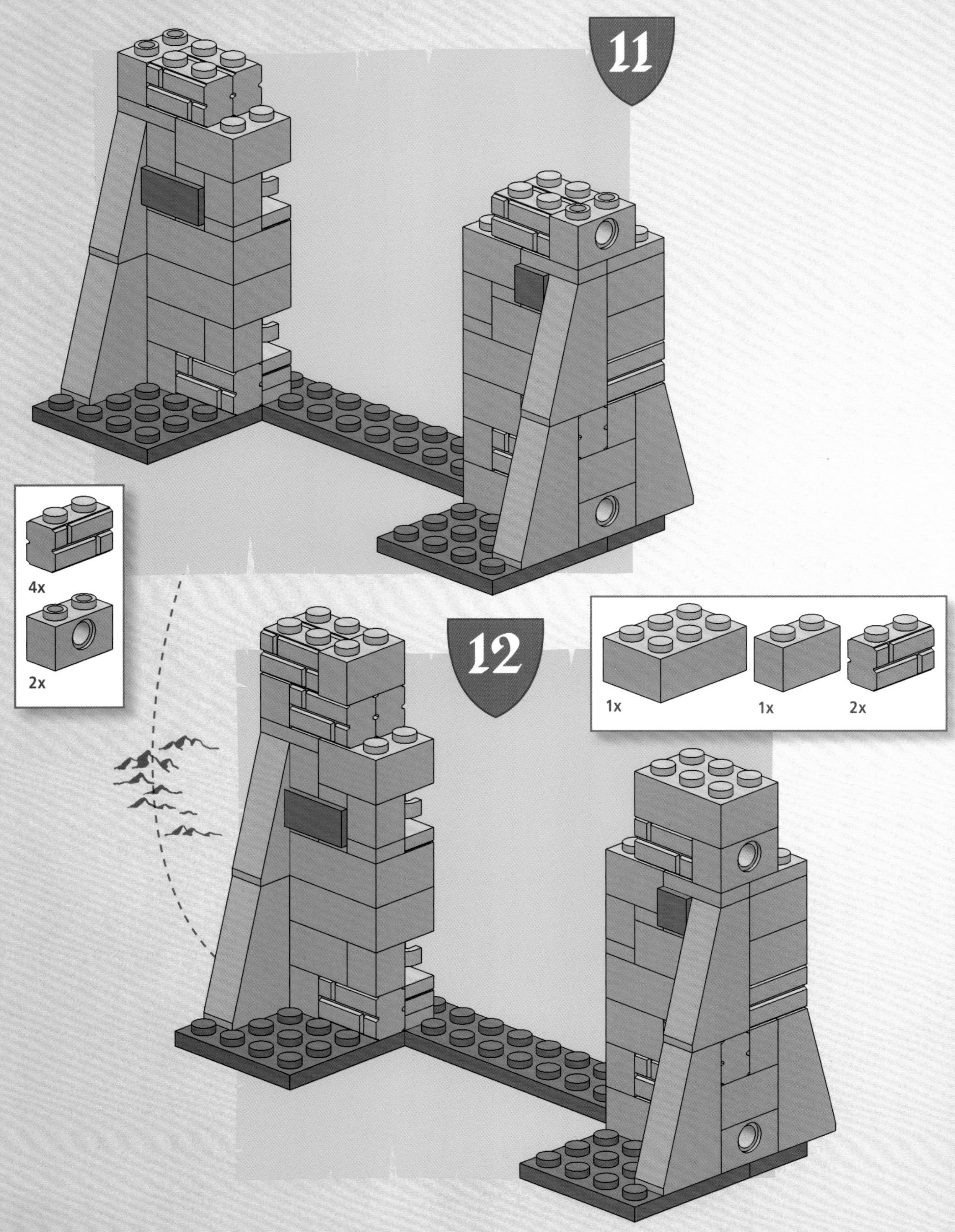
11
4x
2x
12
1x
1x
2x

13
4x
14
1x
1x
1x

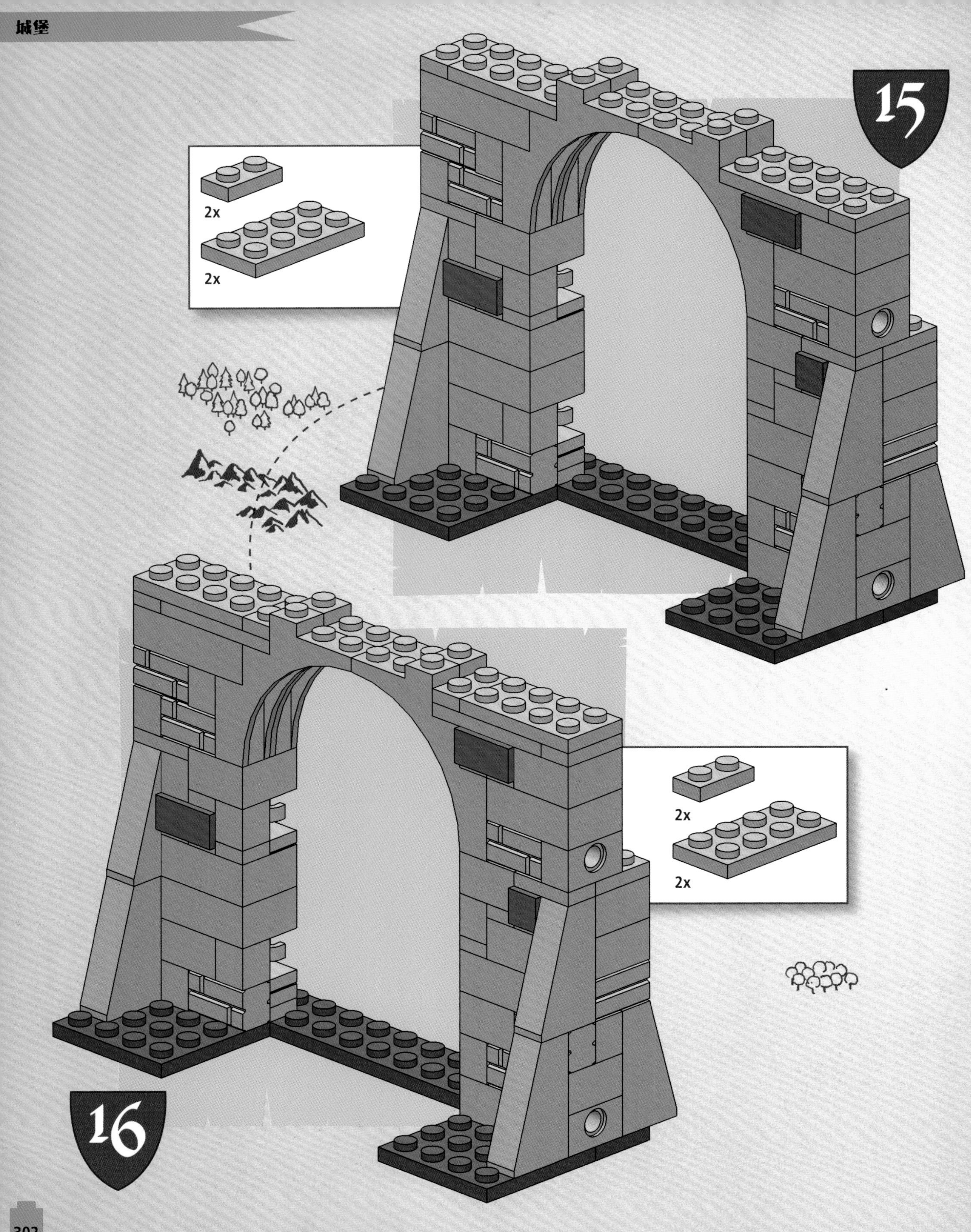
15
2x
2x
16
2x
2x

17

2x

3x

2x

零件清单

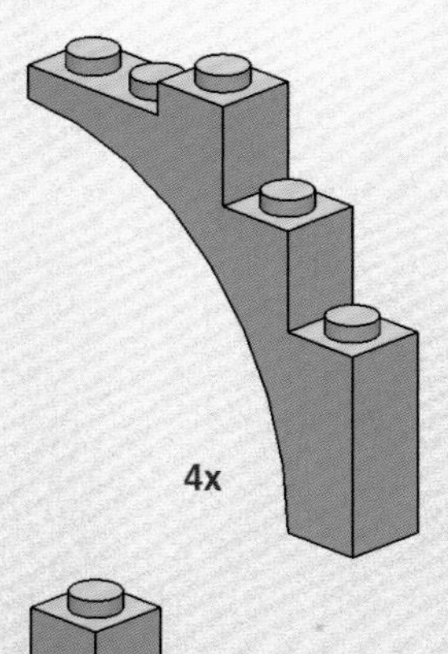

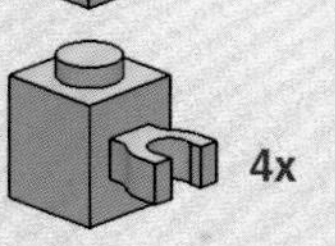

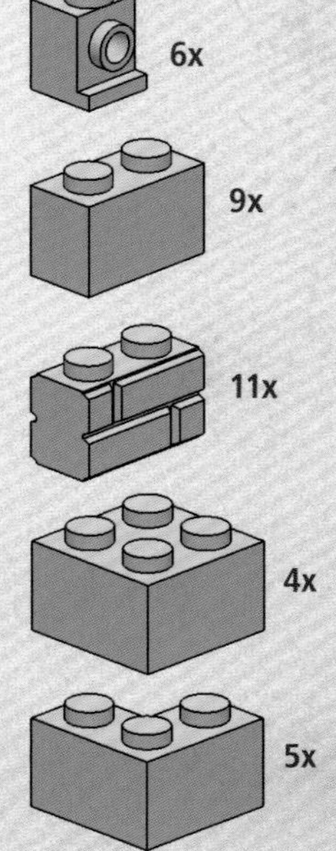

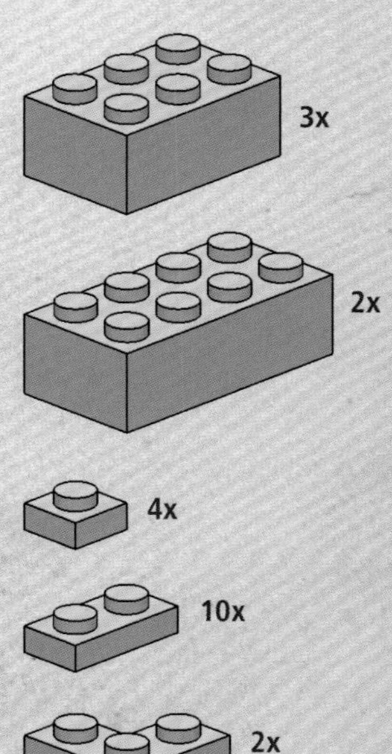

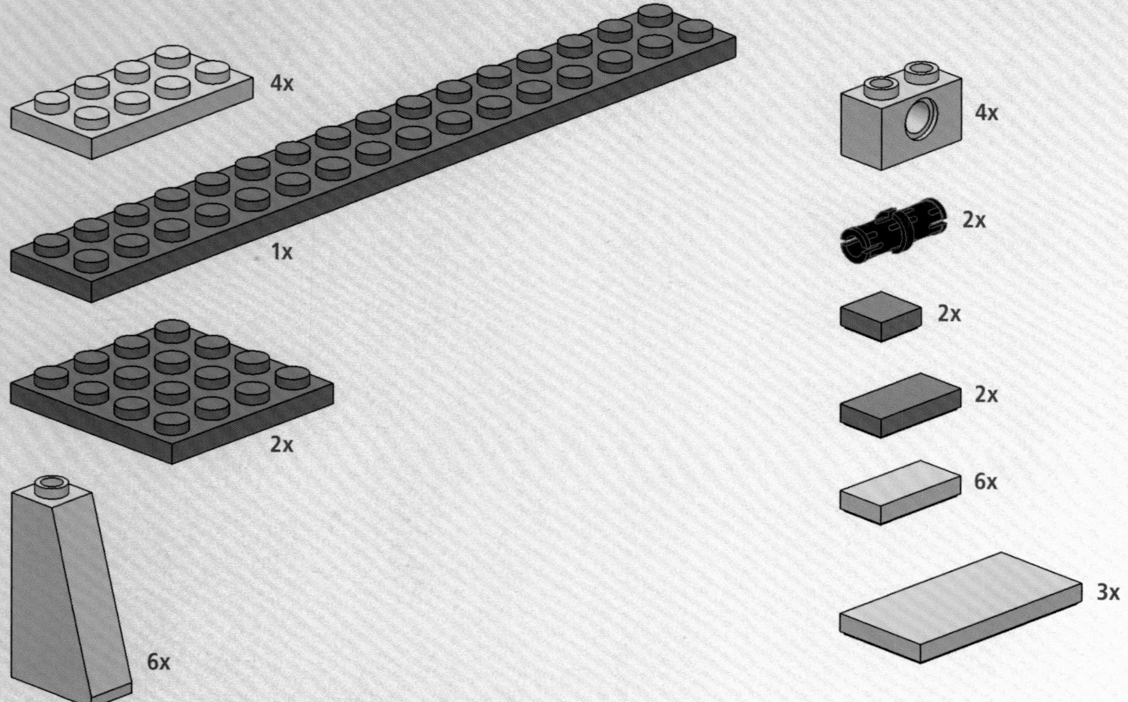

数量		颜色	零件编号	零件名称
4		浅蓝灰	2339	Arch 1 x 5 x 4
1		浅蓝灰	3005	Brick 1 x 1
4		浅蓝灰	60475	Brick 1 x 1 with Clip Vertical
6		浅蓝灰	4070	Brick 1 x 1 with Headlight
9		浅蓝灰	3004	Brick 1 x 2
11		浅蓝灰	98283	Brick 1 x 2 with Embossed Bricks
4		浅蓝灰	3003	Brick 2 x 2
5		浅蓝灰	2357	Brick 2 x 2 Corner
3		浅蓝灰	3002	Brick 2 x 3
2		浅蓝灰	3001	Brick 2 x 4
4		浅蓝灰	3024	Plate 1 x 1
10		浅蓝灰	3023	Plate 1 x 2
2		浅蓝灰	2420	Plate 2 x 2 Corner
4		浅蓝灰	3020	Plate 2 x 4
1		绿	4282	Plate 2 x 16
2		绿	3031	Plate 4 x 4
6		浅蓝灰	4460	Slope Brick 75 2 x 1 x 3
4		浅蓝灰	3700	Technic Brick 1 x 2 with Hole
2		黑	2780	Technic Pin with Friction and Slots
2		深蓝灰	3070b	Tile 1 x 1 with Groove
2		深蓝灰	3069b	Tile 1 x 2 with Groove
6		浅蓝灰	3069b	Tile 1 x 2 with Groove
3		浅蓝灰	87079	Tile 2 x 4 with Groove

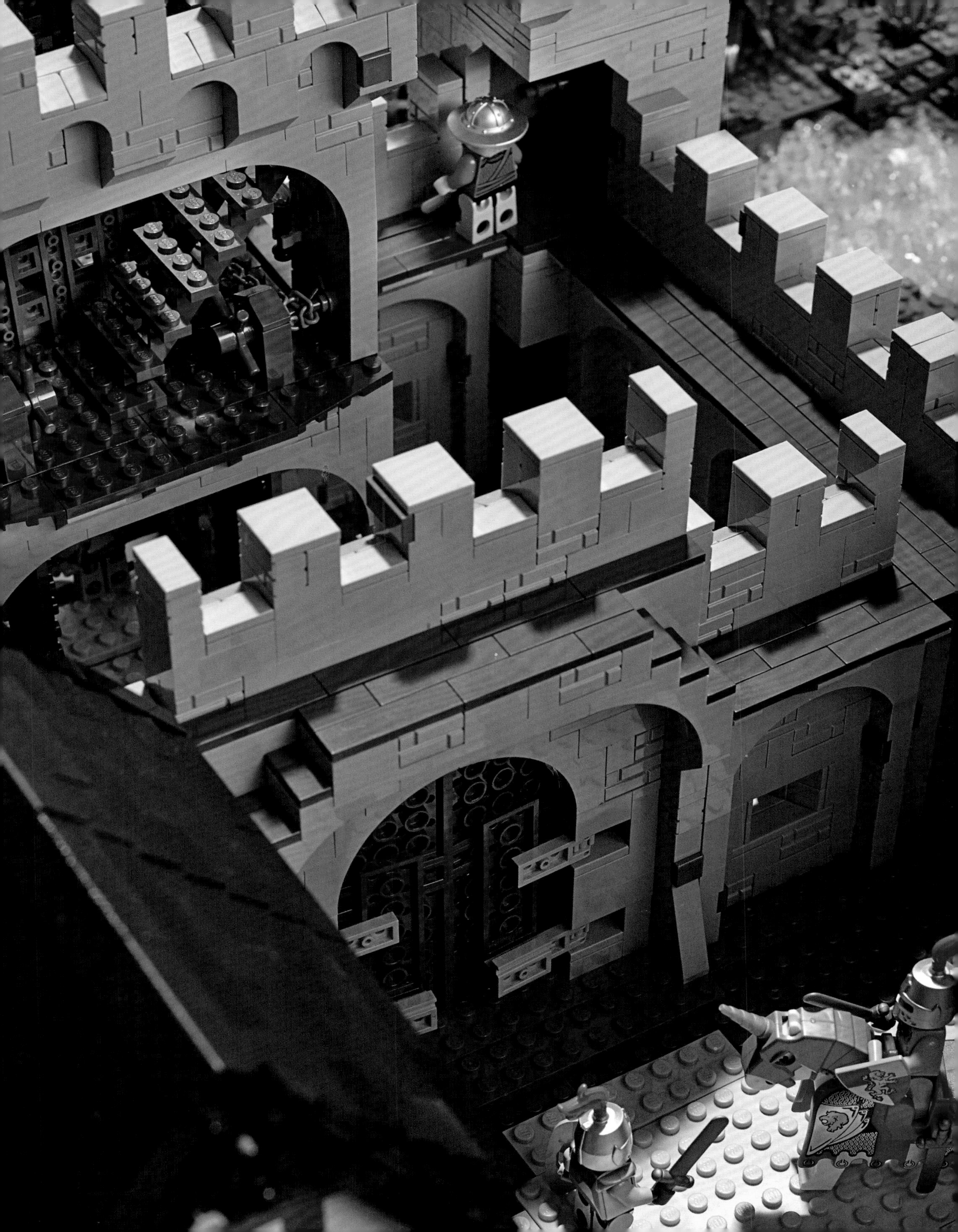

吊闸

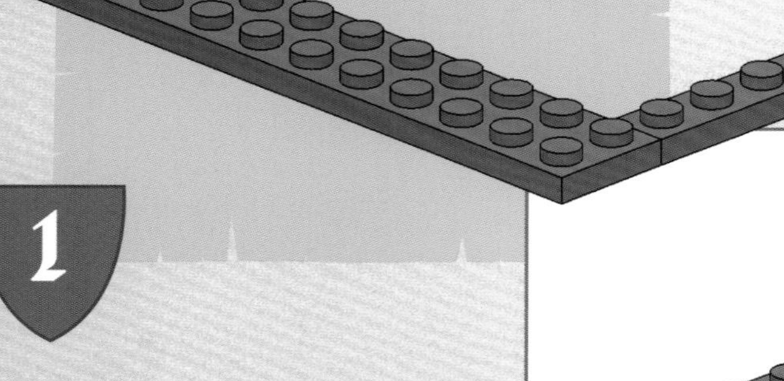

1

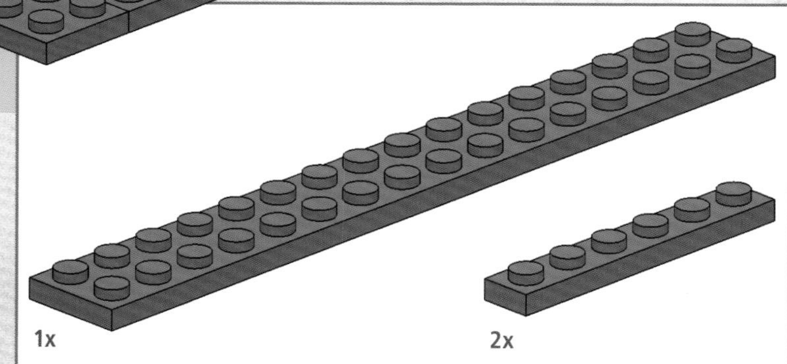

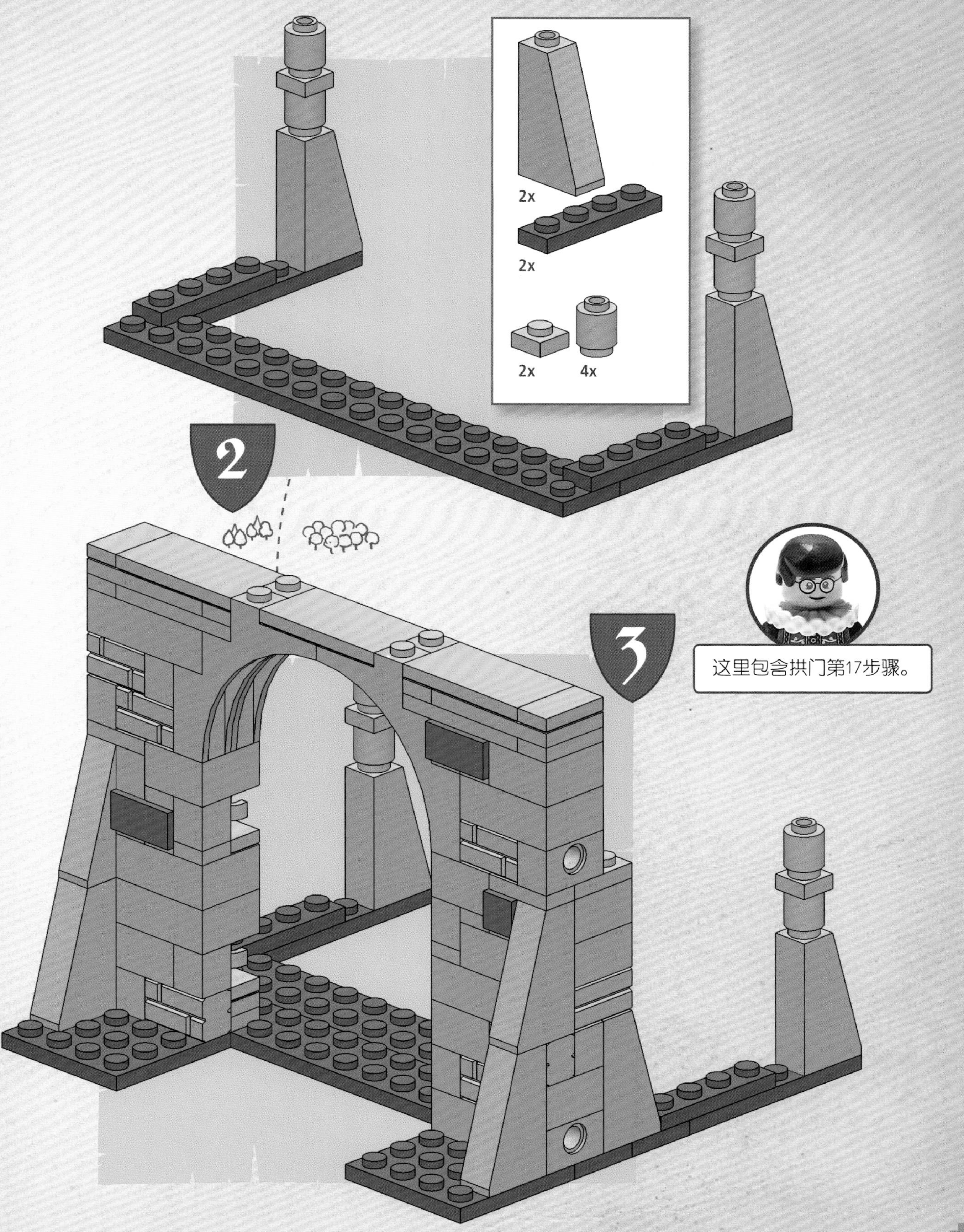
2x
2x
2x
4x
2
3
这里包含拱门第17步骤。

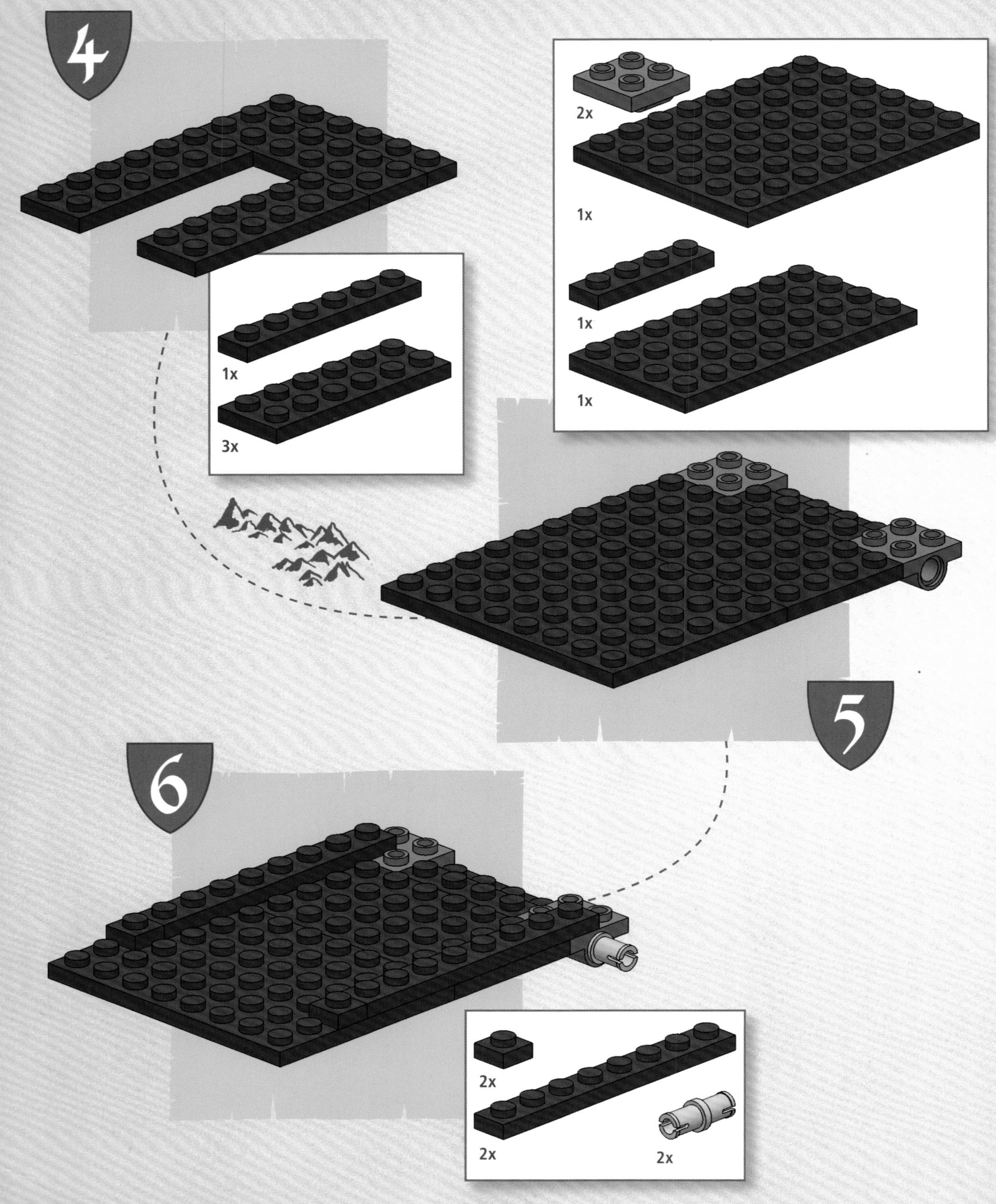
4
1x
3x
2x
1x
1x
1x
5
6
2x
2x
2x

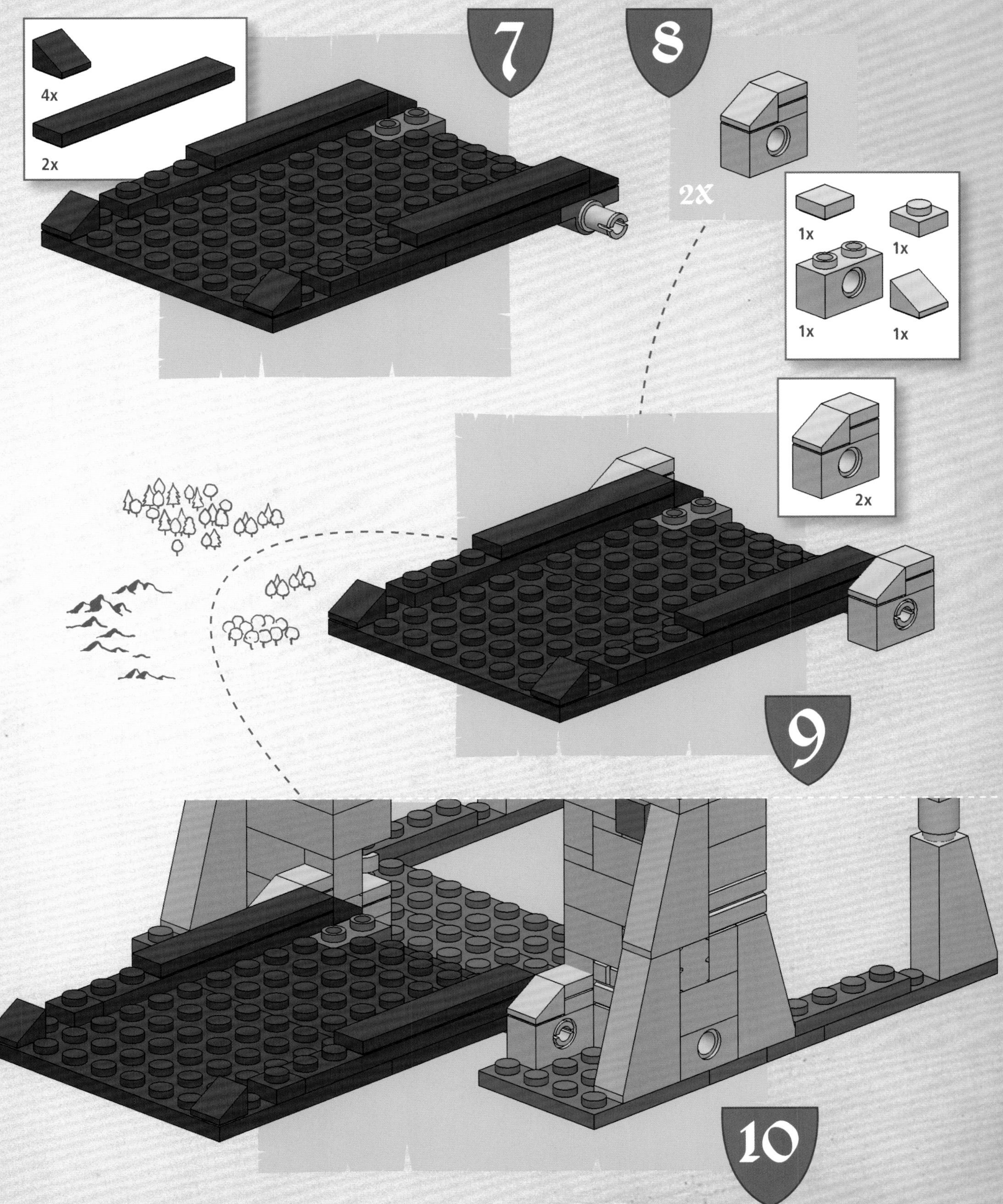
7
4x
2x
8
2x
1x
1x
1x
1x
2x
9
10

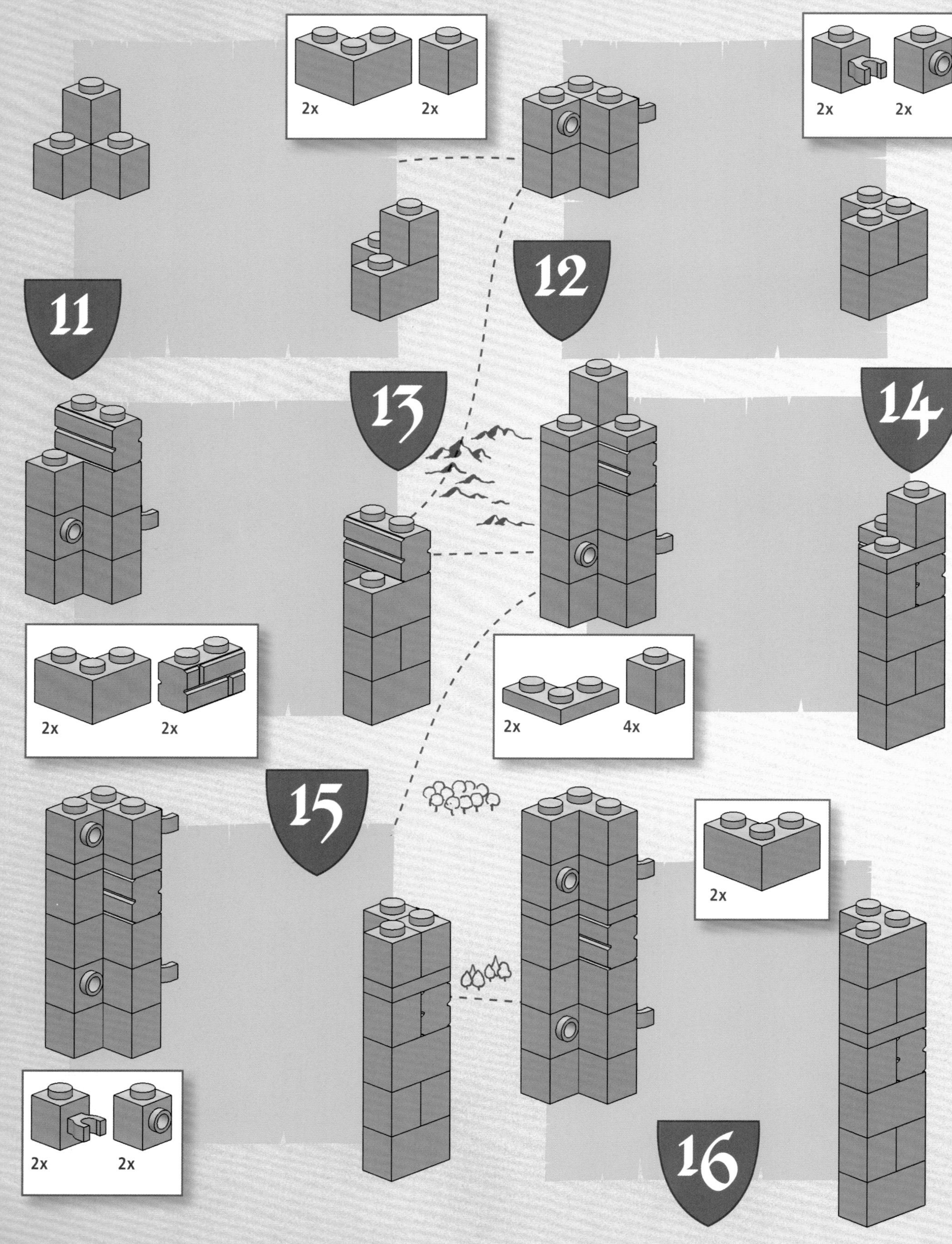
2x
2x
2x
2x
11
12
13
14
2x
2x
2x
4x
15
2x
2x
2x
16

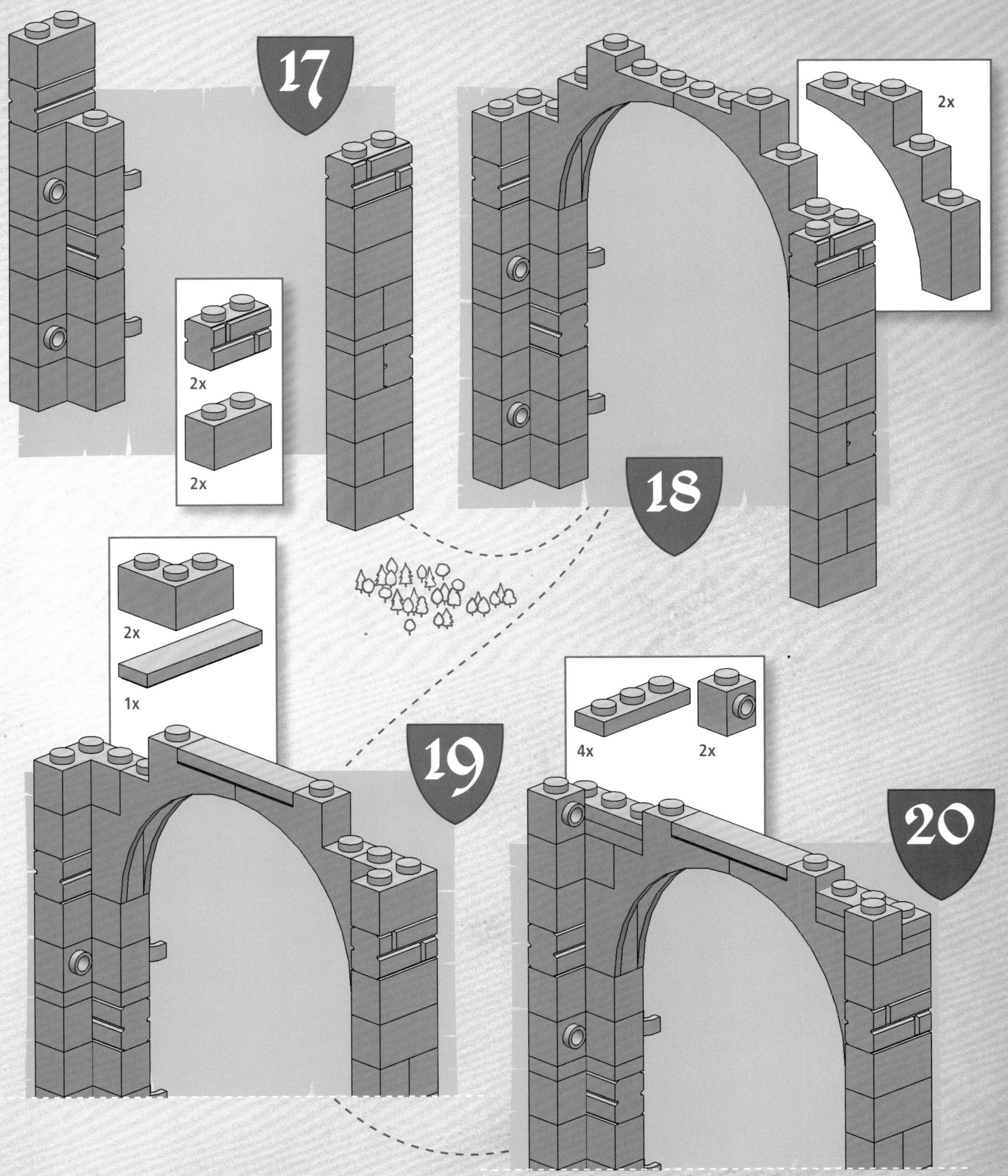
17
2x
2x
18
2x
2x
1x
19
4x
2x
20

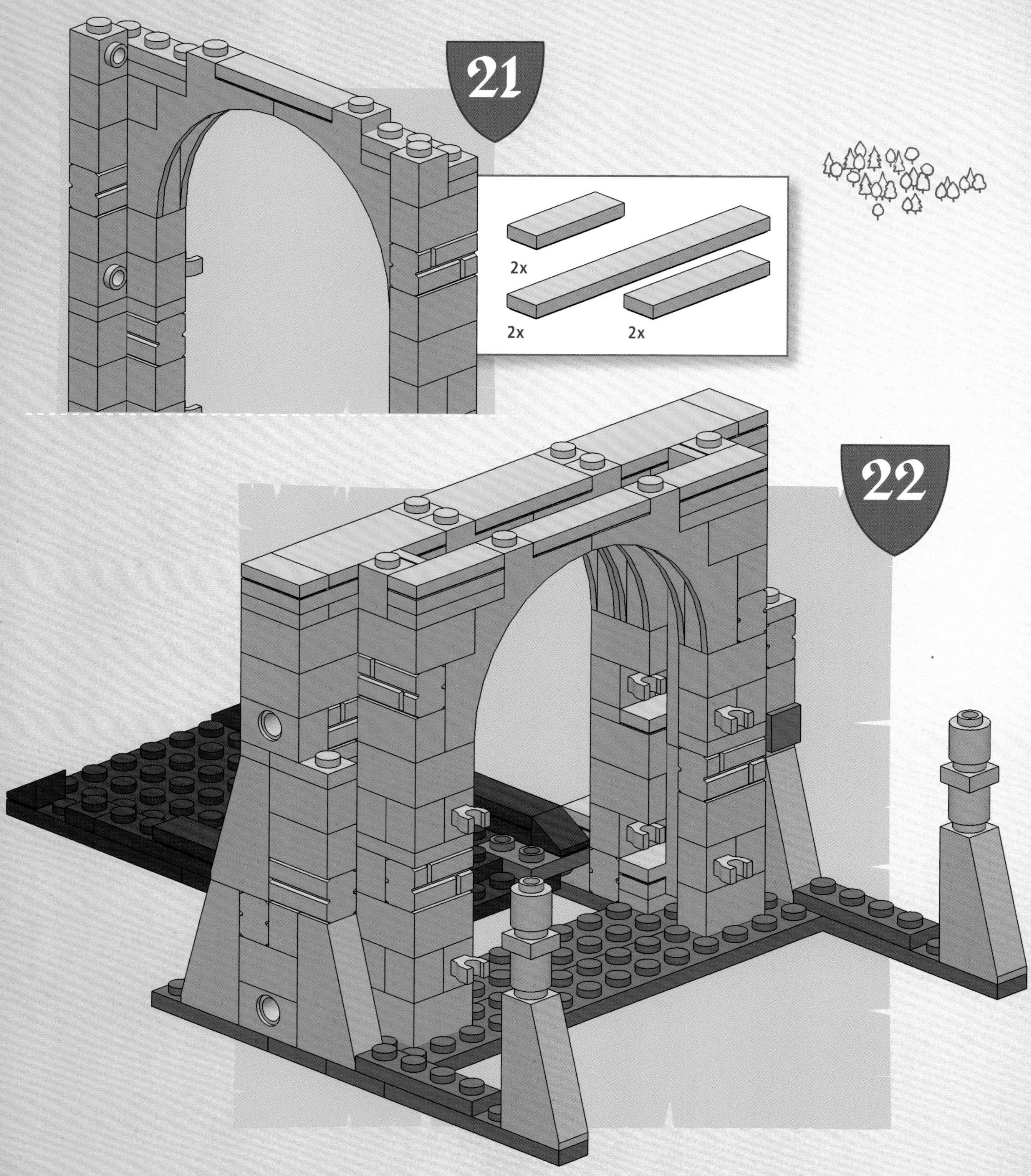
21
2x
2x
2x
22

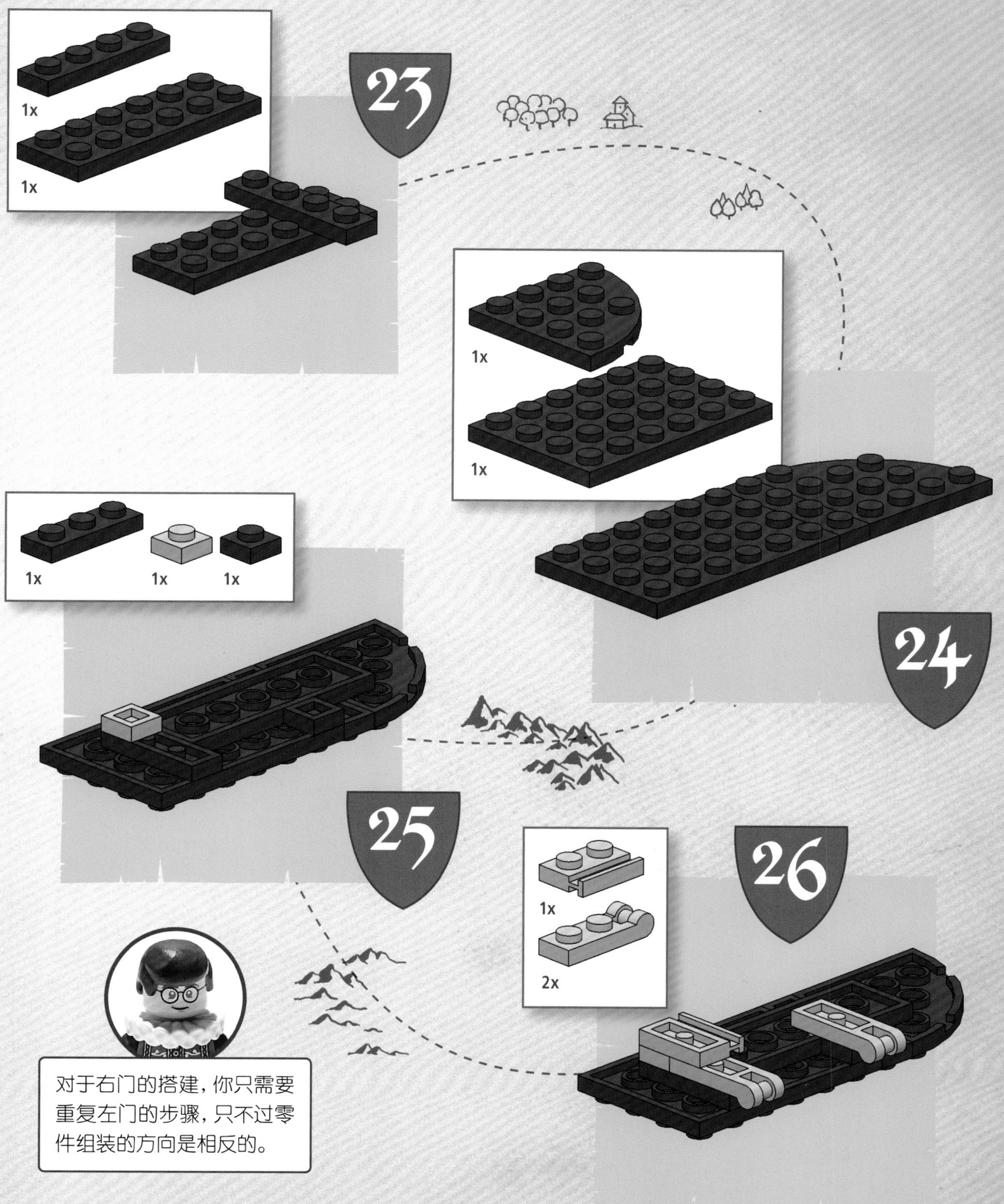

对于右门的搭建，你只需要重复左门的步骤，只不过零件组装的方向是相反的。

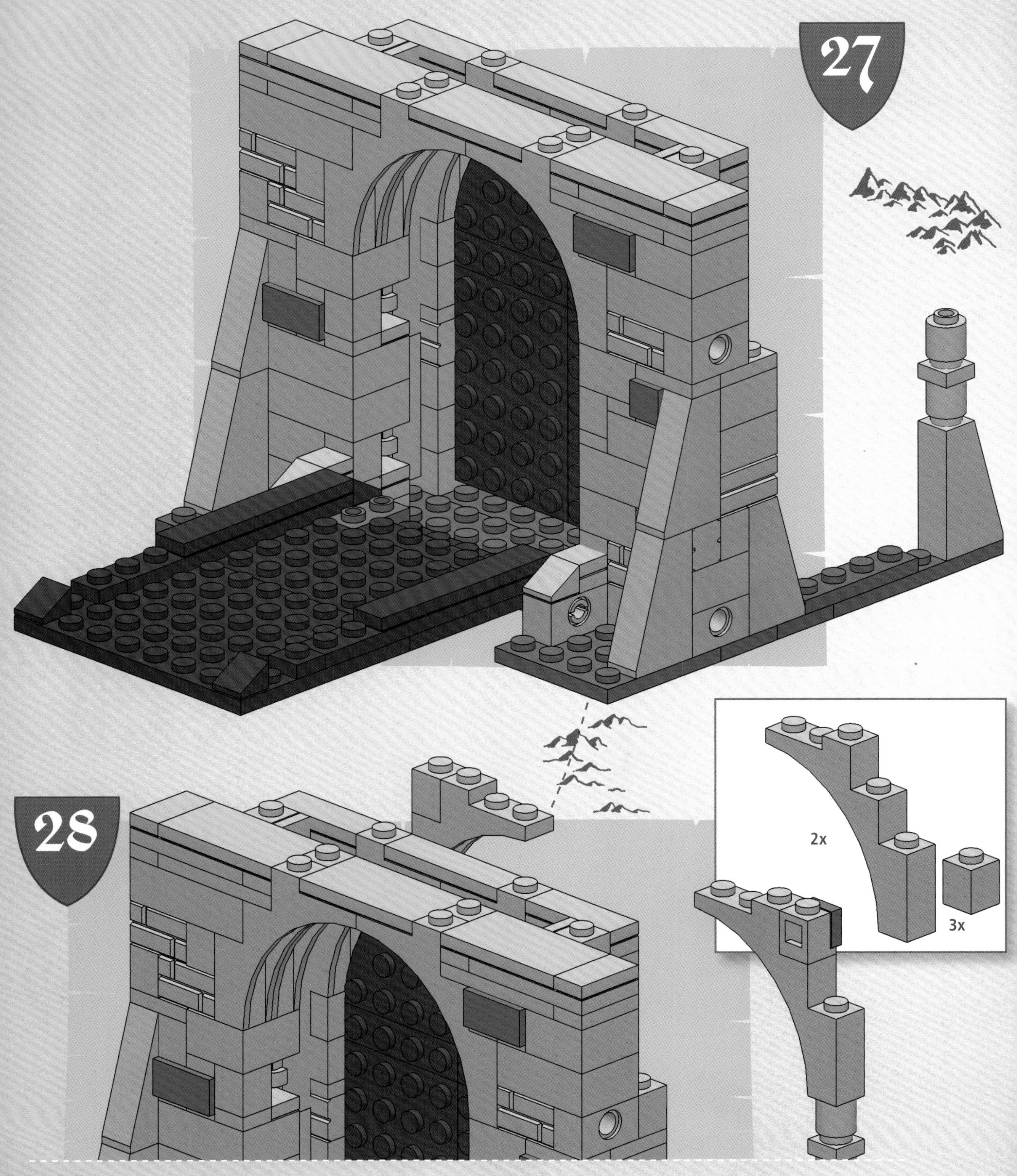
27
28
2x
3x

29
1x
1x
2x
30
31
5x
2x
2x
2x
1x
1x

32

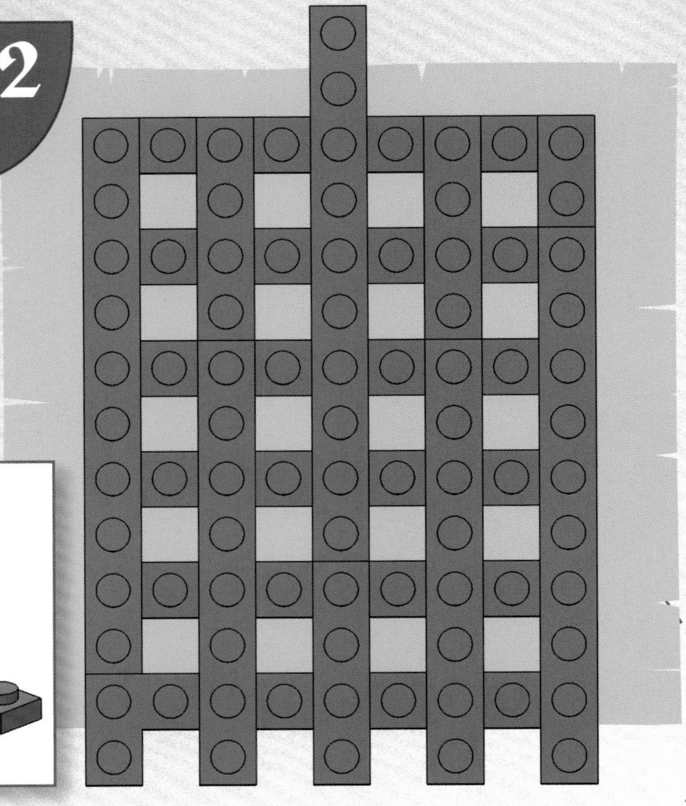

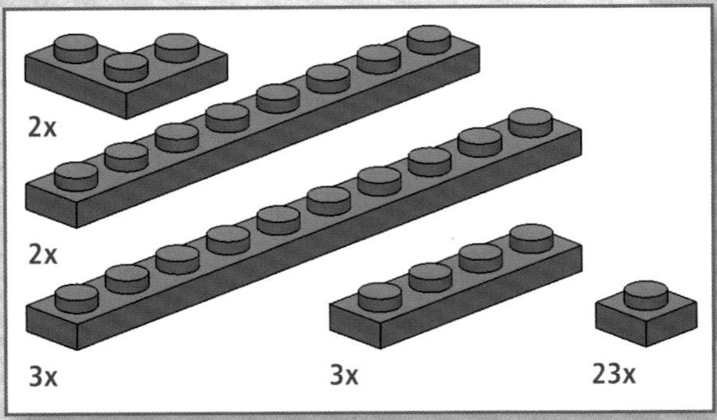

2x

2x

3x

3x

23x

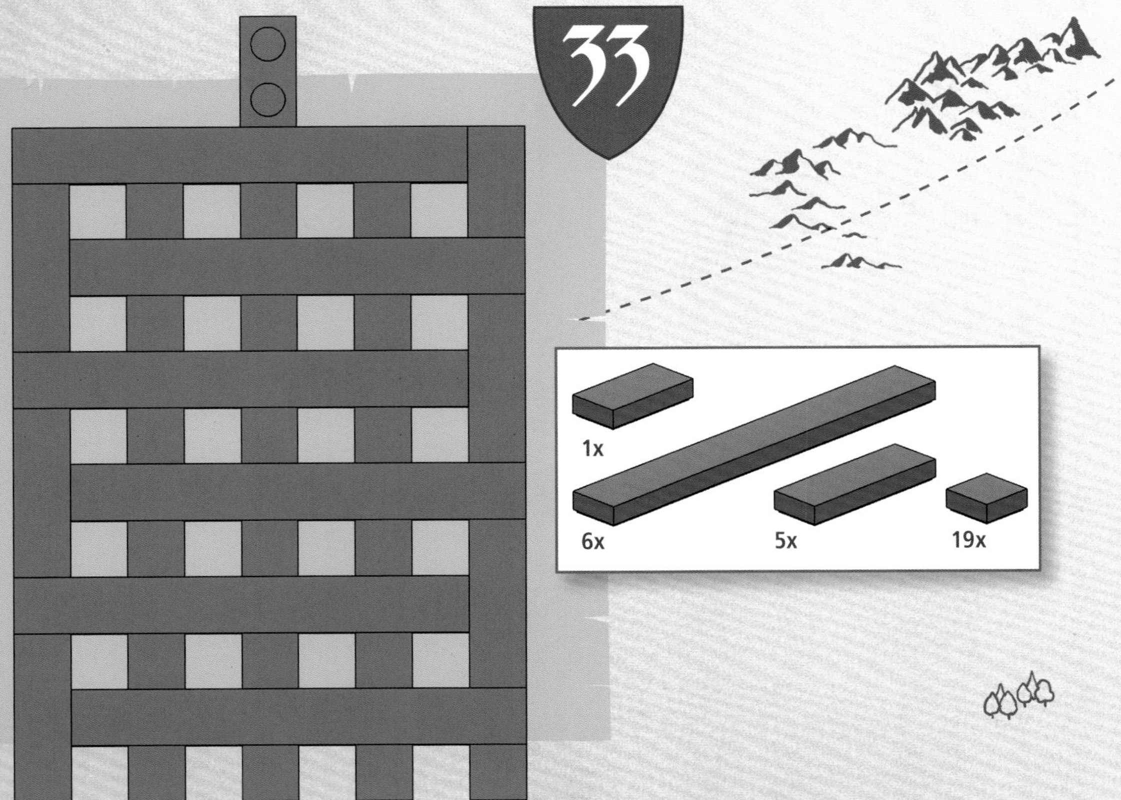

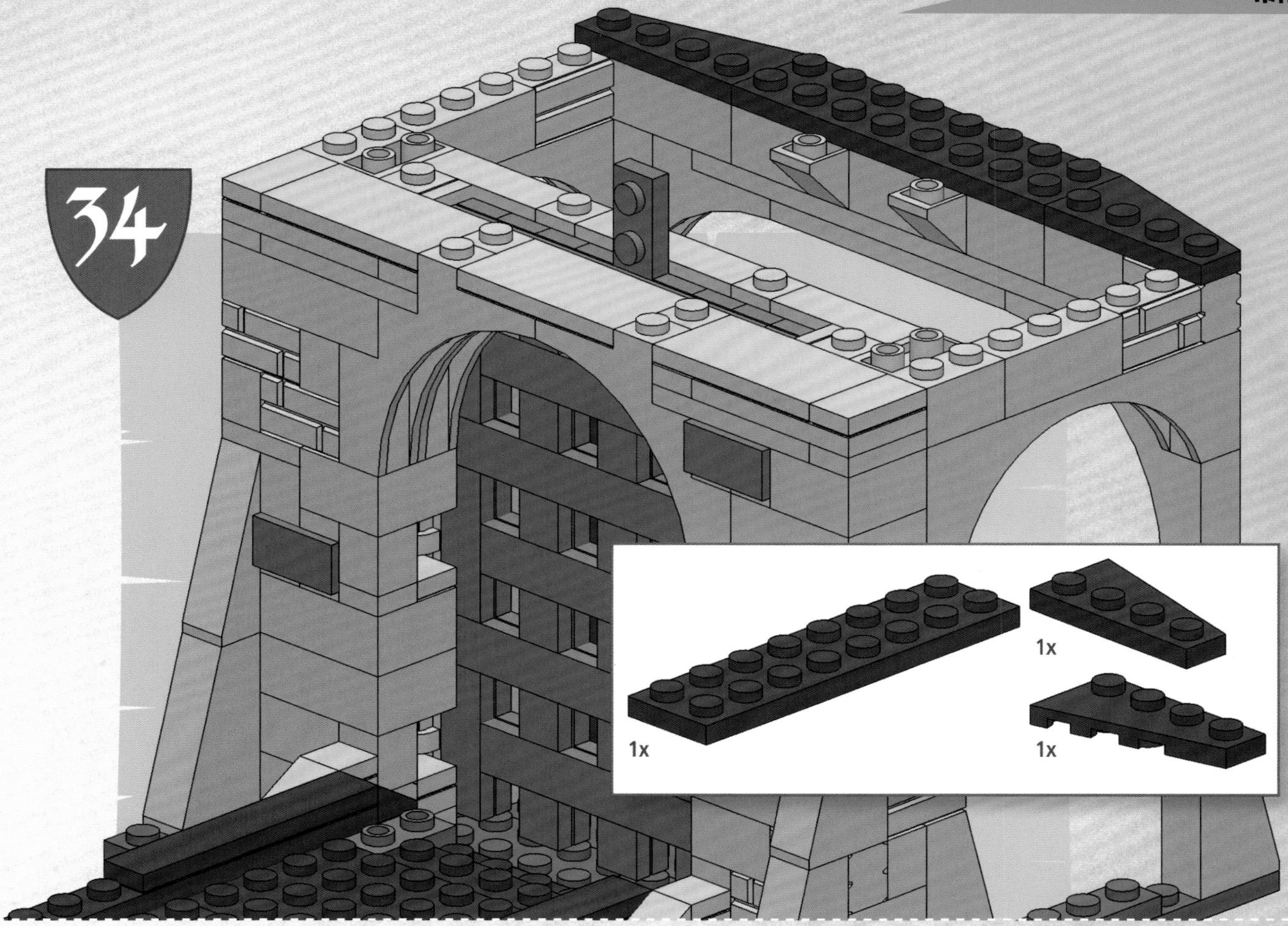

34

1x

1x

1x

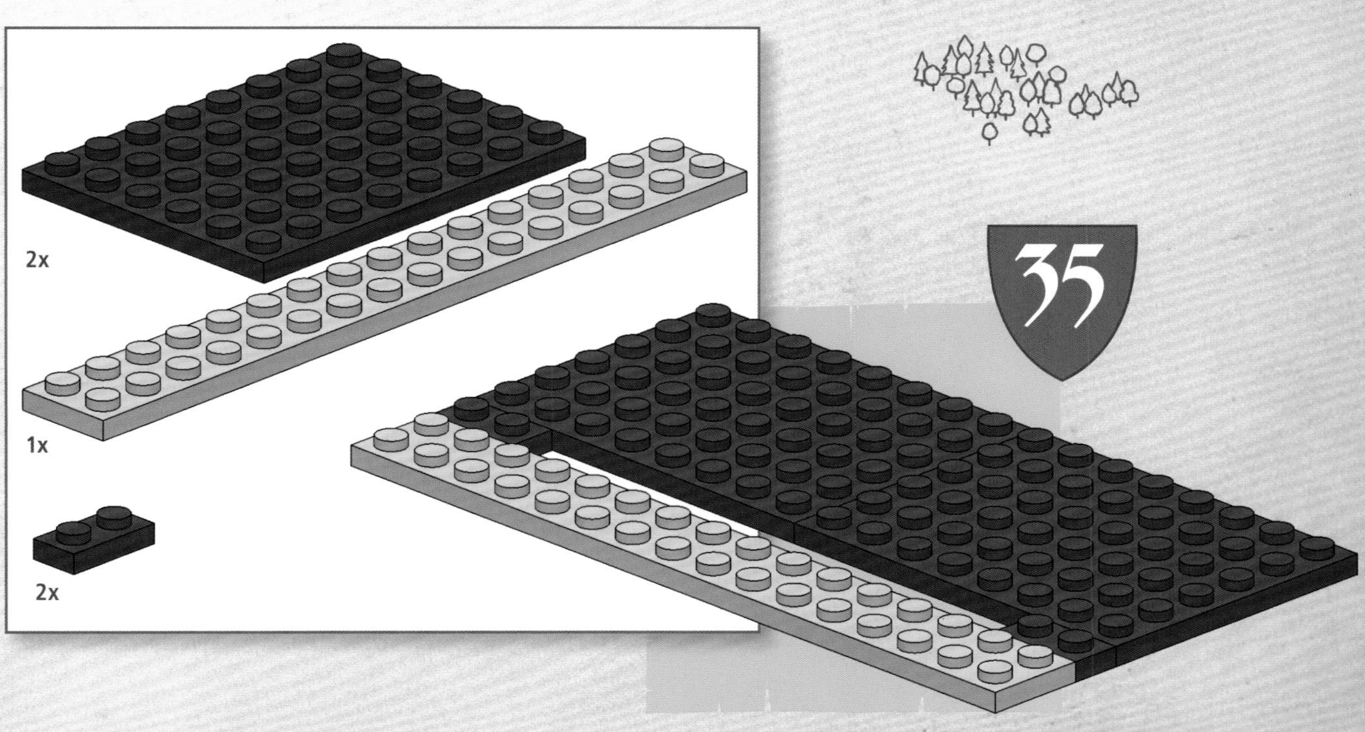

2x

1x

2x

35

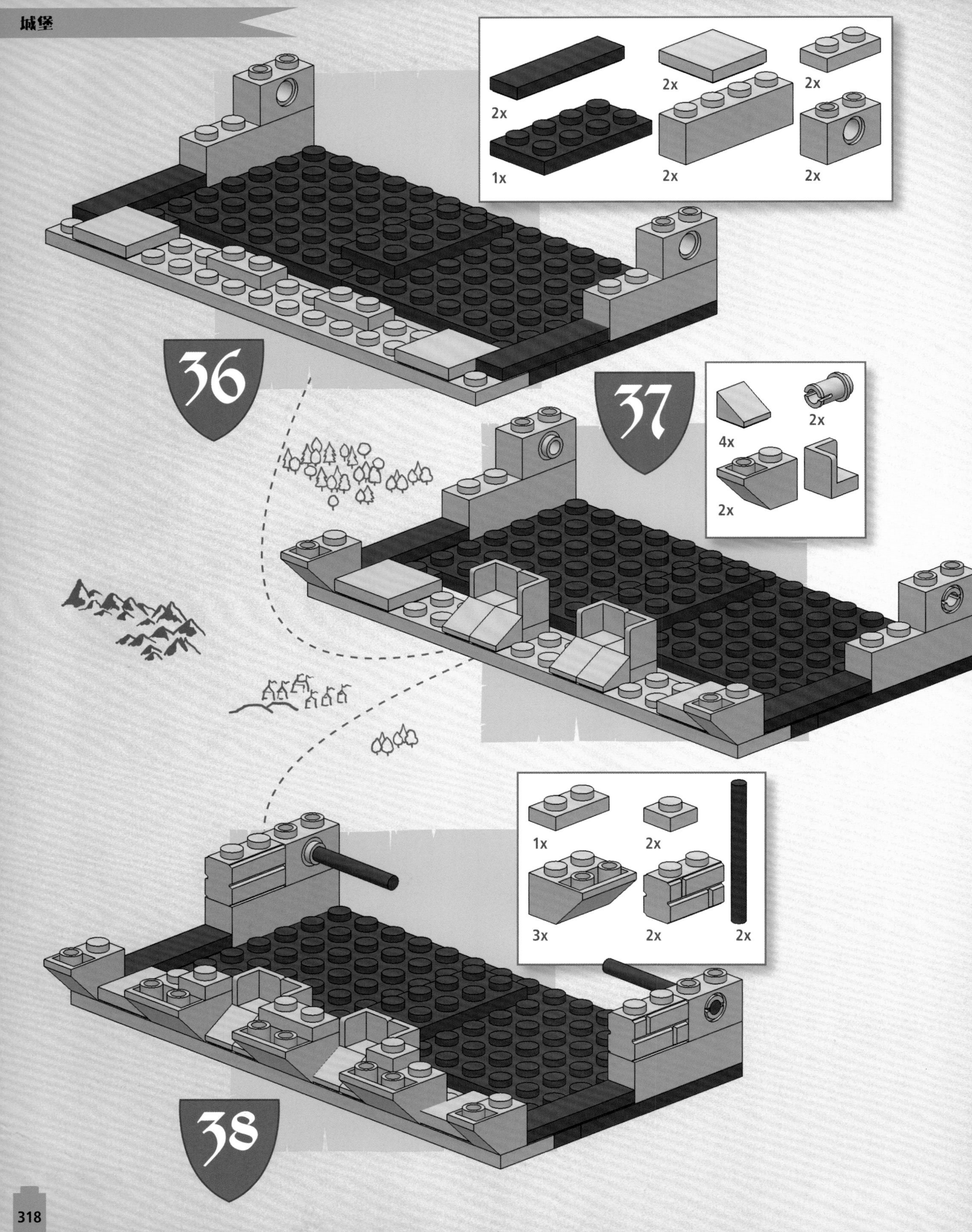
2x
2x
2x
1x
2x
2x
36
37
4x
2x
2x
2x
1x
2x
3x
2x
2x
38

39
40
1x
2x
1x
1x
1x
2x
2x
41
2x
4x
42

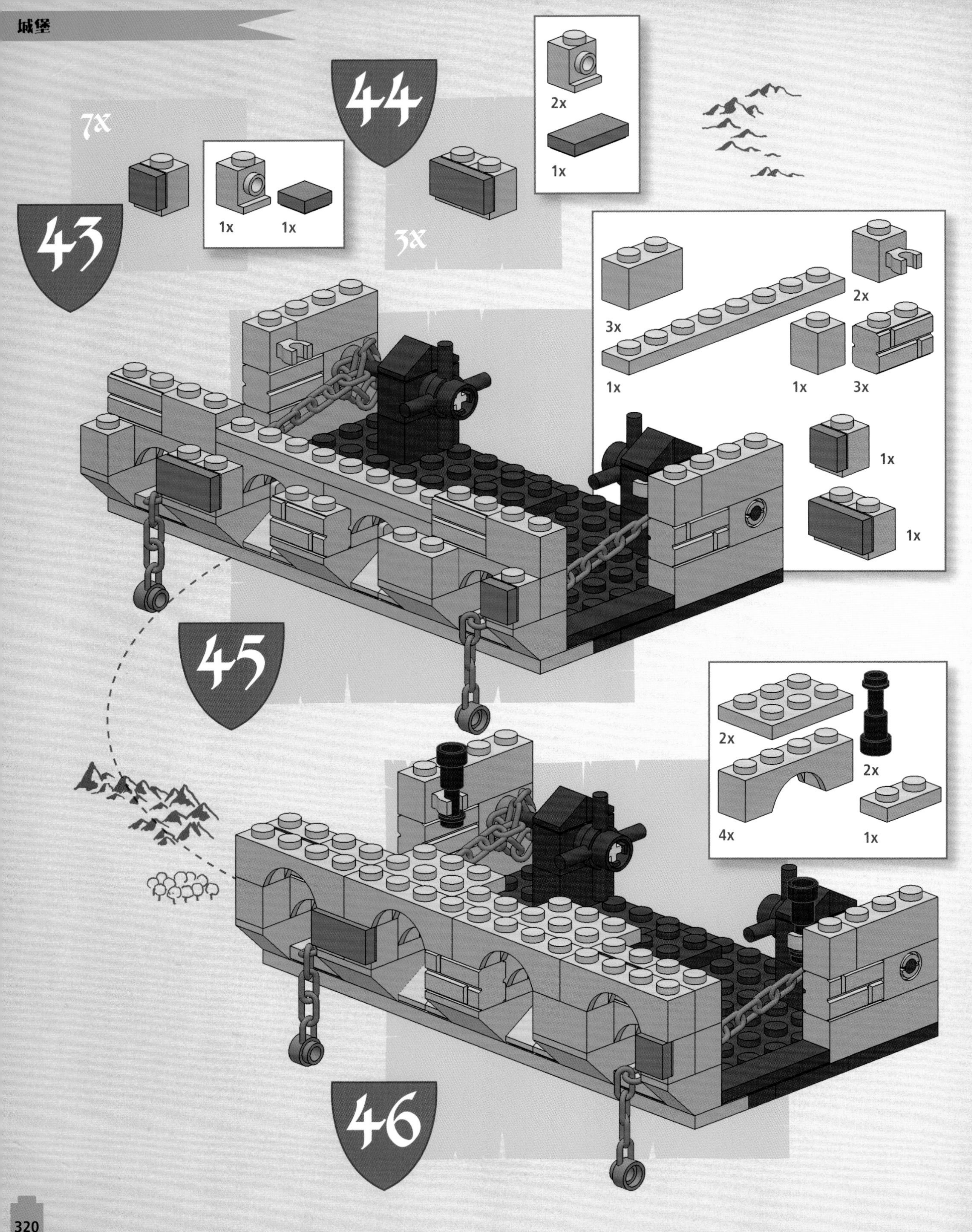
43
7x
1x
1x
44
3x
2x
1x
3x
2x
1x
1x
3x
1x
1x
45
2x
2x
4x
1x
46

2x
6x
2x
2x
47
2x
2x
1x
1x
48

1x
3x
2x
1x
2x
2x
2x
49
1x
1x
1x
3x
2x
50

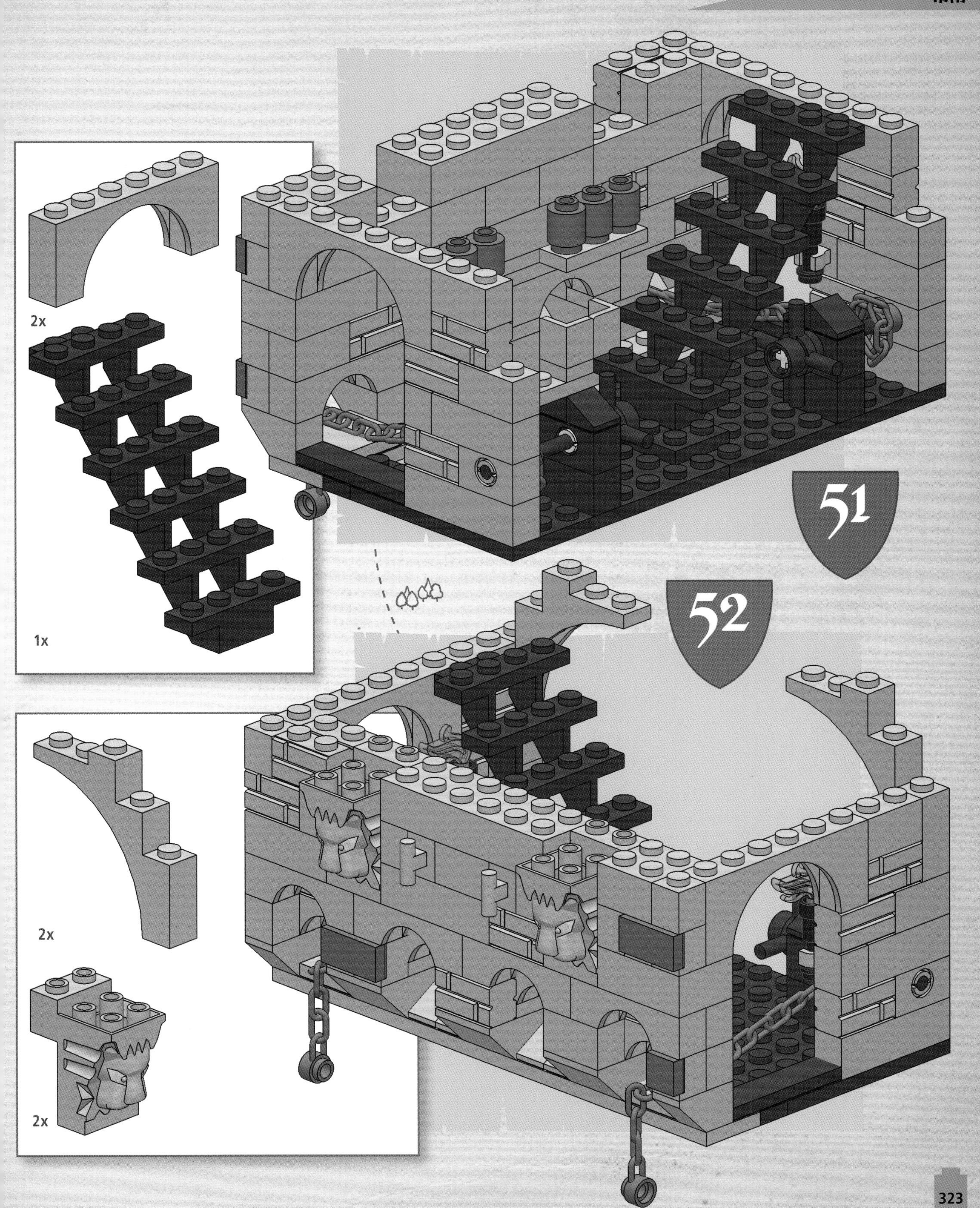
2x
1x
51
52
2x
2x

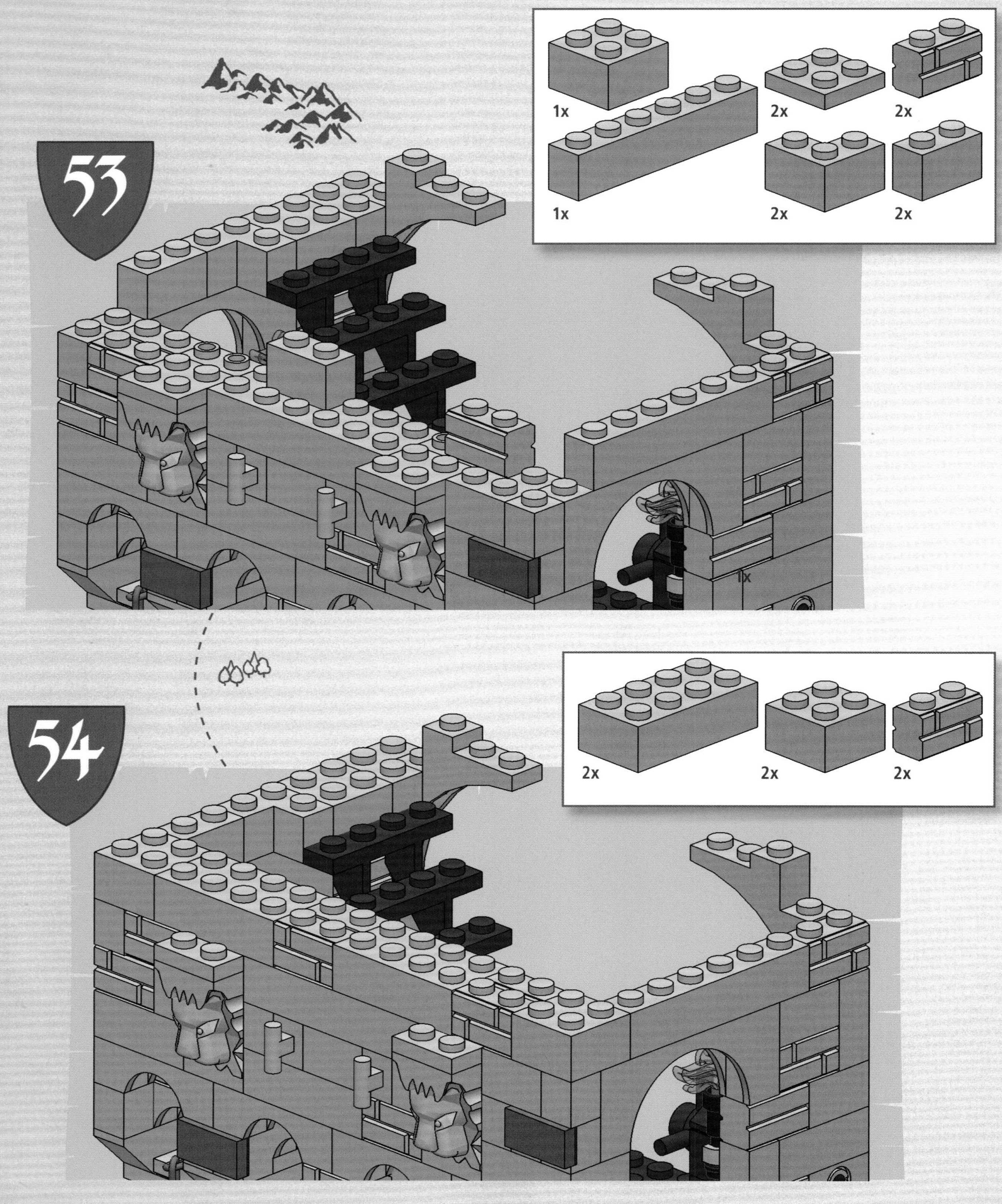
53
1x
1x
2x
2x
2x
2x
1x
54
2x
2x
2x

55

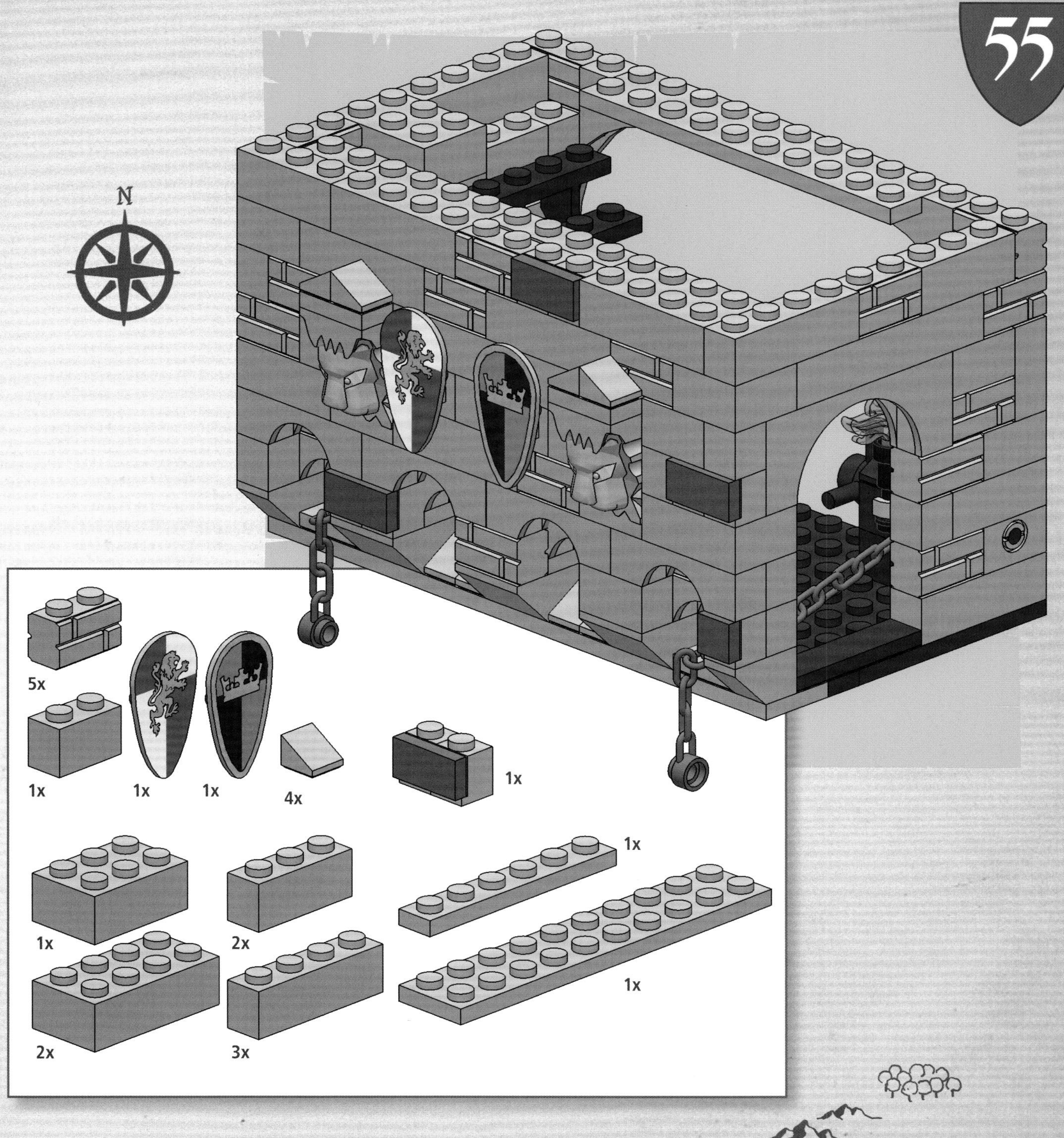

56
3x
3x
1x
6x
1x
5x
57
2x
2x

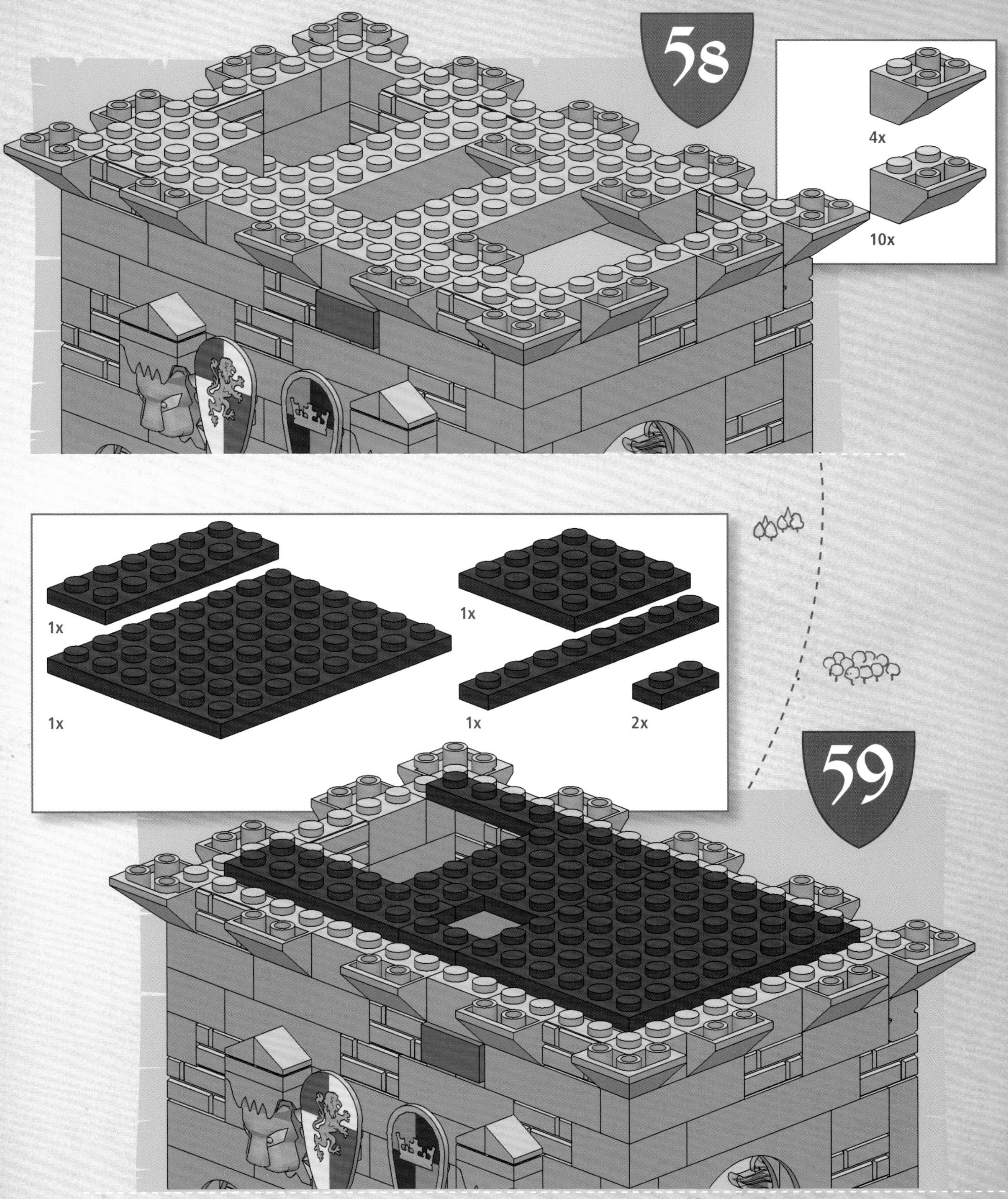
58
4x
10x
1x
1x
1x
1x
2x
59

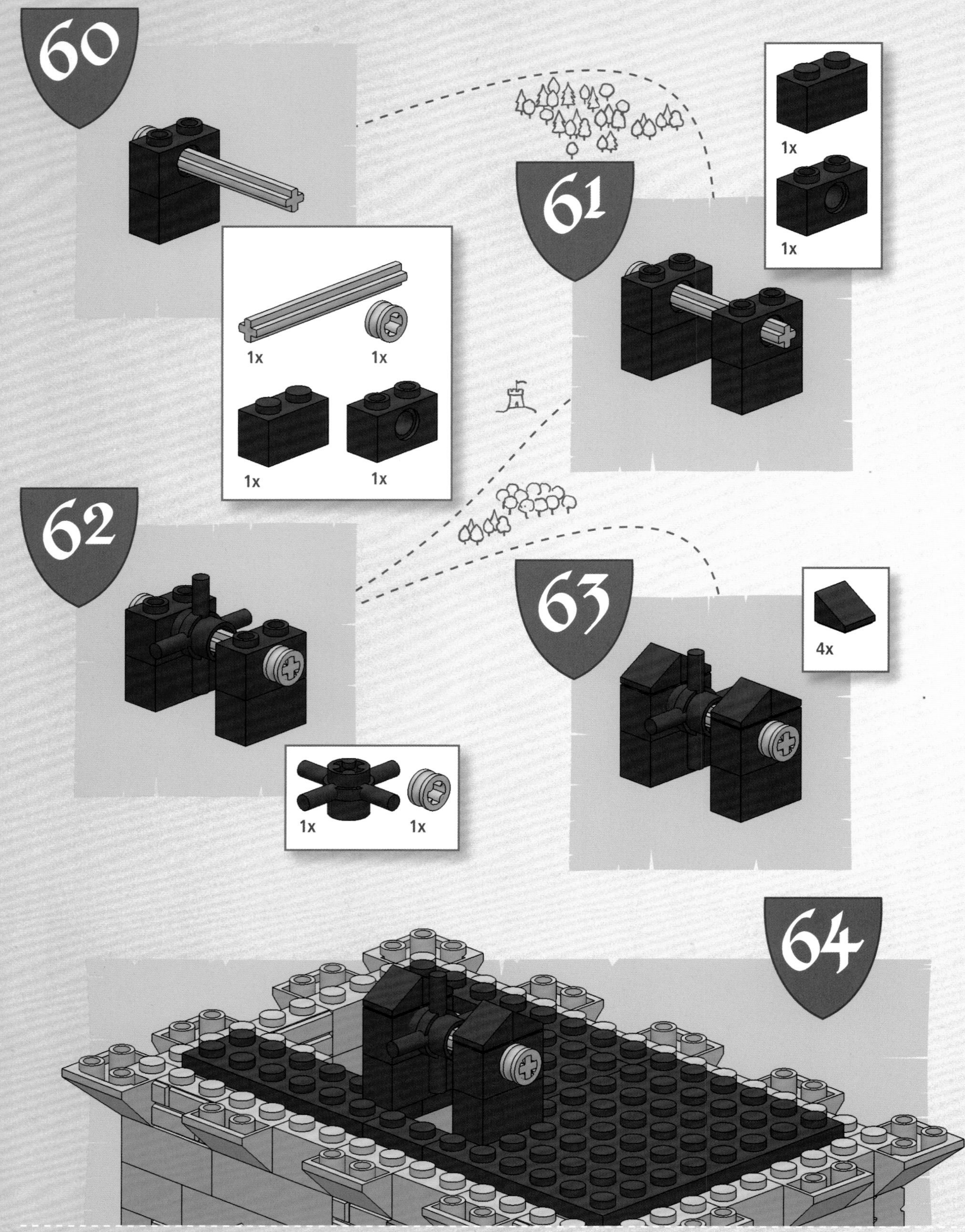
60
1x
1x
1x
1x
61
1x
1x
62
1x
1x
63
4x
64

65

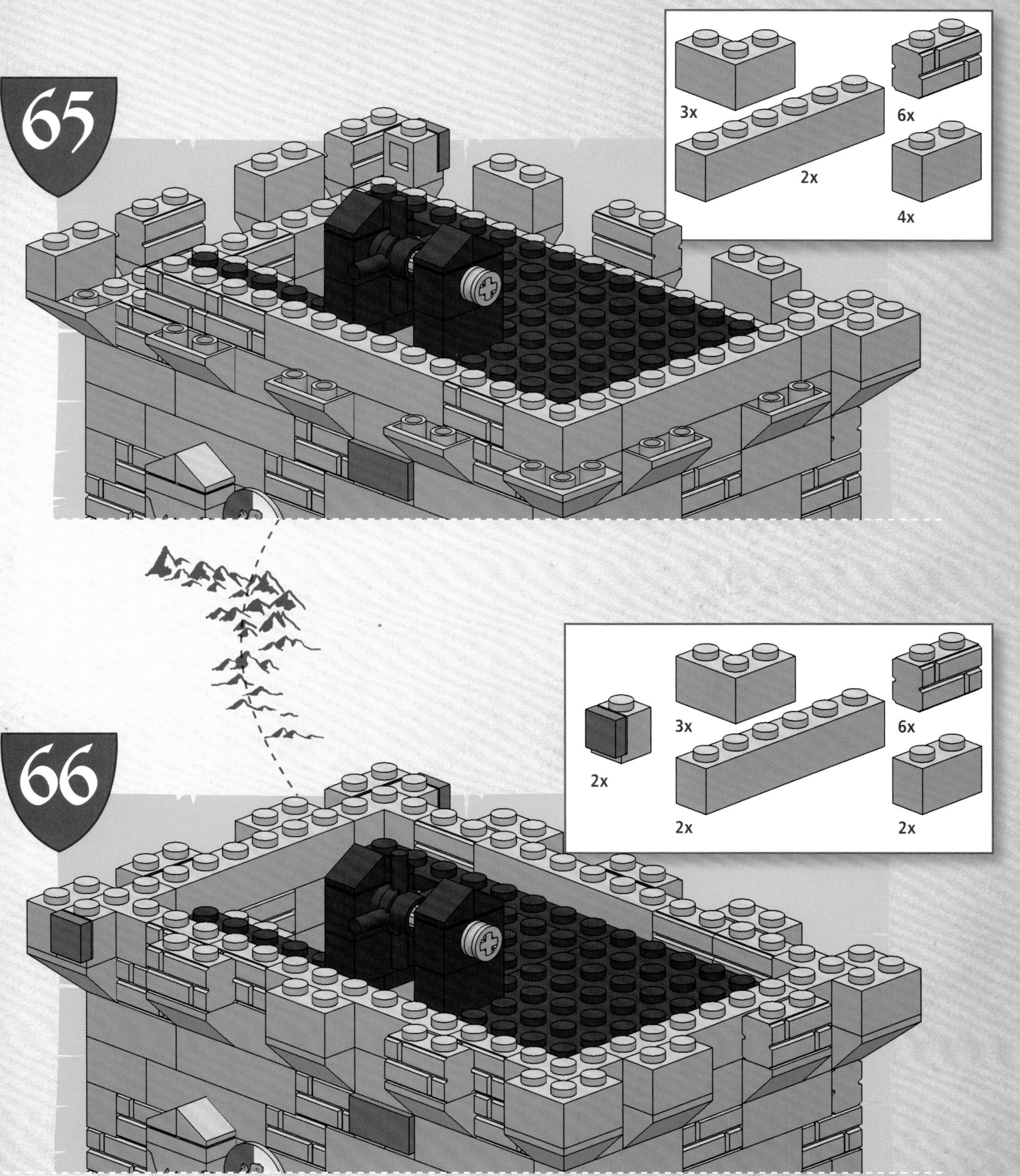

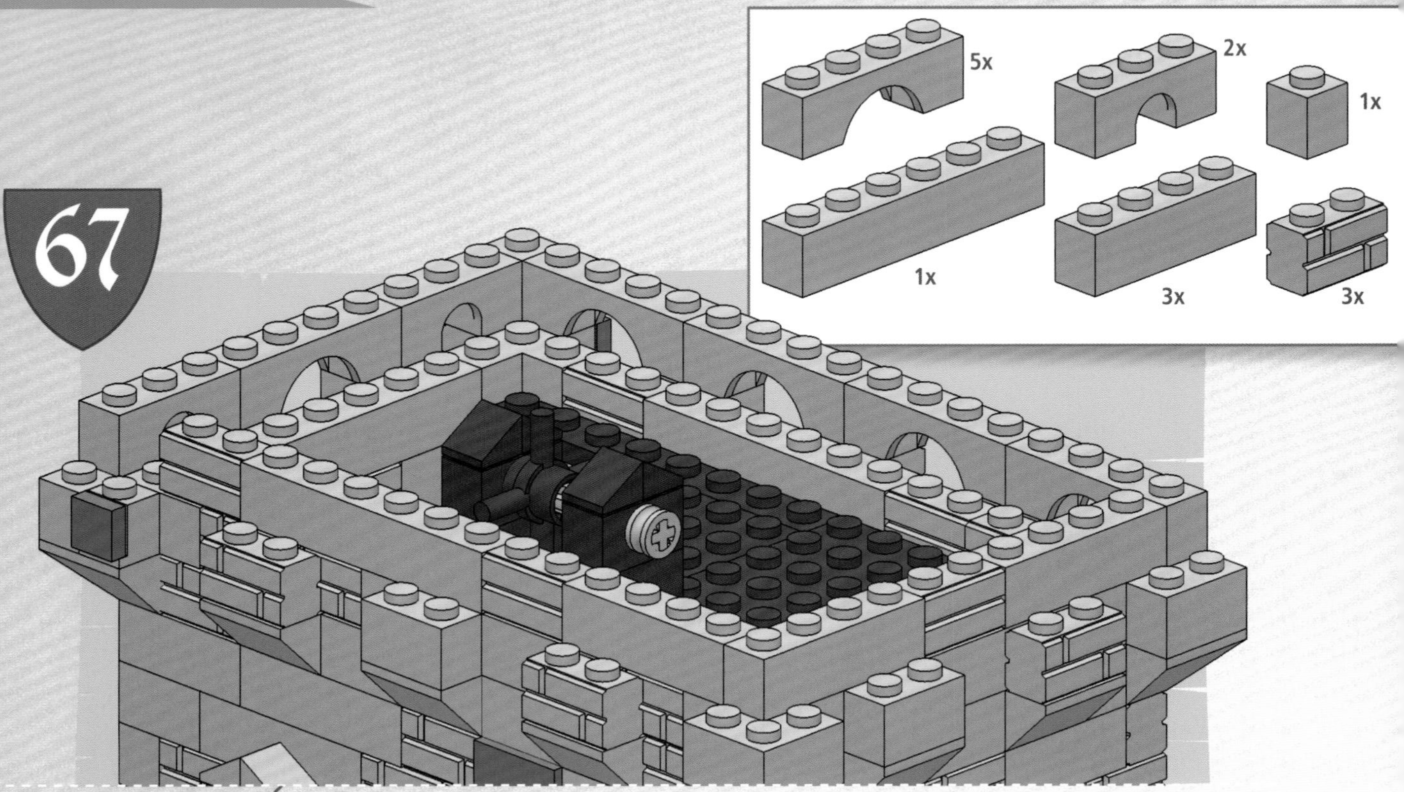

67

5x 2x 1x

1x 3x 3x

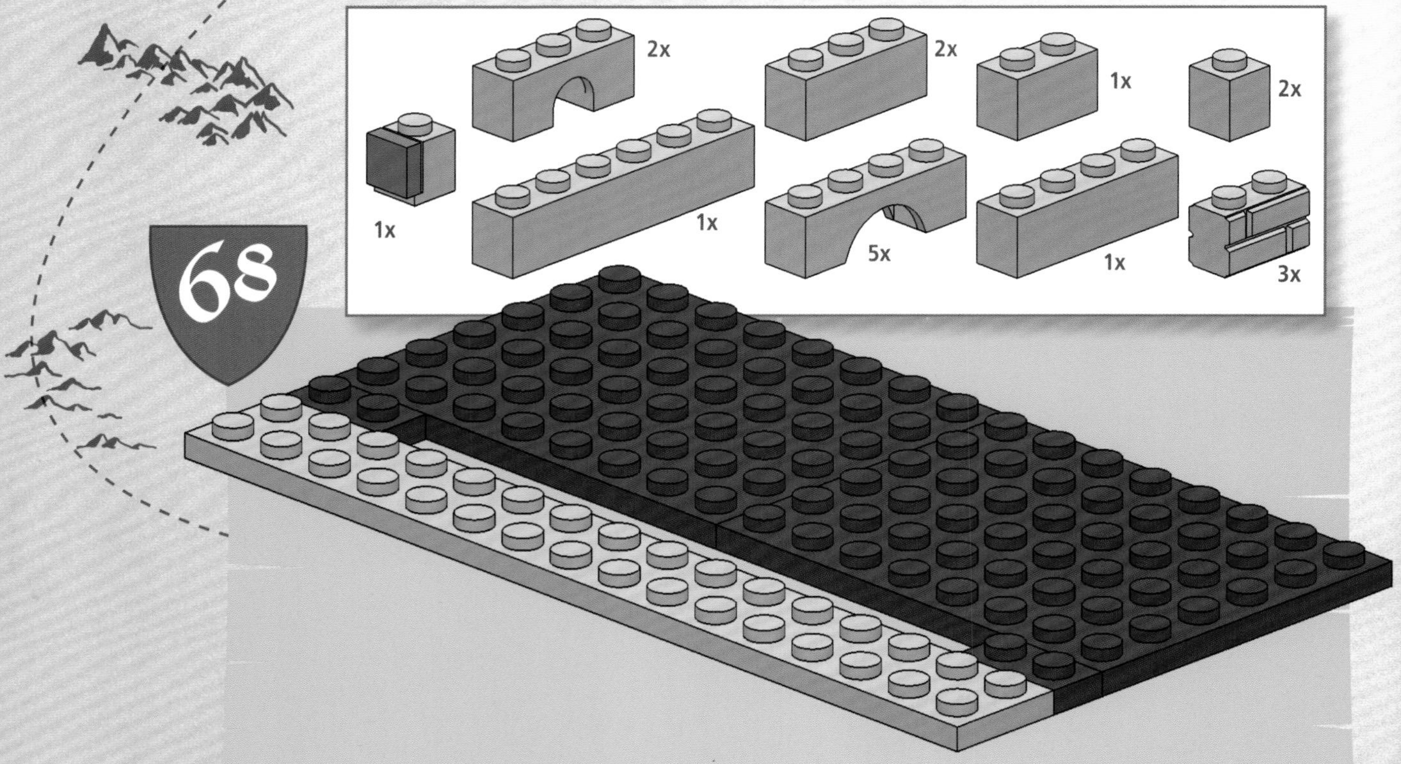

68

2x 2x 1x 2x

1x 1x 5x 1x 3x

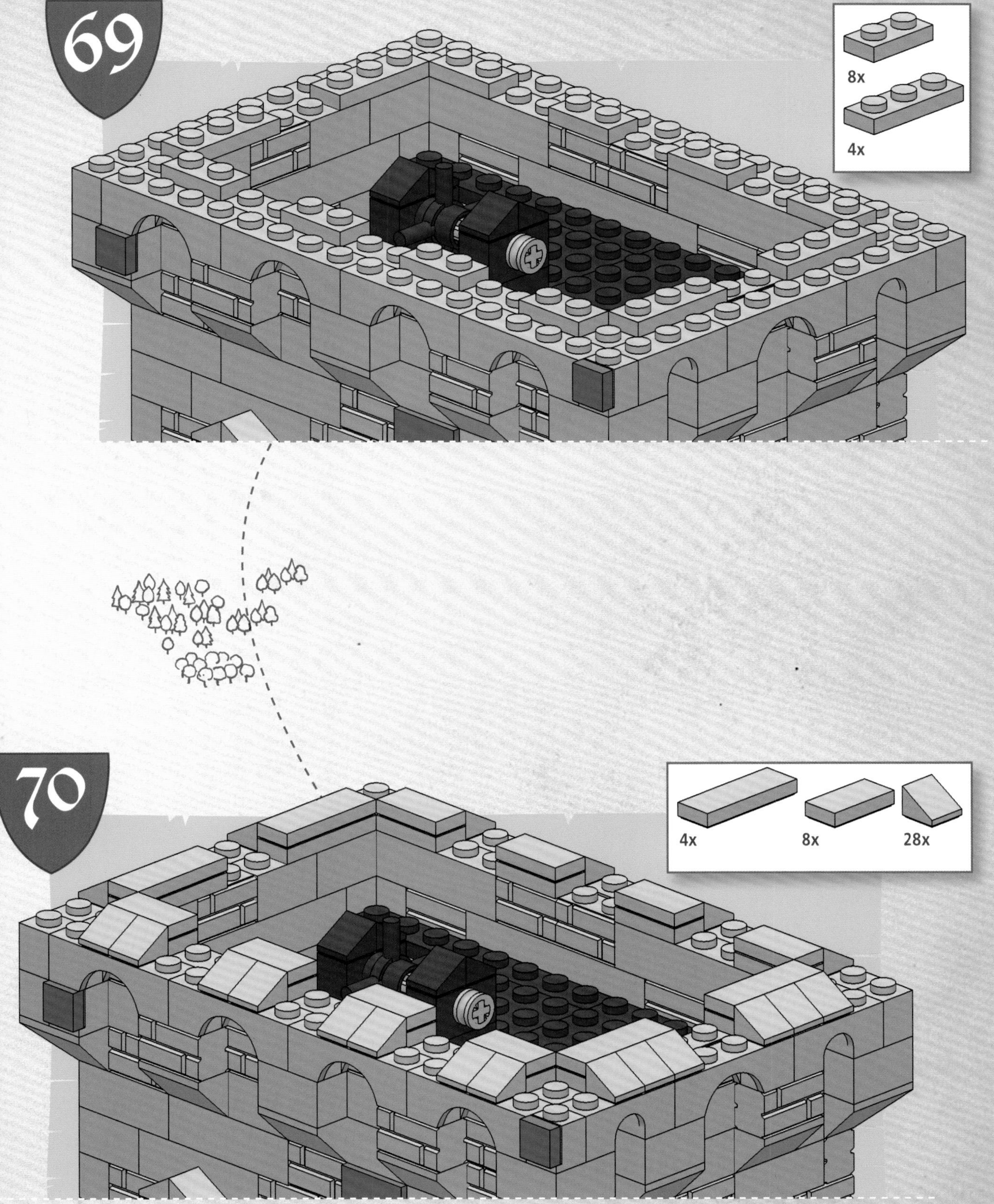
69
8x
4x
70
4x
8x
28x

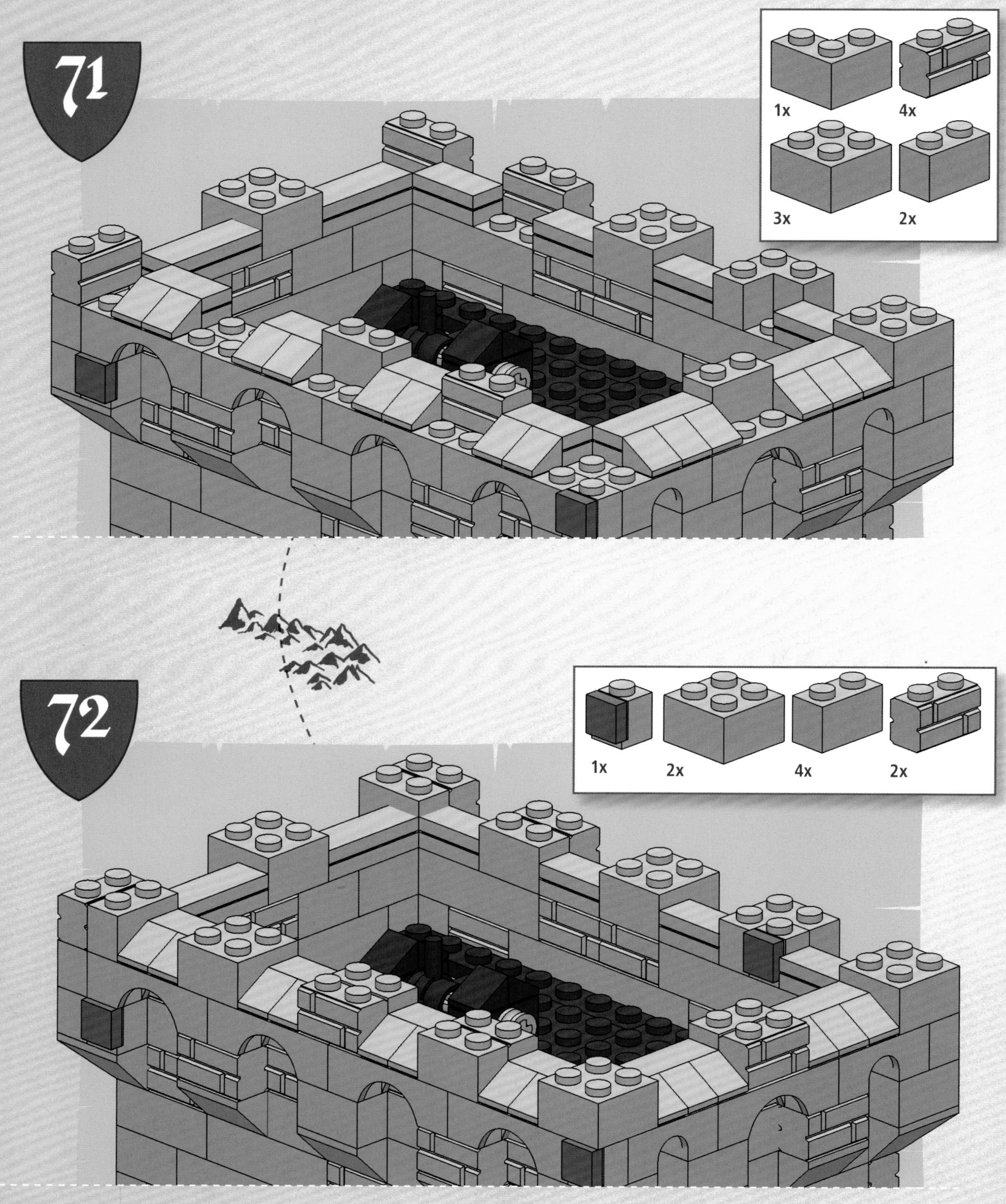
71
1x
4x
3x
2x
72
1x
2x
4x
2x

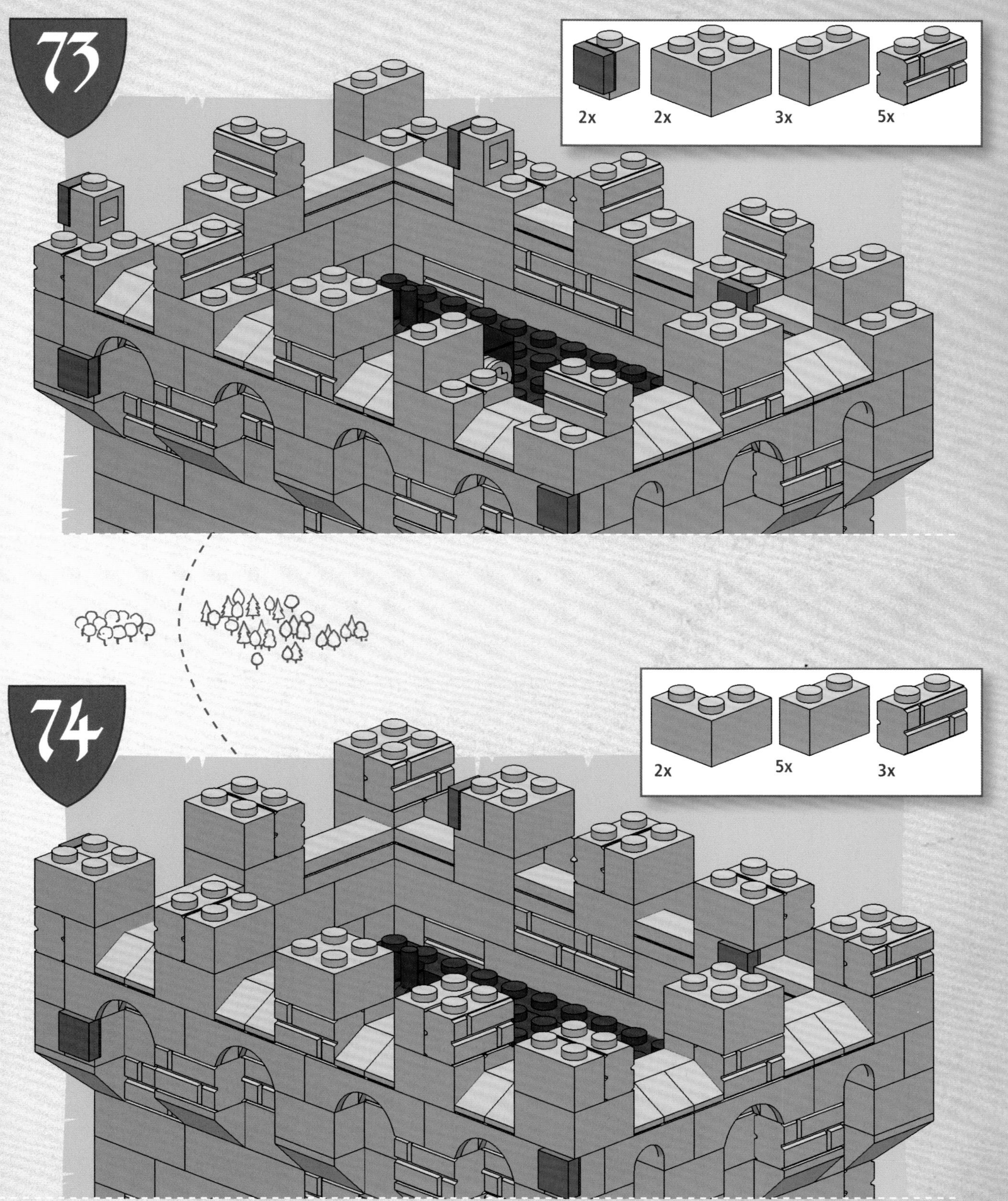
73
2x
2x
3x
5x
74
2x
5x
3x

75
12x
76
1:2

77

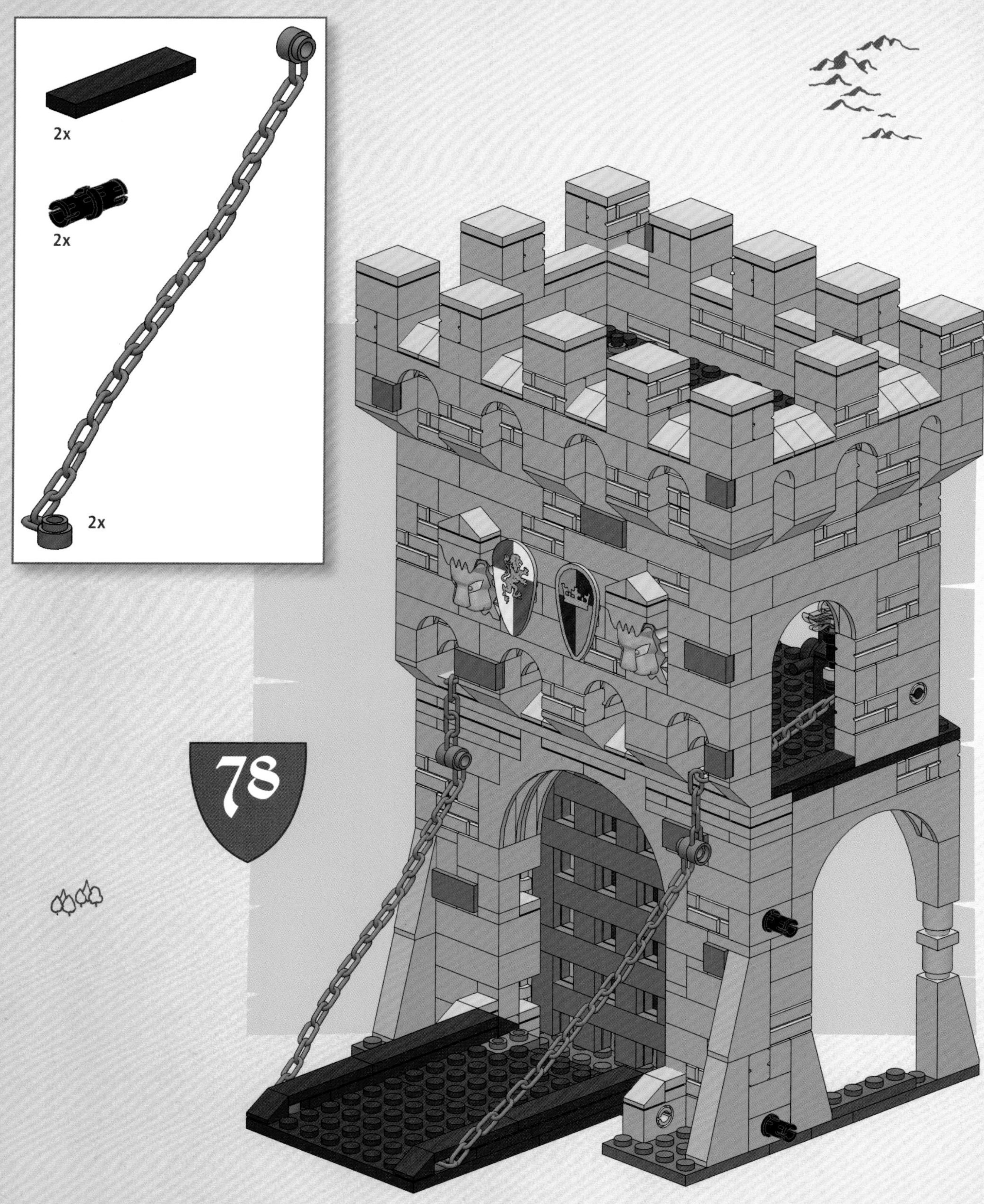
2x
2x
2x
78

零件清单

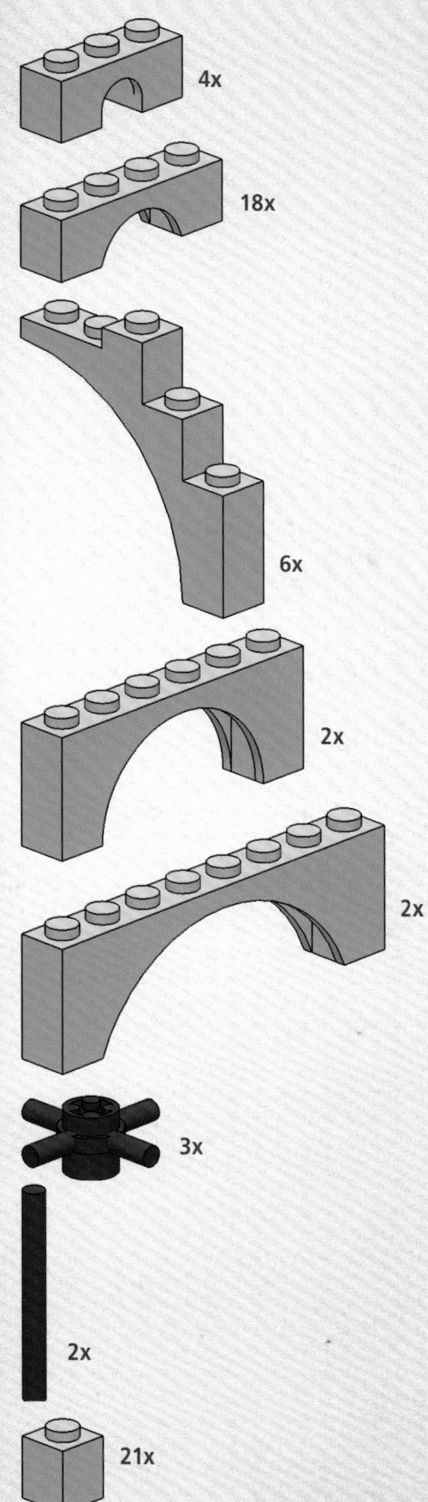

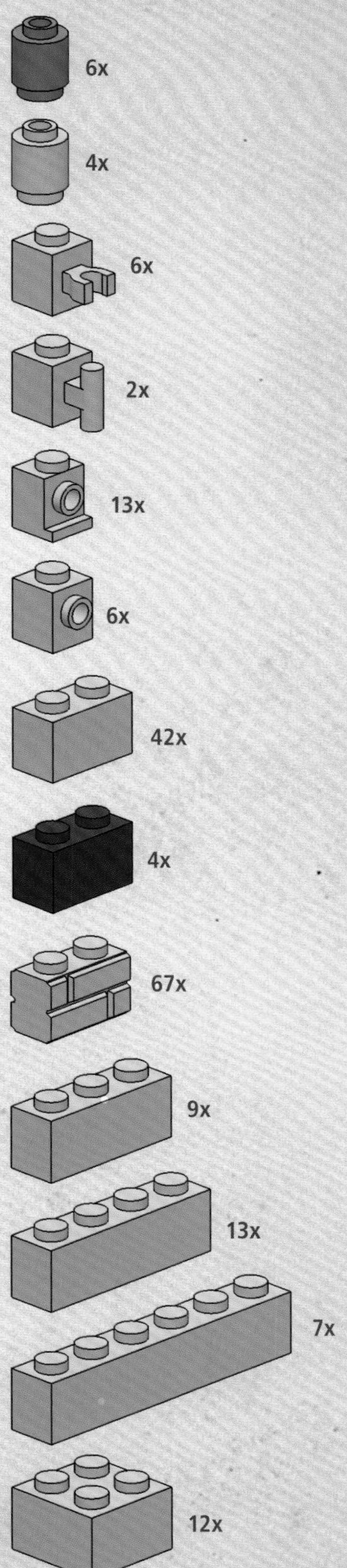

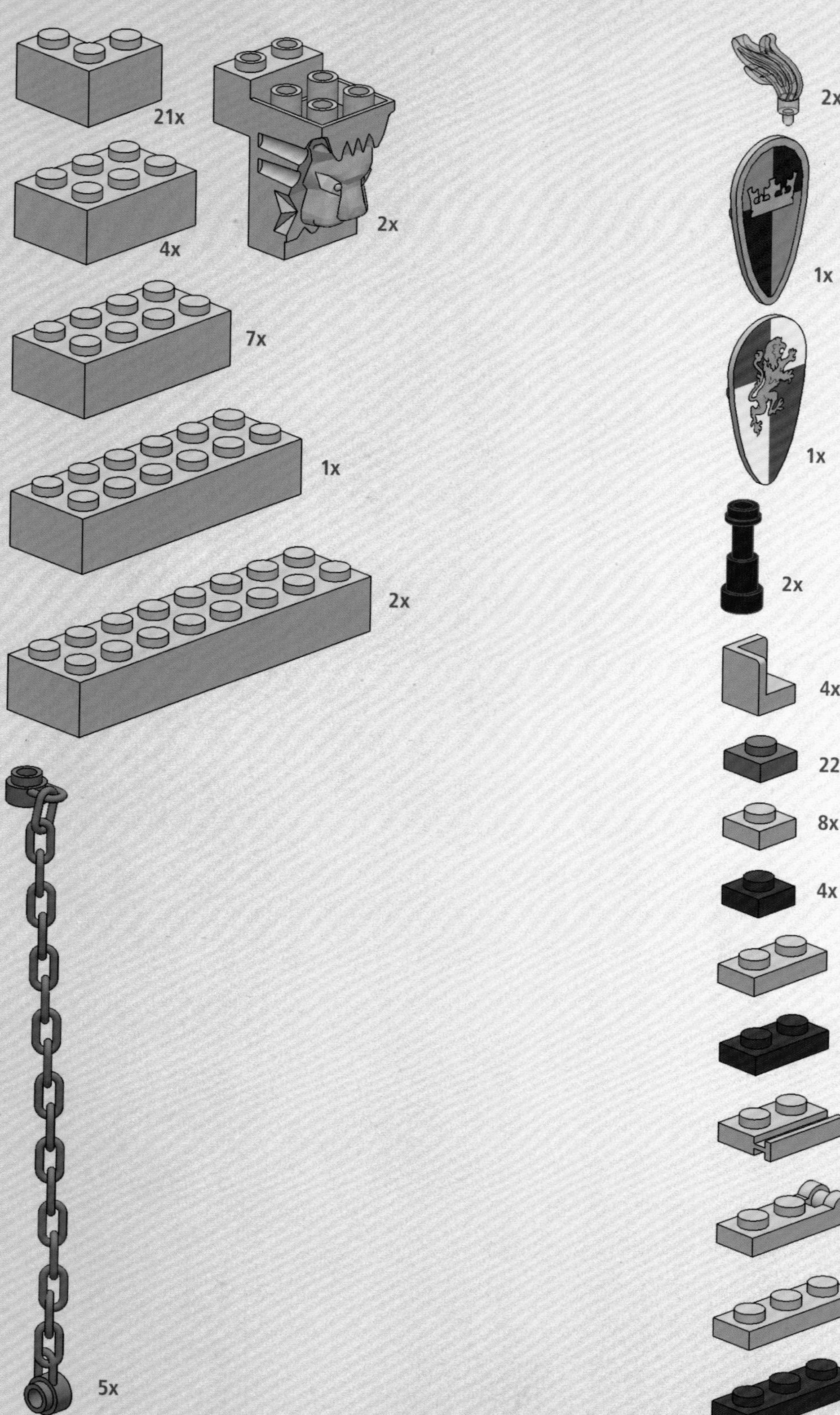

2x
1x
1x
2x
4x
22x
8x
4x
12x
4x
2x
4x
8x
2x

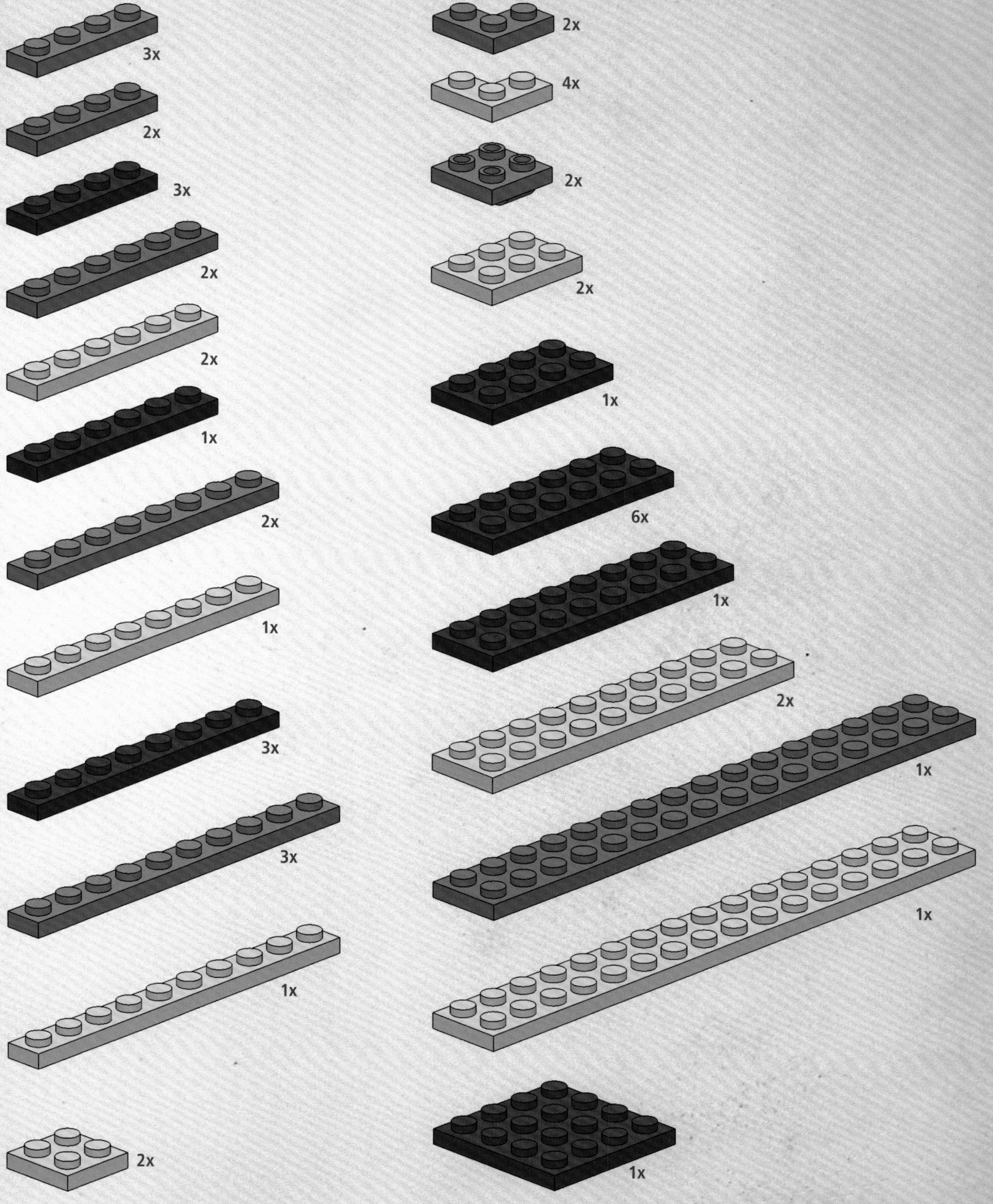
3x
2x
3x
2x
2x
1x
2x
1x
3x
3x
1x
2x
2x
4x
2x
2x
1x
6x
1x
2x
1x
1x
1x

2x
2x
1x
4x
38x
10x
4x
21x
4x
8x
1x
1x
2x
2x
4x
2x
2x
2x
2x
26x
2x

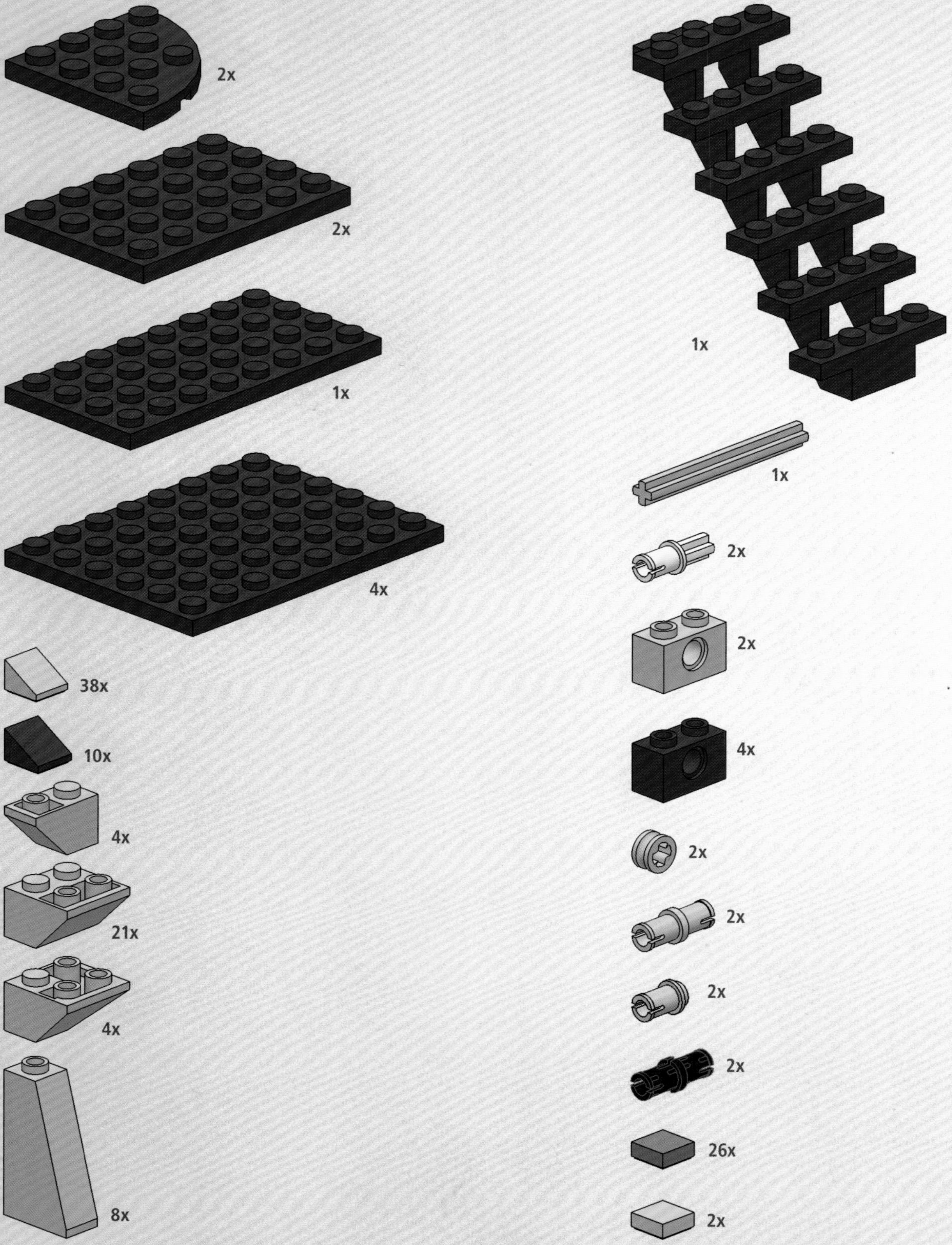

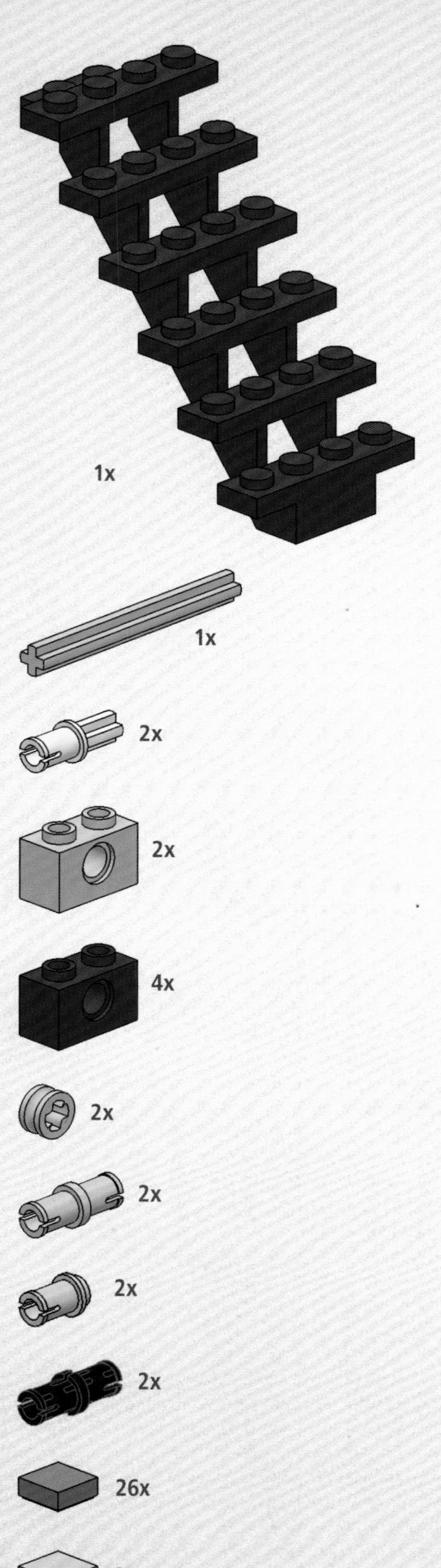

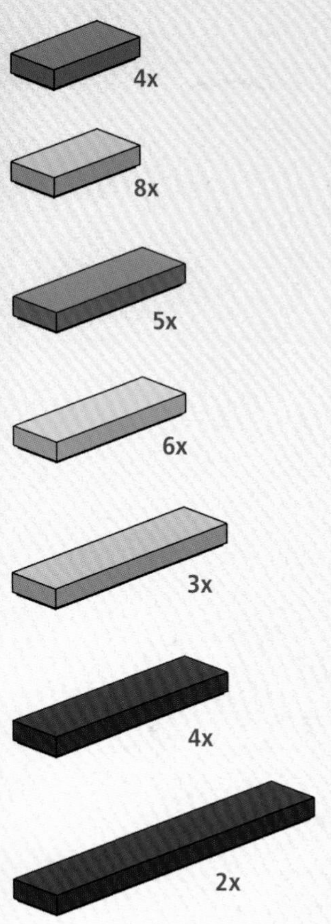

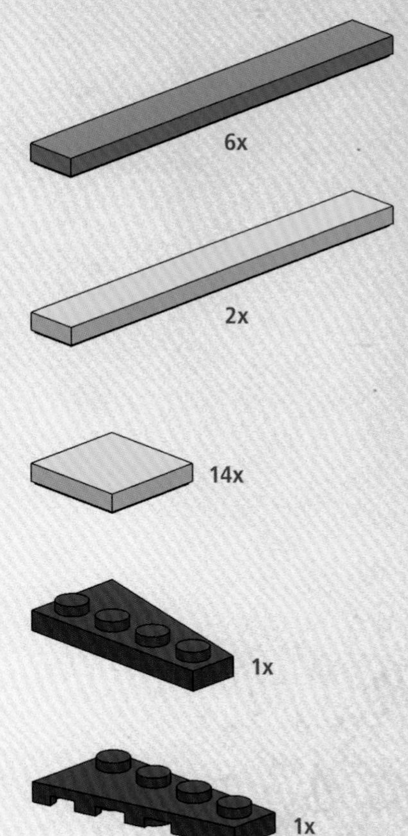

数量		颜色	零件编号	零件名称
4		浅蓝灰	4490	Arch 1 x 3
18		浅蓝灰	3659	Arch 1 x 4
6		浅蓝灰	2339	Arch 1 x 5 x 4
2		浅蓝灰	3307	Arch 1 x 6 x 2
2		浅蓝灰	3308	Arch 1 x 8 x 2
3		红棕	48723	Bar 1L Quadruple with Axlehole Hub
2		红棕	30374	Bar 4L Light Sabre Blade
21		浅蓝灰	3005	Brick 1 x 1
6		深蓝灰	3062b	Brick 1 x 1 Round with Hollow Stud
4		浅蓝灰	3062b	Brick 1 x 1 Round with Hollow Stud
6		浅蓝灰	60475	Brick 1 x 1 with Clip Vertical
2		浅蓝灰	2921	Brick 1 x 1 with Handle
13		浅蓝灰	4070	Brick 1 x 1 with Headlight
6		浅蓝灰	87087	Brick 1 x 1 with Stud on 1 Side
42		浅蓝灰	3004	Brick 1 x 2
4		红棕	3004	Brick 1 x 2

续表

数量		颜色	零件编号	零件名称
67		浅蓝灰	98283	Brick 1 x 2 with Embossed Bricks
9		浅蓝灰	3622	Brick 1 x 3
13		浅蓝灰	3010	Brick 1 x 4
7		浅蓝灰	3009	Brick 1 x 6
12		浅蓝灰	3003	Brick 2 x 2
21		浅蓝灰	2357	Brick 2 x 2 Corner
7		浅蓝灰	3002	Brick 2 x 3
2		浅蓝灰	30274	Brick 2 x 3 x 3 with Lion's Head Carving and Cutout
4		浅蓝灰	3001	Brick 2 x 4
1		浅蓝灰	2456	Brick 2 x 6
2		浅蓝灰	3007	Brick 2 x 8
5		深蓝灰	30104	Minifig Chain 21 Links
2		透明霓虹橘	64647	Minifig Plume/Flame Triple
1		浅蓝灰	2586p4j	Minifig Shield Ovoid w/ Crown on Dark/Med Blue Quarters Pattern
1		浅蓝灰	2586p4l	Minifig Shield Ovoid with Gold Lion on Red/White Quart. Pattern
2		深棕	64644	Minifig Telescope
4		浅蓝灰	6231	Panel 1 x 1 x 1 Corner with Rounded Corners
23		深蓝灰	3024	Plate 1 x 1
8		浅蓝灰	3024	Plate 1 x 1
4		红棕	3024	Plate 1 x 1
12		浅蓝灰	3023	Plate 1 x 2
4		红棕	3023	Plate 1 x 2
2		浅蓝灰	32028	Plate 1 x 2 with Door Rail
4		浅蓝灰	60478	Plate 1 x 2 with Handle on End
8		浅蓝灰	3623	Plate 1 x 3
2		红棕	3623	Plate 1 x 3
3		深蓝灰	3710	Plate 1 x 4
2		绿	3710	Plate 1 x 4
3		红棕	3710	Plate 1 x 4
2		绿	3666	Plate 1 x 6
2		浅蓝灰	3666	Plate 1 x 6
1		红棕	3666	Plate 1 x 6
2		深蓝灰	3460	Plate 1 x 8
1		浅蓝灰	3460	Plate 1 x 8
3		红棕	3460	Plate 1 x 8
3		深蓝灰	4477	Plate 1 x 10
1		浅蓝灰	4477	Plate 1 x 10
2		浅蓝灰	3022	Plate 2 x 2
2		深蓝灰	2420	Plate 2 x 2 Corner
4		浅蓝灰	2420	Plate 2 x 2 Corner
2		深蓝灰	2444	Plate 2 x 2 with Hole

续表

数量		颜色	零件编号	零件名称
2		浅蓝灰	3021	Plate 2 x 3
1		红棕	3020	Plate 2 x 4
6		红棕	3795	Plate 2 x 6
1		红棕	3034	Plate 2 x 8
2		浅蓝灰	3832	Plate 2 x 10
1		绿	4282	Plate 2 x 16
1		浅蓝灰	4282	Plate 2 x 16
1		红棕	3031	Plate 4 x 4
2		红棕	30565	Plate 4 x 4 Corner Round
2		红棕	3032	Plate 4 x 6
1		红棕	3035	Plate 4 x 8
4		红棕	3036	Plate 6 x 8
38		浅蓝灰	54200	Slope Brick 31 1 x 1 x 2/3
10		红棕	54200	Slope Brick 31 1 x 1 x 2/3
4		浅蓝灰	3665	Slope Brick 45 2 x 1 Inverted
21		浅蓝灰	3660	Slope Brick 45 2 x 2 Inverted
4		浅蓝灰	3676	Slope Brick 45 2 x 2 Inverted Double Convex
2		浅蓝灰	4460	Slope Brick 75 2 x 1 x 3
1		红棕	30134	Staircase 7 x 4 x 6 Open
1		浅蓝灰	32073	Technic Axle 5
2		米	3749	Technic Axle Pin
4		浅蓝灰	3700	Technic Brick 1 x 2 with Hole
4		红棕	3700	Technic Brick 1 x 2 with Hole
2		浅蓝灰	32123a	Technic Bush 1/2 Smooth with Axle Hole 红色uced
2		浅蓝灰	3673	Technic Pin
2		浅蓝灰	4274	Technic Pin 1/2
2		黑	2780	Technic Pin with Friction and Slots
26		深蓝灰	3070b	Tile 1 x 1 with Groove
2		浅蓝灰	3070b	Tile 1 x 1 with Groove
4		深蓝灰	3069b	Tile 1 x 2 with Groove
8		浅蓝灰	3069b	Tile 1 x 2 with Groove
5		深蓝灰	63864	Tile 1 x 3 with Groove
6		浅蓝灰	63864	Tile 1 x 3 with Groove
3		浅蓝灰	2431	Tile 1 x 4 with Groove
4		红棕	2431	Tile 1 x 4 with Groove
2		红棕	6636	Tile 1 x 6
6		深蓝灰	4162	Tile 1 x 8
2		浅蓝灰	4162	Tile 1 x 8
14		浅蓝灰	3068b	Tile 2 x 2 with Groove
1		红棕	41770	Wing 2 x 4 Left
1		红棕	41769	Wing 2 x 4 Right

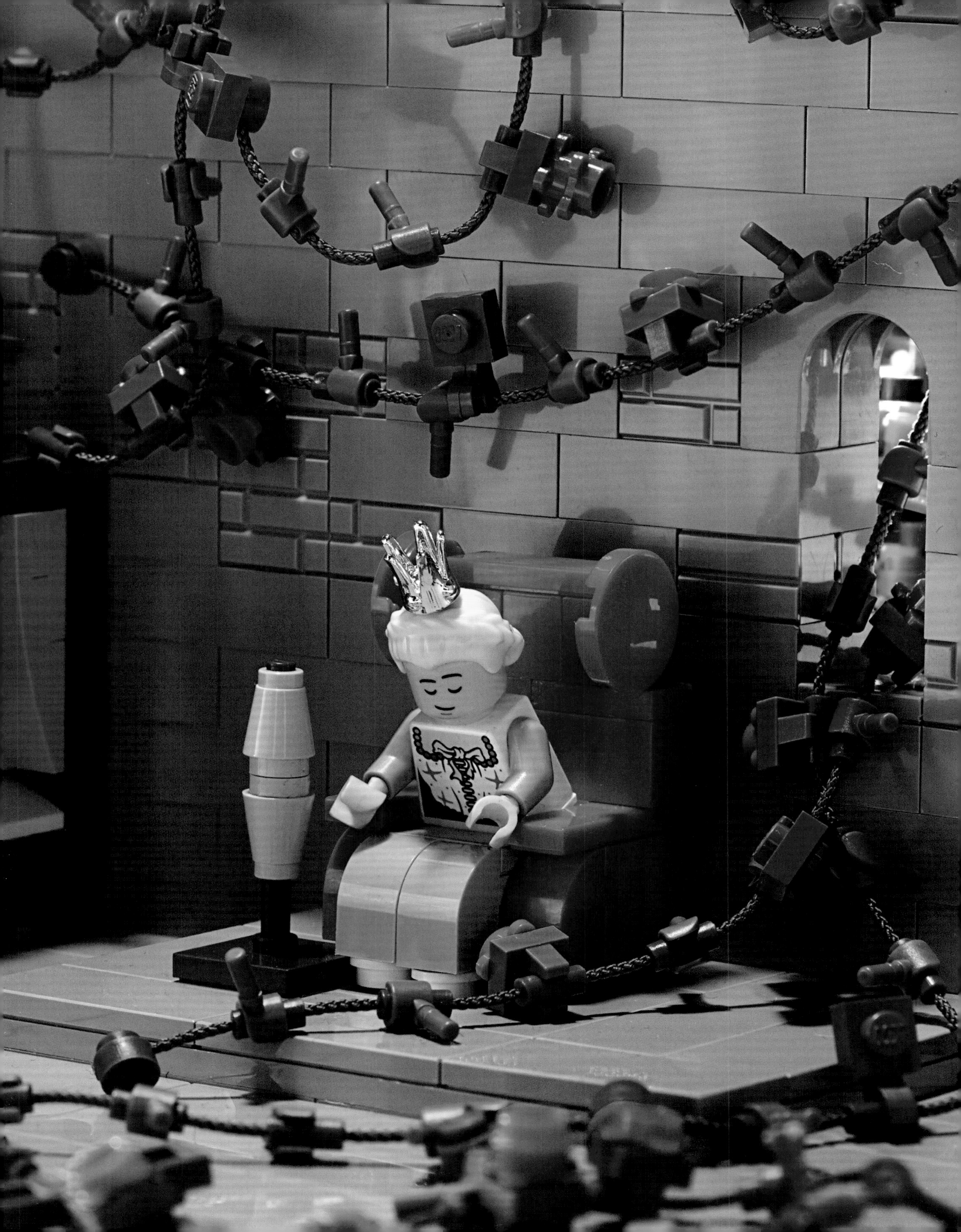

床

一张为睡美人准备的、有着四根帷柱的大床。遗憾的是，她并没有安详地睡在里面。而且这张床看起来可真舒适。

Joe设计搭建

你也可以使用你持有的其他颜色的积木来制作帷帘。

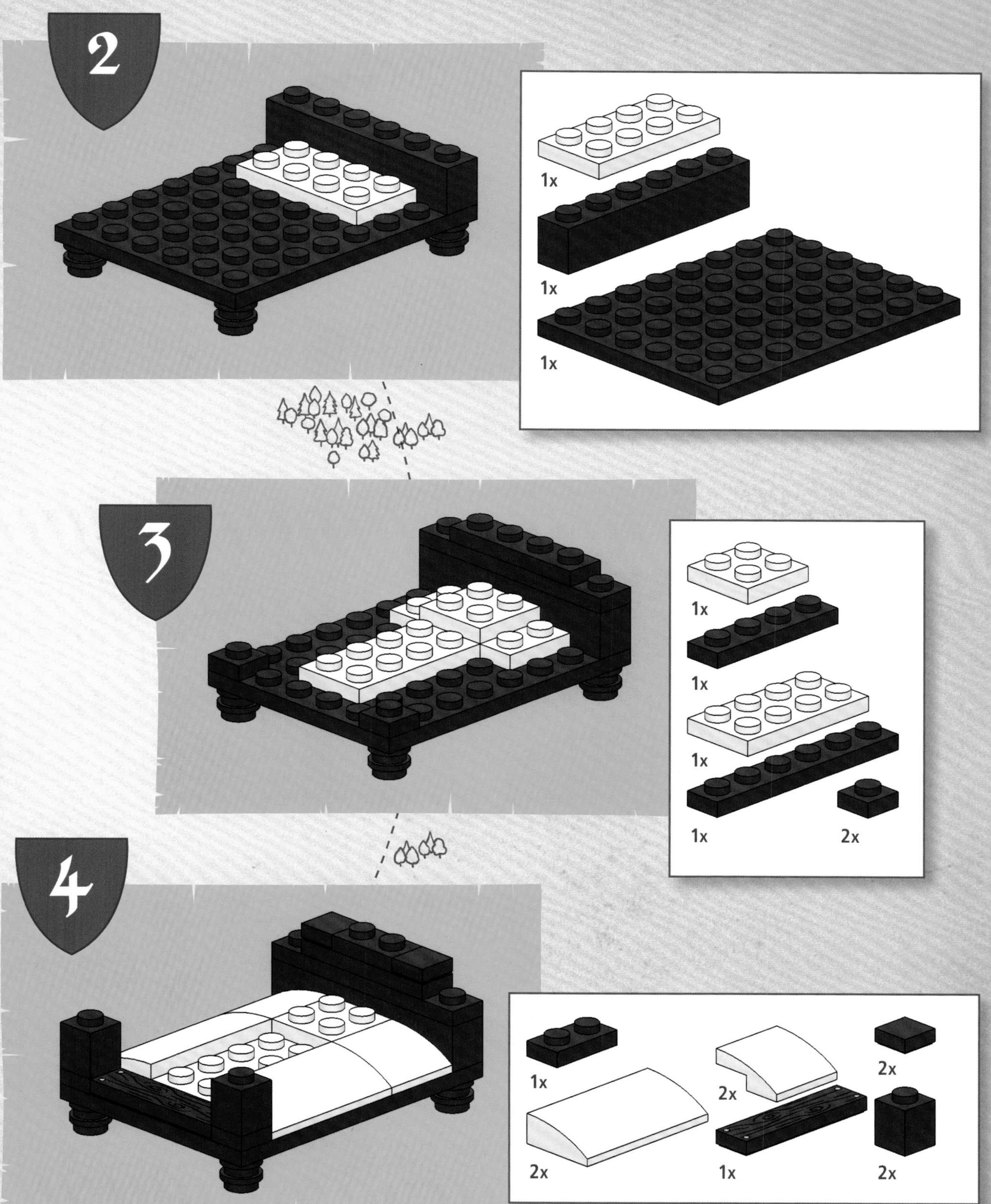
2
1x
1x
1x
3
1x
1x
1x
1x
2x
4
1x
2x
2x
2x
1x
2x

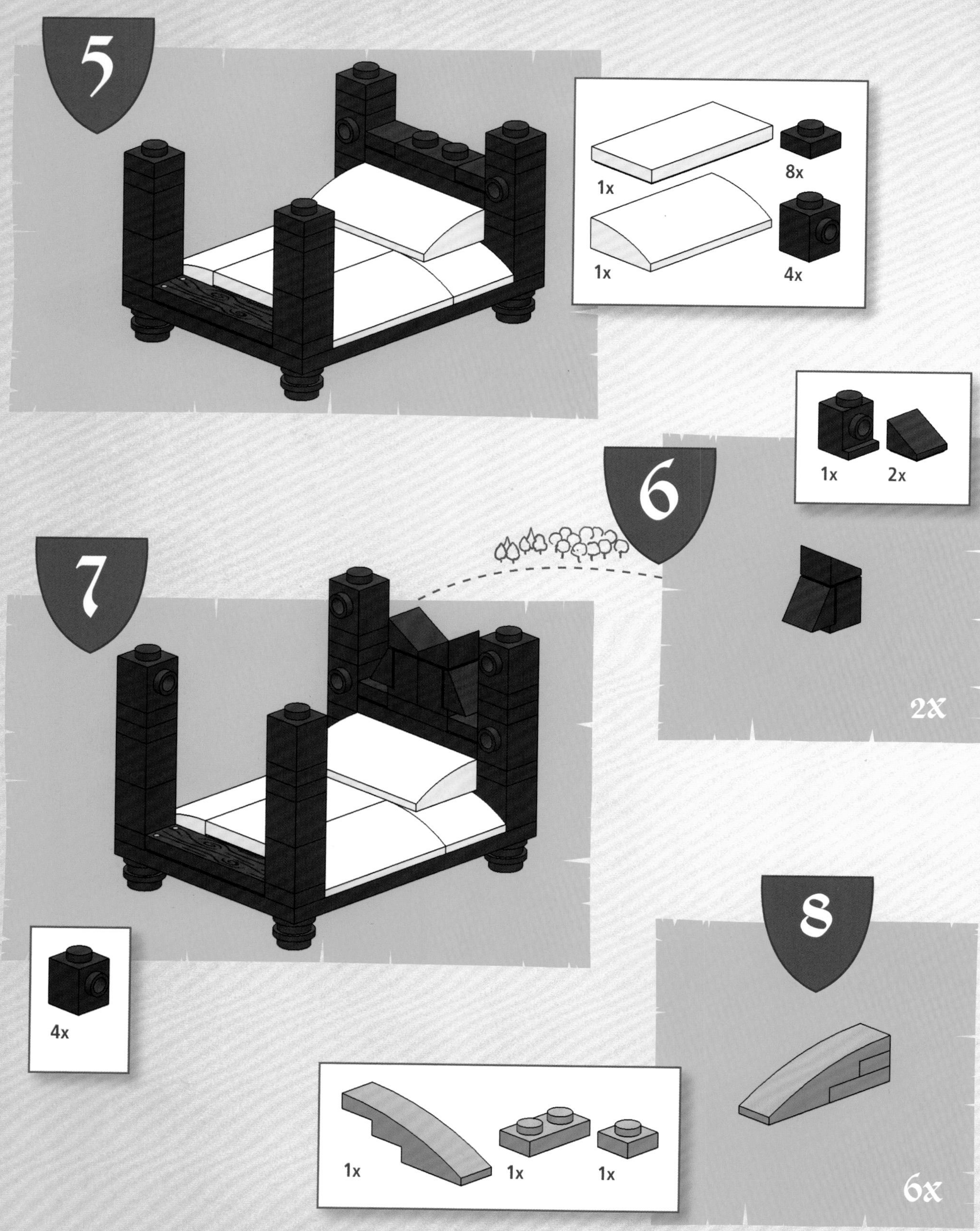
5
1x
8x
1x
4x
6
1x
2x
2x
7
4x
8
1x
1x
1x
6x

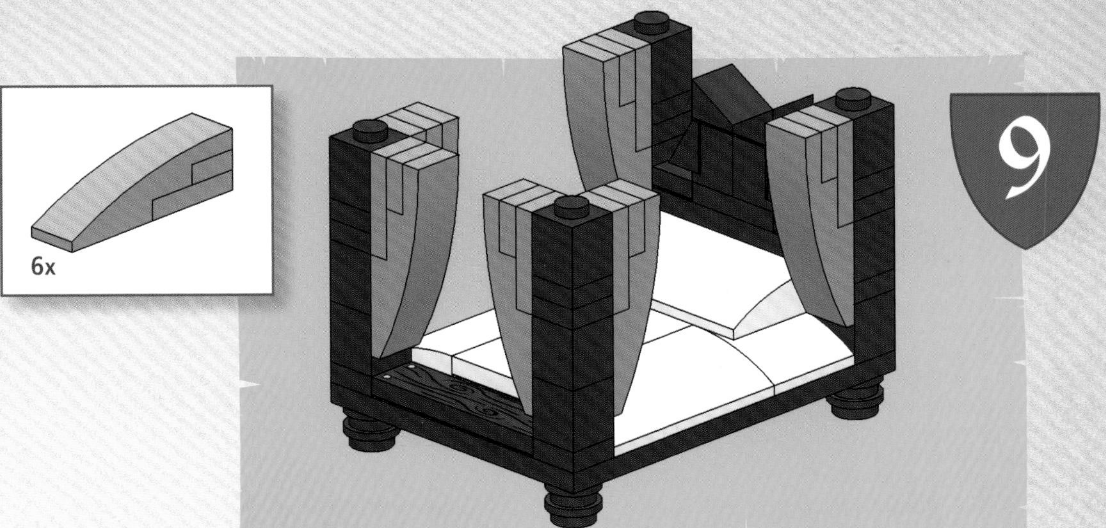
6x
9

10

4x
1x

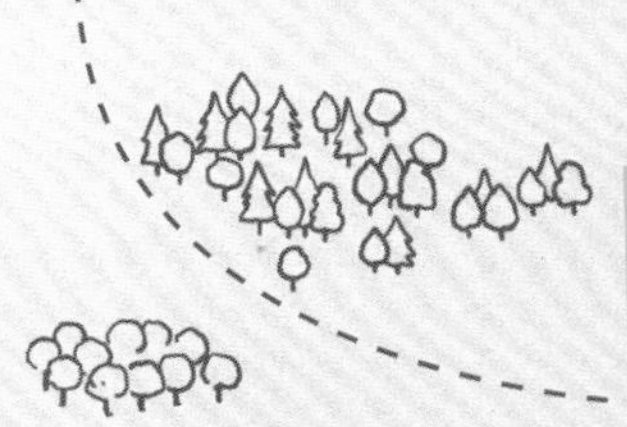

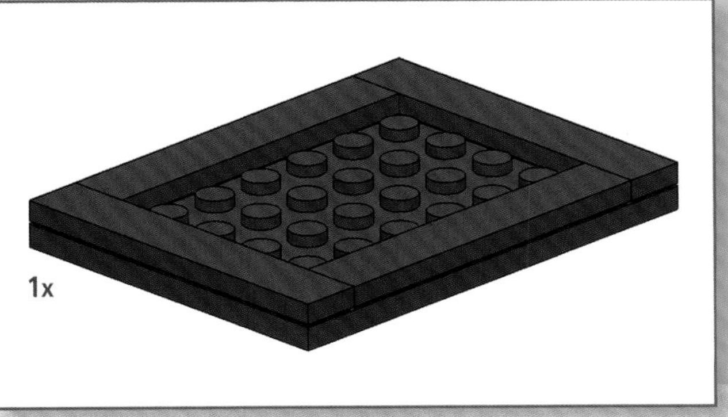
1x

11

零件清单

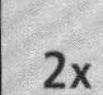

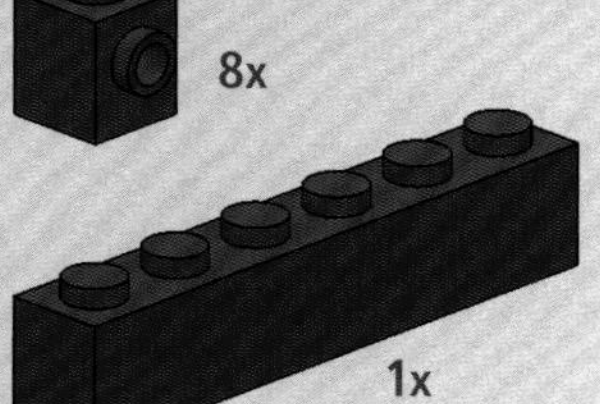
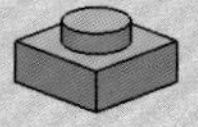

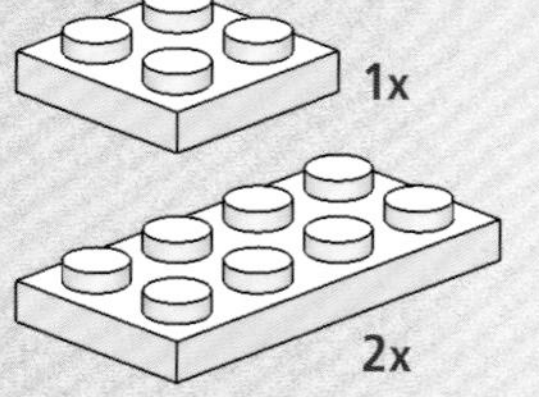
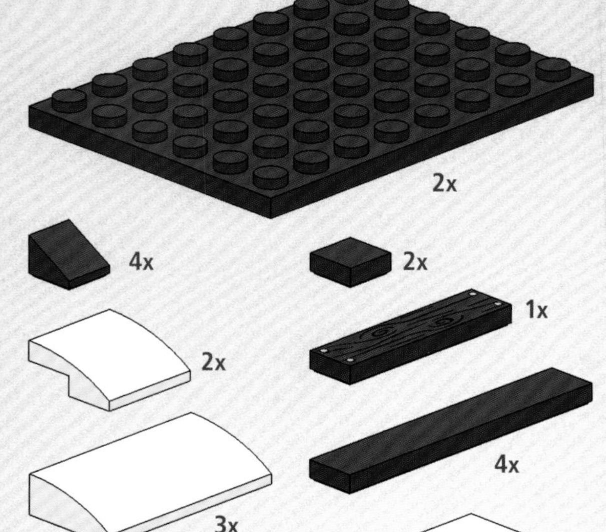
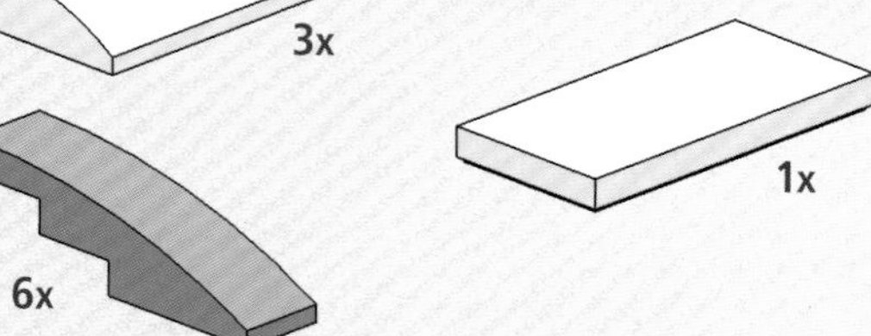

数量		颜色	零件编号	零件名称
2		红棕	3005	Brick 1 x 1
2		红棕	4070	Brick 1 x 1 with Headlight
8		红棕	87087	Brick 1 x 1 with Stud on 1 Side
1		红棕	3009	Brick 1 x 6
6		中蓝	3024	Plate 1 x 1
10		红棕	3024	Plate 1 x 1
8		红棕	4073	Plate 1 x 1 Round
6		中蓝	3023	Plate 1 x 2
1		红棕	3023	Plate 1 x 2
1		红棕	3710	Plate 1 x 4
1		红棕	3666	Plate 1 x 6
1		白	3022	Plate 2 x 2
2		白	3020	Plate 2 x 4
2		红棕	3036	Plate 6 x 8
4		红棕	54200	Slope Brick 31 1 x 1 x 2/3
2		白	15068	Slope Brick Curved 2 x 2 x 2/3
3		白	88930	Slope Brick Curved 2 x 4 with Underside Studs
6		中蓝	61678	Slope Brick Curved 4 x 1
2		红棕	3070b	Tile 1 x 1 with Groove
1		红棕	2431p01	Tile 1 x 4 with Wood Grain and 4 Nails Pattern
4		红棕	6636	Tile 1 x 6
1		白	87079	Tile 2 x 4 with Groove

扶手椅

其实，制作一件上面端坐着一位衣着华丽的人仔的扶手椅并不是非常困难的。接下来的建造指南会向你展示基本的设计，在汲取其精髓之后，你可以任意配搭人仔衣着的配件和其他配色。

Joe设计搭建

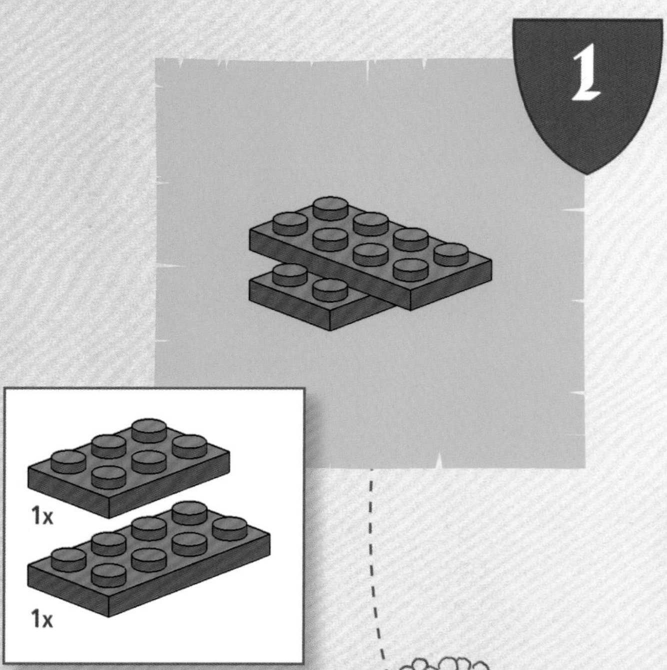

1

1x

1x

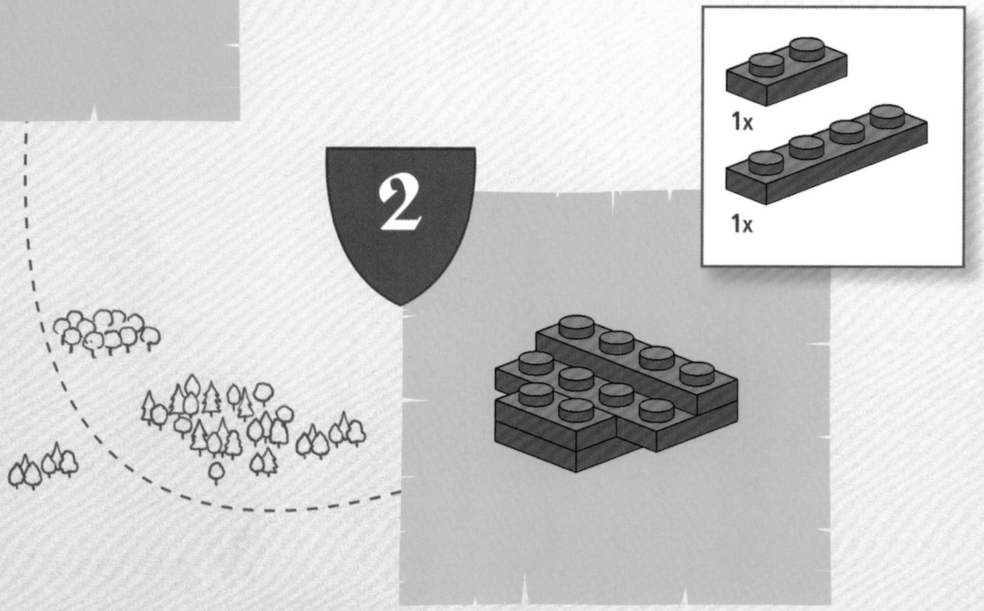

2

1x

1x

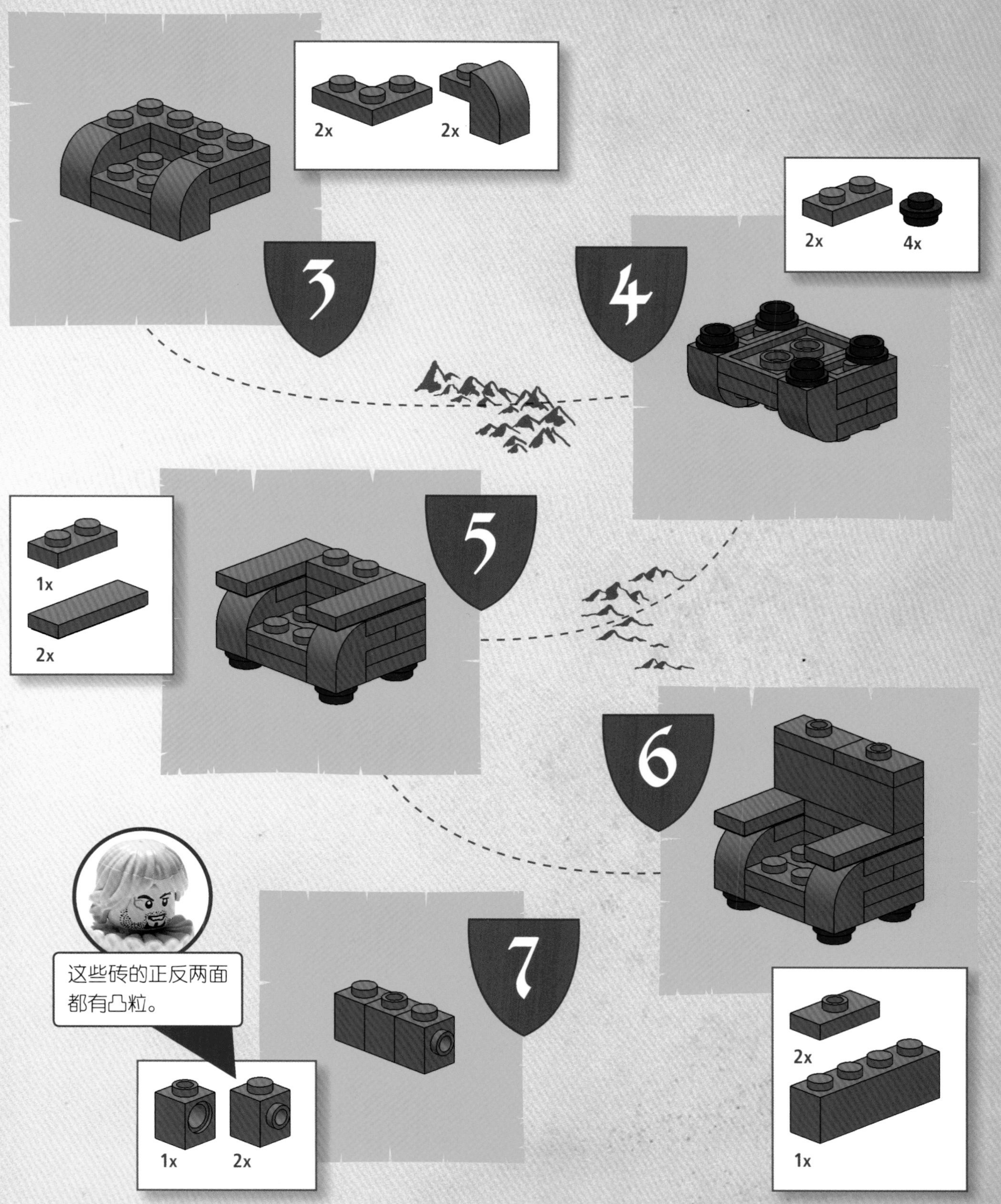
2x
2x
3
2x
4x
4
1x
2x
5
6
这些砖的正反两面
都有凸粒。
7
2x
1x
1x
2x

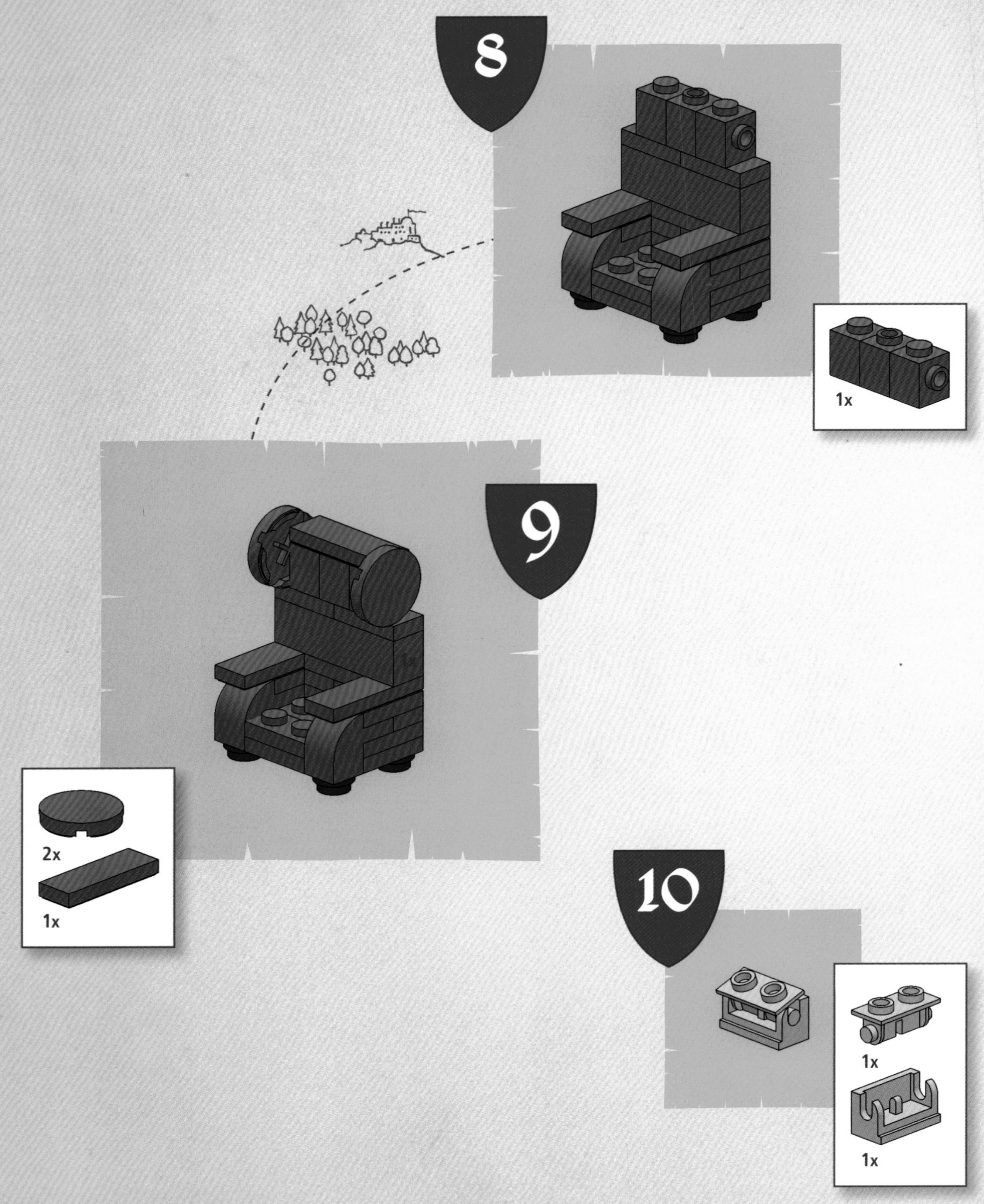
8
1x
9
2x
1x
10
1x
1x

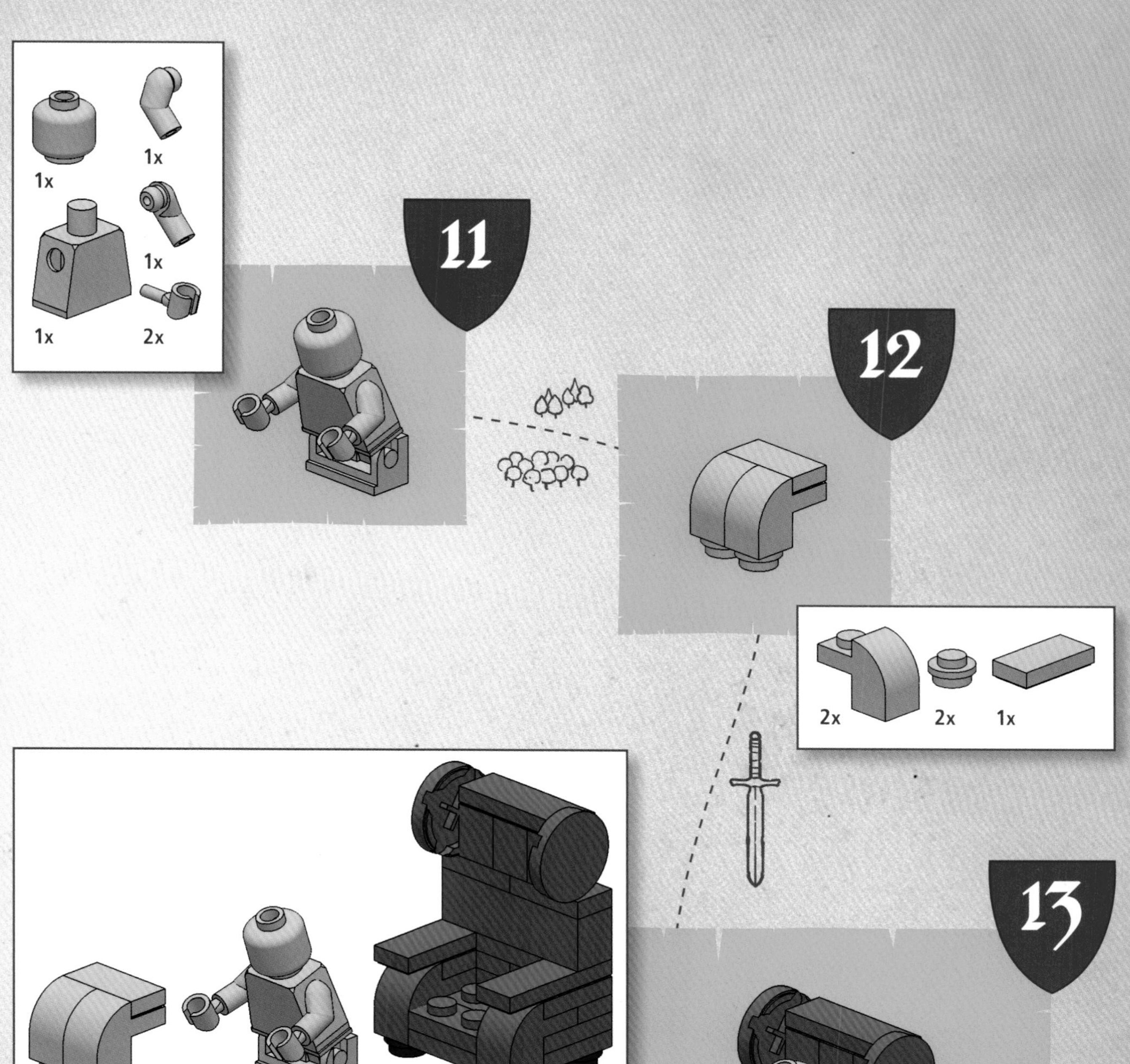
1x
1x
1x
1x
1x
2x
11
12
2x
2x
1x
1x
1x
1x
13

零件清单

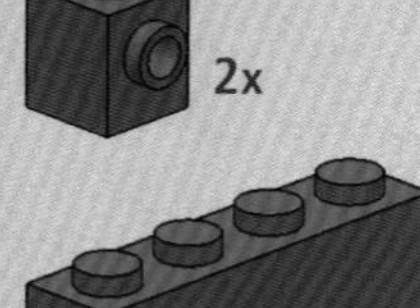

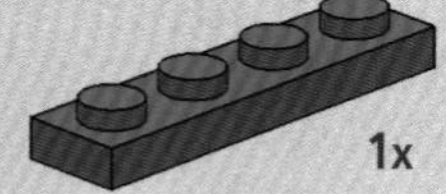

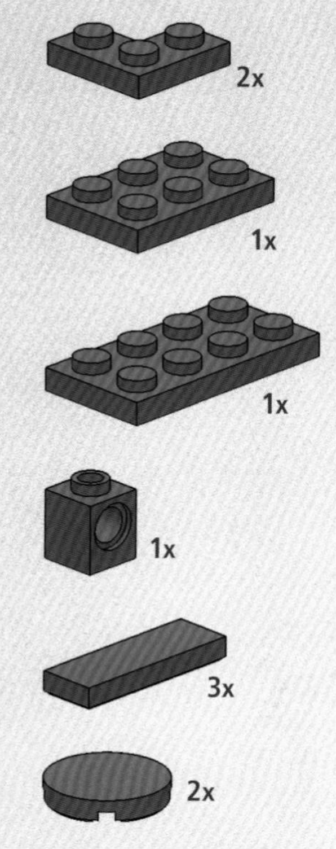

数量		颜色	零件编号	零件名称
2		红	47905	Brick 1 x 1 with Studs on 2 Opposite Sides
1		红	3010	Brick 1 x 4
2		红	6091	Brick 2 x 1 x 1 & 1/3 with Curved Top
4		红棕	4073	Plate 1 x 1 Round
4		红	3023	Plate 1 x 2
2		红	3794a	Plate 1 x 2 without Groove with 1 Centre Stud
1		红	3710	Plate 1 x 4
2		红	2420	Plate 2 x 2 Corner
1		红	3021	Plate 2 x 3
1		红	3020	Plate 2 x 4
1		红	6541	Technic Brick 1 x 1 with Hole
3		红	63864	Tile 1 x 3 with Groove
2		红	4150	Tile 2 x 2 Round with Cross Underside Stud

王座

就前一页的宴会场景来看，搭建王座的方式不止一种。作为参考，我们已经向你展示了我们最得意的作品。在宴席的一端，端放着两个造型不同的、分别为国王和王后所设计的王座。

Joe设计搭建

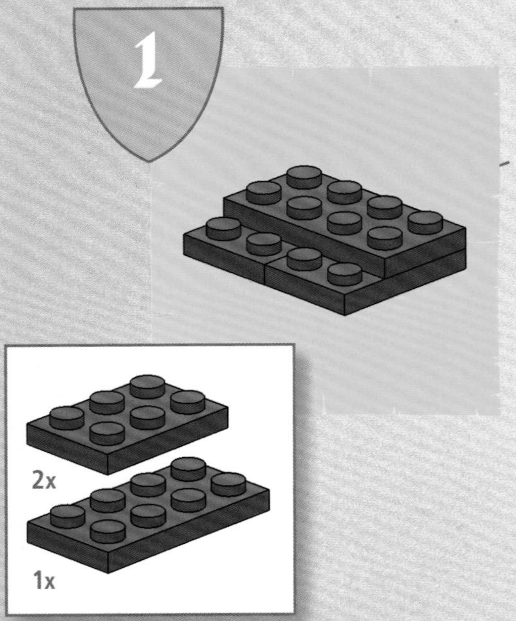

1

2x

1x

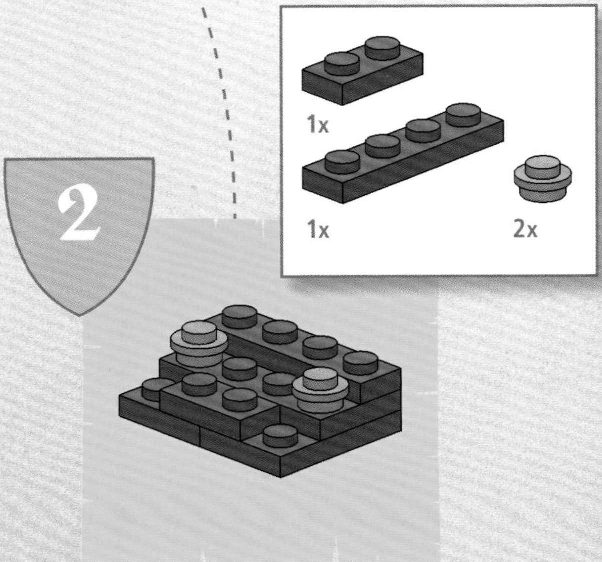

2

1x

1x

2x

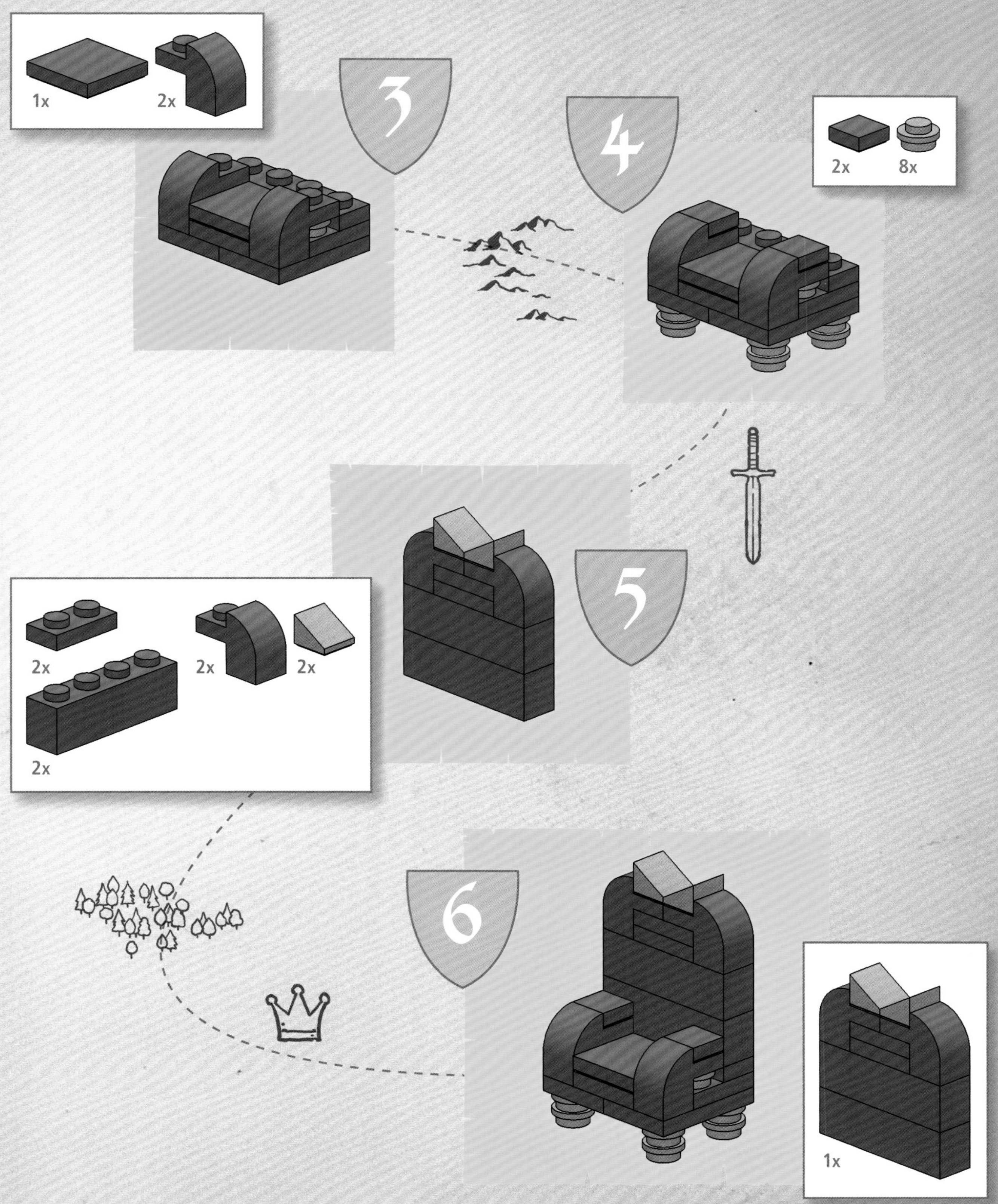
1x
2x
3
4
2x
8x
5
2x
2x
2x
2x
6
1x

零件清单

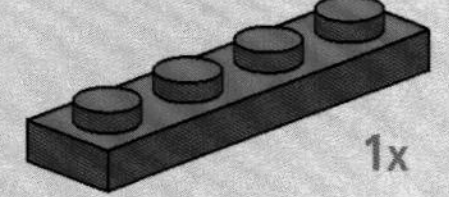

数量		颜色	零件编号	零件名称
2		红	3010	Brick 1 x 4
4		红	6091	Brick 2 x 1 x 1 & 1/3 with Curved Top
10		珍珠金	4073	Plate 1 x 1 Round
3		红	3023	Plate 1 x 2
1		红	3710	Plate 1 x 4
2		红	3021	Plate 2 x 3
1		红	3020	Plate 2 x 4
2		珍珠金	54200	Slope Brick 31 1 x 1 x 2/3
2		红	3070b	Tile 1 x 1 with Groove
1		红	3068b	Tile 2 x 2 with Groove

宴桌

虽然印刷零件使得桌子有了更好的整体效果，不过以无印刷零件替代也无伤大雅。桌面的尺寸和桌子底部构造也都有改动的空间。指南里的点睛之笔莫过于利用人仔腿部作为桌腿。

Joe设计搭建

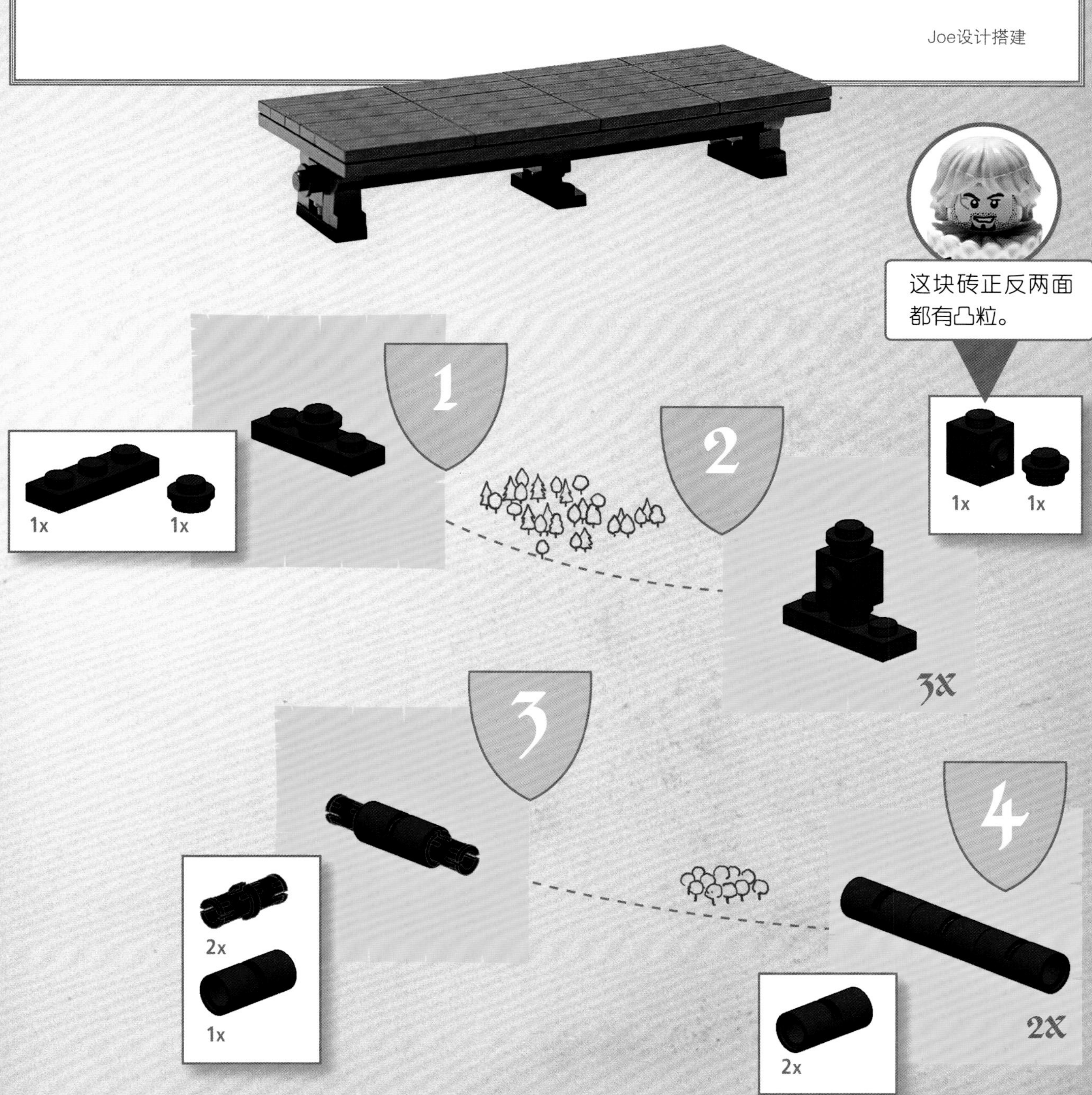

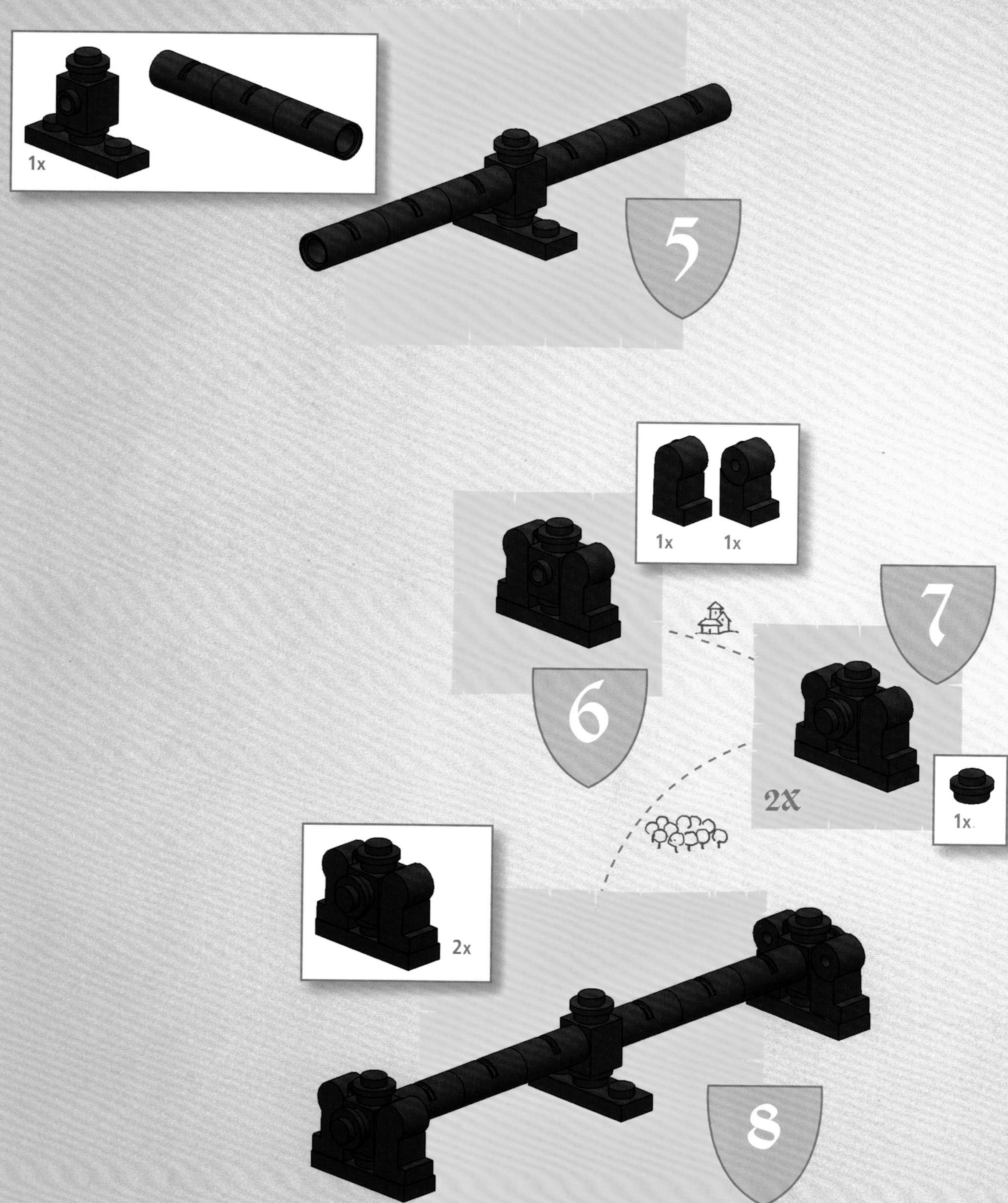
1x
5
1x
1x
6
7
2X
1x
2x
8

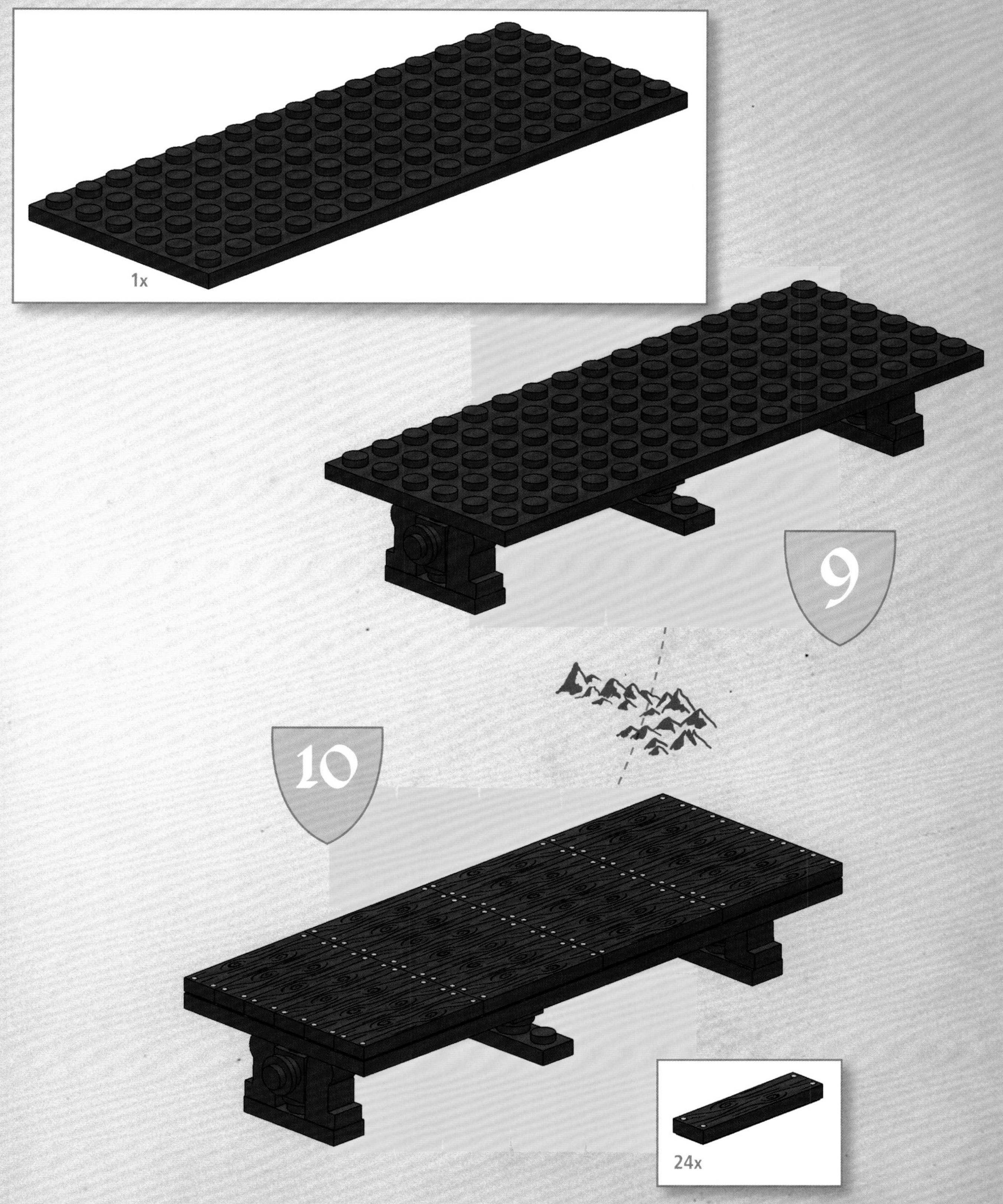
1x
9
10
24x

零件清单

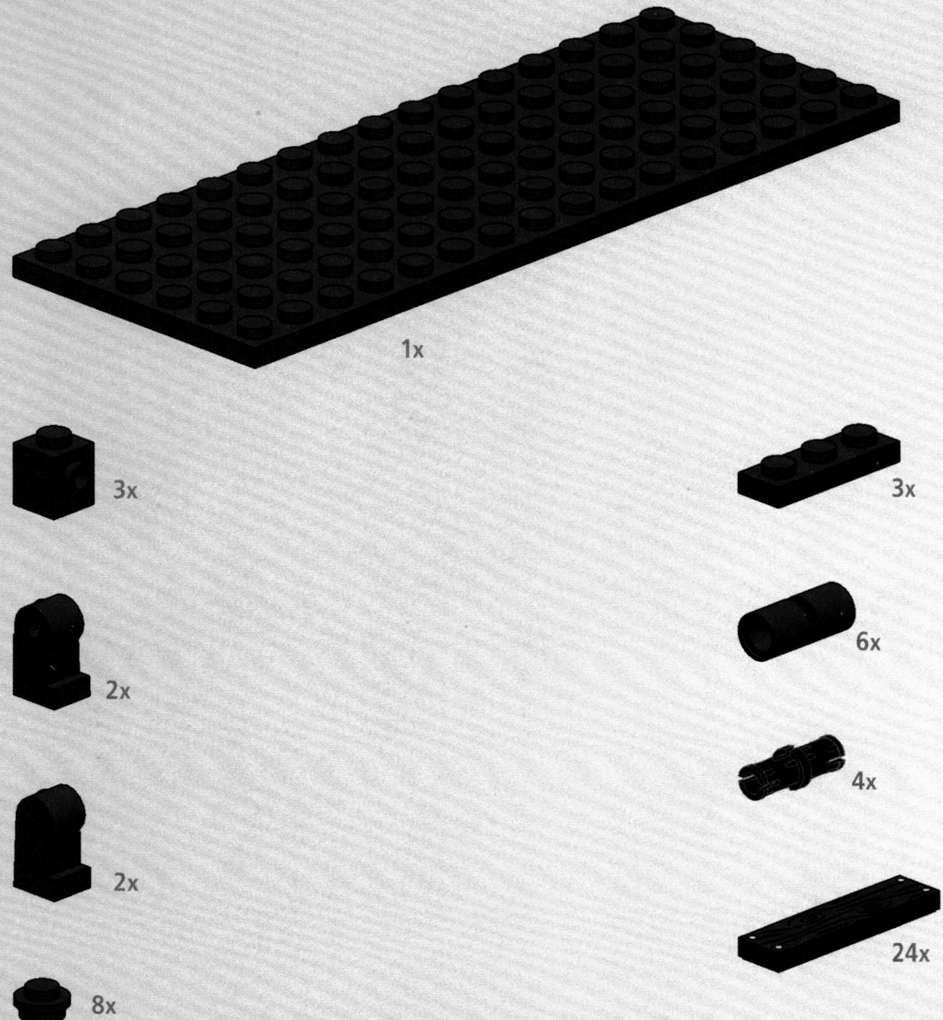

数量		颜色	零件编号	零件名称
1		红棕	3027	Plate 6 x 16
3		红棕	47905	Brick 1 x 1 with Studs on 2 Opposite Sides
2		红棕	3817	Minifig Leg Left
2		红棕	3816	Minifig Leg Right
8		红棕	4073	Plate 1 x 1 Round
3		红棕	3623	Plate 1 x 3
6		红棕	62462	Technic Pin Joiner Round with Slot
4		黑	2780	Technic Pin with Friction and Slots
24		红棕	2431p01	Tile 1 x 4 with Wood Grain and 4 Nails Pattern

小桌子

这里的桌腿部分采用了不同的结构。注意座椅的高度要和桌子相匹配。

Joe设计搭建

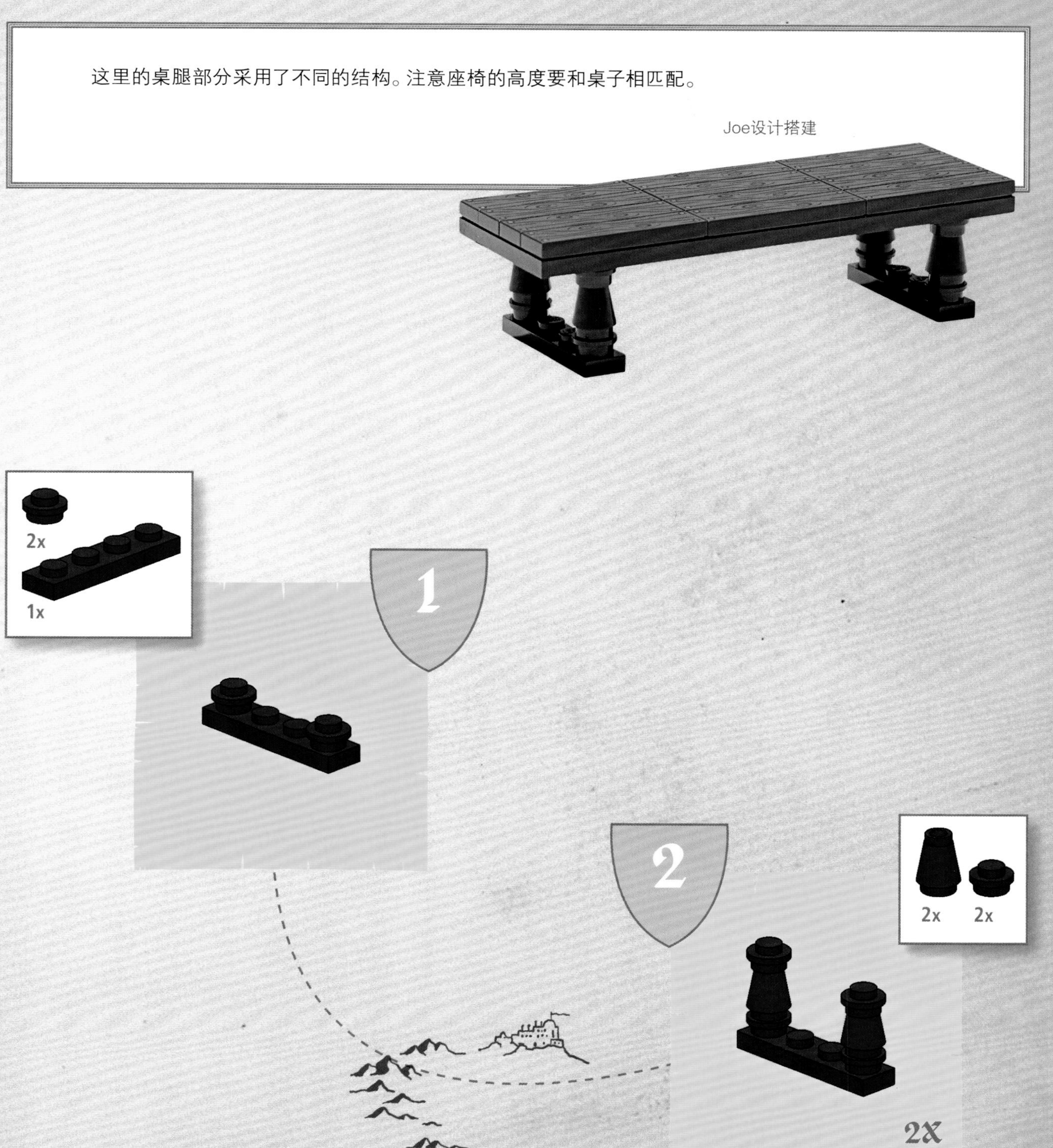

零件清单

数量		颜色	零件编号	零件名称
1		红棕	3029	Plate 4 x 12
4		红棕	59900	Cone 1 x 1 with Stop
8		红棕	4073	Plate 1 x 1 Round
2		红棕	3710	Plate 1 x 4
12		红棕	2431p01	Tile 1 x 4 with Wood Grain and 4 Nails Pattern

椅子

此款椅子设计的要点就是简洁的外形。由于褐色的椅子腿零件很稀少，你可以使用其他颜色的同款配件，然后再据此调整座椅的形状结构。

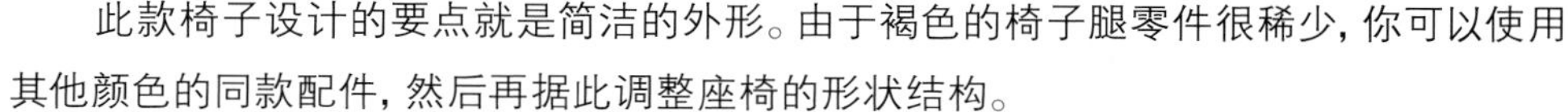

Joe设计搭建

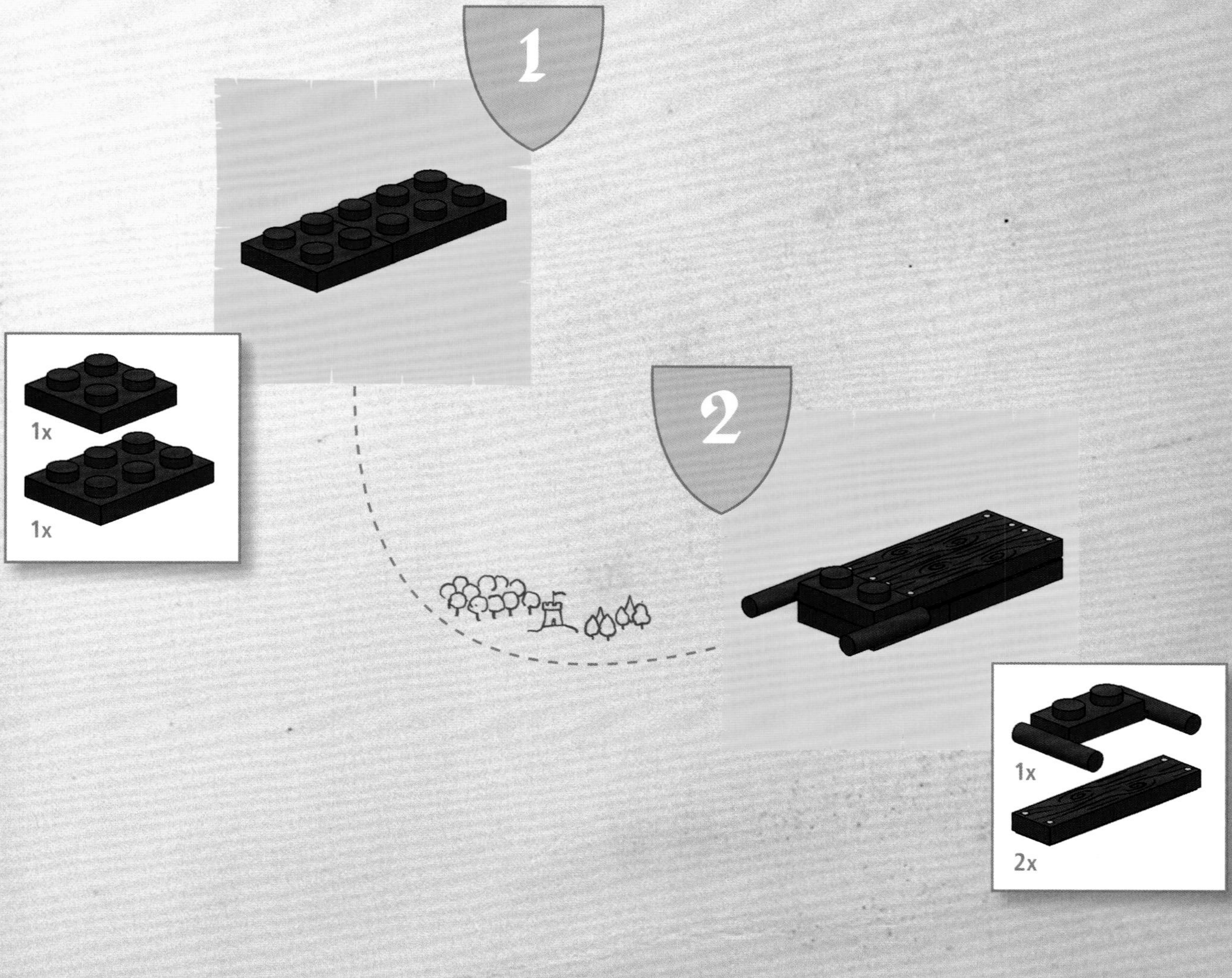

1

1x

1x

2

1x

2x

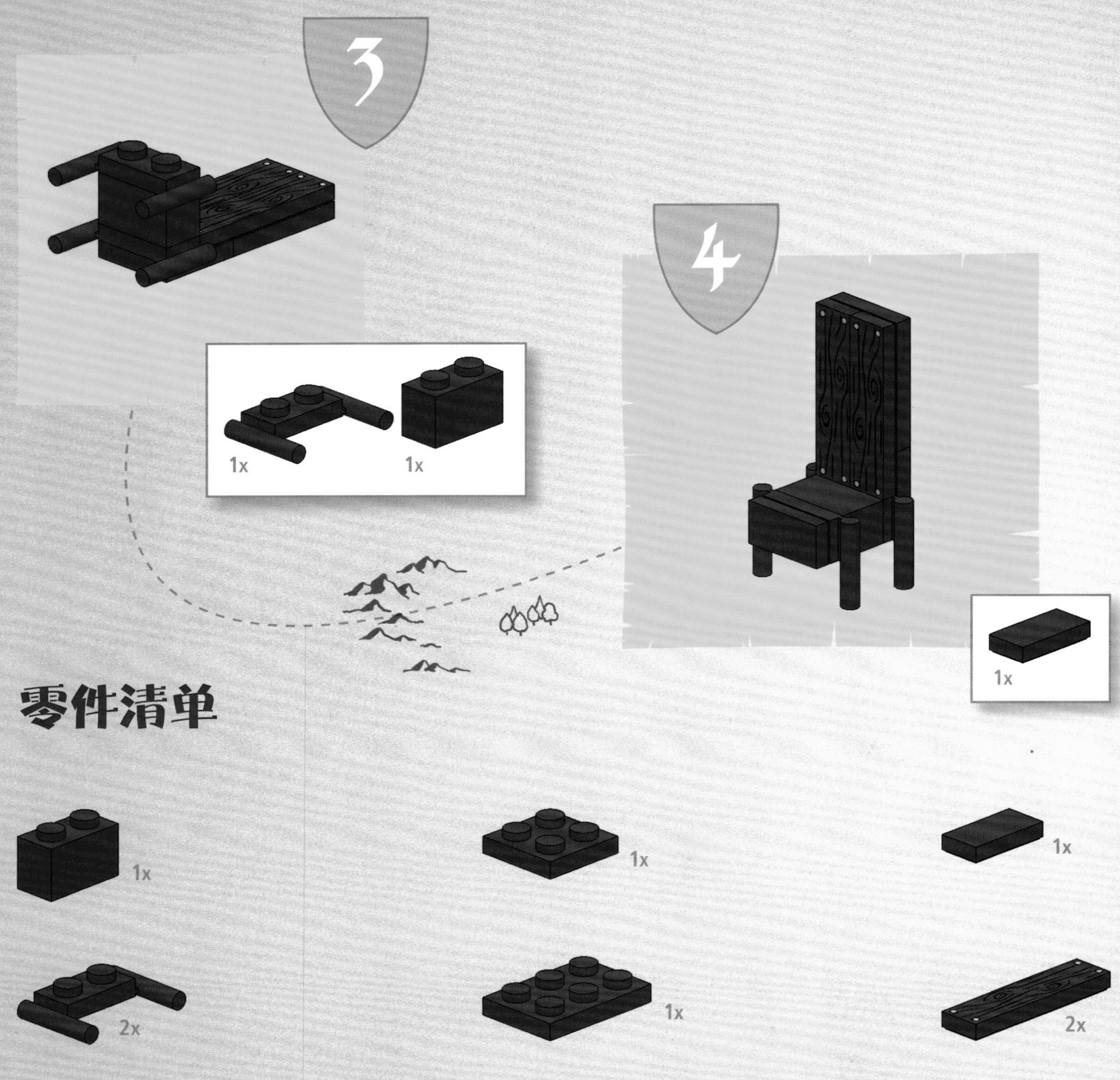

零件清单

1x

2x

1x

1x

1x

2x

数量		颜色	零件编号	零件名称
1		红棕	3004	Brick 1 x 2
2		红棕	3839b	Plate 1 x 2 with Handles Type 2
1		红棕	3022	Plate 2 x 2
1		红棕	3021	Plate 2 x 3
1		红棕	3069b	Tile 1 x 2 with Groove
2		红棕	2431p01	Tile 1 x 4 with Wood Grain and 4 Nails Pattern

烘篮

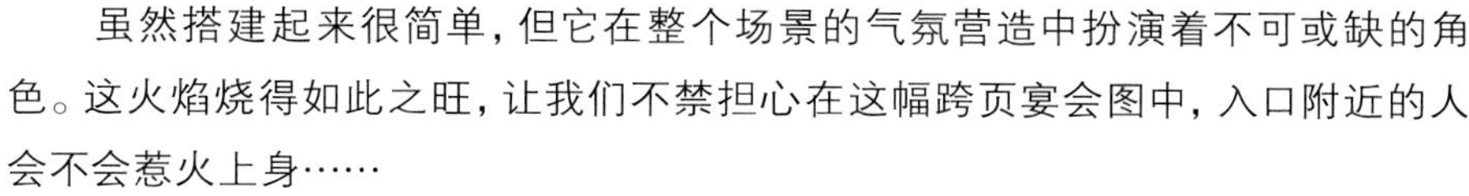

虽然搭建起来很简单，但它在整个场景的气氛营造中扮演着不可或缺的角色。这火焰烧得如此之旺，让我们不禁担心在这幅跨页宴会图中，入口附近的人会不会惹火上身……

Joe设计搭建

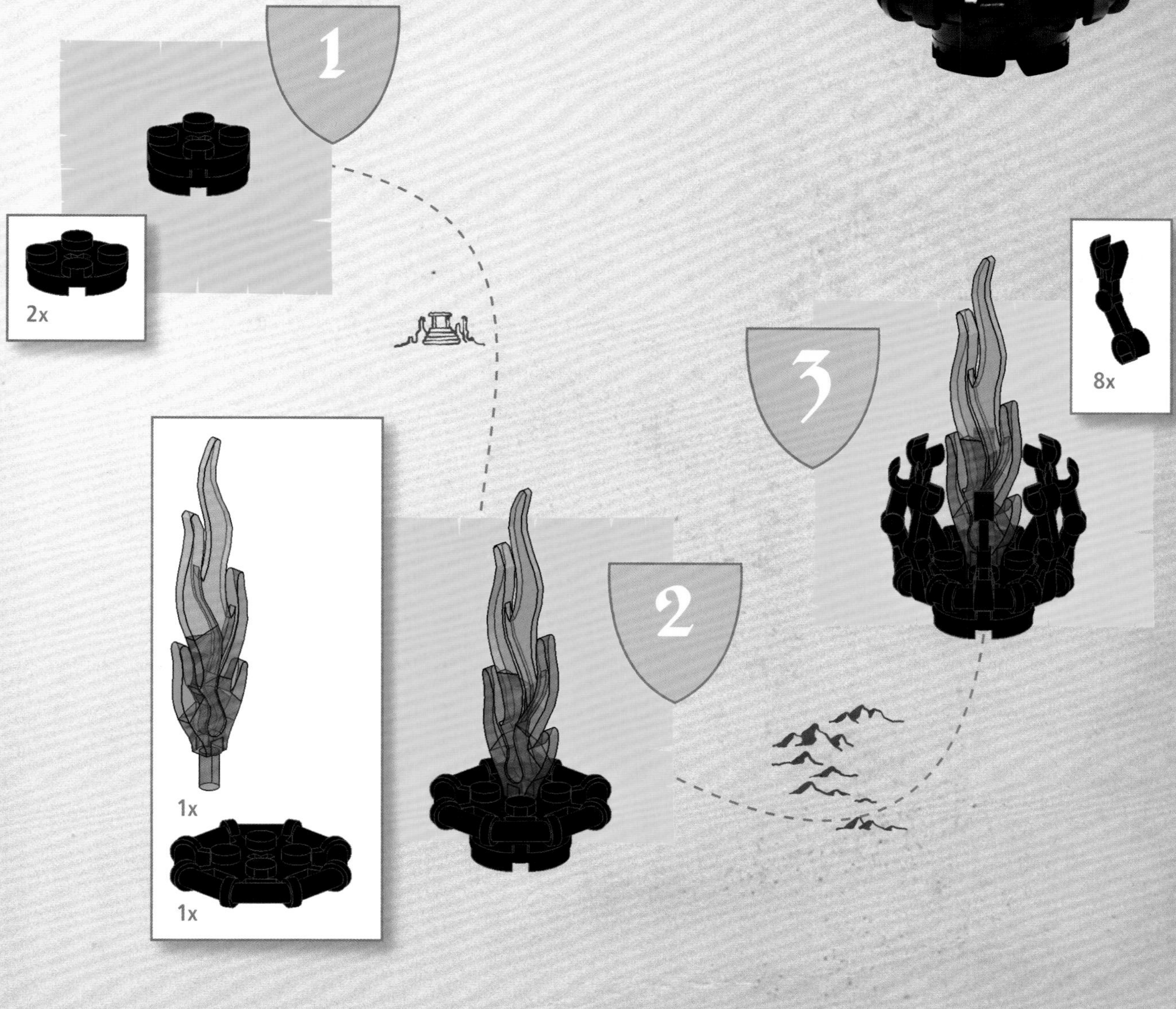

1

2x

2

1x

1x

3

8x

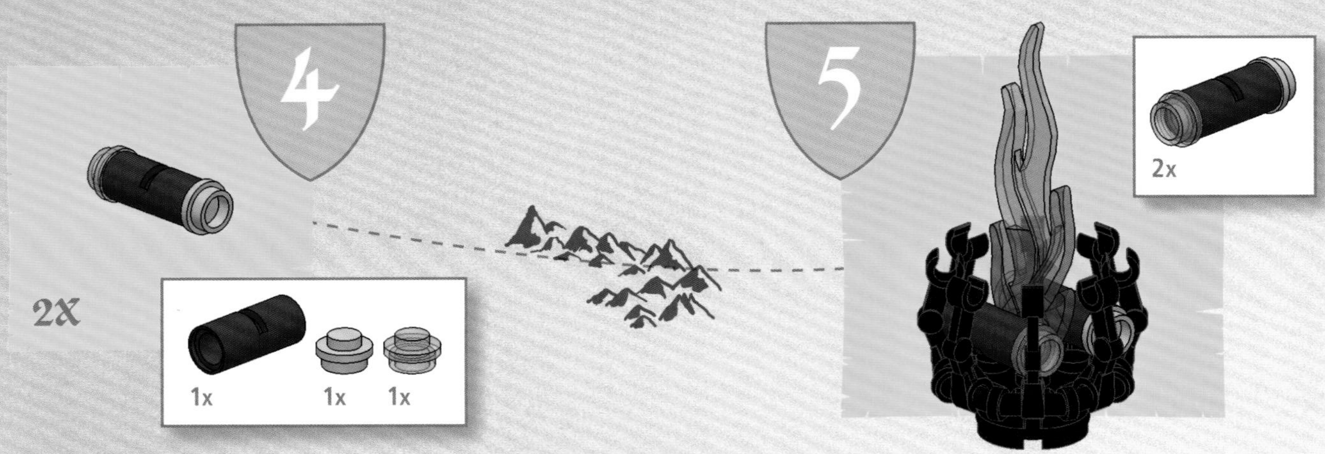

零件清单

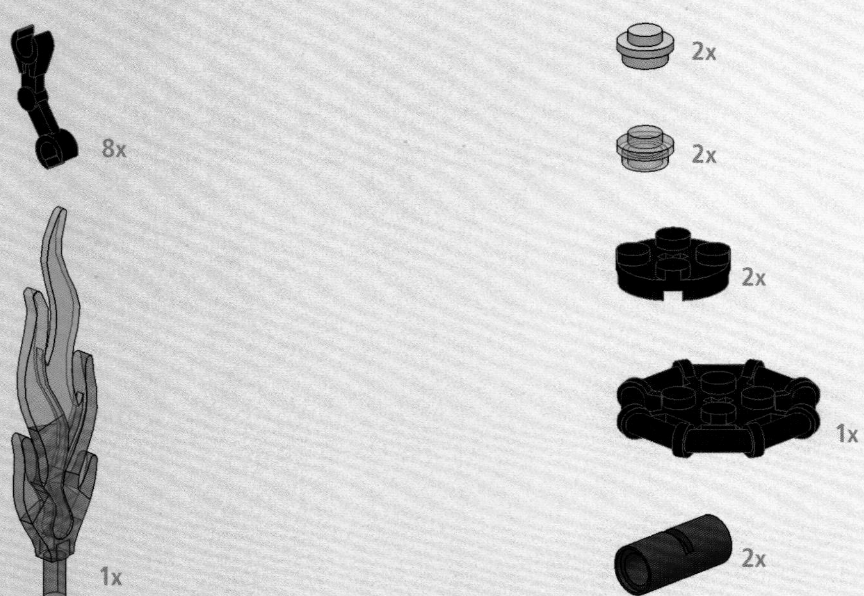

数量		颜色	零件编号	零件名称
8		黑	30377	Minifig Mechanical Arm
1		透明橘	85959px1	Flame Large Marbled
2		浅蓝灰	4073	Plate 1 x 1 Round
2		透明橘	4073	Plate 1 x 1 Round
2		黑	4032a	Plate 2 x 2 Round with Axlehole Type 1
1		黑	30033	Plate 2 x 2 with Rod Frame Octagonal
2		红棕	62462	Technic Pin Joiner Round with Slot

烛台

一场盛大的宴会当然少不了典雅的烛台。如图所示，不止手铐在这里有多种安置方式，蜡烛和科技栓也有多种配色或不同尺寸的选择。

Joe设计搭建

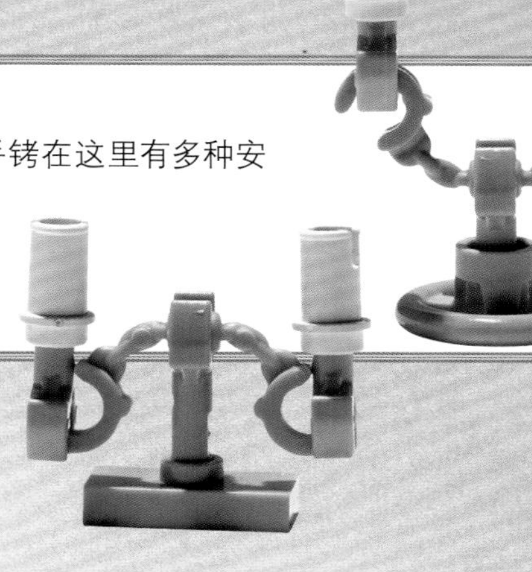

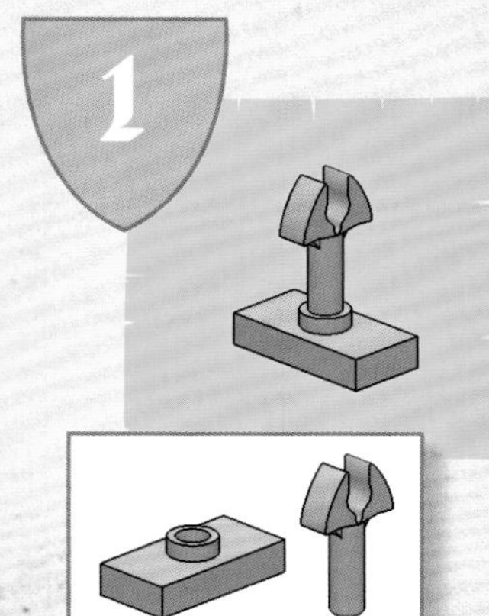

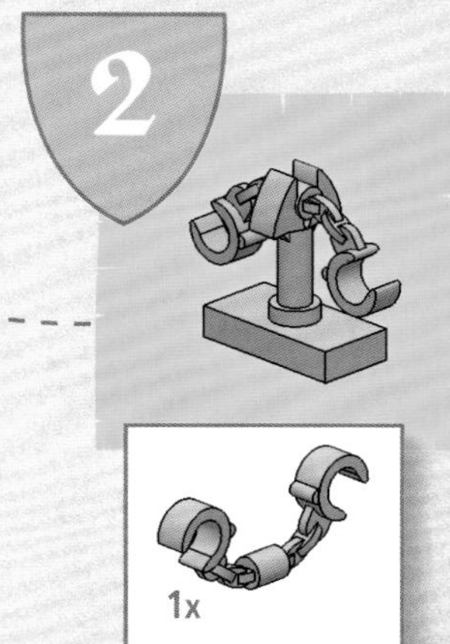

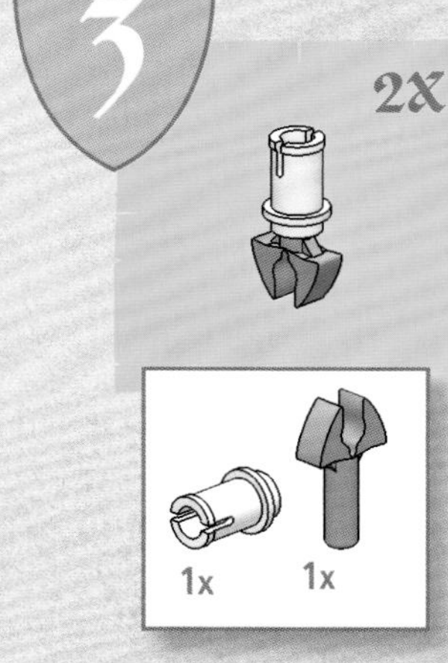

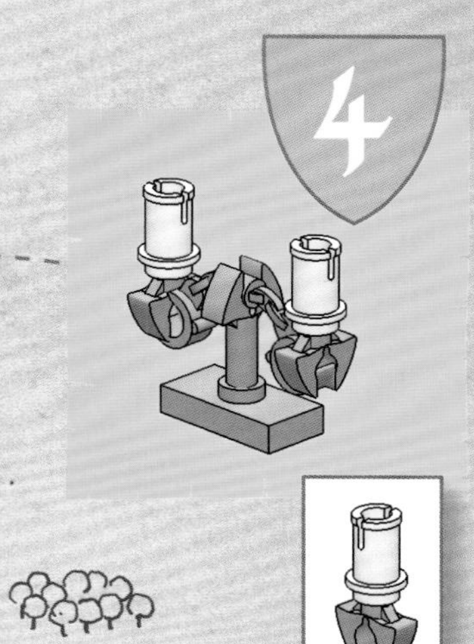

零件清单

数量		颜色	零件编号	零件名称
3		浅蓝灰	48729	Bar 1.5L with Clip
1		浅蓝灰	61482	Minifig Handcuffs
1		浅蓝灰	3794a	Plate 1 x 2 without Groove with 1 Centre Stud
2		白色	4274	Technic Pin 1/2

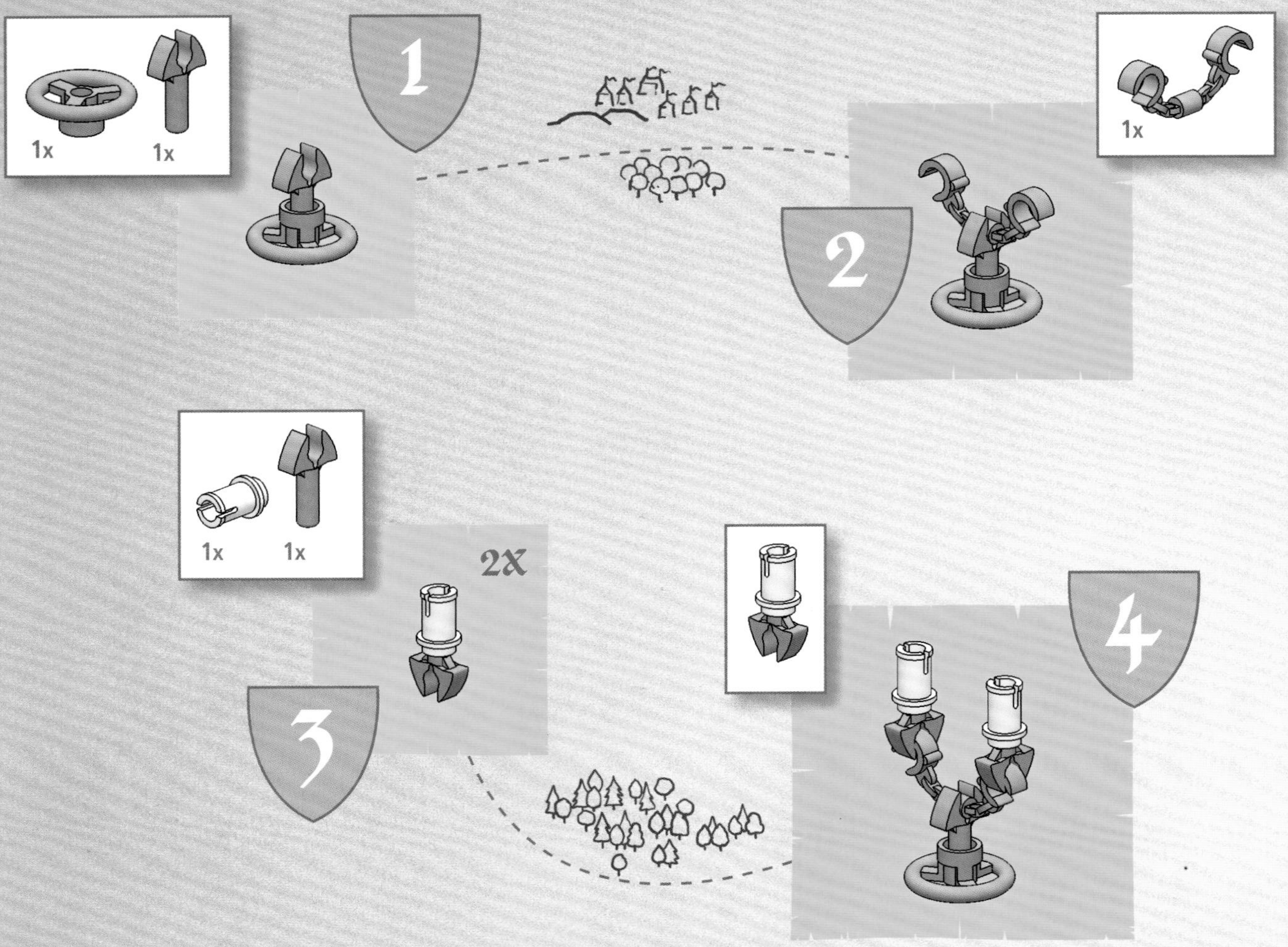

1

1x 1x

2

1x

3

1x 1x

2x

4

零件清单

3x

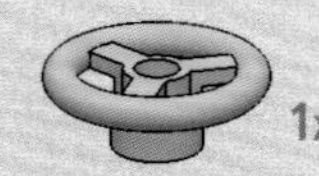
1x

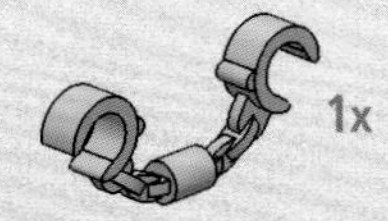
1x

2x

数量		颜色	零件编号	零件名称
3		浅蓝灰	48729	Bar 1.5L with Clip
1		浅蓝灰	30663	Car Steering Wheel Large
1		浅蓝灰	61482	Minifig Handcuffs
2		白	4274	Technic Pin 1/2

起重机

一般港口有重要的装置时，往往还需要一个装载起重机。但是不幸的是，由于规模过于复杂庞大，图片中其他的设计不能收录在我们的指南里。就说这艘大船，即使有400页的内容也不足以将其建造指南详尽地呈现给大家。不过，图中庞大的乐高模型让人惊叹之余，也表明了这些不起眼的、形状各异的乐高积木可以让玩家大有所为。对我们来说，搭建积木是生活中必不可缺的一部分。随着时间的推移，玩家不仅仅是收藏乐高的数量会增加，利用积木创作的能力也不断提升。有时候，创作一个场景并不需要完全按搭建原理将积木紧紧地拼接在一起，发挥你的想象力，不走寻常路，你会发现一些让你意想不到的效果：比如只要撒一片蓝色透明的小块儿积木，一片清澈透亮的湖泊就完工了。

Phil设计搭建

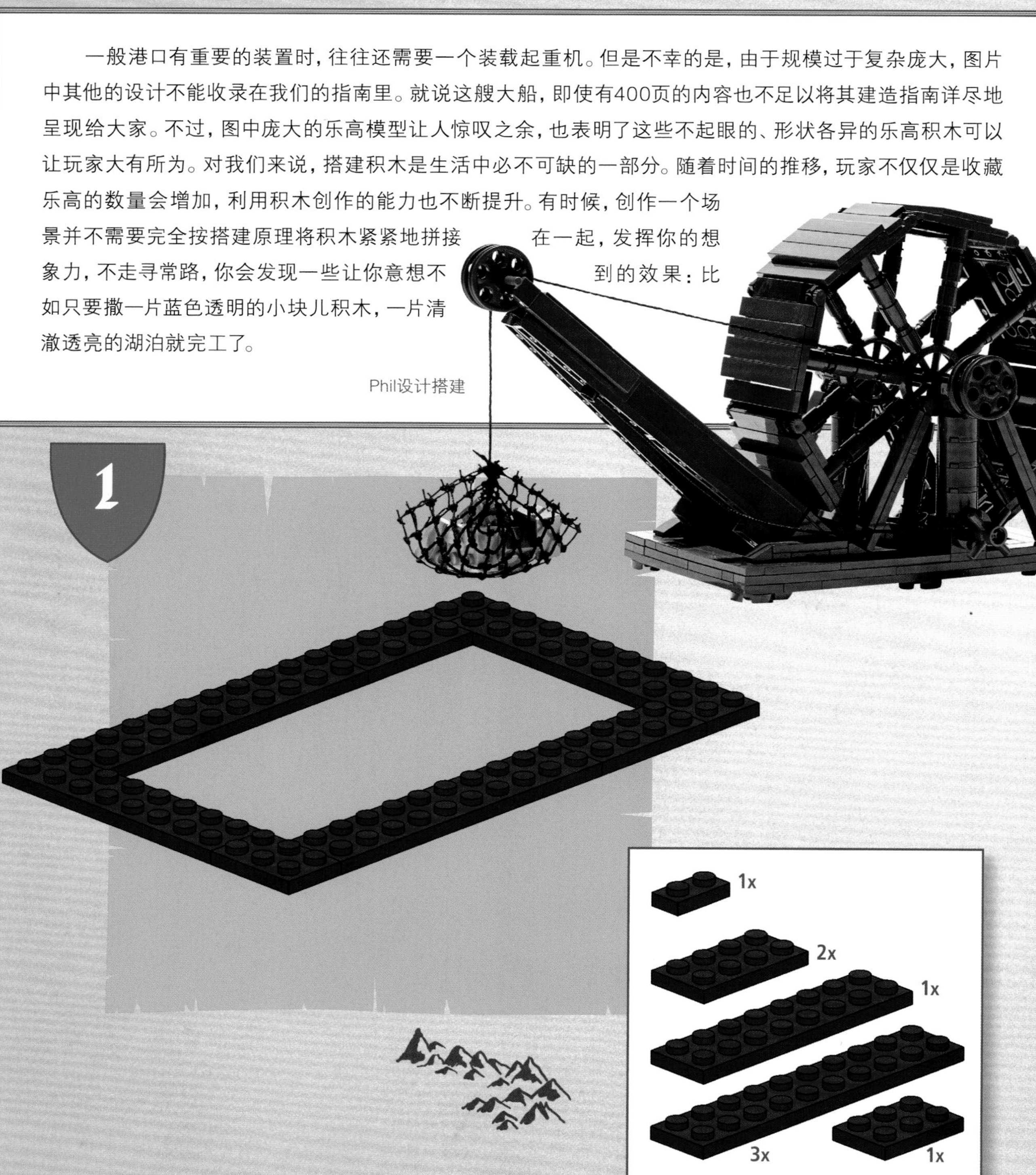

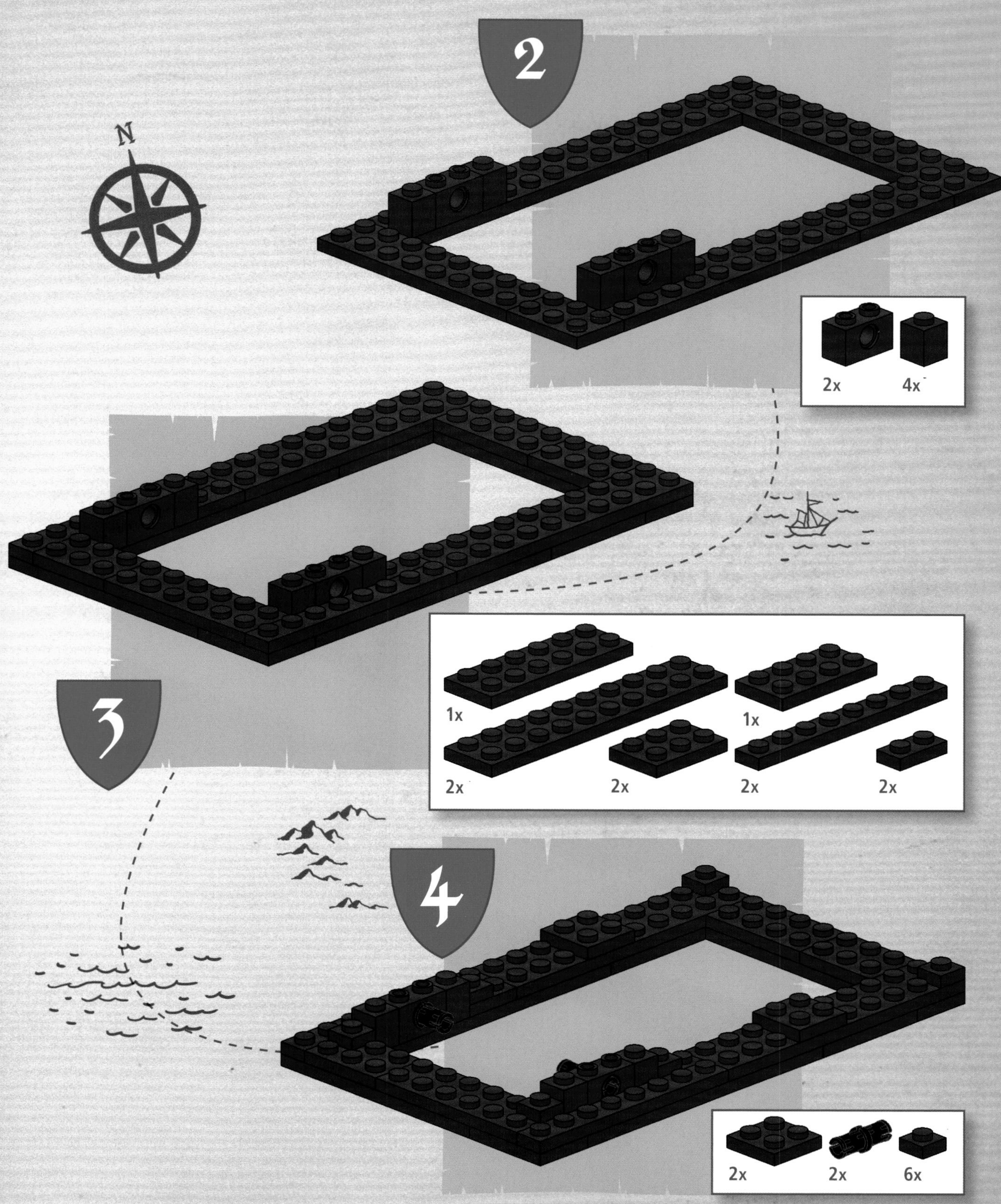
N
2
2x
4x
3
1x
1x
2x
2x
2x
2x
4
2x
2x
6x

5
这些平板是带槽的。
11x
3x
1x
4x
1x
1x
这些平板是不带槽的。
6
8x
7
1x
6x
2x
1x

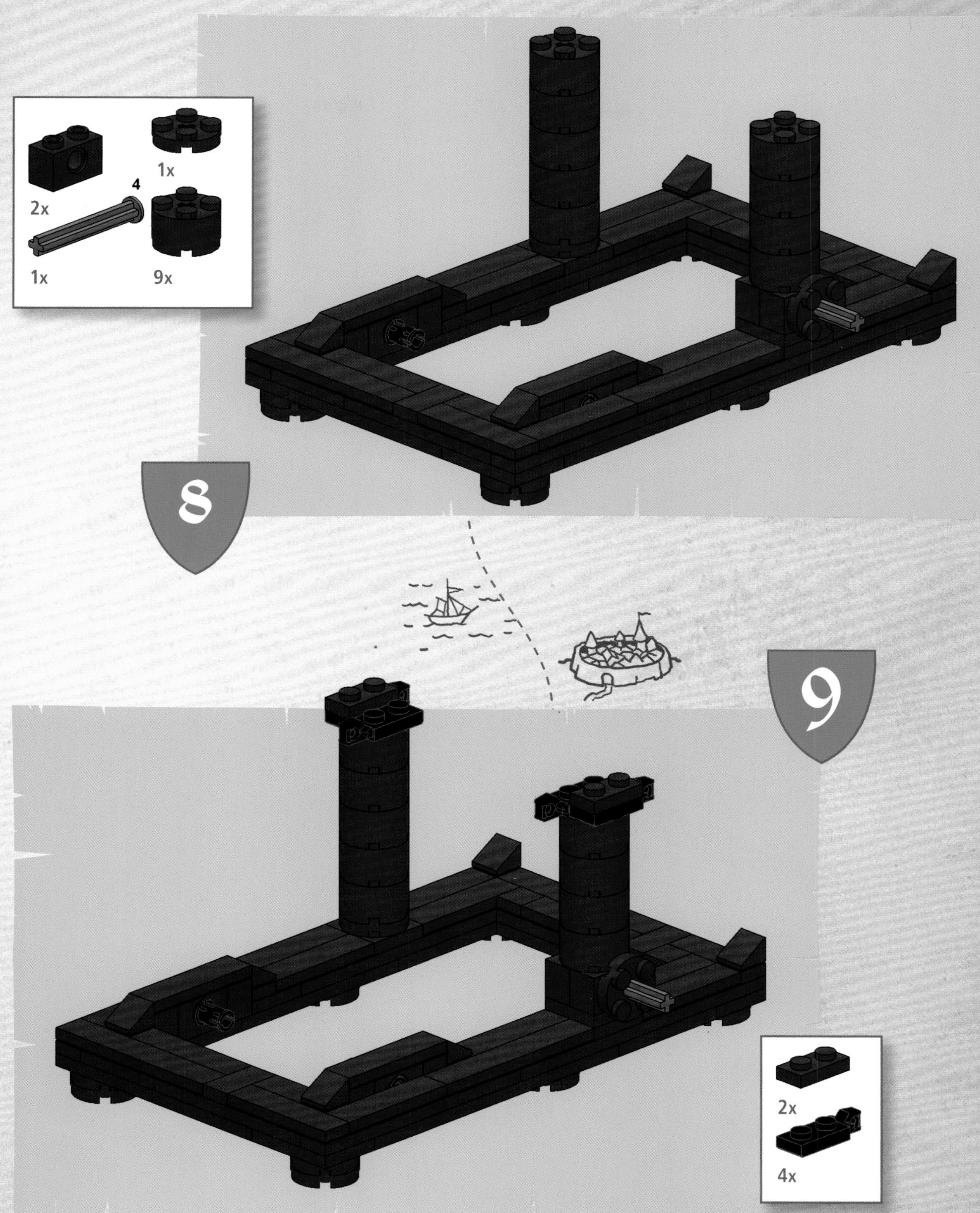
2x
1x
4
1x
9x
8
9
2x
4x

11

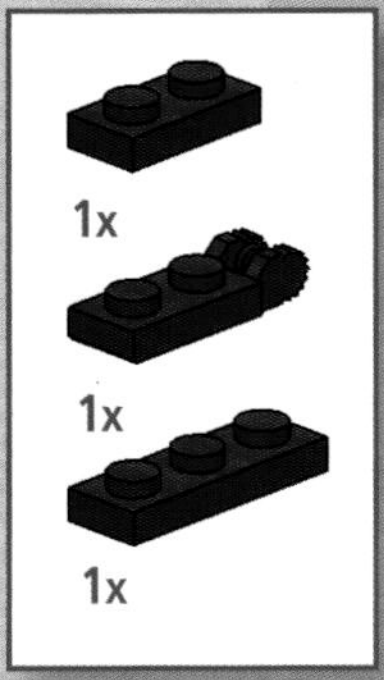

1x
1x
1x

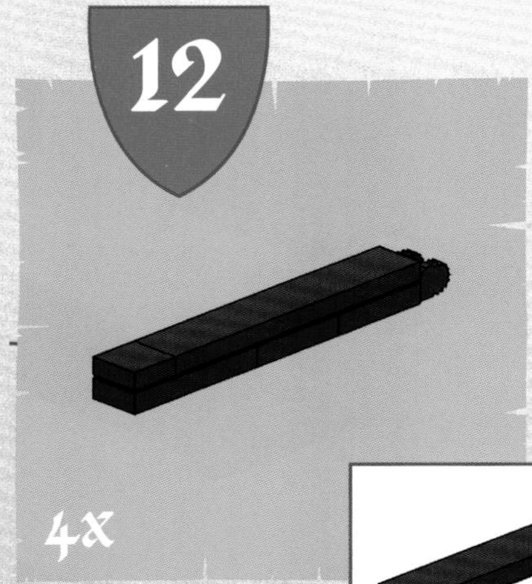

12

4x

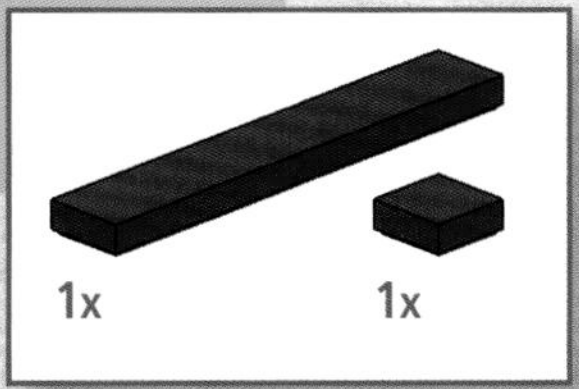

1x
1x

13

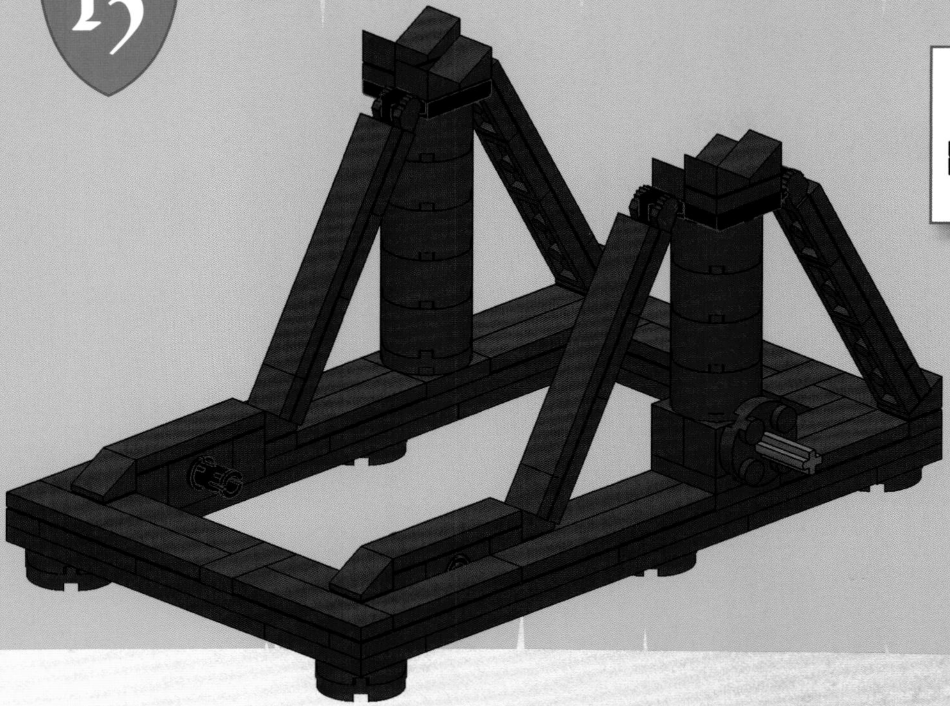

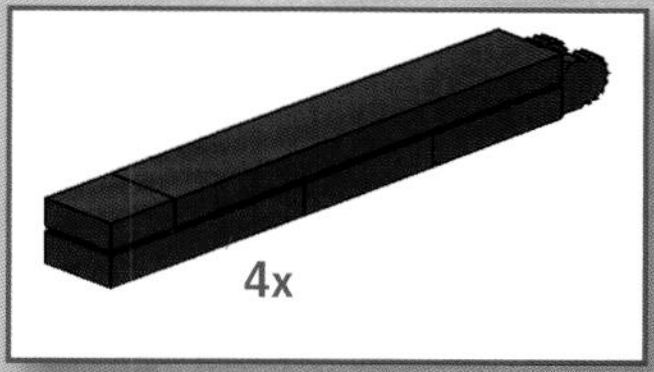

4x

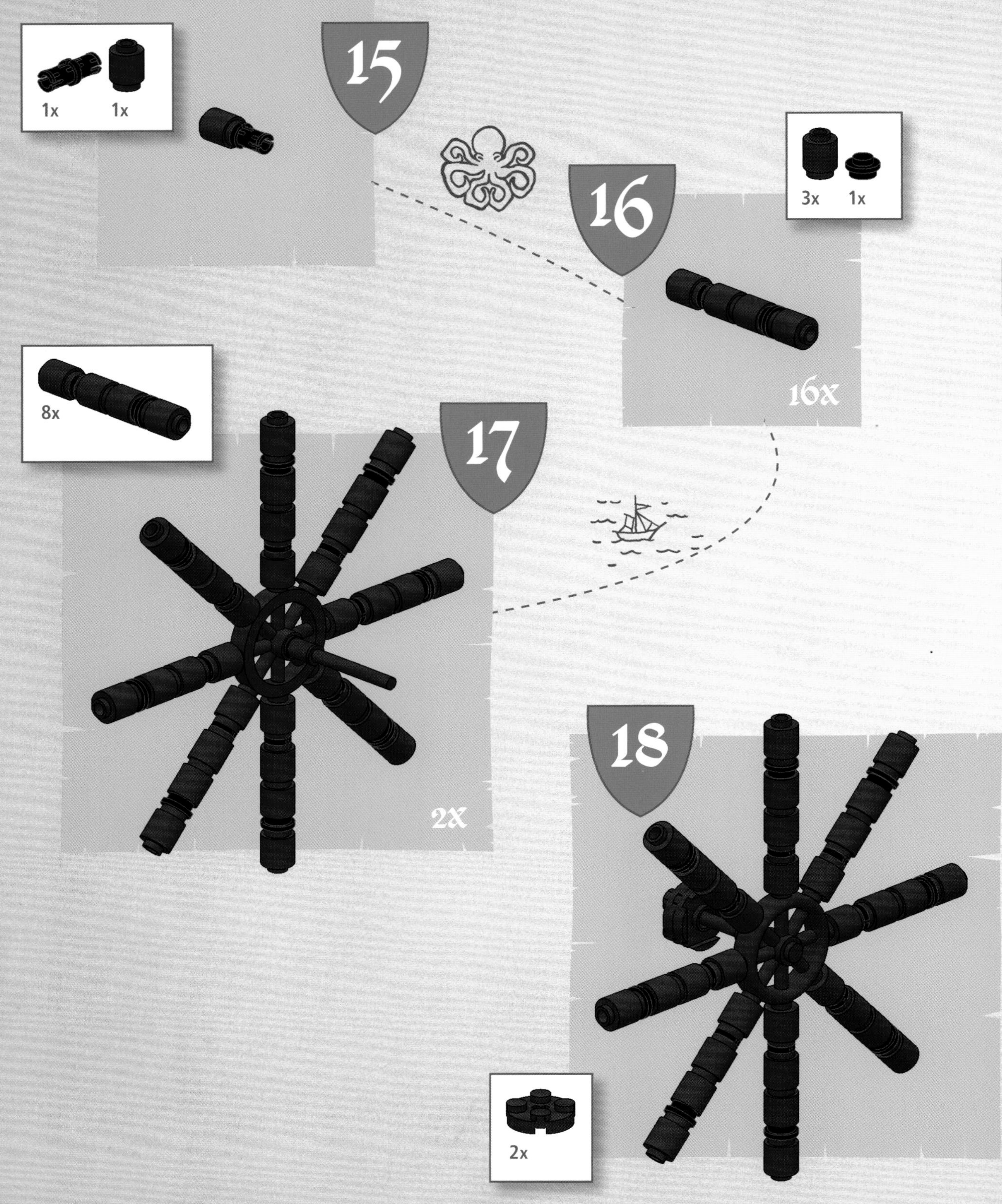
15
1x
1x
16
3x
1x
16x
8x
17
2x
18
2x

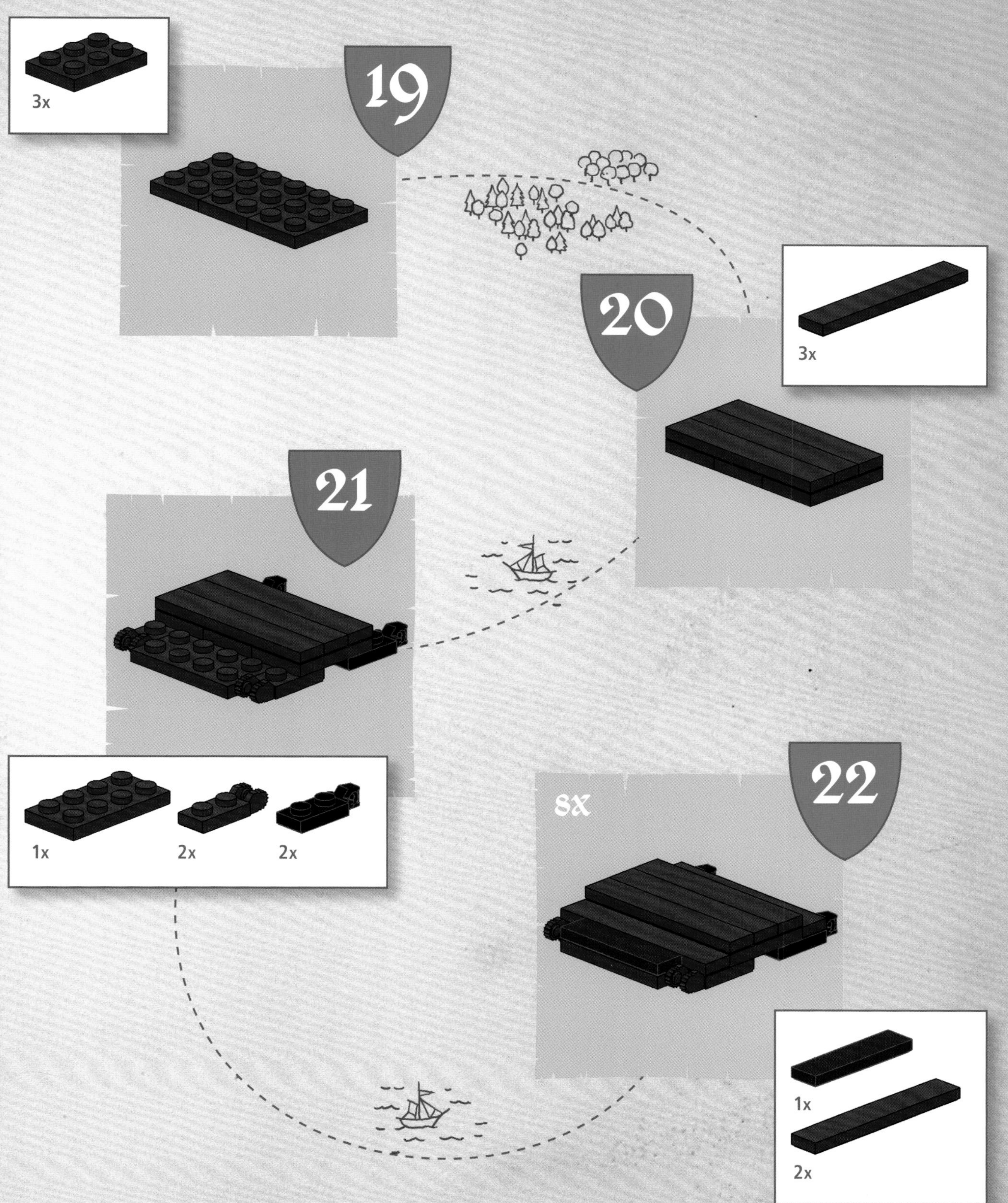
3x
19
20
3x
21
1x
2x
2x
8x
22
1x
2x

E R

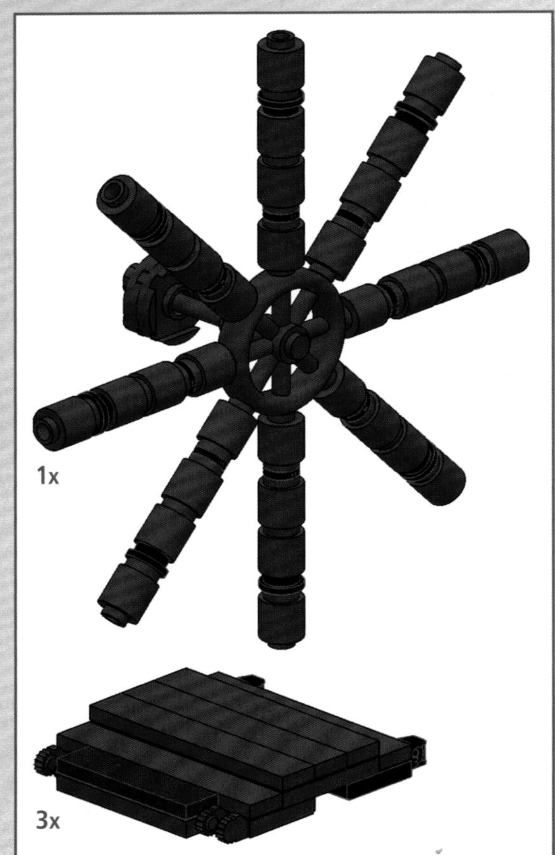

23

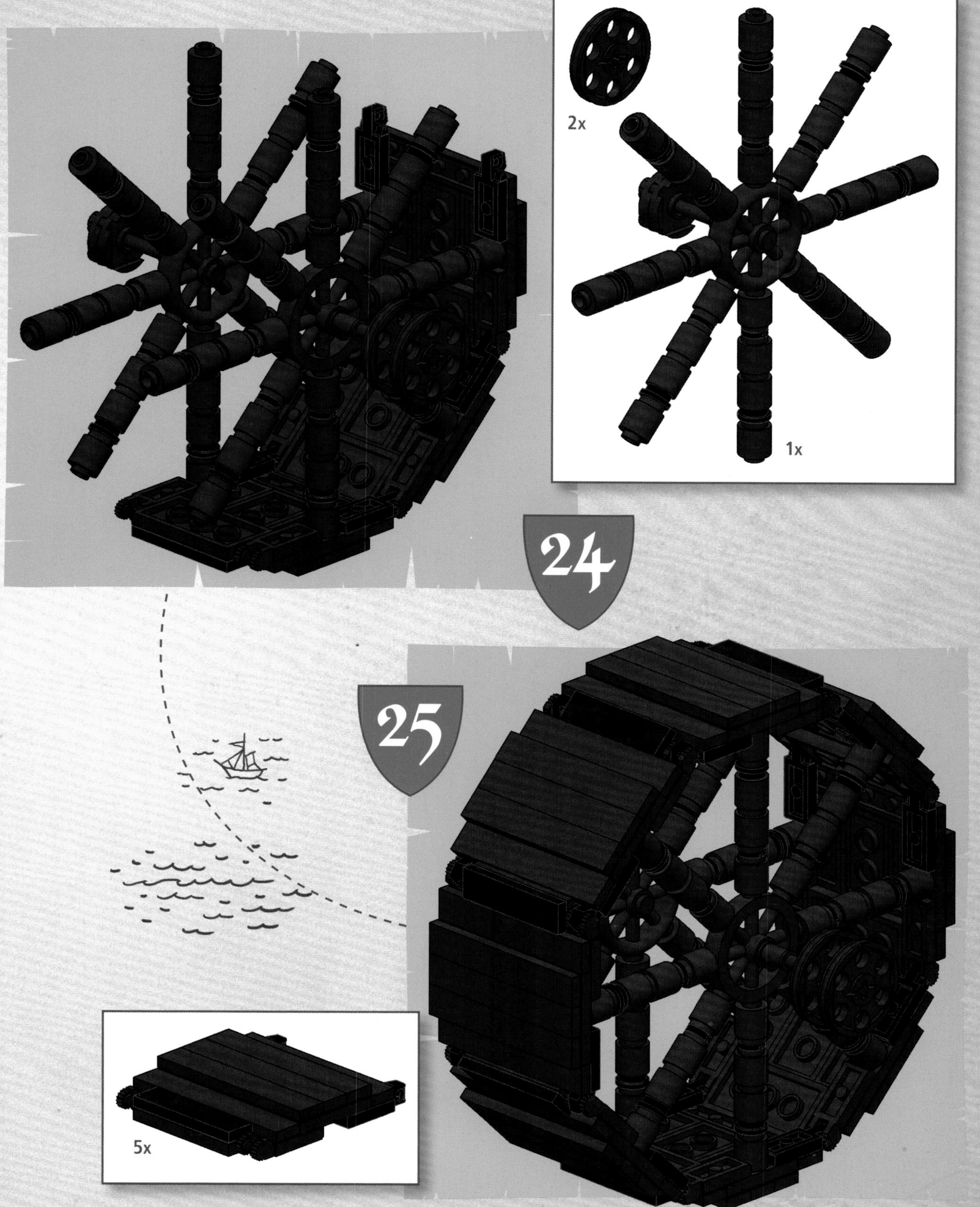
2x
1x
24
25
5x

26

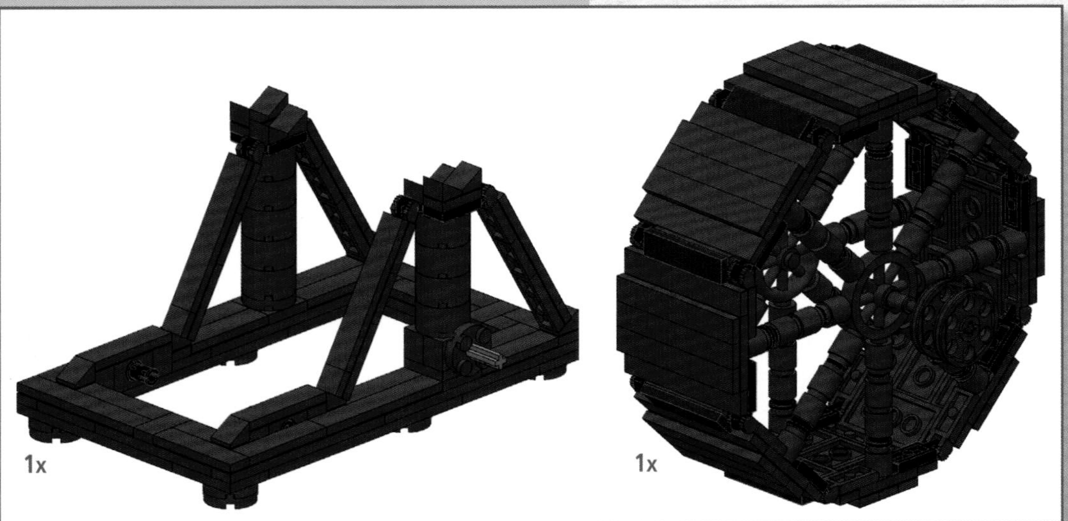

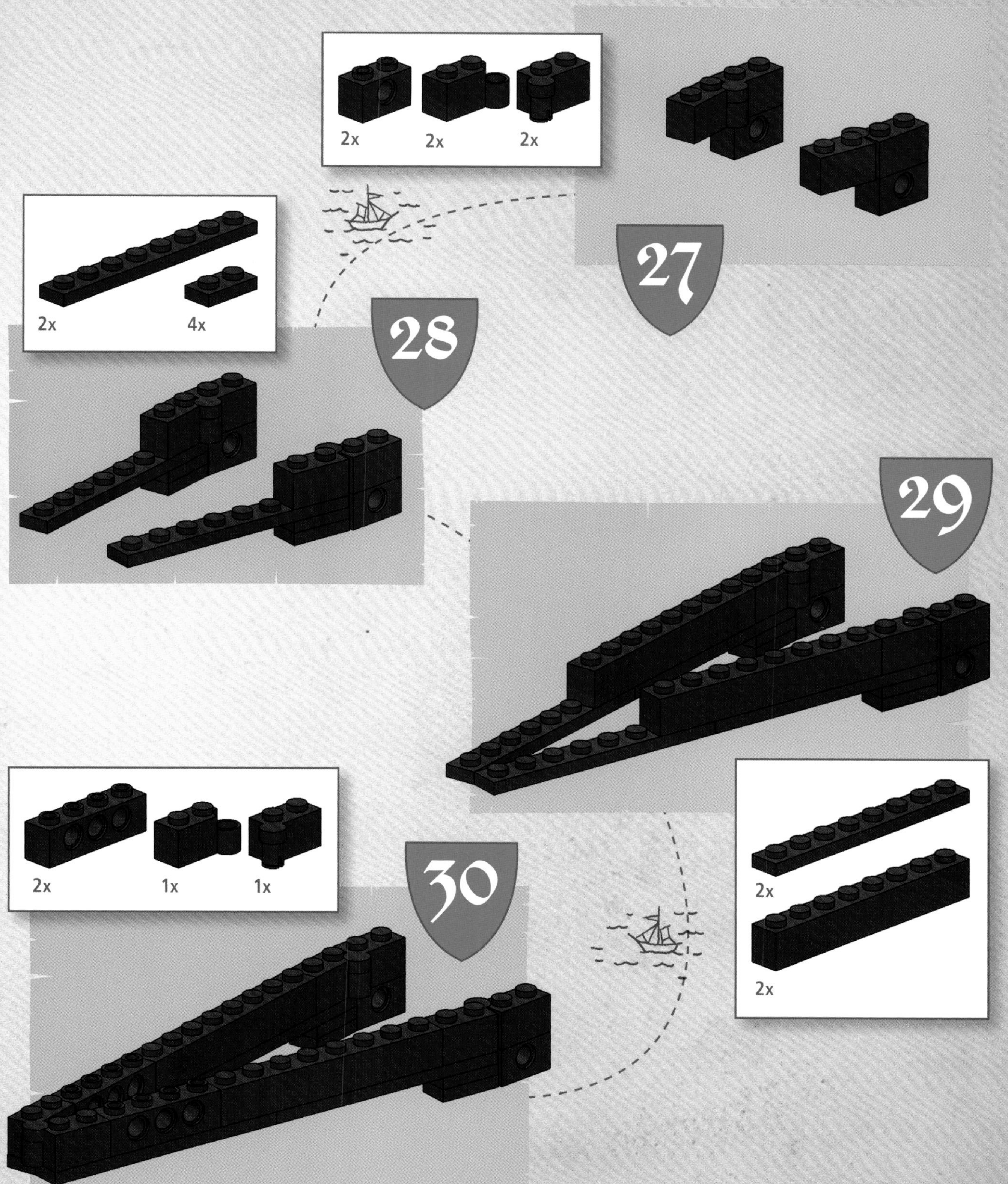
2x
2x
2x
27
2x
4x
28
29
2x
2x
2x
1x
1x
30

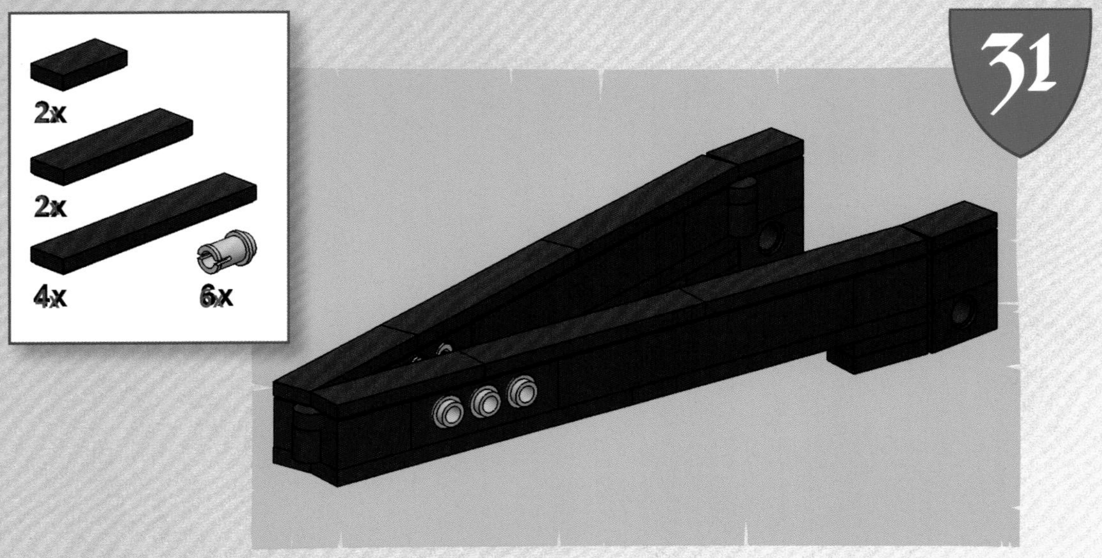

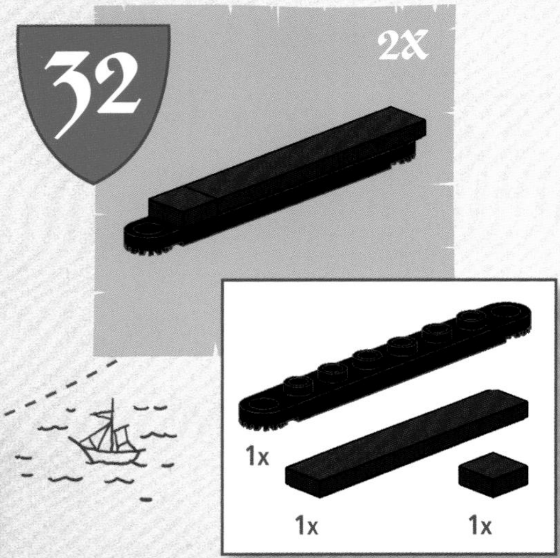

32

2X

1x

1x

1x

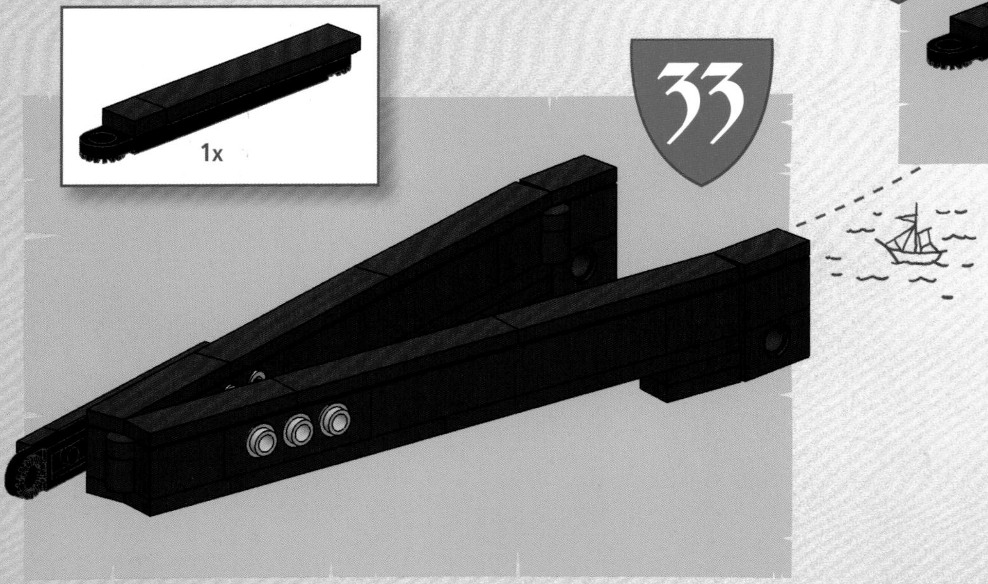

33

1x

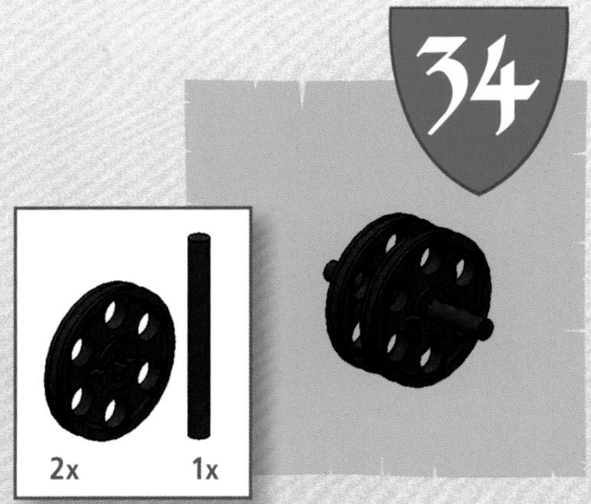

34

2x

1x

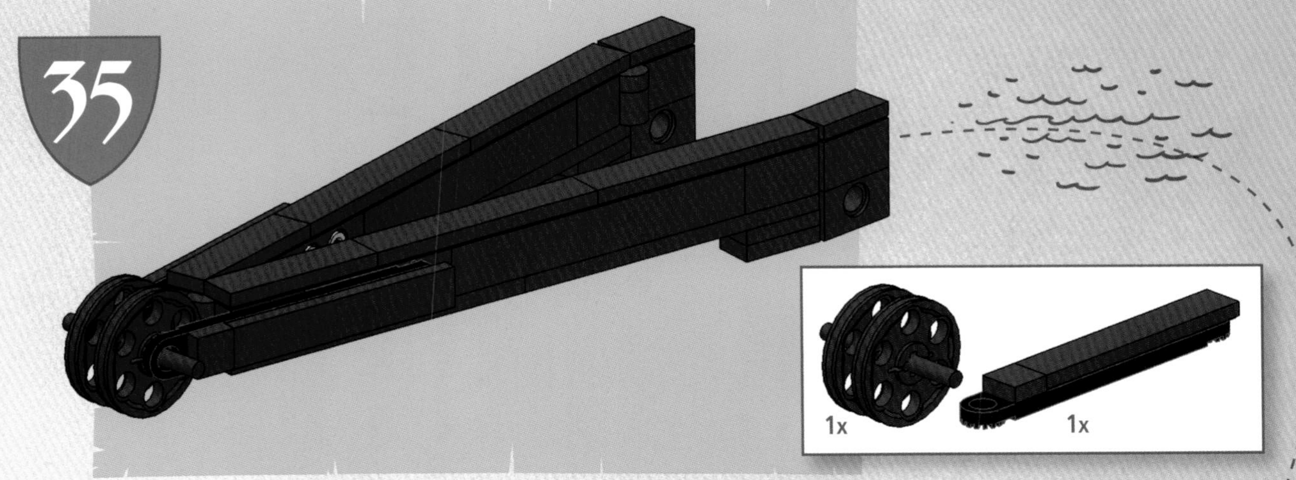
35
1x
1x

1x
36

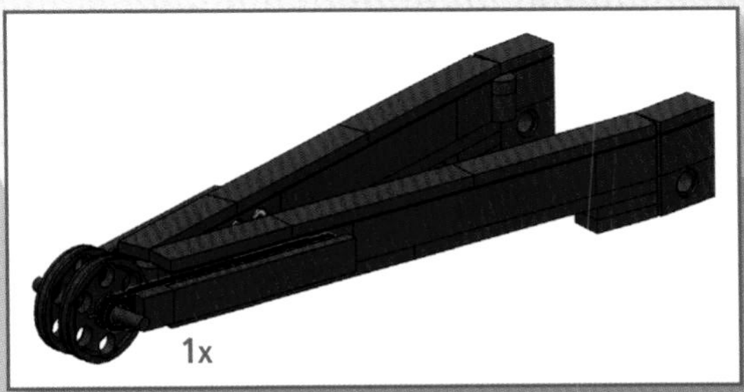

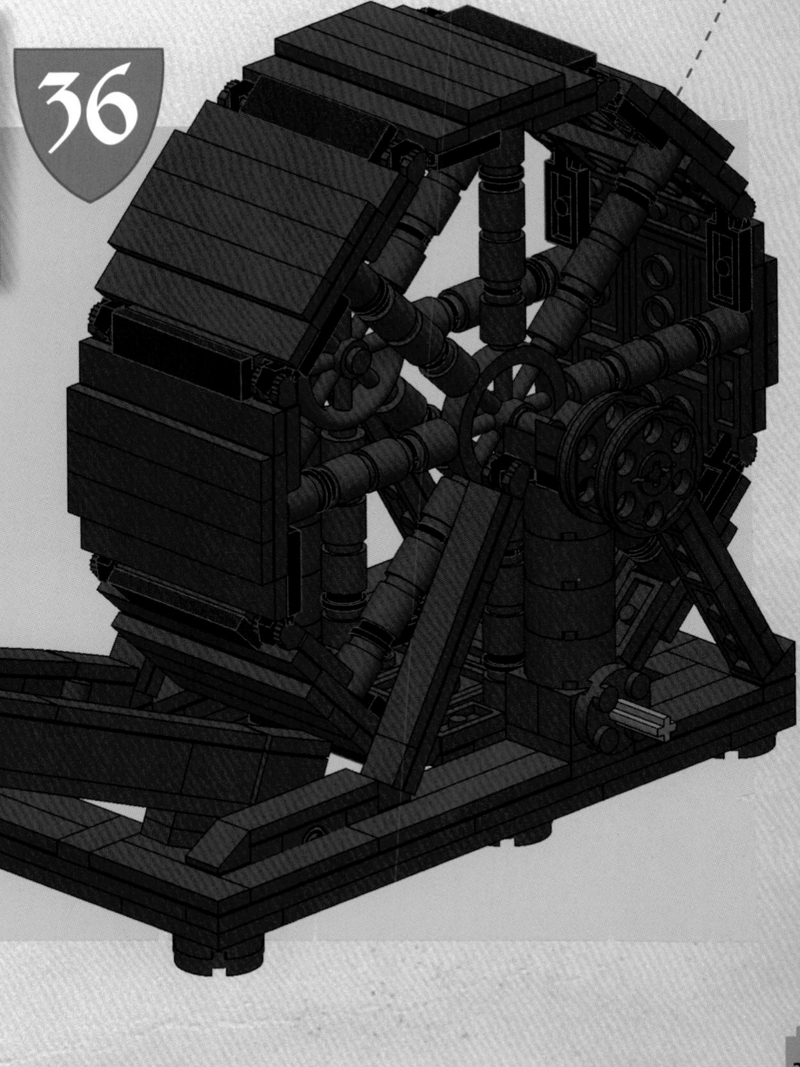

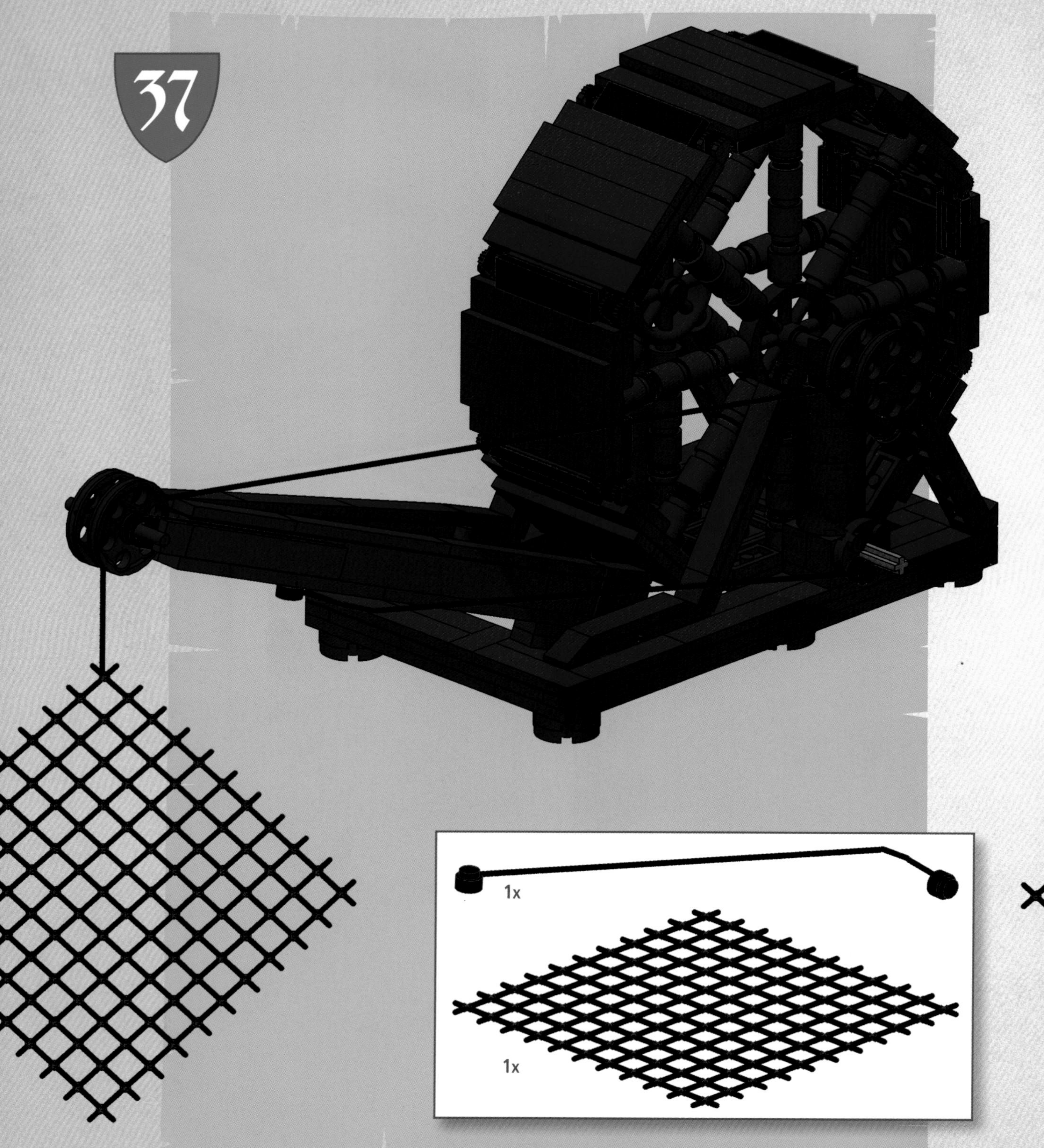
37
1x
1x

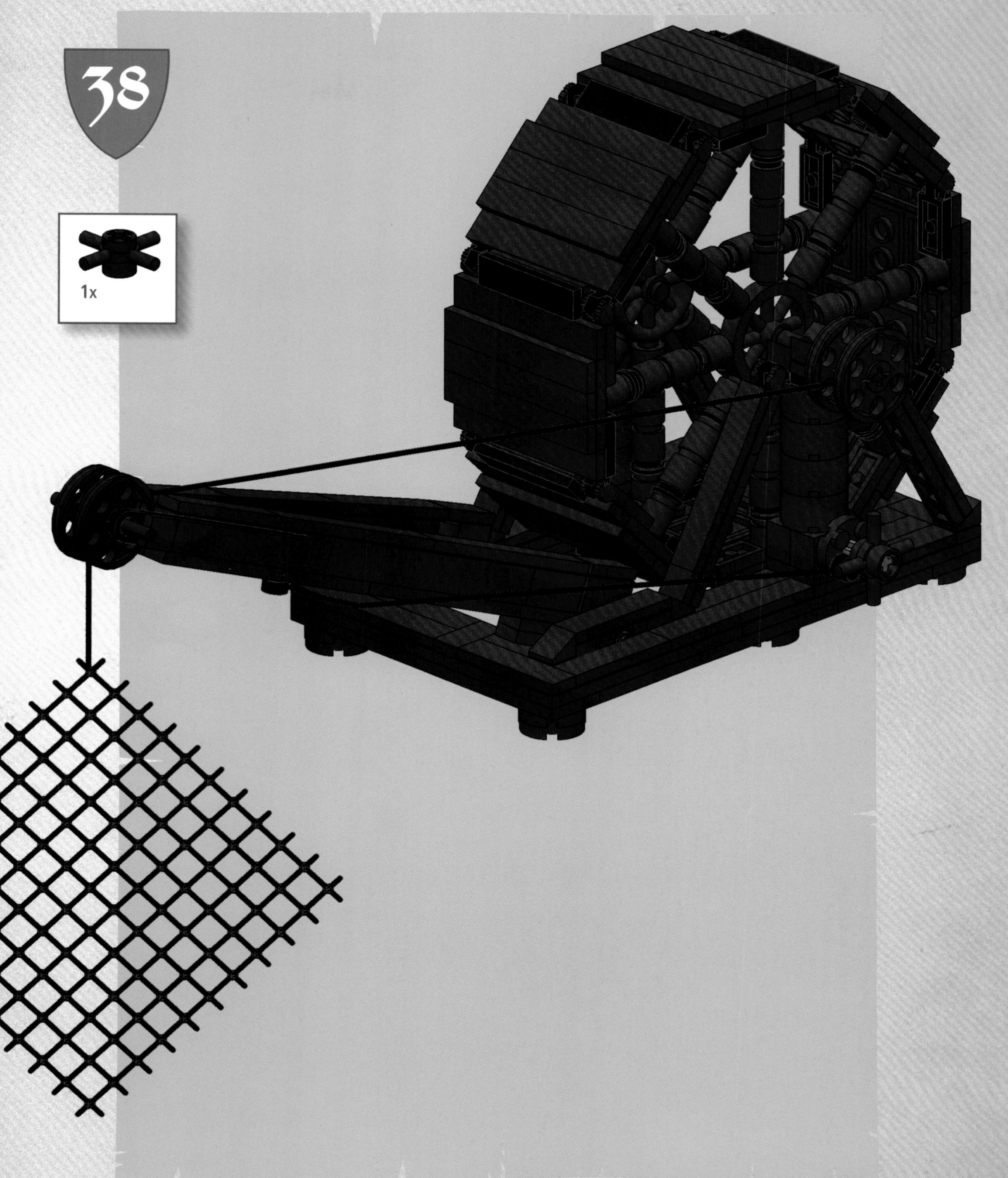
38
1x

零件清单

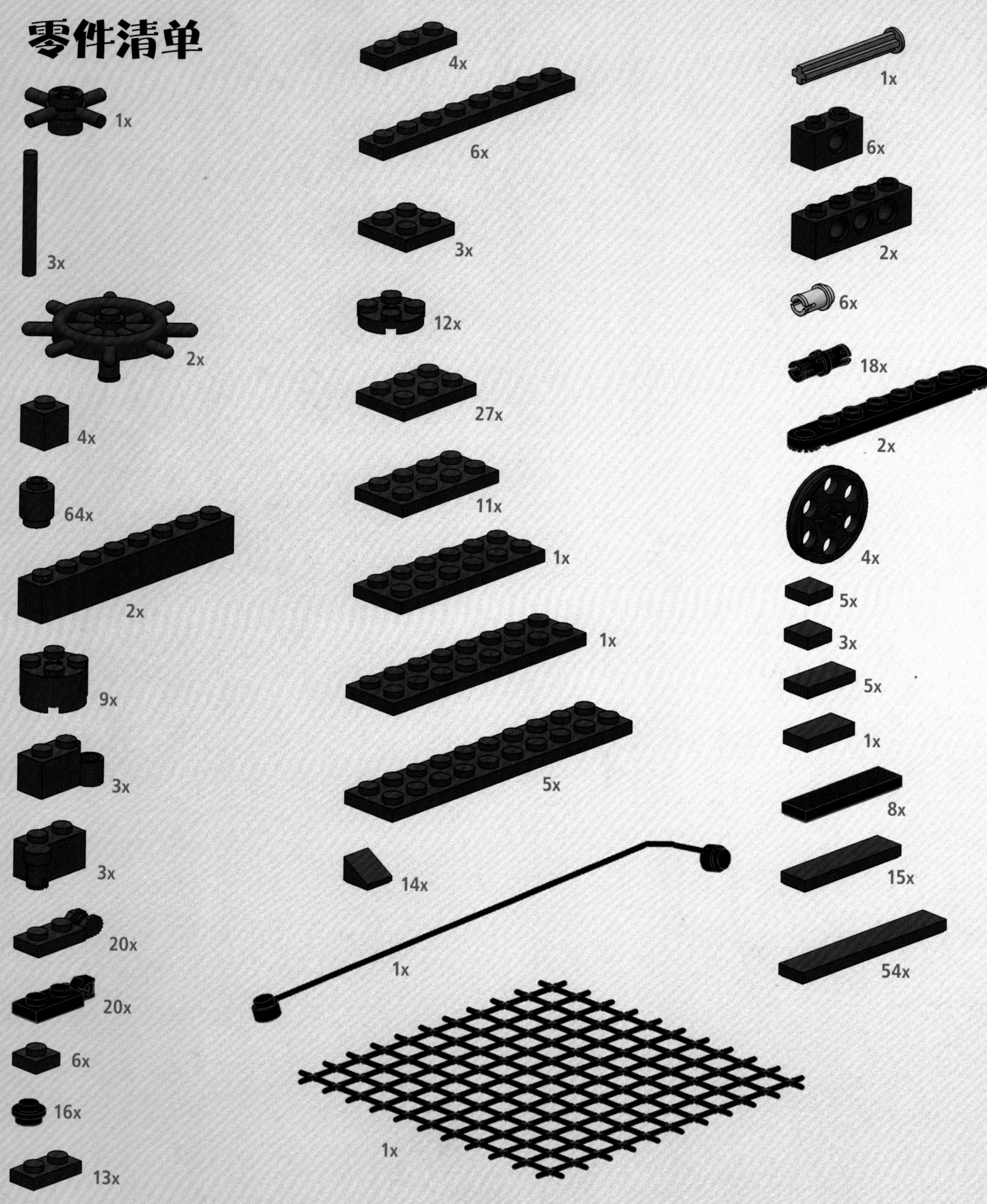
1x
3x
2x
4x
64x
2x
9x
3x
3x
20x
20x
6x
16x
13x
4x
6x
3x
12x
27x
11x
1x
1x
5x
14x
1x
1x
1x
6x
2x
6x
18x
2x
4x
5x
3x
5x
1x
8x
15x
54x

数量		颜色	零件编号	零件名称
1		红棕	48723	Bar 1L Quadruple with Axlehole Hub
3		红棕	30374	Bar 4L Light Sabre Blade
2		红棕	4790	Boat Ship Wheel
4		红棕	3005	Brick 1 x 1
64		红棕	3062b	Brick 1 x 1 Round with Hollow Stud
2		红棕	3008	Brick 1 x 8
9		红棕	3941	Brick 2 x 2 Round
3		红棕	3831	Hinge Brick 1 x 4 Base
3		红棕	3830	Hinge Brick 1 x 4 Top
20		红棕	44302	Hinge Plate 1 x 2 Locking with Dual Finger on End Vertical
20		黑	44301	Hinge Plate 1 x 2 Locking with Single Finger on End Vertical
6		红棕	3024	Plate 1 x 1
16		黑	4073	Plate 1 x 1 Round
13		红棕	3023	Plate 1 x 2
4		红棕	3623	Plate 1 x 3
6		红棕	3460	Plate 1 x 8
3		红棕	3022	Plate 2 x 2
12		红棕	4032a	Plate 2 x 2 Round with Axlehole Type 1
27		红棕	3021	Plate 2 x 3
11		红棕	3020	Plate 2 x 4
1		红棕	3795	Plate 2 x 6
1		红棕	3034	Plate 2 x 8
5		红棕	3832	Plate 2 x 10
14		红棕	54200	Slope Brick 31 1 x 1 x 2/3
1		黑	x127c41	String 41L with End Studs
1		黑	x127c41	String 41L with End Studs
1		深蓝灰	87083	Technic Axle 4 with Stop
6		红棕	3700	Technic Brick 1 x 2 with Hole
2		红棕	3701	Technic Brick 1 x 4 with Holes
6		浅蓝灰	4274	Technic Pin 1/2
18		黑	2780	Technic Pin with Friction and Slots
2		黑	4442	Technic Plate 1 x 8 with Holes
4		红棕	4185	Technic Wedge Belt Wheel
5		红棕	3070b	Tile 1 x 1 with Groove
3		红棕	3070a	Tile 1 x 1 without Groove
5		红棕	3069b	Tile 1 x 2 with Groove
1		红棕	3069a	Tile 1 x 2 without Groove
8		深棕	2431	Tile 1 x 4 with Groove
15		红棕	2431	Tile 1 x 4 with Groove
54		红棕	6636	Tile 1 x 6

很多中古时期的遗迹到了今天，仍然在向世人诉说着那个时代的骑士精神。静而观之，不禁感叹那个时代有太多可以让我们学习的东西。

China LUG 介绍

成立于2012年的China LUG是中国的乐高玩家自发成立的组织，主要为中国乐高玩家提供一个线上线下交流的平台。China LUG由丹麦乐高公司授权认证，并得到丹麦乐高公司支持，自称为“中国乐客”，在北京有一间专门的乐高工作室。

在过去的四年里，China LUG举办了相关主题的乐高展览及乐高玩家面对面的交流座谈，通过网络、微博、微信等多种平台与乐高玩家建立联系与互动。会员主要集中在北京、上海、广州等地，欢迎更多玩家加入我们，与我们一起分享搭建乐高的经验与乐趣。

Keep Building。

微博：ChinaLUG
微信：China_LUG
京版北美微信号：jbbm2014